国学新解丛书

墨 子 新 解

张希宇◎注译

人民出版社

目　录

第二编　余　论

第三编　墨　语

第四编　墨　经

第五编　墨　守

前　言

　　墨子是我国古代伟大的思想家、教育家和著名的社会活动家，也是墨家逻辑的奠基者和墨家学派创始人。墨家在先秦曾是与儒家相抗衡的"天下显学"，但自从汉武帝实行"罢黜百家、独尊儒术"的国策开始，墨家就退出了官方思想和学术的讲坛，沦为民间私学。历史跨入近现代以来，在救亡图存的时代浪潮中，研究《墨子》蔚然成风。特别需要强调的是，在山东大学张知寒教授推动下，自中国墨子学会于1992年成立以来，墨学研究成绩斐然，墨学由学术人的讲坛开始走向大众。党的十九大提出的文化自信，是坚定"四个自信"的战略要求之一，这就把研究和弘扬中国传统文化，其中包括研究和弘扬墨家文化提升到了应有的战略高度来认识。为了方便人民群众学习和研究《墨子》，普及墨家文化知识，我们将《墨子新解》一书列入本套丛书的编写出版序列。

　　本书将《墨子》全书53篇按内容重新划分为墨论（23篇）、余论（7篇）、墨语（6篇）、墨经（6篇）、墨守（11篇）五编。每编和墨论各篇都写有导语，每一篇都包括题解、原文、注释和译文四个部分。原文选用由孙启治点校、孙诒让撰写的《墨子间诂》（中华书局2001年版）作为《墨子》的来源底本。其中《墨经》六篇，则选用姜宝昌《墨经训释》（齐鲁书社2004年版）校改和排序的原文。因《墨子》原书文字脱漏讹误很多，加之大量涉及先秦古籍、典章制度、城防设施、民间风俗、墨家逻辑和科学知识等，素称难读。特别是受作者水平所限，本书错误和不足在所难免，敬请专家和广大读者提出批评意见。

第一编　墨　论

【导语】

"墨论"即墨子提出的十大论题（十论）：尚贤、尚同；兼爱、非攻；节用、节葬；天志、明鬼；非乐、非命。

墨子的十大论题即墨子的十大救世主张。在《墨子·鲁问》中，墨子在回答弟子魏越"既得见四方之君，子则将先语"时说："凡入国，必择务而从事焉。"墨子针对春秋末期、战国初期广泛存在的政治弊端与社会问题，为"兴天下之利，除天下之害"，系统提出了墨家的十大救世方案：国家奸佞当道，政令混乱，吏治腐败，就要倡导贤人治国（尚贤）和国家统一政令（尚同）；国家对内以贵傲贱，以强凌弱，对外则专事侵略掠夺，就要倡导普遍施爱（兼爱），反对残暴不义的侵略战争（非攻）；国家贫穷艰难，就要倡导节约开支（节用），节俭办丧事（节葬）；国家的统治者沉溺于乐舞、纵酒享乐而懒于治理政务，就要反对声色犬马（非乐），反对儒家命定论并主张强力从事（非命）。国家淫邪无礼，胡乱作为，就要倡导尊敬上天意志（天志），明察侍奉鬼神的重要道理（明鬼）。

墨子十论系统全面地阐述了墨子的政治主张，表达了墨家学派的社会政治理想，即主张"兼相爱，交相利"，任贤使能和政令统一，反对"强之劫弱，众之暴寡，诈之谋愚，贵之傲贱"的"别相恶，交相贼"，倡导建立一个"有财以分人，有力以助人，有道以相教人""刑政治，万民和，国家富，财用足，百姓皆得暖衣饱食"的理想社会。因此，墨子十论是墨子和墨家的"大道"，是《墨子》全书的核心。

　　"墨论"在明道藏本《墨子》中排序为第八到第三十七篇，共30篇；十大论题原各分上中下三篇，每个论题各有三篇；因缺少《节用》下，《节葬》上、下，《明鬼》上、中和《非乐》中、下七篇，道藏本《墨子》实存《墨论》23篇。

　　由各论题上中下三篇内容分析，文字大同小异，其主旨并无很大区别。一般上篇文字简洁，下篇文字繁细，中篇适得其中。可能各论的三篇在成文时间上有先后，上篇仅记提纲，中篇始加发挥，下篇则予以全面阐述。

　　另外，道藏本《墨子》把《非儒下》列在"十论"之下，一般注释者也将《非儒下》排列在"十论"中，但从文章内容和体裁来看，都不属于"十论"范围，因此将该篇向后移入《墨语》部分较为合适。特此说明。

第一论 尚 贤

【导语】

尚贤论题共有上中下三篇。虽然三篇文字多少不同，但各篇论述主题和宗旨相同，即治国必须崇尚和使用贤人。

尚贤篇探讨了尚贤与治国的关系，提出了尚贤乃"为政之本"的宗旨。墨子指出尚贤就是崇尚"厚乎德行，辩乎言谈，博乎道术"的贤良之士，认为他们是"国家之珍而社稷之佐也"。墨子认为，贤能的标准是德才兼备；识贤的原则是听其言，观其行；举贤的范围是不分贵贱远近，唯才是举；用贤的策略是以德就列，以劳殿赏；增加贤人的方法是"富之贵之，敬之誉之"，即"高予之爵，重予之禄，任之以事，断予之令"。

墨子尚贤观不同于儒家的地方在于，主张打破血缘、等级、身份等界限，从社会各阶层中选拔贤才，"虽在农与工肆之人，有能则举之"，"故官无常贵，而民无终贱，有能则举之，无能则下之"，这样就完全打破了商周以来传统的尚贤思想，认为人的地位的尊贵或低贱不应是永远不变的：尊贵的王公贵族如非贤才可能会沦为贫贱者，低贱如农夫、商人、手工业者，也可因其贤能被选拔进尊贵者行列。这在当时可谓石破天惊之论！

第一篇 尚贤上

【题解】

墨子在开篇就指出，王公大人之所以希望"国家之富、人民之众、刑政之治"的治国目的落空，就在于"不能以尚贤事能为政"。因此，王公大人的要务，就是增加贤能的数量，扩大贤能的队伍。墨子认为，所谓贤能之士，就是国家中"厚乎德行、辩乎言谈、博乎道术"的"为义"者。"尚贤使能"的主要方法就是对天下贤能"富之""贵之""亲之""近之"，"高予之爵，重予之禄，任之以事，断予之令。""尚贤使能"的范围不应局限于少数贵族，应扩大到民众的大多数："虽在农与工肆之人，有能则举之。"最后，墨子举出古代圣王唐尧、夏禹、商汤等，因为他们任用贤人治国理政达到天下大治，所以自然就得出了"尚贤"是"为政之本"的结论。

【原文】

子墨子言曰：今者王公大人①为政于国家者，皆欲国家之富，人民之众，刑政之治②。然而不得富而得贫，不得众而得寡，不得治而得乱，则是本失其所欲，得其所恶。是其故何也？子墨子言曰：是在王公大人为政于国家者，不能以尚贤事能③为政也。是故国有贤良之士众，则国家之治厚④；贤良之士寡，则国家之治薄⑤。故大人之务⑥，将在于众贤⑦而已。

曰：然则众贤之术将奈何哉？子墨子言曰：譬若欲众其国之善射御⑧之士者，必将富之贵之⑨、敬之誉之，然后国之善射御之士，将⑩可得而众也。况又有贤良之士，厚乎德行，辩乎言谈，博乎道术⑪者乎！此固⑫国家之珍而社稷之佐也，亦必且⑬富之贵之、敬之誉之，然后国之良士，亦将可得而众也。

是故古者圣王之为政也，言曰："不义不富，不义不贵⑭，不义不亲，不义不近。"是以国之富贵人闻之，皆退而谋曰："始我所恃者⑮，富贵也。今上举义不辟贫贱，然则我不可不为义。"亲者闻之，亦退而谋曰："始我所恃者，亲也。今上举义不辟疏，然则我不可不为义。"近者闻之，亦退而谋曰："始我所恃者，近也。今上举义不辟远，然则我不可不为义。"远者闻之，亦退而谋曰："我始以远⑯为无恃，今上举义不辟远，然则我不可不为义。"逮至远鄙郊外之臣、门庭庶子、国中之众、四鄙之萌人⑰闻之，皆竞⑱为义。是⑲其故何也？曰：上之所以使下者，一物⑳也；下之所以事上者，一术㉑也。譬之富者，有高墙深宫，墙立既谨上为凿一门㉒，有盗人入，阖㉓其自入而求之，盗其无自出。是其故何也？则上得要㉔也。

故古者圣王之为政，列德㉕而尚贤。虽在农与工肆之人㉖，有能则举之。高予之爵，重予之禄㉗，任之以事，断予之令㉘。曰："爵位不高，则民弗敬；蓄禄不厚，则民不信；政令不断，则民不畏。"举三者㉙授之贤者，非为贤赐也，欲其事之成。故当是时，以德就列㉚，以官服事㉛，以劳殿赏㉜，量功而分禄。故官无常贵而民无终贱。有能则举之，无能则下之。举公义，辟㉝私怨，此若言之谓也㉞。

故古者尧举舜于服泽之阳㉟，授之政，天下平。禹举益于阴方㊱之中，授之政，九州成㊲。汤举伊尹于庖厨㊳之中，授之政，其谋得㊴。文王举闳夭、泰颠于置罔之中㊵，授之政，西土服㊶。故当是时，虽在于厚禄尊位之臣，莫不敬惧而施；虽在农与工肆之人，莫不竞劝而尚意㊷。故士者，所以为辅相承嗣㊸也。故得士则谋不困，体不劳。名立而功成，美章而恶不生㊹，则由得士也。

是故子墨子言曰：得意，贤士不可不举；不得意，贤士不可不举。尚欲祖述㊺尧舜禹汤之道，将㊻不可以不尚贤。夫尚贤者，政之本也。

【注释】

① 王公大人："大人"与"王公"意同，可合用，可单用，或指天子，或指诸侯，或指卿大夫，或合指天子、诸侯、卿大夫。

② 刑政之治：刑事与政务得到治理。刑政，刑事与政务。

③ 事能：任用或使用能者。事，通"使"。

④ 治厚：治理的功绩大。厚，大、强。

⑤ 治薄：治理的功绩小。薄，少、差。

⑥ 务：要务、急务。

⑦ 将：当。众贤：使贤良之士增多。众，增多。

⑧ 射御：射箭驾车。御，"使马也。"（（汉）许慎：《说文解字》，岳麓书社2006年版，第43页。以下简称为"《说文解字》"。）

⑨ 富之贵之：使之富，使之贵。富、贵，皆作动词。

⑩ 将：或。

⑪ 厚乎德行，辩乎言谈，博乎道术：德行敦厚，言谈雄辩，学问广博。厚，敦厚。辩，雄辩。博，广博。道术，治国的道理和方法。

⑫ 固：本来、原本。

⑬ 且：应当。

⑭ 不义不富，不义不贵：即"不义不富之，不义不贵之"。

⑮ 始我所恃者：当初我们依赖的。始，当初。恃，依赖、凭恃。

⑯ 以：认为。远：疏远。

⑰ 逮至远鄙郊外之臣、门庭庶子、国中之众、四鄙之萌人：及至边邑周郊的臣子、宫门宿卫、都城中民众、四方边远地区的普通百姓。逮，及。鄙，边邑。郊，"距国百里为郊。"（《说文解字》，第 132 页）庶子，宿卫子弟、宿卫官。国，此指国都。萌（méng），庶民、百姓。（王裕安、孙卓彩、郭震旦：《墨子大词典》，山东大学出版社 2006 年版，第 206 页。以下简称为"王裕安等：《墨子大词典》"。）

⑱ 竞：竞相、争先恐后。

⑲ 是：指代"出现的这种情况"。

⑳ 一物：指"尚贤"之事。《周礼·地官·大司徒》："以乡之物教万民。"郑玄注："物，犹事也。"（（清）阮元校刻，（唐）颜师古注，（唐）孔颖达疏：《十三经注疏》，中华书局 1980 年版，第 707 页。以下简称为"阮元校刻：《十三经注疏》"。）《墨子》书中"事"与"物"二字常互相通用。

㉑ 一术：指"为义"一途、一路。"术，邑中道也。"（《说文解字》，第 44 页。）

㉒ 既：完成。谨：为"僅"之误。僅，即"仅"。

㉓ 阖：hé，关闭。

㉔ 要：关键、要害。

㉕ 列德：排列道德高下的次序。列，排列。

㉖ 农与工肆之人：农夫、百工与商人。工肆，工场和市场。

㉗ 高予之爵，重予之禄：即"予之高爵，予之重禄。"予，给予。爵，爵位。禄，俸禄。

㉘ 断予之令：即"予之断令。"断，决断。意为"给予决断事务、发布命令的权力"。

㉙ 举三者：指上文所说的爵位、蓄禄、政令。

㉚ 以德就列：按照品德高低出任一定的官职。就，靠上、加入。

㉛ 以官服事：按照官职治理政务。服，从事、做。

㉜ 以劳殿赏：按功劳大小确定奖赏。殿，定、决定。（王裕安等：《墨子大词典》，第640页。）

㉝ 辟：清除。

㉞ 此若言之谓也：说的就是这个意思。此若，复语，“此”即“若”。

㉟ 尧举舜于服泽之阳：唐尧把虞舜从服泽的北岸提拔上来。尧，史称唐尧，传说中远古圣王。舜，史称虞舜，传说中远古圣王，姚姓（一作妫（guī）姓），名重华，号有虞氏。“服泽之阳”即“服泽的北岸”。服泽，毕沅云：“或即蒲泽，今蒲州府。”（（清）毕沅：《墨子注》（日本重刻经训堂本），载任继愈、李广星主编《墨子大全影印本第十一册》，北京图书馆出版社2004年版，第502页。以下简称为“毕沅：《墨子注》（日本重刻本）”。）阳，山之南、水之北为阳。

㊱ 禹举益于阴方：夏禹把伯益从阴方提拔上来。禹，史称夏禹，夏朝开国君主、贤明帝王，姒（sì）姓，名文命。益，即伯益，原为舜的虞官，赐姓嬴。阴方，地名，未详其地。

㊲ 九州成：九州得以平定和统一。九州，古代中国设置的九个行政区域，《尚书》定为“冀、兖、青、徐、扬、荆、豫、梁、雍”。（顾迁：《尚书注译》，中州古籍出版社2010年版，第56—64页。以下简称为“顾迁：《尚书注译》”。）九州泛指中国。成，平定、统一。

㊳ 汤举伊尹于庖厨：商汤从王室厨房里把伊尹举拔上来。汤，史称商汤，商代开国君主，古代圣王，子姓，名履，又名天乙、成汤。伊尹，商汤辅佐大臣。庖（páo），“厨也。”（《说文解字》，第192页。）

㊴ 其谋得：商汤灭夏建国的抱负得以实现。得，达成、实现。

㊵ 文王：即周文王，姓姬名昌，周族领袖，商纣时为西伯，在位五十年，广招贤士，开疆拓土，自周原迁都于丰。闳（hòng）夭、泰颠：并为周文王贤臣，后佐助周武王灭商建周。罝罔：捕兽器具。罝（jū），“兔网也。”（《说文解字》，第158页。）罔，即“网”。

㊶ 西土服：西方诸国归服。西土，指周族定居之处及四周之地，今陕

西岐山周围一带。

㊷ 竞劝而尚意：应为"竞劝而尚德"。意，"当为'惠'之误。""惠"即"德"。((清)孙诒让著，孙启治点校：《墨子间诂》，中华书局2001年版，第48页。以下简称为"孙诒让：《墨子间诂》"。)

㊸ 辅相承嗣：辅佐君王的大臣和君王继承者。辅相，指辅佐者。承嗣，继位，指继承者。

㊹ 美章而恶不生：美善彰显而恶名不生。章，通"彰"。

㊺ 祖述：效法、遵循。

㊻ 将：乃、就。

【译文】

墨子问道：现在天子、诸侯、卿大夫治理国家，都希望国家富足、人口众多、刑法政令井然有序，然而国家没有得到富足却得到了贫穷，人口没有增加反而减少，刑法政令没有达到井然有序反而呈现混乱，那么这原本就是丧失了他们所希望得到的东西，而得到了他们所憎恶的东西。出现这种情况的原因是什么呢？墨子自答说：这是因为天子、诸侯、卿大夫在治理国家的时候，不能把崇尚贤者、任用能者作为理政的根本。国家中德才兼备的人众多，那么治理的基础就会坚实；德才兼备的人稀少，治理的基础就会薄弱。所以天子、诸侯、卿大夫最重要的大事，应当是使贤良的人才增多。

有人问：那么使贤良的人增多的具体办法是什么呢？墨子答道：这就好比想要增加一个国家中善于射箭、骑马的人，就必须使这些人富足、显贵，给这些人尊重、荣誉，然后国家善于射箭、骑马的人就可以增多一个道理。更何况他们是道德品行敦厚、言谈雄辩、广博地掌握治国道理和方法的贤良之士呢！他们原本就是国家的珍宝、社稷的辅佐，因而也一定要使他们富足、显贵，尊敬他们，赞誉他们，然后国家中的贤良之士也就可以增多了。

古代圣明的君王在处理政务时说道："对于不义的人，不能使他们富有，不能使他们尊贵，不与他们亲切，不与他们接近。"于是，国家中富贵的人听说了，都返身思考道："当初我所凭仗的是富贵，现今君上选拔义士不嫌弃贫贱，那么我不可以不做仁义的事了。"与君王有亲戚关系的人听说了，也返身思虑道："当初我所凭仗的是亲戚关系，现在君上选拔义士不嫌弃关系疏远的人，那么我不可以不做仁义的事了。"处在君王身边的人听说了，也返身思虑道："当初我所凭仗的是亲近，现在君上选拔义士不嫌弃身处偏远的人，那么我不可以不做仁义的事了。"远离国君的人听说了，也返身思考道："当初我认为远离君上无所凭仗，现在君上选拔义士不嫌弃偏远的人，那么我不可以不做仁义的事了。"还有偏远郊野的臣子、王宫内廷的侍卫、都城内的百姓、四方边远地区的民众听说了，都争着做仁义的事。所以出现这种情况，原因是什么呢？应当说，君上用来役使臣子下属的，就是"尚贤"这一种方法；臣下用来效力于君上的，就是"为义"这一条途径。譬如富贵人家拥有高墙深院，墙已筑好，仅在墙上凿一道门，如有盗贼闯入，只须关闭盗贼进入的这道门搜寻他，他就无法逃出去。这其中的道理是什么呢？即在上的执政者掌握了"尚贤"这一方法，就是掌握了治国理政的要害啊！

因此古代圣王治国理政，一定要排列道德次序，崇尚贤良的士人，即使身为农夫、百工和商人，有才能就予以举荐，给予很高的爵位，给予丰厚的俸禄，并委以重任，授予他决断事务、发布命令的权力。可以说，"如果爵位不高，百姓就不会尊敬他；俸禄不丰厚，百姓就不会信任他；政令不能决断，百姓就不会畏惧他。"把爵位、俸禄、命令这三样授予贤良的士人，并不是出于赏赐贤者的想法，而是希望他们将国家的事务办理成功。因而在这个时候，要按照品德高下的次序出任官职，按官职大小治理政务，按照功劳多少确定奖赏，考量事功的大小而分发俸禄。这样做官的人就没有永远的富贵，而百姓也不会永远贫贱；有才能的便被举用，无才能的就被裁撤下来。以公义之心举用贤人，去除私人怨恨，这就是以上关于"爵位、俸禄、政令"三句话所讲的意思。

古代唐尧在服泽的北岸推举了虞舜，授予他治理天下的权力，于是天下得以太平；夏禹在阴方这个地方推举了伯益，授予他治理天下的权力，于是九州得以平定；商汤在王室的厨房里推举了伊尹，授予他治理天下的权力，于是灭夏建商的宏图得以实现；周文王从猎户的行列中推举了闳夭、泰颠，授予他们治理天下的权力，于是西方各诸侯都来归顺服从。所以在这个时候，即使是享受厚禄、居于尊位的大臣，也没有不心存敬畏、勤勉于政务的；即使是农夫、百工和商人，也没有不竞相劝勉而崇尚道德品行的。可见贤士就是君王的辅佐和继承大位的储备。因此，君王选用贤士，就会有计谋而不会陷入困难，身体也不至于劳苦，声名建立而功业成功，美好彰显而恶名不生，这都是由于得到贤能士人辅佐的缘故。

墨子说，君王在国家安定的时候，不可以不选拔贤能士人；在国家不安定的时候，也不可以不选拔贤能士人。倘若要继承和遵循唐尧、虞舜、夏禹、商汤的治国理政之道，就不可不崇尚贤德。那么可知"尚贤"一事，就是治国理政的根本。

第二篇 尚贤中

【题解】

首先，开篇就提出只有让"贵且智"的贤能之士治理国家，国家才能得到治理，从而切入"尚贤乃为政之本"的主旨。其次，以三代圣王尧、舜、禹、汤为例，指出实施"尚贤使能"的方略，必出现"国家治而刑法正""官府实则万民富"的全新局面。再次，再次申述如果不能全面、正确地实施"高予之爵，重予之禄，断予之令"的"置三本"之术，将会出现国家混乱、社稷危殆的严重后果。最后，运用对比法说明三代圣王尊贤任能而"受天之赏"，三代暴王不能"尚贤使能"而受到"天鬼之罚"，从正反两个方面印证了"尚贤"乃"为政之本"这个主旨。

【原文】

子墨子言曰：今王公大人之君①人民，主社稷，治国家，欲修保而勿失，故②不察尚贤为政之本也！何以知尚贤之为政本也？曰：自贵且智者为政乎愚且贱者③，则治；自愚贱④者为政乎贵且智者，则乱。是以知尚贤之为政本也。

故古者圣王甚尊尚⑤贤而任使能，不党⑥父兄，不偏贵富，不嬖⑦颜色。贤者举而上之⑧，富而贵之，以为官长；不肖者抑而废之⑨，贫而贱之，以为徒役⑩。是以民皆劝⑪其赏，畏其罚，相率而为贤者。以贤者众而不肖者寡⑫，此谓进贤⑬。然后圣人听其言，迹⑭其行，察其所能，而慎予官，此谓事能⑮。故可使治国者，使治国；可使长官者，使长官；可使治邑者，使治邑。凡所使治国家、官府、邑里，此皆国之贤者也。

贤者之治国者也，蚤朝晏退⑯，听狱治政⑰，是以国家治而刑法正。贤者之长官也，夜寝夙兴⑱，收敛关市、山林、泽梁之利⑲，以实官府，是以官府实而财不散。贤者之治邑也，蚤出莫⑳入，耕稼、树艺㉑、聚菽粟，是以菽粟多而民足乎食。故国家治则刑法正，官府实则万民富。上有以絜为酒醴粢盛㉒，以祭祀天鬼㉓；外有以为皮币㉔，与四邻诸侯交接；内有以食饥息劳，将养㉕其万民；外有以怀㉖天下之贤人。是故上者天鬼富之，外者诸侯与㉗之，内者万民亲之，贤人归之。以此谋事则得，举事则成，入守则固㉘，出诛则彊㉙。故唯昔三代圣王尧、舜、禹、汤、文、武之所以王天下㉚、正诸侯㉛者，此亦其法已。

既曰若法㉜，未知所以行之术㉝，则事犹若㉞未成，是以必为置三本。何谓三本？曰："爵位不高则民不敬也，蓄禄不厚则民不信也，政令不断则民不畏也。故古圣王高予之爵，重予之禄，任之以事，断予之令。夫岂为其臣赐哉？欲其事之成也。《诗》曰："告女忧卹，诲女予爵。孰能执热，鲜不用濯㉟？"则此语古者国君诸侯之不可以不执善㊱，承嗣辅佐也，譬之犹执热之有㊲濯也，将休其手焉。古者圣王唯毋㊳得贤人而使之，般㊴爵以贵之，裂㊵地以封之，终身不厌㊶。贤人唯毋得明君而事之，竭四肢之力以任君之事，终身不倦。若有美善则归之上，是以美善在上而所怨谤在下，宁乐在君，忧慼㊷在臣。故古者圣王之为政若此。

今王公大人亦欲效人以尚贤使能为政，高予之爵，而禄不从也㊸。夫高爵而无禄，民不信也。曰："此非中实爱我㊹也，假藉㊺而用我也。"夫假藉之民㊻，将岂能亲其上哉？故先王㊼言曰："贪于政者㊽不能分人以事，厚于货者㊾不能分人以禄。"事则不与，禄则不分，请问天下之贤人将何自至乎王公大人之侧哉？若苟(50)贤者不至乎王公大人之侧，则此不肖者在左右也。不肖者在左右，则其所誉不当贤(51)，而所罚不当暴。王公大人尊此以为政乎国家，则赏亦必不当贤，而罚亦必不当暴。若苟赏不当贤而罚不当暴，则是为贤者不劝，而为暴者不沮(52)矣。是以入则不慈孝(53)父母，出则不长弟(54)乡里，居处无节(55)，出入无度(56)，男女无别。使治官府则盗窃，守城则倍畔(57)，君有难则不死，出亡(58)则不从，使断狱则不中(59)，分财则不均，与谋事不得，举事不成，入守不固，出诛不彊。故虽昔者三代暴王桀、纣、幽、厉之所以失措其国家，倾覆其社稷者，已(60)此故也。何则？皆以明小物(61)而不明大物也。

今王公大人有一衣裳不能制(62)也，必藉良工(63)。有一牛羊不能杀也，必藉良宰(64)。故当若之二物者(65)，王公大人未知(66)以尚贤使能为政也。逮至其国家之乱，社稷之危，则不知使能(67)以治之，亲戚则使之，无故富贵、面目佼好(68)则使之。夫无故富贵、面目佼好则使之，岂必智且有慧哉？若使之治国家，则此使不智慧者治国家也，国家之乱既可得而知已(69)。

且夫王公大人有所爱其色而使(70)。其心不察其知(71)而与其爱。是故不能治百人者，使处(72)乎千人之官；不能治千人者，使处乎万人之官。此其故何也？曰："处若官者爵高而禄厚，故爱其色而使之焉。"夫不能治千人者，使处乎万人之官，则此官什倍也(73)。夫治之法将日至者也，日以治之，日不什修，知以治之，知不什益，而予官什倍，则此治一而弃其九矣(74)。虽日夜相接以治若官，官犹若不治。此其故何也？则王公大人不明乎以尚贤使能为政也。故以尚贤使能为政而治者，夫若言之谓也(75)。以下贤(76)为政而乱者，若吾言之谓也(77)。今王公大人中实将欲治其国家，欲修保而勿失，胡不察尚贤为政之本也？

且以尚贤为政之本者，亦岂独子墨子之言哉？此圣王之道，先王之书《距年》(78)之言也。《传》(79)曰："求圣君哲人(80)，以裨辅(81)而身。"《汤誓》(82)曰："聿求元圣(83)，与之戮力同心，以治天下。"则此言圣之不失(84)以尚贤使能为政也。故古者圣王唯能审以尚贤使能为政，无异物杂焉(85)，天下皆得其利。

古者舜耕历山(86)，陶河濒(87)，渔雷泽(88)。尧得之服泽之阳，举以为天子，与接天下之政，治天下之民。伊挚(89)，有莘氏女之私臣(90)，亲为庖人，汤得之，举以为己相，与接天下之政，治天下之民。傅说被褐带索(91)，庸筑乎傅岩(92)，武丁(93)得之，举以为三公(94)，与接天下之政，治天下之民。此何故始贱卒而贵？始贫卒而富？则王公大人明乎以尚贤使能为政。是以民无饥而不得食，寒而不得衣，劳而不得息，乱而不得治者。

故古圣王以⑨审以尚贤使能为政，而取法于天⑩。虽天亦不辩贫富、贵贱、远迩、亲疏，贤者举而尚之，不肖者抑而废之。然则富贵为贤以得其赏者，谁也？曰：若昔者三代圣王尧、舜、禹、汤、文、武者是也。所以得其赏何也？曰：其为政乎天下也，兼而爱之，从而利之，又率天下之万民以尚⑰尊天事鬼、爱利万民。是故天鬼赏之，立为天子，以为民父母，万民从而誉之曰"圣王"，至今不已。则此富贵为贤以得其赏者也。

然则富贵为暴以得其罚者，谁也？曰：若昔者三代暴王桀、纣、幽、厉者是也。何以知其然也？曰：其为政乎天下也，兼而憎之，从而贼之⑱，又率天下之民以诟天侮鬼、贼傲万民⑲，是故天鬼罚之，使身死而为刑戮，子孙离散，室家丧灭，绝无后嗣。万民从而非之曰"暴王"，至今不已。则此富贵为暴而以得其罚者也。

然则亲而不善以得其罚者，谁也？曰：若昔者伯鲧⑩，帝之元子⑪，废帝之德庸⑫，既乃刑之于羽之郊⑬，乃热照无有及也⑭。帝亦不爱。则此亲而不善以得其罚者也。

然则天之所使能⑮者，谁也？曰：若昔者禹、稷、皋陶⑯是也。何以知其然也？先王之书《吕刑》⑰道之曰："皇帝清问⑱下民，有辞有苗⑲。曰：'群后之肆在下⑩，明明不常⑪，鳏寡不盖⑫。德威维威⑬，德明维明⑭。'乃名三后⑮，恤功于民⑯：伯夷降典，哲民维刑⑰；禹平水土，主名山川⑱；稷隆播种，农殖嘉谷⑲。三后成功，维假于民⑳。"则此言三圣人者，谨其言，慎其行，精其思虑，索天下之隐事遗利㉑，以上事天，则天乡其德㉒；下施之万民，万民被㉓其利，终身无已。

故先王之言曰："此道也，大用之，天下则不窕㉔；小用之，则不困；修用之，则万民被其利，终身无已。"《周颂》㉕道之曰："圣人之德，若天之高，若地之普㉖。其有昭㉗于天下也，若地之固，若山之承，不坼㉘不崩。若日之光，若月之明，与天地同常。"则此言圣人之德章明博大，埴固㉙以修久也。故圣人之德盖总㉚乎天地者也。

今王公大人欲王天下、正诸侯，夫无德义，将何以哉㉛？其说将必挟震威强㉜。今王公大人将焉取㉝挟震威强哉？倾者民之死也㉞？民，生为甚欲，死为甚憎。所欲不得而所憎屡至，自古及今，未有⑬尝能有以此王天下、正诸侯者也。今大人欲王天下、正诸侯，将欲使意⑭得乎天下，名成乎后世，故不察尚贤为政之本也？此圣人之厚行⑮也！

【注释】

① 君：管理、统治。

② 故：通"胡"，为什么。

③ 自贵且智者为政乎愚且贱者：由高贵又智慧的人去治理愚笨又低贱的人。自，由。为政，治理。乎，作"于"解。

④ 愚贱：当为"愚且贱"。由上句"贵且智者为政乎愚且贱者"可推知。

⑤ 尊尚：尊重和崇尚。

⑥ 党：偏袒、偏私。

⑦ 不嬖颜色：不宠爱俊美的人。嬖（bì），"爱也"。（《说文解字》，第263页。）颜色，指"颜容"，此指俊美相貌。

⑧ 举而上之：举荐提拔到上位。

⑨ 不肖者抑而废之：把不贤者撤免废弃。不肖，不像样、不贤。抑，贬抑。

⑩ 徒役：受人役使的奴隶。

⑪ 劝：勉励、鼓励。

⑫ 以贤者众而不肖者寡："以"前当有"是"字。（（清）俞樾：《墨子平议》，载任继愈、李广星主编《墨子大全影印本第十三册》，北京图书馆出版社2004年版，第398页。以下简称为"俞樾：《墨子平议》"。）改为"是以贤者众而不肖者寡"。

⑬ 此谓进贤：当为"此为尚贤"。（孙诒让：《墨子间诂》，第49页。）

⑭ 迹：追踪、审核。

⑮ 事能："事"与"使"同。（孙诒让：《墨子间诂》，第50页。）"事能"即"使能"。

⑯ 蚤朝晏退：蚤，早。晏，晚。意为"上朝很早，退朝很晚"。

⑰ 听狱治政：审理案件，管理政务。狱，狱讼、官司。

⑱ 夙兴：早起。夙，早。兴，"起也"。(《说文解字》，第59页。)

⑲ 收敛关市、山林、泽梁之利：征收关塞、市集、山陵、林场、湖泽、桥梁的财利。收敛，征收。利，财利、财税。

⑳ 莫：通"暮"。"莫，日月冥也，从日在草中"。(《说文解字》，第27页。)

㉑ 耕稼树艺：耕作种植。树，种植。

㉒ 絜为酒醴粢盛：洁净地备好酒食祭物。絜，通"洁"。醴，甜酒。粢盛，古代盛在祭器里以供祭祀的谷物。

㉓ 天鬼：天帝鬼神。天，"百神之大君也"。((汉)董仲舒著，周桂钿译注：《春秋繁露》，中华书局2011年版，第185页。以下简称为"董仲舒：《春秋繁露》"。)鬼，"人神曰鬼"。((秦)吕不韦著，(汉)高诱注：《吕氏春秋》，上海古籍出版社1989年版，第67页。以下简称为"《吕氏春秋》"。)

㉔ 皮币：毛皮与布帛。币，"帛也"。(《说文解字》，第158页。)

㉕ 将养：抚养、供养。(王裕安等：《墨子大词典》，第151页。)

㉖ 怀：安抚、关怀。

㉗ 与：亲、亲善。

㉘ 入守则固：退而防守就坚固。

㉙ 出诛则彊：对外征伐则强大。彊，同"强"。

㉚ 王天下：称王并统治天下。王(wàng)，"有天下也"。((汉)高诱注：《战国策》，上海书店出版社1987年版，第66页。以下简称为"高诱注：《战国策》"。)

㉛ 正诸侯：为诸侯之长。《尚书·说命下》："昔先正保衡。"孔安国疏证："正，长也。"(阮元校刻：《十三经注疏》，第176页。)

㉜ 既曰若法：既有这个法则(指尚贤使能)。曰，有。《战国策·赵策四》："曰谅毅者，辩士也"。鲍彪注："曰，犹有也"。((宋)鲍彪注：《战国策》，载《钦定四库全书·史部杂史类卷六》，第85A—B。以下简称为"鲍彪注：《战国策》"。)

㉝ 术：方法。

㉞ 犹若：犹然、老样子。若，然。

㉟告女忧卹，诲女予爵。孰能执热，鲜不用濯：告诉你们当忧心别人的痛苦，教诲你们有所担当并授予你们相应的爵位。有谁拿过很烫的物品而不把手放到冷水里浸洗呢？"女，读"汝"。卹，同"恤"，"忧也"。（《说文解字》，第219页。）予，通"序"。序爵，按次序安排爵位。鲜，少。濯（zhuó），洗、浣。此诗在今《诗经·桑柔》作"告尔忧卹，诲尔序爵。谁能执热，逝不以濯。"（阮元校刻：《十三经注疏》，第558页。）

㊱执善：亲善。执，"亲密也。"（孙诒让：《墨子间诂》，第51页。）

㊲有："用"之误。

㊳唯毋：或作"唯无""唯勿"。语助词，无实义。以下皆同。

㊴般：通"颁"，"颁赐"。（毕沅：《墨子注》（日本重刻本），第505页。）

㊵裂：分、割。

㊶厌：厌弃。

㊷慼：同"戚"。戚，"忧也"。（《说文解字》，第223页。）

㊸禄不从也：俸禄不相随。从，随。

㊹中实爱我：心中真正爱我。中，"心也"。（《说文解字》，第14页。）

㊺假藉：假借。藉，同"借"。

㊻民：此指高爵无禄之人。

㊼先王：指古代圣王。

㊽贪于政者：大权独揽的执政者。

㊾厚于货者：看重钱财的人。厚，看重。

㊿若苟：假如。

51不当贤：不符合贤人的标准。当，合、符合。

52沮：阻、阻止。（中国社会科学院语言研究所词典编辑室：《现代汉语词典》，商务印书馆1998年版，第682页。以下简称为"《现代汉语词典》"。）

53慈孝：孝。慈，"爱也"。（《说文解字》，第218页。）义同"孝"。

54长弟：敬重服从兄长。长，尊敬兄长。弟（tì），同"悌"，"敬重服从兄长。"（王裕安等：《墨子大词典》，第321页。）

55节：节制、收敛。

56度：法度、规矩。

㊄ 倍畔：即"背叛"。倍，古同"背"。畔，同"叛"。

㊅ 出亡：外出逃亡。亡，逃亡。

㊏ 中：当、合。

⑥ 已：同"以"。由于、因此。

⑥ 物：事。

⑥ 制：裁制、制造。

⑥ 良工：技巧高明的裁缝。

⑥ 良宰：高明的屠宰工。宰，此指屠夫。

⑥ 当若之二物者：像这两件事。当若，如、像。之，这。

⑥ 未知：应为"本知"。"未"为"本"之误。（孙诒让：《墨子间诂》，第55页。）

⑥ 使能：前脱"尚贤"二字。（（清）苏时学：《墨子刊误》，载任继愈、李广星主编《墨子大全影印本第十四册》，北京图书馆出版社2004年版，第305页。以下简称为"苏时学：《墨子刊误》"。）

⑥ 佼好：美好。佼（jiǎo），通"姣"。

⑥ 既可得而知已：已经知道了。既，已经。已，同"矣"。

⑦ 爱其色而使："使"后脱"之"字。（孙诒让：《墨子间诂》，第55页。）

⑦ 其心不察其知：他们不会用心考察这个人的智慧。知，通"智"。《墨子》书中经常"知""智"不分。作"知"为动词，作"智"为名词。

⑦ 处：担任。

⑦ 则此官什倍也：那么他担任的官职是他能力的十倍。什，十。

⑦ 法：法则、常规。日不什修：治政时间不会延长十倍。修，长。知不什益，智慧不能十倍增加。知，通"智"。予官什倍，授予的官职超过（其才能的）十倍。

⑦ 夫：那个，此指"尚贤使能"。若言：当为"若夫言"。"若夫言"与下文"若吾言"相对。（张纯一：《墨子集解》，民国二十一年（1933）排印本，第79页。以下简称为"张纯一：《墨子集解》"。）

⑦ 下贤：轻视贤人。下，看低、轻视。

⑦ 若吾言之谓也：就像我所说的（"予官十倍""治一而弃九"）那样。

⑦《距年》：疑为上古古书或《尚书》佚文，今存《尚书》未见此文。距，同"岠""拒"。

⑦《传》：为《距年》所作的"传"。

⑧圣君哲人：圣明的诸侯大夫和才识超群的人。

⑧裨辅：辅佐。裨，即"弼"。

⑧《汤誓》：《尚书》篇名。然今存《汤誓》篇无有此句。

⑧聿求元圣：觅求大圣。聿，语助词，无实义。元圣，大圣。元，大也。

⑧圣之不失：当为"圣王之不失"。（孙诒让：《墨子间诂》，第57页。）失，放弃。

⑧无异物杂焉：无其他事相掺杂。杂，掺杂。

⑧舜耕历山：舜在历山耕种。《尚书·大禹谟》："帝初于历山，往于田。"（顾迁：《尚书注译》，第44页。）历山，古地名，具体所在尚无结论。

⑧陶河濒：在黄河边上制陶器。河，指黄河。濒，水边。

⑧渔雷泽：在雷泽里捕鱼。雷泽，古泽名，在今山东菏泽与河南濮阳交界处。渔，捕鱼。

⑧伊挚：即伊尹，商汤相国。详见《尚贤上》。

⑨私臣：家奴。臣，奴隶。"臣，牵也，事君也，象屈服之形。"（《说文解字》，第66页。）

⑨傅说被褐带索：傅说身穿褐衣，腰系草绳。傅说，商代武丁大臣。被，披。褐，粗布衣。带，束。索，草绳。

⑨庸筑乎傅岩：作为佣工在傅岩筑城。庸，同"佣"。傅岩，古地名，传为傅说版筑处。

⑨武丁：商代国王，后被称为高宗，盘庚弟小乙之子，在位五十九年，重用傅说、甘盘等贤臣，对外用兵开疆很多。

⑨三公：指天子之相。《周礼·天官》指太师、太傅、太保。（阮元校刻：《十三经注疏》，第639—640页。）《汉书》指司马、司徒、司空。（《汉书》，中华书局1962年版，第722页。以下简称为"《汉书》"。）

⑨以：作"而"解，意为"能"。

⑯取法于天：效法上天。法，效法。

⑰尚：当为衍字。

⑱兼而憎之，从而贼之：憎恨全天下百姓，残害全天下百姓。兼，全，尽。憎，恨。贼，残害。

⑲诟天侮鬼，贼傲万民：辱骂上天，侮辱鬼神，杀害黎民。诟，辱骂。傲，当为"敖"。敖，"杀"的形讹字。（孙诒让：《墨子间诂》，第61页。）

⑳伯鲧：即鲧，传说中颛顼之子、夏禹之父。居于崇，为崇伯。尧时奉命治水不成，被杀于羽山。

㉑元子：长子。

㉒德庸：盛德伟功。庸，功。

㉓刑：杀。羽：羽山，古地名，或说在今山东郯城县。

㉔热照无有及也：日月光热达不到的地方。

㉕使能：前脱"尚贤"二字。

㉖稷：即"后稷"，古代周族的始祖，尧舜时为农官，善耕种。皋陶（gāo yáo）：偃姓，虞舜贤臣，掌刑法。

㉗《吕刑》：《尚书》篇名，是周穆王时有关刑法的文告。

㉘清问：询问。清，训为"讯"。讯，"问也。"（《说文解字》，第52页。）

㉙有辞有苗：对有苗部族说出谴责的话。辞，词讼。有苗，即"三苗"，古代部族名，分布"在江淮、荆州"。（《史记》，中华书局1959年版，第28页。以下简称为"《史记》"。）

㉚群后之肆在下：所有诸侯以及在下的百官士民。后，同"公""侯""君也"。（（清）郝懿行：《尔雅义疏》，上海古籍出版社1983年版，第4A。以下简称为"郝懿行：《尔雅义疏》"。）肆，或作"隶"，通"隶"。隶，及。

㉛明明不常：对于明显有明德的人要破除常规而举荐使用。明明，第一个明为"明显"，第二个明为"明德"。常，常规。

㉜鳏寡不盖：对鳏夫寡妇有显德的也不掩饰。盖，掩盖。

㉝德威维威：有德的威严才可使民众畏服。维威，可作"维畏"和"惟畏"。畏、威古通用。畏，畏服。

㉞德明维明：明察且举用贤者，方为明德之人。德明，察知并举用

贤人。

⑮ 三后：指禹、稷、皋陶三君。

⑯ 恤功于民：忧虑如何为黎民办事建功。恤，同"卹"，忧虑。功，做事。

⑰ 伯夷降典，哲民维刑：伯夷颁布法典，用刑法治理人民。典，法则。哲民维刑，即"折民维刑"或"制民维刑"，意为"断法以制民"。

⑱ 平：平治。主：主持。名：命名。

⑲ 稷隆播种，农殖嘉谷：后稷传下播种技艺，劝勉农事，多产粮食。隆，"降与隆通"，作"降"。（（清）王念孙：《墨子杂志》，载任继愈、李广星主编《墨子大全影印本第十四册》，北京图书馆出版社 2004 年版，第 40—41 页。以下简称为"王念孙：《墨子杂志》"。）农，"勉也"（（清）王念孙：《广雅疏证·释诂三下》，上海古籍出版社 1983 年版，第 21B。以下简称为"王念孙：《广雅疏证》"。）

⑳ 维假于民：民众获得福祉。假，"嘏"的形讹字。嘏（gǔ），福祉。

㉑ 隐事遗利：尚未被发现的事情和与百姓有关的利益。

㉒ 乡其德：心向着他的美德。乡，通"向"。

㉓ 被：覆盖、承受。

㉔ 宨（tiǎo）："深肆极也。"（《说文解字》，第 153 页。）引申为"满"。

㉕ 《周颂》：当指《诗经·周颂》，但今本《诗经》无此诗。

㉖ 普（pǔ）：即"溥"。溥，"大也。"（上海涵芬楼刻印：《四部丛刊元本玉篇·卷十九水部》，第 6B。以下简称为"上海涵芬楼刻印：《元本玉篇》"。）

㉗ 昭：同"照"。

㉘ 坼（chè）：裂开。

㉙ 埴固：像黏土一样牢固。埴（zhí），黏土。

㉚ 总：聚、合。

㉛ 将何以哉：将要怎么办？"何以"即"以何"。以，用。

㉜ 挟震威强：挟持和依仗自己的威势和强力，使人震惊和慑服。挟，挟持，依凭。

⑬焉取：得到什么。焉，什么。

⑭倾者民之死：即"倾之于民之死"，意为"政权在民众的以死抗争中倾覆"。倾，覆。者，读"诸"，通"诸"。（王裕安等：《墨子大词典》，第430页。）

⑮有：为衍字。

⑯意：志、厚望。

⑰厚行：淳厚的品德。厚，淳厚。行，品行。

【译文】

墨子说：现在王公大人统治人民，掌握政权，治理国家，希望长久保持而不失去，为什么不明察崇尚贤人是施政的根本这个道理呢？凭借什么知道崇尚贤人是为政的根本呢？答道：由高贵而且有智慧的人去治理愚蠢卑贱的人，国家就会治理好；由愚蠢卑贱的人去治理高贵而且有智慧的人，国家就会混乱。凭借这个事实就能知道，崇尚贤能就是施政的根本。

因此，古代圣明的君王非常尊重和崇尚贤人，而且任命和使用贤人，不祖护父亲兄长，不偏向富贵的人，不宠爱俊美的人。如果是贤能的人，就推举选拔上来，让他们富裕而且尊贵，任命他们做官长；如果是没有德才的不贤者，就罢免废弃他们，使他们贫穷而且低贱，去做徒役的事务。因此，百姓都因圣王的奖赏而得到勉励，又为圣王的惩罚而感到害怕，就争先恐后地去做贤能的人。于是贤能的人就会多，不贤能的人就会少，这就叫崇尚贤能的人。然后圣王就听取贤能人士的言论，观察他们的行为，考察他们的能力，谨慎地授予相应的官职，这就叫使用贤能的人。能够用来治理国家的人，就让他们治理国家；能够任命为官长的人，就让他做官长；可以让他们管理邑里的，就让他管理邑里。所有可以用来治理国家、主持官府、管理邑里的人，这些都是国家贤能的人。

贤能的人治理国家，上朝很早，退朝很晚。用心审案，处理政务，因而国家得到治理，刑法得到端正。贤人治理官府，睡得很晚，起得很早，征收关塞、集市、山陵、林木、湖泽、桥梁的财利，用来充实官家府库，因而官家府库充实而财利不会散失。贤能的人管理邑里，早出晚归，督导百姓耕作种植，收集豆类和谷类，因而豆谷丰饶，百姓粮食充足。国家得到治理刑法就会公正，国库充足百姓就会富裕。这样对上有条件置办洁净的酒食祭品，用来祭祀天帝鬼神；对外有能力置办皮毛和丝织品，与四邻诸侯交往；对内能够使饥者得食，劳者得息，抚养天下百姓，安抚天下贤能的人。因为君王上有天帝鬼神使他富裕，外有诸侯与他结交，内有众多百姓与他亲近以及贤能的人来归顺他，所以筹谋事情就能达到目的，行事就能成功，在内防守就能稳固，对外讨伐就能强大。从前三代圣明君王唐尧、虞舜、夏禹、商汤、周文王、周武王能称王于天下，统治各地诸侯，这个"尚贤使能"就是他们得以成功的法则。

　　既然有了尚贤使能这样的法则，如果不了解推行这一法则的方法，那么事情仍是做不成的。因此，必须为尚贤使能的实施设置三项根本措施。什么叫作三项根本措施？回答是：爵位不高，那么百姓就不会敬重；俸禄不优厚，那么百姓就不会信赖；政令不能决断，那么百姓就不会畏惧。所以古代的圣王不仅给予贤能的人很高的爵位、优厚的俸禄，还要委以重任，给予决断政务和发布命令的权力。这难道仅仅是对他们的贤能给予的赏赐吗？这只不过是为了让他们做好施政的事情罢了！《诗经》说："告诉你们应当忧心别人的辛劳，教诲你们要有担当并授予相应的爵位。谁能拿了很热的东西而不把手放到冷水里浸泡呢？"这是说古代的国君和诸侯不可不亲近那些继承人和辅佐大臣，就好比拿过很烫物品的手一定要放到冷水里浸洗，以便使手的疼感平复消失一样。古代圣明的君王一定要得到贤能的人，并且任用他，就要授予爵位使其尊贵，分割土地来赏赐他，终其一生也不厌弃。贤能的人希望遇到圣明的君王朝夕侍奉，竭尽全力为君王办事，终身都不感到倦怠。如果有美德善事就归功于君上，而百姓的怨恨就由臣下承担；安乐由君上享受，忧患就由臣下承担。古代的君王就是这样处理政务的。

　　现在王公大人也想效法古人用"尚贤使能"的方法来治国理政，可只是给予贤者很高的爵位，不给予他们相应的俸禄。爵位高而无俸禄，百姓不会相信这是真正的"尚贤使能"。贤者会说："这不是从心里真正爱我，不过是假装用我博取一个'尚贤'的美名罢了。"那么，被假装使用的贤人，又怎么能与他的君上保持亲密关系呢？所以先王说："贪恋权力的人不会将政务分给别人，看重财货的人不会把俸禄分给别人。"政务不让别人参与，俸禄又不与别人分享，请问天下的贤人又凭什么来到王公大人的身旁呢？如果贤人不来到王公大人的身旁，那么不贤的人就会聚集在王公大人的周围了。不贤的人聚集在君王周围，那么他们所称赞的就不会是真正的贤人，他们所惩罚的也不会是真正的恶人。王公大人任用这些不贤者来治理国家，那么奖赏的就一定不是贤能的人，惩罚的也一定不是恶人。假如奖赏的不是贤人，惩罚的不是恶人，那么贤人就不会受到鼓舞，恶人也不会得到压制。这样不贤者在家就不会孝顺父母，在外就不会尊重乡里长老，生活没有节制，出入交往没有规矩，男女没有界限区别。这样让他们治理官府，就会发生偷窃；让他们守卫城池，就会发生投降叛变；君上有难也不会牺牲自己，君主外出逃亡也不会跟随。让他们决狱断案就不会公正，让他们分配财物也不会平均，与他们谋划事情就达不到目的，与他们共事也不会取得成功。以致对内防守不稳固，对外征伐也不显得强大。从前三代残暴的君王夏桀、殷纣、周幽王、周厉王等之所以丢弃了他们的国家，倾覆他们的社稷，就是因为不能"尚贤使能"这个缘故。怎么会是这样呢？就是因为他们治国理政只明白小道理，而不明白大道理。

现在的王公大人，有一件衣裳不能裁制，必定会借助高明的裁缝；有一头牛不能宰杀，也必定借助高明的屠夫。所以像这两件事情，王公大人们不是不知道要用"尚贤使能"的方法去处理的；等到国家发生混乱、社稷面临危险的时候，王公大人却不知道任用贤能的人去治理。只要是自己的亲戚就任用，没有功劳却得到富贵的以及容貌好看的也都被任用。那么这些没有功劳就得到富贵以及面貌好看就被任用的人，难道他们就一定是有智慧的吗？如果用他们来治理国家，那就是让没有智慧的人来治国理政，国家必将发生混乱就是可以预知的。

况且王公大人仅以爱悦某人的容貌而予以任用，他们就不会用心考察某人是否拥有智慧便对他加以宠爱，以至于不能管理一百人的人，却让他做管理一千人的官；不能管理一千人的人，竟让他去做管理一万人的官。这是什么原因呢？回答当然是：担任这种官职的人，爵位高而且俸禄丰厚，因为宠爱他们，所以就任用他们。不能治理一千人的人，让他做管理一万人的官，那么他做的官就是他能力的十倍。要知道治理政务的常规就是政事天天都会有，天天都要处理政事，而一天的治理时间都有定数，不可能会无故延长十倍；另外，处理政事需要用智慧，人的智慧也不会无故增长十倍。可是授予的官职超过了他才能的十倍，那么他就只能处理一成的政事而把九成政事弃置一边。即便他夜以继日地处理政事，政务还是不能得到有效处理。这是什么原因呢？这是因为王公大人不明白要用"尚贤使能"来处理政务这个道理。由此可见，用"尚贤使能"处理政务而得到治理的原因，就是本句话所说的；不任用贤能的人而使国家发生混乱的原因，就是上述这些事例所说的。现在的王公大人，如果确实希望治理好他的国家，希望长保社稷而不失去，为什么不能明察"尚贤乃是为政之本"这一道理呢？

把崇尚贤能的人作为治理政务的根本，难道只是墨子一个人的说法吗？这既是圣明君王的道术，也是先王之书《距年》中记载的言论。《传》说："要寻找圣明的君子和才识超群的人来辅佐你。"《汤誓》说："要寻找德才兼备的大圣人，与他同心协力来治理天下。"这就是说，圣王不会放弃选用贤人来治理政务。因此，古代圣明的君王，能够慎重地用崇尚贤能的人这一道术来治理政务，排除其他杂事的干扰，天下的人都从中得到了利益。

古时候虞舜在历山耕种，在黄河边做陶器，在雷泽捕鱼，唐尧在服泽的北岸遇到了他，推举他为天子，让他接管天下的政务，管理天下的百姓。伊挚原是有莘氏陪嫁的奴隶，做过厨子，商汤得到他，推举他做自己的辅相，让他接管天下的政务，管理天下的百姓。傅说身穿粗布衣服，腰束草绳，以佣工的身份在傅岩这个地方筑城，商王武丁认识了他，就推举他登上三公大位，让他接管天下的政务，管理天下的百姓。这三人为什么开始低贱而最后富贵、开始贫穷而最后富裕呢？那就是因为天子、诸侯、卿大夫明白要用贤能的人来治理政务的道理。有贤人辅佐治国理政，百姓饥饿就不会得不到食物，寒冷就不会得不到衣服，疲劳就不会得不到休息，天下混乱就不会得不到治理。

古代圣明的君王能够慎重地用崇尚贤能来治理政务，这是遵从并效法于天帝的。只有天帝不区别贫贱富贵、亲疏远近，只要是贤能的人就会推举并崇尚他们，不贤的人就压制和废黜他们。既然这样，那些身处富贵且为贤能因而得到奖赏的人是谁呢？回答是：从前三代圣明的君王唐尧、虞舜、夏禹、商汤、周文王、周武王就是这样的人。他们之所以得到天帝的赏赐，其原因是什么？回答说：他们博爱天下的百姓，为他们谋取利益，又率领天下的百姓尊重天帝，侍奉鬼神，爱民利民，所以天帝鬼神赏赐他们，立他们为天子，让他们做百姓的父母，天下的百姓也因而跟从并赞誉他们为"圣明的君王"，到现在也没有停止。这就是身处富贵、行贤不止因而得到奖赏的人。

　　既然这样，那么身处富贵、行为残暴因而得到惩罚的人又是谁呢？回答是：从前夏商周三代残暴的君王夏桀、殷纣、周幽王、周厉王就是这样的人。为什么知道是这样的呢？回答是：他们治理天下，憎恨全天下的百姓，残害全天下的百姓，又率领天下的百姓辱骂天帝，侮辱鬼神，残杀生灵，所以天帝鬼神就惩罚他们，让他们身受刑罚而死，子孙离散，家族灭亡，后嗣断绝，天下的百姓都斥责他们是残暴的君王，直到现在也没有停止。这就是身处富贵而行为残暴、因而得到惩罚的人。

　　既然如此，那些与王公大人关系亲近但行为不良受到惩罚的人又是谁呢？回答是：就像从前的伯鲧那样。他作为帝王颛顼的长子，却败坏了帝王的功德，已被诛杀于羽山郊野。这是日月的光辉照不到的地方，帝舜也不关爱他。这就是与王公大人亲近但行为不善而受到惩罚的人。

　　既然这样，那么上天所使用的有才能的人又是谁呢？回答是：从前夏禹、后稷、皋陶就是这样的人。为什么知道是这样呢？回答说：先王经典《尚书·吕刑》说过："帝尧询问百官士民，对三苗部族发布谴责的言辞。帝尧便说：'各位君主以及在下做事的人，要任用明显有德行的贤人而不必拘于常规，即使是鳏夫寡妇也不要被埋没。以高尚的品德建立的威严方可使民众畏服，明白考察而且任用贤能的人才可称为有明德的人。'于是命令伯益、夏禹、后稷三位君王，要时刻忧虑为百姓建功立业：于是伯益颁布法典，用刑法管制百姓；夏禹平治水土，命名那些尚无名称的高山大河；后稷传下播种技艺，劝勉耕作，多产粮食。这三位君王获得成功，给天下百姓带来巨大的福祉。"这里所说的三位圣王，谨慎地说话，谨慎地做事，精心思虑，不断求索天下尚未显露的事物和被遗漏的利益。对上侍奉天帝，天帝就会心向他们的美德；对下施恩于百姓，百姓就会享受到他们的好处，终其一生也享用不尽。

因此，先王说过："这种'尚贤使能'的道术，从大处来说用来治理天下，天下不会不满；从小处来说用来约束自身，自己也不会困惑。长久使用，就会使天下百姓普遍得到好处，终其一生也享用不完。"《诗经·周颂》也说："圣人的高尚品德，如同天一样高，如同地一样广阔。他的光辉普照天下，就像大地一样稳固，就像高山一样耸立，不会断裂，不会崩塌；就像太阳的光辉，就像月亮的明亮，同天地一样长久的存在。"这是说圣人的德行光明博大，坚韧稳固，能够存在长久，因为圣人的德行，汇聚了天地间的一切美德。

现在的王公大人希望称王于天下，统领各地诸侯，但没有道德仁义又可凭借什么呢？他们会说，必定挟持威力和强权使民众畏服。事实是现在王公大人从"挟震威强"这一方法中又能得到什么呢？民众必定以死抗争来颠覆王公大人的强权。生是百姓很希望得到的，死是百姓十分厌恶的。现在百姓想得到的没有得到，而他们所厌恶的却经常到来。从古到今，还不曾有人用"挟震威强"这种方法治理百姓、统治诸侯而获得成功的。现在王公大人希望称王于天下，统治诸侯，使自己得志于天下，美名在后世长久流传，为什么不能考察"尚贤使能"这一治国理政的根本呢？要知道，"尚贤使能"这是圣人淳厚崇高的德行啊！

第三篇　尚贤下

【题解】

如何才能鼓励国家的民众成为贤能者，墨子举出对国家的"射御之士"和"忠信之士"，只要给予"赏贵之"，就能产生很好的鼓励引导效果，从而说明，"尚贤使能"的关键在于要有切实的措施和行动。墨子强调指出，当今王公大人在修"危弓"、治"罢马"这类小事上很明白需要尚贤使能，但是面对治国理政这类大事上，就不再明白尚贤使能的道理了，以致"赏不当贤，罚不当暴"，使国家陷入危殆境地。从而申明"尚贤使能""上可而利天，中可而利鬼，下可而利人"，应该是治国理政的根本。

【原文】

子墨子言曰：天下之王公大人皆欲其国家之富也，人民之众也，刑法之治也。然而不识以尚贤为政其国家百姓，王公大人本失尚贤为政之本也。若苟王公大人本失尚贤为政之本也，则不能毋举物示之乎①？

今若有一诸侯于此，为政其国家也，曰："凡我国能射御之士，我将赏贵之②；不能射御之士，我将罪贱之③。"问于若国④之士，孰喜孰惧？我以为必能射御之士喜，不能射御之士惧。我赏⑤因而诱之矣，曰："凡我国之忠信之士，我将赏贵之；不忠信之士，我将罪贱之。"问于若国之士，孰喜孰惧？我以为必忠信之士喜，不忠不信之士惧。今惟毋以尚贤为政其国家百姓，使国为善者劝，为暴者沮。大⑥以为政于天下，使天下之为善者劝，为暴者沮。然昔吾所以贵尧舜禹汤文武之道者，何故以哉？以其唯毋临众发政而治民，使天下之为善者可而劝也，为暴者可而沮也。然则此尚贤者也，与尧舜禹汤文武之道同矣。

而今天下之士君子⑦，居处言语⑧皆尚贤，逮至其临众发政而治民，莫知尚贤而使能。我以此知天下之士君子，明于小而不明于大也。何以知其然乎？今王公大人有一牛羊之财⑨不能杀，必索良宰；有一衣裳之财不能制，必索良工。当王公大人之于此也，虽有骨肉之亲、无故富贵、面目美好者，实知其不能也，不使之也。是何故？恐其败财也。当王公大人之于此也，则不失尚贤而使能。王公大人有一罢马⑩不能治，必索良医；有一危弓⑪不能张，必索良工。当王公大人之于此也，虽有骨肉之亲、无故富贵、面目美好者，实知其不能也，必不使。是何故？恐其败财也。当王公大人之于此也，则不失尚贤而使能。逮至其国家则不然，王公大人骨肉之亲、无故富贵、面目美好者则举之。则王公大人之亲其国家也，不若亲其一危弓、罢马、衣裳、牛羊之财与？我以此知天下之士君子，皆明于小而不明于大也。此譬犹喑者而使为行人⑫，聋者而使为乐师。

是故古之圣王之治天下也，其所富，其所贵，未必王公大人骨肉之亲、无故富贵、面目美好者也。是故昔者舜耕于历山，陶于河濒，渔于雷泽，灰于常阳⑬。尧得之服泽之阳，立为天子，使接天下之政，而治天下之民。昔伊尹为莘氏女师仆⑭，使为庖人，汤得而举之，立为三公，使接天下之政，治天下之民。昔者傅说居北海之洲⑮，圜土之上⑯，衣褐带索，庸筑于傅岩之城。武丁得而举之，立为三公，使之接天下之政，而治天下之民。是故昔者尧之举舜也，汤之举伊尹也，武丁之举傅说也，岂以为骨肉之亲、无故富贵、面目美好者哉？惟法其言，用其谋，行其道，上可而利天，中可而利鬼，下可而利人。是故推而上之。

古者圣王既审尚贤，欲以为政，故书之竹帛⑰，琢之盘盂⑱，传以遗⑲后世子孙。于先王之书《吕刑》之书然：王⑳曰：“於㉑！来！有国有土㉒，告女讼刑㉓。在今而安百姓，女何择言人㉔？何敬不刑㉕？何度不及㉖？”能择人而敬为刑，尧舜禹汤文武之道可及也。是何也？则以尚贤及之。于先王之书《竖年》之言然，曰：“晞夫圣武知人，以屏辅而身㉗。”此言先王之治天下也，必选择贤者，以为其群属辅佐㉘。

曰：今也天下之士君子，皆欲富贵而恶贫贱，曰㉙：然女何为而得富贵而辟贫贱？莫若为贤。为贤之道将奈何？曰：有力者疾以助人，有财者勉㉚以分人，有道者劝以教人。若此，则饥者得食，寒者得衣，乱者得治。若饥则得食，寒则得衣，乱则得治，此安生生㉛。

今王公大人，其所富，其所贵，皆王公大人骨肉之亲、无故富贵、面目美好者也。今王公大人骨肉之亲、无故富贵、面目美好者，焉故必知㉜？若不知，使治其国家，则其国家之乱，可得而知也。

今天下之士君子皆欲富贵而恶贫贱，然女何为而得富贵而辟贫贱哉？曰：莫若为王公大人骨肉之亲、无故富贵、面目美好者。王公大人骨肉之亲、无故富贵、面目美好者，此非可学能者也。使不知辩德行之厚，若禹汤文武，不加得㉝也；王公大人骨肉之亲，躄喑聋暴为桀纣㉞，不加失也。是故以赏不当贤，罚不当暴。其所赏者，已无故㉟矣；其所罚者，亦无罪。是以使百姓皆攸心解体㊱，沮以为善；垂其股肱之力，而不相劳来也㊲；腐臭余财，而不相分资也；隐慝㊳良道，而不相教诲也。若此则饥者不得食，寒者不得衣，乱者不得治。

推而上之以㊴，是故昔者尧有舜，舜有禹，禹有皋陶，汤有小臣㊵，武王有闳夭、泰颠、南宫括㊶、散宜生㊷，而天下和，庶民阜㊸。是以近者安之，远者归之。日月之所照，舟车之所及，雨露之所渐㊹，粒食之所养㊺，得此莫不劝誉。且今天下之王公大人士君子，中实将欲为仁义，求为上士，上欲中圣王之道，下欲中国家百姓之利，故尚贤之为说，而不可不察此者也。尚贤者，天、鬼、百姓之利而政事之本也。

【注释】

① 乎：也。

② 赏贵之：即"赏之贵之"。

③ 罪贱之：即"罪之贱之"。

④ 若国：这个国家。若，这、这个。

⑤ 赏："尝"的形讹字。尝，尝试。

⑥ 大：从大处说。

⑦ 士君子：指一般读书做官的人。

⑧ 居处言语：平时言谈。

⑨ 财：同"材"。(毕沅：《墨子注》(日本重刻本)，第516页。)此指"食材"。

⑩ 罢马：衰老病弱的马。罢，读 pí，病弱。

⑪ 危弓：有毛病的弓。

⑫ 喑者而使为行人：派哑巴担任迎接宾客的外交官。喑，哑。行人，古代专门接待外国宾客的官员。

⑬ 灰于常阳：在常阳这个地方贩卖货物。灰，"'反'之误，反者，'贩'之假借字。"(俞樾：《墨子平议》，第402页。)常阳，古地名，无考。

⑭ 莘氏女师仆：有莘氏女的家奴。莘氏即有莘氏。师，当为"私"。(俞樾：《墨子平议》，第402页。)

⑮ 北海之洲：北方的一个小岛。"洲"指水中的陆地，此指水中的小岛。

⑯ 圜土之上：牢狱之中。圜(yuán)土，"狱城曰圜"，"周曰圜土。"((清)朱骏声：《说文通训定声》，中华书局1984年版，第767页。以下简称为"朱骏声：《说文通训定声》"。)

⑰ 竹帛：竹简和丝绢，引申为"史籍"。

⑱ 琢之盘盂：刻写在作为水器和食器的盘和盂上。琢，刻。盘，又作

"槃"，"承槃也。"承水器皿。（《说文解字》，第 122 页。）盂，"饭器。"（《说文解字》，第 104 页。）盘、盂皆青铜器。

⑲ 传以遗：传承并遗留。

⑳ 王：应为"先王"。

㉑ 於：读 wū，感叹词。

㉒ 有国有土：拥有国家的诸侯和拥有封地的卿士。

㉓ 告女讼刑：告诉你们应当公正地行使刑法。《史记·吕太后本纪第九》："讼，一读'公'"。（《史记》，第 410 页。）公，公正。

㉔ 何择言人：当为"何择非人"，即"为何选择的不是贤人？"言，"当为否"，因篆字"言""否"形近而讹。（王念孙：《墨子杂志》，第 43 页。）"否"即"非"。

㉕ 何敬不刑：为何恭敬谨慎的不是典刑。刑，典刑。

㉖ 何度不及：为何思虑谋划的不及古圣先王。度，读 duō，忖度、思虑。

㉗ 睎夫圣武知人，以屏辅而身：希望那些圣明、勇武、智慧之人，都来辅佐你们施政。睎，"睎"之误。睎（xi），盼望。而，即"尔"。

㉘ 群属：群牧。当指各级官吏。

㉙ 曰：当移到下句"莫若为贤"前。

㉚ 勉：尽力、努力。

㉛ 此安生生：这样就可使天下百姓繁衍不息。安，"犹乃也。"（张纯一：《墨子集解》，第 96 页。）生生，第一个"生"为众生；第二个"生"为生息繁衍。

㉜ 焉故必知哉：有什么理由一定是智慧的人呢？焉，通"何"。知，即"智"。

㉝ 不加得：不多得到什么。加，更多。

㉞ 躄喑聋暴为桀纣：瘸子、哑巴、聋子以及如同夏桀殷纣那样残暴的人。躄（bi），跛足不能行。喑，喑哑不能言。

㉟ 无故：无功。故，指得到奖赏的条件是建立功绩。

㊱ 攸心解体：心悬体懈。攸，悬危貌。解，读 xiè，懈怠。

㊲ 垂其股肱之力，而不相劳来也：闲置其手足的力量，不去慰勉别人。股肱，手足。劳来，慰勉。《汉书·宣帝纪》："劳来不怠。"颜师古注："劳来者，言慰勉而招延之也。"（《汉书》，第248页。）

㊳ 隐慝：隐藏。慝（tè），同"匿"，隐藏。

㊴ 推而上之以："此五字乃是衍文。"（王念孙：《墨子杂志》，第45页。）

㊵ 小臣：即《尚贤中》所提到的伊挚、本篇中的"伊尹"。伊挚、伊尹为同一人。

㊶ 南宫括：亦作南宫适（kuó），助周武王灭商大臣。

㊷ 散宜生：与闳夭、泰颠同辅西伯姬昌，后辅周武王灭商。

㊸ 阜：盛、富足。

㊹ 雨露之所渐：渐，浸润。意为"雨露所可浸润的地方"。

㊺ 粒食之所养：富产粮食养育黎民的地方。粒食，以谷物为食。

【译文】

墨子说：天下的王公大人都希望他们的国家富足、人民众多、刑法公正，但是却不知道用"尚贤使能"的法则治理国家和百姓，因为他们原本就丢失了"尚贤使能"这一治国理政的法则。如果王公大人原本就丢失了"尚贤使能"这一治国理政的法则，就不能不举出相关的事例来开导他们。

现在假定有一个诸侯在这里治理他的国家，发令说："凡是我国熟悉射箭驾车的人，我将奖赏他，使他尊贵；而不能射箭驾车的人，我将按罪论处，使他卑贱。"试问这个国家的人，谁会高兴谁会畏惧呢？我认为一定是能射箭驾车的人高兴，不能射箭驾车的人畏惧。我尝试着由此诱导他们说："凡是我国忠诚而有信用的人，我将奖赏他并使他尊贵；不忠诚及没有信用的人，我将责罚他并且使他贫贱。"试问这个国家的人，谁会高兴谁会畏惧呢？我认为一定是忠诚有信用的人高兴，不忠诚和没有信用的人畏惧。现在用"尚贤使能"这一法则治理国家和百姓，就会使国家中做善事的人得到鼓励，使作恶的人被阻止。从大处来说，治理整个天下，就可以使天下做善事的人得到鼓励，而那些做坏事的人将被阻止为恶。那么从前我们推崇唐尧、虞舜、夏禹、商汤、周文王和周武王的道术，是什么原因呢？因为他们当众发布政令来治理民众，从而使天下做善事的人得到鼓励，而那些做坏事的人被阻止为恶。既然这样，那么这种道术就是崇尚贤能的人所推崇的，他们推崇与唐尧、虞舜、夏禹、商汤、周文王和周武王同样的道术。

现在天下做官理政的人，平时言谈都知道崇尚贤能的道理，等到他们当众发布政令、治理百姓的时候，就没有人知道要崇尚贤者、使用能人这个道理了。我由此知道天下那些做官理政的人，只是明白小道理而不明白大道理。从哪儿知道是这么一种情况呢？回答是：譬如现在王公大人有一头牛、有一只羊的食材不能宰杀，就必定寻求技术精良的屠夫；有一件衣服不能缝制，就必定寻求手艺高超的裁缝。当王公大人面临宰杀牛羊和缝制衣服这类问题时，即使是自己的骨肉那样亲近的人、没有功劳得到富贵的人，以及面貌俊美好看的人，因为知道他们确实做不了这些事，也就不让他们去做。这是什么原因呢？当然是担心他们会损坏财物。当王公大人面临处理这类事情的时候，还不失为"尚贤使能"的人。又譬如，王公大人有一匹病弱的马不能医治，一定要去寻找高明的兽医；有一张坏弓不能拉开，就一定去寻找高明的工匠。当王公大人面临处理这类事情的时候，虽说有像自己的骨肉这样亲近的人、没有功劳却得到富贵的人，以及面貌俊美好看的人，但知道他们确实做不了这类事，就一定不会让他们去做。这是什么原因呢？当然是担心他们会损坏财物。当王公大人面临处理这类事情的时候，还不失为"尚贤使能"的人。可等到王公大人面对治理国家的时候，就不是这样了：他们的骨肉之亲、没有功劳却得到富贵的人以及面貌俊美好看的人，都被推举到治国理政的官位上来了。由此可见，王公大人对他们国家的亲爱，还不如他们对一张坏弓、一匹病马、一件衣服、一头牛、一只羊等财物的亲爱。我由此知道天下那些做官理政的人，他们都是一些只明白小道理而不明白大道理的人。他们这样做，这就好比让一个哑巴去担任外交使者、让一个聋子担任乐师一样荒唐。

古代圣明的君王，他们希望那些能够富贵的人，不一定是王公大人的骨肉亲戚，也不一定是没有功劳却得到富贵和容貌长得好看的人。从前虞舜在历山下耕种，在黄河边制作陶器，在雷泽里捕鱼，在常阳贩卖货物。这时唐尧在服泽的北岸发现了虞舜，立他做天子，让他接管天下的政务，治理天下的百姓。从前伊尹是有莘氏公主的家奴，被役使做厨师，后商汤得识伊尹，推举他做辅相，将天下政事交予他接管，让他治理天下百姓。从前傅说住在北海的一个小岛上，因在牢狱里面，身穿粗布衣，腰扎草绳，作为佣工在傅岩城下筑墙。后武丁得以认识傅说，把他推举到三公辅相的高位，让他接管天下的政务，治理天下的百姓。从前唐尧推举虞舜，商汤推举伊尹，武丁推举傅说，难道因为这些被推荐者是圣王自己的骨肉亲戚、没有功劳却得到富贵以及容貌长得好看的人吗？这些圣王只是遵从这些贤人的有关言论，采用他们的智谋，实行他们的道术，这样对上可以对天帝有利，居中可以对鬼神有利，对下可以对百姓有利，所以才把他们推举提拔上来。

古时圣王明察崇尚贤人的重要性，希望把"尚贤"作为治国理政的根本法则，所以就把它书写在竹简和绢帛上，雕刻在盘盂一类水器和食器上，以便传留给后世子孙。先王经典《尚书·吕刑》这样写道，先王说："喂，都上前来，拥有国家的诸侯和拥有土地的卿士们，我来告诉你们关于公正刑法的事。现在要安抚百姓，你们为什么选择的不是贤人？为什么恭敬谨慎的不是典刑？为什么思虑问题赶不上古圣先王？"可见，如能多多选拔贤人并且重视刑法，就可以实现唐尧、虞舜、夏禹、商汤、周文王和周武王治国理政的道术。这是为什么呢？当然是因为施行"尚贤使能"这一先王道术，就能够达到治国理政的目的。如像先王的经典《竖年》所说的那样："希望那些圣明、勇武、智慧的贤人，都来辅佐你们理政。"这是说古代圣王治理天下，一定要选拔贤能作为他们的群僚，任用他们来辅佐处理政事。

如果说，现今居于尊位的为官理政的人，都希望保持富贵而厌恶贫贱，那么人们不禁要问：你们要做什么才能保持富贵而避免贫贱呢？回答是：不如都来修德行贤。那么又如何才能做到修德行贤呢？回答是：有力量的人应尽快去帮助别人，有财富的人应尽力分给别人，有道术的人应努力去教导别人。如果这样去做，那么饥饿的人就会得到食物，寒冷的人就会有衣服穿戴，混乱的社会就会得到治理。倘若饥饿的人有饭吃，寒冷的人有衣穿，混乱的社会得到治理，那么这样就可以让天下的百姓生生繁衍不息。

现今的王公大人，他们希望那些将要富足、尊贵的人，都是王公大人的骨肉亲戚、无功而富贵者以及容貌好看的人。现在王公大人的骨肉亲戚、无功而富贵以及容貌好看的人，有什么理由一定是有智慧的人呢？倘若没有智慧，让他们去治理国家，那么国家发生混乱就在预料之中了。

现在天下做官从政的人，都希望保持富贵而厌恶贫贱，既然如此，那么你们怎样做才能得到并保持富贵，从而避免贫贱呢？有人说：不如去当王公大人的骨肉亲戚、无功而富贵以及容貌好看的人。可是王公大人的骨肉亲戚、无功而富贵以及容貌好看的人，这不是通过学习可以达到的。假如不知道分辨贤者和不贤者，即使如夏禹、商汤、周文王、周武王这样品德崇高的圣王，也不会更多地得到什么好处；而王公大人的骨肉亲戚以及瘸子、哑巴、聋子乃至残暴如同夏桀、商纣一样的人，也不会更多地失去什么利益。原因在于所奖赏的不符合贤能标准，所惩罚的也不符合残暴的条件，以致他们所奖赏的是无功劳的人，所惩罚的也是无罪的人。这样就使百姓心悬半空，身体懈怠，不仅阻挠了他们修德行善，而且宁愿闲置他们手足的力量，也不去慰勉别人；宁肯让多余的财物腐烂发臭，也不愿分出一份资助别人；宁肯把美好的道术隐藏起来，也不愿意教导别人。如果都这样做，那么饥饿的人就不会得到食物，寒冷的人也不会得到衣服，天下的混乱也不会得到治理。

从前唐尧有虞舜，虞舜有夏禹，夏禹有皋陶，商汤有伊尹，武王有闳夭、泰颠、南宫括、散宜生这些圣贤的人，因此天下祥和，百姓富足，以致附近的人得到安宁，远方的人都来归附。太阳月亮所能照到的地方，船与车所能到达的地方，雨露所能滋润的地方，富产粮食养育黎民的地方，没有不相互劝勉和称赞贤能的。况且现在天下的王公大人以及做官从政的人，如果心中真正希望实行仁义之道，追求做高尚的士人，在上希望符合圣明君王的道术，对下希望符合国家百姓的利益，那么对于崇尚贤能的言论，就不能不认真考虑了。崇尚贤能的人，这是天帝、鬼神、百姓的利益所在，当然就是治国理政的根本。

第二论 尚 同

【导语】

《尚同》分上下中三篇。三篇所论述的思想主旨完全一致。

"尚同"即同于上，既提倡集权，统一是非、统一思想、统一言论和行动。墨子"尚同"思想的内涵，一是天子由天选立，三公、国君由天子选立，左右将军、大夫、乡长、里长均由国君选立，而从天子到里长的各级"正长"（行政长官）都要选拔贤人来担任。二是各级"正长"要率领其管区民众逐级向上认同学习，服从于上，一直上同于天。三是天子必须率领各级"正长"和天下百姓"顺天之欲"，"一同天下之义"，即统一天下百姓的思想，并为贯彻这种思想而积极行动。"天之欲"即"天下之义"，"天下之义"即"兼相爱、交相利"，即"求兴天下之利，除天下之害"。

墨子为了建立这种"尚同"体制，提出了以下具体措施和方法：一是"上之所是必皆是之，上之所非必皆非之"。这是"尚同"的根本方法和思想保证，即议定国是，统一认识，形成统一的是非标准。二是"上同而不下比"，这是"尚同"的组织保证。即上下级同心，万民与天子一意，反对臣民结党营私，不服公义。三是"闻善而或不善，皆以告其上"。即下情上达，保持上下渠道的通畅，从而兴利除弊，增强君主治国理政的能力。四是"上有过则谏，下有善则傍（访）荐之"。这是匡谬补缺、扩大善行之道，百姓、下级可借规谏这一渠道，随时监督、匡正各级"正长"。

墨子认为，"尚同"是治国理政的根本原则之一。因为君主和官府的产生是人类避乱就治的选择，选拔和设置各级官吏是为辅佐君主，设立国家机器是社会程序化、秩序化的保证，所以天下士民统一思想和行动，向上认同和服从上级长官天经地义，无可更改。否则，天下思想混乱、政治混乱，君主和"正长"无法治国理政，墨家的社会政治理想也就无从实现。

墨子的"尚同"思想，对于促进中国古代政治理论的发展具有重要意义，是后世儒家中央集权理论的重要思想来源。但要看到，墨子提出的"上天"是虚置不存在的，对君主不可能真正发挥监督作用，而且他再三强调的是君对民、上对下的赏罚之权，而下对上、民对君仅有的规谏权又缺乏制度的保证，因而自天子以下的各级"正长"，都无法避免权力的滥用和腐化变质，以致"尚同"思想难免成为专制主义的理论温床。

第四篇　尚同上

【题解】

本篇重在阐述实行"尚同"的社会历史原因及其方法。首先，墨子认为，在上古之世，人各"是其是"，"非其非"，每人都有自己的主张和道理，从而导致无休止的纷争和互斗，以致社会混乱不堪，"如禽兽然"。这在客观上需要统一天下人的主张和道理，以便保持社会的存在和发展。其次，墨子提出要选拔天下的贤人，逐级向上统一天下人的主张和道理，是谓"尚同"。其方法就是上天选拔天子，天子选拔三公和国君，国君选拔乡长里长。然后里长乡长率领民众上同于国君，国君率领民众上同于天子，天子率领全天下民众上同于上天。

【原文】

子墨子言曰：古者民始生未有刑政之时，盖其语"人异义"①。是以一人则一义，二人则二义，十人则十义，其人兹②众，其所谓义者亦兹众。是以人是其义③，以非人之义，故交相非也。是以内者父子兄弟作怨恶④，离散不能相和合。天下之百姓皆以水火毒药相亏害⑤，至有余力不能以相劳⑥，腐朽⑦余财不以相分，隐匿良道不以相教，天下之乱，若禽兽然。

夫明虖⑧天下之所以乱者，生于无政长⑨。是故选天下之贤可者⑩，立以为天子。天子立，以其力为未足，又选择天下之贤可者，置立之以为三公。天子三公既以立⑪，以天下为博大，远国异土之民⑫、是非利害之辩，不可一二⑬而明知，故画分万国，立诸侯国君⑭。诸侯国君既已立，以其力为未足，又选择其国之贤可者，置立之以为正长。

正长既已具，天子发政⑮于天下之百姓，言曰："闻善而不善⑯，皆以告其上。上之所是必皆是之，所非⑰必皆非之。上有过则规谏⑱之，下有善则傍荐⑲之。上同而不下比⑳者，此上之所赏而下之所誉也。意若㉑闻善而不善，不以告其上。上之所是弗能是，上之所非弗能非。上有过弗规谏，下有善弗傍荐。下比不能上同者，此上之所罚而百姓所毁也。"上以此为赏罚，甚明察以审信㉒。

是故里长㉓者，里之仁人也。里长发政里之百姓，言曰："闻善而不善，必以告其乡长㉔。乡长之所是必皆是之，乡长之所非必皆非之。去若不善言㉕，学乡长之善言；去若不善行，学乡长之善行。"则乡何说以乱哉㉖？察乡之所以治者，何也？乡长唯能壹同乡之义㉗，是以乡治㉘也。

乡长者，乡之仁人也。乡长发政乡之百姓，言曰："闻善而不善者，必以告国君。国君之所是必皆是之，国君之所非必皆非之。去若不善言，学国君之善言；去若不善行，学国君之善行。"则国何说以乱哉？察国之所以治者，何也？国君唯能壹同国之义，是以国治也。

国君者，国之仁人也。国君发政国之百姓，言曰："闻善而不善，必以告天子。天子之所是皆是之，天子之所非皆非之。去若不善言，学天子之善言；去若不善行，学天子之善行。"则天下何说以乱哉？察天下之所以治者，何也？天子唯能壹同天下之义，是以天下以治也。

天下之百姓皆上同于天子，而不上同于天，则菑㉙犹未去也。今若天飘风苦雨㉚，溱溱㉛而至者，此天之所以罚百姓之不上同于天者也。

是故子墨子言曰：古者圣王为五刑㉜，请㉝以治其民。譬若丝缕之有纪㉞，罔罟之有纲㉟，所连收㊱天下之百姓不尚同其上者也。

【注释】

①人异义：每个人要表达的意见和道理各不相同。义，意见、道理。

②兹：通"滋"，益、更加。

③人是其义：每个人都认为自己的道理是对的。是，认为……正确。

④ 作怨恶：开始怨恨嫌恶。作，始。

⑤ 亏害：损害、毁坏。亏，"毁坏也"。（（南朝·梁）顾野王：《玉篇》（原本玉篇残卷），中华书局 1985 年版，第 255 页。以下简称为"顾野王：《玉篇》（原本玉篇残卷）"。）

⑥ 相劳：相互帮助。

⑦ 腐朽：腐烂。朽（xiǔ），同"朽"，"腐也。"（《说文解字》，第 85 页。）

⑧ 虖：同"乎"。

⑨ 政长：同"正长"，行政长官。

⑩ 贤可者：贤良可以当政的人。

⑪ 以立：已经设立。以，通"已"。

⑫ 远国异土之民：远方外邦的百姓。异土，外邦领土。

⑬ 一二：为"一一"之误。

⑭ 立诸侯国君：根据上下文的表达格式，"立诸侯国君"前应补"又选择天下之贤可者，置立之以为"十四字。"立诸侯国君"的"立"字当去。

⑮ 发政：发布政令。

⑯ 闻善而不善：听到善言和恶言。而，与。

⑰ 非：反对、非难。

⑱ 规谏：规劝谏诤。

⑲ 傍荐：傍，通"旁"。旁，"广也。"（王念孙：《广雅疏证·释诂二上》，第 5A。）意为"广泛地举荐"。

⑳ 不下比：对下不结党营私。比，勾结。"比，密也。二人为从，反从为比。"（《说文解字》，第 169 页。）

㉑ 意，同"抑"，或者、有的。若，无实义。

㉒ 甚明察以审信：非常明察和慎重可信。以，和。

㉓ 里长：里的行政长官。里为古代基层行政区划单位。在先秦，或以二十五家为一里，或以五十家为一里，或以一百家为一里。里设里长。

㉔ 乡长：乡的行政长官。古代一万两千五百家为一乡。乡设乡长。

㉕ 去若不善言：去掉你们不好的言论。若，汝、尔。

㉖ 何说以乱哉：有什么理由混乱呢？说，理由。

㉗壹同乡之义：统一全乡百姓所讲的道理。壹，同"一"，齐一、统一。

㉘乡治：全乡得到治理。以下"国治""天下治"与"乡治"为同一句式。

㉙蓄：同"灾"。（王裕安等：《墨子大词典》，第419页。）

㉚飘风苦雨：暴风和连绵的大雨。飘风，"旋风、暴风。"（《辞海》，上海辞书出版社1979年版，第1531页。以下简称为"《辞海》"。）

㉛溱溱（zhēn zhēn）：繁盛。《后汉书·班固传》："百谷溱溱"。李贤注："溱溱，盛貌。"（《后汉书》，中华书局1962年版，第1372页。以下简称为"《后汉书》"。）

㉜五刑：《尚书·吕刑》载古代中国的五种刑罚是：墨（即"黥"（qíng），刺面）、劓（yì，割鼻）、剕（fèi，砍足）、宫（去势）、大辟（处死）。（阮元校刻：《十三经注疏》，第249页。）

㉝请：读chéng，通"诚"。诚，确实、真正。

㉞丝缕之有纪：丝线有端绪。纪，"丝别也。"（《说文解字》，第271页。）"丝别"即"丝结"。

㉟网罟之有纲：网罗有总绳。罟（gǔ），网。纲，提网的总绳。

㊱所连收：应为"所以连收"，意为"用来约束"。连收，约束、收拢。

【译文】

墨子说：古代人类刚刚产生、还没有出现刑法与政令的时候，他们的议论，各有各的道理。所以一个人就有一种道理，十个人就有十种道理。人数越多，他们所讲的道理也就越多。因此每个人都肯定自己的道理，否定别人的道理，所以互相非难。这样在家庭内父子兄弟开始怨恨嫌恶，隔阂离弃，不能和睦相处。天下的百姓，都用水火毒药相互损害，以至于即使有多余力量也不能去帮助别人，宁愿让多余的财物腐烂也不分给别人，把良好的道术隐藏起来也不愿教导别人。这样天下一片混乱，与禽兽的世界没有什么区别。

既然明白了天下混乱的原因在于没有行政长官，所以就选拔天下贤能可任用的人，拥立他做天子。天子确立后，认为自己的能力不足，又选拔天下贤能可任用的人，立他们做三公。天子、三公确立之后，因为天下广阔辽远，远方异邦的百姓对是非利害的分辨不可能——明察，于是把天下划分为许多诸侯国，又选拔天下贤能可任用的人，立他们做各个诸侯国的国君。诸侯国国君确立以后，认为自己的能力还不足，又选拔国中贤良可任用的人，任命他们做各级行政长官。

各级行政长官确立以后，天子对天下的百姓发布政令说："听到嘉言善行或不好的言行，都要来报告上级。上级所赞成的，一定都要赞同；上级所反对的，一定都要反对。上级有了过错就要规劝进谏，下面有了嘉言善行就要广泛推荐。服从上级而不在下面结党营私，这才是上级所奖赏、下面所赞誉的。如果听到好的或不好的言行，都不告诉上级；上级认为正确的不能赞成，上级认为错误的不能加以反对；上级有了过错不规劝进谏，下面有了嘉言善行也不广泛予以推荐，还在下面结党营私，不与上级保持一致，这都是上级所惩罚、百姓所斥责的。"上级根据这个原则进行奖赏和惩罚，就非常明察和慎重可信。

这样看来，里长是一里之中的仁义之人。里长对里中的百姓发布政令说："听到好的或不好的言行，一定要告诉乡长。凡是乡长赞成的，大家一定要赞成；凡是乡长反对的，大家一定要加以反对。除去你们那些不好的言论，学习乡长好的言论；除去你们那些不好的行为，学习乡长好的行为。"这样乡里还有什么理由发生混乱呢？考察乡里得到治理的原因是什么呢？就在于乡长能够统一全乡百姓所讲的道理，所以乡里得到治理。

乡长是乡里的仁义之人。乡长对乡里的百姓发布政令说："听到嘉言善行或不好的言行，都一定要来告诉国君。凡是国君赞成的，一定都要赞成；凡是国君反对的，一定都要加以反对。除去你们那些不好的言论，学习国君好的言论；除去你们不好的行为，学习国君好的行为。"这样国家还有什么理由发生混乱呢？考察国家得到治理的原因是什么呢？就在于国君能够统一全国百姓所讲的道理，所以国家得到治理。

国君是一国之中的仁义之人。国君对全国百姓发布政令说："听到嘉言善行或不好的言行，都一定要拿来告诉天子。凡是天子赞成的，一定都要赞成；凡是天子反对的，一定都要反对。除去你们不好的言论，学习天子好的言论；除去你们不好的行为，学习天子好的行为。"那么天下还有什么理由发生混乱呢？考察天下得到治理的原因是什么呢？就在于天子能够统一天下百姓所讲的道理，所以天下都得到了治理。

天下的百姓都对上服从于天子，而不服从于天帝，那么灾难仍然是不能免去的。现在假如暴风和苦雨连绵不绝地到来，这就是天帝用来惩罚那些不服从天帝的百姓的手段。

墨子说：古代圣明的君王制定了刺面、割鼻、刖足、去势、处死五种刑罚，确实是用来治理百姓的。好比丝线有头绪、网罗有总绳一样，这就是用来约束天下那些不服从上级统治的百姓的工具和手段。

第五篇　尚同中

【题解】

本文主旨同于《尚同上》，但有所发展。首先，墨子强调"尚同"的关键在上同于天。上同于天就是遵从上天的意志，只要"兼相爱，交相利"，就能"兴天下之利，除天下之害"，就能"富贫众寡，安危治乱"。如果天子不能率领民众上同于天，上天就会降下灾祸，给予惩罚。其次，墨子批判了当今王公大人违背"天志"，废弃贤人政治，大肆任用家族父兄和故旧把持权力，"赏誉不足以劝善""刑罚不足以沮暴"，以致出现了有"政长"与古代无"政长"相类似的混乱局面。

【原文】

子墨子曰：方今之时，复①古之民始生，未有正长之时，盖其语曰："天下之人异义。"是以一人一义，十人十义，百人百义。其人数兹众，其所谓义者亦兹众。是以人是其义，而非人之义，故相交非②也。内之父子、兄弟作怨仇，皆有离散之心，不能相和合。至乎舍余力，不以相劳；隐匿良道，不以相教；腐朽余财，不以相分。天下之乱也，至如禽兽然。无君臣上下长幼之节③、父子兄弟之礼，是以天下乱焉。

明乎民之无正长以一同天下之义，而天下乱也，是故选择天下贤良、圣知、辩慧之人，立以为天子，使从事乎一同天下之义。天子既以④立矣，以为唯其耳目之请⑤，不能独一同天下义，是故选择天下赞阅⑥贤良、圣知、辩慧之人，置以为三公，与从事乎一同天下之义。天子三公既已立矣，以为天下博大，山林远土之民，不可得而一也。是故靡分天下，设以为万诸侯国君⑦，使从事乎一同其国之义。国君既已立矣，又以为唯其耳目之请，不能一同其国之义，是故择其国之贤者，置以为左右将军、大夫⑧，以远⑨至乎乡里之长，与从事乎一同其国之义。

天子、诸侯之君、民之正长，既已定矣，天子为发政施教曰："凡闻见善者，必以告其上；闻见不善者，亦必以告其上。上之所是，必亦是之；上之所非，必亦非之。己有善，傍荐之⑩；上有过，规谏之。尚同义⑪其上，而毋有下比之心。上得则赏之，万民闻则誉之。意若闻见善不以告其上，闻见不善亦不以告其上，上之所是不能是，上之所非不能非。己有善不能傍荐之，上有过不能规谏之，下比而非其上者，上得则诛罚之，万民闻则非毁之。"故古者圣王之为刑政赏誉也，甚明察以审信。是以举⑫天下之人，皆欲得上之赏誉而畏上之毁罚。

是故里长顺天子政而一同其里之义。里长既同其里之义，率其里之万民，以尚同乎乡长，曰："凡里之万民，皆尚同乎乡长，而不敢下比。乡长之所是，必亦是之；乡长之所非，必亦非之。去而⑬不善言，学乡长之善言；去而不善行，学乡长之善行。"乡长固乡之贤者也，举乡人以法乡长，夫乡何说而不治哉？察乡长之所以治乡者⑭，何故之以也⑮？曰：唯以其能一同其乡之义，是以乡治。

乡长治其乡，而乡既已治矣，有率其乡万民，以尚同乎国君，曰："凡乡之万民，皆上同乎国君而不敢下比。国君之所是，必亦是之；国君之所非，必亦非之。去而不善言，学国君之善言；去而不善行，学国君之善行。"国君固国之贤者也，举国人以法国君，夫国何说而不治哉？察国君之所以治国而国治者，何故之以也？曰：唯以其能一同其国之义，是以国治。

国君治其国而国既已治矣，有率其国之万民，以尚同乎天子，曰："凡国之万民，上同乎天子而不敢下比。天子之所是，必亦是之；天子之所非，必亦非之。去而不善言，学天子之善言；去而不善行，学天子之善行。"天子者，固天下之仁人也，举天下之万民以法天子，夫天下何说而不治哉？察天子之所以治天下而天下治者，何故之以也？曰：唯以其能一同天下之义，是以天下治。

夫既尚同乎天子，而未尚同乎天者，则天菑将犹未止也。故当若⑯天降寒热不节⑰，雪霜雨露不时⑱，五谷不孰⑲，六畜不遂⑳，疾菑戾疫㉑，飘风苦雨，荐臻㉒而至者，此天之降罚也，将以罚下人之不尚同乎天者也。

故古者圣王明天鬼之所欲，而避天鬼之所憎，以求兴天下之利，除天下之害。是以率天下之万民，齐戒㉓沐浴，洁为酒醴粢盛，以祭祀天鬼。其事鬼神也，酒醴粢盛不敢不蠲洁㉔，牺牲㉕不敢不腯肥㉖，珪璧币帛㉗不敢不中度量㉘，春秋祭祀㉙不敢失时几㉚，听狱不敢不中，分财不敢不均，居处不敢怠慢。曰：其为正长若此，是故上者天鬼有厚乎其为政长也，下者万民有便利乎其为政长也。天鬼之所深厚而能彊从事焉，则天鬼之福可得也。万民之所便利而能彊从事焉，则万民之亲可得也。其为政若此，是以谋事得，举事成，入守固，出诛胜者，何故之以也？曰：唯以尚同为政者也。故古者圣王之为政若此。

今天下之人曰：方今之时，天下之正长犹未废乎天下也，而天下之所以乱者，何故之以也？子墨子曰：方今之时之以正长，则本与古者异矣。譬之若有苗之以五刑然。昔者圣王制为五刑以治天下，逮至有苗之制五刑，以乱天下。则此岂刑不善哉？用刑则不善也。是以先王之书《吕刑》之道之曰："苗民否用练，折则刑㉛，唯作五杀之刑，曰法㉜。"则此言善用刑者以治民，不善用刑者以为五杀。则此岂刑不善哉？用刑则不善，故遂以为五杀。是以先王之书《术令》㉝之道之曰："惟口出好兴戎㉞。"则此言善用口者出好，不善用口者以为谗贼寇戎㉟。则此岂口不善哉？用口则不善也，故遂以为谗贼寇戎。

故古者之置正长也，将以治民也，譬之若丝缕之有纪，而罔罟之有纲也。将以运役㊱天下淫暴而一同其义也。是以先王之书《相年》㊲之道曰："夫建国设都，乃作后王君公㊳，否用泰㊴也；轻大夫师长㊵，否用佚㊶也。维辩使治天均㊷。"则此语古者上帝、鬼神之建设国都立正长也，非高其爵、厚其禄、富贵游佚而错之㊸也。将以为万民兴利除害、富贵贫寡㊹，安危治乱㊺也。故古者圣王之为政若此。

今王公大人之为刑㊻政则反此。政以为便譬㊼，宗于㊽父兄故旧，以为左右，置以为正长。民知上置正长之非正㊾以治民也，是以皆比周隐匿，而莫肯尚同其上，是故上下不同义。若苟上下不同义，赏誉不足以劝善，而刑罚不足以沮暴。何以知其然也？曰：上唯毋立而为政乎国家，为民正长，曰："人可赏，吾将赏之。"若苟上下不同义，上之所赏，则众之所非。曰：人众与处，于众得非㊿，则是虽使得上之赏，未足以劝乎！上唯毋立而为政乎国家，为民正长，曰："人可罚，吾将罚之。"若苟上下不同义，上之所罚，则众之所誉，曰人众与处，于众得誉，则是虽使得上之罚，未足以沮乎！若立而为政乎国家，为民正长，赏誉不足以劝善，而刑罚不沮暴(51)，则是不与乡吾本言(52)"民始生未有正长之时"同乎？若有正长与无正长之时同，则此非所以治民一众之道(53)。

故古者圣王唯而(54)审以尚同以为正长，是故上下情请为通。上有隐事遗利，下得而利之；下有蓄怨积害，上得而除之。是以数千万里之外有为善者，其室人未遍知，乡里未遍闻，天子得而赏之；数千万里之外，有为不善者，其室人未遍知，其乡人未遍闻，天子得而罚之。是以举天下之人，皆恐惧振动惕慄(55)，不敢为淫暴(56)，曰："天子之视听也神。"先王之言曰："非神也，夫唯能使人之耳目助己视听，使人之吻(57)助己言谈，使人之心助己思虑，使人之股肱(58)助己动作。"助之视听者众，则其所闻见者远矣；助之言谈者众，则其德音(59)之所抚循(60)者博矣；助之思虑者众，则其谈谋度(61)速得矣；助之动作者众，即其举事速成矣。故古者圣人之所以济事成功、垂名(62)于后世者，无他故异物焉，曰：唯能以尚同为政者也。

是以先王之书《周颂》(63)之道之曰："载来见彼王，聿求厥章(64)。"则此语古者国君诸侯之以春秋来朝聘(65)天子之廷，受天子之严教，退而治国，政之所加，莫敢不宾(66)。当此之时，本无有敢纷天子之教者。《诗》曰："我马维骆(67)，六辔(68)沃若(69)。载(70)驰载驱，周爰咨度(71)。"又曰："我马维骐(72)，六辔若丝。载驰载驱，周爰咨谋。"即此语也。古者国君诸侯之闻见善与不善也，皆驰驱以告天子。是以赏当贤，罚当暴，不杀不辜，不失有罪，则此尚同之功也。

是故子墨子曰：今天下之王公大人士君子，请将欲富其国家，众其人民，治其刑政，定其社稷，当若尚同之㉓不可不察，此㉔之本也。

【注释】

① 复：反。

② 相交非：道藏本《墨子》作"交相非"。（（清）傅山校：《墨子》（明道藏本），载任继愈、李广星主编《墨子大全影印本第一册》，北京图书馆出版社 2004 年版，第 63 页。以下简称为"《墨子》（道藏本）"。）又据《墨子》本书旳一贯用语，当为"交相非"。

③ 节：礼节。

④ 以：通"已"。

⑤ 请：通"情"，情况、状况。

⑥ 赞阅：明白简练。《汉书·匡衡传》："可以赞天地之化。"颜师古注："赞，明也。"（《汉书》，第 3339 页。）

⑦ 是故靡分天下，设以为万诸侯国君：当为"是故靡分天下，设以为万国，立诸侯国君"。（吴毓江著，孙启治点校：《墨子校注》，中华书局 1999 年版，第 123 页。以下简称为"吴毓江：《墨子校注》"。）靡分，"划分。"（王裕安等：《墨子大词典》，第 207 页。）

⑧ 将军、大夫：即卿大夫。《周礼·夏官》："军将皆命卿。"（阮元校刻：《十三经注疏》，第 830 页。）

⑨ 远：当为"逮"的形讹字。（孙诒让：《墨子间诂》，第 79 页。）

⑩ 己有善：当为"民有善"，"己"为"民"之误。傍，"傍者，溥也，徧也。"（王念孙：《墨子杂志》，第 47 页）徧，同"遍"。下句"己有善"之"己"也作同解。

⑪ 义：当为"乎"。（孙诒让：《墨子间诂》，第 80 页。）

⑫ 举：皆、尽。《左传·哀公六年》："君举不信群臣乎?"杜预注："举，皆也。"（阮元校刻：《十三经注疏》，第 2162 页。）

⑬ 而：汝。（《现代汉语词典》，第 352 页。）以下五个"去而"的"而"

都作"汝"解。

⑭ 所以治乡者：据下文"所以治国而国治者"格式，应在"所以治乡"后补"而乡治"三字。

⑮ 何故之以也：即"以何故也"。

⑯ 当若：即"倘若"。当，通"傥"。傥（tǎng），即"倘"。

⑰ 节：节气、季节。

⑱ 不时：不按时、不顺时令。

⑲ 孰：同"熟"。

⑳ 遂："育也。"（王念孙：《广雅疏证·释诂三上》，第29A。）

㉑ 戾疫：恶气瘟疫。戾，同"厉"，恶气。

㉒ 荐臻："接连地来到；一再遇到。"（《辞海》，第576页。）

㉓ 齐戒：即"斋戒"，诚心。齐，读zhāi，同"斋"。"斋，敬也。"（王念孙：《广雅疏证·释诂一上》，第19B。）

㉔ 蠲洁：干净、洁净。蠲（juān），同"涓"，清洁。

㉕ 牺牲：用作祭品的全体的牛羊猪等。

㉖ 腯肥：肥腴、肥硕。腯（tú），肥。

㉗ 珪璧币帛：瑞玉、玉环和布帛。珪，同"圭"，"瑞玉也，上圆下方。"（《说文解字》，第289页。）璧，玉环。币帛，布帛。币，"帛也。"（《说文解字》，第158页。）

㉘ 度量：计量标准。

㉙ 春秋祭祀：据《周礼》，春秋两季为各诸侯国君齐集都城朝聘天子之时，同时举行祭祀天地鬼神和周室祖先的典礼。春秋祭祀为国家大祭。（阮元校刻：《十三经注疏》，第775页。）

㉚ 时几：时期。几，"期也。"（上海涵芬楼刻印：《元本玉篇·卷二十一丝部》，第1B。）

㉛ 苗民否用练，折则刑：苗民不听令，就使用刑法统治。否，读bù，通"不"。练，"令"的声讹字。折，制。《尚书·吕刑》原文是："苗民弗用灵，制以刑。"（顾迁：《尚书注译》，第279页。）可证。

㉜ 唯作五杀之刑，曰法：制作五种虐杀的刑罚，自以为得法。

㉝《术令》：当为"《说命》"。（孙诒让：《墨子间诂》，第85页。）《礼记·缁衣》："《兑命》曰：惟口起羞，惟甲胄起兵。"郑玄注："兑，当为说，谓殷高宗之臣傅说也。"（阮元校刻：《十三经注疏》，第1649页。）可知"说"即指商汤贤臣傅说，《说命》即傅说的命令。

㉞惟口出好兴戎：从口中可以说出好事，也可生出战祸。好，好事。戎，军事、战争。

㉟谗贼寇戎：谗谤、贼害、寇乱、兵戎。

㊱运役："连收"之误。（王念孙：《墨子杂志》，第48页。）

㊲《相年》：当为"《拒年》"。详见《尚贤中》。

㊳后王君公：天子诸侯。孔颖达疏证《尚书·说命中》："后王，谓天子也；君公，谓诸侯也。"（阮元校刻：《十三经注疏》，第175页。）

㊴否用泰：不因此骄泰。否，不。用，以、由。泰，骄泰。

㊵轻大夫师长：当为"卿大夫师长"。（毕沅：《墨子注》（日本重刻本），第533页。）轻，"卿"的声讹字。

㊶佚：淫佚、佚乐。

㊷维辩使治天均：明辨职守，以自然均平的道理治理天下。辩，辨别。天均，自然平均。

㊸佚：当为"游佚"，即"淫佚"。（王念孙：《墨子杂志》，第49页。）错：通"措"，安置、安排。

㊹富贵贫寡：当为"富贫众寡"。（孙诒让：《墨子间诂》，第86页。）意为"使贫者富裕，使寡少变为众多"。

㊺安危治乱：变危难为平安，变混乱为治理。

㊻刑：为衍字。

㊼便譬：即"便辟"。意为"避人所忌以求献媚取宠"。

㊽宗于：当为"宗族"。（孙诒让：《墨子间诂》，第86页。）

㊾非正：不适当。正，适当。

㊿曰：人众与处，与众得非：人们说，大家天天与他相处，他天天被大家非难。与，以、从。非，责难。

51 刑罚不沮暴：据上文"赏誉不足以劝善，"此句当为"刑罚不足以沮暴”，应补“足以”二字。

(52) 乡吾本言：“不久前我原本就说过的”。乡，通“向”。向，“不久也。”（《说文解字》，第138页。）

(53) 治民一众之道：治理与整齐民众的道理。一，统一、整齐。

(54) 唯而：即“唯能”。而，能。

(55) 振动：震动。惕慄：战栗。

(56) 淫暴：非常残暴。淫，过多、无节制。

(57) 吻：口、嘴。

(58) 股肱：此指“辅佐”。股，大腿。肱，手臂。

(59) 德音：指“天子的诏令”。

(60) 抚循：抚慰、安慰。

(61) 谈：为衍字。（王念孙：《墨子杂志》，第50页。）谋度：谋划衡量。

(62) 垂名：流传名声。垂，流传。

(63) 《周颂》：指《诗经·周颂》。详见《尚贤中》。

(64) 载来见彼王，聿求厥章：始来晋见那位君王，求取车马服饰礼仪等典章制度。载，始。彼王，指周成王。聿（yù），无实义，发语词。章，典章制度。

(65) 朝聘：诸侯定期朝见天子之礼。《礼记·王制》：“诸侯之于天子也，比年一小聘，三年一大聘，五年一朝。”郑玄注：“比年，每岁也。小聘使大夫，大聘使卿，朝则君自行。”（阮元校刻：《十三经注疏》，第1327页。）

(66) 宾：服。

(67) 骆：白毛黑鬣尾马。

(68) 辔：马缰。

(69) 沃若：润泽貌。

(70) 载：发语词，无实义。

(71) 周爰咨度：普遍地咨询谋划度量。爰，语助词，无实义。

(72) 骐：青黑色马。

(73) 之：后脱“说”。（俞樾：《墨子平议》，第409页。）

(74) 此：后脱“为政”。（俞樾：《墨子平议》，第409页。）

【译文】

墨子说：从当今之世，上推到古代人类刚产生、还没有行政长官的时候，或许可以说，天下的议论各有各的道理。所以一个人便有一个人的道理，十个人便有十个人的道理，一百个人便有一百个人的道理。人数越多，他们所谓的道理也就越多。因此每个人都肯定自己的道理，而否定别人的道理，以致互相非难。在家庭中，父子兄弟相互抱怨仇恨，都有离弃分散的想法，不能和睦相处。以致即使舍弃多余的力量也不愿意帮助别人，即使隐藏起良好的道术也不愿教诲别人，即使让多余的财物腐烂也不愿分给别人，所以天下混乱不堪。

既然明白由于民众没有行政长官来统一天下的道理从而引发天下混乱这一事实，因此就选择天下贤良、圣明、睿智、有辨别能力和智慧的人，拥立他做天子，让他来做统一天下道理的事业。天子确立以后，认为只凭借他耳朵和眼睛所了解的情况，不能独自统一天下的道理，于是又选择了天下明白干练、贤良、睿智、有辨别能力和智慧的人，设立官位，让他们做三公，让他们参与统一天下道理的事业。天子三公都确立后，因为天下广阔博大，住在山林深处和远方的百姓，没有办法都得到统一的治理，所以把天下分割成许多诸侯国，设立了许多诸侯国国君，让他们各自去做统一全国道理的事业。国君确立以后，又认为只凭他们的耳朵和眼睛所了解的情况，不可能统一他所在国家的道理，所以又选择国中贤良、圣明、有辨别能力和有智慧的人，设立官职，让他们做左右将军大夫，以至于做乡和里的长官，让他们从事统一全国道理的事业。

天子、诸侯国国君、百姓的各级长官都已确定后，天子发布政令、施行教化说："凡是听到善言，看到善行，一定要报告上级；听到恶言，看到恶行，也一定要报告上级。上级所赞成的，下级一定要赞成；上级所反对的，下级一定要反对。民众有了嘉言善行，就要普遍地加以推荐；上级有了过错，就要规劝谏净。与上级保持一致，而没有在下面结党营私的想法。上级知道了就会奖赏他，百姓听说了就会称赞他。如果听到嘉言、看到善行不去报告上级，听到恶言、看到恶行也不报告上级；上级赞成的自己却要反对，上级反对的自己却要赞成；臣下有了嘉言善行不能广泛地加以推荐，上级有了过错也不能加以规劝谏诤，还与下级结党营私而非难上级，对于这样的人，上级得知就会诛杀和惩罚，平民百姓听到后就会一起非难他们。"古代圣明的君王设立刑法政令来实行奖赏和赞誉，都是十分明察和真实可信的。因此，全天下的人都想得到上级的奖赏和赞誉，而畏惧上级的责难与惩罚。

里长服从天子的政令，统一他所在里的道理。里长统一了他所在里的道理之后，率领他所在里的百姓与乡长保持一致说："凡是里中的百姓，都要与乡长保持一致，而不能在下面结党营私。乡长赞成的，一定要赞成；乡长反对的，一定要反对。除去你们不好的言论，学习乡长好的言论；去掉你们不好的行为，学习乡长好的行为。"乡长本来就是乡里的贤能之人，全乡里的人都来效法学习乡长，乡里有什么理由不能治理好呢？考察乡长之所以治理好乡里的原因是什么呢？回答是：就因为他们统一了全乡的道理，所以全乡得到了治理。

乡长治理本乡，且本乡得到治理以后，又率领本乡的百姓与国君保持一致说："凡是本乡的百姓，都要对上服从国君，不敢在下面结党营私。国君赞成的，一定要赞成；国君反对的，一定要反对。除去你们不好的言论，学习国君好的言论；除去你们不好的行为，学习国君好的行为。"国君本来就是一个国家中贤能的人，全国的人都来效法国君，国家还有什么理由不能治理好呢？考察一个国君之所以能把国家治理好的原因是什么呢？回答是：就因为他能统一全国的道理，所以国家得到了治理。

国君治理国家且国家得到治理后，又率领本国的民众与天子保持一致说："凡是本国的百姓，都要对上服从天子，不敢在下面结党营私。天子赞成的，一定要赞成；天子反对的，一定要反对。除去你们不好的言论，学习天子好的言论；除去你们不好的行为，学习天子好的行为。"天子本来就是天下的仁义之人，全天下的民众都来效法天子，那么天下还有什么理由不能治理好呢？考察天子之所以治理好天下的原因是什么呢？回答是：就因为天子能够统一全天下的道理，所以天下得到了治理"。

人们既已向上与天子保持一致，却没有再向上与上天保持一致，那么上天降下的灾难还是不会停止的。如果上天降下寒冷和暑热不合节气，降下的霜雪雨露不合时令，五谷不成熟，六畜不繁育，疾病、灾害、恶气、瘟疫以及暴风苦雨接连来到，这就是上天降下来的惩罚，用来惩罚天下那些不与上天保持一致的人。

古代圣明的君王，明白天帝、鬼神的希望所在，从而避开天帝、鬼神所憎恶的事情，以此寻求兴盛天下的利益、除去天下的祸害。所以圣明的君王率领天下的百姓斋戒沐浴，干净地准备好酒食祭品，来祭祀天帝、鬼神。他们侍奉鬼神的酒食祭品不敢不清洁，牛羊等牺牲不敢不肥硕，珪璧布帛不敢不合标准，春秋两季的大祭不敢错过时节，审查案件不敢不公正，分配财物不敢不平均，平常居家也不敢怠慢亏礼。就是说，他们作为行政长官做到这样，在上就有天地鬼神给予他们这些行政长官优厚的待遇，在下面的民众也对他们这些行政长官给予很多便利。有天地鬼神的厚待而自己又能努力履行职责，那么天帝鬼神的赐福就可以得到；有广大民众给予的便利而自己又能努力履行职责，那么广大民众的亲近就可以得到。他们这样处理政务，因此谋事就能实现，行事就能成功，在内部防守就能坚固，对外讨伐就能取得胜利。这是由于什么原因呢？回答是：只是因为采用了"尚同"的原则来处理政务。可见古代圣明的君王都是这样治理国政的。

现在天下的百姓说，现在的行政长官并没有被废除，而天下混乱又是什么原因呢？墨子说：现在做各级行政长官的，从根本上与古代已不同了，譬如像三苗的君主制定"五刑"刑罚对付民众那样。古代圣王制定刺面、割鼻、断足、去势、处死五种刑罚，用来治理天下；到了三苗君主制定割鼻、削耳、去势、刺面、处死五种虐杀刑罚，却是用来扰乱天下。那么，这难道是刑法本身不好吗？当然不是，而是刑法用得不好。先王之书《尚书·吕刑》记载说："三苗百姓不服从命令，就用刑法来统制他们。三苗的君主制作五种虐杀刑罚，还自以为得法。"这就是说，善于使用刑法就可以治理好百姓；不善于使用刑法，刑法就会变成五种虐杀百姓的恶法了。这难道是刑法本身不好吗？当然是刑法用得不好，所以就变成五种虐杀刑罚了。先王之书《尚书·说命》记载说："从人的口中可以说出好事，也可以生出战祸。"这就是说，善于用口可以说出来好事，不善于用口也可能变为谗谤、残害、寇乱和兵戎等坏事。那么，这难道是口不好吗？当然不是，而是因为口用得不好，所以就因而变成了谗谤、残害、寇乱和兵戎等坏事了。

古时候设立行政长官，是用来治理百姓的。这就是好比丝线有端绪、网罗有总绳一样，设立行政长官就是为了约束天下残暴的人，统一天下的道理。所以先王之书《拒年》记载说："建立国家，设定都城，又设立天子诸侯，这不是让他们骄泰奢侈；设立卿大夫师长，也不是让他们淫佚放荡，而是要他们明辨职守，按自然均平的道理来治理天下。"这就是说，古代天帝鬼神建立国都，设置行政长官，不是为了提高他们的爵位，增加他们的俸禄，让他们过上富贵淫佚的生活才这样安排他们的，而是起用他们为民众兴利除害，使贫贱的人变为富贵的人，使人口寡少变为人口众多，使危险趋于平安，使混乱得到治理。所以古代圣明的君王，治国理政都是这样做的。

现在的王公大人处理政事却与此相反，竟将施政视为奸诈小人花言巧语、献媚取宠的机会，凡宗族、父兄、朋友等，都收罗在身边，安排他们做行政长官。民众知道上面设立行政长官并不是正当地来治理民众的，所以都结党营私，隐藏真情，没有人愿意与上级保持一致，以致上下道理不能统一。如果上下道理不能统一，那么奖赏和赞誉就不足以劝人为善，而刑罚也不足以阻止残暴的发生。怎么知道是这样的呢？回答说：上级确立的治理国家、出任百姓行政长官的人说："此人如可奖赏，我必定给予奖赏。"假如上下所讲的道理不同，上级所奖赏的，就是众人所非难的人。人们说，大家天天与他相处，而他总是被众人非难。显然，这种人虽然得到了上级的奖赏，却不足以对人们起到劝勉作用。上级确立的治理国家、出任百姓行政长官的人说："此人如可惩罚，我必将对他实施惩罚。"如果上下不能统一道理，上面给予惩罚的人，就是众人称赞的人。人们说，大家与他天天相处，他总是被大家赞誉。显然，这样的人虽然受到了上级的惩罚，却不足以对众人起到劝阻的作用。假如上级安置某些人治理国家并出任民众的行政长官，奖赏赞誉不足以劝勉人们行善，惩罚也不能阻止人们行恶，这岂不是与我先前原本所说的"人类刚刚产生、还没有行政长官的时候"相同了吗？倘若有了行政长官与没有行政长官的时候相同，那么这就不是用来治理百姓并统一天下民众道理的方法。

古代圣明的君王，因为能够审慎地任用主张"尚同"的人出任行政长官，所以上下情况才确实通达。如果上级有隐匿的事谋和遗落的利益，百姓得以利用，便可从中获取实惠；下面百姓有什么蓄积的怨恨和祸害，上级知道了就会将其化解除去。所以几千几万里以外有人行善，他的家人还没有都知道，他乡里的人也没有都听说，天子就已知道并且已经奖赏了他；几千几万里以外有人作恶，他的家人还没有都知道，他乡里的人也没有都听说，天子就已经知道并且已经惩罚了他。这样一来，全天下的人无不感到惊恐、畏惧、震动和战栗，不敢思邪行暴，而且说："天子的眼见耳听真是神奇啊！"先王却说："这不是神奇，只是因为我能让别人的耳目来帮助自己看和听，让别人的嘴巴帮助自己说话，让别人的心帮助自己思考，让别人的四肢帮助自己行动罢了。"帮助自己听和看的人多，那么天子能听到和看到的就会十分广远；帮助自己说话的人多，那么天子的诏令和美德所抚慰的人就会很多；帮助他思考的人多，那么天子所谋划的事情很快就得到实施；帮助他行动的人多，那么天子举办的大事就很快完成。可见古代的圣王做事成功且留名于后世，没有其他特殊的原因和情况，他们只是把"尚同"作为治国理政的原则而已。

先王之书《诗经·周颂》有这样的记载："每年开始来觐见那位君王，求取车服礼仪的典章制度。"这句话说的就是，古代的国君和诸侯，在春天和秋天两个时节来到天子的朝堂觐见天子，接受天子的严格教令，然后回去治国理政，政令所到达的地方，没有人敢不服从。在那个时候，根本就没有敢扰乱天子教令的人。《诗经》上说："我的马儿毛白鬃黑，缰绳好看柔美；骑着马儿四处奔跑，广泛地请教礼仪标准。"又说："我的马儿毛色青黑，缰绳坚韧；骑着马儿四处奔驰，广泛地询问商讨大事。"显然，这是说古代的国君诸侯们闻见善言善行和恶言恶行，都要驱驰骏马前来报告天子，所以天子所奖赏的都是真正的贤良之人，所惩罚的都是真正的残暴之人。不杀无罪的人，也不让有罪的人逃脱惩罚，这就是与上级保持一致的功效啊！

墨子说，现在天下的王公大人和士人君子，如果真心希望自己的国家得到富足、人口达到众多、刑事和政务得到治理以及社稷得到安定，对"尚同"这一主张就不可不加以清楚地考察，因为"尚同"就是治国理政的根本。

第六篇　尚同下

【题解】

本篇论述的重点在"尚同"的方法。首先，"尚同"的关键在上同于天。上同于天就是在治国理政时严格遵从上天之志，"兴天下之利，除天下之害"，"兼相爱，交相利。"如果天子遵从"天志"，就能"富贫众寡"，"安危治乱。"如果天子不能率领天下百姓上同于天，违背"天志"，上天就会降下天灾，对天子、国君及其民众施加惩罚。其次，墨子批判了当时王公大人背离"天志"、废弃贤人政治等种种错误，并指出这种错误的后果就是"赏誉不足以劝善""刑罚不足以沮暴"，以致民众离心，政治混乱，天下有"正长"与古代天下无"正长"没有什么不同。

【原文】

子墨子言曰：知者之事，必计国家百姓所以治者而为之，必计国家百姓之所以乱者而辟①之。然计国家百姓之所以治者，何也？上之为政，得下之情则治，不得下之情则乱。

何以知其然也？上之为政得下之情，则是明于民之善非②也。若苟明于民之善非也，则得善人而赏之，得暴人而罚之也。善人赏而暴人罚，则国必治。上之为政也，不得下之情，则是不明于民之善非也。若苟不明于民之善非，则是不得善人而赏之，不得暴人而罚之。善人不赏而暴人不罚，为政若此，国众③必乱。故赏④不得下之情，而不可不察者也。

然计得下之情将奈何可？故子墨子曰：唯能以尚同一义为政，然后可矣。何以知尚同一义之可而⑤为政于天下也？然胡不审稽古之治为政之说乎⑥？古者天之始生民，未有正长也，百姓为人⑦。若苟百姓为人，是一人一义，十人十义，百人百义，千人千义。逮至人之众不可胜计也，则其所谓义者亦不可胜计。此皆是其义而非人之义，是以厚者有斗而薄者有争⑧。是故天下⑨之欲同一天下之义也，是故选择贤者，立为天子。天子以其知力为未足独治天下，是以选择其次⑩立为三公。三公又以其知力为未足独左右⑪

天子也，是以分国建诸侯。诸侯又以其知力为未足独治其四境之内也，是以选择其次立为卿之宰⑫。卿之宰又以其知力为未足独左右其君也，是以选择其次立而为乡长家君⑬。是故古者天子之立三公、诸侯、卿之宰、乡长家君，非特富贵游佚而择⑭之也，将使助治乱⑮刑政也。故古者建国设都，乃立后王君公，奉以卿士师长，此非欲用说⑯也，唯辩而使助治天明也⑰。

今此何为人上而不能治其下？为人下而不能事其上？则是上下相贼也。何故以然？则义不同也。若苟义不同者有党⑱，上以若人为善，将赏之，若人唯使得上之赏，而辟百姓之毁，是以为善者必未可使劝，见有赏⑲也。上以若人为暴，将罚之，若人唯使得上之罚，而怀百姓之誉，是以为暴者必未何⑳使沮，见有罚也。故计上之赏誉，不足以劝善，计其毁罚，不足以沮㉑暴。此故何以然？则义不同也。

然则欲同一天下之义，将奈何可？故子墨子言曰：然胡不赏使家君试用家君㉒发宪布令㉓其家，曰："若见爱利家者必以告；若见恶贼家者亦必以告。若见爱利家以告，亦犹爱利家者也，上得且赏之，众闻则誉之；若见恶贼家不以告，亦犹恶贼家者也，上得且罚之，众闻则非之。"是以遍若家之人，皆欲得其长上之赏誉，辟其毁罚。是以善言之，不善言之，家君得善人而赏之，得暴人而罚之。善人之赏，而暴人之罚，则家必治矣。然计若家之所以治者，何也？唯以尚同一义为政故也。

家既已治，国之道尽此已邪㉔？则未也。国之为家数也甚多，此皆是其家而非人之家，是以厚者有乱，而薄者有争。故又使家君总其家之义，以尚同于国君。国君亦为发宪布令于国之众，曰："若见爱利国者必以告，若见恶贼国者亦必以告。若见爱利国以告者，亦犹爱利国者也，上得且赏之，众闻则誉之；若见恶贼国不以告者，亦犹恶贼国者也，上得且罚之，众闻则非之。"是以遍若国之人，皆欲得其长上之赏誉，避其毁罚。是以民见善者言之，见不善者言之，国君得善人而赏之，得暴人而罚之。善人赏而暴人罚，则国必治矣。然计若国之所以治者，何也？唯能以尚同一义为政故也。

国既已治矣，天下之道尽此已邪？则未也。天下之为国数也甚多，此皆是其国而非人之国，是以厚者有战，而薄者有争。故又使国君选㉕其国之义，以尚同于天子。天子亦为发宪布令于天下之众，曰："若见爱利天下者必以告，若见恶贼天下者亦以告。若见爱利天下以告者，亦犹爱利天下者也，上得则赏之，众闻则誉之；若见恶贼天下不以告者，亦犹恶贼天下者也，上得且罚之，众闻则非之。"是以遍天下之人，皆欲得其长上之赏誉，避其毁罚，是以见善、不善者告之。天子得善人而赏之，得暴人而罚之，善人赏而暴人罚，天下必治矣。然计天下之所以治者，何也？唯而㉖以尚同一义为政故也。

天下既已治，天子又总天下之义，以尚同于天。故当尚同之为说也，尚㉗用之天子，可以治天下矣；中用之诸侯，可而治其国矣；小用之家君，可而治其家矣。是故大用之治天下不窕㉘，小用之治一国一家而不横㉙者，若道之谓也。故曰：治天下之国若治一家，使天下之民若使一夫。意独子墨子有此，而先王无此其有邪㉚？则亦然也。圣王皆以尚同为政，故天下治。何以知其然也？于先王之书也《大誓》之言然，曰："小人见奸巧乃闻，不言也，发罪钧㉛。"此言见淫辟㉜不以告者，其罪亦犹淫辟者也。

故古之圣王治天下也，其所差论㉝以自左右羽翼者皆良，外为之人㉞助之视听者众。故与人谋事，先人得之；与人举事，先人成之；光誉令闻㉟，先人发之。唯信身㊱而从事，故利若此。古者有语焉，曰："一目之视也，不若二目之视也；一耳之听也，不若二耳之听也。一手之操也，不若二手之彊也。"夫唯能信身而从事，故利若此。是故古之圣王之治天下也，千里之外有贤人焉，其乡里之人皆未之均闻见也，圣王得而赏之。千里之内㊲有暴人焉，其乡里未之均闻见也，圣王得而罚之。故唯毋以圣王为聪耳明目与？岂能一视而通见千里之外哉？一听而通闻千里之外哉？圣王不往而视也，不就而听也。然而使天下之为寇乱盗贼者，周流㊳天下无所重足㊴者，何也？其以尚同为政善㊵也。

是故子墨子曰：凡使民尚同者，爱民不疾，民无可使，曰必疾爱而使之，致信而持之㊶，富贵以道㊷其前，明罚以率㊸其后。为政若此，唯欲毋与我同，将不可得也。是以子墨子曰：今天下王公大人士君子，中情将欲为仁义，求为上士，上欲中圣王之道，下欲中国家百姓之利，故当尚同之说而不可不察。尚同为政之本，而治㊹要也。

【注释】

① 辟：同"避"，避开、消除。

② 善非：善与不善。不作"是非善恶"解。在墨子看来，判断"是非善恶"的标准是"义"，而义的标准掌握在王公大人乃至天地鬼神手中，而不在下层百姓手中。

③ 国众：国家的百姓。

④ 赏：后脱"罚"。（苏时学：《墨子刊误》，第 309 页。）

⑤ 可而：可以。（孙诒让：《墨子间诂》，第 91 页。）

⑥ 胡：通"何"。稽：考察。治："始"之误。（俞樾：《墨子平议》，第 410 页。）说：理由。

⑦ 百姓为人：百姓各自作主。人，尸、主。古"人""尸"同字。《尔雅·释诂上》："尸，主也"。（阮元校刻：《十三经注疏》，第 2570 页。）下句"若苟百姓为人"的"人"同解。

⑧ 厚者有斗薄者有争：严重的发生斗狠，轻微的有争执。厚，严重。薄，轻微。

⑨ 天下："下"为衍字。（孙诒让：《墨子间诂》，第 91 页。）

⑩ 选择其次：选择比自己低一个层次的。据本文所列等次关系为：天子、三公、诸侯、卿之宰、乡长和家君。下级对每一个上级而言，都是次一等。

⑪ 左右：辅佐。（王裕安等：《墨子大词典》，第 461 页。）

⑫ 卿之宰：即"卿士和宰。"卿士和宰官是诸侯的两种官职。之，与。

⑬ 家君：春秋时卿大夫封地的宰或总管。家，卿大夫或其采邑。

⑭ 择：读 cuò，通"措"，安置。

⑮ 治乱："乱"为衍字。（孙诒让：《墨子间诂》，第 91 页。）

⑯ 说：读 yuè，同"悦"，喜悦。（《现代汉语词典》，第 1557 页。）

⑰ 唯辩而使助治天明也：只在普遍地使他们帮助实行上天光明之道罢了。唯，只。辩，同"徧"（遍）。天明，即"天之明道"。（王念孙：《墨子杂志》，第 51 页。）

⑱ 有党：有偏私。党，偏私、偏袒。

⑲ 见有赏也：据上下文，解为"因为看到这种奖赏是不当的奖赏"。下句"见有罚也"也是此类句式，解为"因为看到这种惩罚是不当的惩罚"。

⑳ 未何：当为"未可"。

㉑ 沮：阻止、遏制。

㉒ 然胡不赏使家君试用家君：本句杂糅不通。由本文来看，自下而上的"尚同"分三步：由家君而国君，由国君而天子。三层的结构句式应相同。故本句可改为"胡不尝使家人总其身之义，以尚同于家君，家君发宪布令其家"。赏，"尝"的形讹字。（王念孙：《墨子杂志》，第52页。）

㉓ 发宪布令：发布法令。宪，"法令"。（《辞海》，第1021页。）

㉔ 国之道尽此已邪：治理国家的方法在这里说完了吗？道，道理、方法。邪，读 yé，语气词。

㉕ 选：总、齐。

㉖ 而：当为"能"。

㉗ 尚：作"上"讲。古"尚""上"通用。

㉘ 窕（tiǎo）：《尔雅·释言》释为："窕，间也。"郭璞注："窈窕，间隙。"（阮元校刻：《十三经注疏》，第2583页。）意为"空隙""间隙"。

㉙ 横："充塞也"。（王念孙：《墨子杂志》，第54页。）

㉚ 无此其有邪：据上文，"其有"当为衍字。

㉛ 发罪钧：一经发觉，其罪与奸诈小人相同。发，举报、发觉。钧，等、同。

㉜ 淫僻：奸邪诈伪的人。

㉝ 差论：选择。（王念孙：《墨子杂志》，第54页。）

㉞ 外为之人：在外辅佐帮助的人。

㉟ 光誉令闻：赞誉广泛，名声美好。光，通"广"，广大。令，美好。

㊱ 信身：即"信于身，"意为"诚信先从自身实践。"信，"诚也。"（《说文解字》，第52页。）

㊲ 千里之内：据上下文，当为"千里之外"。

㊳ 周流：周行。

㊴ 重足：即"叠足"，两脚交叠，意为"安闲自在"。

㊽善："故"之误。

㊶致信而持之：给予信任尔后再掌控。致信，给予信任。致，给予。持，掌控。

㊷道：同"导"。

㊸率：通"律"。律，规范。

㊹治：后脱"国之"二字。

【译文】

墨子说：有智慧的人应该做的事是：一定要考虑国家及其百姓得到治理的原因并加以实施，也一定会考虑国家及其百姓发生混乱的原因并加以避免。然而考虑一下国家及其百姓之所以得到治理的原因是什么呢？就是在上面的行政长官在治理政务的过程中，如能了解下面的实情，就能把政务治理好；如不能了解下面的实情，就会发生混乱。

怎么知道是这样的呢？上面的行政长官了解下情，就是了解百姓的善与不善。如果了解百姓的善与不善，那么就可以发现行善的人并且给予他们奖赏，发现残暴的人并且对他们施以惩罚。奖赏行善的人，惩罚作恶的人，那么国家就会得到治理。上面的行政长官治理政务，不了解下面的实情，就是不了解百姓的善与不善。如果不了解百姓的善于不善，就不可能发现行善的人给予奖赏，也不可能发现残暴的人给予惩罚。善人得不到奖赏，恶人也得不到惩罚，这样来处理政务，那么国家和民众就一定会混乱。因此，实行赏罚不了解下面的实情，就不可不加以考察。

那么要如何考虑才能得到下面的实情呢？墨子说：只能用统一道理的方法来处理政务，然后才可以。又怎么知道用统一道理的方法可以来处理天下的政务呢？那么为什么不谨慎地考察古代开始处理政务时的理由呢？古代刚开始有民众的时候，并没有行政长官，百姓各自作主。如果百姓各自作主，那么一人就有一种道理，十人就有十种道理，一百人就有一百种道理，一千人就有一千种道理。及至人数多到不可胜数时，那么所谓道理也就多得不可胜数了。这些人都只认为自己的道理是对的，从而去非议别人的道理，于是分歧大的就出现斗狠，分歧小的就有争论。因此，上天想要统一天下的道理，于是就选择贤能的人，尊立他为天子。天子因自己的智慧和能力不足以单独统治天下，于是选择次一等的贤人，立他们做司徒、司马、司空这三公的高官。三公又因为他们的智慧和能力不足以单独辅佐天子，于是将天下划分为许多邦国，并封立诸侯。诸侯又因为自己的智慧和能力不足以单独治理所统辖的四境之内的民众，于是又选择次一等的贤人，立他们为卿士和宰官。卿士和宰官又因为自己的智慧能力不足以单独辅佐国君，于是选择次一等的贤人，立他们做乡长、家君。可见古代天子设立三公、诸侯、卿宰、乡长和家君，不是为了让他们富贵、安逸、游乐而选择他们的，而是要让他们帮助治理政务和刑法。换言之，古代设立国家都城，设立君主王公，设立卿士师长，并不是想让他们安乐放纵，而是使他们帮助普遍地实行上天的光明之道罢了。

现在为什么处在上位的长官不能治理处在下位的百姓，而处在下位的百姓又不能侍奉处在上位的长官呢？当然这是上下互相残害所引起的。怎么会是这样呢？当然是由于各自所持的道理不同。如果各自所持的道理不同，就会各有偏袒，那么，处在上位的人认为这个人有善举，将给予奖赏；此人虽然得到了身居上位人的奖赏，却又必须避开下面百姓的诋毁。这样必不能使行善的人得到劝勉，因为在下面的人看来，这种奖赏并不适当。处在上位的人认为这个人行为残暴，将给予惩罚；此人虽然受到了身居上位的人的惩罚，却得到了百姓的赞誉，因而残暴的行为一定不会得到阻止，因为在下面的人看来，这样的惩罚并不适当。可见上面的奖赏和赞誉，不足以劝勉善行；上面的非难和惩罚，也不足以阻止恶行。这是由于什么原因引起以致到了这种地步呢？当然就是因为各自所持的道理不同。

既然这样，那么要统一天下的道理，应该怎样去做呢？墨子说：为什么不尝试使全家族的人都统一自身的道理与家君一致，然后家君向全家族的人发布政令说："你们看到爱家族和有利于家族的人，一定要来报告；你们看到憎恨家族和残害家族的人，也一定要来报告。如果看到爱家族、有利于家族的人来报告，也就像爱家族和有利于家族的人一样，上面发现了会奖赏他，众人听说了就会赞誉他；如果看到憎恨和残害家族的人不报告，也就像那些憎恨和残害家族的人一样，上面发现了就会惩罚他，众人听说了就会非难他。"所以这个家族的每一个人，都想得到上面家君的奖赏和赞誉，而避开非难和惩罚。于是善言嘉行会有人上报，恶言污行也会有人上报。家君发现善人便予以奖赏，发现恶人便予以惩罚。善人得到应得的奖赏，恶人得到应得的惩罚，这样家族就必能得到治理。考虑一下这个家族得到治理的原因是什么呢？就是用统一的道理去处理全家族的事务而已。

家族得到治理以后，那么治理国家的道理和方法在这里说完了吗？当然不是。国家中的家族为数很多，像这样大家都认为自己家族的道理是对的，而非难别人家族的道理，所以分歧大的将出现家族纷乱，分歧小的将出现家族的争执。于是使家君统一本家族的道理，并向上与国君的道理保持一致。国君也对本国的百姓发布政令说："你们看到爱国家和有利于国家的人，一定要来报告；你们看到憎恨国家、残害国家的人，也一定要来报告。你们看到爱国家和有利于国家的人来报告，就好比你们自己就是爱国家和有利于国家的人，上面的长官得知后就会奖赏你们，众人听说也会赞誉你们；如果你们看到憎恨国家和残害国家的人不来报告，也就像那些憎恶国家、残害国家的人一样，上面长官得知后就会惩罚你们，众人听说后也会非难你们。"于是这个国家的每一个人都想得到国君的奖赏和赞誉，而避开非难和惩罚。所以百姓见到行善的人会向上报告，看到作恶的人也会向上报告。国君发现善人就给予奖赏，发现恶人就给予惩罚。善人得到了应得的奖赏，恶人得到了应得的惩罚，这样国家就必能得到治理。考虑一下这个国家得到治理的原因是什么呢？就是因为用统一全国的道理来处理政务而已。

国家既已得治理，那么治理天下的方法都在这里说完了吗？当然没有。天下的国家为数众多，都认为自己国家的道理是对的，而去非难别人国家的道理，所以分歧大的将发生战争，分歧小的也会出现争执，于是又使国君统一本国的道理，向上与天子的道理保持一致。天子也对天下的百姓发布政令说："你们见到关爱天下、有利于天下的人，一定要向上报告；你们见到憎恶天下、残害天下的人，也一定要向上报告。你们见到关爱天下和有利于天下的人向上报告，就好比你们自己就是关爱天下和有利于天下的人，在上位者得知便会予以奖赏和赞誉，百姓听说了就会加以赞誉；你们见到憎恶天下、残害天下的人而不向上报告，也好比你们自己就是憎恶天下、残害天下的人，在上位者得知将予以惩罚，百姓听说也会加以非难。"于是全天下的人都想得到天子的奖赏，而避开非难和惩罚，因此看到行善的人和作恶的人都会上报。天子得知善人就予以奖赏，得知恶人就予以惩罚，这样天下必能得到治理。考虑一下天下之所以得到治理的原因是什么呢？就是因为能用统一天下的道理来处理政务而已。

天下既已得到治理，于是天子又统一天下的道理，向上统一于上天。所以对"尚同"这样一种主张，在上面天子予以使用，便可以治理天下；在中间诸侯予以使用，便可以治理好他的国家；在下面家君予以使用，便可以治理好他的家族。因此，大而用来治理整个天下，不会留下治理的空隙和死角；小而用来治理一个国家、一个家族，也不会出现政令堵塞，说的就是"尚同"这一主张。于是治理天下众多国家如同治理一个家族一样，使令天下百姓就如同使令一个人一样。难道只有墨子一人有"尚同"这种主张，先王有没有这种主张呢？当然先王也是有这种主张的。古代的圣王都用"尚同"来治理政务，所以天下得到治理。怎么知道是这样的呢？正如先王典籍《太誓》中所说的那样："普通百姓见到奸邪诈伪的人，也一定要向上报告。如果不报告，一经发觉，这个人的罪过与奸邪诈伪的人是相同的。"这就是说，看到奸邪诈伪的人不报告，他的罪过也与奸邪诈伪的人相等。

古代圣明的君王治理天下，他所选择的作为辅佐自己的人，都是贤良俊杰，而且作为耳目在外围帮助做事的人很多。所以他与人商量事情，总是先于别人找到办法；他与别人共同做事，总是先于他人成功。他得到广泛的赞誉和美好的名声，总是先于别人得到传扬。只有首先要求自己践行诚信并恪尽职守，才能获得这样众多的利益。古时有这样的说法，叫作"一个眼睛看到的，不如两个眼睛看得清楚；一只耳朵听到的，不如两只耳朵听得明白；一只手所能操办的，不如两只手操办的效率高。"可见只有自己坚守诚信并恪尽职守，才能获得这样众多的利益。古代圣明君王治理天下，如果千里之外有贤良的人，他的同乡里的人都还没有普遍地听到和见到，圣王就可以得知并且给予这人以奖赏；千里之外有残暴的人，他的同乡同里的人都还没有普遍地听说和看到，圣王就可以得知并且给予这人以惩罚。可以说仅有圣王才有耳聪目明的功能吗？难道圣王只是一看就能通见千里之外、只是一听就能通闻千里之外吗？事实是，圣王不曾亲往察看，也不曾亲自走近听闻，然而却使天下那些做贼寇、乱臣和盗贼的人，即使走遍天下也没有立足的地方，这是什么原因呢？当然这就是由于采用了统一天下道理的办法来治理天下的缘故。

因为上述原因，墨子说：那些使百姓相信并服从"尚同"主张的人，如果关爱百姓不尽力，百姓也不会供他们驱使。换句话说，对百姓必须尽力给予关爱，尔后再驱使他们；对百姓首先要给予信任，尔后再掌控他们。事前用富裕和尊贵对他们加以引导，事后用公开的惩罚加以规范。这样施政，即使不希望百姓与上面长官统一道理，也将是不可能的事。所以墨子说：现在的王公大人、士人君子，如果真心希望施仁行义，追求成为高尚的士人，对上希望符合圣明君王的道术，对下希望符合国家百姓的利益，对"尚同"这一主张就不能不加以明察，因为"尚同"既是处理政务的根本，也是治理天下国家的要领。

第三论　兼　爱

【导语】

"兼爱"即"兼相爱，交相利"，是《兼爱》上中下三篇共同的主旨，是墨子十大救世主张的核心与精髓，当然也是墨子全部社会政治思想体系的核心和精髓。"兼爱"就是"俱爱""尽爱""周爱"，就是关爱、惠利所有的人（暴乱恶人除外），所有的人都要互施关爱、惠利于对方。只要是人，都是被爱的对象，即使奴隶、仆人也不例外。墨子把"爱"推到人的外延的全部，因而"兼爱"是一种不分国界、家别、人我的普遍平等之爱，即"视人之国若视其国，视人之家若视其家，视人之身若视其身"。

墨子认为，当时社会和世道混乱的根源就在于人与人之间不能相爱。在这个前提下，他提出"兼爱"的根本目的，就是从伦理方面消除社会混乱的根源，进而使社会从"乱世"走向"治世"。

"兼爱"思想提倡"爱无差等"，鲜明地反对维护西周宗法等级制的儒家的仁爱思想，代表"农与工肆之人"利益的平民思想特征十分明显，同时也区别于先秦道家、法家等诸子学派。"兼爱"作为墨子社会政治思想的核心，反映了墨子、墨家"为义"这一历史任务的基本内涵，因而是墨子经常讲到的治国理政、规劝王公大人行仁施义以及教化天下百姓的根本原则和方法。

"兼爱"作为一种社会理想，是人类崇高的追求目标之一，不失为富有前瞻意义的光辉理论建树。孙中山先生认为，中国古时最讲爱字的莫过于墨子。因此，墨子堪称中国古代人道主义思想家的代表。但必须指出，在阶级和阶级对抗的社会，墨子的"兼爱"具有明显的脱离实际、调和阶级矛盾的局限性，是不可能实现的空想。另外，墨子把人与人不相爱视作政治黑暗和天下混乱的根源，也是缺少深刻说服力的。

第七篇　兼爱上

【题解】

本篇层次清晰，论述简明。首先，从分析问题入手提出论题。墨子指出，要想治理好天下，就必须了解天下之所以混乱的原因，这就如同医生给病人治病必先了解和弄清病因一样。其次，分析了天下混乱的根源在于人与人、家与家、国与国之间不相爱，以致引发了争执打斗、偷窃与互相攻伐等各种社会问题。最后，墨子提出解决天下混乱的办法，就是提倡"兼爱"，以求达到君臣父子都能孝慈、天下人人都和睦相处的社会状态。

【原文】

圣人以治天下为事者也，必知乱之所自起，焉①能治之；不知乱之所自起，则不能治。譬之如医之攻②人之疾者然，必知疾之所自起，焉能攻之；不知疾之所自起，则弗能攻。治乱者何独不然，必知乱之所自起，焉能治之；不知乱之所自起，则弗能治。

圣人以治天下为事者也，不可不察乱之所自起。当③察乱何自起？起不相爱。臣子之不孝④君父，所谓乱也。子自爱不爱父，故亏父而自利；弟自爱不爱兄，故亏兄而自利；臣自爱不爱君，故亏君而自利，此所谓乱也。虽父之不慈⑤子，兄之不慈弟，君之不慈臣，此亦天下之所谓乱也。父自爱也不爱子，故亏子而自利；兄自爱也不爱弟，故亏弟而自利；君自爱也不爱臣，故亏臣而自利。是何也？皆起不相爱。虽至天下之为盗贼者亦然，盗爱其室⑥，不爱其异室，故窃异室以利其室；贼爱其身，不爱人，故贼人以利其身。此何也？皆起不相爱。虽至大夫之相乱家⑦、诸侯之相攻国者，亦然。大夫各爱其家，不爱异家，故乱异家以利其家；诸侯各爱其国，不爱异国，故攻异国以利其国，天下之乱物具此⑧而已矣。察此何自起？皆起不相爱。

若使天下兼相爱⑨，爱人若爱其身，犹有不孝者乎？视父、兄与君若其身，恶施⑩不孝？犹有不慈者乎？视弟子⑪与臣若其身，恶施不慈？故不孝不慈亡⑫有。犹有盗贼乎？故视人之室若其室，谁窃？视人身若其身，谁贼？故盗贼亡有。犹有大夫之相乱家、诸侯之相攻国者乎？视人家若其家，谁乱？视人国若其国，谁攻？故大夫之相乱家、诸侯之相攻国者亡有。

若使天下兼相爱，国与国不相攻，家与家不相乱，盗贼无有，君臣父子皆能孝慈，若此则天下治。故圣人以治天下为事者，恶得不禁恶而劝爱？故天下兼相爱则治，交相恶⑬则乱。故子墨子曰：不可以不劝爱人者，此也。

【注释】

① 焉：乃、才。本文第一段以下两个"焉"字都作此讲。

② 攻：治疗、除病。（《辞海》，第 508 页。）

③ 当：读"尝"。（孙诒让：《墨子间诂》，第 99 页。）意为"尝试"。

④ 孝：此处解作广义的孝，即"事父母、事君、立身"，都可称为"孝"。

⑤ 慈：长辈对晚辈、上对下的"爱"，谓之慈爱。

⑥ 室：家。此指家庭的"家"，非指"大夫之家"和"家族之家"。

⑦ 大夫之相乱家：大夫之间相互侵扰封地。大夫，据《礼记·王制》，在天子之下设立卿、大夫、士三级官职，士又分上士、中士和下士，凡五等。大夫为掌管国家实权的官职。（阮元校刻：《十三经注疏》，第 1321 页。）家，大夫的封地。

⑧ 天下之乱物具此：天下所有混乱的事情都在这里。具，全部。

⑨ 兼相爱：全部互相关爱。兼，全、尽。爱，关爱。

⑩ 恶施：即"何施"，意为"哪儿用"。恶（wū），何、如何。施，用。

⑪ 弟子：指"弟"与"子"。

⑫ 亡：通"无"。以下两个"亡有"的"亡"同解。

⑬ 交相恶：互相厌恶憎恨。

【译文】

圣人把治理天下作为自己的职责，就必须了解混乱是由什么原因引起的，才能把天下治理好；不了解混乱是由什么引起的，就不能治理好天下。这如同医生给人治病一样，一定要了解引起疾病的原因，才能治好病；不了解引起疾病的原因，就不能治好病。治理天下混乱的人为什么不是这样呢？也一定要了解引起混乱的原因，才能把混乱治理好；不了解引起混乱的原因，就不能治理好混乱。

圣人既把治理天下当作自己的职责，就不能不考察混乱是由什么引起的。尝试着考察引起混乱的原因是什么呢？应该起源于人与人之间不能相爱。臣不忠君，子不孝父，便称为混乱。儿子只爱自己不爱父亲，所以损害父亲的利益而使自己得利；弟弟只爱自己不爱兄长，所以损害兄长的利益而使自己得利；臣下只爱自己不爱君王，所以损害君王的利益而使自己得利，这便是混乱。即使父亲对儿子不慈爱，兄长对弟弟不慈爱，君王对臣下不慈爱，这也是天下所说的混乱。父亲只爱自己不爱儿子，所以损害儿子的利益而使自己得利；兄长只爱自己而不爱弟弟，所以损害弟弟的利益而使自己得利；君王只爱自己不爱臣下，所以损害臣下的利益而使自己得利。这是为什么呢？都是由于人与人不相爱引起的。即使是天下做盗贼的也是这样。小偷爱自己的家而不爱别人的家，所以就偷窃别人的家来使自己得利；强盗爱自己而不爱别人，所以抢劫别人来使自己得利。这是为什么呢？都是由于人与人不相爱引起的。即使上推到大夫相互扰乱封地、诸侯相互攻占国家，也是这样。大夫各爱自己的封地而不爱别人的封地，所以就扰乱别人的封地而使自己得利；诸侯各爱自己的国家而不爱别人的国家，所以就攻打别人的国家而使自己的国家得利。天下混乱的事情全都罗列在这里了。考察这些混乱是由什么引起的呢？这都是起源于人与人不相爱。

假如让天下所有的人都互相关爱，爱别人就像爱自己一样，还会有不孝的人吗？看待父亲兄长与君王就像看待自己，又怎么会做不孝顺的事情呢？还会有不慈爱的人吗？看待弟弟和臣下就像看待自己，又怎么会做不慈爱的事情呢？所以不孝顺不慈爱的事情就没有了。这样怎么还会有盗贼呢？看待别人的家就像看待自己的家，谁还会去偷窃？看待别人的身体就像看待自己的身体，谁还会去伤害别人？所以盗贼就没有了。这样还会有大夫之间相互扰乱封地、诸侯之间相互攻打国家吗？看待别人的封地就像自己的封地，谁还会制造混乱？看待别人的国家就像自己的国家，谁还会去攻打别人的国家呢？所以大夫相互扰乱封地、诸侯相互攻打国家的事就没有了。

如果让天下的人都互相关爱，国家与国家不互相攻打，封地与封地不互相扰乱，没有盗贼，君臣父子都能孝顺慈爱，这样天下就能得到治理。圣人既然把治理天下当作自己的职责，怎么能不禁止人们相互厌恶而劝人相爱呢？因为天下的人都互相关爱就会得到治理，相互厌恶就会变得混乱。所以墨子说，不能不劝人互相关爱，就是这个道理。

第八篇　兼爱中

【题解】

本文层次分明，结构严谨，逻辑性强。第一层：用大量篇幅从多角度、多层次论证了"兼相爱"必能带来大利，"天下祸篡怨恨"都可以消除；"交相贼"必造成大害，天下"祸篡怨恨"就会不断产生，永无宁日。第二层：举出晋文公"好士恶衣"、楚灵王"好士细腰"和越王勾践考验勇士的历史典故，论证了只要王公大人真心拥护和倡导"兼爱"，"兼爱"主张就必能实行。第三层：总结推断出"兼相爱，交相利"乃是"天下之至道"和"圣王之法"这一结论。

【原文】

子墨子言曰：仁人之所以为事者，必兴天下之利，除去天下之害，以此为事者也。然则天下之利何也？天下之害何也？子墨子言曰：今若国之与国之相攻，家之与家之相篡①，人之与人之相贼，君臣不惠②忠，父子不慈孝，兄弟不和调，此则天下之害也。

然则崇此害亦何用生哉③？以不④相爱生邪？子墨子言：以不相爱生。今诸侯独知爱其国，不爱人之国，是以不惮举⑤其国以攻人之国。今家主⑥独知爱其家，而不爱人之家，是以不惮举其家以篡人之家。今人独知爱其身，不爱人之身，是以不惮举其身以贼人之身。是故诸侯不相爱则必野战⑦，家主不相爱则必相篡，人与人不相爱则必相贼，君臣不相爱则不惠忠，父子不相爱则不慈孝，兄弟不相爱则不和调⑧。天下之人皆不相爱，强必执⑨弱，富必侮贫，贵必敖⑩贱，诈必欺愚。凡天下祸篡怨恨，其所以起者，以不相爱生也，是以仁者非之。

既以⑪非之，何以易之？子墨子言曰：以兼相爱、交相利之法易之。然则兼相爱、交相利之法将奈何哉？子墨子言：视人之国若视其国，视人之家若视其家，视人之身若视其身。是故诸侯相爱则不野战，家主相爱则不相篡，人与人相爱则不相贼，君臣相爱则惠忠，父子相爱则慈孝，兄弟相爱则和调。天下之人皆相爱，强不执弱，众不劫⑫寡，富不侮贫，贵不敖贱，诈不欺愚。凡天下祸篡怨恨可使毋起者，以相爱生也，是以仁者誉之。

然而今天下之士君子曰："然，乃若⑬兼则善矣。虽然，天下之难物于故⑭也。"子墨子言曰：天下之士君子，特⑮不识其利、辩其故也。今若夫攻城野战，杀身为名，此天下百姓之所皆难也。苟君说之，则士众能为之。况于兼相爱、交相利，则与此异。夫爱人者，人必从而爱之；利人者，人必从而利之；恶人者，人必从而恶之；害人者，人必从而害之。此何难之有？特上弗以为政、士不以为行故也。

昔者晋文公⑯好士之恶衣，故文公之臣皆牂羊⑰之裘，韦⑱以带剑，练帛⑲之冠，入以见于君，出以践于朝。是其故何也？君说之，故臣为⑳之也。昔者楚灵王㉑好士细要㉒，故灵王之臣皆以一饭为节，胁息然后带㉓，扶墙然后起。比期年㉔，朝有黧㉕黑之色。是其故何也？君说之，故臣能之也。昔越王句践㉖好士之勇，教驯㉗其臣，和合之㉘焚舟失火，试其士曰："越国之宝尽在此！"越王亲自鼓其士而进之。士闻鼓音，破碎乱行㉙，蹈火而死者左右百人有余。越王击金㉚而退之。是故子墨子言曰：乃若夫少食恶衣，杀身而为名，此天下百姓之所皆难也。若苟君说之，则众能为之。况兼相爱、交相利与此异矣。夫爱人者，人亦从而爱之；利人者，人亦从而利之；恶人者，人亦从而恶之；害人者，人亦从而害之。此何难之有焉？特上不以为政，而士不以为行故也。

然而今天下之士君子曰："然，乃若兼则善矣。虽然，不可行之物也。譬若挈太山越河济㉛也。"子墨子言：是非其譬也。夫挈太山而越河济，可谓毕劫㉜有力矣，自古及今未有能行之者也。况乎兼相爱、交相利则与此异，古者圣王行之。何以知其然？古者禹治天下，西为西河、渔窦㉝，以泄渠、孙、皇㉞之水；北为防、原、泒㉟，注后之邸、嘑池之窦㊱，洒㊲为底柱㊳，凿为龙门㊴，以利燕、代、胡、貉㊵与西河之民；东方漏之陆㊶，防孟诸之泽㊷，洒为九浍㊸，以楗㊹东土之水，以利冀州㊺之民；南为江、汉、淮、汝㊻，东流之，注五湖㊼之处，以利荆楚、干、越㊽与南夷㊾之民。此言禹之事，吾今行兼矣。昔者文王之治西土，若日若月，乍㊿光于四方，于西土，不为大国侮小国，不为众庶侮鳏寡(51)，不为暴势夺穑人(52)黍稷狗彘(53)。天屑临(54)文王慈，是以老而无子者，有所得终其寿；连(55)独无兄弟者，有所杂于生人之间；少失其父母者，有所放依(56)而长。此文王之事，则吾今行兼矣。昔者武王将事泰山隧(57)，《传》曰："泰山，有道曾孙周王有事(58)，大事既获(59)，仁人尚作(60)，以祗(61)商、夏、蛮夷、丑貉(62)。虽有周亲(63)，不若仁人。万方有罪，维予一人。"此言武王之事，吾今行兼矣。

是故子墨子言曰：今天下之君子，忠(64)实欲天下之富而恶其贫，欲天下之治而恶其乱，当兼相爱、交相利。此圣王之法，天下之治道也，不可不务为也。

【注释】

① 篡：篡夺、逆而夺权。

② 惠：慈惠，指上对下施予恩惠。

③ 崇此害亦何用生哉：考察这些祸患是怎么产生的呢？崇，"察"之误。(俞樾：《墨子平议》，第412页。)用，以。

④ 不：为衍字。去"不"因本句"以正言发问"。(俞樾：《墨子平议》，第413页。)

⑤ 惮：忌惮、畏惧。举：动用、兴起。

⑥ 家主：指有封邑的卿大夫。

⑦ 野战：军队交战于旷野。野，郊外。

⑧ 和调：和睦融洽。

⑨ 执：控制、执掌。

⑩ 敖；通"傲"。

⑪ 以：通"已"。

⑫ 劫：胁迫、强取。

⑬ 乃若：发语词。

⑭ 于故：迂远的旧事。于，通"迂"，迂远。故，旧事。

⑮ 特：只是、特别是。

⑯ 晋文公：春秋时晋君，姬姓，名重耳，春秋五霸之一。

⑰ 牂羊：母羊。牂（zāng），母羊。

⑱ 韦：熟皮。

⑲ 练帛：熟丝绢。

⑳ 为：前脱"能"。

㉑ 楚灵王：春秋时楚国国君，熊氏，名围，后改名虔。

㉒ 要：通"腰"。（王裕安等：《墨子大词典》，第 383 页。）

㉓ 胁息然后带：敛缩气息再束腰带。胁，两腋之下。带，束带。

㉔ 比期年：及至一周年。比，及至。期（Ⅱ）年，周年。

㉕ 黧：黑。

㉖ 句践：亦作勾践，春秋时越王，卧薪尝胆，转弱为强，攻灭吴国，成为春秋五霸之一。

㉗ 驯：通"训"。

㉘ 和合之：把臣下士兵集合在一起。

㉙ 破碎乱行：打破了集合，弄乱了行列。碎，读"萃"。萃，集合、聚集。行，行次、行列。

㉚ 金：铜钲（zhēng），古时铜乐器，作战时敲击作为收兵信号，即鸣金收兵。

㉛ 挈太山越河济：提举泰山跨越黄河与济水。挈，提、举。河，黄河。济，济水。

㉜ 毕劫：敏捷胁制。毕，敏捷。劫，胁制。

㉝ 西河、渔窦：当为"西河、渭水"。（孙诒让：《墨子间诂》，第 107 页。）西河：古代称华夏西部地区南北流向的黄河。渔窦，渭水，黄河支流。"渔"当为"渭"之误。窦，"渎"的假借字。渎，河沟。

㉞ 渠、孙、皇：即渠水、孙水、湟水，古水名，当在西河、渭水流域。皇，"湟"的省文。

㉟ 防、原、泒：即防水、原水、泒（gū）水，古水名，当在南北走向黄河的东侧。

㊱ 后之邸：当为"昭余祁"。（孙诒让：《墨子间诂》，第108页。）昭余祁，据《周礼·夏官·职方氏》："北曰并州"，"其泽薮曰昭余祁。"（阮元校刻：《十三经注疏》，第863页。）昭余祁故址在今山西祁县西南、介休东北。嘑池之窦：即今滹沱河。

㊲ 洒：分流。

㊳ 底柱：即砥柱山，处黄河激流中，原址在今河南三门峡市。

㊴ 龙门：即龙门山，当在今山西河津县与陕西韩城县之间。

㊵ 燕、代：周代分封于北方的燕国和代国。胡、貉（mò）：古代居于东北地区的两个民族。

㊶ 东方漏之陆：当为"东为漏大陆"。（孙诒让：《墨子间诂》，第109页。）东方，应为"东为"。漏，漏泄、泄洪。之陆，"大陆"之误。大陆，即"大陆泽"，地属今河北任丘县。

㊷ 防孟诸之泽：筑堤以截堵孟诸泽的湖水。防，堤防。孟诸，古代大泽，亦作"孟潴"，其地望在今河南商丘市。

㊸ 九浍：九条水道。浍（kuài），水道。

㊹ 楗（jiàn）："楗，限门也。"（《说文解字》，第121页。）引申为"限制、关闭"。

㊺ 冀州：中国古九州之一，其范围当今之河北、河南、山西、辽宁各一部分。

㊻ 江、汉、淮、汝：即长江、汉江、淮河和汝河。

㊼ 五湖：此指太湖。

㊽ 荆楚、干、越：楚、吴、越三国。荆楚即楚国。干即吴国，古有干国，灭于吴。

㊾ 南夷：南方少数民族。《周礼·夏官·职方氏》："南方曰蛮。"（阮元校刻：《十三经注疏》，第861页。）

(50) 乍（zhà）：“作”的异体字，即“发生”。

(51) 鳏寡：老而无妻的男人与老而无夫的女人。

(52) 穑人：农夫。穑（sè），耕作。

(53) 黍稷狗彘：指粮食与牲畜。彘（zhì），猪。

(54) 盾临：眷顾、察看。

(55) 连：通“怜”，怜悯。

(56) 放依：依从。放，即“仿”，依。

(57) 武王将事泰山隧：武王掘地为隧道将祭祀泰山。武王，即周武王姬发，灭商兴周，大封诸侯，重用周公旦、太公望，古称圣王。隧，《左传·僖公二十五年》：“请隧”。杜预注：“阙地通路为隧。”（阮元校刻：《十三经注疏》，第1820页。）

(58) 有道曾孙周王有事：有道者后人周王姬发前来祭祀。有道，武王自称“有道”，与纣王“无道”相对而言。曾孙，周天子举行祭祀大典时谦称。

(59) 获：成功。

(60) 尚作：辅佐兴起。尚，辅佐。

(61) 祗（zhī）：敬。

(62) 蛮夷、丑貉：指古中国周边各少数民族。《周礼·夏官·职方氏》：“东方曰夷，南方曰蛮，西方曰戎，北方曰貉（貊）。”（阮元校刻：《十三经注疏》，第861页。）丑貉，众貉。

(63) 周亲：至亲。

(64) 忠：即“中”，作“心”解。

【译文】

仁义的人行事的原则是，必定要兴盛天下的利益，除去天下的祸害，并以这个原则作为行事的目的。既然如此，那么天下的利益是什么？天下的祸害又是什么？墨子说：就像现在这样国与国之间相互攻打，家族与家族之间互相篡夺，人与人之间相互伤害，君王不慈惠臣下，臣下不忠于君上，父亲不慈爱儿子，儿子不孝顺父亲，兄弟之间不能和睦融洽，这些就是天下的祸害。

　　既然这样，那么考察一下这些祸害是由什么原因产生的呢？难道这是由人与人互相关爱产生的吗？墨子回答说：当然是由人与人不能互相关爱而产生的。现在的诸侯只是关爱自己的国家，而不关爱别人的国家，于是无所顾忌地动用全国的力量去攻打别的国家。现在卿大夫们只是关爱自己的家族，而不关爱别人的家族，于是无所顾忌地动用全家族的力量去篡夺别人的家族。现在人们只是关爱自己而不关爱别人，于是无所顾忌地使出全身的力量去伤害别人。因此，诸侯之间互不关爱就必定发生旷野交战，家主之间互不关爱就必定相互篡夺，人与人之间互不关爱就必定相互伤害。君臣之间互不关爱就必定为君不慈惠、为臣不忠诚，父子之间互不关爱就必定为父不慈爱、为子不孝顺，兄弟之间互不关爱就必定不能和睦融洽。天下的人都互不关爱，强势的人就必定胁制弱小的人，富裕的人就必定侮辱贫穷的人，尊贵的人就必定傲视低贱的人，狡诈的人就必定欺负愚憨的人。凡是天下的祸患、篡夺、怨怒和仇恨，之所以会产生，都是因为互不关爱而产生的，所以仁义的人对这些持反对的态度。

　　既然对天下之人互不关爱表示反对，那么又用什么来替换它呢？墨子说，要用人人互相关爱、互惠互利的方法来替换它。可是互相关爱、互惠互利的方法该是怎样的呢？墨子说：看待别人的国家就像看待自己的国家一样，看待别人的家族就像看待自己的家族一样，看待别人就像看待自己一样。这样一来，诸侯之间互相关爱就不会发生旷野交战，卿大夫之间互相关爱就不会互相篡夺，人与人之间互相关爱就不会互相残害。君臣之间互相关爱就会为君慈惠、为臣忠诚，父子之间互相关爱就会为父慈爱、为子孝顺，兄弟之间互相关爱就会彼此和睦融洽。天下的人都互相关爱，强势的人不胁制弱小的人，多数人不会胁迫少数人，富裕的人不会侮辱贫穷的人，尊贵的人不会傲视低贱的人，狡诈的人不会欺骗愚憨的人。天下一切祸患、篡夺、怨怒、仇恨都可不再发生，这正是人人互相关爱的缘故，所以仁义的人对"兼相爱、交相利"的主张给予赞美。

　　然而现今天下的士人君子说：说得不错。说到兼爱，当然是好事。"兼爱"虽然好，却是天下困难而迂远的事情。墨子说：天下的士人君子只是还没有认识到"兼爱"的好处和辨明"兼爱"的道理罢了。至于攻打城池、旷野交战、杀身为名，这是天下老百姓都感到困难的事情，但如果国君喜欢人们这样做，那么士人和百姓都会努力去做，况且实行"兼相爱、交相利"这样的理念，与"攻城野战"等又完全不同。凡关爱别人的人，必定得到别人的关爱；凡惠利别人的人，也必定得到别人的惠利；凡憎恶别人的人，必定受到别人的憎恶；凡伤害别人的人，也必定受到别人的伤害。这有什么难以做到的呢？只是在上位的王公大人不能用"兼相爱、交相利"来施政，一般的士人君子也不能将这种理念付诸行动罢了。

从前晋文公偏好臣子们服装粗劣，所以他的臣子们都穿着母羊皮裘，用熟牛皮束腰挂剑，头戴熟绢做成的冠，就这样入宫见君主，出来侍列于朝堂。这是什么缘故呢？因为君王喜爱的事，所以臣子们都能努力去做。从前楚灵王喜欢细腰的士人，所以他的臣子都以每天吃一顿饭作为节制，屏住气息再束紧腰带，先扶墙再站起来。这样过了一年，朝中的人大多面黑身瘦。这是什么缘故呢？因为君王喜爱，所以臣子们都会努力去做。从前越王句践喜好将士们勇敢，为了教育并训练他的臣子，于是把他们集合在一起，放火烧船，并考验他的臣子们说："越国的珍宝都在船里面。"句践亲自击鼓，激励他们奋勇前冲。臣子们闻鼓声而振奋，破散了先前的队列，打乱了原有的行次，无人不争先恐后，踏火而死的左右随从有一百多人。越王鸣金收兵，将士才退回。所以墨子说：像这样少吃饭、穿粗衣以及为成名而捐躯，本是天下百姓都感到难以做到的事情，如果君王喜爱这种事，那么士人百姓就会尽力去做。况且"兼相爱、交相利"这种理念，与做这些少食粗衣以至杀身成名的事情完全不同。要知道，凡关爱别人的人，别人也会随即对他给予关爱；凡惠利别人的人，别人也会随即对他给予惠利。凡憎恶别人的人，别人也会随即对他给予憎恶；凡伤害别人的人，别人也会随即对他给予伤害。这又有什么难以实行的呢？只不过是在上位的王公大人不能用"兼相爱、交相利"的理念来施政，而士人君子们也不能把这一理念付诸行动罢了。

然而，现今天下的士人君子们又说：说得不错。说到人人互相关爱当然是好事。虽然如此，但却是不可能实行的事，这就像提举起泰山要跨越黄河、济水一样。墨子说：这种比喻很不恰当。提举起泰山跨越黄河、济水，当然是敏捷胁制且有力量的壮举，可是从古到今，还没有人能做成这种事。

而实行"兼相爱、交相利"的理念，就与这事完全不同，况且古时的圣明君王早已做过。怎么知道古代君王早做过这种事呢？古代的大禹治理天下，在西边整修疏通了西河、渭水，以排泄渠水、孙水和潢水的洪流；在北边疏浚了防水、原水、沤水，将它们注入昭余祁大泽和滹沱河，并让黄河在砥柱山分流，开凿龙门山以有利于燕国、代国、胡族、貉族以及西河的黎民百姓；在东边排泄大陆泽的积水，防堵孟诸泽的洪波，分流于九条水道，控制东部洪水泛滥，以有利于冀州的黎民百姓；在南边整修长江、汉江、淮河、汝河，使之东流，注入太湖湖区，以利于楚国、吴国、越国以及南夷的广大百姓。这就是大禹"兼爱"的事迹和功业，我们现在就应该实行这种"兼爱"。从前周文王治理西部岐周一带，光辉如同日月照耀四方，遍及西土，不做大国欺侮小国的事，不做人多势众欺侮鳏夫寡妇的事，不做依仗强暴权势掠夺农夫粮食和家畜的事。上天眷顾、察知周文王的仁慈之心，于是使年老无妻无子的人有所供养，以终天年；可怜那些穷苦无兄又无弟的人，使他们得以生活在众人之中；使那些从小就失去父母的孤儿有所依从而长大成人。这就是周文王"兼爱"的事迹和功业，我们现在就应该实行这种"兼爱"。古时周武王掘地作为隧道，前往祭祀泰山，书传记载的祝词说："泰山神明在上，有道后人周王姬发在此恭敬致祭。现在讨伐商纣的大事已获得成功，又得到仁人义士辅佐开国大业，祈请上天庇佑振兴我华夏以及边疆荒野。即使有至亲的护持，也赶不上仁人义士的辅佐。万邦百姓如有罪过，都是因我一人教导有失。"这就是周武王"兼爱"的事迹和功业，我们现在就应该实行这种"兼爱"。

墨子说道：如今天下的士人君子，心中确实希望天下富强而憎恶贫穷，希望天下得到治理而憎恶混乱不堪，那么人人就应当互相关爱、互惠互利，这是圣王的法则，也是天下得到治理的大道理，所以不可不努力地去加以实行。

第九篇 兼爱下

【题解】

首先，墨子指出，由于人们不相爱，才导致君不惠、臣不忠、父不慈、子不孝，所以要提倡"兼相爱，交相利"。其次，用具体事例证明那些口头上反对"兼爱"的人，在很多时候都是选择"兼爱"来获取利益的，反驳了人们对"兼爱"的各种质疑。再次，墨子引用先王文献诸如《泰誓》《禹誓》等，来论证"兼爱"乃是古代圣王的治国之道。最后，实行"兼爱"之道并没有那么困难，关键在于王公大人是否诚意推行和以身作则。

【原文】

子墨子言曰：仁人之事者，必务求兴天下之利，除天下之害。然当今之时，天下之害孰为大？曰：若大国之攻小国也，大家之乱小家也，强之劫弱，众之暴寡，诈之谋愚，贵之敖贱，此天下之害也。又与①为人君者之不惠也，臣者之不忠也，父者之不慈也，子者之不孝也，此又天下之害也。又与今人之贼人②，执其兵刃、毒药、水、火，以交相亏贼，此又天下之害也。

姑尝本原若众害之所自生，此胡自生？此自爱人、利人生与？即必曰非然也，必曰从恶人贼人生。分名③乎天下恶人而贼人者，兼④与？别⑤与？即必曰别也。然即之交别者⑥，果生天下之大害者与？是故别非也。

子墨子曰：非人者，必有以易之；若非人而无以易之，譬之犹以水救火⑦也，其说将必无可焉。是故子墨子曰：兼以易别。然即兼之可以易别之故何也？曰：藉⑧为人之国若为其国，夫谁独⑨举其国以攻人之国者哉？为彼者由⑩为己也。为人之都若为其都，夫谁独举其都以伐人之都者哉？为彼犹为己也。为人之家若为其家，夫谁独举其家以乱人之家者哉？为彼犹为己也。然即国都不相攻伐，人家不相乱贼⑪，此天下之害与？天下之利与？即必曰天下之利也。

姑尝本原若众利之所自生，此胡自生？此自恶人贼人生与？即必曰非然也，必曰从爱人利人生。分名乎天下爱人而利人者，别与？兼与？即必曰兼也。然即之交兼者，果生天下之大利者与？是故子墨子曰：兼是也。且乡⑫吾本言曰：仁人之事者，必务求兴天下之利，除天下之害。今吾本原兼之所生天下之大利者也；吾本原别之所生天下之大害者也。是故子墨子曰：别非而兼是者，出乎若方⑬也。

今吾将正⑭求与⑮天下之利而取之，以兼为正⑯，是以聪耳明目相与⑰视听乎？是以股肱毕强相为动宰乎？而有道肆⑱相教诲，是以老而无妻子者，有所侍养以终其寿；幼弱孤童之无父母者，有所放依以长其身。今唯毋以兼为正，即若其利也⑲。不识天下之士所以皆闻兼而非者，其故何也？

然而天下之士非兼者之言，犹未止也，曰：即善矣⑳。虽然，岂可用哉？子墨子曰：用而不可，虽我亦将非之。且焉有善而不可用者？姑尝两而进之㉑。谁㉒以为二士，使其一士者执别，使其一士者执兼。是故别士㉓之言曰："吾岂能为吾友之身若为吾身，为吾友之亲若为吾亲。"是故退㉔睹其友，饥即不食，寒即不衣，疾病不侍养，死丧不葬埋。别士之言若此，行若此。兼士㉕之言不然，行亦不然，曰："吾闻为高士于天下者，必为其友之身若为其身，为身㉖友之亲若为其亲。然后可以为高士于天下。"是故退睹其友，饥则食之，寒则衣之，疾病侍养之．死丧葬埋之。兼士之言若此，行若此。若之二士者，言相非而行相反与？当㉗使若二士者，言必信，行必果，使言行之合犹合符节㉘也，无言而不行也。然即敢问：今有平原广野于此，被甲婴胄㉙将往战，死生之权㉚未可识也；又有君大夫之远使于巴、越、齐、荆㉛，往来及否未可识也，然即敢问不识将恶㉜也？家室、奉承亲戚㉝、提挈㉞妻子，而寄托之，不识于兼之有㉟是乎？于别之有是乎？我以为当其于此也，天下无愚夫愚妇，虽非兼之人，必寄托之于兼之有是也。此言而非兼，择即取兼，即此言行费㊱也。不识天下之士所以皆闻兼而非之者，其故何也。

然而天下之士非兼者之言，犹未止也。曰："意可以择士，而不可以择君乎？"姑尝两而进之，谁以为二君，使其一君者执兼，使其一君者执别。是故别君㊲之言曰："吾恶能为吾万民之身若为吾身，此泰㊳非天下之情也。人之生乎地上之无几何也，譬之犹驷驰而过隙也。"是故退睹其万民，饥即不食，寒即不衣，疾病不侍养，死丧不葬埋。别君之言若此，行若此。兼君㊴之言不然，行亦不然，曰："吾闻为明君于天下者，必先万民之身，后为其身，然后可以为明君于天下。"是故退睹其万民，饥即食之，寒即衣之，疾病侍养之，死丧葬埋之。兼君之言若此，行若此。然即交㊵若之二君者，言相非而行相反与？常使若二君者，言必信，行必果，使言行之合犹合符节也，无言而不行也。然即敢问：今岁有疠疫㊶，万民多有勤苦冻馁㊷，转㊸死沟壑中者，既已众矣。不识将择之二君者，将何从也？我以为当其于此也，天下无愚夫愚妇，虽非兼者，必从兼君是也。言而非兼，择即取兼，此言行拂也。不识天下㊹所以皆闻兼而非之者，其故何也？

然而天下之士非兼者之言也，犹未止也。曰：兼即仁矣，义矣，虽然，岂可为哉？吾譬兼之不可为也，犹挈泰山以超江、河也。故兼者，直㊺愿之也，夫岂可为之物哉？子墨子曰：夫挈泰山以超江、河，自古之㊻及今，生民而来未尝有也。今若夫兼相爱、交相利，此自先圣六王㊼者亲行之。何知先圣六王之亲行之也？子墨子曰：吾非与之并世㊽同时，亲闻其声，见其色也。以其所书于竹帛，镂于金石㊾，琢于盘盂，传遗后世子孙者知之。《泰誓》㊿曰："文王若日若月乍照，光于四方，于西土。"即此言文王之兼爱天下之博大也，譬之日月兼照(51)天下之无有私也。即此文王兼也。虽子墨子之所谓兼者，于文王取法焉。且不唯《泰誓》为然，虽《禹誓》(52)即亦犹是也。禹曰："济济有众，咸听朕言(53)！非惟小子敢行称乱，蠢兹有苗，用(54)天之罚。若予既率尔群对诸群以征有苗(55)。"禹之征有苗也，非以求以(56)重富贵、干(57)福禄、乐耳目也，以求兴天下之利，除天下之害，即此禹兼也。虽子墨子之所谓兼者，于禹求(58)焉。且不唯《禹誓》为然，虽《汤说》(59)即亦犹是也。汤曰："惟予小子履(60)，敢用玄牡(61)，告于上天后(62)，曰：'今天大旱，即当朕身履，未知得罪于上下(63)。有善不敢蔽，有罪不敢赦，简(64)在帝心。万方有罪，即当朕身。朕身有罪，无及万方。'"即此言汤贵为天子，富有天下，然且不惮以身为牺牲，以祠说(65)于上帝鬼神，即此汤兼也。虽子墨子之所谓兼者，于汤取法焉。且不唯《誓命》(66)与《汤说》为然，《周诗》(67)即亦犹是也。《周诗》曰："王道荡荡(68)，不偏不党，王道平平(69)，不党不偏。其直若矢，其易若底(70)。君子之所履，小人之所视(71)。"若吾言非语道之谓也⑫？古者文、武为正⑬，均分赏贤罚暴，勿有亲戚弟兄之所阿⑭，即此文、武兼也。虽子墨子之所谓兼者，于文、武取法焉。不识天下之人⑮所以皆闻兼而非之者，其故何也？

然而天下之⑯非兼者之言犹未止，曰：意不忠⑰亲之利，而害为孝乎？子墨子曰：姑尝本原⑱之孝子之为亲度者。吾不识孝子之为亲度者，亦欲人爱利其亲与？意欲人之恶贼⑲其亲与？以说观之，即欲人之爱利其亲也。然即⑳吾恶先从事即得此？若我先从事乎爱利人之亲，然后人报我以爱利吾亲乎？意我先从事乎恶㉑人之亲，然后人报我以爱利吾亲乎？即必吾先从事乎爱利人之亲，然后人报我以爱利吾亲也。然即之交孝子㉒者，果不得已乎毋先从事爱利人之亲者与？意以天下之孝子为遇而不足以为正乎？姑尝本原之先王之书《大雅》之所㉓道曰："无言而不雠㉔，无德而不报。投我以桃，报之以李。"即此言爱人者必见爱也，而恶人者必见恶也。不识天下之士所以皆闻兼而非之者，其故何也？

意以为难而不可为邪？尝有难此㉕而可为者。昔荆灵王好小要，当灵王之身㉖，荆国之士饭不逾乎一，固据而后兴㉗，扶垣而后行。故约食㉘为其㉙难为也，然后㉚为而灵王说之，未逾于世而民可移㉛也，即求以乡其上㉜也。昔者越王句践好勇，教其士臣三年，以其知为未足以知之也，焚舟失火，鼓而进之，其士偃㉝前列，伏水火而死有㉞不可胜数也。当此之时，不鼓而退也，越国之士可谓颤矣。故焚身为其难为也，然后为之㉟越王说之，未逾于世而民可移也，即求以乡上也。昔者晋文公好苴服㊱，当文公之时，晋国之士，大布之衣㊲，牂羊之裘，练帛之冠，且苴之屦㊳，入见文公，出以践之朝。故苴服为其难为也，然后为而文公说之，未逾于世而民可移也，即求以乡其上也。是故约食、焚舟㊴、苴服，此天下之至难为也，然后为而上说之，未逾于世而民可移也。何故也？即求以乡其上也。今若夫兼相爱、交相利，此其有利且易为也，不可胜计也。我以为则无有上说之者而已矣，苟有上说之者，劝之以赏誉，威之以刑罚，我以为人之于就兼相爱、交相利也，譬之犹火之就上、水之就下也，不可防止于天下。

故兼者圣王之道也，王公大人之所以安也，万民衣食之所以足也。故君子莫若审兼而务行之，为人君必惠，为人臣必忠，为人父必慈，为人子必孝，为人兄必友⑩，为人弟必悌。故君子莫⑩若欲为惠君、忠臣、慈父、孝子、友兄、悌弟，当若兼之不可不行也，此圣王之道而万民之大利也。

【注释】

① 与：如。下句"又与"的"与"同解。

② 今人之贼人：当为"今之贼人者"。今人，"人"为衍字。（王念孙：《墨子杂志》，第62页。）贼，"贼"的形讹字。

③ 分名：辨别名目。分，分辨、辨别。

④ 兼：墨家所谓"兼"与"别"相对立，指视人如己，将别人与自己视为一体。

⑤ 别：把别人与自己区分开来。

⑥ 之交别者：这个交相别的理念。之，此。交别，交相别，指人人都把自己与别人区别开来。者，理念或主张。

⑦ 以水救火：当为"以水救水，以火救火"。（俞樾：《墨子平议》，第417页。）

⑧ 籍：假如。

⑨ 独：犹、还。

⑩ 由：同"犹"，如同。

⑪ 然即国都不相攻伐，人家不相乱贼：当断句为"然即国、都不相攻伐，人、家不相乱贼。"国、都：此指"国与国，都与都"。人、家：此指"人与人、家与家。"家，此指"家族"。

⑫ 乡：即"向"，过去、从前。

⑬ 若方：此道。方，道、则、法。

⑭ 正：通"证"，证明、求证。

⑮ 与："兴"之误。

⑯ 正：通"政"，施政。

⑰ 与："为"之误。诸本皆作"为"。

⑱ 肆：尽力、努力。

⑲ 即若其利也：即"其利即若"，意为"它的好处就是这样"。

㉑ 即善矣：此前脱"兼"。

㉑ 两而进之：用主张"兼爱"和"别爱"两类人的行为进行推究。

㉒ 谁："设"之误。下段"谁以为二君"的"谁"同解。

㉓ 别士：执"别"之士，即主张"别爱"的士人。

㉔ 退：回来。

㉕ 兼士：执"兼"之士，即主张"兼爱"的士人

㉖ 身："其"之误。

㉗ 当：读 cháng，尝试。

㉘ 符节：古代派遣使者或调兵时使用的凭证，用竹、玉、铜制成，上刻文字，分而为二，各执其一，一半留于朝廷，验证时须两者合而为一。

㉙ 被甲婴胄：被，披。甲，铠甲。婴，缠绕、系。胄，头盔。意为"披甲系盔"。

㉚ 权：变、变化。

㉛ 巴：古国古族名，主要分布于今四川东部、湖北西部。武王克商后，封为子国。越：古国名，姒（sì）姓，其地域在今浙江北部以及江苏、安徽、江西部分地区。齐：古国名，周初始封，公国，姜姓，始祖为吕尚，其地域在今山东北部和中部地区。楚：古国名，或称荆和荆楚，芈（mǐ）姓，周初封为子国，其地域在今湖南、湖北以及河南、山东、安徽部分地区。

㉜ 恶：后脱"从"字。

㉝ 亲戚：父母。

㉞ 提挈：提携。挈（qiè），提、领。

㉟ 有：解作"为"。

㊱ 费："拂"的假借字。拂，违背、背离。

㊲ 别君：执"交相别"的君王。

㊳ 泰：大、最、极。

㊴ 兼君：执"兼相爱"的君王。

㊵ 然即交：三字为衍文，当去。

㊶ 疠疫：恶性疾病。疠，恶疮。

㊷ 馁（něi）：饥饿。

㊸ 转：弃。

㊹ 天下：后脱“之士”二字。

㊺ 直：只是、特别。

㊻ 之：“以”之误。

㊼ 六王：当为“四王”之误。本文列举禹、汤、文、武，为“四王”。

㊽ 并世：同世。

㊾ 金石：青铜器皿与石碑。

㊿《泰誓》：《尚书》篇名。

(51) 兼照：普照。

(52)《禹誓》：《尚书》篇名。

(53) 咸听朕言：都听我说。咸，皆。朕（zhèn），我、我的。自秦始皇起，“朕”成为皇帝的自称。

(54) 用：行。

(55) 若予既率尔群对诸群以征有苗：予，我。既，尽。群，众。对，“封”的形讹字。封，封邦。诸群，当为“诸辟”之误。辟，“君也”。（郝懿行：《尔雅义疏》，第4A。）本句校文是：“若予既率尔众封诸君以征有苗。”（孙诒让：《墨子间诂》，第121页。）意为“这次我率领你们各邦国的全部君王，共同讨伐有苗这个部落。”

(56) 以：为衍字。

(57) 干：求。

(58) 求：取法。

(59)《汤说》：即《尚书》中《汤誓》篇。

(60) 履：商汤本名。

(61) 玄牡：黑色公牲（牛、羊、豕）。玄，黑色。牡（mǔ），公牲。

(62) 后：后脱“土”。

(63) 上下：上天和下地。

(64) 简：鉴察、检阅。

(65) 祠说：祭祀祈告。

(66)《誓命》：即《尚书》中《禹誓》。

⑥《周诗》：应为孔子整理《诗经》以前的周朝诗歌集。本文所引"王道荡荡"四句不见今之《诗经》，而见于《尚书·洪范》。

⑥荡荡：广远之貌。

⑥平平：平易。

⑦底：同"厎"。"厎"又通"砥"，意为"平"。砥，磨刀石。

⑦视：效、效法。

⑦若吾言非语道之谓也：假如我说的不是宣讲世间道理的话。道，道理、大道。

⑦正：作"政"解。

⑦阿：偏私、偏心。

⑦人："士"之误。

⑦之：后脱"士"。

⑦忠：通"中"，符合。

⑦本原：推究、探究。

⑦恶贼（wù zéi）：憎恶残害。

⑧即：解为"则"。

⑧恶：下脱"贼"。

⑧之交孝子：这种互相为孝子的事。之，此、这。交，相互。

⑧所：为衍字。

⑧雠（chóu）：应对、应答。

⑧难此：即"难于此"。

⑧当灵王之身：在楚灵王执政时期。灵王之身，灵王在世。身，自己，转指一生。

⑧固据而后兴：牢固地抵住后站立起来。据，抵、支撑。兴，起。

⑧约食：节食。

⑧其：当为"甚"。

⑩后："众"之误。

⑨未逾于世而民可移：这个世代还没有结束而民风已改变。逾，越过、超过。世，世代。民，指民风。

㉒ 乡其上：即"乡其君上"，意为"朝着君上的要求去做"。乡，通"向"，朝着、顺着。下句的"乡上"也作此解。

㉓ 偃（yǎn）：仆倒、僵卧。

㉔ 有："者"之误。

㉕ 之：当为"而"。

㉖ 苴服：粗布衣服。苴（jū），粗。

㉗ 大布之衣：大幅布的衣服。

㉘ 且苴之屦：粗麻鞋。且，通"麤"（粗）。（孙诒让：《墨子间诂》，第126—127页。）苴，苴麻。

㉙ 舟："身"之误。

㉚ 友：兄长友爱弟弟。

㉛ 莫：为衍字。

【译文】

墨子说：仁人一生的事业，必定是努力追求兴办天下的利益，除去天下的祸害。可是当今这个时代，天下的祸害哪一个是最大的呢？回答是：如大国攻打小国，大家族扰乱小家族，强势的劫掠弱小的，人多的施暴人少的，狡诈的算计愚憨的，显贵的傲逼低贱的，这些都是天下的祸害。又比如做君王的不仁惠，做臣子的不忠诚，做父亲的不慈爱，做儿子的不孝顺，这也是天下的祸害。又比如现在残害别人的人，手持兵刃，施放毒药，驱使水火来相互残害，这都是天下的祸害。

姑且尝试推究这种种祸害产生的根源，它是从哪儿产生的呢？这难道都是从关爱别人、有利于别人的理念中产生的吗？必定说不是这样的，必定说是从厌恶人、残害人的理念中产生的。分辨并且给天下憎恶人、残害人的人一个名目，他们的这些行为是出于"兼相爱"的理念呢，还是出于"别相恶"的理念呢？那么必定是说出于"别相恶"的理念。既然这样，那么这个"别相恶"的理念果然是天下所有大害的根源，所以说"别相恶"的理念是错误的。

墨子说：否定别人的错误主张，必须用自己的正确主张来取代。如果否定了别人的错误主张而没有正确的主张来取代，这就好比用水来救水、用火来救火一样，这种主张是一定不能实行的。墨子说：可用爱无差等、视人如己的理念来取代爱有差等、人己有别的理念。可是用这个爱无差等、爱人如己的理念取代爱有差等、人己有别的理念的原因是什么？回答是：假如为别人的国家着想就像为自己的国家着想一样，那么还会有谁动用全国的力量去攻打别人的国家呢？事实上为别国着想就是为本国着想。假如为别人的都城着想就像为自己的都城着想一样，还会有谁动用整个都城的力量去攻打别人的都城呢？事实上为别人的都城着想就是为自己的都城着想。假如为别人的家族着想就像为自己的家族着想一样，那么还会有谁动用整个家族的力量去扰乱别人的家族呢？事实上为别人的家族着想就是为自己的家族着想。那么国家与国家、都城与都城不互相攻击征伐，人与人、家族与家族不互相扰乱残害，这究竟是天下的祸害呢，还是天下的利益呢？那么必定会说这是天下的利益！

姑且尝试推究一下这种种利益产生的根源，它们是由什么产生的呢？难道这是由憎恶人、残害人的理念中产生的吗？那么必定说不是这样的。必定说这是从关爱别人、惠利别人的理念中产生的。分辨并且给天下关爱别人、惠利别人的人一个名目，他们的这些行为是出于"别相恶"的理念呢，还是出于"兼相爱"的理念呢？那么必定是说出于"兼相爱"的理念。既然这样，那么这个"兼相爱"的理念果然是天下大利的根源，因而我所说"兼相爱"的理念是正确的。不久前我原本就说过：仁人一生的事业，必定是努力追求兴办天下的利益，除去天下的祸害。现在经我推究得出，由"兼相爱"的理念所产生的都是天下的大利，又推究得出，由"别相恶"理念所产生的都是天下的大害。因此，我说"别相恶"理念错误而"兼相爱"理念正确，正是由于这个道理。

现在我将求证并选用兴办天下利益的方法，那就是用"兼爱"作为施政的理念来治国理政。这样做不就是运用每个人的聪耳明目互相帮助去听去看吗？不就是每个人都用敏捷强劲的手脚互相帮助运作吗？并且那些掌握道术的人也可尽力地互相教诲。于是年老而没有妻子儿女的人，都能有所供养以终天年；年幼弱小没有父母的孤童，都能有所依靠而长大成人。可见现在只有采用"兼爱"作为施政理念，才会得到如此之多的利益。不知道天下的士人，一听到"兼爱"主张就大加反对，这是出于什么原因呢？

可是，天下的士人攻击"兼爱"主张的言论还没有停止。他们说："兼爱"主张确实很好，难道它真的可以实行吗？墨子说：如果"兼爱"主张不可以实行，就是我自己也要反对它。况且世上哪有很好的主张而不可以实行的道理呢？姑且尝试让主张"兼爱"和"别爱"的两类人出来做事加以推究。假设这里有两个士人，让其中一个士人主张"别爱"，让另一个士人主张"兼爱"。主张"别爱"的士人就说："我哪能做到对待我朋友就如同对待我自己一样，对待我朋友的父母就如同对待我的父母一样？"于是返身看到他的朋友饥饿了不能供给食物，寒冷了不能供给衣裳，生病了不能给予供养，死亡了也不能予以埋葬。主张"别爱"的士人，既是这样说的，也是这样做的。而主张"兼爱"的士人既不这样说，也不这样做。他说："我听说要成为天下道德高尚的士人，对待自己的朋友一定要如同对待自己一样，对待朋友的父母如同对待自己的父母一样。只有这样，才能成为天下道德高尚的士人。"于是返身看到他的朋友饥饿了就供给食物，寒冷了就供给衣裳，生病了就给予供养，死亡了就予以埋葬。主张"兼爱"的士人既是这样说的，也是这样做的。就像上面这两位士人，难道不是言语相悖、行为相反吗？假如这两位士人都能做到言必信、行必果，使各自的言行如同符节一样完全相合，没有任何一句话不去实行，那么请问：现在有平原旷野作为战场，人们披铠甲系头盔将去作战，而生死的变化不可预知；又有家君大夫，奉命出使遥远的巴国、越国、齐国、楚国等地，能否往而能来或往而不能来也不可预知，他们对主张"兼爱"与"别爱"的两种士人，不知道将会选择谁？面对关照家室、奉养父母、安顿妻小这种托付别人的事，不知道是托付给主张"兼爱"的士人是正确选择呢，还是托付给主张"别爱"的士人是正确的选择？我认为面对这种情况，天下不论多么愚戆的匹夫匹妇，即便是反对"兼爱"的人，也必定认为把家室父母等托付给主张"兼爱"的士人是正确的选择。可见，这种在言语上反对"兼爱"而在行动上又选择"兼爱"的人，他们的言行是矛盾的。不知道天下的士人一听到"兼爱"主张就大加反对，而他们反对的原因是什么呢？

　　然而天下的士人攻击"兼爱"主张的言论还是没有停止，他们说："用'兼爱'和'别爱'的标准，或者可以选择士人，但不可以选择君王。"姑且尝试让主张"兼爱"和"别爱"的两类君王出来行事加以推究。假设这里有两位君王，让其中的一个君王主张"兼爱"，让另一个君王主张"别爱"。主张"别爱"的君王会说："我怎么可能做到对待天下百姓的身体就如同对待我自己一样，这太不符合天下的人之常情了。人生存在大地上并没有多长时间，就好比四匹马拉的车子奔驰穿过缝隙一样，瞬间就消失了。"于是返身看到天下的百姓，饥饿了不供给食物，寒冷了不供给衣裳，疲劳生病也不奉养，死亡了也不埋葬。主张"别爱"的君王既是这样说的，也是这样做的。而主张"兼爱"的君王既不是这样说的，也不是这样做的。他会说："我听说做天下圣明的君王，必定先为天下百姓的身体着想，尔后才为自己着想，这样才可配做天下圣明的君王。"于是他返身看到天下百姓，饥饿的时候就供给食物，寒冷的时候就供给衣裳，患病的时候就给予供养，死亡以后就予以埋葬。主张"兼爱"的君王不仅在言语上是这样说的，而且在行动上也是这样做的。像上面这两位君王，把他们对比一下，不是在言语上相悖、行动上相反吗？假如让这两位君王言必信、行必果，使他们的言语与行动就如同符节一样完全符合，没有说过的话而做不到的，那么请问：今年恶性疾病流行，百姓多有辛勤劳苦挨饿受冻的，很多死亡的人被弃尸沟壑，不知道从这两种主张的君王中将选择谁来跟从他呢？我认为面对这种情况，天下不论多么愚憨的匹夫匹妇，尽管在言论上是反对"兼爱"的，也必定认为选择跟从主张"兼爱"的君王是正确的。这些人就是在言语上反对"兼爱"，而在行动上却选择了"兼爱"，可见言语和行动是互相矛盾的。不知道天下的士人一听到"兼爱"的主张就大加反对，到底是出于什么原因呢？

　　然而天下反对"兼爱"言论还没有停止。反对者说："兼爱"说得上是"仁"，够得上是"义"。虽然是这样，难道它是可以实行的吗？我打个比方说明"兼爱"不可实行，这就像提举着泰山跨越长江、黄河一样，所以"兼爱"只不过是一种美好愿望而已，怎么可以说是可行的事情呢？墨子说：你所说的提举着泰山来跨越长江、黄河这件事，从古到今，自有天下万民以来都不曾有过。至于现在这个"兼相爱、交相利"的理念，这是先圣四王夏禹、商汤、周文王、周武王都亲自实行过的。怎么知道先圣四王夏禹、商汤、周文王、周武王都亲自实行过呢？墨子说：我并没有与他们生活在同一个世代，没有亲自听见他们的声音，没有看见他们的容貌，只是因为他们的事迹被写在竹简绢帛上，被镂刻在青铜器皿和玉石器具上，被雕琢在方盘和圆盂等水器食器上，从而传留给后世子孙才得以了解的。《泰誓》上说："周文王如同日月一样发出光辉，洒满天下四方，洒满西土岐周。"这就是说周文王关爱天下百姓是多么普遍广大，就好比太阳和月亮普照天下没有偏私一样，这就是周文王实行"兼爱"的实证。现在墨子所说的"兼爱"，就是从周文王那里取法得来的。不仅《泰誓》这样写，而且《禹誓》也是这样写的。夏禹王说："众多的将士们，你们都来听我的训告：并不是我小子敢发动战乱，现在有苗蠢蠢欲动，我代表上天对他们施行惩罚。这次我率领你们各邦国的全部君主共同讨伐有苗这个部族。"大禹王征讨有苗部族，并不是为了富贵、追求俸禄和娱乐耳目，而是追求兴办天下的利益，除去天下的祸害。这就是大禹王实行"兼爱"的实证。现在墨子所说的"兼爱"，就是从夏禹王这里取法得来的。不仅《禹誓》是这样写，而且《汤说》也还是这样写的。商汤说：我小子履敢用黑色的公牛，祭告于天地后土说："现在天下大旱，那么罪责就由我一身来承担，不知道自己竟然得罪了上天下地。我对有善行的人不敢隐瞒，对有罪的也不敢赦免，天地心中自有鉴察。四面八方的人有罪，就由我一人承担；我一人有罪，请不要连累四面八方的人。"这是说商汤贵为天子，富有天下，尚且不畏惧用自己作为祭品，祭祀天地鬼神并向天地鬼神祈祷。这就是商汤实行"兼爱"的实证。现在墨子所说的"兼爱"，同样也是从商汤那里取法得来的。况且不只是《誓命》和《汤说》是这样写，《周诗》也是这样写的。《周诗》说："周王的治国之道宽广远大，不偏私，不袒护；周王的治国之道平易近人，不袒护，不偏私，如同利箭一样正直，好像磨刀石一样均平。这是君子正在实行、平民百姓正在仰望的。"假如我所说的并不是人世间大道理的言论，那么请看古代周文王、周武王的治国理政：分配均平，赏赐贤人，惩罚恶人，不偏袒父母兄弟。这就是周文王、周武王实行"兼爱"的实证。现在墨子所说的"兼爱"，当然也是从周文王、周武王那里取法得来的。不知道天下的士人，一听到"兼爱"的主张就加以反对，这是出于什么原因呢？

然而，天下的士人反对"兼爱"主张的言论还没有停止。他们说："或许'兼爱'不符合双亲的利益，而有害于子女实行孝道吧？"墨子说：我们姑且尝试推究一下作为一个孝子为他的双亲所考虑的事吧。我不知道作为一个孝子为他的双亲所做的考虑，是希望别人关爱、惠利自己的双亲呢，还是希望别人憎恶、残害自己的双亲呢？从常理来看，应该是希望别人关爱和惠利自己的双亲。可是我应该先做什么才能达成自己的期望呢？假如我先做关爱、惠利别人双亲的事，然后别人就用关爱、惠利自己双亲作为回报呢，还是我首先做厌恶、残害别人双亲的事，然后别人会用关爱、惠利自己的双亲来做回报呢？那么必定是我先做关爱、惠利别人双亲的事，然后别人才能用关爱、惠利自己的双亲作为回报。那么，这种互相为孝子的事情，果真是出于不得已才首先去做关爱、惠利别人双亲的事呢，还是认为天下的孝子都是愚痴之人，不足以为善呢？姑且尝试推究一下先王的典籍《大雅》所记载的道理："没有什么话语不给予应答，没有什么恩德不给予报答。你给我一颗桃子，我必定还给你一颗李子。"也就说，关爱别人的人，必定被别人所关爱；而厌恶别人的人，也必定被别人所厌恶。不知道天下的士人，一听到"兼爱"就都加以反对，这是出于什么原因呢？

或许认为实行"兼爱"太困难不能做到吧，但曾经有过比"兼爱"更难的事情也可以做到。从前楚灵王喜欢士人细小的腰身。在楚灵王执政的那个时期，楚国的士人每天吃饭不超过一顿，以致饥饿的士人们只有牢固地抓住支撑物才能站起来，只有扶着墙才能行走。本来节食是很难做到的事情，但是众多士人为了楚灵王的喜好却做到了。世代未改变而民风却改变了，这就是众多士人希求迎合君上的心思而造成的。过去越王勾践喜欢将士勇敢，训练他的将士臣僚三年之久，仍认为他的将士臣僚的智慧不足以理解"勇敢"的真正含义，于是有意纵火烧船，并亲自击鼓命令将士奋勇向前，前排的将士纷纷扑倒，倒在水火中死去的多得不可计数。处在这个时候，如果再不击鼓强令退下，越国将士臣僚们可说是极为惊惧了。可以说焚身而死是极难的事情，可是众将士因为越王喜欢就坚决去做。世代没有改变而民风已经改变，就是众将士臣僚希求迎合君上的心思造成的。过去晋文公喜欢穿粗布衣服。当文公在世时，晋国的臣僚和士人都穿着大幅布的衣服和母羊皮皮裘，头戴熟绢冠，脚穿粗麻鞋，进宫参见文公，出来走在朝堂的石阶上。可见穿粗布衣服是很难做到的事，可是臣僚士子为迎合文公的喜好竟能做到了。世代没有变而民风已改变，就是由于臣僚士人希求迎合君上的心理造成的。由此可知，节食、焚身、穿粗布衣服，这些都是天下很难做到的事，但因为君上喜好，臣僚士人就会付诸行动，世代没有变化而民风竟至得到改变，这是什么原因呢？这就是臣僚士人希求迎合君上的心思而造成的。现在倡导实行"兼相爱、交相利"，这是有利于天下民众而且很容易做到的事情，而且实行这一理念的例子举不胜举。我认为那些关于"兼爱"困难而不可实行的议论，不过是因为没有君上喜好倡导"兼爱"而已；倘若有君上喜好倡导，用奖赏赞誉来加以鼓励，用刑法惩罚加以威吓，我认为人们接受"兼相爱、交相利"的主张，就如同火焰往上燃烧、水流朝下流淌一样，会成为不可遏止的天下大势。

"兼爱"是圣明的君王治国理政的道术，是王公大人赖以安宁的保障，也是天下万民得以衣食丰足的前提。所以士人君子不如明察"兼爱"理念并努力加以实行。如果实行"兼爱"，做君上的必定仁惠，做臣下的必定忠诚，做父亲的必定慈爱，做人子的必定孝顺，做兄长的必定友爱弟弟，做弟弟的也必定敬重兄长。所以君子希望自己做仁惠的君王、忠诚的大臣、慈爱的父亲、孝顺的儿子、爱弟弟的兄长和敬重兄长的弟弟，面对"兼爱"这种主张，就不可不去努力地加以实行。总之，"兼爱"既是圣王治国理政的大道，又是天下万民最大的利益。

第四论　非　攻

【导语】

墨子被我国学界认为是"我国古代伟大的军事家"，因为他提出了进步的战争观以及立足于小国、弱国的军事防御思想和策略方法。

《非攻》上中下三篇由简到繁、层层推进，全面论述了墨子以"非攻"思想为核心的战争观。

首先，墨子的"非攻"思想乃至整个战争观是建立在"兼爱"思想的基础上。为了建立一个"强不执弱，众不劫寡，富不侮贫，贵不傲贱，诈不欺愚"的理想社会，墨子提出了他的积极救世的"兼爱"思想，而主张"兼爱"就必然"非攻"，因为反对残杀无辜、掠夺别人土地和财物的攻伐战争，是实行"兼爱"思想的必然要求和逻辑结论。

其次，墨子全面揭露了"攻无罪"的不义战争的种种罪恶，表明了坚决反对所有不义战争的立场。墨子严厉抨击当时的晋、楚、齐、越等大国对小国的频繁攻伐，"此实天下之巨害"：一是攻伐残害无辜，杀戮百姓，造成小国劳动力大量减少，从而使小国的生产难以为继，必致民不聊生。二是攻伐贻误农时。农业是"以时生财"之业，而大国兴兵多选在春秋两季进行，从而耽误农时，破坏生产，斩断了百姓衣食之源，以致大批百姓冻饿而死。三是攻伐之战对于大国也是沉重负担，大量兵将死于战场，大量物资被消耗毁灭。土地本已很多，却又增加很多；劳动力本来就少，却又因为战争失去大量人口，因而攻伐别国是得不偿失的愚蠢而罪恶的行为。

最后，墨子肯定并支持"诛无道"的正义战争。墨子严格区分了"攻无罪"的不义战争（攻）和"诛无道"的正义战争（诛），认为"禹征有苗，汤伐桀，武王伐纣"就是正义战争，并主张必须以"出诛胜"战胜"攻无罪"，以正义战争打败不义战争。为了达到这一目的，墨子与墨家深入研究军事防御策略和方法，精心研制守城工具和器械，并取得了卓越成就。墨家以"墨守"的盛名载于史册，即是明证。

第十篇　非攻上

【题解】

此篇观点鲜明，论证富逻辑性。墨子从"入人园圃，窃其桃李"的比喻开始，又说到"攘人犬豕鸡豚""取人马牛"，指出这就是犯下了天下皆知"亏人自利"的不义之罪。其次，墨子批评"天下君子"只懂得"杀一人谓之不义""杀十人十重不义""杀百人百重不义"，然对攻伐别国、杀人无数的攻战却"弗知其非，从而誉之"的矛盾观点。最后，墨子用归谬法指明"少见黑曰黑，多见黑曰白"，乃至"小为非"而"非"，"大为非"则"誉"的荒谬之处，因而必须反对"大为非"攻人之国的一切不义战争。

【原文】

今有一人，入人园圃①，窃其桃李，众闻则非之，上为政者得②则罚之。此何也？以亏③人自利也。至攘④人犬豕鸡豚⑤者，其不义又甚入人园圃窃桃李。是何故也？以亏人愈多⑥。其不仁兹⑦甚，罪益厚⑧。至入人栏厩⑨，取人马牛者，其不仁⑩义又甚攘人犬豕鸡豚。此何故也？以其亏人愈多。苟亏人愈多，其不仁兹甚，罪益厚。至杀不辜人也，扡⑪其衣裘，取戈剑者，其不义又甚入人栏厩、取人马牛。此何故也？以其亏人愈多。苟亏人愈多，其不仁兹甚矣，罪益厚。当此，天下之君子皆知而非之，谓之不义。今至大为攻国，则弗知非，从而誉之，谓之义。此可谓知义与不义之别乎？

杀一人谓之不义，必有一死罪矣。若以此说往⑫，杀十人十重不义，必有十死罪矣；杀百人百重不义，必有百死罪矣。当此，天下之君子皆知而非之，谓之不义。今至大为不义攻国，则弗知非，从而誉之，谓之义。情不知其不义也，故书其言以遗后世。若知其不义也，夫奚说⑬书其不义以遗后世哉？

今有人于此，少见黑曰黑，多见黑曰白，则必以此人为不知白黑之辩矣；少尝苦曰苦，多尝苦曰甘，则必以此人为不知甘苦之辩矣。今小为非，则知而非之；大为非攻国，则不知非，从而誉之，谓之义。此可谓知义与不义之辩乎？是以知天下之君子也，辩义与不义之乱也。

【注释】

① 园圃：果园菜地。圃，菜地。

② 得：此指捕获。

③ 亏：损害、毁坏。

④ 攘：盗窃。

⑤ 豚：小猪。

⑥ 以亏人愈多：本句下脱漏"苟亏人愈多"五字。

⑦ 兹：同"滋"，更、更加。

⑧ 厚：大。

⑨ 栏厩：牲圈。栏，牢。厩（jiù），马棚。

⑩ 仁：为衍字。

⑪ 扡：同"拖"。（孙诒让：《墨子间诂》，第128页。）夺、拽。

⑫ 以此说往：用这个事说那个事。往，彼。

⑬ 奚说：什么理由。奚，何。说，说词、理由。

【译文】

现在有一个人，进入到别人的果园菜地里去偷窃桃子、李子之类，众人听说后就一定会非议他做的不对，在上位的执政者捕获了他必定对他加以处罚。这是为什么呢？自然是偷窃者损害了别人的利益而自得其利。至于偷窃人家的狗猪鸡豚，他的不义又超过了进入别人的果园菜地偷窃桃子和李子。这是什么原因呢？因为损害别人的利益越多，他的不义程度就越厉害，罪就越大。至于进入别人的牲圈，偷窃别人的马和牛，他的不义又超过了偷窃别人的狗猪鸡豚。这是什么原因呢？因为这样做损害别人的利益更多。假如损害别人的利益越多，他的不义程度就越厉害，罪恶就越大。至于杀害无辜的人，夺走别人的衣服皮裘，强取别人佩带的戈和剑，他的不义程度又超过了进入别人的牲圈盗窃马和牛了。这是什么原因呢？因为这样损害别人的利益更多。假如损害别人的利益越多，那么他的不义程度就越厉害，罪恶也就越大。面对这种情况，天下的君子都知道加以非难，并把他们称作不义的人。现在说到大行不义攻伐别国，天下的君子不仅不加以非难，而且还加以赞美，称作是"义事"。这样可以说是知道"义"与"不义"的区别吗？

杀死一个人，称他为"不义"之人，必定有一条死罪了。假如从这里推论下去，杀死十个人就有十倍的"不义"，必定有十条死罪；杀死一百个人就有一百倍的"不义"，必定有一百条死罪。面对这种情况，天下的君子都知道对此应加以非议，称这些杀人的人是"不义"之人。可是现在竟然对那些大行不义而攻打别国的事，不仅不加以非议，反而加以赞颂，称之为"义事"。看来他们确实不知道攻打别国就是大不义的事，所以才会把这些言行记载下来流传后世。假如他们知道这是大不义的事，又有什么理由把这些不义的事情记载下来留传后世呢？

现在这里有一人，看到少许黑色就说它是黑的，看到很多黑色反而说这是白的，那么人们就认为这个人不会分辨黑与白。尝到一点苦就说是苦的，尝到很多苦就说是甜的，人们就认为这个人不会分辨甜与苦。现在看到别人做较小的坏事，还知道这是坏事并对此加以非议；而看到大不义攻打别人国家这种很坏的事，不但不加以非议，反而随即加以赞颂，称之为"义事"，这难道可以说他们会分辨"义"与"不义"吗？由此可知，那些君子在分辨"义"与"不义"方面，竟是如此地混乱不堪！

第十一篇 非攻中

【题解】

墨子在本篇阐明了反对不义战争的两大理由：首先，攻人之国造成被攻伐之国错过农时，以致衣食不足引发大批百姓冻饿而死；其次，发动攻战的国家损失巨大，得不偿失，因为所缺少的人口会因作战死亡而更少，所多余的土地却因攻占而增加，所以发动攻战不仅不义，而且愚蠢。在这个前提下，墨子以历史事实作为前车之鉴，严厉警告那些喜好攻战的诸侯大夫，攻战取胜就容易骄傲自大，从而招来杀身之祸而自取灭亡。

【原文】

子墨子言曰：古①者王公大人为政于国家者，情欲誉②之审，赏罚之当，刑政之不过失③。是故子墨子曰：古者有语："谋而不得，则以往知来，以见④知隐。"谋若此，可得而知矣。

今师徒⑤唯毋兴起，冬行恐寒，夏行恐暑，此不可以冬夏为者也。春则废民耕稼树艺⑥，秋则废民获敛⑦。今唯毋废一时⑧，则百姓饥寒冻馁而死者，不可胜数。今尝计军上⑨，竹箭、羽旄、幄幕⑩、甲、盾、拨劫⑪，往而靡弊腑冷⑫不反者，不可胜数；又与⑬矛戟戈剑乘车，其列住碎折⑭靡弊而不反者，不可胜数；与其牛马肥而往，瘠⑮而反，往死亡而不反者，不可胜数；与其涂⑯道之修远，粮食辍绝而不继，百姓死者，不可胜数也；与其居处之不安，食饮之不时，饥饱之不节，百姓之道疾病而死者，不可胜数。丧师多不可胜数，丧师尽不可胜计，则是鬼神之丧其主后⑰，亦不可胜数。

国家发政⑱，夺民之用，废民之利，若此甚众，然而何为为之？曰："我贪伐胜之名，及得之利，故为之。"子墨子言曰：计其所自胜⑲，无所可用也；计其所得，反不如所丧者之多。今攻三里之城，七里之郭⑳，攻此不用锐，且无杀而徒得此然也㉑。杀人多必数于万㉒，寡必数于千，然后三里之城、七里之郭且可得也。今万乘之国㉓，虚㉔数于千，不胜而入㉕；广衍㉖数于万，不胜而辟㉗。然则土地者，所有余也；王民㉘者，所不足也。今尽王民之死，严㉙下上之患，以争虚城，则是弃所不足，而重所有余也。为政若此，非国之务者也。

饰攻战者也言曰：南则荆吴㉚之王，北则齐晋之君，始封于天下之时，其土地之方㉛，未至有数百里也；人徒㉜之众，未至有数十万人也。以攻战之故，土地之博至有数千里也，人徒之众至有数百万人。故当攻战而不可㉝为也。子墨子言曰：虽四五国则得利焉，犹谓之非行道㉞也。譬若医之药㉟人之有病者然。今有医于此，和合㊱其祝药㊲之于天下之有病者而药之，万人食此，若医四五人得利焉，犹谓之非行药㊳也。故孝子不以食㊴其亲，忠臣不以食其君。古者封国于天下，尚者⑩以耳之所闻，近者以目之所见，以攻战亡者不可胜数。何以知其然也？东方有莒⑪之国者，其为国甚小，间于大国之间，不敬事于大，大国亦弗之从⑫而爱利。是以东者越人夹削其壤地⑬，西者齐人兼⑭而有之。计莒之所以亡于齐越之间者，以是攻战也。虽南者陈、蔡⑮，其所以亡于吴、越之间者，亦以攻战。虽北者且不一著何⑯，其所以亡于燕代胡貊之间者，亦以攻战也。是故子墨子言曰：古⑰者王公大人，情欲得而恶失，欲安而恶危，故当攻战而不可不非。

饰攻战者之言曰：彼不能收用彼众，是故亡。我能收用我众，以此攻战于天下，谁敢不宾服哉？子墨子言曰：子虽能收用子之众，子岂若古者吴阖间⑱哉？古者吴阖间教七年，奉甲⑲执兵，奔三百里而舍⑳焉，次㉑注林，出于冥隘㉒之径，战于柏举，中楚国而朝宋与及鲁㉓。至夫差㉔之身，北而攻齐，舍于汶上，战于艾陵㉕，大败齐人而葆之大山㉖。东而攻越，济三江五湖，而葆之会稽㉗，九夷㉘之国莫不宾服。于是退不能赏孤㉙，施舍群萌，自恃其力，伐㉚其功，誉其智，怠于教，遂筑姑苏之台㉛，七年不成。及若此，则吴有离罢㉜之心。越王句践视吴上下不相得，收其众以复其仇，入北郭，徙大内㉝，围王宫，而吴国以亡。昔者晋有六将军㉞，而智伯莫为强㉟焉。计其土地之博，人徒之众，欲以抗诸侯，以为英名。攻战之速，故差论其爪牙之士㊱，皆列其舟车之众，以攻中行氏㊲而有之。以其谋为既已足矣，又攻兹范氏㊳而大败之。并三家以为一家，而不止，又围赵襄子㊴于晋阳㊵。及若此，则韩、魏亦相从而谋曰："古者有语：'唇亡则齿寒。'赵氏朝亡，我夕从之。赵氏夕亡，我朝从之。诗曰：'鱼水不务㊶，陆将何及乎？'"是以三主之君一心戮力，辟门除道，奉甲兴士，韩、魏自外，赵氏自内，击智伯大败之。

是故子墨子言曰：古者有语曰："君子不镜于水㊷，而镜于人。镜于水见面之容；镜于人则知吉与凶。"今以攻战为利，则盖㊸尝鉴之于智伯之事乎？此其为不吉而凶，既可得而知矣。

【注释】

① 古："今"之误。（王念孙：《墨子杂志》，第68页。）

②誉：前脱"毁"，当为"毁誉"。

③刑政之不过失：后当补"故当攻战而不可不非也"。（王念孙：《墨子杂志》，第68页。）

④见：读xiàn，呈现、显现。

⑤师徒：军队。

⑥耕稼树艺：耕作种植。稼，种。树，植。艺，种植。

⑦获敛：收获、积聚。获，收禾。敛，聚。

⑧一时：一个季度、季节。时，"四时也"。（《说文解字》，第137页。）

⑨上："出"之误。

⑩幄幕：帷帐、帷幄。

⑪拨：读fá，通"伐"，大盾。劫："当作'刲'"。（孙诒让：《墨子间诂》，第131页。）刲，读fǔ，刀把。此指木把刀。

⑫靡獘腑冷：毁坏腐烂。靡，毁。獘，同"弊"，坏、败。腑，"腐"的异体字。冷，当为"烂"。（毕沅：《墨子注》（日本重刻本），第574页。）

⑬与：后当补"其"。

⑭其列住碎折：当为"其往则碎折"，"列住"为"则往"，再颠倒为"往则"。（孙诒让：《墨子间诂》，第131页。）意为"送往前方的这些作战物品破碎断裂"。

⑮瘠：瘦。

⑯涂：通"途"。

⑰主后：主祭的后嗣。

⑱发政：推行国政。发，兴举、推行。

⑲自胜：自认为取得的胜利。

⑳三里之城，七里之郭：方圆三里的内城与方圆七里的外城。城，此指"内城"。郭，指外城。

㉑攻此不用锐，且无杀而徒得此然也：此为设问句，意谓："有攻打这样的城池不使用精锐军队、不经杀戮白白得到这样的事吗？"锐，精锐。

㉒数于万：人数为万，或"人数以万计"。于，为。

㉓乘（shèng）：指一辆驷（sì）马车。古代战车四马共一车，谓之

"驷"。"万乘"在春秋战国时期是大国的标志。

㉔虚：古同"墟"。墟，"九夫为井，四井为邑，四邑为丘，丘谓之墟。"（《说文解字》，第169页。）小城邑。

㉕不胜而入：不能全部地接纳满。入，"内也。"（《说文解字》，第109页。）内（nà），同"纳"，接纳。

㉖广衍：指土地"广阔而平美"。衍，平美的土地。

㉗辟：同"闢"，"开也。"（《说文解字》，第248页。）此作"开辟、开垦"解。

㉘王民：君王的臣民。

㉙严：严酷、严重。此为使动用法。

㉚吴：据本文墨子所列举的当时好战之国，"吴"当为"越"。

㉛方：方圆、面积。

㉜人徒：人口。

㉝不可：后脱"不"。

㉞行道：通行的常道。

㉟药：治疗、医治。

㊱和合：调和。

㊲祝药：经祷告施咒的药。祝，即"祝由"，古代借符咒禁禳来治疗疾病的一种方法。

㊳行药：通行的良药。

㊴食：读sì，拿饭让人吃。

㊵尚者：同"远者"。"尚"同"上"。

㊶莒：古国名，西周所封的诸侯国，己姓，一说曹姓。开国君主是兹舆期，建都于计斤（今山东胶州市西南），春秋初年迁于莒（即今山东莒县一带）。

㊷弗之从：即"弗从之"。"之"在否定句中宾语前置。

㊸夹削其壤地：夹攻切割土地。壤地，土地。

㊹兼：兼并。

㊺陈：古国名，妫（guī）姓，开国君主胡公，周武王灭商后所封，定

都宛丘，在今河南东部和安徽西北一带。蔡：古国名，姬姓，西周初年周武王封其弟叔度于蔡，后因叔度随武庚叛乱，改封其子蔡仲，建都于上蔡。

㊻ 且：当为“柤”的假借字。柤（zū），即“翟柤”。不一著何：“一”为衍字，当为“不著何”。“不著何”即“不屠何”或“屠何”。（孙诒让：《墨子间诂》，第 134 页。）翟柤为周朝北方少数民族部落，被晋献公所灭。屠何为周初东北夷人部落。

㊼ 古：“今”之误。

㊽ 阖闾：或作阖庐，春秋时吴国国君，名光，灭徐国，破楚国。

㊾ 奉甲：披甲。奉，承。

㊿ 舍：宿营。

(51) 次：驻扎。

(52) 冥隘：或作“冥阨”，先秦时九塞之一，在今河南信阳市东南平靖关一带。

(53) 中楚国而朝宋与及鲁：以楚国作为天下中心并且使宋国、鲁国来朝见。中楚国，以楚国为中心。中，中央。朝宋与及鲁，即“朝宋以及鲁”。与，以。朝，使来朝。

(54) 夫差：春秋末吴国国君，吴王阖闾之子，打败越国，又在艾陵大败齐兵，在黄池会盟诸侯，与晋争霸，后吴被越国所灭，自杀而死。

(55) 艾陵：古地名，春秋齐邑，在今山东莱芜东北一带。

(56) 葆之大山：保卫守护泰山。葆，“保”的假借字，意为“守”。大山，泰山。

(57) 济三江五湖，而葆之会稽：渡过松江、钱塘江、浦阳江和太湖，退守会稽。济，渡。三江，指松江、钱塘江、浦阳江。五湖，太湖。

(58) 九夷：九种东方夷族。《竹书纪年》记载“七夷”：“元年戊戌，帝（相）即位，居商，征淮夷。”“二年，征风及黄夷。”“帝泄二十一年，命畎夷、白夷、玄夷、风夷、赤夷、黄夷。”（（明）范钦校订，（南朝·梁）沈约注：《竹书纪年》（四部丛刊本），上海书店出版社 1989 年版，第 239、239、274 页。以下简称为“范钦校订：《竹书纪年》”。）《后汉书》记载“九夷”指“畎夷、于夷、方夷、黄夷、白夷、赤夷、玄夷、风夷、阳夷”。（《后汉书》，第 2807 页。）可知《后汉书》补"于夷"和"阳夷"，成"九夷"。畎，读 quǎn。

㊙赏孤：抚恤阵亡者的后代。孤，死于国事者的儿子。

㊚伐：即"自伐"，自我夸耀。

㊛姑苏之台：台名，在姑苏山上，春秋时吴王阖闾修筑。姑苏，虞舜封谋臣胥于吴中，遂有"姑胥"之称，后声讹为"姑苏"，春秋时为吴国首都，范围当在今苏州市。

㊜离罢：离散疲惫。罢（pí），疲惫、疲乏。

㊝徙大内：徙（xǐ），移、迁移。大内，"当为'大舟'"。（王念孙：《墨子杂志》，第 69 页。）意为"移动大船"。

㊞六将军：春秋时通称卿为将军或军将。"六将军"指晋国六卿韩康子、赵襄子、魏桓子、范吉射、中行文子和智伯。

㊟莫为强：没有人比他更强。为，与。与，同、比。

㊠爪牙之士：勇猛的臣将兵士。爪牙，原指鸟兽用以搏击逞威的蹄爪利齿，转指凶猛的武士。

㊡中行氏：即荀氏。荀寅即中行文子。

㊢兹范氏："兹"为衍字。范氏即士氏。

㊣赵襄子：春秋末赵国正卿，赵鞅之子，先联合智伯、韩、魏尽分范氏、中行氏封地，后又联合韩、魏灭智伯，三分其地。

㊤晋阳：春秋晋邑，在今山西太原市晋源镇。

㊥务：《尔雅注疏》："务，强也。"（阮元校刻：《十三经注疏》，第 2570 页。）此解为"强力"。

㊦镜于水：以水为镜照人面容。镜，照。

㊧盖：即"盍"，同"盍"，为什么不。

【译文】

墨子说：现在治理国家的王公大人，如果确实希望谨慎地对待非难和赞誉，使奖赏和惩罚适当，刑法政治上不出现过失，那么对于不义的攻战就不可不加以反对。墨子说，古代有句话说："思虑如果没有结果，那么就从过去推知未来，用明显可见的事情推知隐藏幽深的事情"。如果这样思虑问题，就可预知结果了。

现在军队出征，冬天行军害怕寒冷，夏天行军害怕暑热，这就是在冬天和夏天不可以出征的原因。而春天出征就必定废弛百姓的耕作种植，秋天出征就必定废弛百姓的收获储藏。只要耽误了一个季节，那么因为饥饿而死的百姓，就会多得不可胜数。现在尝试计算一下军队出征在人力物力方面的消耗情况：竹箭、旌旗、帷帐、铠甲、盾牌等，发出去损毁腐烂不能再收回的，多得不可胜数；又加上矛、戟、戈、剑以及兵车，送来列阵厮杀后破碎折断损毁不能收回的，多得不可胜数；又加上成群的牛马送来时肥壮有力，返回时却瘦弱不堪，驱往战场死亡而不能返回的，多得不可胜数；又加上道路遥远，粮食断绝不能供给，以致百姓饿死的，多得不可胜数；又加上因为居住不安宁，饮食不能按时，饥饱无法节制，百姓在路上患病而死去的，多得不可胜数。另外，阵亡的士兵不可胜数，以致全军覆没的也不可胜数。鉴于这种情况，就连鬼神也因而丧失了主持祭祀的后嗣，多得也不可胜数。

国家发布攻战的政令，抢夺百姓的财用，废弛百姓的利益，竟有如此之多，然而为什么要这样做呢？主张攻战的人回答说："我贪图的是攻伐取胜的美名，以及所获得的各种利益，所以才这么做。"墨子说：计算一下你自认为攻伐取胜得到的东西，并没有可用的地方；计算一下你所缴获的战利品，反而不如你丧失的物资辎重多。现在要攻打一个内城周长三里、外城周长七里的城池，能有不使用精锐部队、不经杀戮而白白得到这样的好事吗？正好相反，杀人多时必定用一万以上的数量来计算，杀人少时也必定用一千以上的数量来计算，然后这个内城周长三里、外城周长七里的城池才可能到手。现在拥有一万辆兵车的大国，统辖下的小城邑数以千计，都不能完全纳入自己的治理范围；所拥有的广大的沃野良田数以万顷计算，也没有完全被开垦利用。由此来看，大国的土地有余，人口则显不足，而现在使君王的臣民都因攻战而死，使全国上下的灾难更加严重。可见去争夺城邑，难道不是抛弃了原来不足的而增加了原来就多余的吗？这样施政，显然是没有抓住治国理政的要务。

美化攻战的人又说：南部有楚国、越国的君王，北部有齐国、晋国的君王，他们当初在天下受封的时候，封地面积还不到几百里，人口规模还不到几十万。由于攻战取胜的原因，后来他们的土地广袤，方圆竟达到几千里；人口众多，竟有几百万民众。因此，对于攻战是不可以不进行的。墨子回答说：虽然有四五个国家通过攻战得到了利益，还是要把攻战称之为不是通行的常道。譬如就像医生给病人治病一样：现在这里有一位医生，调合好了经过祷告施咒的药，给天下有病的人服用来治病。现在有一万人服用了这种"祝药"，如果只是治好了其中四五个人，还是要说这种药不是可以通行的良药。所以孝子不会把这种药让生病的双亲服用，忠臣也不会把这种药让生病的君王服用。古代分封天下建立的诸侯国，年代久远的凭借耳朵可听到，年代较近的凭借眼睛可看见，得知因为攻战而亡国的，多得不可胜数。凭什么知道是这样的呢？东方有一莒国，国家很小，处于大国之间的夹缝里，不能恭敬地顺从大国，大国也不会对它回报关爱和利益。于是东边有越国人夹击削夺莒国的封地，西边又有齐国人兼并它的土地并占为己有。思虑一下莒国之所以灭亡于齐、越两个大国之间的原因，当然是因为这种攻战所致。即便是南边的陈国和蔡国，它们之所以灭亡于吴、越这两个大国之间的原因，也是由于攻战。就是北边的翟棓、不屠何两个部族，它们灭亡于燕、代两国与胡、貊两个部族的原因，也是由于攻战才使它们这样的。因此墨子说，现在的王公大人，真心希望得到利益而不会失去利益，希望身家安全而没有危殆，对于攻战就不能不加以反对。

美化攻战的人又说：它们这些小国不能收揽民心，利用士卒，所以不免灭亡；我却能收揽民心，利用士卒，因此在天下攻战取胜，谁敢不归顺呢？墨子说：你虽然能收揽民心并利用你的士卒，难道你能如同从前吴王阖闾一样吗？从前吴王阖闾教导训练士卒七年，披铠甲，执兵器，狂奔三百里才停下来休息。吴兵驻扎在注林，取道冥隘小径，与楚国在柏举作战大胜，一度占领楚国首都，企图以楚国作为天下中心并迫使宋国、鲁国来朝见。到夫差做吴王的时期，向北进攻齐国，驻兵汶水上游，而在艾陵这地方两国交兵，大败齐国，迫使他们退守泰山；向东攻打越国，强渡松江、钱塘江、浦阳江和太湖，迫使越人退守会稽山；即使东方九夷各国，也没有不臣服的。于是吴王班师回朝，既不抚恤阵亡将士的遗属，也不对本国人民布施恩惠，反而凭借个人的勇力，夸耀个人的功劳，赞美个人的智慧，以至于怠惰于教导训练士卒，还大力修筑姑苏台等离宫别馆，耗时七年还不能建成。到了这种情况，吴国民众都有了离散疲惫的心思。越王勾践窥伺吴国朝野上下不相亲和，于是就收拢他的将士大举伐吴，以报昔日的辱国仇恨。越兵攻入姑苏北面的城郭，拖走了吴国置于太湖中的大船，最后合围王宫，吴国因此灭亡。另外，从前晋国上卿为将军者有韩康子、赵襄子、魏桓子、范吉射、中行文子和智伯六个人，其中智伯势力最大，没有人敢与他争强。他思谋自己土地广阔，人口士卒众多，想要凭借这些优势抵抗诸侯的进攻，从而成就自己的英名。智伯为加快攻伐的速度，于是就挑选出一批勇猛的武士，把战船战车都排列成阵，攻打中行氏，取胜之后全部据为己有。智伯自认为谋略足以对付一切，又攻打范氏，将其彻底打败。合并中行氏、范氏、智氏三家土地为一家，他仍不肯罢兵，又在晋阳围攻赵襄子。等到情况发展到这种地步，韩魏两家于是相互计议说："古语曾说：嘴唇缺失牙齿就会寒冷。赵氏如果早上灭亡，那么晚上我们就会随之灭亡；赵氏如果晚上灭亡，那么我们早上也会随之灭亡。《诗》说：鱼儿在水中不努力地游，等到被捉到岸上，幻想逃脱还来得及吗？"因此韩、魏、赵三国君主勠力同心，开门清除道路，将士披甲举兵出发，韩、魏两国从外向里攻打，赵国军队从里面杀出，全力攻击智伯的兵将，终于大获全胜。

墨子说，古代有句名言说道："君子并不是用水来照自己，而是用人来照自己。用水来照，仅能看清自己的面容；而用人来照，就可以知道吉凶祸福。"现在那些认为攻战可以带来利益的人，为什么不用智伯的故事作为借鉴呢？这样看来，攻战当然不是什么吉祥而是凶祸，已经是很明白的事情。

第十二篇　非攻下

【题解】

全篇主旨仍是对不义战争的批判。首先，墨子指出，天下好战的士君子言行相悖，口头上赞美的是利天、利鬼、利人之事，但实际上从事的却是劳民伤财的攻伐之事。其次，文章详细分析了攻战有百害无一利的种种事实，攻战不仅使农民无暇种植收获，妇女无暇纺纱织布，而且攻战物资和军需损耗巨大。最后，文章严格区分了非正义的"征"与正义的"诛"两类战争，旗帜鲜明地号召支持正义战争，反对一切非正义战争。

【原文】

子墨子言曰：今天下之所誉善①者，其说将②何哉？为其上中天之利，而中中鬼之利，而下中人之利，故誉之与？意亡③非为其上中天之利，而中中鬼之利，而下中人之利，故誉之与？虽使下愚之人，必曰："将为其上中天之利，而中中鬼之利，而下中人之利，故誉之。"今天下之所同义者，圣王之法也。今天下之诸侯将④犹多皆免⑤攻伐并兼，则是有誉义之名，而不察其实也。此譬犹盲者之与人同命白黑之名，而不能分其物也，则岂谓有别哉！

是故古之知者之为天下度也，必顺⑥虑其义而后为之行。是以动则不疑，速通成⑦得其所欲，而顺天、鬼、百姓之利，则知者之道也。是故古之仁人有天下者，必反大国之说，一天下之和，总四海之内，焉率天下之百姓，以农臣事上帝山川鬼神。利人多，功故又大，是以天赏之，鬼富之，人誉之，使贵为天子，富有天下，名参⑧乎天地，至今不废。此则知者之道也，先王之所以有天下者也。

今王公大人、天下之诸侯则不然，将必皆差论其爪牙之士，皆列其舟车之卒伍，于此为坚甲利兵⑨，以往攻伐无罪之国。入其国家边境，芟刈⑩其禾稼，斩其树木，堕⑪其城郭以湮⑫其沟池，攘杀其牲牷⑬，燔溃⑭其祖庙，劲杀⑮其万民，覆其老弱，迁其重器⑯，卒进而柱乎斗⑰，曰："死命⑱为上，多杀次之，身伤者为下。又况失列北桡⑲乎哉！罪死无赦。"以譚⑳其众。夫无㉑兼国覆军，贼虐万民，以乱圣人之绪㉒。意将以为利天乎？夫取㉓天之人，以攻天之邑，此刺杀天民，剥振㉔神之位，倾覆社稷，攘杀其牺牲，则此上不中天之利矣。意将以为利鬼乎？夫杀之人㉕，灭鬼神之主㉖，废灭先王，贼虐万民，百姓离散，则此中不中鬼之利矣。意将以为利人乎？夫杀之人，为利人也博㉗矣。又计其费，此为周生之本㉘，竭天下百姓之财用不可胜数也，则此下不中人之利矣。

今夫师者之相为不利者也㉙，曰将不勇，士不分㉚，兵不利，教不习，师不众，率不利和㉛，威不围㉜，害㉝之不久，争之不疾，孙之不强㉞，植心不坚，与国㉟诸侯疑。与国诸侯疑，则敌生虑而意嬴㊱矣。偏具此物㊲，而致从事焉㊳，则是国家失卒㊴，而百姓易务㊵也。今不尝观其说好攻伐之国？若使中兴师㊶，君子庶人㊷也必且数千，徒倍十万㊸，然后足以师而动矣。久者数岁，速者数月，是上不暇听治，士不暇治其官府，农夫不暇稼穑㊹，妇人不暇纺绩织纴㊺，则是国家失卒，而百姓易务也。然而又与其车马之罢弊㊻也，幔幕帷盖，三军㊼之用，甲兵之备，五分而得其一，则犹为序疏㊽矣。然而又与其散亡道路，道路辽远，粮食不继傺㊾，食饮之时㊿，厕役51以此饥寒冻馁疾病，而转死沟壑中者，不可胜计也。此其为不利于人也，天下之害厚矣。而王公大人乐而行之，则此乐贼灭天下之万民也，岂不悖哉！今天下好战之国，齐晋楚越，若使此四国者得意于天下，此皆十倍其国之众，而未能食其地52也，是人不足而地有余也。今又以争地之故而反相贼也，然则是亏不足而重有余53也。

今逞54夫好攻伐之君，又饰其说以非子墨子曰：以攻伐之为不义，非利物与？昔者禹征有苗，汤伐桀，武王伐纣，此皆立为圣王，是何故也？子墨子曰：子未察吾言之类，未明其故者也。彼非所谓攻，谓诛也。昔者三苗大乱，天命殄55之，日妖宵出56，雨血57三朝，龙生于庙，犬哭乎市，夏冰，地坼58及泉，五谷变化，民乃大振59。高阳乃命玄宫60，禹亲把天之瑞令61，以征有苗。四电诱祗62，有神人面鸟身，若瑾63以侍，搤矢有苗之祥64，苗师大乱，后乃遂几65。禹既已克有三苗，焉磨66为山川，别物上下，卿制大极67，而神民不违，天下乃静，则此禹之所以征有苗也。逮至乎夏王桀，天有辐命68，日月不时，寒暑杂至，五谷焦死，鬼呼国69，鹤70鸣十夕余。天乃命汤于镳宫71，用受夏之大命："夏德大乱，予既卒其命于天矣，往而诛之，必使汝堪之。"汤焉敢奉率其众，是以乡有夏之境，帝乃使阴暴72毁有夏之城。少少73有神来告曰："夏德大乱，往攻之，予必使汝大堪之。予既受命于天，天命融隆火74于夏之城间西北之隅。"汤奉桀众以克有75，属76诸侯于薄77，荐章78天命，通于四方，而天下诸侯莫敢不宾服，则此汤之所以诛桀也。逮至乎商王纣，天不序其德79，祀用失时，兼夜中80，十日雨土于薄，九鼎迁止㉛，妇妖㉜宵出，有鬼宵吟，有女为男，天雨肉，棘㉝生乎国道，王兄㉞自纵也。赤乌衔珪㉟，降周之岐社㊱，曰："天命周文王伐殷有国。"泰颠来宾，河出《绿图》㊲，地出乘黄㊳。武王践功㊴，梦见三神，曰："予既沈渍㊵殷纣于酒德矣，往攻之，予必使汝大堪之。"武王乃攻狂夫㊶，反商之周㊷，天赐武王黄鸟㊸之旗。王既已克殷，成帝之来㊹，分主㊺诸神，祀纣先王，通维四夷，而天下莫不宾，焉袭汤之绪，此即武王之所以诛纣也。若以此三圣王者观之，则非所谓攻也，所谓诛也。

则夫好攻伐之君，又饰其说以非子墨子曰：子以攻伐为不义，非利物与？昔者楚熊丽㊻始讨㊼此睢山㊽之间，越王繄亏㊾出自有遽㊿，始邦[51]于越，唐叔[52]与吕尚邦齐、晋。此皆地方数百里，今以并国之故，四分天下而有之，是故何也？子墨子曰：子未察吾言之类，未明其故者也。古者天子之始封诸侯也，万有余。今以并国之故，万国有余皆灭，而四国独立。此譬犹医之药[53]万有余人，而四人愈也，则不可谓良医矣。

则夫好攻伐之君又饰其说曰：我非以金玉、子女、壤地为不足也，我欲以义名立于天下，以德求诸侯也。子墨子曰：今若有能以义名立于天下，以德求诸侯者，天下之服可立而待也。夫天下处攻伐久矣，譬若傅子[54]之为马然。今若有能信効[55]先利天下诸侯者，大国之不义也，则同忧之；大国之攻小国也，则同救之；小国城郭之不全也，必使修之；布粟之绝[56]，则委[57]之；币帛[58]不足，则共[59]之。以此效大国，则小国之君说。人劳我逸，则我甲兵强。宽以惠，缓易急，民必移。易攻伐以治我国，攻[60]必倍。量我师举之费，以争诸侯之毙[61]，则必可得而序[62]利焉。督以正[63]，义其名[64]，必务宽吾众，信吾师，以此授[65]诸侯之师，则天下无敌矣，其为下不可胜数也[66]。此天下之利，而王公大人不知而用，则此可谓不知利天下之巨务矣。

是故子墨子曰：今且天下之王公大人士君子，中情将欲求兴天下之利，除天下之害，当若繁为攻伐，此实天下之巨害也。今欲为仁义，求为上士，尚欲中圣王之道，下欲中国家百姓之利，故当若非攻之为说，而将不可不察者此也。

【注释】

① 善："义"之误。

② 将：当。

③ 意亡：即"抑无""抑"。"抑"，或、有的。

④ 将：或。

⑤ 免：为衍字。

⑥ 顺：通"慎"。

⑦ 成：通"诚"。

⑧ 参：立、厕身。

⑨ 于此为坚甲利兵：在国内置办坚固的铠甲和锐利的兵器。于此，在国内。

⑩ 芟刈：消灭。芟（shān），割。

⑪ 堕：通"隳"。隳（huī），毁坏。

⑫ 湮：读 yān，填塞。

⑬ 攘杀其牲牷：偷窃并杀掉六牲。牲牷，牲指六牲，即牛、马、羊、豕、犬、鸡。牷（quán），当作祭品的纯色全牲。

⑭ 燔溃：烧毁。燔（fán），焚烧。

⑮ 刭杀：刺杀。刭（jǐng），以刀割颈。

⑯ 迁其重器：迁走该国的贵重宝器。重器，宝器，如圭璧钟鼎一类。

⑰ 卒进而柱乎斗：终于达到最激烈的战斗。卒，终于。柱，孙诒让引戴望注："极"之误。（孙诒让：《墨子间诂》，第 142 页。）

⑱ 死命：死于执行王命，转指为国战死。命，王命。

⑲ 失列北桡：迷失队列失败后逃跑者。失列，迷失队列。北，败北。桡，读 náo，"挠"的假借字，扰乱。

⑳ 谭（dàn）：同"惮"，畏惧、忌惮。

㉑ 夫无：通"唯毋"，无实义。

㉒ 绪：事业、功业。

㉓ 取：用、利用。

㉔ 剥振：当为"剥捔"，割裂、劈裂。捔（bāi），破开。

㉕杀之人：当为"杀天之人"。"杀"后脱"天"。下句"杀之人"同解。

㉖鬼神之主：鬼神的主持祭祀者。主，祭主，即主持祭祀者。

㉗博："薄"的声讹字，少。

㉘周生之本：救济百姓衣食的资本。周，同"赒"(zhōu)，接济、救济。生，百姓。

㉙今夫师者之相为不利者也：现在在出师作战方面都认为不利的因素。师者，军旅，转指出师作战。相为，相互都认为。

㉚分：通"忿"，愤怒。

㉛率不利和：即"卒不和"。率，"卒"之误。"利"为衍字。

㉜威不围：当为"威之不围"。围，通"御"。意为"军威不能抵御强敌"。

㉝害："遏"的假借字。遏，阻遏、遏制。

㉞孙之不强："孙"为"系"之误。系，系属、收拢。意为"收拢民心不强固"。

㉟与国：和好亲近的国家。与，党与、亲与。

㊱意赢：意志疲弱。赢(léi)，赢弱、瘦弱。

㊲偏具此物：普遍地具有这些不利因素。偏：同"徧"，周遍。

㊳而致从事焉：极力从事于征战。致，致力、极力。焉，于是。是，这个，指攻战。

㊴失卒：失去了法度。"卒"为"率"之误。"率"同"律"，即法度。

㊵易务：改易所从事的事务。

㊶中兴师：中等规模的出兵作战。

㊷君子：此指已受王命作为君王宿卫的公卿大夫子弟。庶人：此指还未接受王命作为君王宿卫的公卿大夫子弟。

㊸徒倍十万：步卒增加到十万人。徒，步卒、步兵。倍，增加。

㊹稼穑(jià sè)：泛指"农事"。稼，耕种。穑，收获。

㊺纺绩织纴：纺丝麻织布帛。纺，网丝。绩，缉麻作布。织，织布。纴，读rèn，同"纴"，机缕。

㊻罢弊：即"疲敝"，损坏。

㊼ 三军：古代中国军队的总称。据周制，天子有六军，诸侯有三军。但三军建制和名称各国有不同：齐鲁等称上军、中军、下军。

㊽ 序疏：非常粗疏。序，“厚”之误。

㊾ 不继傺：当为“不继”，“傺”（chì）为衍字。

㊿ 食饮之时：当为“饮食不时”。

(51) 厕役：当为“斯役”。斯役，贱役。

(52) 食其地：依靠土地出产粮食供应饭食。

(53) 亏不足而重有余：减少不足的增加多余的。重，使之增多。

(54) 遝：同“逮”，及、等到。

(55) 殛（jí）：杀死。

(56) 日：“曰”之误。曰，有。（鲍彪注：《战国策》（钦定四库全书史部杂史类卷六），第 85A–B。）宵：夜晚。意为“有妖在夜晚出没”。

(57) 雨血：天上下血雨。雨，自天降下。

(58) 坼（chè）：裂开。

(59) 振：通“震”。

(60) 高阳乃命玄宫：当为“帝乃命于玄宫”。据《竹书纪年》：舜帝“三十五年，帝命夏后征有苗”。（范钦校订：《竹书纪年》，第 233 页。）此“帝”指“虞舜”。夏禹不及高阳帝，故“高阳”为误。

(61) 禹亲把天之瑞令：夏禹亲自把持上天赐予的瑞信符令。把，把持、握住。瑞，瑞信。令，符令。

(62) 四电诱祇：当为“雷电勃振”。（孙诒让：《墨子间诂》，第 147 页。）意为“雷电勃然震动”。

(63) 若瑾：当为“奉珪”之误。“珪”同“圭”。（孙诒让：《墨子间诂》，第 147 页。）《周礼·大宗伯》：“以青圭礼东方。”（阮元校刻：《十三经注疏》，第 858 页。）东方为珪位，句芒之神为东方之神，故云“奉珪”。

(64) 搤矢有苗之祥：当为“扼矢于有苗之将”，意为“对有苗的将领手按箭杆对着”。搤（è），同“扼”，按、压。有苗，三苗。祥，“将”之误。

(65) 几：衰微。

(66) 磨：“暦”的形讹字。暦（lì），通“离”，分割、区分。

⑥卿制大极：当为"乡制四极"。(孙诒让：《墨子间诂》，第 148 页。)
卿，"鄉"(乡)的形讹字。"乡"即"向"。四极，东西南北四个极远方向。
意为"按照东西南北四个方向设置极远之国"。

⑧辖命：严命。辖为"酷"之误。(孙诒让：《墨子间诂》，第 149 页。)

⑥鬼呼国：当为"鬼呼于国"。

⑦鷁：同"鹤"。

⑦镳(biāo)宫：古代宫殿名。

⑦阴暴：降下虐害。阴，降。暴，虐。

⑦少少：极少。

⑦融：即祝融，古火神名。隆：降。

⑦有：当为"有夏"，脱"夏"。

⑦属：连接、会合。

⑦薄：地名，即亳，在今安徽亳州一带。

⑦荐章：进献。章，同"彰"，彰显。

⑦天不序其德：天帝因为纣王道德败坏而断绝他的享受。序，"享"之
误。(俞樾：《墨子平议》，第 422 页。)

⑧兼夜中：整个夜晚。兼，全、尽。

⑧九鼎迁止：九鼎迁移地址。九鼎，传为夏禹所铸，象征中国九州疆
域，夏商周三代视为传国宝器。止，通"阯""址"。

⑧妇妖：女妖。

⑧棘：荆棘，带刺的草木。

⑧兄：读 kuàng，即"况"，益、更加。

⑧赤乌衔珪：赤乌口含珪玉。赤乌，古代传说中的瑞鸟，又为太阳
别称。

⑧降周之岐社：降落在周部落设在岐山的土地神庙上。岐社，岐山土
地神社。

⑧绿图：即"箓(lù)图"，帝王自称受命于天关于符命的书籍。

⑧乘黄：又名飞黄，古代神马名。

⑧践功：继承功业。践，读 zuǎn，即"缵"，继承。功，功业。

⑩ 沈：同"沉"，入迷、沉湎。渍：浸润、侵染。

⑪ 狂夫：愚妄之人。

⑫ 反商之周：应为"反商作周"。反，反叛、推翻。作，始。意为"推翻殷商，开创周朝"。

⑬ 黄鸟：即"皇鸟"，凤凰。

⑭ 来："赉"（lài）的假借字，赏赐、赐予。

⑮ 分主：分工主祭神祇。主，祭主，祭祀主持者。

⑯ 楚雄丽：楚国始祖鬻（yù）熊的孙子。

⑰ 讨：当为"封"。

⑱ 睢（suī）山：山名，因睢水所出，故名，在今湖北保康县。

⑲ 繄：同"翳"。亏：为衍字。"繄"为越国建国者。

⑳ 有遽（jǔ）：即"无余"，古地名。

⑩ 邦：此指"建国"。

⑩ 唐叔：姬姓，名虞，封于唐，称唐叔虞。周武王子，周成王弟。后子燮（xiè）迁于曲沃，因南有晋水，国名改为晋。因此唐叔是周代晋国始祖。

⑩ 药：治疗、医治。

⑩ 傅子：当为"僮子"，"傅"为"僮"（童）之误。（王念孙：《墨子杂志》，第80页。）

⑩ 信劾：劾即"效"，"交"的假借字。信交，诚信结交。

⑩ 之绝："乏绝"之误。

⑩ 委：输、输送。

⑩ 币帛：钱帛。

⑩ 共：通"供"。

⑩ 攻：通"功"。（郝懿行：《尔雅义疏》，第44B。）功，功绩、功效。

⑪ 毙：疲敝、困厄。

⑫ 序：当为"厚"。

⑬ 督以正：以正道实行督察。正，正道。

⑭ 义其名：以仁义树立名声。

⑮授："援"之误。（孙诒让：《墨子间诂》，第157页。）援，救援。

⑯其为下不可胜数也：当为"其为利天下，不可胜数也"。脱"利天"二字。

【译文】

墨子说：当今天下所称赞的"义"应当作什么解释呢？是因为它上符合上天的利益，中符合鬼神的利益，下符合百姓的利益，所以才称赞它呢？还是因为它并没有上符合上天的利益，中符合鬼神的利益，下符合百姓的利益，所以才称赞它呢？我想即使是处于下层的愚蠢的人，也一定会说："当这个'义'上符合上天的利益、中符合鬼神的利益、下符合百姓利益的时候，我们才会称赞它。"现在天下人所公认的这个"义"，就是圣明的君王制定的法则。当今天下还有很多诸侯在从事攻伐和兼并的勾当，他们就是仅有称赞"义"的名声，而没有考察"义"的实质。这就好比盲人能与正常人一样叫出"黑""白"的名称、但不能分清"黑"与"白"的实物那样，这怎么可以说他们有分辨事物的能力呢？

古代的智者在为天下人谋划大事时，一定先谨慎地考虑"义"的要求，然后才予以实行。他们一旦付诸实行就不会迟疑，迅速获得成功并真正得到他希望得到的，而又顺从了上天、鬼神、百姓的利益，这就是智者治理天下的道术。所以古代拥有天下的仁人，必定要反对"大国攻战"的主张，整饬一致使天下人和睦，统一四海之内的国家，率领天下的百姓勤劳于农桑之事，以下属的身份侍奉天帝、山川之神和鬼神。古代的仁人因为给予百姓的利益多，所以功绩很大，因此上天对他赞赏，鬼神让他富足，百姓对他称赞，使他拥有天子的尊贵和拥有天下的富足，名声立于天地之间，到现在都没有衰减。这就是智者的道术，也是先王之所以取得并保有天下的原因。

现在的王公大人和天下的诸侯却不是这样，他们必定全部选拔出自己的勇猛将士，全部排列好他们的战船和战车队伍，在国内置办坚固的铠甲和锐利的兵器，而去攻打那些无罪的国家。攻入被侵略国家的边境，割走他们的庄稼，砍伐他们的树木，毁坏他们的内城和外城，填平他们的沟渠，抢走并宰杀他们的牲畜，烧毁他们的祖庙，刺杀他们的民众，杀尽他们的老弱，移走他们的贵重宝器，最后终于达到最激烈的交战。命令说："为君王战死者为最优秀的士兵，多杀敌人的次一等，身负重伤的为最差的士兵；至于迷失队列失败逃跑的，一律杀无赦。"攻战国就是用这样的命令来威吓所率领士兵的。兼并别人的国家，灭亡别国的军队，残害虐待别国的民众，以此搅乱前代圣人的功业，还认为这是有利于上天的行为吗？利用上天的民众，去攻打上天的城邑，这是杀害上天的民众，劈裂神的灵位，掀翻社稷神庙，夺走牛羊祭品，这样做对上不符合上天的利益。还认为这样做是有利于鬼神行为吗？杀死上天拥有的民众，毁灭鬼神的祭主，废弃先王的后裔，残杀或虐待天下的民众，民众由此流离失所，这样对中显然不符合鬼神的利益。还有人认为这是有利于民众的行为吗？用杀死上天拥有的民众的手段，作为有利于民众的说词，也未免太浅薄荒谬了！再计算一下用于攻战的耗费，这些都是救济百姓衣食所需要的资本，攻战可以说是用尽了天下百姓赖以生存的财物，其数量之大不可胜数，显然这样做对下也不符合天下百姓的利益。

在出师作战方面，都认为不利的因素，可以说是将帅不勇敢、士兵对敌不愤怒、兵器不锐利、训练不常习、军队不强盛、步卒不和洽、军威不能抵御强敌、阻遏敌人不能长久、争夺城池不能迅速取胜、维系民心不够牢固、树立信心不够坚定、相交国诸侯相互猜疑等。相交国的诸侯既然相互猜疑，就会使敌国生出另外的计谋，从而导致军队的战斗意志疲弱。如上述不利因素全部具备，而又极力从事攻战，那么这就是国家失去了正常的法度，百姓改变了所从事的本业。现在为什么不尝试考察一下那些喜好攻伐的国家呢？如果按中等规模出兵攻战，必定要征召已接受王命担任君王宿卫的君子几百人，以及还没有接受王命担任君王宿卫的庶人几千人，至于出动的步卒必会增加到十万人，方可足以建制一支军队出兵作战。攻战长久的需要数年，攻战迅速的也需要数月。这时在上位的公卿大夫没有时间治国理政，士人没有时间在官府处理政务，农夫没有时间耕种收获，妇女也没有时间纺丝绩麻织布。显然这是国家失去了正常法度，百姓改变了从事的本业。这样还要加上马匹死亡和马车损坏，加上帐篷帷幕、军队的费用、铠甲和兵器等装备的损耗，原有的五分还剩下一分，这还是非常粗疏的统计。又要加上士兵散失流亡于道路之上，以及由于道路遥远，粮食供应接续不上，不能按时得到饮食，那些徒役因遭受饥饿、寒冷和疾病折磨，辗转而死被弃于沟壑的，不可胜数。这样看来，攻战是极不利于百姓的，无疑是天下的大害。可是王公大人却视攻战为快乐之事，而这种快乐无异于残害灭绝天下的百姓，这难道不是很荒谬吗？现在天下的好战之国就是齐、晋、楚、越四个国家。假若让这四个国家得志于天下，即使让它们各自国家的人口增加十倍，也不可能完全开垦荒地以供食用。这就说明，它们本来人口不充足而土地有很多剩余，现在却又因为争夺土地的原因而互相残杀，显然这是亏损本来不足的人口而增加它们剩余土地的愚蠢行为。

现今那些喜好攻伐的君主，又美化他们的主张来非难墨子说：你认为攻伐是不义之举，这难道不是有利的事情吗？从前夏禹征伐有苗，商汤征伐夏桀，周武征伐商纣，他们都被立为圣王，这是什么原因呢？墨子说：你们没有明察我所说的战争类别，没有明察这些攻战发生的原因。夏禹、商汤、周武王的征伐战争，不是攻打无罪的国家的"攻"，而是讨伐有罪国家的"诛"。从前，三苗部族大乱，上天命令诛杀他们。当时有妖怪夜晚出现，连下三天血雨，龙在宗庙里出生，狗在集市上哭泣，夏天结冰，大地裂开深达泉水，五谷不能按时生长结实，于是百姓大为震恐。帝舜在玄宫里授命于夏禹，夏禹亲自握持上天赐予的瑞信符令，前往征伐有苗。当时，雷电勃然震动，有一位人面鸟身的天神捧着珪玉在一旁恭敬侍奉。夏禹张弓按箭控制住有苗大将，有苗军队大乱，以后有苗就逐渐衰落下去。夏禹征服有苗之后，就划分山川的方位，区别事物上下的次序，按照东南西北四个方向设置极远的国家，于是神祇与黎民燮和，天下安宁，这就是夏禹征讨有苗的原因所在。等到夏王桀在位的时候，上天降下严酷命令，日月出没无常，寒暑更易季节，五谷焦灼枯死，鬼魅呼叫于都城，鹤鸣持续了十个夜晚。天帝在镳宫授命于商汤，命商汤接替夏的权力说："夏朝德行败坏，我已终结了夏朝的天命，现在去征讨他，一定会让你取得胜利"。商汤于是才敢承接天命，并率领其部众开往夏的国境。天帝派遣神人降下暴烈的手段，毁坏了夏的城池。不多久，有一位神人来告诉商汤说："夏朝的德行已经败坏了，现在去攻打他，我一定让你取得成功。我已受命于上天，上天命令火神祝融在夏国都城西北角降下大火。"商汤接受夏桀倒戈的部众大战夏朝而取胜，在亳都会合随从出征的各路诸侯，献享先祖而彰明天命，通令四方，天下诸侯没有不敢归服的。这就是商汤之所以诛杀夏桀的原因。及至商纣王时，天帝因为纣王道德败坏而断绝他的享受，祭祀不能按时举行，白天到整个夜晚连续十天在亳都落下尘土，九鼎离开了原先的地方，女妖晚上出动，鬼魅晚上悲吟，竟有女人变为男人，天上落下肉雨，国都的大道上长满荆棘。这时纣王更加放纵自己。有赤乌神鸟口含珪玉，降落在周部族设立在岐山的土地神庙上，那玉上写道："天帝命周文王攻伐殷商，并拥有这个国家。"这时，贤臣泰颠前来归顺文王，黄河浮出姬周将要兴起的箓图，地中跃出象征可统御天下的神马乘黄。武王继承文王的功业，梦见三位神人来对他传达天帝的命令说："我已使纣王沉湎于酒色之中，现在去攻打他，我一定让你大获成功。"武王于是诛伐狂夫纣王，推翻商朝，开创周朝。天帝把绣着凤凰的旗帜赐予武王。武王已经战胜了殷商，完成了天帝的赐命，命令各方诸侯分工主祭诸神，也包括祭祀商纣的先祖商汤，政令通达四方，天下没有人不服从的，于是周武王继承了商汤的功业。这就是周武王要诛伐殷纣王的原因。如果从这三位圣王的征伐来看，他们的征伐显然不是"攻"，而应该称作"诛"。

而那些喜好攻战的国君们，又美化他们的攻战而非难墨子说：你认为攻战乃是不义的行为，这难道不是有利的事情吗？从前楚国世子熊丽初封于睢山之间时，出自无余的越王翳在越地建国，唐叔、吕尚分别封于晋、齐。这些原来方圆不过几百里的小国，现在因兼并别国的缘故，楚、越、晋、齐四国瓜分天下并占有了它们。这是什么原因呢？墨子说：你们没有明察我所说的战争的类别，也没有明察这其中的原因。古时天子初封诸侯的时候，受封国有一万多个。现在因为兼并别国的缘故，这一万多个国家都灭亡了，单独楚、越、晋、齐四国还存在。这就好比医生给一万多个病人治病，仅仅只有四个人被治愈了，这个医生就不能被称作"良医"。

而那些喜好攻战的国君们，又美化他们的攻战主张说：我并不是因为金玉、人口、土地不足，才发动攻战的，我想以仁义之名立于天下，以德行求取天下诸侯的归服。墨子说：现今倘若有人真能以仁义的名义立于天下，以德行求得天下诸侯归服，那么天下诸侯的归服可说是立等可就了。天下之人处于攻伐的战争环境已经很久了，这就好比孩童被别人当马骑乘一样痛苦不堪。现在倘若有人真能以诚信结交，而且先把为天下诸侯带来利益作为要务，就应当这样去做：凡是大国做出不仁义的举动，就当作共同的忧患来对待；大国攻打某一小国，大家就要共同救援它；小国的城郭不坚固，大家共同为它修葺；小国衣食缺乏甚至断绝，大家就共同为它输送；小国钱币布帛不足，大家就共同为它提供。小国能以上述的信条结交大国，那么小国的君王必定感到喜悦。别人的军队疲劳而我军安闲，那么我国的甲兵就会强大起来。只要对臣民宽厚施惠，用舒缓代替紧张，百姓必来投奔。改变滥施武力的攻战政策，将战争消耗的人力、物力、财力用于治国，其功效必定加倍。估量我军出兵花费，用在帮助诸侯挣脱困厄上，就一定能够得到丰厚的利益。以正道进行督察，以仁义树立名声，必定专力宽厚地对待自己的民众，取信于自己的军队，并用这些力量救援陷入困厄的诸侯军队，就可以天下无敌，当然带给天下的好处也是不可胜数的。这是天下的大利，而那些王公大人却不知道加以利用，由此可以断言，他们并不知道为天下谋利益这样的大事。

墨子说：现在天下的王公大人和士人君子，心中确实希望追求兴盛天下利益、消除天下祸害这一目标，面对频繁地攻伐他国这种行为，不能不说这实在是天下的大害呀！那些希望践行"仁义"理念、追求做高尚君子的士人，对上想要符合圣明君王的道术，对下想要符合国家百姓的利益，那么对"非攻"这样的主张，就不可不详细地考察其中包含的道理！

第五论　节　用

【导语】

"节用"既是墨子重要的经济思想，也是他重要的治国理念，同时也是墨子"兼爱"思想在经济领域里的延伸。墨子的"节用"思想主要反映在《节用上》《节用中》《节葬》《非乐》和《辞过》各篇中。

首先，节用思想有其历史合理性。一个国家要发展经济，不仅要开源，而且也要注意节流。墨子反对命定论，劝人强力从事工作，就是开源的主张，而他指出"节用""节葬""非乐"等，就是墨子"节流"的主张。要看到，在任何时代，生产条件都是既定的，社会财富的创造都是有限的，而倡导节俭都是关系民生和社会发展的大问题。

其次，墨子节用思想具有很强的针对性。墨子讲"兼爱"，"爱"与"利"并举，论"爱"必言及"利"，但是当时的贵族统治阶级，"厚作敛于百姓，暴夺民衣食之财"，骄奢淫逸，在衣、食、住、行、蓄私等方面，挥霍浪费，不仅严重侵犯天下百姓的利益，造成广大百姓衣不蔽体、食不果腹，而且造成奢侈成风、国库空虚、财力耗尽，再加上外敌入侵，内忧外患，已把社稷置于危险境地。于是墨子警告贵族统治者"俭节则昌，淫逸则亡"，在消费方面必须加以收敛。

最后，墨子举出古代圣王唐尧、虞舜、夏禹等作为世人的楷模，提出了"凡足以奉给民用则止，诸加费不加于民利者，圣王不为"的节用原则。这个原则要求贵族统治者去掉不必要的浪费，一切花费以够用为基准，凡是不能增加国家百姓利益的花费，都要限制和停止。

第十三篇 节用上

【题解】

墨子在开篇就引用圣王之事提出节用观点。古代圣王举办事业，使民用财，都是"去其无用之费"，不能增加百姓利益的事坚决不做。墨子通过分析人们制作衣裳、宫室、兵器、舟车的作用和标准，指出只要按照实用的标准，就不会造成财物浪费，并且也不是很难做到的。当时比较难以做到的是增加人口。人口是古代社会最重要的生产力。由于贵族统治者过度役使民众，频繁发动战争，以及蓄养妻妾过多，导致人口不仅没有增加，反而有下降的趋势。于是墨子提出要以"古圣王为法"，"去其无用之费"，保证百姓安居乐业，促使人口成倍增长，从而实现国家富强的治国理想。

【原文】

圣人为政一国，一国可倍①也；大之为政天下，天下可倍也。其倍之，非外取地②也，因其国家去其无用之费，足以倍之。圣王为政，其发令兴事、使民用财也，无不加用③而为者，是故用财不费，民德④不劳，其兴利多矣。

其为衣裳何？以为⑤冬以圉⑥寒，夏以圉暑。凡为衣裳之道，冬加温、夏加清⑦者，芊𦈡⑧不加者去之。其为宫室何？以为冬以圉风寒，夏以圉暑雨，有盗贼加固者，芊𦈡不加者去之。其为甲盾五兵⑨何？以为以圉寇乱盗贼，若有寇乱盗贼，有甲盾五兵者胜，无者不胜，是故圣人作为甲盾五兵。凡为甲盾五兵，加轻以利，坚而难折者，𦈡芊不加者去之。其为舟车何？以为车以行陵陆，舟以行川谷，以通四方之利。凡为舟车之道，加轻以利者，芊𦈡不加者去之。凡其为此物也，无不加用而为者，是故用财不费，民德不劳，其兴利多矣。有⑩去大人之好聚珠玉鸟兽犬马，以益衣裳、宫室、甲盾、五兵、舟车之数，于数倍乎？若则不难。

故孰为难倍？唯人为难倍。然人有可倍也。昔者圣王为法曰："丈夫⑪年二十，毋敢不处家⑫。女子年十五，毋敢不事人⑬。"此圣王之法也。圣王既没，于民次也⑭。其欲蚤处家者，有所二十年处家；其欲晚处家者，有所四十年处家。以其蚤与其晚相践⑮，后⑯圣王之法十年。若纯三年而字⑰，子生可以二三年矣⑱。此不惟使民蚤处家而可以倍与？且不然已⑲。

今天下为政者，其所以寡人之道⑳多。其使民劳，其籍敛厚，民财不足，冻饿死者不可胜数也。且大人惟毋兴师以攻伐邻国，久者终年，速者数月，男女久不相见，此所以寡人之道也。与居处不安、饮食不时、作疾病死者，有与侵就援橐㉑、攻城野战死者，不可胜数。此不令为政者所以寡人之道数术而起与㉒？圣人为政特无此。不圣人为政、其所以众人㉓之道亦数术而起与？故子墨子曰：去无用之费，圣王之道，天下之大利也。

【注释】

① 倍：增加一倍。

② 外取地：向外夺取土地。此指攻伐别国、兼并别国土地。

③ 加用：增加实用利益。

④ 德：同"得"。

⑤ 其为衣裘何？以为：当断句为"其为衣裘何以为？"，以下三个问句，皆作"何以为"。"衣裘"当为"衣裳"。

⑥ 圉：通"御"，抵抗、阻挡。（王裕安等：《墨子大词典》，第411页。）以下各"圉"同解。

⑦ 清（qīng）：凉、冷。

⑧ 芊组（qiān shàn）：当为"鲜髓"之误。（俞樾：《墨子平议》，第424页。）髓（chǔ），"合五彩鲜色。"（《说文解字》，第161页。）鲜髓，意为"鲜美华丽"。

⑨ 甲盾五兵：铠甲盾牌以及五种兵器。五兵，或称"五戎"，指刀、剑、矛、戟、矢五种兵器。

⑩ 有：读 yòu，作"又"解。

⑪ 丈夫："古时称成年男子。"（《辞海》，第25页。）

⑫ 处家：娶妻成家。家，有夫有妇然后为家。

⑬ 事人：指女子嫁人。事，"奉也。"（上海涵芬楼刻印：《元本玉篇·卷

二十九共部》，第 1B。）古代女子嫁人后要侍奉公婆和丈夫，称为"事人"。

⑭ 于民次也：即"于民恣也"，意为"任由百姓的意愿去做"。次，"恣"的假借字，恣意。

⑮ 相践：相截齐。践，通"翦"，截、齐。

⑯ 后：延后。

⑰ 字：生子。

⑱ 子生可以二三年矣：据上文当为"子生可以二三人矣"，"年"当改为"人"。

⑲ 且不然已：此后当有脱文。（孙诒让：《墨子间诂》，第 162 页。）

⑳ 寡人之道：减少人口的方法。寡人，减少人口。

㉑ 侵就儇橐：当为"侵掠俘虏"。就，"掠"之误。儇橐（yuán tuó），"俘虏"的形讹字。

㉒ 此不令为政者所以寡人之道数术而起与：这难道不是现在执政的人所采取的多种减少人口的方法引起的吗？令，"今"之讹。数术，多种方法。术，方法。与，同"欤"。

㉓ 众人：增加人口。

【译文】

圣人处理一个国家的政务，一个国家的财力就可以增加一倍；扩大到治理天下，天下的财利也可增加一倍。这种财利的加倍，不是通过对外攻伐、夺取别国土地得到的，而是因为他的国家除去了那些无用的花费，这就足以使财利加倍增加了。圣明的君王处理政务，发布政令，举办事业，役使民力，花费钱财，没有一件不是从考虑增加民众的实用利益而去做的，所以使用财物不浪费，百姓得以不劳苦，那么有利于民众的事自然就举办很多。

制作衣服做什么用？它是冬天用来抵御寒冷、夏天抵御暑热的物品。所有制作衣服的原则就是，冬天增加温暖，夏天增加凉爽，鲜艳华丽而无益于保暖和凉爽的一律除去不用。建造房屋做什么用？它是作为冬天抵御风寒、夏天抵御暑热和大雨的物品，在有盗贼入侵时还可增强固守，那些鲜艳华丽而无益于居住的都一律除去不用。制造铠甲和刀、剑、矛、戟、矢五种兵器做什么用？它是抵御外寇劫掠和盗贼侵害的物品。如果遭逢外寇劫掠和盗贼侵害，有铠甲和刀、剑、矛、戟、矢五种兵器的就可获胜，否则必定失败。因此，圣人创制了铠甲和刀、剑、矛、戟、矢五种兵器。所有制作铠甲和刀、剑、矛、戟、矢五种兵器的原则就是：只要增加轻便和锋利、坚固而且难以折断就可以，而那些鲜艳华丽不能增加轻便锋利、坚固难折功用的，一律去除不用。制造船和车是做什么用？车是行走在山陵陆地上的运输工具，船是航行在江河谷溪里的运输工具。所有制作船和车的原则就是，只要可以增加轻捷便利就可以，而那些鲜艳华丽不能增加轻捷便利的，一律除去不用。凡是制作上述各类物品，没有任何一类不是考虑增加实用的功利而去制作的。可见这样花费财物不浪费，百姓不至于劳苦，兴办的增加百姓利益的事就很多。如果再把王公大人用于珍珠美玉、鸟兽、犬马等喜好方面的花费省下来，用来增加衣服、宫室、甲盾兵器、舟车等实用物品的制作数量，肯定可以增加几倍吧？

要像上述所说的那样去做并不难，那么什么又是加倍增加存在困难的呢？人口的增加是难以加倍的，然而人口加倍增加也是有办法的。从前圣明君王制定的法则是："男子年满二十岁，不允许不娶妻成家；女子年满十五岁，不允许不嫁夫为妻。"这是圣王为男娶女嫁制定的法则。圣王辞世以后，成家就任由百姓的意愿去做了。那些想早成家的男子，有的二十岁就成家了；那些想晚成家的，有的到四十岁才成家。把这些早成家与晚成家的年岁截齐平均计算，等于他们比圣王的规定都向后延迟了十年。如果按三年生育一孩子计算，那么十年就可以有两三个孩子出生。这不是只有让百姓早成家、人口就可以成倍增加的方法吗？然而人们却不这样去做。

现今天下的执政者，他们让人口减少的手段很多。他们役使百姓让百姓过于劳苦，赋税过于繁重，以致百姓财用匮乏、受冻挨饿而死的人多得数不清。况且那些王公大人发兵攻打邻国，时间长的要一年，短的也要几个月，丈夫和妻子长久不能相见，这是导致人口减少的重要原因。加上居住不安定，饮食不按时，以致生病死去的，因为侵略别国被俘的，攻打城池和在野外作战而战死的，多得数不清。所有这一切，难道不是由于现在的执政者采取的各种减少人口的手段而引起的吗？圣人施政独独没有这种情况。这难道不是由于圣人施政采取了各种增加人口的举措才收到这样好的效果吗？因此，墨子说，除去一切无用的花费，这就是圣明君王治国的道术，也是天下百姓最大的利益。

第十四篇　节用中

【题解】

本篇开始即说古代圣明君王"爱民谨忠，利民谨厚"，这是古代圣王"王天下、正诸侯"的基本原因，因此，"节用"乃是圣明君王的固有理念。墨子援引古代圣王节俭故事，在社会生活的各个方面提出具体的"节用"要求和标准：在器物制造方面，只要能够"奉给民用"即可以；在饮食方面，"足以充虚继气、强股肱即可"；在丧葬习俗方面，只要保证尸骸得到很好掩埋、不暴露不发泄即可以；在宫室居住方面，只要足以"御风寒""别男女之礼"、洁净实用就可以。

【原文】

子墨子言曰：古者明王①圣人所以王天下、正诸侯者，彼②其爱民谨忠，利民谨厚，忠信相连，又示之以利③，是以终身不餍④，殁世而不卷⑤。古者明王圣人，其所以王天下、正诸侯者，此也。

是故古者圣王制为节用⑥之法，曰："凡天下群百工⑦，轮、车、鞼、匏、陶、冶、梓、匠⑧，使各从事其所能。"曰："凡足以奉给民用，则止。"诸加费不加于民利者，圣王弗为。

古者圣王制为饮食之法，曰："足以充虚继气⑨，强股肱⑩，耳目聪明，则止。"不极五味之调⑪、芬香之和，不致远国珍怪异物。何以知其然？古者尧治天下，南抚交阯⑫，北降幽都⑬，东、西至日所出入，莫不宾服。逮至其厚爱，黍稷不二⑭，羹胾不重⑮，饭于土塯⑯，啜于土形⑰，斗以酌⑱，俯仰⑲周旋威仪之礼，圣王弗为。

古者圣王制为衣服之法，曰："冬服绀緅⑳之衣，轻且暖；夏服絺綌㉑之衣，轻且凊，则止。"诸加费不加于民利者，圣王弗为。

古者圣王为猛禽狡㉒兽暴人害民，于是教民以兵行㉓，日带剑，为刺则入，击则断，旁击而不折，此剑之利也。甲为衣则轻且利，动则兵且从㉔，此甲之利也。车为服重致远㉕，乘之则安，引㉖之则利，安以不伤人，利以速至，此车之利也。古者圣王为大川广谷之不可济，于是利为舟楫㉗，足以将㉘之则止。虽上者三公诸侯至，舟楫不易，津人不饰㉙，此舟之利也。

古者圣王制为节葬之法，曰："衣三领㉚，足以朽肉，棺三寸，足以朽骸，掘穴㉛深不通于泉，流㉜不发洩，则止。死者既葬，生者毋久丧用哀。"

古者人之始生未有宫室之时，因陵丘掘穴而处焉。圣王虑之，以为掘穴，曰："冬可以辟风寒。"逮夏，下润湿，上熏烝㉝，恐伤民之气，于是作为宫室而利。然则为宫室之法将奈何哉？子墨子言曰：其旁可以围风寒，上可以围雪霜雨露，其中蠲洁㉞，可以祭祀，宫墙足以为男女之别，则止。诸加费不加民利者，圣王弗为。

【注释】

① 明王：圣明的君王。

② 彼：同"夫"，发语词。

③ 示之以利：即"视之以利"。示，"视"的假借字。意为"使人民看得见的利益"。

④ 餍（yàn）：饱、满足。

⑤ 卷："倦"的假借字。（孙诒让：《墨子间诂》，第163页。）

⑥ 节用：当为"器用"之误。

⑦ 群百工：各类百工。群，类、各类。

⑧ 轮、车、鞼、鲍、陶、冶、梓、匠：制轮工匠、造车工匠、治鼓工匠、制革工匠、制陶工匠、冶金工匠、攻木工匠、筑室工匠。鞼（guì），攻皮治鼓工匠。鲍（páo），同"鞄"，鞣革工匠。梓（zǐ），攻木工匠。匠：建造房屋的工匠。

⑨ 充虚继气：填充空腹，续增血气。虚，此指空腹。气，血气。

⑩ 强股肱：强壮身体。股肱，此指身体。股，大腿。肱（gōng），胳膊由肘到肩的部分。

⑪ 不极五味之调：不极力追求五味的调和。极，极力。五味，酸、苦、甘、辛、咸。调，调和。

⑫ 交阯：又作交趾，古地名，汉武帝时为十三刺史部之一，东汉末改交州。泛指五岭以南广大地区。

⑬ 北降幽都：即"北际幽都"。降，"际"的形讹字。际，会、交会。幽都，即幽州，中国古代九州之一。

⑭ 黍稷不二：黍饭和稷饭两种不能同时有。

⑮ 羹胾不重：肉汤和肉块不能在一顿饭吃。羹，肉汤、菜汤。胾（zì），大肉块。

⑯ 土塯（liù）：盛饭的瓦器。

⑰ 土形：陶制三足饮器。形，"铏"的假借字。（孙诒让：《墨子间诂》，第165—166页。）铏（xíng），古代盛羹的小鼎，两耳三足，有盖。

⑱ 斗以酌：用木勺酌酒。斗，作"枓"，读dōu，木勺子。酌，斟。

⑲ 俯仰：低头与仰头。

⑳ 绀（gàn）：深青红色。緅（zōu）：黑红色。

㉑ 絺綌（chī xì）：细葛布与粗葛布。

㉒ 狡：健壮。

㉓ 以兵行：带上兵器行路。兵，兵器。

㉔ 兵："弁"之误。"弁"通"变"，灵活。（孙诒让：《墨子间诂》，第166页。）从：从心、随心。

㉕ 服重致远：负载重物到达远方。服，承、任使。致，达到。

㉖ 引：牵、挽。

㉗ 利为舟楫：从上下文可知，当为"制为舟楫"。

㉘ 将：行。

㉙ 津人不饰：管理渡口的船工不装饰船只。津人，管理渡口的船工。

㉚ 衣三领：衣服三套。领，套、件。

㉛ 堀穴：掘地为穴。堀（kū），掘地为室。

㉜ 流：气。

㉝ 烝：通"蒸"。

㉞蠲洁：洁净。蠲（juān），洁。

【译文】

墨子说："古代明王圣人之所以能称王天下，统领诸侯，就在于他们诚实尽心地关爱百姓，诚实宽厚地为百姓谋利。因为他们具备诚信，又使百姓看到利益所在，所以民众对君王终身不厌弃，毕生不倦怠。古代明王圣人之所以称王天下，统领诸侯，原因就在于此。

古代圣明君王制定了制作日用器物的法则是："凡是天下的各类百工，如造轮工匠、治鼓工匠、制革工匠、制陶工匠、冶金工匠、木器工匠、筑室工匠等，都让他们从事各自的行当"，"凡是所制物品足以供给百姓使用，就可以了。"各种只增加费用而不增加民众利益的事情，圣明的君王不会做。

古代圣明的君王制定饮食的法则是："足以填充空腹、续补血气，达到强壮身体、耳聪目明就可以了"。不去极力追求五味的调和与食物的芳香，不去求取远方他国珍稀奇怪的食物。依据什么知道古代圣王是这样做的呢？在古代尧帝治理天下的时候，南面安抚交阯，北面在幽州与臣民会合，东面和西面直到太阳升起和落下的地方，没有不臣服的。至于说到他在饮食方面的最大爱好，就是黍和稷两种饭食只吃一种，肉汤和肉块不在同一顿餐中同用，用瓦器盛饭，用瓦盆盛汤，用木勺斟酒喝。至于那些讲求俯仰、周旋、威仪举止的繁杂礼节，圣明的君王一概不做。

古代圣明的君王制定做衣服的法则是："冬天穿青红色或黑红色的衣服，轻便而且暖和；夏天穿细葛布和粗葛布做的衣服，轻便而且凉爽，这样就可以了"。各种只增加费用而不能增加民众利益的事情，圣明的君王不会做。

古代的圣人因为猛禽狡兽伤害民众，于是教百姓带上兵器出行。白天身上佩剑，用剑刺物必能穿入，用剑劈物必能折断，其他兵器从旁击打不会折损，这就是佩剑的好处。铠甲作为衣服穿在身上，轻巧而且便利，行动起来灵活随心。这就是铠甲的好处。车子用来装载货物，送达远方，乘坐起来安稳，牵引起来便利。安稳就不会伤人，便利就可以快速到达，这就是车子的好处。古代圣王因为河面宽阔不易渡过，于是就制作了船只。船只只要足以在江河中行驶，就可以了。即使是居于上位的三公诸侯来乘船，船只也不更新，船工对船只也不另加修饰，这就是船只的好处。

古代圣王制定的节葬的法则是："凡死者，衣服只穿三套，足以穿到肉体腐烂；棺材三寸厚，足以用到骸骨朽烂就可以了。墓穴的深度不到地下泉水，臭气又不发泄到地面上，就可以了。"死者被安葬以后，活着的人就不要长久地服丧哀伤。

在远古人类初始、还没有房屋的时候，人类在丘陵上挖掘洞穴居住。圣王为此感到忧虑，因为居住洞穴有诸多不便。他认为冬天住在洞穴固然可以躲避风寒，但是到了夏天，下面潮湿，水汽向上熏蒸，恐怕就要伤害民众的血气。于是圣王建造了房屋以利于民众居住。那么建造房屋的法则是什么呢？墨子说：只要房屋的四壁可以阻挡风寒，上面可以躲避霜雪雨露，里面很干净，可以进行活动，房墙的高度足以间隔男女，就可以了。各种只增加费用而不能增加民众利益的事情，圣明的君王是不会做的。

第六论　节　葬

【导语】

《节葬》原有上中下三篇，现仅存下篇。所谓节葬，就是节约、从简办理丧事。墨子针对儒家和当时贵族统治者倡导实行的"厚葬久丧"，提出了"薄葬短丧"的治丧主张，这既是墨子的节用思想的延伸，也是墨子重要的治国理政理念之一。

墨子认为"厚葬久丧"不是仁义之事，而是儒家之道"足以丧天下"的"四政"之一。墨子提出判断"仁义之事"标准，就是看这种事情是否使国家由贫穷变为富有，人口由很少变为众多，国家由危险、混乱转为安稳和治理，小国国防趋于安全，上帝鬼神赐福于民众。在他看来，"厚葬久丧"违反"圣王之道"，与"仁义"标准相反，必非"仁义之事"。

墨子反对"厚葬久丧"，实质上是反对由儒家倡导的周代宗法礼乐制度，这个制度的要害是宗法等级制。《礼记》关于殡葬、棺椁、丘封、丧服和服丧期限的规定，都是严格按照尊卑亲疏为原则的，不允许存在任何僭越行为。

第十五篇　节葬下

【题解】

首先，墨子揭露了当时的贵族统治者不仅生活奢侈无度，而且在死后的埋葬十分丰厚，对生者的居丧要求也很多。基于"厚葬久丧"所造成的种种危害和后果，他断定"厚葬久丧"绝非仁义之事，应当予以抛弃。

其次，墨子先破后立，善于征引古代圣王的成例驳斥反对者。他指出，古代圣王不赞成"厚葬久丧"，而是有节制地办理丧事，即"薄葬短丧"；"薄葬短丧"既照顾了死者利益，也维护了生者利益，因而符合圣明君王治国理政的道术。

最后，墨子针对"厚葬久丧"，援引了古代圣明君王埋葬从简、服丧从短的成例，提出"薄葬短丧"的具体标准是，埋葬之法："棺材三寸"，"衣三领"，足以使死者尸骨朽烂即可；居丧之法："哭往哭来，反从事乎衣食之财"，按时祭祀亡亲即可。

【原文】

子墨子言曰：仁者之为天下度①也，辟②之无以异乎孝子之为亲度也。今孝子之为亲度也，将奈何哉？曰："亲贫则从事乎富之，人民寡则从事乎众之，众乱则从事乎治之。"当其于③此也，亦有力不足、财不赡④、智不智⑤然后已矣，无敢舍余力，隐谋遗利，而不为亲为之者矣。若三务⑥者，孝子之为亲度也，既⑦若此矣。虽仁者之为天下度，亦犹此也。曰："天下贫则从事乎富之，人民寡则从事乎众之，众而乱则从事乎治之。"当其于此，亦有力不足、财不赡、智不智然后已矣，无敢舍余力，隐谋遗利，而不为天下为之者矣。若三务者，此⑧仁者之为天下度也，既若此矣。

今逮至昔者三代圣王既没⑨，天下失义⑩，后世之君子，或以厚葬久丧⑪以为仁也，义也，孝子之事也；或以厚葬久丧以为非仁义、非孝子之事也。曰二子者⑫，言则相非，行即相反，皆曰："吾上祖述尧舜禹汤文武之道者也。"而言即相非，行即相反，于此乎后世之君子皆疑惑乎二子者言也。若苟疑惑乎之二子者言，然则姑尝传⑬而为政乎国家万民而观之，计厚葬久丧，奚当此三利者？我意若使法其言，用其谋，厚葬久丧实可以富贫众寡、定危治乱乎？此仁也，义也，孝子之事也，为人谋者不可不劝也。仁者将兴之天下，谁贾⑭而使民誉之，终勿废也。意亦使法其言，用其谋，厚葬久丧实不可以富贫众寡、定危理⑮乱乎，此非仁非义、非孝子之事也，为人谋者不可不沮也。仁者将求除之天下，相废而使人非之，终身勿为。

且故⑯兴天下之利，除天下之害，令国家百姓之不治也，自古及今未尝之有也。何以知其然也？今天下之士君子，将犹多皆疑惑厚葬久丧之为中是非利害也。故子墨子言曰：然则姑尝稽之。今虽毋法执厚葬久丧者言，以为事乎国家⑰。

此存乎王公大人有丧者，曰棺椁必重，葬埋必厚，衣衾必多，文绣必繁，丘陇必巨⑱。存乎匹夫贱人死者，殆竭家室；存乎诸侯死者，虚车府⑲，然后金玉珠玑⑳比㉑乎身，纶组节约㉒，车马藏乎圹㉓，又必多为屋幕㉔、鼎鼓、几梴㉕、壶滥㉖、戈剑、羽旄㉗、齿革㉘，寝㉙而埋之，满意㉚，若送从㉛，曰：天子杀殉㉜，众者数百，寡者数十；将军、大夫杀殉，众者数十，寡者数人。

处丧之法将奈何哉？曰：哭泣不秩㉝，声翁㉞，縗絰㉟，垂涕，处倚庐㊱，寝苫枕甴㊲；又相率强不食而为饥，薄衣而为寒，使面目陷陬㊳，颜色黧黑，耳目不聪明，手足不劲强，不可用也。又曰："上士之操丧㊴也，必扶而能起，杖而能行，以此共三年。"若法若言，行若道，使王公大人行此，则必不能蚤朝㊵。五官六府㊶，辟草木，实仓廪。使农夫行此，则必不能蚤出夜入，耕稼树艺。使百工行此，则必不能修舟车为器皿矣。使妇人行此，则必不能夙兴夜寐，纺绩织絍。细计厚葬为多埋赋之财者也㊷，计久丧为久禁从事者也。财以㊸成者，扶㊹而埋之，后得生者㊺而久禁之。以此求富，此譬犹禁耕而求获也，富之说㊻无可得焉。是故求以富㊼家而既已不可矣。

欲以众人民，意者可邪？其说又不可矣。今唯无以厚葬久丧者为政，君死，丧㊽之三年；父母死，丧之三年；妻与后子㊾死者，五㊿皆丧之三年；然后伯父叔父兄弟孽子其(51)；族人(52)五月，姑姊甥舅皆有月数(53)；则毁瘠(54)必有制矣。使面目陷陬，颜色黧黑，耳目不聪明，手足不劲强，不可用也。又曰："上士操丧也，必扶而能起，杖而能行，以此共三年。"若法若言，行若道，苟其饥约(55)又若此矣。是故百姓冬不仞(56)寒，夏不仞暑，作疾病死者不可胜计也。此其为败男女之交(57)多矣。以此求众，譬犹使人负(58)剑而求其寿也。众之说(59)无可得焉。是故求以众人民，而既以不可矣。

欲以治刑政，意者可乎？其说又不可矣。今惟无以厚葬久丧者为政，国家必贫，人民必寡，刑政必乱。若法若言，行若道，使为上者行此，则不能听治；使为下者行此，则不能从事。上不听治，刑政必乱；下不从事，衣食之财必不足。若苟不足，为人弟者求其兄而不得，不弟弟⑥必将怨其兄矣；为人子者求其亲而不得，不孝子必是⑥怨其亲矣；为人臣者求之君而不得，不忠臣必且乱其上矣。是以僻淫邪行⑥之民，出则无衣也，入则无食也，内续奚吾⑥，并为淫暴，而不可胜⑥禁也。是故盗贼众而治者寡。夫众盗贼而寡治者，以此求治，譬犹使人三睘而毋负己也⑥，治之说⑥无可得焉。是故求以治刑政，而既已不可矣。

欲以禁止大国之攻小国也，意者可邪？其说又不可矣。是故昔者圣王既没，天下失义，诸侯力征⑥。南有楚越之王，而北有齐晋之君，此皆砥砺其卒伍⑥，以攻伐并兼为政于天下。是故凡大国之所以不攻小国者，积委⑥多，城郭修，上下调和，是故大国不耆⑦攻之。无积委，城郭不修，上下不调和，是故大国耆攻之。今唯毋以厚葬久丧者为政，国家必贫，人民必寡，刑政必乱。若苟贫，是无以为积委也；若苟寡，是城郭⑦、沟渠者寡也。若苟乱，是出战不克，入守不固。此求禁止大国之攻小国也，而既已不可矣。

欲以干上帝鬼神之福，意者可邪？其说又不可矣。今唯无以厚葬久丧者为政，国家必贫，人民必寡，刑政必乱。若苟贫，是粢盛酒醴不净洁也；若苟寡，是事上帝鬼神者寡也；若苟乱，是祭祀不时度⑦也。今又禁止事上帝鬼神，为政若此，上帝鬼神始得从上抚之曰⑦："我有是人也，与无是人也，孰愈⑦？"曰："我有是人也，与无是人也，无择⑦也。"则唯上帝鬼神降之罪厉⑦之祸罚而弃之，则岂不亦乃其所哉！

故古圣王制为葬埋之法，曰："棺三寸，足以朽体；衣衾三领，足以覆恶。以及其葬也，下毋及泉，上毋通臭，垄若参耕之亩⑦，则止矣。"死则既以葬矣，生者必无久哭，而疾而从事，人为其所能，以交相利也。此圣王之法也。

今执厚葬久丧者之言曰：厚葬久丧，虽使不可以富贫众寡、定危治乱，然此圣王之道也。子墨子曰：不然！昔者尧北教乎八狄⑦，道死⑦，葬蛩山之阴⑧。衣衾三领，榖木⑧之棺，葛以缄之⑧，既沴⑧而后哭，满埳无封⑧。已葬，而牛马乘⑧之。舜西教乎七戎⑧，道死，葬南己之市⑧。衣衾三领，榖木之棺，葛以缄之。已葬，而市人乘之。禹东教乎于九夷⑧，道死，葬会稽之山。衣衾三领，桐棺三寸，葛以缄之，绞之不合⑧，通之不埳⑨，土⑨

地之深，下毋及泉，上毋通臭。既葬，收余壤其上，垄若参耕之亩，则止矣。若以此若三圣王者观之，则厚葬久丧果非圣王之道。故三王者，皆贵为天子，富有天下，岂忧财用之不足哉！以为如此葬埋之法。

今王公大人之为葬埋，则异于此。必大棺中棺，革阓三操㉒，璧玉既具，戈剑鼎鼓壶滥，文绣素练，大鞅万领㉝，舆马女乐㉞皆具，曰必捶涂差通㉟，垄虽凡山陵㊱。此为辍民之事，靡民之财，不可胜计也，其为毋用若此矣。

是故子墨子曰：乡者吾本言曰：意亦使法其言，用其谋，计厚葬久丧，请可以富贫众寡、定危治乱乎？则仁也，义也，孝子之事也，为人谋者不可不劝也；意亦使法其言，用其谋，若人厚葬久丧，实不可以富贫众寡、定危治乱乎？则非仁也，非义也，非孝子之事也，为人谋者不可不沮也。是故求以富国家，甚得贫焉；欲以众人民，甚得寡焉；欲以治刑政，甚得乱焉。求以禁止大国之攻小国也，而既已不可矣；欲以干上帝鬼神之福，又得祸焉。上稽之尧舜禹汤文武之道而政㊲逆之，下稽之桀纣幽厉之事，犹合节也。若以此观，则厚葬久丧其非圣王之道也。

今执厚葬久丧者言曰：厚葬久丧果非圣王之道，夫胡说中国之君子为而不已、操而不择㊳哉？子墨子曰：此所谓便其习而义㊴其俗者也。昔者越之东有骇沐㊵之国者，其长子生，则解而食之，谓之宜弟㊶；其大父㊷死，负其大母㊸而弃之，曰："鬼妻不可与居处。"此上以为政，下以为俗，为而不已，操而不择。则此岂实仁义之道哉？此所谓便其习而义其俗者也。楚之南有炎㊹人国者，其亲戚死，朽其肉而弃之，然后埋其骨，乃成为孝子。秦之西有仪渠㊺之国者，其亲戚死，聚柴薪而焚之，燻㊻上，谓之登遐㊼，然后成为孝子。此上以为政，下以为俗，为而不已，操而不择。则此岂实仁义之道哉？此所谓便其习而义其俗者也。若以此若三国者观之，则亦犹㊽薄矣。若以中国之君子观之，则亦犹厚矣。如彼则大厚，如此则大薄，然则葬埋之有节矣。

故衣食者，人之生利也，然且犹尚有节；葬埋者，人之死利也，夫何独无节于此乎？子墨子制为葬埋之法曰：棺三寸，足以朽骨；衣三领，足以朽肉；掘地之深，下无菹漏㊾，气无发洩于上，垄足以期㊿其所，则止矣。哭往哭来，反从事乎衣食之财，倗⑪乎祭祀，以致孝于亲。故曰子墨子之法不失死生之利者，此也。

故子墨子言曰：今天下之士君子，中请将欲为仁义，求为上士，上欲中圣王之道，下欲中国家百姓之利，故当若节丧之为政，而不可不察此者也。

【注释】

① 度：谋划、考虑。

② 辟：通"譬"，好比、譬如。

③ 于：为、作。

④ 赡 (shàn)：充足、富裕。

⑤ 智不智：智慧（或智力）达不到应有的境界。第二个"智"为名词动用，意为"达到智慧的程度或境界"。

⑥ 三务：指上文所说的"富之""众之""治之"这三件事。

⑦ 既：乃、就。

⑧ 此：为衍字。

⑨ 没：同"殁"。殁 (mò)，去世、亡故。

⑩ 义：正确主张。

⑪ 厚葬久丧：儒家倡导的一种丧葬制度。厚葬，指葬礼隆重，具体指杀人殉葬或杀牛马等动物殉葬，修造豪华陵墓，陪葬物品多而贵重。久丧，指居丧长久，具体指长时间穿戴丧服，在生活上设定多种禁忌，长时间为死者守墓等。

⑫ 曰二子者：说到这两种人。二子，指上文拥护"厚葬久丧"和反对"厚葬久丧"的两种君子。

⑬ 传："犹转也"。（《吕氏春秋》，第113页。）

⑭ 谁贾："设置"的形讹字。（孙诒让：《墨子间诂》，第170页。）

⑮ 理：当为"治"的代字，唐刻本为避高宗李治名讳而改。

⑯ 且故：当为"是故"。

⑰ 今虽毋法执厚葬久丧者言，以为事乎国家：现在遵从主张"厚葬久丧"的人所说的话，把它运用来治理国家。虽毋，即"惟毋"，无实义。法，

效法、遵循。执，坚持、主张。以为，即"以之为"。事，治理。

⑱ 文：装饰。绣：彩绣。丘陇：即"丘垅"，坟墓。

⑲ 车府：当为"库府"。车，"库"之误。（俞樾：《墨子平议》，第427页。）

⑳ 珠玑：装饰品。圆者为珠，不圆者为玑。

㉑ 比：周遍。

㉒ 纶组节约：以大小丝带捆扎。纶，青丝绶带。组，带。纶组，各种丝带。节约，同"节束"。（孙诒让：《墨子间诂》，第172页。）即"约束、捆扎"。

㉓ 圹（kuàng）：墓穴。

㉔ 屋幕：即帷幕。

㉕ 梴（yán）：古同"筵"，竹席、垫席。

㉖ 壶滥：当为"壶鑑"。（孙诒让：《墨子间诂》，第173页。）滥，"鑑"之误，即"鉴"，古代水盆，用铜或银制作。

㉗ 羽旄：翎羽和牦尾。旄，古代用牦牛尾巴装饰的旗子，此指牦牛尾。

㉘ 齿革：象牙和甲胄。齿，此指象牙。革，此指用犀牛皮制成的甲胄。

㉙ 寝：放入、置入。

㉚ 满薏：盈满。薏（yì），同"亿"，"满也"。（《说文解字》，第218页。）

㉛ 若送从：据《墨子·公孟》，当为"送死若徙"。从，"徙"的形讹字。徙（xǐ），迁徙，此指迁居搬家。

㉜ 杀殉：杀人陪葬，古代一种残暴的丧葬风俗，即处死死者的妻妾、用人、奴隶随同死者一同埋葬。

㉝ 袟：读 dié，更、止。

㉞ 声翁："声嗌"之误。声嗌，声塞。嗌（ài），声音堵在咽喉。

㉟ 缞绖（cuī dié）：身披粗麻布丧服，腰系麻绳。缞，用粗麻布简单缝制的丧服。绖，用粗麻搓成的绳子。

㊱ 处倚庐：住在靠墙搭成的临时木棚里。处，居。倚庐，倚靠在墙壁上搭建的临时木棚，无门无窗，用布帘遮挡。

㊲ 寝苫枕凷：睡在草垫上，头枕土坯。苫，草垫、草席。凷，即

“块”，土块、土坯。

㊳ 陷陽：眼睛塌陷，面皮皱缩。陽（gé），当为“陬”之误。陬（zōu），通“皱”，皱缩。

㊴ 上士之操丧：居于上位的人士操办丧事。上士，居于上位的士人。操，操办、主办。

㊵ 蚤朝：后当补“晏退，听狱治政”。（俞樾：《墨子平议》，第427页。）

㊶ 五官六府：此句当补充脱文改为“使士大夫行此，则必不能治五官六府”。（孙诒让：《墨子间诂》，第174页。）《礼记·曲礼下》：五官指“司徒、司马、司空、司士、司寇”。六府指“司土、司木、司水、司草、司器、司货”。（阮元校刻：《十三经注疏》，第1261页。）

㊷ 赋之财者：征收赋税得来的财物。赋，征收赋税。

㊸ 以：同“已”。

㊹ 扶：“挟”的形讹字。挟，拿、取。

㊺ 后得生者：将来才能生产的财物。后，将来。生，生产。

㊻ 富之说：把贫穷国家变为富裕国家的说词。

㊼ 富：后脱“国”，当为“富国家”。

㊽ 丧：居丧、服丧。

㊾ 后子：长子。

㊿ 五：“又”之误。

(51) 孽子：庶子。其：“期”的异体字。期（jī），一周年。

(52) 族人：当为“戚族人”。（王念孙：《墨子杂志》，第90页。）戚族，外姓姻亲和同族内尚在五服之列但关系疏远的人。

(53) 月数：当为“数月”。

(54) 毁瘠：亏毁瘦病。毁，亏毁。瘠，病瘦。

(55) 苟其饥约：诚能实行忍受饥饿的节约方法。苟，“诚也”。（王念孙：《广雅疏证·释诂一下》，第14A。）约，少、省。

(56) 仞：通“忍”。

(57) 交：交合。

(58) 负：同“伏”。

(59) 众之说：使国家人口增多的说词。

(60) 不弟弟：即“不悌弟”。第一个“弟”读为 tì。

(61) 是：“且”之误。

(62) 僻淫邪行：古怪放纵，行为邪恶。僻，性情古怪。淫，放纵。

(63) 奚吾：当为“奚后”之误，“奚后”又为“謑诟”的形讹字。（俞樾：《墨子平议》，第 429—430 页。）謑诟（xī gòu），侮辱、辱骂。

(64) 胜：读 shēng，能够承担或承受。多用于否定句式的成语中。

(65) 使人三睘而毋负己也：使人三次转过身又不要背对着自己。睘（huán），同“还”，返、复返。毋，不。负，背对。

(66) 治之说：国家混乱得到治理的说词。

(67) 力征：以武力征伐。

(68) 砥砺其卒伍：操练军队。砥砺，砥指细磨刀石，砺指粗磨刀石，此指磨炼、操练。卒伍，军队。

(69) 积委：也称“委积”，积存米薪等谷物。

(70) 耆：古读 shì，嗜好、爱好。

(71) 城郭：此前当有“修”字。

(72) 度：时节。

(73) 始得从上抚之曰：开始从天上急速地发问。抚，通“舞”。“舞，疾也。”（王念孙：《广雅释诂·释诂一下》，第 36B。）

(74) 孰愈：哪一个更好。

(75) 无择：无可选择。

(76) 罪厉：灾难。（王裕安等：《墨子大词典》，第 460 页。）

(77) 垄若参耕之亩：坟墓的宽度相当于三次耦耕计有三尺的田亩。垄，坟墓。参耕，即叁（三）耕。耕，耦（ǒu）耕，古代两人共耕，每次耕田宽度大约一尺。亩，田亩。

(78) 八狄：古代北方八个狄种部族。狄，北方部族。《礼记·王制》：“北方曰狄”。（阮元校刻：《十三经注疏》，第 1338 页。）

(79) 道死：中道而死，即“死于途中”。

(80) 蛩山之阴：即“蛩山之北”。蛩山在今山东鄄城西南，该地建有尧王陵。

㉛ 榖（gǔ）：楮（chǔ）树，皮可造纸，被视作"劣木"。

㉜ 葛以缄之：即"以葛缄之"。葛，葛藟（léi），葡萄科藤蔓植物。缄，封束。

㉝ 泛（fàn）：通"窆"。窆（biǎn），埋葬。

㉞ 满埳无封：填满墓穴上面不起封土。埳，同"坎"，坑穴。此指墓穴。封，墓穴地面以上的封土。

㉟ 乘：登上、踩踏。

㊱ 七戎：指西方的七个戎种部落。《礼记·王制》："西方曰戎"。（阮元校刻：《十三经注疏》，第 1338 页。）

㊲ 南己之市：或作"纪市"，在苍梧九嶷山，即今湖南宁远一带。

㊳ 九夷：东方九个夷种部落。《礼记·王制》："东方曰夷"。（阮元校刻：《十三经注疏》，第 1338 页。）

㊴ 绞之不合：指"棺盖与棺身接合处不完全重合"。绞，同"交"。

㊵ 通之不埳：当为"道之不埳"。道，同"导"。埳，同"坎"，此指墓道。意为"引导棺木入圹不用开掘墓道"。

㊶ 土："掘"之误。

㊷ 大棺中棺：外棺和内棺。革阓：即"革鞼（guì）"，绣有图案的皮革。操："杂"（襍）之误。杂通"匝"，周、圈。革阓三操：意为"以绣有图案的革带缠束三周"。

㊸ 大鞅万领：当为"衣衾万领"。大鞅，"衣衾"之误。（王焕镳：《墨子校释》，载任继愈、李广星主编《墨子大全影印本第六十三册》，北京图书馆出版社 2004 年版，第 525 页。以下简称为"王焕镳：《墨子校释》"。）

㊹ 舆马女乐：车马女伎。舆，车。女乐，女伎，能歌舞的年轻女子。

㊺ 捶埐差通：当为"捶除美道"。捶，春、夯击。除，清除。美道，墓道。埐，同"涂"，"除"之误。

㊻ 垄虽凡山陵：坟墓都像山陵一样高大。垄，坟丘。虽，读 wéi，无实义。凡，皆、都。

㊼ 政：同"正"。

⑱ 为而不已，操而不择：做了停不下来，坚持而不放手。操，操办。择，释。

⑲ 义：善。此解"认为这样做是好的"。

⑩ 较沐（kǎimù）：古国名，在越国东部。

⑪ 宜弟：有利于弟弟。宜，有利。

⑫ 大父：祖父。

⑬ 大母：祖母。

⑭ 炎："啖"之误。啖（dàn），食、吃。

⑮ 仪渠：又作"义渠"，西戎古国名，战国时为秦国所灭。

⑯ 燻：同"熏"，燃烧柴草使烟火上升而浸润。

⑰ 登遐：即"升霞"，升入云霞。

⑱ 犹：已。

⑲ 菹漏：湿漏。菹（zū），沼泽。

⑩ 期：会、会合。

⑪ 侢（ěr）：安置、安排。

【译文】

墨子说：仁者为天下打算，就好比孝子为父母打算一样没有什么不同。现在孝子为父母打算的将会是什么呢？回答说："父母贫穷就去做使父母富裕的事，家里人口少就去做增加人口的事，家庭混乱就去做家庭和睦的事。"当孝子去做这些事的时候，可能会因为能力不够、财力不足、智力达不到等原因而半道停下来，但是孝子不敢舍弃尚存的能力、隐藏智力和私留财力，而不去为父母做这些事。孝子打算为父母所要做的，就是上面所说的"富之""众之""治之"这三件事。至于仁者为天下百姓的谋划也是这样的，就是说："天下贫穷，就要做使天下富裕的事情；天下人口少，就去做增加天下人口的事情；民众混乱，就去做使混乱得到治理的事情。"当仁者去做这些事情的时候，也可能会因为能力不够、财力不足、智力达不到而半道停止，但他们不敢舍弃尚存的能力、隐藏智谋和私留财力，不去为天下做这些事情。仁者为天下所谋划的，就是"富之""众之""治之"这三件事。

　　回顾从前三代圣明君王去世以后，天下失去了正确的主张。后世君子有的认为"厚葬久丧"可称为仁、称为义，是孝子应当做的事；有的认为"厚葬久丧"不可称为仁、不可称为义，不是孝子应当做的事。上述这两类人，在言论上相互非难，在行事上相互背离，但他们都说："我们继承和遵循了唐尧、虞舜、夏禹、商汤、周文王、周武王的道术。"由于他们言论上相互非难，行事上相互背离，以致后世的君子对这两类人的言论都感到疑惑不定。既然我们对这两类人的言论感到疑惑，那么就姑且尝试把他们的主张转为施政于国家和广大民众的理念，考察一下如果实行"厚葬久丧"，是否就能合乎"富之""众之""治之"这三种要求呢？我认为，如果人们遵从他们的言论，采用他们的主张，"厚葬久丧"确实可以使贫穷变为富足，使人口少变为人口多，使国家由危殆和混乱变为安定和治理，这就可以称作仁和义，就是孝子应当做的事。而那些为民众出谋划策的人就不可不对"厚葬久丧"加以劝勉，仁者也将在天下推广这件事，设置"厚葬久丧"的制度，永不放弃，并让民众给予广泛赞誉。同时，如果使人们效法他们的言论，采用他们的主张，而"厚葬久丧"确实不可以使贫穷变为富裕，使人口少变为人口多，使国家由危殆、混乱转变为安定和治理，这就不可以称作仁和义，就不是孝子应当做的事。为民众出谋划策的人就不可不对此加以阻止，仁者也必将为天下除去这件事，而且在废除之后还要使民众非难这件事，以便终身都不再做。

　　名义上为兴办天下利益，除去天下的祸害，却使国家百姓得不到治理这种事，从古到今还不曾有过。凭什么知道是这样的呢？现在天下的士人君子，对"厚葬久丧"究竟符合是与非、利与害的哪一方面，或许多数人还心存疑虑和迷惑。墨子说，既然是这样，那么我们姑且尝试考察一下，如果按照主张"厚葬久丧"者的理念来治国理政，其结果会是什么吧？

　　王公大人遵从"厚葬久丧"办丧事，必定是内棺外椁有多重，陪葬品必定丰厚，死者穿的衣服和使用的被褥必定很多，装饰棺椁的文彩锦绣必定繁复，起造的坟冢必定高大。把"厚葬久丧"主张用于为平民百姓办丧事，家中的财富差不多都要用尽了。把"厚葬久丧"主张用于为诸侯办丧事，必定掏空府库所有，然后用金玉珠玑装饰死者全身，以大小丝带缠束头部和腰部，随葬的车马排列在墓圹中。还必定准备很多的帐幔、铜鼎、皮鼓、几案、竹席、酒壶、铜鉴、执戈、佩剑、翎羽、牦尾、象牙、甲胄之类，一律放入墓穴埋掉，以致随葬品充满墓穴都快要装不下了。为死者送葬，就像大搬家一样。他们说，天子崩逝还要杀人殉葬，多的时候要杀几百人，少的时候也要杀几十人。诸侯大夫辞世，也要杀人殉葬，多的时候要杀几十人，少的时候也要杀几人。

居丧的方法是怎么样呢？他们说："要哭泣不止，达到喉咙堵塞泣不成声，身穿粗麻布丧服，头上和腰间系上麻缕和麻绳，脸上挂满涕泪，住在临时搭建的木棚里，头枕土坯睡在草垫上。还要争先恐后竭力忍受饥饿，只穿单薄衣服忍受寒冷，以致眼睛塌陷，面皮皱缩，脸色黑黄，耳不聪，目不明，手脚疲软无力，不能再做事。"他们还说："居于上位的士人操办丧事，要使自己身体虚弱到必定有人搀扶才能站起来，只有拄着手杖才能行走，用这种方法表示哀悼尽孝要延续三年时间。"如果遵从这样的言论，实行这样的道术，王公大人都这么做，就必定不能早上朝，晚退朝，听察刑狱，处理政务；如果大夫都这样做，就必定不能管理五官六府，剪除草木，开垦土地，充实粮仓；如果农夫都这样做，就必不能早出晚归，耕作种植；如果百工都这样做，就必定不能修理车船，制作器皿；如果妇女都这样做，就必定不能早起晚睡，纺线织布。仔细考虑一下，所谓"厚葬"，就是把征收赋税得来的财富多多地埋入地下；所谓"久丧"，就是长久地禁止各类人员从事生产和劳作。现在已有的财富拿来把它埋入坟墓，以后可能产生的财富又长期禁止人们去创造。用这种方法求得国家富裕，这就好比禁止人们耕种反而期求收获一样，因而"厚葬久丧"可使国家由贫穷变为富裕的说法，显然是不成立的。

希望用"厚葬久丧"这个方法使人口增加，或许还可以吧？这种说法也是不成立的。现在假设让主张"厚葬久丧"的人来处理政务，国君崩逝，服丧三年；父母去世，服丧三年；妻与长子亡故，又都服丧三年；然后是伯父、叔父、兄弟、庶子去世，服丧一年；外姓姻亲和同姓亲族死亡，服丧五个月；姑母、姐妹、外甥、舅父去世，都要服丧几个月。另外，为使服丧者的身体亏损瘦病，所作具体规定是：使眼睛塌陷，面皮皱缩，脸色黑黄，耳不聪，目不明，手脚疲软无力，不能再做事。他们还说："居于上位的士人操办丧事，一定要损毁身体，瘦弱到一定要有别人搀扶才能站起来，只有挂着手杖才能行走，用这种方法表示哀悼要持续三年。"倘若遵从这样的言论，实行这样的道术，真能实行忍受饥饿的节食方法，就必定出现身体极端瘦弱的情形。结果就是冬天不能忍受寒冷、夏天不能忍受暑热，以致患病死亡的人不可胜数。这样做可以看作是破坏了男女之间正常的交合之事，必定导致孕妇大为减少。用这种方法寻求人口增加，就好比让人伏剑而死而又希望他长寿一样荒谬。所谓"厚葬久丧"可以增加人口的说法，显然是不成立的。

希望用"厚葬久丧"的方法来治理刑法与政务，或许是可以的吧？这种说法也是不成立的。现在如果选用主张"厚葬久丧"的人来处理政务，那么国家必定贫穷，人口必定减少，刑法和政治必定混乱。如果遵循"厚葬久丧"者的言论，实行这种道术，使居于上位的官员这样去做，就不能听政治事；使居于下位的百姓这样去做，就不能从事劳作。居于上位的人不听政治事，刑法政令必定混乱；处于下位的不能从事劳作，用于穿衣吃饭的费用必定匮乏。假如衣食匮乏，为人弟弟的向兄长索求而得不到，对兄长不恭敬的弟弟必定怨恨他的兄长；为人儿子的向父母索取而得不到，不孝敬父母的儿子必定怨恨他的父母；为人臣子的向君王索取而不能得到，不忠心的臣子必定冒犯他的君上。那些古怪放纵、行为邪恶的庶民，出门无衣可穿，入门无饭可吃，内心不断积累起遭受侮辱的怒火，一起发作就会酿成残暴行为，以致多得无法禁止，出现了盗贼众多而政绩很少的局面。既然出现了盗贼多而政绩很少的局面，如果还坚持用"厚葬久丧"来希求国家得到治理，这就好比让人三次转过身去、又不要让他背对着自己一样不可能。那么"厚葬久丧"可以使国家刑法政治得到治理的说词，显然是不成立的。

希望用"厚葬久丧"这种方法来禁止大国攻打小国，或许是可以的吧？这种说法显然也是不成立的。从前圣明的君王去世以后，天下失去了道义，诸侯争相进行武力征伐。南方有楚王、越王称霸，北方有齐君、晋君称雄。他们都在操练军队，把攻伐吞并别国当作施政于天下的手段。凡是大国不去攻打小国的原因，在于小国粮草积存多，城池整修坚固，全国上下和谐一致，所以大国就没有攻打小国的兴趣。如果小国粮草没有积存，城池破败得不到整修，全国上下关系不和谐，大国就一定喜好攻打它。现在假如选用主张"厚葬久丧"的人来处理政务，国家必定贫穷，人口必定稀少，刑法政令必定混乱。如果国家贫穷，就没有多少粮草作为积存；如果人口稀少，所修筑的城郭沟渠就不会坚固；如果刑法政令混乱，那么外出作战就不会取胜，在国内防守也不会牢固。因此，用"厚葬久丧"这种方法来禁止大国攻伐小国，显然也是不成立的。

希望用"厚葬久丧"这种方法求取上帝鬼神的赐福，或许有可能吧？这种方法同样也是行不通的。现在假定选用主张"厚葬久丧"这种方法来处理政务，国家必定贫穷，人口必定稀少，刑法政令必定混乱。如果国家贫穷，就会使酒食祭品不洁净；如果人口稀少，就会使敬奉上帝鬼神的人口减少；如果刑法政令混乱，就会使祭祀不能按时举行，况且执政者现在又禁止人们敬奉上帝鬼神。这样来处理政务，天帝鬼神有可能从天上对下面疾速地发问："我有这样的臣民，与没有这样的臣民，哪一种情况会更好？"天帝会说："我拥有这样的臣民，与没有这样的臣民，是没有什么区别的。"那么，即使上帝降下灾难大祸，对这些臣民加以惩罚并抛弃他们，这难道不是他们所应当得到的吗？

古代圣明的君王为埋葬死者制定的法则是："棺材三寸厚，足以使尸体在里面腐烂；衣服和被子各三件，足以盖住人们不愿看到的尸体。等到抬棺下葬，墓穴的深度要求底部不能触及地下水源，上面覆盖的土层不能散发腐臭的气味，坟墓的宽度仅有三尺，如同耦耕三次形成的宽度一样，这样就可以了。"死者安葬完毕，生者一定不要长久地守丧，应当尽快地从事劳作，各自做好职分内的事情，以求达到互惠互利。这就是圣明的君王关于"埋葬"的法则。

现在坚持"厚葬久丧"的人说：厚葬久丧虽然不能变贫穷为富足，变人少为人多，变危殆为安定，变混乱为治理，但这却是圣明君王主张的道术。墨子反驳说：事实并不是这样。从前尧帝到北方去教化八个狄种部落，半道上死去了，就埋藏在蛩山的北侧。具体埋葬情况是：随葬的衣服、被子有三件，用劣质楮木制成棺材。不钉棺，用葛藤把棺材捆束牢固。埋葬之后全体哭泣。用土把墓穴填满，不堆坟丘。葬礼结束了，牛马就可以在上面奔跑。

舜帝到西方去教化七个戎种部族，在半路上去世，就埋葬在南己的街市上。具体埋葬情况是：衣服、被子各有三件，用劣质梧桐木做成三寸厚的棺材，用葛藤把棺材捆束坚固。葬礼结束后，不禁止人们在上面行走。大禹帝向东方教化九个夷种部族，半道上去世，埋葬在会稽山上。具体埋葬情况是：衣服、被子各三件，用劣质梧桐木制成三寸厚的棺材，用葛藤捆扎牢固。棺盖与棺体重合的地方留有间隙，把棺材导入墓穴也没有挖掘墓道。墓穴的深度不触及地下源泉，上面封土不会散发尸臭气味。埋葬以后，收集挖掘墓穴时的余土，堆积成坟丘。坟墓的宽度如同耦耕三次形成的三尺宽的田地，这样就可以了。从唐尧、虞舜、夏禹三位圣王的安葬情况来看，"厚葬久丧"确实不是圣明君王的道术。这三位圣明的君王，都是尊贵无比的天子，富有天下，他们难道是因为担心物资财富用度不够，才会实行如此节俭的"埋葬"法则吗？显然不是。

现在的王公大人去世后予以埋葬，却与古代圣明君王的做法完全不同。他们必定外有大棺，内有小棺，用绣满图案的革带将棺木缠束三道，圆玉和方玉齐备，执戈、佩剑、铜鼎、皮鼓、酒壶、铜鉴都有，文彩刺绣、素色熟绢、衣衾万件、车马女伎也都齐全，还一定要夯实和清除干净墓道，堆起的坟丘就像山陵一样高大。这种繁杂和花费巨大的葬礼，当然需要停止百姓的农事，靡费百姓的财物，必定造成不可胜计的损失。可见，他们所做的这些无用事情竟到了何等程度。

墨子说，以前我曾说过，或许遵从他们的言论，采用他们的谋略，考虑实行"厚葬久丧"，如果确实可以变贫穷为富裕，变人口少为人口多，变危殆、混乱为安定和治理，那么"厚葬久丧"就是仁和义，就是孝子应当去做的事情。为别人出谋划策的人，对"厚葬久丧"这种事情就不可不加以劝勉。或许遵从他们的言论，采用他们的谋略，倘若人们实行"厚葬久丧"之后，确实不可以使贫穷转为富足，使人口少转为人口多，使危殆和混乱转为安定和治理，那么这样做就不是仁和义，不是孝子应当做的事情。为别人出谋划策的人，对"厚葬久丧"这种事情，就不可不加以阻止。概括地说，用"厚葬久丧"这种方法，求取国家富足，得到的却是国家极为贫穷；希望用这种方法增加国家人口，得到的却是国家人口很少；希望使国家刑法政令得到治理，得到的却是国家刑法政令的混乱；希望用这种方法禁止大国攻打小国，事实证明也是不可行的；希望用这种方法求得上帝鬼神的赐福，得到的却是灾祸。对上考察唐尧、虞舜、夏禹、商汤、周文王、周武王的道术，"厚葬久丧"正好与它相反；向下考察夏桀、商纣、周幽王、周厉王所做的邪恶事情，"厚葬久丧"恰好与它符合。综合这些情况来看，可以断言，"厚葬久丧"绝对不是圣明君王的道术。

现在主张"厚葬久丧"的人说：如果"厚葬久丧"确实不是圣明君王的道术，那又如何解释中原各国的君子长久实行而不停止、始终坚持而不放弃呢？墨子说，这种情况就是人们所说的由于方便了这种习俗，因而认为这种习俗就是美好的。从前越国东边有一个輆沐国，他们的长子一出生就将他肢解吃掉，并称这种习俗为"宜弟"；他们的祖父去世了，就背负着祖母扔到外边，理由是活人不可以与"鬼妻"居住在一起。像这些做法，居上位的认为很正确，居下位的就作为习俗，一直实行不停止，始终坚持而不放弃。那么这难道真的就是仁义的道术吗？这就是人们所说的，由于方便了这种习俗，一直就认为这种习俗就是美好的了。楚国南边有一个食人国，他们的父母亡故了，就首先把亡故父母的尸肉剔除丢弃，然后才埋葬余下的尸骨，认为只有这样做才配称孝子。秦国的西部有一个仪渠国，父母死后，就堆聚柴薪把父母尸身放到火上焚烧，看着烟气向天上升去，认为这是父母"登遐"成仙而去，他们因而才可成为孝子。对这样的行为，居于上位的认为正确，居于下位的就当作风俗，一直实行而不停止，始终坚持而不愿放弃。那么这样做难道真的就是仁义的道术吗？这就是人们所说的由于方便了这种习俗，因而认为这种习俗就是美好的了。如果从上述三个国家的习俗来看，他们的丧葬习俗也未免太单薄了；如果从中原各国的习俗来看，中原各国的丧葬习俗又不免太铺张了。像那样去看丧葬就太铺张，像这样来看丧葬又太简单，那么丧葬之事就应当有一定的节制为妥。

穿衣吃饭是活人的需要，况且都要加以节制，而丧葬是死者的需要，为什么对此独独就没有节制呢？墨子制定的"埋葬"法则是：棺材厚三寸，足以使骸骨朽烂其中；衣服穿三套，足以使尸身腐烂其中；墓穴挖掘的深度，要使下面不会潮湿渗水，上面臭气不会泄漏；坟墓的高度可让生者知道祭奠时的确切位置。做到这些就可以了。哭着出丧，哭着返家，返家以后就从事生产衣服、食物等财物的劳作，接续起家庭祭祀的职责，以表达对父母的孝心。可见墨子关于"埋葬"的法则，不损害活人和死人两方面的利益，其道理是显而易见的。

墨子说，现在天下的士人君子，心中切实希望实行仁义的道术，追求成为高尚的人士，言行上对上符合圣明君王的道术，对下符合国家百姓的利益，那么面对治国理政的重要方略"节葬"这一道术，就不可不详加考察。

第七论　天　志

【导论】

《天志》篇分为上中下三篇，与《余论》中的《法仪》等篇一起，系统完整地表达了墨子的天志思想。墨子与墨家具有"天志"思想，这是墨家区别于儒家以及先秦各学派的显著特点之一。

第一，墨子的天志思想具有鲜明的宗教精神。宗教的核心是"唯一至上神"的存在以及与此紧密联系的"神灵观"和"他界来世说"。墨子的天志思想中具有"唯一至上神（天帝）"的踪影，也有清晰的神灵观，但墨子的天志思想，因为没有"他界来世说"以及缺乏宗教的行为与活动、宗教的组织和制度等，因而不能称为真正意义上的宗教教义。

第二，墨子提出"天志"思想，其目的就是为天下人树立言说和行为的最高法则和判定真理的唯一标准（法仪）。墨子为了实行他的"兼爱"理想，希望统一全天下人的思想，所以提出逐级向上统一思想的"尚同"主张，但最后向上同一于谁？墨子认为，人世间的父母、学者和君王"仁者寡"，"莫可以为治法"，只有天帝才是唯一最高的"法仪"，才有足够的权力对天下众生进行奖赏和惩罚，也只有"天帝之志（天志）"才足可以为天下行为的圭臬。

第三，"天志"就是"墨子之志"，墨子的"欲恶"就是天帝的欲恶。墨子指出："天之欲人之相爱相利，而不欲人之相恶相贼也"。上天还希望人们"有力相营，有道相教，有财相分也，又欲上之强听治，下之强从事也"。对于"爱人利人者，天必福之；恶人贼人者，天必祸之"。可见墨子把自己的主张和思想，都贴上了"天志"标签。"天志"就是墨子以"兼爱"为核心的十大治世主张。

第四，墨子树立"天志"，借"神道设教"来推行他的社会政治理想，因而是一种策略方法。墨子为了"上说下教"，需要借助"天帝"这个传统的权威。尽管在春秋末期，天帝的权威在一些学派那里发生了动摇，但天下绝大多数民众并没有动摇对天帝的尊崇、信仰和恐惧，商周以来的贵族统治者也都十分虔诚地敬奉上天，认为违天逆天，必受上天惩罚。因此，墨子把"兼爱"等思想包装成"天志"，正是"便其民俗"，迎合贵族统治者和广大民众的心理需求，代天立言，从而使贵族统治者和广大民众信奉和实行自己的主张。

第十六篇　天志上

【题解】

首先，墨子提出天与天志的问题：天下的"士君子"在家担心得罪家长；在国担心得罪国君无所逃避；而处于天下却对必须"共相儆戒"的上天却是茫然无知，那么问题就严重了。

其次，墨子提出上天乃是天下"义之源头"。墨子认为，天所秉持的"义"乃是真理的依据和标准。天下所有人，从庶民、士、将军大夫、三公、诸侯到天子，所实行的是不是"正道"（义），自有上一级加以匡正，即使天子也不得"恣己而为政"，自有上天"正天子"。墨子强调，天子顺天意与违天之意的后果相反："顺天之意者"可称"圣王"，"反天意者"可称"暴王"。

最后，墨子阐明天志就是度量天下士君子仁与不仁的规矩与标准，这就如同"轮人之有规，匠人之有矩"，轮匠用规矩可度量天下的方圆一样准确明白。

【原文】

子墨子言曰：今天下之士君子，知小而不知大。何以知之？以其处家者知之。若处家得罪于家长，犹有邻家所①避逃之。然且亲戚、兄弟、所知识②，共相儆戒③，皆曰："不可不戒矣，不可不慎矣，恶有处家而得罪于家长而可为也！"非独处家者为然，虽处国亦然。处国得罪于国君，犹有邻国所避逃之。然且亲戚、弟兄所知识，共相儆戒，皆曰："不可不戒矣，不可不慎矣，谁亦有④处国得罪于国君而可为也！"此有所避逃之者也，相儆戒犹若此其厚。况无所避逃之者，相儆戒岂不愈厚然后可哉？且语言⑤有之曰："焉而晏日，焉而得罪⑥，将恶避逃之？"曰：无所避逃之。夫天不可为林谷幽门⑦无人，明必见之。然而天下之士君子之于天也，忽⑧然不知以相儆戒，此我所以知天下士君子知小而不知大也。

然则天亦何欲何恶？天欲义而恶不义。然则率天下之百姓以从事于义，则我乃为天之所欲也。我为天之所欲，天亦为我所欲。然则我何欲何恶？我欲福禄而恶祸祟⑨。若我不为天之所欲，而为天之所不欲，然则我率天下之百姓以从事于祸祟中也。然则何以知天之欲义而恶不义？曰：天下有义则生，无义则死；有义则富，无义则贫；有义则治，无义则乱。然则天欲其生而恶其死，欲其富而恶其贫，欲其治而恶其乱。此我所以知天欲义而恶不义也。

曰：且夫义者，政⑩也。无从下之政上，必从上之政下。是故庶人竭力从事，未得次己而为政⑪，有士政之；士竭力从事，未得次己而为政，有将军、大夫政之；将军、大夫竭力从事，未得次己而为政，有三公、诸侯政之；三公、诸侯竭力听治，未得次己而为政，有天子政之；天子未得次己而为政，有天政之。天子为政于三公、诸侯、将军、士、庶人，天下之士君子固明知⑫，天之为政于天子，天下百姓未得之明知⑬也。

故昔三代圣王禹汤文武，欲以天之为政于天子明说天下之百姓，故莫不犓⑭牛羊，豢⑮犬彘，洁为粢盛酒醴，以祭祀上帝鬼神，而求祈福于天。我未尝闻天下⑯之所求祈福于天子者也，我所以知天之为政于天子者也。

故天子者，天下之穷⑰贵也，天下之穷富也。故于⑱富且贵者，当天意而不可不顺。顺天意者，兼相爱，交相利，必得赏。反天意者，别相恶，交相贼，必得罚。然则是谁顺天意而得赏者？谁反天意而得罚者？子墨子言曰：昔三代圣王禹汤文武，此顺天意而得赏⑲也；昔三代之暴王桀纣幽厉，此反天意而得罚者也。然则禹汤文武其得赏何以也？子墨子言曰：其事上尊天，中事鬼神，下爱人。故天意曰："此之⑳我所爱，兼而爱之；我所利，兼而利之。爱人者此为博焉，利人者此为厚焉。"故使贵为天子，富有天下，业㉑万世子孙，传称其善，方㉒施天下，至今称之，谓之圣王。然则桀纣幽厉得其罚何以也？子墨子言曰：其事上诟天，中诟鬼，下贼人。故天意曰："此之我所爱，别而恶之；我所利，交而贼之。恶人者此为之博也；贼㉓人者此为之厚也。"故使不得终其寿，不殁其世㉔，至今毁之，谓之暴王。

然则何以知天之爱天下之百姓？以其兼而明之㉕。何以知其兼而明之？以其兼而有之㉖。何以知其兼而有之？以其兼而食焉㉗。何以知其兼而食焉？曰：四海之内，粒食㉘之民，莫不犓牛羊，豢犬彘，洁为粢盛酒醴，以祭祀于上帝鬼神。天有邑人㉙，何用弗爱也？且吾言杀一不辜者，必有一不祥。杀不辜者谁也？则人也。予之不祥者谁也？则天也。若以天为不爱天下之百姓，则何故以人与人相杀，而天予之不祥？此我所以知天之爱天下之百姓也。

顺天意者，义政㉚也。反天意者，力政㉛也。然义政将奈何哉？子墨子言曰：处大国不攻小国，处大家不篡小家，强者不劫弱，贵者不傲贱，多㉜诈者不欺愚。此必上利于天，中利于鬼，下利于人。三利无所不利，故举天下美名加之，谓之圣王。力政者则与此异，言非此，行反此，犹倖㉝驰也。处大国攻小国，处大家篡小家，强者劫弱，贵者傲贱，多诈欺愚㉞。此上不利于天，中不利于鬼，下不利于人。三不利无所利，故举天下恶名加之，谓之暴王。

子墨子言曰：我有天志，譬若轮人之有规，匠人之有矩。轮、匠执其规、矩，以度天下之方圜㉟，曰："中者是也，不中者非也。"今天下之士君子之书不可胜载，言语不可尽计㊱，上说诸侯，下说列士㊲，其于仁义则大相远也。何以知之？曰：我得天下之明法以度之。

【注释】

① 所：处所。

② 所知识：所了解和认识的。知识，知道和认识。

③ 儆戒：警戒、告诫。儆，"戒也"。（《说文解字》，第 163 页。）

④ 谁亦有：为什么又有。谁，"何也。"（《说文解字》，第 57 页。）

⑤ 语言："言"为衍字。

⑥ 焉而晏日，焉而得罪：在这个清明之日而得罪。前"焉"，于是。晏日，明朗之日。晏，清明。后"焉"，发语词，无实义。

⑦ 幽门：当为"幽涧"。（毕沅：《墨子注》（日本重刻本），第614页。）意为"幽僻无人之处"。

⑧ 忽：疏忽。

⑨ 祟（suì）："神祸也。"（《说文解字》，第9页。）此指"神鬼为害"。

⑩ 政：同"正"，匡正、矫正。

⑪ 未得次己而为政：不能任由自己的意思来理政。次，读zì，通"恣"，恣意。（王裕安等：《墨子大词典》，第47页。）以下四句"未得次己而为政"都作同解。

⑫ 知：当为"知之"。

⑬ 之明知：当为"明知之"。

⑭ 犓（chú）：即"刍"，用草料喂养动物。

⑮ 豢（huàn）：用谷物喂养动物。

⑯ 天下："下"为衍字。

⑰ 穷：极。下句"穷富"之"穷"同解。

⑱ 于：当为"欲"的声讹字。

⑲ 赏：后脱"者"。

⑳ 之：作"于"解，对、对于。（王裕安等：《墨子大词典》，第433页。）

㉑ 业："剿"的假借字。剿（yè），"接续也"。（上海涵芬楼刻印：《元本玉篇·卷十七刀部》，第2A。）

㉒ 方：四方、到处。

㉓ 贱："贼"之误。

㉔ 不殁其世：不等到他去世。殁，死。世，代、辈。

㉕ 兼而明之：没有差等地全部成就天下所有人。明，成、成就。

㉖ 兼而有之：没有差等地抚有天下所有百姓。有，抚有。

㉗ 兼而食焉：没有差等地享用全天下人的贡品。食，享用。焉，于是。

㉘ 粒食：以谷物为食。粒，谷粒。

㉙ 邑人：臣民。邑，城邑，此指上天的城邑。

㉚ 义政：用道义来治理政务。义，道义。

㉛ 力政：用强力来治理政务。力，强力、暴力。

㉜ 多：为衍字。

㉝ 俖（xìng）："偝"的形讹字。（孙诒让：《墨子间诂》，第223页。）"偝"，同"背"，背弃、违反。

㉞ 多诈欺愚：当为"诈者欺愚"，"多"为衍字。

㉟ 圜（huán）：此指"圆"。

㊱ 计：同"记"，写、记载。

㊲ 列士：有名望的人士。

【译文】

墨子说，现在天下的士人君子，只知道小道理而不知道大道理。怎么知道是这样的呢？依据他们出身家族中的情况知道的。如果身处家族中得罪了家长，还有邻居作为逃避之所。然而父母兄弟以及相识的人，都会相互告诫，都会说："不可不警戒！不可不慎重！怎么可以处在家族之中而去做得罪家长这种事呢？"不仅身处家族中是这样，即便是身处国家中的情况也是这样的。身处一个国家中得罪了国君，还有邻国可以逃避。然而父母兄弟以及相识的人都会相互告诫，都会说："不可不警戒！不可不谨慎！怎么有身处一个国家中却去做得罪国君这种事呢？"这是说有另外的处所可以逃避的情况，相互告诫还都这样沉重，况且那些没有处所逃避的情况，难道相互告诫不是更加沉重才可以吗？有句古语说："在这光天化日之下有所得罪，又将往哪里去逃避呢？"回答是：无任何处所可以逃避。对于上天而言，不会因为处在山林深谷、幽僻无人的地方就看不见，上天必能洞察一切。可是天下的士人君子对于上天，竟然疏忽大意而不知互相告诫，这就是我知道天下的士人君子，只知道小道理而不知道大道理的原因所在。

既然这样，那么上天所希望和所厌恶的是什么呢？上天希望人们做义事而厌恶人们不做义事。那么率领天下的百姓来做义事，我们所做的就是上天所希望的。我们做好上天所希望的事，上天也会做好我们所希望的事。我们所希望的和厌恶的是什么？我们希望所得到的是福禄，而厌恶的是祸害。

如果我们不去做上天希望做的，而去做上天不希望做的，那么我们就是率领天下百姓去从事会招致祸害的事。既然这样，那么怎么知道上天希望人们做义事呢？回答是：天下有道义就能生存，没有道义就会死亡；有道义就会富裕，没有道义就会贫穷；有道义就会得到治理，没有道义就会混乱。因为上天希望人们生存而厌恶人们死亡，希望人们富裕而厌恶人们贫穷，希望天下得到治理而厌恶天下混乱，所以这就是我知道上天希望人们做义事而厌恶人们不做义事的原因。

墨子说，所谓"义"这个东西，就是用来匡正天下人的一个标准。不能由居下位的来匡正居上位的，必定是由居上位的来匡正居下位的。因此，平民尽力劳作，不能任由自己的意思来做事，有士人来加以匡正；士人尽力劳作，不能任由自己的意思来理政，有将军、大夫来加以匡正；将军、大夫尽力劳作，不能任由自己的意思来理政，有三公、诸侯来加以匡正；三公、诸侯尽力劳作，不得任由自己的意思来理政，有天子来加以匡正；天子也不能任由自己的意思来施政，而有上天来加以匡正。天子对三公、诸侯、卿、大夫、庶民实施统治，这是天下的士人君子原先就清楚知道的；至于上天对天子实施统治，天下的百姓就未必清楚地了解。

从前三代圣明君王夏禹、商汤、周文王、周武王，想把上天统治天子的事情明白地告知天下的老百姓，因此，没有人不去饲养牛羊猪狗，准备洁净的酒食祭品，用来祭祀天帝鬼神，向上天祈求赐予福禄。可是我不曾听说过上天向天子祈求赐予福禄这回事，这就是我知道上天能够统治天子的理由所在。

天子是天下极为尊贵、极为富有的人。因此，那些也希望自己富有和尊贵的人，对天意不可不顺从。顺从天意的人，做到相互关爱、相互得利，必定得到上天的奖赏；违背天意的人，却让人们相互憎恶，相互残害，必定受到上天的惩罚。既然这样，那么是什么人顺从天意而得到了上天的奖赏，又是什么人违背天意而受到了惩罚呢？墨子回答说：从前三代圣明的君王夏禹、商汤、周文王、周武王，他们是顺从天意而得到上天奖赏的人；从前三代残暴君王夏桀、殷纣、周幽王、周厉王，就是违背天意而受到上天惩罚的人。可是，夏禹、商汤、周文王、周武王具体是因为什么才得到了上天的奖赏呢？墨子说：他们做事，对上敬奉天帝，对中祭祀鬼神，对下关爱民众，于是上天发话说："对我倡导的'兼相爱'，他们不分差等地对民众施以关爱；对我倡导的'交相利'，他们也能不分差等地对民众施以惠利。他们这样做可说是关爱民众广博，惠利民众厚重。"因此，上天让他们贵为天子，富有天下，传续帝业于万世子孙，人人传颂他们的美德，广泛散布于天下，至今颂声不绝，还尊称他们为圣明的君王。而夏桀、殷纣、周幽王、周厉王又因为什么受到上天的惩罚呢？墨子说：他们对上辱骂天帝，对中辱骂鬼神，对下残害民众，于是上天发话说："对我倡导的'兼相爱'，他们对民众区分等次予以憎恶；对我倡导的'交相利'，他们唆使民众相互残害。他们对民众的憎恶，可说是十分广泛的；他们对民众的残害，可说是很深重的。"因此，上天使他们不得善终，他们的国祚不等到他们死亡就被废除，直到今天仍遭到世人的唾骂，还被贬斥为残暴的君王。

那么依据什么知道上天是关爱天下百姓的呢？因为上天没有差等地成就全天下的百姓。依据什么知道上天是没有差等地成就全天下的百姓呢？因为上天没有差等地抚有全天下的百姓。依据什么知道上天没有差等地抚有全天下的百姓呢？因为上天没有差等地接受全天下百姓的供养。又依据什么知道上天是没有差等地接受全天下百姓的供养呢？回答是：四海之内，凡是食用五谷的百姓，没有谁不去饲养牛羊猪狗，备办洁净的酒食祭品，用来祭祀上帝鬼神。上天抚有自己的臣民，为什么不加以关爱呢？况且我曾说过，杀一个无罪的人，必有一件不吉祥的事发生。杀害无罪之人的人是谁呢？当然是人。给予他们不吉祥的又是谁呢？当然是上天。如果认为上天不关爱天下的百姓，那么为什么人与人相互残杀，而上天会给人带来不吉祥呢？这就是我知道上天关爱天下百姓的原因所在。

顺从上天意愿的人，他就是用道义来处理政务；违背上天意愿的人，他就是用暴力来处理政务。那么用道义来处理政务将是怎样的呢？墨子说：处于大国的地位不去攻打小国，处于大家族的地位不去篡夺小家族，强大的人不去劫持弱小的人，富贵的人不去傲逼贫贱的人，有智谋的人不去欺负蠢笨的人。如果这样去做，必定会上有利于天帝，中有利于鬼神，下有利于百姓。对三方都有利，就会无所不利。所以把天下的美名都加给他们，称颂他们为圣明的君王。而用暴力来处理政务的暴王们就与以上所说的不同，他们说的不是"义政"，做的不是"义政"，言行与"义政"完全背道而驰。他们处于大国的地位去攻打小国，处于大家族的地位去篡夺小家族，强大的人去劫持弱小的人，富贵的人去傲逼贫贱的人，有智谋的人去欺负蠢笨的人。他们这样做必定上不利于天，中不利于鬼神，下不利于百姓。对三方面都不利，必将一无所利。所以把全天下的恶名都加给他们，蔑称他们是残暴的君王。

墨子说：我持有上天的意旨作为天下行事的法则，就好比制造车轮的轮匠持有画圆形的规，好比木匠持有画方形的矩，用来度量天下的方和圆。可以这样说："符合规矩的就是正确的，不符合的就是错误的"。现在天下士人君子的书籍，多得车子装不下，他们的言论也多得记载不完。他们对上游说诸侯，对下游说有名望的士人，然而他们距离仁义还是相差很远。根据什么知道是这样的呢？回答是：这是我用已得到的天下圣明的法则——"天志"度量他们的言行所得出的结论。

第十七篇　天志中

【题解】

墨子认为"义"即善政，但善政不出于"愚且贱者"，而是源于"贵且智"的上天，上天是善政的源泉。即使贵为天子也必须敬奉上天，察知天意，恪遵天意。天意即天志，天志即"兼天下而爱之，交遂万物以利之"的墨子思想。

墨子指出，当今天下的君子只明白小道理不明白大道理，因为不知道"顺天意"和"反天之意"必然得到两种截然相反的后果：顺天之意，爱人利人，就得到上天的奖赏；反天之意，憎人贼人，就得到上天的惩罚。因而天志是衡量王公大人、士君子以及天下万民立身处世、言谈举止的基本标准和尺度。

【原文】

子墨子言曰：今天下之君子之欲为仁义者，则不可不察义之所从出。既曰不可以不察义之所欲①出，然则义何从出？子墨子曰：义不从愚且贱者出，必自贵且知者出。何以知义之不从愚且贱者出，而必自贵且知者出也？曰：义者，善政也。何以知义之为善政也？曰：天下有义则治，无义则乱，是以知义之为善政也。夫愚且贱者，不得为政乎贵且知者，然后②得为政乎愚且贱者，此吾所以知义之不从愚且贱者出，而必自贵且知者出也。然则孰为贵？孰为知？曰：天为贵、天为知而已矣。然则义果自天出矣。

今天下之人曰：当若天子之贵诸侯③，诸侯之贵大夫，傆④明知之。然吾未知天之贵且知于天子也。子墨子曰：吾所以知天之贵且知于天子者，有矣⑤。曰：天子为善，天能赏之；天子为暴，天能罚之；天子有疾病祸祟，必斋戒沐浴，洁为酒醴粢盛，以祭祀天鬼，则天能除去之。然吾未知天之祈福于天子也，此吾所以知天之贵且知于天子者。不止此而已矣，又以先王之书驯天明不解之道⑥也知之。曰："明哲维天⑦，临⑧君下土。"则此语天之贵且知于天子。不知亦有贵知夫天者乎？曰：天为贵，天为知而已矣。然则义果自天出矣。是故子墨子曰：今天下之君子，中实将欲遵道利民，本察仁义之本⑨，天之意不可不慎也。

既以天之意以为不可不慎已⑩，然则天之将何欲何憎？子墨子曰：天之意不欲大国之攻小国也，大家之乱小家也，强之暴寡⑪，诈之谋愚，贵之傲贱，此天之所不欲也。不止此而已，欲人之有力相营⑫，有道相教，有财相分也。又欲上之强听治也，下之强从事也。上强听治，则国家治矣；下强从事，则财用足矣。若国家治、财用足，则内有以洁为酒醴粢盛，以祭祀天鬼；外有以⑬为环璧珠玉，以聘挠⑭四邻，诸侯之冤⑮不兴矣，边境兵甲不作矣。内有以食饥息劳，持养其万民，则君臣上下惠忠，父子弟兄慈孝。故惟毋明乎顺天之意，奉而光⑯施之天下，则刑政治，万民和，国家富，财用足，百姓皆得暖衣饱食，便宁无忧。是故子墨子曰：今天下之君子，中实将欲遵道利民，本察仁义之本，天之意不可不慎也。

且夫天子⑰之有天下也，辟之无以异乎国君诸侯之有四境之内也。今国君诸侯之有四境之内也，夫岂欲其臣国⑱万民之相为不利哉？今若处大国则攻小国，处大家则乱小家，欲以此求赏誉，终不可得，诛罚必至矣。夫天之有天下也，将无已⑲异此。今若处大国则攻小国，处大都则伐小都，欲以此求福禄于天，福禄终不得，而祸祟必至矣。然有所不为天之所欲，而为天之所不欲，则夫天亦且不为人之所欲，而为人之所不欲矣。人之所不欲者何也？曰：病疾祸祟也。若己不为天之所欲，而为天之所不欲，是率天下之万民以从事乎祸祟之中也。故古者圣王明知天鬼之所福⑳，而辟天鬼之所憎，以求兴天下之利，而除天下之害。是以天之为寒热也节，四时调，阴阳雨露也时，五谷孰，六畜遂，疾菑戾疫凶饥则不至。是故子墨子曰：今天下之君子，中实将欲遵道利民，本察仁义之本，天意不可不慎也。

且夫天下盖有不仁不祥者，曰：当若子之不事父，弟之不事兄，臣之不事君也。故天下之君子与㉑谓之不祥者。今夫天兼天下而爱之，撽遂㉒万物以利之，若豪㉓之末，非天之所为也，而民得而利之，则可谓否㉔矣。然独无报夫天，而不知其为不仁不祥也。此吾所谓君子明细而不明大也。

且吾所以知天之爱民之厚者有矣。曰：以磨㉕为日月星辰，以昭道之；制为四时春秋冬夏，以纪纲之；雷㉖降雪霜雨露，以长遂五谷麻丝，使民得而财利之；列㉗为山川谿㉘谷，播赋㉙百事，以临司㉚民之善否；为王公侯伯，使之赏贤而罚暴；贼㉛金木鸟兽，从事乎五谷麻丝，以为民衣食之财。自古及今，未尝不有此也。今有人于此，驩若㉜爱其子，竭力单务㉝以利之。其子长，而无报子求父㉞，故天下之君子与谓之不仁不祥。今夫天兼天下而爱之，撽遂万物以利之，若豪之末，非天之所为，而民得而利之，则可谓否矣。然独无报夫天，而不知其为不仁不祥也。此吾所谓君子明细而不明大也。

且吾所以知天爱民之厚者，不止此而足矣。曰：杀不辜者，天予不祥。不辜㉟谁也？曰：人也。予之不祥者谁也？曰：天也。若天不爱民之厚，夫胡说人杀不辜而天予之不祥哉？此吾所以知天之爱民之厚也。

且吾所以知天之爱民之厚者，不止此而已矣。曰：爱人利人，顺天之意，得天之赏者有矣；憎入贼人，反天之意，得天之罚者亦有矣。夫爱人利人，顺天之意，得天之赏者，谁也？曰：若昔三代圣王，尧舜禹汤文武者是也。尧舜禹汤文武焉所从事？曰：从事兼，不从事别。兼者，处大国不攻小国，处大家不乱小家，强不劫弱，众不暴寡，诈不谋愚，贵不傲贱。观其事，上利乎天，中利乎鬼，下利乎人。三利无所不利，是谓天德㊱。聚敛天下之美名而加之焉，曰：此仁也，义也，爱人利人，顺天之意，得天之赏者也。不止此而已，书于竹帛，镂之金石，琢之盘盂，传遗后世子孙。曰：将何以为？将以识夫爱人利人，顺天之意，得天之赏者也。《皇矣》㊲道之曰："帝谓文王，予怀明德，不大声以色㊳，不长夏以革㊴，不识不知，顺帝之则㊵。"帝善其顺法则也，故举殷以赏之，使贵为天子，富有天下，名誉至今不息。故夫爱人利人，顺天之意，得天之赏者，既可得留而已㊶。夫憎人贼人，反天之意，得天之罚者，谁也？曰：若昔者三代暴王桀纣幽厉者是也。桀纣幽厉焉所从事？曰：从事别，不从事兼。别者，处大国则攻小国，处大家则乱小家，强劫弱，众暴寡，诈谋愚，贵傲贱。观其事，上不利乎天，中不利乎鬼，下不利乎人。三不利无所利，是谓天贼。聚敛天下之丑名而加之焉，曰：此非仁也，非义也，憎人贼人，反天之意，得天之罚者也。不止此而已，又书其事于竹帛，镂之金石，琢之盘盂，传遗后世子孙。曰：将何以为？将以识夫憎人贼人，反天之意，得天之罚者也。《大誓》㊷之道之，曰："纣越厥夷居㊸，不肯事上帝，弃厥先神祇不祀㊹，乃曰吾有命，无廖僇务㊺。天下㊻。天亦纵弃㊼纣而不葆。"察天以纵弃纣而不葆者，反天之意也。故夫憎人贼人，反天之意，得天之罚者，既可得而知也。

是故子墨子之有天之㊽，辟人㊾无以异乎轮人之有规，匠人之有矩也。今夫轮人操其规，将以量度天下之圜与不圜也，曰："中吾规者谓之圜，不中吾规者谓之不圜。"是以圜与不圜皆可得而知也。此其故何？则圜法明也。匠人亦操其矩，将以量度天下之方与不方也，曰："中吾矩者谓之方，不中吾矩者谓之不方。"是以方与不方皆可得而知之。此其故何？则方法明也。故子墨子之有天之意㊿也，上将以度天下之王公大人为刑政也，下将以量天下之万民为文学[51]、出言谈也。观其行，顺天之意谓之善意行[52]；反天之意谓之不善意行；观其言谈，顺天之意谓之善言谈，反天之意谓之不善言谈；观其刑政，顺天之意谓之善刑政，反天之意谓之不善刑政。故置此以为法，立此以为仪，将以量度天下之王公大人卿大夫之仁与不仁，譬之犹分黑白也。

是故子墨子曰：今天下之王公大人士君子，中实将欲遵道利民，本察仁义之本，天之意不可不顺也。顺天之意者，义之法也。

【注释】

① 欲：当为"从"。

② 然后：上脱"贵且智者"四字。（毕沅：《墨子注》（日本重刻本），第620页。）

③ 贵诸侯：即"贵于诸侯"，比诸侯尊贵。

④ 傐（hào）："碻"的形讹字。（毕沅：《墨子注》（日本重刻本），第620页。）碻（quē），同"确"。

⑤ 有矣：据上文，当解作"确实存在"。

⑥ 驯：同"训"，训释。天明不解之道：上天高明而不易解说的道理。明，高明。

⑦ 明哲维天：聪明睿智唯有上天。哲，睿智。维，同"唯"，仅、只有。

⑧ 临：监临、监视。

⑨ 本察仁义之本：从本源上考察仁义所从出。前"本"，根本、本源。后"本"，依据、出处。

⑩ 慎：读"顺"，通"顺"，顺从。已：同"矣"。

⑪ 强之暴寡：据《墨子》一贯用法，当为"强之劫弱，众之暴寡"。

⑫ 营：谋求、筹划。"经护为营"。（孙诒让：《墨子间诂》，第199页。）

⑬ 有以：此为固定用式，意为"有……用来"。

⑭ 挠：道藏本《墨子》作"桡"，四库本《墨子》作"交"。毕沅认为，二字同音而讹，当为"交"。（毕沅：《墨子注》（日本重刻本），第621页。）

⑮ 冤：通"怨"。（苏时学：《墨子刊误》，第321页。）

⑯ 光：通"广"，广博、广泛。

⑰ 天子："子"为衍字。

⑱ 臣国：当为"国臣"，国家的臣子。（俞樾：《墨子平议》，第435页。）

⑲ 无已：即"无以"。

⑳ 福：福佑、祐助。

㉑ 与：读 jǔ，作"举"解。（毕沅：《墨子注》（日本重刻本），第624页。）举，全、都。

㉒ 撨遂：养育。撨（qiáo），持。持，养。遂，长、育。

㉓ 豪：即"毫"，兽类细毛。

㉔ 否："后"之误。后，"厚"的声讹字。下段"可谓否矣"之"否"作同解。厚，厚重、深厚。

㉕ 磿："厤"的形讹字。厤（lì），通"历"，区分、划分。

㉖ 雷："霣"的形讹字。霣（yǔn），古同"陨"，降落、降下。

㉗ 列：分解、分别。

㉘ 豀：同"溪"。

㉙ 播赋：布陈、敷陈。播，布。赋，敷、陈。

㉚ 临司：监临伺察。司，同"伺"，伺察。

㉛ 贼："赋"之误。赋，授予、给予。

㉜ 驩若：欢然。驩，即"欢"。

㉝ 单：同"殚"，尽。

㉞ 无报子求父：当为"无报乎其父"。（苏时学：《墨子刊误》，第321页。）"子"为"乎"的形讹字。"求"为"其"的形讹字。

㉟ 不辜者：前脱"杀"字。（孙诒让：《墨子间诂》，第204页。）

㊱ 天德：天大的功德。（王裕安等：《墨子大词典》，第323页。）

㊲ 《皇矣》：《诗·大雅》篇名。此引文与今本《诗》原文同。

㊳ 不大声以色：不高声讲话，不摆出严厉的脸色。大，扩大、提高。色，脸色。

㊴ 不长夏以革：不特别尊长华夏而变革治国法度。长，尊……为长。夏，华夏。革，变革法度。

㊵ 不识不知，顺帝之则：（文王）似乎不识不知古今治世的道理，只是顺从天帝的法则。帝，天帝。则，法则。

㊶ 可得留而已：当为"可得而知已"。留，衍字。

㊷ 《大誓》：当为《太誓》。《太誓》，《尚书》篇名。

㊸ 纣越厥夷居：殷纣倨傲。越厥，发语助词，无实义。夷居，倨傲。夷，倨。居，即“倨”。

㊹ 弃厥先神祇不祀：抛弃他的先祖和天地神明不去祭祀。厥先，即“其先”，他的先祖。神祇（qí），天神与地神。

㊺ 无廖傳务：当为《墨子·非命中》“毋僇其务”。意为“不尽力于敬奉天帝鬼神之事”。廖，“僇”的形误字。僇，即“戮”，尽力、全力。傳（fěi），“训为彼”。（高亨：《墨子新笺》，1961 年排印本，第 28 页。以下简称为“高亨：《墨子新笺》”。）彼务，指敬奉天地鬼神。

㊻ 天下：当为衍文。（毕沅：《墨子注》（日本重刻本），第 628 页。）

㊼ 纵弃：放弃。纵，放、置。

㊽ 天之：“天志”之误。

㊾ 人：“之”之误。

㊿ 天之意：“天之”当为“天志”之误。“意”为衍字。

(51) 为文学：写文章。为，写作。

(52) 意行：德行。意，“悳”的形讹字。悳（dé），即“德”。下句“不善意行”的“意行”也作同解。

【译文】

墨子说：天下的君子想做推行仁义的人，就不能不考察“义”是从哪里产生的。既然说不可以不考察“义”是从哪里产生的，那么“义”究竟是从哪里产生的呢？墨子说：“义”不会从愚笨而且低贱的人那里产生，必定会从高贵而且睿智的人那里产生。怎么知道“义”不是从愚笨而且低贱的人那里产生，而必定是从高贵而且睿智的人那里产生呢？回答是：“义”就是善政。怎么知道“义”就是善政？回答是：天下有“义”就会得到治理，没有“义”就会陷入混乱，因此知道“义”就是善政。那些愚笨而且低贱的人，不能施政于高贵而且睿智的人，而那些高贵而且睿智的人，却能够施政于愚笨而且低贱的人。这就是我所知道的“义”不从愚笨而且低贱的人那里产生而必定从高贵睿智的人那里产生的原因。既然是这样，那么谁是高贵的？谁又是睿智的呢？回答是：上天是高贵的，上天是睿智的。可见“义”果真是从上天那里产生的。

现在天下的人说：对于天子比诸侯高贵、诸侯比大夫高贵这个道理，我们确实清楚地知道，但是我们不知道上天比天子还要高贵而且睿智。墨子说：我知道上天比天子高贵，确实是有理由的。这个理由就是：天子实行善政，上天就能奖赏他；天子实行暴政，上天就会惩罚他；天子有了疾病灾祸，一定斋戒沐浴，置办洁净的酒食祭品，用来祭祀天帝和鬼神，那么上天就能为他除去疾病灾祸。可是我从来没有听说上天向天子祈求福佑这回事，这就是我知道上天比天子高贵而且睿智的理由。不仅仅是这些理由，还可以从先王书中那些训释高明而不可解释的道理中了解到这些理由。先王典籍说："上天聪明睿智，它监视天下的天子与百姓。"这就是说，上天比天子高贵而且睿智。我不知道还有什么比上天更高贵、更睿智的吗？回答说：只有上天最高贵、最睿智。既然这样，"义"果然是从上天那里产生的。因此，墨子说：现在的君子，心中确实希望遵循圣王之道，惠利天下百姓，那么就要从本源上来考察仁义产生的原因，那么上天的意志就不可不顺从。

既然认为上天的意志不可不顺从，那么上天希望人们做什么呢？墨子说：上天的意志就是不希望大国攻打小国、大家族扰乱小家族；不希望强大的劫持弱小的，人多的欺负人少的、狡诈的算计愚笨的、高贵的傲逼低贱的。这些都不是上天希望看到的。不仅仅是这些，上天还希望有能力的要多为别人谋划、有道术的要教导别人、有财物的要分给别人；又希望处上位的尽力处理政务、处下位的尽力做事。处上位的尽力处理政务，那么国家就会得到治理；处下位的尽力做事，那么财富就会富足。如果国家得到治理和财用充足，对国内就有能力置办洁净的酒食祭品，用来祭祀天帝鬼神；对国外就有环璧珠玉，用来聘问结交四邻诸侯，使诸侯的怨恨不再积聚增多，边境战争就不再发生。这样在国内就可以使饥饿的人吃饱饭，使疲劳的人得到休息，抚养万千百姓。于是君王慈惠臣下，臣下忠诚君王；父亲慈爱儿子，儿子孝顺父亲；兄长关怀弟弟，弟弟尊敬兄长。可见只要明白顺从天意的道理，奉行天意并把它在天下广泛地实行，那么刑法政令就会得到治理，万民就会和谐，国家就会富强，财用就会充足，百姓就会衣暖食饱，安宁无忧。因此，墨子说：现在天下的君子，心中确实希望遵循圣王之道，惠利天下万民，那么就要从本源上考察仁义产生的原因，当然对上天的意志就不可不顺从。

上天拥有天下，就好比诸侯国君拥有四境之内的国家没有区别。现在诸侯国君拥有国家，怎么希望本国的臣子和万民去做相互不利的事呢？现在如果处于大国的地位去攻打小国，处于大家族的地位去扰乱小家族，还想依凭这些恶事去求取上天的奖赏和赞誉，最终不仅不可能得到奖赏和赞誉，反而会得到诛杀和惩罚。上天拥有天下，与以上所说的这些道理没有不同。现在如果处于大国的地位就去攻打小国，处于大都邑的地位就去攻打小都邑，还希望依据这些恶事向上天祈求赐福，不仅福禄最终得不到，而且灾祸必定到来。如果不去做上天希望做的事，而是去做上天不希望做的事，那么上天也将会不去做人们希望做的事，而去做人们不希望做的事。人们不希望做的事是什么呢？回答是：疾病灾祸。如果天子自己不去做上天希望做的事，而去做上天不希望做的事，其实这就是率领天下万民去做带来灾祸的事情。古代圣明的君王，都清楚地了解如何求取天地鬼神的福佑，从而避免去做天地鬼神憎恶的事情，以求兴办天下的利益，除去天下人的祸害。因为圣王顺从上天的意志，所以上天让寒热有所节制，春夏秋冬四季协调，阴阳调和，雨露适时，五谷丰登，六畜兴旺，以致疾病、灾害、恶气、瘟疫、凶年饥岁都不发生。因此，墨子说，现在天下的君子，心中确实希望遵循圣王的道术，惠利天下的万民，就要从本源上考察仁义产生的原因，那么对天意就不可不顺从。

天下大概有不仁义不吉祥的人，例如，类似儿子不孝顺父亲、人弟不敬奉兄长、人臣不侍奉君王等，天下的君子都会称他们是不吉祥的人。现在上天对天下的人无所遗漏地予以关爱，养育万物惠利天下人。即便如同兽毛这么微小的世间的一切物品，无一不是上天创造。天下万民从上天那里得到的利益，可以说是很厚重了，然而天下万民独独没有什么回报上天，而且还不明白这样做是不仁义不吉祥的事。这就是我说的天下的君子只明白小道理而不明白大道理的原因所在。

我之所以知道上天深切地关爱民众，是有根据的。例如，上天划分日月星辰，用光明来引导民众；创造了春夏秋冬四季，用时间顺序来统领他们；降下霜雪雨露，用来生长培育五谷麻丝。这都使民众得到财物方面的利益。上天还分列山川溪谷，布设百官执事，用来监视伺察他们行为的善与不善；设立王公侯伯，使他奖赏贤人而惩罚恶人；授予他们金属、树木、鸟兽，使他们生产五谷麻丝，作为民众的衣食等财富。从古到今，上天都是这样做的。现在假设有一个人在这里，对他儿子满心喜爱，全力做事为儿子谋利，等到他儿子长大成人，却不知道报答他父亲的养育之恩，于是天下的君子都称这样的儿子为不仁义、不吉祥的人。现在上天对天下万民无所偏私地给予关爱，养育万物来惠利他们，包括兽毛这样微小的世间所有物品，无一不是上天所创造。天下万民从上天那里得到的利益，可以说是很厚重了。然而人们竟然没有回报上天，而且还不明白这样做就是不仁义、不吉祥的事，这就是我所以说天下君子只明白小道理而不明白大道理的原因所在。

我所以知道上天深深关爱民众的事例，远不止这些。例如说，凡杀害无罪的人，上天必定给予他不祥。杀害无罪的是谁？回答是人。给予人不祥的是谁？回答是天。如果不是上天深深地关爱万民，又怎么解释对于杀害无罪的人，上天必定降给他不祥呢？这就是我所以知道上天深深关爱民众的原因所在。

而且我知道上天深深关爱民众的事例，远不止这些。例如说，关爱惠利人、顺从上天意志从而得到上天奖赏的人是有的；憎恨残害人、违反上天意志从而得到上天惩罚的人也是有的。那么，关爱惠利人、顺从上天意志从而得到上天奖赏的人，他们是谁呢？回答是：就像古代三代圣明君王唐尧、虞舜、夏禹、商汤、周文王、周武王就是这样的。唐尧、虞舜、夏禹、商汤、周文王、周武王他们都做了些什么？回答说：他们从事无差别、无遗漏地关爱别人、惠利别人的事业，而绝不从事憎恨别人、相互害人的事情。所谓"兼"，就是处于大国地位而不去攻打小国，处于大家族地位而不去扰乱小家族，强大的人不去劫持弱小的人，人多的不欺负人少的，狡诈的不算计愚笨的，高贵的不傲逼低贱的。观察他们所做的这些事情，上有利于天帝，中有利于鬼神，下有利于民众。对三方面都有利当然就无所不利，这可称之为"天德"。于是聚集起天下的美名都加到他们身上，告知众人这就是"仁"，就是"义"，这就是关爱惠利人、顺从上天意志从而得到上天奖赏的人。不止这些，还要把他们的美名善事书写在竹简布帛上，刻写在金石器物上，雕刻在盘盂等水器食器上，并传流给后世子孙。有人发问说：这样是用来做什么呢？回答说：这是用来让子孙们了解他们的先祖是关爱惠利人、顺从上天的意志从而得到上天奖赏的人。《诗文·大雅·皇矣》说："天帝告谕周文王，我眷顾像你这样有光明德行的君王，因为你不会大声训斥，不会摆出严厉的面孔，不会专尊华夏而任意变更治国的法度。文王看起来似乎并无知识也不明白什么，但却能严格遵守上天制定的法则。"天帝赞赏文王顺从天帝规则行事的风范，所以把殷商的天下赏赐给他，使他做高贵的天子，富有天下，英名盛誉直到今天仍在传扬。可见那些关爱惠利人、顺从上帝意志从而得到上天奖赏的人，我们在这里已经得到充分了解。而憎恨残害人、违背上天意志从而受到上天惩罚的人，他们又是谁呢？回答是：就像古代的三代暴王夏桀、商纣、周幽王、周厉王等人便是。夏桀、商纣、周幽王、周厉王他们又做了什么呢？回答是：他们所做的是区分差等地"别爱"和"偏爱"，而不是人己无别、没有差等的"兼爱"。所谓"别"，就是处于大国地位而去攻打小国，处于大家族的地位去扰乱小家族；就是强大的劫持弱小的，人多的欺负人少的，狡诈的算计愚笨的，高贵的傲逼低贱的。观察他们的行事，上不利于天帝，中不利于鬼神，下不利于百姓。三方面都不利就一无所利，他们就被称作"天贼"。于是聚集起天下的恶名都加到他们身上，告知人们这些就是不仁、不义的人，就是憎恨残害人、违背上天意志从而受到上天惩罚的人。不仅仅是这些，还要把他们的恶名丑行书写在竹简布帛上，刻写在金石器物上，雕刻在盘盂等水器食器上，传流给后世子孙。有人会问，这样做的目的是什么呢？回答是：这样做就是让后世子孙知道那些憎恨残害人、违背上天意志从而受到上天惩罚的人。《尚书·泰誓》说："商纣傲慢无礼，不肯侍奉天帝，抛弃他们的先祖和天地神明不予祭祀，竟然说我有天命在身，不尽力于敬奉天帝鬼神的事务。所以上天就放弃了商纣而不再保佑他。"考察上天之所以放弃商纣而不再保佑他的缘由，就是因为商纣违反了上天的意志。那些憎恨残害人、违反上天意志从而受到上天惩罚的人，在这里也得到了充分了解。

墨子持有"天志"，打个比方来说，与轮工持有圆规、木工持有矩尺没有什么不同。现在轮工手持圆规，将用来度量天下物品的圆与不圆。他这样说："凡与我的圆规相符合的都称作圆形，凡与我的圆规不相符合的称作非圆形。"那么天下物品的圆形和非圆形，都可由此得到确认。这是什么缘故呢？当然是因为画圆的标准明确无误。木工手持矩尺，将用来度量天下物品的方与不方。他这样说："凡与我的矩尺相符合的都称作方形，凡与我矩尺不相符合的称作非方形。"那么天下物品的方形和非方形，都可由此得到确认。这是什么缘故呢？当然是因为画方的标准明确无误。墨子持有"天志"，对上将用来考量王公大人实施刑法、发布政令的情况，对下用来考量万民撰写文章、发表言论的情况。墨子观察他们的德行，凡是顺从上天意志的称作善的德行，违反上天意志的称作非善的德行；观察他们的言论，顺从上天意志的称作善的言谈，违反上天意志的称作不善的言谈；观察他们的刑法政令，凡是顺从上天意志的称作善的刑法政令，违反上天意志的就称作不善的刑法政令。可见把"天志"设置为法则，树立为标准，用来考量天下的王公大人、卿大夫的仁或不仁，这就好比区分黑色和白色一样简便易行。

墨子说，现在天下的王公大人、士人君子，心中确实希望遵循圣明君王的道术，惠利天下万民，从本源上来考察仁义所产生的原因，那么上天的意志就不可不顺从。顺从上天的意志，就是仁义的法则。

第十八篇 天志下

【题解】

首先，墨子批评天下士君子只明白小道理而不明白大道理，因为他们只知在家、在国不能得罪家主、国君，而不知道在天下得罪上天的后果更为严重。其次，墨子再次申明"义"出自上天，"天欲义而恶不义"。三代圣王顺从天意而得奖赏，三代暴王违反天意而得惩罚，即为明证。最后，墨子在篇末引《诗经》为证，告诫王公大人必以天志为法，才能永保社稷长存。这说明墨子的"天志"思想，不同于儒家的"天命观"，而是他为了说服和警示贵族统治者而采用的一种策略和方法。

【原文】

子墨子言曰：天下之所以乱者，其说将何哉？则是天下士君子皆明于小而不明于大也。何以知其明于小不明于大也？以其不明于天之意也。何以知其不明于天之意也？以处人之家①者知之。今人处若家②得罪，将犹有异家所，以避逃之者。然且父以戒子，兄以戒弟，曰："戒之慎之！处人之家不戒不慎之，而有处人之国③者乎？"今人处若国得罪，将犹有异国所，以避逃之者矣。然且父以戒子，兄以戒弟，曰："戒之慎之，处人之国者不可不戒慎也！"今人皆处天下而事天，得罪于天，将无所以避逃之者矣。然而莫知以相极戒④也，吾以此知大物则不知者也。

是故子墨子言曰：戒之慎之，必为天之所欲，而去天之所恶。曰：天之所欲者何也？所恶者何也？天欲义而恶其不义者也。何以知其然也？曰：义者，正也。何以知义之为正也？天下有义则治，无义则乱，我以此知义之为正也。然而正者，无自下正上者，必自上正下。是故庶人不得次己而为正，有士正之；士不得次己而为正，有大夫正之；大夫不得次己而为正，有诸侯正之；诸侯不得次己而为正，有三公正之；三公不得次己而为正，有天子正之；天子不得次己而为正，有天正之。今天下之士君子，皆明于天子之正天下也，而不明于天之正天子也。是故古者圣人明以此说人曰："天子有善，天能赏之；天子有过，天能罚之。"天子赏罚不当，听狱不中，天下疾病祸福⑤，霜露不时。天子必且犓豢其牛羊犬彘，洁为粢盛酒醴，以祷祠⑥祈福于天。我未尝闻天之祷⑦祈福于天子也，吾以此知天之重且贵⑧于天子也。是故义者不自愚且贱者出，必自贵且知者出⑨。曰：谁为知？天为知。然则义果自天出也。

今天下之士君子之欲为义者，则不可不顺天之意矣。曰：顺天之意何若？曰：兼爱天下之人。何以知兼爱天下之人也？以兼而食之也。何以知其兼而食之也？自古及今，无有远灵孤夷之国⑩，皆犓豢其牛羊犬豕，洁为粢盛酒醴，以敬祭祀上帝山川鬼神，以此知兼而食之也。苟兼而食焉，必兼而爱之。譬之若楚越之君，今是楚王食于楚之四境之内，故爱楚之人；越王食于越，故爱越之人。今天兼天下而食焉，我以此知其兼爱天下之人也。

且天之爱百姓也，不尽物⑪而止矣。今天下之国，粒食之民，杀一不辜者，必有一不祥。曰："谁杀不辜？"曰："人也。"孰予之不辜⑫？曰："天也。"若天之中实不爱此民也，何故而人有杀不辜而天予之不祥哉？且天之爱百姓厚矣，天之爱百姓别矣⑬，既可得而知也。何以知天之爱百姓也？吾以贤者之必赏善罚暴也⑭。何以知贤者之必赏善罚暴也？吾以昔者三代之圣王知之。故昔也三代之圣王尧舜禹汤文武之兼爱之⑮天下也，从而利之，移其百姓之意⑯，焉率以敬上帝山川鬼神。天以为从其所爱而爱之，从其所利而利之，于是加其赏焉，使之处上位，立为天子以法⑰也，名之曰"圣人"，以此知其赏善之证。是故昔也三代之暴王桀纣幽厉之兼恶天下也，从而贼之，移其百姓之意，焉率以诟侮上帝山川鬼神。天以为不从其所爱而恶之，不从其所利而贼之，于是加其罚焉，使之父子离散，国家灭亡，抎失⑱社稷，忧以及其身。是以天下之庶民属而毁之⑲，业万世子孙继嗣，毁之贲不之废也⑳，名之曰"失王"㉑，以此知其罚暴之证。今天下之士君子欲为义者，则不可不顺天之意矣。

曰：顺天之意者，兼也；反天之意者，别也。兼之为道也，义正㉒；别之为道也，力正。曰：义正者何若？曰：大不攻小也，强不侮弱也，众不贼寡也，诈不欺愚也，贵不傲贱也，富不骄贫也，壮不夺老也。是以天下之庶国㉓，莫以水火毒药兵刃以相害也。若事上利天，中利鬼，下利人，三利而无所不利，是谓天德。故凡从事此者，圣知也，仁义也，忠惠也，慈孝也，是故聚敛天下之善名而加之。是其故何也？则顺天之意也。曰：力正者何若？曰：大则攻小也，强则侮弱也，众则贼寡也，诈则欺愚也，贵则傲贱也，富则骄贫也，壮则夺老也。是以天下之庶国，方以水火毒药兵刃以相贼害也。若事上不利天，中不利鬼，下不利人，三不利而无所利，是谓之贼㉔。故凡从事此者，寇乱也，盗贼也，不仁不义，不忠不惠，不慈不孝，是故聚敛天下之恶名而加之。是其故何也？则反天之意也。

故子墨子置立天之㉕，以为仪法，若轮人之有规，匠人之有矩也。今轮人以规，匠人以矩，以此知方圆之别矣。是故子墨子置立天之，以为仪法，吾以此知天下之士君子之去义远也。何以知天下之士君子之去义远也？今知氏大国之君宽者然曰㉖："吾处大国而不攻小国，吾何以为大哉？"是以差论蚤牙㉗之士，比列其舟车之卒㉘，以攻罚㉙无罪之国，入其沟境㉚，刈其禾稼，斩其树木，残其城郭，以御㉛其沟池，焚烧其祖庙，攘杀其牺牷。民之格者，则刭拔之㉜，不格者则系操㉝而归。丈夫以为仆圉、胥靡㉞，妇人以为舂酋㉟。则夫好攻伐之君不知此为不仁义，以告四邻诸侯曰："吾攻国覆军，杀将若干人矣。"其邻国之君亦不知此为不仁义也，有具其皮币，发其綑处㊱，使人飨贺㊲焉。则夫好攻伐之君有重㊳不知此为不仁不义也，有书之竹帛，藏之府库。为人后子者，必且欲顺其先君之行，曰："何不当发吾府库，视吾先君之法美㊴？"必不曰文武之为正者若此矣，曰："吾攻国覆军，杀将若干人矣。"则夫好攻伐之君不知此为不仁不义也，其邻国之君不知此为不仁不义也，是以攻伐世世而不已者。此吾所谓大物则不知也。

所谓小物则知之者，何若？今有人于此，入人之场园，取人之桃李瓜姜者，上得且罚之，众闻则非之。是何也？曰：不与其劳，获其实，已非其有所取之故。而况有逾于㊵人之墙垣，抯格㊶人之子女者乎？与角㊷人之府库，窃人之金玉蚤絫㊸者乎？与逾人之栏牢，窃人之牛马者乎？而况有杀一不辜人乎？今王公大人之为政也，自杀一不辜人者，逾人之墙垣，抯格人之子女者，与角人之府库，窃人之金玉蚤絫者，与逾人之栏牢、窃人之牛马者，与入人之场园，窃人之桃李瓜姜者，今王公大人之加罚此也，虽古之尧舜禹汤文武之为政，亦无以异此矣。今天下之诸侯，将犹皆侵凌攻伐兼并，此为杀一不辜人者数千万矣；此为逾人之墙垣、格㊹人之子女者，与角人府库、窃人金玉蚤絫者，数千万矣；逾人㊺之栏牢、窃人之牛马者，与入人之场园、窃人之桃李瓜姜者，数千万矣，而自曰义也。故子墨子言曰：是蕡我㊻者，则岂有以异是蕡黑白甘苦之辩者哉㊼？

今有人于此，少而示之黑谓之黑，多示之黑谓白，必曰："吾目乱㊽，不知黑白之别。"今有人于此，能少尝之甘谓甘，多尝谓苦，必曰："吾口乱㊾，不知其甘苦之味。"今王公大人之政㊿也，或杀人，其国家禁之，此蚤越有能多杀其邻国之人㉟，因以为文义㊿，此岂有异㊿黄白黑甘苦之别者哉？

故子墨子置天之，以为仪法。非独子墨子以天之志㊿为法也，于先王之书《大夏》㊿之道之然："帝谓文王，予怀明德，毋大声以色，毋长夏以革，不识不知，顺帝之则。"此诰㊿文王之以天志为法也，而顺帝之则也。且今天下之士君子，中实将欲为仁义，求为上士，上欲中圣王之道，下欲中国家百姓之利者，当天之志而不可不察也。天之志者，义之经⑨也。

【注释】

① 处人之家：处在家长主持的家族中。人，此指家长。

② 处若家：处在这个家族中。若，这、这个。下句"处若国"之"若"同解。家，指家族。

③ 处人之国：处在国君主持的国家中。人，指国君。

④ 极戒：当为"儆戒"。（俞樾：《墨子平议》，第 437 页。）

⑤ 祸福：当为"祸祟"。（王念孙：《墨子杂志》，第 107 页。）

⑥ 祷祠：祷告祭祀。

⑦ 祷：后脱"祠"。

⑧ 重且贵：当为"贵且智"。（孙诒让：《墨子间诂》，第 210 页。）

⑨ 知者出：后当补"曰：谁为贵？天为贵"。（俞樾：《墨子平议》，第 438 页。）

⑩ 无有远灵孤夷之国：所有远方异域孤悬的蛮夷国家。无有，所有。灵，"虚"之误。（孙诒让：《墨子间诂》，第 211 页。）虚，通"墟"，小城邑或村落。夷，蛮夷。

⑪ 物："此"字之误。（王念孙：《墨子杂志》，第 107 页。）

⑫ 不辜：据上下文，当为"不祥"。

⑬ 别：与"辩"通，"辩"又通"徧"（遍）。（王念孙：《墨子杂志》，第 108 页。）

⑭ 吾以贤者之必赏善罚暴也：贤，"天"之误。下句"贤"也作"天"。本句后当加"知之"二字。意为"我从上天必定奖赏善人而惩罚残暴的人知道的。"

⑮ 之：衍字，当去。

⑯ 移其百姓之意：转变百姓思想。移，转变。

⑰ 以法：当为"仪法"，法度、仪轨。

⑱ 抎失：失去、失掉。抎（yǔn），失。

⑲属而毁之：接连不断地予以非难。属，连续。

⑳毁之赏不之废也：赏，当为"者"之误。（王念孙：《墨子杂志》，第108页。）"不之废"即"不废之"。废，止。意为"非难他们的人没有停止"。

㉑失王："暴王"之误。（苏时学：《墨子刊误》，第322页。）

㉒义正：即"义政"，用德义教化人、管理人的政治。

㉓庶国：各国。庶，众。

㉔是谓之贼：当为"是为天贼"。（俞樾：《墨子平议》，第438页。）

㉕天之：当为"天志"。下句"天之"同解。

㉖今知氏大国之君宽者然曰：当为"今之大国之君宽然曰"。知："之"之误。"氏""者"二字为衍字。宽然，怡然自得。意为"现在大国君主怡然自得地说。"

㉗蚤牙：即"爪牙"。蚤，古同"爪"。

㉘比列：排列。卒：卒伍、队伍。

㉙攻罚：当为"攻伐"。（孙诒让：《墨子间诂》第214页。）

㉚沟境：当为"边境"。（王念孙：《墨子杂志》，第109页。）

㉛御："御"为"抑"的形讹字。抑，堙、塞。（王念孙：《墨子杂志》，第110页。）

㉜格：抵抗。到拔：当为"到杀"之误。到（jìng），刺杀。

㉝系操：当为"系累"。（王念孙：《墨子杂志》，第110页。）"系累"亦作"系缧"，用绳子捆绑。系，捆、扎。

㉞仆囿、胥靡：驾车者、养马者和连在一起拴缚的刑徒。仆，车夫。囿，马夫。胥靡，相连绑缚。胥，相。靡，系缚、拴系。

㉟舂酋：舂米和掌酒的女奴。舂（chōng），捣粟。酋，掌酒的女奴。（王念孙：《墨子杂志》，第111页。）

㊱怨处：当为"總（总）处"。怨（rěn），"總"的形讹字。（孙诒让：《墨子间诂》，第216页。）指财物收集发放的地方或部门，转指府库。

㊲飨贺：献礼祝贺。飨（xiāng），即"饗"，通"享"，献。

㊳重：甚至。

㊴法美：当为"法义"，即"法仪"。（王念孙：《墨子杂志》，第112页。）

㊵ 于：为衍字，当去。

㊶ 担格：捉住、拘禁。担（zhā），拘取。

㊷ 角："穴"的形讹字。穴，掘地道。

㊸ 蚤絫：当为"布喿"之误。（王念孙：《墨子杂志》，第113页。）喿（zào），即"缲"，绀色丝。"布缲"即"布帛"。

㊹ 格：当为"担格"，脱"担"。

㊺ 逾人：前脱"此为"二字。

㊻ 蕡我：当为"蕡义"。蕡（fén），通"纷"，扰乱。我，"義"的形讹字。

㊼ 则岂有以异是蕡黑白甘苦之辩者哉：这与把黑与白、甘与苦的区别搞乱的行为难道有什么不同吗？是，这种。蕡，搞乱。辩，区别。

㊽ 目乱：眼暗昏花。乱，昏。

㊾ 口乱：口舌不灵便。

㊿ 政：前当脱"为"，即"为政"。

(51) 此蚤越有能多杀其邻国之人：当断句为"此蚤越。有能多杀其邻国之人"，"此蚤越"属上句。此蚤越，当为"以斧钺"，三字皆形讹而误。（姜宝昌：《墨论训释》，齐鲁书社2016年版，第471页。以下简称为"姜宝昌：《墨论训释》"。）斧钺，古代刑法的象征，转指行刑或杀人。

(52) 因以为文义：当为"因以谓之义"。为，通"谓"。文，"之"的形讹字。

(53) 有异：当为"有以异"。

(54) 天之志：即"天志"。"之"为衍字。

(55) 《大夏》：即《诗·大雅》。（俞樾：《墨子平议》，第441页。）

(56) 诰："告也"。（阮元校刻：《十三经注疏》，第2570页。）

(57) 经：道、常道。

【译文】

墨子说：现在天下混乱的原因，应当解释成什么呢？当然就是天下的士人君子都明白小道理而不明白大道理。怎么知道他们只明白小道理而不明白大道理呢？因为他们不明白上天的意志。怎么知道他们不明白上天的意志呢？由他们处在家长主持的家族中的情况而知道的。假如现在有人处在这个家族中得罪了家长，或许还有别人家族的处所作为逃避的地方，然而父亲还是训诫儿子、兄长告诫弟弟说："要警戒、要谨慎啊！处在家长主持的家族中不警戒不谨慎，还有可能处于国君主持的国家中吗？"现在假如有人处在国君主持的国家中而得罪了国君，或许还有其他国家作为逃避的地方，然而父亲还是训诫儿子、兄长训诫弟弟说："要警戒、要谨慎啊！处于国君主持的国家中是不可不警戒谨慎的！"现在人们都处于同一个天底下而侍奉上天，如果得罪了上天，就没有处所作为逃避的地方了，然而人们却不知道对此要互相警戒，我由此知道天下的士人君子对大事确实不明白。

墨子说：要警戒，要谨慎，一定要做上天希望做的事，而除去上天厌恶的事。有人问：上天希望做的事是什么？所厌恶的事又是什么？上天希望人们做义事而厌恶人们做不义的事。怎么知道上天是这样想的呢？回答说：义就是匡正人。怎么知道义就是匡正人呢？因为天下有义就会得到治理，没有义就会出现混乱，所以我知道义就是匡正人。然而说到对人的匡正，不能由居下位的人匡正居上位的人，而必定要由居上位的人来匡正居下位的人。因此，普通百姓不能任凭自己的想法去做事，有士人匡正他们；士人不能任凭自己的想法去做事，有大夫去匡正他们；大夫不能任凭自己的想法去理政，由诸侯去匡正他们；诸侯不能任凭他们的想法去理政，有三公去匡正他们；三公不能任凭自己的想法去理政，有天子去匡正他们；天子也不能任凭自己的想法来治理天下，有上天来匡正他们。现在天下的士人君子都明白天子能匡正天下，却不明白上天也能匡正天子。古代的圣人，明白地把这个道理告诉人们说："天子有美善，上天能奖赏他；天子有过错，上天能惩罚他"。如果天子赏罚不适当，断案不准确，上天就会降下疾病灾祸，霜雪雨露也不会按时到来。这时天子必将用草料五谷喂养的牛羊狗猪，来准备洁净的酒食供品，然后祷告祭祀祈求上天赐福。可我从来没听说上天会祷告祈求天子赐福的，因而我知道上天比天子高贵而且睿智。所以"义"不会从愚笨低贱的人那儿产生，必定是从高贵而且睿智的人那儿而产生。要问谁为高贵、谁为睿智，当然是上天高贵、上天睿智。这样看来，"义"确实是从上天那里产生的。

凡天下希望行义的士人君子，就不可不顺从上天的意志。有人问：怎样才算是顺从上天的意志呢？回答是：要没有差等地关爱全天下的人。凭什么知道"义"就是没有差等地关爱全天下的人呢？回答是：依据就是上天没有差等地享用全天下人呈献的供品。又凭什么知道上天是没有差等地享用全天下人呈现的供品呢？回答是：从古到今，所有国家，包括所有远方异域孤悬在外的蛮夷小国，都用草料五谷喂养牛羊狗猪，然后准备洁净的酒食供品，恭敬地祭祀上帝、山川、鬼神，我由此得知，上天是没有差等地享用全天下人呈献的供品。既然上天没有差等地享用全天下人呈献的供品，那么就必定没有差等地关爱天下所有的人。比方说，就像楚、越两国国君：楚王收取并享用楚国四境之内的赋税物产，所以他必定关爱楚国的民众；越王收取和享用越国的赋税物产，所以他必定关爱越国的民众。现在上天没有差等地享用全天下人呈献的供品，因此我知道上天必定会没有差等地关爱全天下所有的民众。

上天关爱民众，还不仅仅是这些而已。现在天下国家，凡是食用谷物的人，如果杀害了一个无罪的人，一定会发生一件不吉祥的事。有人问：是谁杀害了无罪的人？回答说：是人。是谁给他不吉祥？回答说：是天。如果上天心中确实不关爱这些民众，又有什么理由因为有人滥杀无辜而由上天给予他不吉祥呢？上天关爱百姓的感情是深厚的，上天关爱百姓的范围是很广大的。怎么知道上天是关爱百姓的呢？我从上天必定奖赏善人、惩罚恶人的事实而知道。怎么知道上天必定奖赏善人而惩罚恶人呢？我从过去三代圣明君王和三代残暴君王的经历中知道。从前三代圣王唐尧、虞舜、夏禹、商汤、周文王、周武王，他们没有差别地关爱天下所有的人，广泛地惠利他们，转变百姓不合时宜的思想，率领百姓敬奉天帝、鬼神。上天认为，圣王们顺从了自己所关爱的而关爱天下百姓，顺从了自己所惠利的而惠利天下的百姓，于是对他们加以赏赐，使他居于上位，立他们为天子并作为天下人的表率，称他们为"圣人"。由此可知，这些就是上天赏赐良善的证据。从前三代残暴的君王夏桀、商纣、周幽王、周厉王，没有差别地憎恶天下所有的人，随而伤害天下所有百姓，改变了百姓敬天行义的思想，甚至率领百姓谩骂侮辱天帝、山川、鬼神。上天认为，这些残暴君王不顺从自己所厌恶的而去厌恶天下的百姓，不顺从自己所惠利的而去残害天下的百姓，因而使他们父子离散，国家灭亡，社稷丧失，忧患降临自身。天下百姓对这些残暴君王，也是接连不断地非难咒骂他们，即使延续到万代后世子孙，人们对他们的非难咒骂之声也没有停止，称他们为"暴王"。由此可知，这就是上天惩罚恶人的证据。可见现在天下的圣人君子，希望做一个行义的人，就不可不顺从上天的意志。

顺从上天的意志，就是实行人己无别、爱无差等的"兼爱"；违反上天的意志，就是实行人己有别、爱有差等的"别爱"。把"兼"作为一种道术用来治国理政，就是"义政"；把"别"作为一种道术用来治国理政，就是"力政"。有人问："义政"到底是怎样的呢？回答是："义政"就是大国不攻打小国，强大的不侮辱弱小的，人多的不残害人少的，狡诈的不欺负愚笨的，高贵的不鄙视低贱的，富裕的不骄慢贫穷的，年壮的不侵夺年老的。于是天下众多国家，没有谁会动用水火、毒药、兵刃来相互残害。这种"义政"，上利于天，中利于鬼神，下利于百姓，三方面都有利就无所不利。那么该施政者可称之为"天德"。所以，凡是实行"义政"的人，就是圣智、仁义、忠惠、慈孝的人，就应当聚集起天下的美名都加在他们身上。产生这种施政结果的原因是什么呢？当然就是因为他们顺从了上天的意志。有人问："力政"是怎样的呢？回答是："力政"就是大国攻打小国，强大的侮辱弱小的，人多的残害人少的，狡诈的欺负愚笨的，高贵的欺负低贱的，富裕的骄慢贫穷的，年壮的侵夺年老的，于是天下众多国家，开始用水火、毒药、兵刃相互残害。这种"力政"上不利于上天，中不利于鬼神，下不利于百姓，三方面都不利就一无所利。那么该施政者就被称作"天贼"。所以凡是实行"力政"的人，就是乱寇、盗贼，就是不仁不义、不忠不惠、不慈不孝，就应当聚集起天下的恶名都加到他们身上。产生这种施政结果的原因是什么呢？当然就是因为他们违背了上天的意志。

墨子设立"天志"，作为天下立身行事的仪轨和法则，如同轮工手执圆规、木工手执矩尺的作用一样。现在轮人用圆规、木工用矩尺作为仪轨和法则度量物件，可以知道方与圆的区别。墨子用"天志"作为仪轨和法则，衡量人们的行事后得知，天下的士人、君子离开"义"的要求已很远了。依凭什么知道天下的士人、君子离开"义"的要求已很远呢？现在这些大国的君主怡然自得地说："我处于大国地位，如果不去攻打小国，我用什么来显示大国地位？"于是就选拔勇猛士卒，整齐地排列好战船和战车组成的队伍，并用他们来攻伐无罪的国家。侵入他国的边境，割走他们的庄稼，砍断他们的树木，摧毁他们的城郭，填塞他们护城河，焚烧他们的祖庙，抢夺并杀死他们的用作祭祀供品的牲畜。凡百姓有反抗的就予以杀掉，不反抗的就用绳索捆绑回国内，男俘虏用作驾车、养马的奴隶和服苦役的刑徒，女俘虏就当作捣粟和掌酒的奴仆。而那些喜好攻伐的大国君主竟然不知道这是不仁不义的行为，反而遍告四邻诸侯说："我攻打了那个国家，消灭了他们的军队，杀掉了他们的若干将领。"他邻国的国君竟也不知道这是不仁不义的行为，反而准备好毛皮布帛等贵重物品，又打开府库取出钱财，派出使节前往献礼祝贺。那些喜好攻伐的大国君主甚至完全不知道这是不仁不义的行为，还把这些攻伐的经过书写在竹简和绢帛上，收藏到府库中。而作为他们后代的长子，一定会顺从先君主的意志和行为，于是说："为什么不能打开我的府库，观看我先君主的仪轨和法则呢？"那些收藏的竹简和帛书上，必定不会记载周文王、周武王是如何施政的，而是记载"我攻伐某某国家，消灭他们的军队，并杀掉他们的统兵将领若干人等"。正是因为那些喜好攻伐的大国君主不知道这样是不仁不义的行为，而邻国的君主也不知道这是不仁不义的行为，所以这种攻伐战争世世代代不能停止下来。这就是我所说的天下的士人君子只明白小道理、不明白大道理的原因。

我们说天下的士人君子倒是明白小道理，指的是什么呢？现在假设在这里有一个人，擅自进入到别人的果园菜地里去，偷窃别人的桃李瓜姜，居于上位的人抓到他必会惩罚他，众人听说了也会非难他。这是为什么呢？回答是：这是因为他不参与人家的劳动，却获得了人家的劳动果实，不该自己拥有却去窃取的缘故。偷窃桃李瓜姜尚且不可以，又何况翻越别人的墙垣拘禁别人的子女呢？又何况挖掘地洞潜入别人家的府库偷窃别人的金玉布帛呢？又何况翻越别人的牢圈偷窃别人的牛马呢？又何况去杀死一个无罪的人呢？现在王公大人理政断狱，从杀死一个无罪人的罪犯开始，到翻越人家的墙垣拘禁别人的子女的，到挖掘地洞潜入别人的府库偷走别人金玉布帛的，到翻越人家牢圈偷窃别人牛马的，以及到擅入别人果园菜地偷窃别人桃李瓜姜的罪人，王公大人都会对他们加以惩罚。即使是古代的圣王唐尧、虞舜、夏禹、商汤、周文王、周武王主政断案，他们对这些人的惩罚，也不会有什么不同。可是现在的诸侯都在从事侵略、攻伐、兼并他国的恶事，这种罪行比杀害一个无罪的人，要严重几千几万倍；比翻越别人家的墙垣拘禁别人的子女，以及挖掘地洞潜入别人府库偷窃金玉布帛，要严重几千几万倍；比翻墙进入别人的牢圈偷窃别人的牛马，以及擅自进入别人家的果园菜地偷窃别人的桃李瓜姜，也要严重几千几万倍。可是他们还声称这就是"义"！因此，墨子断定说，这种搞乱"义"的本质的人，与那些搞乱黑与白、甘与苦区别的人又有什么两样呢？

现在假设这里有一个人，给他看少许的黑色，他说这是黑色；给他看大块的黑色，他却说这是白色，还辩解说："我的视觉昏乱，不知道黑白的分别。"现在假设还有一个人，让他品尝少许的甜味，他说这是甜的；让他品尝大量的甜味，他竟然说这是苦的，还辩解说："我口舌失灵，不能辨别甜与苦的味道。"现在的王公大人在理政的时候，如果有人杀了人，那么必定以国家名义舞动斧钺相向，判他有罪，以警示世人，但对有人大肆杀戮邻国人民，他们却称之为仁义行为，这与那些搞乱黑与白、甘与苦区别的人又有什么不同呢？

墨子设立"天志"，就是作为天下人立身行事的仪轨和法则。不只是墨子把"天志"当作行事的仪轨法则，就是在先王的典籍《诗·大雅·皇矣》中也这样写道："天帝告知周文王，我眷顾有光明德行的国君。了解他不会大声地训斥臣民，施政不会摆出严厉的脸色，也不会专尊华夏而随意改变治国的法度。他似乎无识无知天然纯朴的样子，可言论行动都顺从天帝的法则。"这就是天帝告诉周文王，要以天帝的意志作为行事的法则，要顺从天帝制定的法则。现在天下的士人君子，心中确实希望做仁义的事情，追求做高尚的士人，对上希望符合圣明君王的道术，对下希望符合国家中百姓的利益，那么对于上天的意志就不能不认真考察了。上天的意志，就是"义"的唯一准则。

第八论 明 鬼

【导语】

《明鬼》篇现仅存下篇。

首先，墨子把夏商周三代圣王去世后天下大乱的原因之一，归结为当时的人们"皆以疑惑鬼神之有与无之别，不明乎鬼神只能赏贤而罚暴"，于是提出了他的"明鬼"主旨。"明鬼"就是明确鬼神的存在，让人们建立对鬼神的敬畏和信仰。

其次，墨子力证鬼神的存在以及鬼神的巨大威力。他运用层层递进的推理方法，列举了古代传说、古代圣王重视祭祀以及古籍的各种记载，用大量例证驳斥"无鬼论"，力证鬼神不仅在历史上和现实社会中确实存在，而且鬼神还明察秋毫，公正无私，具备赏贤罚暴的巨大威力。

再次，墨子指明了天帝与鬼神是主从关系。综合考量《天志》上中下三篇和《明鬼下》的记载，可知鬼神是天帝在人间的主要助手和辅助力量：天帝要宣传和推行自己的意志，很多情况下都要通过鬼神来达成；鬼神行事也是遵从天帝的意志，鬼神的赏罚就是天帝的赏罚。天帝是发令者，鬼神是执行者，因而《天志》与《明鬼》其意相通。

最后，关于墨子鬼神主张的评价，学界观点纷纭，且对立严重。立足于批判者认为，这是反映宗法小农落后意识和迷信思想的说教，是愚弄百姓的利器。其他论者认为，正如墨子设立"天志"，是为了推行墨子社会政治理想的神道设教一样，墨子利用当时广大民众对鬼神的迷信和敬畏，提出"明鬼"的主张，意在使鬼神充当天帝"赏善罚暴"的助手，借鬼神之手宣传和推行墨子的政治主张。这就是墨子"明鬼"的真实用意所在。

第十九篇　明鬼下

【题解】

首先，墨子认为，自从三代以来，之所以出现"天下失义""诸侯力征"的混乱局面，人们疑惑"鬼神之有与无"以及不明白鬼神能够"尚贤而罚暴"，这是重要原因之一。其次，墨子一方面列举了周宣王枉杀大臣杜伯、秦穆公被木神句芒赐寿等五件他认为众人亲见亲闻的历史故事，另一方面又举出《周书》《商书》和《夏书》等先王典籍的记载，反复论证了鬼神不仅确实存在，而且公正无私，明察秋毫，具有赏贤罚暴的不可抗拒的巨大威力。最后，墨子劝告人们，坚信并诚心敬奉鬼神，不仅上合天帝意志，得到鬼神的赐福，而且还能合欢聚众，增进宗族和同乡的情谊，因而"明鬼"具有重要意义。

【原文】

子墨子言曰：逮至昔三代圣王既没，天下失义，诸侯力正①。是以存夫为人君臣上下者之不惠忠也，父子弟兄之不慈孝弟长贞良也，正长之不强于听治，贱人之不强于从事也。民之为淫暴寇乱盗贼②，以兵刃毒药水火退③无罪人乎道路率径④，夺人车马衣裘以自利者，并作由此始，是以天下乱。此其故何以然也？则皆以疑惑鬼神之有与无之别，不明乎鬼神之能赏贤而罚暴也。今若使天下之人，偕若信⑤鬼神之能赏贤而罚暴也，则夫天下岂乱哉！

今执无鬼者曰："鬼神者，固无有。"旦暮以为教诲乎天下，疑天下之众，使天下之众皆疑惑乎鬼神有无之别，是以天下乱。是故子墨子曰：今天下之王公大人士君子，实将欲求兴天下之利，除天下之害，故当鬼神之有与无之别，以为将不可以不明察此者也。

既以鬼神有无之别，以为不可不察已，然则吾为明察此，其说将奈何而可？子墨子曰：是与天下之所以察知有与无之道者，必以众之耳目之实知有与亡为仪者也。请惑⑥闻之见之，则必以为有；莫闻莫见，则必以为无。

若是，何不尝入一乡一里而问之？自古以及今，生民以来者，亦有尝见鬼神之物，闻鬼神之声，则鬼神何谓无乎？若莫闻莫见，则鬼神可谓有乎？

今执无鬼者言曰：夫天下之为闻见鬼神之物者，不可胜计也。亦孰为闻见鬼神有无之物哉？子墨子言曰：若以众之所同见，与众之所同闻，则若昔者杜伯⑦是也。周宣王⑧杀其臣杜伯而不辜，杜伯曰："吾君杀我而不辜，若以死者为无知，则止矣；若死而有知，不出三年，必使吾君知之。"其⑨三年，周宣王合诸侯而田⑩于圃，田车数百乘，从数千，人满野。日中，杜伯乘白马素车⑪，朱衣冠，执朱弓，挟朱矢，追周宣王，射之车上，中心折脊，殪车中，伏弢⑫而死。当是之时，周人从者莫不见，远者莫不闻，著在周之《春秋》⑬。为君者以教其臣，为父者以警其子，曰："戒之慎之！凡杀不辜者，其得不祥，鬼神之诛，若此之憯速⑭也！"以若书之说观之，则鬼神之有岂可疑哉！

非惟若书之说为然也，昔者郑穆公⑮当昼日中处乎庙，有神入门而左，鸟身⑯，素服三绝⑰，面状正方。郑穆公见之，乃恐惧，奔⑱，神曰："无惧！帝享女明德⑲，使予锡㉑女寿十年有九，使若国家蕃昌，子孙茂，毋失。"郑穆公再拜稽首曰："敢问神名？"曰："予为句芒㉑。"若以郑穆公之所身见为仪，则鬼神之有岂可疑哉？

非惟若书之说为然也，昔者，燕简公㉒杀其臣庄子仪而不辜，庄子仪曰："吾君杀我而不辜，死人毋知亦已，死人有知，不出三年，必使吾君知之。"期年，燕将驰祖㉓，燕之有祖，当齐之社稷㉔，宋之有桑林㉕，楚之有云梦㉖也，此男女之所属㉗而观也。日中，燕简公方将驰于祖涂，庄子仪荷朱杖而击之，殪之车上。当是时，燕人从者莫不见，远者莫不闻，著在燕之《春秋》。诸侯传而语之曰："凡杀不辜者，其得不祥，鬼神之诛若此其憯速也！"以若书之说观之，则鬼神之有岂可疑哉？

非惟若书之说为然也，昔者宋文君㉘鲍之时，有臣曰祏观辜㉙，固尝从事于厉㉚。祩子杖揖出㉛，与言曰："观辜，是何珪璧㉜之不满度量？酒醴粢盛之不净洁也？牺牲之不全肥？春秋冬夏选㉝失时？岂女为之与？意鲍为之与？"观辜曰："鲍幼弱，在荷缧㉞之中，鲍何与识焉？官臣㉟观辜特为之。"祩子举揖而槀㊱之，殪之坛上。当是时，宋人从者莫不见，远者莫不闻，著在宋之《春秋》。诸侯传而语之曰："诸不敬慎祭祀者，鬼神之诛至若此其憯速也！"以若书之说观之，鬼神之有岂可疑哉？

非惟若书之说为然也，昔者，齐庄君㊲之臣有所谓王里国㊳、中里徼㊴者。此二子者，讼三年而狱不断。齐君由谦杀之㊵，恐不辜，犹谦释之，恐失有罪。乃使之人共一羊㊶，盟齐之神社，二子许诺。于是泏洫㊷，摽㊸羊而洒其血。读王里国之辞既已终矣，读中里徼之辞未半也，羊起而触之，折其脚，祧神之而稾之㊹，殪之盟所。当是时，齐人从者莫不见，远者莫不闻，著在齐之《春秋》。诸侯传而语之曰："请品先㊺不以其请者，鬼神之诛至若此其憯速也！"以若书之说观之，鬼神之有岂可疑哉？是故子墨子言曰：虽有深谿博林、幽涧毋人之所，施行不可以不董㊻，见有鬼神视之。

今执无鬼者曰："夫众人耳目之请，岂足以断疑哉？奈何其欲为高君子㊼于天下，而有复信众人耳目之请哉？"子墨子曰：若以众之耳目之请，以为不足信也，不以断疑。不识若昔者三代圣王尧舜禹汤文武者，足以为法乎？故于此乎自中人以上皆曰："若昔者三代圣王，足以为法矣。"若苟昔者三代圣王足以为法，然则姑尝上观圣王之事。昔者，武王之攻殷诛纣也，使诸侯分其祭，曰："使亲者受内祀㊽，疏者受外祀㊾。"故武王必以鬼神为有，是故攻殷伐纣，使诸侯分其祭。若鬼神无有，则武王何祭分哉？

非惟武王之事为然也。故㊿圣王其赏也必于祖(51)，其僇也必于社(52)。赏于祖者何也。告分之均也；僇于社者何也。告听之中也。非惟若书之说为然也，且惟昔者虞夏商周三代之圣王，其始建国营都日，必择国之正坛(53)，置以为宗庙；必择木之修茂者，立以为菆位(54)；必择国之父兄慈孝贞良者，以为祝宗(55)；必择六畜之胜腯肥倅，毛以为牺牲(56)；珪璧琮璜(57)，称财为度(58)；必择五谷之芳黄(59)，以为酒醴粢盛，故酒醴粢盛与岁上下(60)也。故古圣王治天下也，故必先鬼神而后人者，此也。故曰：官府选效(61)，必先祭器祭服毕藏于府，祝宗有司毕立于朝，牺牲不与昔聚群。故古者圣王之为政若此。

古者圣王必以鬼神为(62)，其务鬼神厚矣。又恐后世子孙不能知也，故书之竹帛，传遗后世子孙。咸恐其腐蠹(63)绝灭，后世子孙不得而记，故琢之盘盂，镂之金石，以重之。有恐后世子孙不能敬莙以取羊(64)，故先王之书，圣人一尺之帛，一篇之书，语数鬼神之有也，重有重之。此其故何？则圣王务之。今执无鬼者曰："鬼神者，固无有。"则此反圣王之务。反圣王之务，则非所以为君子之道也。

今执无鬼者之言曰：先王之书，慎无⑥一尺之帛，一篇之书，语数鬼神之有，重有重之，亦何书有之哉？子墨子曰：周书《大雅》⑥有之。《大雅》曰："文王在上，于昭于天⑥。周虽旧邦，其命维新⑥。有周不显，帝命不时⑥。文王陟降，在帝左右⑦。穆穆文王，令问不已⑦。"若鬼神无有，则文王既死，彼岂能在帝之左右哉？此吾所以知《周书》之鬼也。

且《周书》独鬼⑦，而《商书》不鬼⑦，则未足以为法也。然则姑尝上观乎《商书》，曰："呜呼！古者有夏，方未有祸之时，百兽贞虫⑦，允及飞鸟⑦，莫不比方⑦。矧佳人面⑦，胡敢异心？山川鬼神，亦莫敢不宁。若能共允⑦，佳天下之合，下土之葆。"察山川鬼神之所以莫敢不宁者，以佐谋禹也。此吾所以知《商书》之鬼也。

且《商书》独鬼，而《夏书》⑦不鬼，则未足以为法也。然则姑尝上观乎夏书。《禹誓》⑩曰："大战于甘⑪，王乃命左右六人⑫，下听誓于中军，曰：'有扈氏威侮五行，怠弃三正，天用剿绝其命⑬。'有曰：'日中，今予与有扈氏争一日之命，且尔卿大夫庶人，予非尔田野葆士之欲也⑭，予共行天之罚也。左不共于左，右不共于右，若不共命⑮；御非尔马之政⑯，若不共命。是以赏于祖而僇于社。"赏于祖者何也？言分命之均也。僇于社者何也？言听狱之事⑰也。故古圣王必以鬼神为赏贤而罚暴，是故赏必于祖而僇必于社。此吾所以知《夏书》之鬼也。故尚者夏书，其次商周之书，语数鬼神之有也，重有重之。此其故何也？则圣王务之。以若书之说观之，则鬼神之有岂可疑哉？

于古曰："吉日丁卯，周代祝社方⑱，岁于社者考⑲，以延年寿。"若无鬼神，彼岂有所延年寿哉！是故子墨子曰：尝若鬼神之能赏贤如罚暴也，盖本施之国家，施之万民，实所以治国家、利万民之道也。若以为不然⑳，是以吏治官府之不絜廉，男女之为无别者，鬼神见之；民之为淫暴寇乱盗贼，以兵刃、毒药、水火退无罪人乎道路，夺人车马衣裘以自利者，有鬼神见之。是以吏治官府不敢不絜廉，见善不敢不赏，见暴不敢不罪。民之为淫暴寇乱盗贼，以兵刃毒药水火退无罪人乎道路，夺车马衣裘以自利者，由此止。是以莫放幽间，拟乎鬼神之明显，明有一人畏上诛罚⑨，是以天下治。

故鬼神之明，不可为幽间广泽、山林深谷，鬼神之明必知之。鬼神之罚，不可为富贵众强、勇力强武、坚甲利兵，鬼神之罚必胜之。若以为不然，昔者夏王桀贵为天子，富有天下，上诟天侮鬼，下殃傲⑨天下之万民，祥上帝伐元山帝行⑨，故于此乎天乃使汤至明罚焉。汤以车九两⑨，鸟陈雁行⑨，汤乘大赞⑨，犯遂下众，人之蝎遂⑨，王乎禽推哆、大戏⑨。故昔⑨夏王桀贵为天子，富有天下，有勇力之人推哆、大戏，生列兕虎⑩，指画⑩杀人，人民之众兆亿⑩，侯盈厥泽陵⑩，然不能以此围鬼神之诛。此吾所谓鬼神之罚，不可为富贵众强、勇力强武、坚甲利兵者，此也。

且不惟此为然。昔者殷王纣贵为天子，富有天下，上诟天侮鬼，下殃傲天下之万民，播弃黎老⑩，贼诛孩子⑮，楚毒⑯无罪，刳剔⑰孕妇，庶旧鳏寡，号眺无告也。故于此乎天乃使武王至明罚焉。武王以择车百两，虎贲之卒四百人，先庶国节窥戎⑱，与殷人战乎牧之野⑲，王乎禽费中、恶来，众畔百走⑩。武王逐奔入宫，万年梓株⑪，折纣而系之赤环，载之白旗，以为天下诸侯僇。故昔者殷王纣贵为天子，富有天下，有勇力之人费中、恶来、崇侯虎⑫，指寡⑬杀人，人民之众兆亿，侯盈厥泽陵，然不能以此围鬼神之诛。此吾所谓鬼神之罚，不可为富贵众强、勇力强武、坚甲利兵者，此也。且《禽艾》⑭之道之曰："得玑无小，灭宗无大⑮。"则此言鬼神之所赏，无小必赏之；鬼神之所罚，无大必罚之。

今执无鬼者曰：意不忠亲之利，而害为孝子乎？子墨子曰：古之⑯今之为鬼，非他也，有天鬼，亦有山水鬼神者，亦有人死而为鬼者。今有子先其父死，弟先其兄死者矣，意虽使然，然而天下之陈物⑰曰先生者先死。若是，则先死者非父则母，非兄而姒⑱也。今絜为酒醴粢盛，以敬慎祭祀。若使鬼神请有，是得其父母姒兄⑲而饮食之也，岂非厚利哉？若使鬼神请亡，是乃费其所为酒醴粢盛之财耳。自夫费之，非特注之污壑而弃之也，内者宗族，外者乡里，皆得如具饮食之。虽使鬼神请亡，此犹可以合欢聚众，取⑳亲于乡里。

今执无鬼者言曰："鬼神者固请无有，是以不共㉑其酒醴粢盛牺牲之财。吾非乃今㉒爱其酒醴粢盛牺牲之财乎？其所得者臣㉓将何战？此上逆圣王之书，内逆民人孝子之行，而为上士于天下，此非所以为上士之道也。是故子墨子曰：今吾为祭祀也，非直注之污壑而弃之也，上以交鬼之福㉔，下以欢合聚众，取亲乎乡里。若神有㉕，则是得吾父母弟兄㉖而食之也，则此岂非天下利事也哉！

是故子墨子曰：今天下之王公大人士君子，中实将欲求兴天下之利，除天下之害，当若鬼神之有也，将不可不尊明㉗也，圣王之道也。

【注释】

① 正：同"征"。（毕沅：《墨子注》（日本重刻本），第 641 页。）

② 淫暴寇乱盗贼：凶残的暴徒、侵扰的外寇、打家劫舍的盗贼。淫，厉害的、奸邪的。寇，侵入的外敌。盗，强盗。

③ 退：阻、止。

④ 率径：即"术径"，大道与田间的小路。率，读若"术"。术，大道。径，小路。

⑤ 偕若信：都顺从并相信。偕，意同"皆"。"偕，俱也。"（《说文解字》，第 164 页。）若，顺、顺从。

⑥ 惑：通"或"。

⑦ 杜伯：周宣王大夫。

⑧ 周宣王：西周国君，姬静，厉王子，用兵西戎及荆楚淮夷之地，在位四十六年。

⑨ 其：当为"后"。

⑩ 田：同"畋"（tián），田猎、打猎。

⑪ 素车：没有装饰物的车子。

⑫ 弢（tāo）：弓套、弓衣。

⑬ 《春秋》：周代很多诸侯国（楚晋秦除外）的史书通称，由史官按编年记事而成。

⑭ 憯遫：惨烈而急速。憯（cǎn），通"惨"。遫，即"速"。以下"憯遫"同解。

⑮ 郑穆公：据先秦其他文献，此"郑穆公"当为"秦穆公"。秦穆公，

春秋时秦国国君，名任好，任用百里奚等为相，励精图治，向西灭国十二，遂霸西戎。

⑯ 鸟身：此前当有"人面"二字。（毕沅：《墨子注》（日本重刻本），第644页。）

⑰ 三绝：当为"玄纯"。"玄"与"三"、"纯"与"绝"形近而讹。（孙诒让：《墨子间诂》，第227页。）玄纯，黑色衣边。

⑱ 犇（bēn）：同"奔"。

⑲ 享女明德：欣赏你的美好德行。享，通"向"，心向、欣赏。明德，光明美好的德行。

⑳ 锡（xī）：作"赐"解。（《辞海》，第1719页。）

㉑ 句芒：古代传说中的主木之官，即木神。

㉒ 燕简公：春秋时燕国国君，平公子。

㉓ 祖：即"祖泽"或称"沮泽"，古泽名，时为燕国祭祀之所在。

㉔ 社稷：土神与谷神。此指祭祀土神与谷神的神社。

㉕ 桑林：古地名，当在宋国都城郊外，为祭祀之所在。

㉖ 云梦：古泽名。据《汉书·地理志》，云梦泽在南郡华容县南。（《汉书》，第666页。）大致在今湖北晋江一带。

㉗ 属：聚、合。

㉘ 宋文君：即春秋时宋文公鲍，又名鲍革，昭公弟。

㉙ 祏观辜："祝夜姑"三字之误。（孙诒让：《墨子间诂》，第230页。）祏，无注音，"祝"之误。祝，周代掌祭祀的官员，分大小祝。

㉚ 厉：即"祀公厉"。《礼记·祭法》："王为群姓立七祀"，"曰泰厉"；"诸侯为国立五祀"，"曰公厉"；"大夫立三祀"，"曰族厉。"（阮元校刻：《十三经注疏》，第1590页。）

㉛ 袜子：即"祝史"，祭祀时主告鬼神者，也可代鬼神传话于人。袜，"祝"的异体字。杖，挟、执。揖，"楫"之误。楫，桡木、曲木。

㉜ 珪璧：方玉与圆玉。

㉝ 选：读suàn，即"算"。

㉞ 荷襁：即"襁负""襁褓"。襁（qiǎng），同"襁"，束婴儿于背的

带子。

③⑤ 官臣：守官之臣。

③⑥ 槀（gǎo）：敲击。

③⑦ 齐庄君：即齐庄公，春秋时齐国国君，灵公子，名光。

③⑧ 王里国：治狱官大理名叫国的人。王里，即"国王治狱官的正职大理。"里，即"理"。理，治狱官。

③⑨ 中里徼（jiǎo）：治狱官副理名叫徼的人。

④⓪ 由谦杀之：想把两人都杀掉。由，作"欲"解。谦，同"兼"。（王念孙：《墨子杂志》，第118页。）

④① 乃使之人共一羊：于是让他们二人置办一只羊作为供品。"之人"，当为"二人"。共，同"供"，即"备办供品"。

④② 泏洫（chù xù）：当为"掘洫"。"泏同'掘'，穿也；洫，穴也。穿穴于地，以便埋牲。"（尹桐阳：《墨子新释》，载任继愈、李广星主编《墨子大全影印本第二十二册》，北京图书馆出版社2004年版，第203页。以下简称为"尹桐阳：《墨子新释》"。）

④③ 撎（yā）：同"剭"。剭（yā），用刀割颈，此指"宰杀"。

④④ 桃神之而槀之：附体的厉鬼往前敲击。桃（tiāo）神：庙中厉鬼，传可附于巫身做法事。之，往。槀（gǎo），敲击。

④⑤ 请品先：当为"诸盟矢"。盟矢，即"盟誓"。矢，《尔雅·释言》释为"矢，誓也"。（阮元校刻：《十三经注疏》，第2582页。）

④⑥ 董："谨"之误字。

④⑦ 高君子：当为"上士"之误。（孙诒让：《墨子间诂》，第234页。）

④⑧ 使亲者受内祀：使同姓诸侯建立祖庙祭祀先祖。亲者，天子同姓之国（即诸侯）。内祀，立祖庙祭祀祖先。

④⑨ 疏者受外祀：使异姓诸侯在郊、社进行山川四望的祭祀。疏者，异姓诸侯。外祀，郊祀、社祀。

⑤⓪ 故：当为"古"。

⑤① 祖：祖庙。

⑤② 其僇也必于社：他们行刑杀人必定在神社。僇，通"戮"，杀戮。

社，土神，此指土神之所。

㊼ 正坛：处于国都中心的祭场。正，中。

㊽ 菆位：当为"丛社"。（王念孙：《墨子杂志》，第121页。）建于丛林中用于祭神的祠庙。菆（zōu），即"叢"。

㊾ 祝宗：又称"宗伯"，掌祭祀之官，主掌宗庙昭穆之礼。

㊿ 必择六畜之胜腯肥倅，毛以为牺牲：当断句为"必择六畜之胜腯倅毛，以为牺牲"，意为"必定选择六畜中美盛、肥腴、毛色纯粹的作为牺牲"。胜，美盛。腯（tú），肥。倅，"粹"的假借字。粹，毛色纯。

㊼ 琮（cóng）：中圆虚、外八方的大瑞玉。璜（huáng）：半圆形玉。

㊽ 称财为度：以财力合适为标准。称，相称、合适。度，标准。

㊾ 芳黄：芳香成熟的嘉谷。芳，芳香。黄，嘉谷。

㊿ 与岁上下：酒食祭品随年景丰歉有所增减。

㊽ 选效：置备、完善。选，具。

㊽ 必以鬼神为：后脱"有"字。（王念孙：《墨子杂志》，第123页。）

㊽ 腐蠹：朽烂。腐，败。蠹（dǔ），木中蛀虫，转指被虫蛀。

㊽ 敬著以取羊：当为"敬威以取祥"。（毕沅：《墨子注》（日本重刻本），第650页。）著（jūn），通"威"。威，同"畏"。羊，读xiáng，吉祥。意为"敬畏它以求取吉祥"。

㊽ 慎无：当为"圣人"之误。

㊽ 周书《大雅》：即《诗经·大雅》。古人常称儒家尊奉的《诗》《书》《礼》《易》《春秋》五经为书。

㊽ 文王在上，于昭于天：文王神灵在天上，德行昭明天下。上，上天。昭，显明、光明。

㊽ 旧邦：周自后稷始封，已一千余年，故称"旧邦"。其命：令周兴旺并代商之命。维新：与"旧邦"相对，因是新近之事，故有此说。

㊽ 有周不显，帝命不时：有周大德彰显，天帝新命及时。不显、不时，"不"都作发语词，无实义。

㊽ 文王陟降，在帝左右：文王神灵升天，常在天帝左右相伴。陟（zhì），升。降，无实义。

⑦ 穆穆：威仪齐盛的样子。令问：即"令闻"，美誉、善誉。

⑦ 独鬼：单独记载关于鬼的事。独，单独。鬼，指说鬼、写鬼。

⑦ 《商书》：即今存《尚书·伊训》。不鬼：没有记载鬼。

⑦ 贞虫：即"征虫"。（孙诒让：《墨子间诂》，第239页。）"征虫"即昆虫。

⑦ 允及飞鸟：即"以及飞鸟"。允，以、用。

⑦ 比方：顺从法则。

⑦ 矧佳人面：何况是人。矧（shěn），何况。佳，读 wěi，古同"惟"。（王念孙：《墨子杂志》，第124页。）人面，指人。

⑦ 共允：即"恭允"，恭敬诚信。共，"恭"的假借字。允，诚、诚信。

⑦ 《夏书》：此指今《尚书》中的《夏书》。

⑧ 《禹誓》：今本《尚书》无此篇名，但与《尚书·甘誓》文字大致相同。

⑧ 甘：古代有扈国地名，在今陕西户县西。

⑧ 左右六人：指左右六卿。（孙诒让：《墨子间诂》，第240页。）

⑧ 有扈氏：古国名，夏朝始封，因不满夏王启袭位而反叛。威侮：蔑视侮慢。五行：原指金木水火土，转指仁义礼智信。三正：指天道、地道、人道。剿：绝、截。

⑧ 予非尔田野葆士之欲也：我并不像你们一样想得到土地和财宝。田野，土地。葆士，当为"葆玉"，即"宝玉"。（俞樾：《墨子平议》，第446页。）

⑧ 左不共于左，右不共于右，若不共命：左边的人不从左边进攻，右边的人不从右边进攻，就是不恭顺上天的命令。共于左、共于右，两"共"都作"攻"解，"共"是"攻"的假借字。共命，恭敬地服从命令。此"共"作"恭顺"解，"共"是"恭"的假借字。

⑧ 御非尔马之政：驾车的人不用正确的方法驾车。御，驾车。政，职分。

⑧ 事：当为"中"。（王念孙：《墨子杂志》，第126页。）中，平。

⑧ 周代祝社方：当为"用代祝社方"。（孙诒让：《墨子间诂》，第243

页。）意为“祝史代君王祭祀土地之神和四方之神”。代，代表君王。祝，祀。社，土地神。方，四方之神。

(89) 岁于社者考：当为“岁于祖若考”。（孙诒让：《墨子间诂》，第 243 页。）“社者”乃“祖若”的形讹字。意为“岁末祭祀祖考”。

(90) 若以为不然：据上下文，此五字当为衍文。（王念孙：《墨子杂志》，第 126 页。）

(91) 是以莫放幽间，拟乎鬼神之明显，明有一人畏上诛罚：孙诒让引戴望说，据上下文，此 21 字与下文大致重复，为衍文，当去。（孙诒让：《墨子间诂》，第 243 页。）

(92) 殃傲：当为“殃杀”。（吴毓江：《墨子校注》，第 371 页。）下句“殃傲”同解。

(93) 祥上帝伐元山帝行：本句为乱句，无确解。疑当为“祥上帝伐，抗上帝行”。（姜宝昌：《墨论训释》，第 523 页。）祥，“妖怪”。（上海涵芬楼刻印：《元本玉篇·卷一示部》，第 2A。）意为“妖魔化天帝的功劳，抗拒天帝的正道”。

(94) 九两：当为“九十两”。（孙诒让：《墨子间诂》，第 244 页。）两，兵车。按《周礼》“五五为两”，每两二十五人，汤伐夏桀如用九两二百二十五人，似为太少。九十两为二千二百五十人。

(95) 鸟陈雁行：古代作战阵式。意为“兵士排列成如鸟的阵式，像雁一样分行。”陈，读 zhèn，通“阵”。

(96) 乘大赞：登上大赞之地。乘，登。大赞，古地名，具体地望不详。

(97) 犯遂下众，人之蟜遂：当为“犯逐下众，入之郊遂”。（孙诒让：《墨子间诂》，第 245 页。）意为“汤攻打夏桀的部众，进入夏都郊外的道路”。犯，进攻。众，部众。蟜（jiǎo）遂，即“郊遂”，郊外的道路。遂，道路。

(98) 王乎禽推哆、大戏：当为“王手擒推哆、大戏”。（毕沅：《墨子注》（日本重刻本），第 655 页。）推哆，夏桀的佞臣，勇武过人。大戏，夏桀的力士。

(99) 昔：后当有“者”。

(100) 生列兕虎：列：古同“裂”。兕（sì），似牛而有一角的猛兽。意为“用手撕裂活着的凶兕与猛虎"。

⑩ 指画：用手比画、指点。

⑩ 兆亿：极言人数之多。古代十万为亿，万亿为兆。一兆同于现在十亿。

⑱ 侯盈厥泽陵：布满水泽山岭。侯，语助词，无实义。盈，满。泽陵，水泽、水乡。

⑭ 播弃黎老：尽弃耆老。播，布、遍。黎老，耆老。耆（qí），六十岁以上的人，特指品德高尚受人尊敬的老人。

⑮ 贼诛孩子：残杀幼儿。贼，残害。诛，诛杀。孩子，幼儿、小儿。

⑯ 楚毒：当为"焚炙"的形讹字。（王念孙：《墨子间诂》，第 128 页。）焚炙，火烧，此指殷纣王所用炮烙之刑。

⑰ 刳（kū）：剖破。剔：剥。

⑱ 庶国节：各同盟国受武王符节听命的军将。窥戎：窥伺军情。

⑲ 牧之野：即"牧野"，古地名，商都朝歌西南，在今河南淇县一带。

⑩ 费中、恶来：殷纣王的宠臣。百走：当为"皆走"。百，"皆"之误。

⑪ 万年梓株：当为"商王辛株"。商王辛，即殷纣王，辛为其名。株，"殊"的假借字。（吴毓江：《墨子校注》，第 376 页。）殊，"死也。"（《说文解字》，第 85 页。）

⑫ 崇侯虎：有崇氏国君，殷纣王宠臣。

⑬ 指寡：当为"指画"。"寡"为"画"之误。（孙诒让：《墨子间诂》，第 248 页。）

⑭ 《禽艾》：先秦古书。今存《逸周书·世俘解》，与本文所引有关。

⑮ 得玑无小，灭宗无大：行善必得福祥，不论所行善事多么渺小；作恶必遭灭绝宗族，不论其地位多么尊贵。玑，珠玑，转指被赐予的福禄。

⑯ 之：为衍字，当去。

⑰ 陈物：常理。物，事。

⑱ 姒（sì）：嫂。

⑲ 姒兄：当为"兄姒"。

⑳ 取：聚合、聚集。

⑫ 共：供奉。

⑫ 吾非乃今：当为"吾今乃非"。(孙诒让：《墨子间诂》，第 250 页。)

⑫ 臣：衍字。(孙诒让：《墨子间诂》，第 250 页。)

⑭ 交鬼之福：当为"交鬼神之福"。(苏时学：《墨子刊误》，第 325 页。)意为"与鬼神交往祈求赐福"。交，交往。

⑮ 若神有：当为"若鬼神有"，脱"鬼"字。(毕沅：《墨子注》(日本重刻本)，第 658 页。)

⑯ 弟兄：据上文，当为"兄姒"。

⑫ 尊：重视。明：明白示人。

【译文】

墨子说：等到从前三代圣明君王去世以后，天下失去道义，诸侯推崇以武力相征伐的政治，因而存在为人君的不施惠臣下、为人臣的不尽忠君上，为人父的不慈爱儿子、做儿子的不孝顺父亲，为人弟的不敬重兄长、为兄长的不爱护弟弟等不忠贞善良的现象。官府长官不努力处理政务，平民不努力从事农桑和百工制作。于是民众不免做出残暴、寇乱、盗贼的举动，他们把兵器、毒药、水火作为工具或手段，在大道和小路上拦截无罪的人，抢夺别人的车马衣裳占为己有。各种恶行一起发生并从此开端，于是天下变得混乱不堪。是什么原因造成了这种局面呢？当然是因为人们怀疑鬼神的存在与否，以及不明白鬼神能够奖赏贤能和惩罚残暴所造成的。现在如果使天下的人都顺从和相信鬼神能"赏贤罚暴"，那么天下又怎么可能出现混乱呢？

现在主张没有鬼神的人说："鬼神本来就是没有的"。他们不分早晚地用这个主张教化和迷惑天下的民众，使天下的民众都疑惑鬼神有与没有的区别，因此导致天下混乱。因而墨子说：现在的王公大人士君子，确实希望追求兴盛天下的利益、除去天下的祸害这个目标，那么对于鬼神有与没有的区别这一问题，我认为不可不明白地加以考察。

既然对于鬼神的有和没有的区别问题，认为不可以不加以考察，那么我们为了明察这个事情，将如何说明才可以呢？墨子说：这与天下人考察和了解某事有与无并没有区别，也就是必定根据众人亲耳听到、亲眼看到的事实作为判断有和无的标准。对于某事,确实有人听到看到,那么必定认为是有;没有人听见看见,那么必定认为是没有。既然是这样,那么为什么不进入一乡一里去询问那些民众呢?从古到今,自有百姓以来,如果也有人曾经看见过鬼神的形状,听到过鬼神的声音,那么又怎么可以说没有鬼神呢?如果没有人听到看到,那么又怎么可以说有鬼神呢?

现在主张没有鬼神的人说:天下传说听见或见过鬼神这种东西的人,多得不可计算,而又有谁真正听过鬼神的声音、见过鬼神的形状呢?墨子说:如果用众人同时看到和同时听到来判定鬼神的有和没有,那么从前的杜伯就是一个例证。周宣王诛杀了无罪的大臣杜伯,杜伯临死前说:"我本无罪而被我的君王杀害,如果人死后没有知觉也就罢了,如果人死后还有知觉,那么不超过三年,必定让我的君王知道滥杀无辜的后果"。到了第三年,周宣王会合诸侯在王家园林中打猎,打猎的车子有几百辆,随从臣子兵将几千人,打猎和围观的人漫山遍野。正午时分,杜伯乘坐白马素车,穿红衣,戴红帽,手拿红弓,挟着红箭,追上周宣王,向车上射箭,正中周宣王后心,以致宣王折断脊背倒在车中,伏在弓套上死去了。就在这个时候,跟随周宣王打猎的臣民没有谁看不到,远方的人也都听说了,这件事还记载在周王朝史书《春秋》上面。为人君王的用这个事例教训他的臣子,为人父亲的用这个事例来告诫他的儿子,都说:"要警戒啊,谨慎啊!凡是杀害无罪的,一定会得到不吉祥。鬼神的诛杀惩罚,竟是如此惨烈而迅速!"从这本书的说法来看,那么鬼神的存在难道还可以怀疑吗?

并不只是这本书上说的是这样。从前秦穆公在白天中午时分正在庙堂内,有一神人入门后向左走来,人面鸟身,身穿缀有黑边的素服,脸型是正方的。秦穆公见状,十分恐惧,于是奔逃躲避。神人却对他说:"不用害怕!天帝欣赏你美好的德行,让我来宣布赐予你增加十九年的寿命,并让你的国家繁荣昌盛,子孙兴旺,望小心不要有失。"秦穆公跪拜了两次,又叩头至地问道:"敢问神人大名?"神人回答说:"我是木神句芒。"如果以秦穆公亲眼所见作为标准,那么世上有鬼神这事,难道还可以怀疑吗?

并不只是这本书上说法是这样。从前燕简公杀害了他的无罪的臣子庄子仪,庄子仪死前说:"我的君王杀了无罪的我,死人没有知觉也就罢了,如果死人仍有知觉，那么不超过三年，必定让我的君王知道滥杀无辜的后果。"庄子仪死后一周年，燕人将要到祖泽去举行祭祀。燕国有祖泽祭祀，相当于齐国的社稷祭祀、宋国的桑林祭祀以及楚国的云梦祭祀。这些祭祀的场所，同时也是众多的男女聚会游观的地方。正午时分，燕简公正在乘车驰往祖泽的路上，不料庄子仪举起红色的木杖向他打过来，他就仆倒在车上死去了。当这个事发生的时候，跟随燕简公的随从臣子兵将没有看不见的，远方的民众也都听说了，并且这个事情还被记载在燕国史书《春秋》上。诸侯们互相传告说："凡是杀害无辜的，他必定会得到不吉祥；鬼神的惩罚诛杀，竟是如此地惨烈和迅速！"从这本书的说法来看，那么世间鬼神的存在，难道还可以怀疑吗？

并不只是这本书的说法是这样。从前宋文公鲍革主政的时候，有一位臣子叫祝夜姑，他曾经在国君的神祠中主持祀厉这类大事。有一次，厉鬼附身的祝史拄着曲木走出来对祝夜姑说："夜姑，为什么用于祭祀的方玉和圆玉的尺寸和数量都不符合礼制的标准？用于祭祀的酒食供品不洁净？用于祭祀的牛羊猪等牺牲体态不全而且不够肥腴？还有春秋冬夏四时祭祀的计算不准时？难道这事不是你做的吗，或者是国君鲍革所做的？"祝夜姑回答说："鲍革那时年幼弱小，还在褓褓之中，哪里能参与并了解这些事，都是守官之臣夜姑我一人所为。"祝史于是举起木棍向祝夜姑敲去，把他打死在神坛上。当这事发生的时候，在场的宋国随从的人没有看不见的，远方的民众也都听说了，并且被记载在宋国《春秋》上。诸侯们都相互传告说："对于那些不恭敬谨慎地举行祭祀的人，鬼神的惩罚和诛杀，竟是如此地惨烈和迅速！"从这本书的说法来看，世间鬼神的存在，难道还可以怀疑吗？

并不只是这本书的说法是这样。从前齐庄公的两个臣子名叫王里国和中里徼，他们作为治狱官，却打了三年官司都无法判决。齐庄公想把他们都杀掉，又怕杀了无罪的人；想把他们二人都释放了，又担心放走了有罪的人，最后决定让他们二人供给一只羊，到齐国的神庙里盟誓立约，二人答应了。于是挖了一个坑，杀了羊把羊血洒到坑里。王里国誓词已读完，中里徼誓词还没有读到一半，那只被杀的羊忽然跳起来用羊角顶撞中里徼，一下子把他的脚撞断了。厉鬼附体的祝史认为神的意志已明白地呈现出来，就上前敲击中里徼，把他打死在盟誓的神社里。当时在场的各国随从没有看不见的，远方的人也都听说了，这个事还被记载在齐国的史书《春秋》上。对这件事，诸侯们相互传告并且说："各种盟誓凡是不以诚心讲实话的，鬼神的惩罚诛杀，竟是这样的惨烈和迅速！"从这本书的说法来看，世间鬼神的存在，难道还可以怀疑吗？因此墨子说：即使在深溪密林、幽僻无人的地方，做事也不能不谨慎，因为鬼神在一旁注视着。

现在主张没有鬼神的人说，仅凭众人耳闻目见的情形，又怎么能够决断疑难问题呢？为什么希望成为天下上士君子的人却又相信众人耳闻目见的情形呢？墨子说：如果认为仅凭众人耳闻目见的情形，不值得相信，也不能决断疑难，不知道像三代圣明的君王唐尧、虞舜、夏禹、商汤、周文王、周武王所做的事情，是否可以作为行事的法则呢？对于这个问题，具有中等以上智力的人都会说："从前三代圣明君王的行事，足以作为行事的法则。"如果从前三代圣明君王的行事可以当作行事的法则，那么我们就姑且尝试向上考察圣王如何行事好了。从前，周武王在攻伐殷商、诛杀纣王之后，让诸侯分掌祭祀说："让同姓诸侯建立祖庙祭祀祖先，让异姓诸侯掌管山川四望的祭祀。"由此可知，武王必定认为鬼神是存在的，因此在攻殷伐纣之后，才使诸侯分掌先祖和山川四望的祭祀。如果世间鬼神不存在，那么周武王又为什么分派诸侯们主持祭祀大事呢？

并不只是周武王的事情是这样的。古代圣王进行奖赏必定要在祖庙里进行。为什么要在祖庙里进行奖赏呢？就是敬告先祖分赏的平均和无偏心。在神庙里进行惩罚诛杀又是为什么呢？就是敬告神明听狱判案的公正无私。并不只是这本书上是这样说的。从前夏商周三代的圣王，在开始建国定都的时候，必定选定国都正中的地方作为祭祀的地方，用来设立神祠；必定选择国家中慈惠、孝顺、忠贞、善良的父兄，作为执掌祭祀大事的太祝和宗伯；必定选取那些美盛、肥腯、毛色纯粹的家畜，来作为牺牲祭品；必定置备方玉、圆玉、大瑞玉和半圆玉等祭祀玉器，以财力适合为度；必定选择芳香成熟的五谷，作为酒食祭品，而且酒食祭品置办多少，要按年景的好坏有所增减。古代圣明的君王治理天下，必定先考虑祭祀鬼神的大事，尔后才考虑人事，就是因为鬼神存在这个道理。而且官府置办物品，必定先要准备好祭器与祭服，并全部收藏在府库中；太祝和宗伯等祭祀官员都站立在朝堂上，用于祭祀牺牲的牲畜不能与那些普通的牲畜混杂在一起。古代的圣王就是这样治国理政的。

古代圣明的君王必定认为鬼神是存在的，因而他们侍奉鬼神才这么笃厚。他们又担心后世子孙不了解这些情况，所以就记载在竹帛上，传流给后世子孙。又担心竹帛遭到腐蚀和虫蛀而失传，以致后世子孙不能记住，于是又雕记在盘盂器皿上，刻写在青铜、玉石器物上，以示对此高度重视。在先王的书中，在圣人的哪怕是一尺帛书和一篇文章中，都多次说到鬼神的存在，重申了又重申，这是什么原因呢？当然是因为圣王特别致力于敬奉鬼神的事情。现在主张没有鬼神的人说：鬼神本来就是没有的。那么，这就是反对圣王极力从事的敬奉鬼神的事情。反对圣王所极力从事的事情，这就不是君子所应当坚持的道术。

现在主张没有鬼神的人说："在先王的书中，在圣人的哪怕一尺布帛、一篇文章中，都多次说到鬼神的存在，重申了又重申，但不知是哪一本书上有这样记载呢？"墨子说：《诗经·大雅》就有类似的记载。《大雅·文王》说："文王神灵在天，德行昭明天下。周自后稷封建已有千年，现在终受天帝赐予的代商新命。有周大德彰明显著，天降新命正逢其时。文王神灵冉冉升天，常在天帝左右相伴。盛仪庄严的周文王，美好声名永远流传。"假如鬼神并不存在，那么文王既然已经去世了，又怎么可能伴随在天帝左右呢？这就是我知道《周书》有鬼神记载的原因所在。

如果仅有《周书》记载鬼神之事，而《商书》却没有鬼神的记载，那么还不足以当作鬼神存在的证据。那么就姑且尝试往前考察一下《商书》的有关的记载吧。《尚书·伊训》写道："唉！当古代夏朝还没有出现祸乱的时候，百兽昆虫，以及飞鸟，没有不顺从法则而行的。何况是人类，怎么敢有异心？山川鬼神也没有不敢安宁的。如能恭敬诚信，就可达到天下协合，常保国土而不失。"考察山川鬼神不敢不安宁的原因，就是为了辅佐大禹，为他谋划治国大事。这就是我知道《商书》有鬼神记载的原因所在。

如果只有《商书》记载鬼神之事，而《夏书》却没有鬼神的记载，那么这也不足以作为鬼神存在的证据。那么我们姑且尝试往前考察《夏书》的记载吧。《夏书·甘誓》写道："一场大战将在甘地展开，王于是命令左右六卿走下祭坛到中军聆听战前誓言。王说：'有扈氏蔑视、侮慢仁义礼智信，轻视并背弃天道、地道和人道，天帝于是截断和灭绝了他的天命。'又说：'在中午时分，我将与有扈氏在这里争夺今天的生死，而且你们卿大夫和平民都应该知道，我与有扈氏的争夺，并不是与你们一样，贪图他的土地和财宝，我只是恭行天命对有扈氏加以惩罚。战车左边的人如果不努力向左方进攻，右边的人不努力向右方进攻，那就是你们不恭行天命；驾车的如果不按职责驾驭好你的战马，就是你们不恭行天命。因为这个原因，我必定在祖庙进行赏赐，在神社进行诛戮。'"在祖庙里进行赏赐是为什么呢？就是敬告先祖赏赐的均平和公正；在神社里进行诛戮又是为什么呢？就是敬告神明听讼判案的公正无私。由此可知，古代圣明君王必定认为鬼神能够赏赐贤人而惩罚恶人，于是规定赏赐必定在祖庙、诛罚必定在神社里进行。这就是我知道《夏书》有鬼神记载的原因所在。可见最早有《夏书》，以后有《商书》《周书》，都多次说到有鬼神存在的事实，重申了又重申。这样反复申明的原因是什么呢？当然是因为圣王极力从事于敬奉鬼神的事。从这些先王典籍的说法来看，对于世间鬼神的存在，怎么还可以加以怀疑吗？

古书上还记载说："吉日丁卯，祝史代替君王祭祀土神和四方之神，岁中又祭祀祖先，以此祈求延年益寿。"假如鬼神不存在，他们又向谁祈求延年益寿呢？因此，墨子说：对鬼神能奖赏贤能而惩罚恶人的说法，本来就可以实施于国家、实施于万民，这确实是治理国家、惠利万民的好方法。对于官吏治理官府不廉洁，男女行为混乱而没有分别，鬼神当然能看见；民众做出残暴、寇乱、盗贼的举动，用兵器、毒药、水火作为工具和手段在道路上拦截无罪的人，抢夺别人的车马衣裳占为己有，鬼神也都能看见。由于鬼神监察，官吏治理官府不敢不廉洁，发现善人不敢不奖赏，发现恶人不敢不惩罚，而那些民众做出的残暴、寇乱、盗贼的举动，以及用兵器、毒药、水火作为工具和手段在道路上拦截无罪的人，抢夺别人的车马衣裳占为己有的恶行，从此就会停止，于是天下就会得到治理。

鬼神明察秋毫，不会被幽僻的山涧、广阔的水泽、高山密林和深陡的谷地所蒙蔽，鬼神必能明察而详知；鬼神的惩罚，也不会因为富裕尊贵而且人多势众、勇敢凶猛、铠甲坚固、兵器锐利而被阻止，鬼神的惩罚必定能战胜这一切。如果认为事实不是这样的，那么请看从前夏桀的故事。夏桀贵为天子，富有天下，但他对上诉骂天帝、侮慢鬼神，对下祸害残杀天下万民，妖魔化天帝的功劳，抗拒执行天帝的正道。在这种情况下，天帝就命令商汤对夏桀给予惩罚。商汤用战车九十辆，排列成鸟阵雁形的阵势，乘车登上大赞高地，攻击和追逐夏桀的部众，进入夏国都城郊外的道路，并亲手擒获了夏桀的佞臣推哆和力士大戏。可见从前夏桀贵为天子，富有天下，又有勇力过人的推哆、大戏，可活活撕裂凶兕和猛虎，用手指点就能杀人，还有可以布满广大的水乡和山陵、兆亿之多的民众，然而这些都不能用来抵御鬼神的诛杀和惩罚。这些就是我说的鬼神的惩罚，不可凭借富裕尊贵、人多势大、勇猛强悍、铠甲坚固和兵器锐利，就可以抗拒的理由。

不只夏桀是这样的，从前商纣贵为天子，富有天下，却对上辱骂天帝，侮慢鬼神，对下祸害残杀天下的民众，大量遗弃老人，残害杀死幼儿，炮烙无罪的人，剖剥孕妇，以致故旧友人和鳏夫寡妇，无不痛苦喊叫而申告无门。就在这种情况下，天帝派遣武王对商纣给予公开的惩罚。武王用精选的兵车一百辆，勇猛武士四百人，并先于各同盟国受符节听命于武王的军将到前线伺察军情，后与殷纣在商都郊外牧野展开激烈战斗。武王亲手擒获了纣王的宠臣费仲、恶来，殷纣的兵众纷纷背叛逃走。武王一路追逐并奔入王宫，纣王此时已自焚身亡，武王于是折断纣王的首级并把它悬挂到红色的旗饰上，并用白色布帛承载纣王的尸体，用以表明纣王已被天下诸侯所诛杀。可见从前的商纣虽然贵为天子、富有天下，又有勇力过人的大臣将军费仲、恶来、崇侯虎，用手指点就能杀人，还有兆亿之多的广大民众，可以布满广大的水泽和山陵，但不能凭借这些来抵御鬼神的诛杀和惩罚。这就是我所说的鬼神的惩罚，不可凭借富裕尊贵、人多势大、勇猛强悍、铠甲坚固和兵器锐利加以抗拒的理由。况且古书《禽艾》也有记载说："行善必得福禄吉祥，不论善事有多么微小；作恶必灭绝宗族，不论作恶者的地位有多么尊贵。"这句话就是说：鬼神实行奖赏，无论多么微小的善都会奖赏；鬼神实行惩罚，无论作恶者的地位多么尊贵也会予以惩罚。

现在主张没有鬼神的人说：这样做或许不符合父母的利益，而不利于做一个孝子吧？墨子说：古代和现代被称作鬼神的，是没有其他例外的，大致上可有天鬼，也有山水鬼神，还有人死后成为鬼的。现在有的儿子比他的父亲先死去，也有弟弟比他的兄长先死去，即便有这些情况，但按照天下的常理，还是要说先生者会先死。如果普遍都是这样，那么先死的不是父亲就是母亲，不是兄长就是嫂子。现在备办洁净的酒食祭品，来恭敬谨慎地进行祭祀。假如鬼神真的存在，这就是请回他的父母兄嫂来饮食，这难道不是很有好处吗？假如鬼神确实没有，这不过就是破费一些用来置办酒食祭品的钱财罢了。况且从这些花费来看，也不是特别把它们倾注到沟壑里，而是内请宗族人，外请乡里人，使他们都能同赴筵席得享美食。即使鬼神确实没有，这样做也可以群聚联欢，使宗亲和同乡人得以聚会。

现在主张没有鬼神的人说："鬼神这种东西本来就没有，所以不必支付用于酒食祭品的钱财。我们现在并不是吝惜花在酒食祭品上的那点钱财，而是不知道这样做会得到什么？"他们所说的这种话，应该说对上忤逆了圣明君王写在典章上面的教诲，对内忤逆了民众作为孝子应当具备的德行，而他们还想成为天下的高尚人士，这确实不是要成为天下高尚人士应遵守的常道。于是墨子说，现在我们祭祀鬼神，绝不是直接把酒食供品倾注到沟壑里丢弃，而是对上与鬼神交往祈请鬼神赐福，对下聚众联欢，把宗亲和同乡聚合在一起，增进宗族和同乡的情谊。如果鬼神确实存在，这无疑请回了父母兄嫂，让他们得到饮食供养，这难道不是天下的好事吗？

墨子说：当今天下的王公大人士君子，心中确实希望追求兴办天下的利益，除去天下的祸害，对这个鬼神存在的大事，不可不加以重视并明白地告诉世人，这才是圣明君王应遵循的道术。

第九论　非　乐

【导语】

《非乐》原有三篇，现仅存上篇。《非乐上》与《三辩》共同表达了墨子的"非乐"思想。墨子"非乐"，主要是对音乐的非难与谴责，同时也反对贵族统治者沉溺于美味、美色等享乐的思想行为。

面对当时"礼崩乐坏"的局面，恢复和光大西周礼乐制度，是孔子及其儒家的主要社会政治理想，因而儒家大力倡导"诗、书、礼、乐"的教育和宣传，并把它们作为教化万民、施行"仁政"的主要手段。而墨子、墨家则针锋相对地加以反对。在墨子列举的"儒之道足可以丧天下"的"四政"中，就有"弦歌鼓舞、习为声乐"，足见墨子对"非乐"的重视。

墨子之所以"非乐"，主要理由有二：一是"为乐"不符合天下万民的利益。兴盛天下万民的利益、除去天下的祸害，这是墨子治国理政的根本理念和要求，而大肆"为乐"则与此相背离。二是"为乐""不中圣王之事"。考察圣王典籍记载，古代圣王虽然允许有一定的音乐活动，但反对无节制的"为乐"活动。

但是必须看到，墨子、墨家单纯从节约和增加衣食之财这一社会功利的角度"非乐"，是具有明显片面性的。从古到今，音乐都具有陶冶性情、启迪民智、教化人民、协和官民关系等社会功能，在治国理政中一直发挥重要作用，这一点毋庸置疑。

第二十篇 非乐上

【题解】

　　本篇共分十段。墨子之所以"非乐"，是因为"为乐"背离了"兴天下之利、除天下之害"的墨子治国理政的根本宗旨，不符合天下万民的利益。墨子指出，在人民饥寒并至的情况下，王公大人等贵族统治者纵情于音乐享受，必加重人民的负担和痛苦。首先，制造乐器要浪费大量财物。其次，演奏音乐需要大批乐师、歌者和舞蹈者。最后，欣赏音乐一方面要占用王公大人士君子的从政时间，又会占用劳动者的生产时间，"上不能听治，下不能从事"，损害民众的"衣食之财"，必致天下混乱。此外，墨子还认为，"为乐""不中圣王之事"，古代圣王明确反对过分无节制的"为乐"活动。

【原文】

　　子墨子言曰：仁之事者①，必务求兴天下之利，除天下之害，将以为法乎天下。利人乎，即为；不利人乎，即止。且夫仁者之为天下度也，非为其目之所美，耳之所乐，口之所甘，身体之所安，以此亏夺民衣食之财，仁者弗为也。

　　是故子墨子之所以非乐者，非以大钟鸣鼓②、琴瑟竽笙③之声以为不乐也，非以刻镂华④文章⑤之色以为不美也，非以犓豢煎炙⑥之味以为不甘也，非以高台厚榭⑦邃野⑧之居以为不安也。虽身知其安也，口知其甘也，目知其美也，耳知其乐也，然上考之不中圣王之事，下度之不中万民之利，是故子墨子曰：为乐非也。

　　今王公大人虽无造为乐器，以为事乎国家，非直掊潦水⑨、折壤坦⑩而为之也，将必厚措敛乎万民，以为大钟鸣鼓、琴瑟竽笙之声。古者圣王亦尝厚措敛乎万民，以为舟车，既以成矣，曰："吾将恶许用之？"曰："舟用之水，车用之陆，君子息其足焉，小人休其肩背焉。"故万民出财赍⑪而予之，不敢以为戚恨者，何也？以其反中⑫民之利也。然则乐器反中民之利亦若此，即我弗敢非也。然则当用乐器譬之若圣王之为舟车也，即我弗敢非也。

民有三患，饥者不得食，寒者不得衣，劳者不得息，三者民之巨患也。然即当为之撞巨钟、击鸣鼓、弹琴瑟、吹竽笙而扬干戚⑬，民衣食之财将安可得乎？即我以为未必然也。意舍此。今有大国即攻小国，有大家即伐小家，强劫弱，众暴寡，诈欺愚，贵傲贱，寇乱盗贼并兴，不可禁止也。然即当为之撞巨钟、击鸣鼓、弹琴瑟、吹竽笙而扬干戚，天下之乱也，将安可得而治与？即我未必然也⑭。是故子墨子曰：姑尝厚措敛乎万民，以为大钟鸣鼓、琴瑟竽笙之声，以求兴天下之利，除天下之害，而无补也。是故子墨子曰：为乐非也。

今王公大人惟毋处高台厚榭之上而视之，钟犹是延鼎⑮也，弗撞击将何乐得焉哉？其说将必撞击之。惟勿撞击，将必不使老与迟者，老与迟者耳目不聪明，股肱不毕强，声不和调，明不转朴⑯。将必使当年，因其耳目之聪明，股肱之毕强，声之和调，眉⑰之转朴。使丈夫为之，废丈夫耕稼树艺之时；使妇人为之，废妇人纺绩织纴之事。今王公大人唯毋为乐，亏夺民衣食之财以拊乐⑱如此多也。是故子墨子曰：为乐非也。

今大钟鸣鼓、琴瑟竽笙之声既已具矣，大人⑲镛然⑳奏而独听之，将何乐得焉哉？其说将必与贱人不与君子㉑。与君子听之，废君子听治；与贱人听之，废贱人之从事。今王公大人惟毋为乐，亏夺民之衣食之财以拊乐如此多也。是故子墨子曰：为乐非也。

昔者齐康公兴乐《万》㉒，万人不可衣短褐㉓，不可食糠糟㉔，曰："食饮不美，面目颜色不足视也；衣服不美，身体从容丑羸㉕，不足观也。"是以食必粱肉，衣必文绣㉖。此掌㉗不从事乎衣食之财，而掌食乎人者也。是故子墨子曰：今王公大人惟无为乐，亏夺民衣食之财以拊乐如此之㉘也。是故子墨子曰：为乐非也。

今人固与禽兽麋鹿、蜚㉙鸟、贞虫异者也。今之禽兽麋鹿、蜚鸟、贞虫，因其羽毛以为衣裘，因其蹄蚤㉚以为绔屦㉛，因其水草以为饮食。故唯使雄不耕稼树艺，雌亦不纺绩织纴，衣食之财固已具矣。今人与此异者也，赖其力者生，不赖其力者不生。君子不强听治，即刑政乱；贱人不强从事，即财用不足。今天下之士君子以吾言不然，然即姑尝数天下分事，而观乐之害。王公大人蚤朝晏退，听狱治政，此其分事也；士君子竭股肱之力，亶㉜

其思虑之智，内治官府，外收敛关市、山林、泽梁之利，以实仓廪府库，此其分事也；农夫蚤出暮入，耕稼树艺，多聚叔㉝粟，此其分事也；妇人夙兴夜寐，纺绩织纴，多治麻丝葛绪，絪布縿㉞，此其分事也。今惟毋在乎王公大人说乐㉟而听之，即必不能蚤朝晏退，听狱治政，是故国家乱而社稷危矣。今惟毋在乎士君子说乐而听之，即必不能竭股肱之力，亶其思虑之智，内治官府，外收敛关市、山林、泽梁之利，以实仓廪府库，是故仓廪府库不实。今惟毋在乎农夫说乐而听之，即必不能蚤出暮入，耕稼树艺，多聚叔粟，是故叔粟不足。今惟毋在乎妇人说乐而听之，即不必能夙兴夜寐，纺绩织纴，多治麻丝葛绪，絪布縿，是故布縿不兴。曰：孰为大人之听治而废国家之从事㊱？曰：乐也。是故子墨子曰：为乐非也。

何以知其然也？曰先王之书汤之《官刑》㊲有之。曰："其恒舞于宫，是谓巫风㊳。其刑，君子出丝二卫，小人否，似二伯《黄径》㊴。"乃言曰："呜乎！舞佯佯㊵，黄言孔章㊶，上帝弗常㊷，九有㊸以亡。上帝不顺，降之百殊㊹，其家必坏丧。"察九有之所以亡者，徒从饰乐也。于《武观》㊺曰："启乃㊻淫溢康乐，野于饮食㊼，将将铭㊽，苋磬以力㊾，湛浊于酒㊿，渝⑤⓵食于野，万舞翼翼㊾，章闻于大㊾，天用弗式㊾。"故上者天鬼弗戒㊾，下者万民弗利。

是故子墨子曰：今天下士君子，请将欲求兴天下之利，除天下之害，当在乐之为物，将不可不禁而止也。

【注释】

①仁之事者：当为"仁人之事者"。（吴毓江：《墨子校注》，第383页。）

②大钟："大钟谓之镛。"（《说文解字》，第297页。）鸣鼓：响鼓。

③琴：弹拨弦乐器名，五弦或七弦。瑟：弹拨乐器名，二十七弦。竽：吹奏管乐器名，三十六簧。笙：吹奏管乐器名，十三簧。

④华：为衍字。（毕沅：《墨子注》（日本重刻本），第659页。）

⑤文章：美丽的彩色和花纹。

⑥犓豢：代指牛羊猪狗。煎炙：烹饪方法。煎，用油烧熟。炙，烤熟。

⑦厚榭：宏榭。厚，大。榭，建在高台上的房屋。

⑧ 邃野：深远的屋宇。邃，深远。野，"即宇字也"。（王念孙：《墨子杂志》，第 130 页。）宇，屋宇。

⑨ 掊潦水：用手捧雨水。掊（póu），收拢五指捧取。潦水，雨水。潦，读 lǎo，古同"涝"。

⑩ 折壤坦：折，通"哲"，读 zhì，即"掷"。坦，读"坛"，土。意为"掷一把土。"

⑪ 贶（兀）：送物予人。

⑫ 反中：反而符合。

⑬ 干戚：盾牌斧钺。干，盾。戚，斧、钺。

⑭ 即我未必然也：当为"即我以为未必然也"。

⑮ 延鼎：即"覆鼎"，倒扣鼎。延，从上覆盖。

⑯ 明不转朴：当为"明不转抃"。明，指"目"。朴，"抃"的形讹字。抃，"变"的假借字。意为"目光呆滞不能转动"。

⑰ 眉：通"明"。（毕沅：《墨子注》（日本重刻本），第 661 页。）

⑱ 拊（fú）：拍、击。

⑲ 大人：据上文，"大人"前当有"王公"二字。（毕沅：《墨子注》（日本重刻本），第 661 页。）

⑳ 鏽然：即"肃然"。鏽（xiu），当为"肃"的繁体字。（于省吾：《墨子新证》，载任继愈、李广星主编《墨子大全影印本第四十四册》，北京图书馆出版社 2004 年版，第 95 页。以下简称为"于省吾：《墨子新证》"。）或为"肃"的形讹字。

㉑ 必与贱人不与君子：当为"不与君子必与贱人"。

㉒ 齐康公兴乐《万》：齐康公喜好大型舞蹈剧《万》。齐康公，战国时齐国国君，平公孙，后被田和迁于海滨。兴，喜好。《万》，即"万舞"，古代舞名，参加演出的人数众多。

㉓ 短褐：当为"裋褐"。裋褐（shù hè），粗布衣。

㉔ 糠糟：谷皮酒渣，喻指粗劣食物。

㉕ 身体从容丑赢：当为"身体从容"，"丑赢"为衍文。（王念孙：《墨子杂志》，第 131 页。）

㉖纹绣：华彩，喻指鲜丽的衣服。

㉗掌：与"常"通假。下句"而掌食乎人者也"之"掌"同解。

㉘之：当为"多"。

㉙蜚：同"飞"。

㉚蚤：古同"爪"。（毕沅：《墨子注》（日本重刻本），第662页。）

㉛绔屦：裤子、鞋子。绔：kù，同"袴"、"裤"。屦：jù，用麻葛做成的鞋。

㉜亶（dàn）：同"殚"，竭尽。

㉝叔："与菽同"。（王念孙：《墨子杂志》，第132页。）菽，豆类。

㉞絪布繺：织布帛。絪，织。繺（shān），"缲"（sāo）的俗字。缲通"绡"（xiāo），生丝绢。

㉟说乐：即"悦乐"。以下三个"说乐"同解。说通"悦"，作"悦"解。

㊱孰为大人之听治而废国家之从事：此为杂糅句。据上下文，应改为"孰为废大人之听治、贱人之从事"。意为："是谁让王公大人废弃了治国理政，让百姓废弃了衣食劳作？"

㊲《官刑》：商汤所制的刑法。

㊳恒：常。巫：行鬼神之事的人。巫风：侍奉鬼神的风气。

㊴君子出丝二卫，小人否，似二伯《黄径》：此疑为乱文。当为"君子出丝二卫，小人否，似二帛"，"黄径"应转入下文。意为"君子交出两束丝，小人加倍，交两匹帛"。卫，"纬"的假借字。纬，束。（毕沅：《墨子注》（日本重刻本），第664页。）否，当为"倍"。（孙诒让：《墨子间诂》，第260页。）似，通"以"。伯，通"帛"。《黄径》，《尚书·泰誓》别称。

㊵舞佯佯：据《诗经·鲁颂·閟宫》，当为"万舞洋洋"。（阮元校刻：《十三经注疏》，第615页。）意为"《万》舞场面盛大，乐人众多"。

㊶黄言孔章：当为"其言孔章"。（孙诒让：《墨子间诂》，第260页。）黄，"其"的形讹字。孔，很，甚。章，响亮。意为"乐音十分响亮。"

㊷上帝弗常：上帝对"为乐"不崇尚。常，通"尚"。尚，推崇。

㊸九有：九域、九州，转指天下。

㊹ 殃：即“殃”，灾难。

㊺《武观》：夏朝逸书，记叙夏王启季子武观荒唐放纵之事。

㊻ 启乃：为“启子”之误。

㊼ 野于饮食：即“饮食于野”。

㊽ 将将铭：当为“将将锽锽”。（孙诒让：《墨子间诂》，第 262 页。）铭，“锽”的形讹字。“将将锽锽”皆奏乐发出的乐声。

㊾ 苋磬以力：当为“筦磬以方”。（孙诒让：《墨子间诂》，第 263 页。）苋，“筦”的形讹字。筦（guǎn），即“管”。磬（qìng），古代打击乐器，用玉或石做成。方，并作。意为“吹奏和打击的乐声并作”。

㊿ 湛濁于酒：沉迷昏乱于酒中，湛，沉。濁，乱。

(51) 渝：通“偷”。偷，苟且、随便。

(52) 翼翼：通“奕奕”，悠闲安然。

(53) 大：当为“天”。

(54) 天用弗式：天帝因而不作为准则。用，以。式，法则。

(55) 戒：当为“式”之误。

【译文】

墨子说：仁人所做的事情，一定是尽力去追求兴盛天下的利益，除去天下的祸害，并将这一条作为天下行事的法则。有利于民众的就去做，不利于民众的就停止。并且仁人为天下所考虑的，不是为了自己贪图眼睛所看到的美好、耳朵所听到的欢乐、口舌所尝到的甘美和身体所感到的安逸；如果因为这些享受而去损害和掠夺百姓用来生存的衣食财用，仁人是决不会去做的。

墨子之所以反对“为乐”，并不是他认为大钟、响鼓、琴瑟、竽笙的乐声不好听，不是因为雕刻多彩的纹饰不艳丽，不是因为煎烤的牛羊猪狗等肉味不甘美，不是因为高台宏榭、深屋大宅的住处不安逸。尽管他的身体感知到居住的安逸，口舌感知到食物的甘美，眼睛感知到华彩的艳丽，耳朵感知到乐音的愉悦，但是向上考察这样做不符合圣明君王的行事规则，向下思虑也不符合万民的利益，所以墨子说“为乐”是错误的。

现今的王公大人制作乐器，用来服务于国家，并不是像捧一把雨水、抛掷一些泥土那样简单，必定要向广大百姓加重征收赋税，方可制成大钟、响鼓、琴瑟、竽笙等乐器。古代的圣王也曾向广大百姓征收很重赋税造成船和车。在车船造好后，他们自问："我将把它们用在什么地方呢？"回答是："船在水里用，车在陆地上用。这样君子可歇息腿脚，小人也可休息一下肩背。"于是天下百姓缴纳赋税给圣王，不会对此忧愁和怨恨。原因是什么呢？因为圣王制作船和车，尽管加征赋税，反而合乎百姓的利益。如果制作乐器也像制作车船一样，合乎百姓的利益，那么我是不敢妄加非难的。换言之，如果王公大人尝试着使用乐器，就好比圣王使用车船一样，那么我也是不敢非难的。

现在百姓有三种忧患：饥饿的人得不到食物，寒冷的人得不到衣服，劳累的人得不到休息；这三者是百姓巨大的忧患。既然如此，那么就尝试着为他们撞大钟、敲响鼓、弹琴瑟、吹竽笙、执盾牌和斧钺起舞，百姓的衣食财用就可以在这里得到解决吗？我认为未必能解决。或者抛开这个问题不说，且说现在大国就要攻伐小国，大家族就要攻伐小家族，强大的劫持弱小的，人多的暴虐人少的，有智谋的欺骗愚笨的，高贵的傲视低贱的，寇扰内乱偷盗贼害的恶事同时发生，不能禁止，那么尝试着针对这些祸患撞巨钟、敲响鼓、弹琴瑟、吹竽笙、执盾牌和斧钺起舞，天下的混乱将会由此得到治理吗？我认为未必能够得到解决。墨子说：姑且尝试对广大百姓加重收取赋税，用来做大钟、响鼓、琴瑟、竽笙等乐器，然后追求兴盛天下的利益、除去天下的祸害这一目标，同样也是不可能的。因此，墨子说"为乐"是错误的。

现在王公大人身处高高的台榭上向下看去，大钟就像倒扣着的鼎一样，如果不加以撞击，从这里又能得到什么乐趣呢？这样说来就一定要撞击它。只是撞钟这件事，一定不能使用老人和反应迟钝的人，因为老人和反应迟钝的人，耳不聪，目不明，手脚不敏捷强劲，演奏乐音不和谐，眉目表情很少变化；一定要使用年富力强的人，因为他们耳聪目明，手脚敏捷强劲，演奏乐音和谐，眉目表情也富有变化。如果让男人来做这种事，就会耽误他们耕作种植的农时；如果让妇女去做这种事，就会荒废了她们纺纱织布的正事。现在王公大人损害并掠夺了百姓的衣食财用，正是由于敲击乐器、追求很多享乐所造成的。因此，墨子说"为乐"是错误的。

现在大钟、响鼓、琴瑟、竽笙各种乐器都已齐备，如果只是王公大人独自肃然地观看和谛听演奏，又会从这里得到什么乐趣呢？这样说来，他们不是与君子就是与平民一起观看谛听。如果与君子一起观看谛听，就会妨碍君子处理公务；如果与平民一起观看谛听，就会妨碍平民的生产劳作。现在王公大人损害掠夺了百姓的衣食财用，正是由于敲击乐器、追求很多享乐所造成的。因此，墨子说"为乐"是错误的。

从前齐康公喜欢《万》舞，规定参加《万》舞演出的乐人不可穿粗布衣，不可吃粗劣食物。他们说："饮食不精美，眉目脸色就不中看；衣服不艳丽，身体举动也不中看。"因此吃饭必定是粟米肥肉，穿衣必定是彩纹锦绣。这些乐人经常不参与衣食财用的劳动，却经常需要别人供养自己。墨子说，现在王公大人掠夺了百姓的衣食财用，正是由于敲击乐器、享乐很多所造成的。因此，墨子说"为乐"是错误的。

现在人类本来就与禽兽——譬如麋鹿、飞鸟、昆虫有区别。禽兽——譬如麋鹿、飞鸟、昆虫之类，用自己的羽毛作为衣服，用自己的蹄爪作为裤子和鞋子，用自己周围的水草作为饮食的来源。所以，即使它们的雄性不耕作种植，雌性不纺纱织布，它们的衣食财用本来就都有了。而人类与这些动物不同的是：依靠自己劳动能力的就能生存，不依靠自己劳动能力的就不能生存。君子不尽力处理政务，刑法政令就会混乱；庶民不尽力劳作，衣食财用就会不足。现在天下的士人君子，如果认为我所说的不对，那么就姑且尝试数算一下天下各类人分内的职责，并考察一下"为乐"造成的危害。王公大人早朝晚退，处理政务，这是他们分内的职责；士人君子用尽四肢力量，耗尽思虑的智慧，对内治理官府，对外征收关市、山林、水泽、桥梁的赋税，用来充实仓廪府库，这就是他们分内的职责；农夫早出晚归，耕作种植，多收集豆类和粮食，这就是他们分内的职责；妇女早起晚睡，纺丝绩麻，多多地备足麻丝、葛线，多织布帛，这就是她们分内的职责。现在由于存在王公大人喜好音乐而观赏谛听的情况，那么他们就一定不能早朝晚退，按时审理案件和处理政务，以致国家混乱，社稷陷入危机；现在由于存在士人君子喜好音乐而观赏谛听的情况，那么他们就一定不能用尽四肢的力量，耗尽思虑的智慧，对内治理官府，对外征收关市、山林、水泽、桥梁的赋税并用来充实仓廪府库，以致仓廪府库贮存不多；现在由于农夫喜好音乐并且观赏谛听，他们就一定不能早出晚归，耕作种植，多收集豆类和粟米，以致豆类和粟米不足；现在存在妇女喜欢音乐而且观赏谛听，她们就一定不能早起晚睡，纺丝绩麻，多多地备足麻、丝、葛线，多织布帛，以致纺织不振、布帛不敷常用。人们要问：到底是什么使王公大人、士君子荒废了处理政务，使庶民荒废了生产劳作？答案当然是"为乐"。因此，墨子说"为乐"是错误的。

还凭什么知道"为乐"是错误的呢？因为在先王的典籍即商汤的《官刑》上有这样律条说："经常在宫中歌舞作乐，就是侍奉鬼神的巫风。对于这样做的人要加以惩罚，君子要罚丝两束，小人要加罚一倍，即罚布帛两匹。"《太誓》说："唉，《万》舞场面盛大，乐人众多，伴舞的乐音十分响亮，但天帝对此并不赞赏，因为天下会因为大肆兴乐而沦亡。天帝感到人们没有顺从上天的意志，于是降下各种灾难予以惩戒，这个家族也必定随之走向毁灭。"考察天下所以丧失的重要原因，只是由于专心"为乐"罢了。《武观》一书这样记载："夏启的儿子武观淫佚享乐，喜欢在野外饮食，而且又迷恋歌舞，锵锵锽锽，管、磬乐器交响，在酒中沉湎昏乱，随便在野外饮食。《万》舞悠然醉人，乐声直达上天，天帝都认为不合法则。"所以"为乐"这种事，对上而言，天帝鬼神不把它作为治国的法则；对下而言，它也不利于天下的百姓。

因此，墨子说：现在天下的圣人君子，确实希望兴办天下的利益，除去天下的祸害，对"为乐"这件事情，不可不明确加以禁止。

第十论　非　命

【导语】

《非命》分为上中下三篇，其主旨高度一致。墨子提出"非命"，就是非难和反对儒家主张的世间"有命"的说法。所谓"命"，由墨子反复批评反对的内容来看，就是指那种由上天控制和安排的"命治则治、命乱则乱""命富则富、命穷则穷"的命运。

墨子"非命"先从为言论树立标准开始。他提出"三表"作为衡量"有命论"的标准，指出向上考察古代圣王的行事和典籍，"命"并不存在；向下考察天下百姓的耳闻目见，谁也不曾见过"命"的实有；假设把"命"用于刑法政令，则其结果又不符合国家和百姓的利益。因此，墨子认为"有命"说是那些暴王、坏人、穷民为自己辩护的根据与托词，是导致国家贫穷混乱的重要原因之一，因而必须加以反对。

墨子主张"强力从事"，反对无所作为、听凭命运安排的"命定论"，具有重要的历史意义和现代价值。强力从事、自强不息的精神成为中华民族最优秀的传统之一，至今仍是我们实现民族复兴的强大精神动力。但是也要看到，"天命""天道""命运"这几个概念并非完全相同。孔子所讲的"天命"，在一些地方也包含了反映自然界和人类社会某些发展规律的"天道"因素。可见墨子"非命"，有时不免失之于简单武断。

第二十一篇　非命上

【题解】

开篇墨子就提出，由于"执有命者"众多，因而国家没有实现由贫到富、由乱到治的转变，因而必须重视"有命论"的巨大危害。关于"命"是否真的存在于世间、"有命论"是否正确，墨子提出"有本之者、有原之者、有用之者"的"三表法"，作为考察和衡量的基本标准。墨子通过向上考察古代圣王的行事和典籍记载，向下考察百姓的耳闻目见，再假定把"有命论"运用于刑法政令，认为"有命论"是错误的、不成立的。信奉和实行"有命"说，必定导致民穷财尽和天下大乱，所以有命论"此实天下之大害也"。

【原文】

子墨子言曰：古者王公大人为政①国家者，皆欲国家之富，人民之众，刑政之治。然而不得富而得贫，不得众而得寡，不得治而得乱，则是本失其所欲，得其所恶，是故何也②？子墨子言曰：执有命者以襍于民间者众③。执有命者之言曰："命富则富，命贫则贫，命众则众，命寡则寡，命治则治，命乱则乱，命寿则寿，命夭则夭。命④，虽强劲，何益哉？"上以说王公大人⑤，下以⑥骓⑦百姓之从事。故执有命者不仁。故当执有命者之言，不可不明辩。

然则明辩此之说将奈何哉？子墨子言曰：必立仪。言而毋仪，譬犹运钧之上而立朝夕者也⑧，是非利害之辩，不可得而明知也。故言必有三表⑨。何谓三表？子墨子言曰：有本之者⑩，有原之者⑪，有用之者⑫。于何本之？上本之于古者圣王之事。于何原之？下原察百姓耳目之实。于何用之？废⑬以为刑政，观其中国家百姓人民之利。此所谓言有三表也。

然而今天下之士君子或以命为有，盖⑭尝尚观于圣王之事？古者桀之所乱，汤受而治之；纣之所乱，武王受而治之。此世未易，民未渝，在于桀纣则天下乱，在于汤武则天下治，岂可谓有命哉。

然而今天下之士君子或以命为有，盖尝尚观于先王之书？先王之书，所以出国家⑮、布施⑯百姓者，宪也。先王之宪亦尝有曰"福不可请，而祸不可讳⑰，敬无益，暴无伤"者乎？所以听狱制罪者，刑也。先王之刑亦尝有曰"福不可请，祸不可讳，敬无益，暴无伤"者乎？所以整设师旅⑱、进退师徒者，誓也。先王之誓亦尝有曰"福不可请，祸不可讳，敬无益，暴无伤"者乎？是故子墨子言曰：吾当未盐数⑲，天下之良书不可尽计数，大方⑳论数，而五者㉑是也。今虽毋求执有命者之言，不必得，不亦可错㉒乎？今用执有命者之言，是覆天下之义，覆天下之义者，是立命者也，百姓之谇㉓也。说百姓之谇者，是灭天下之人也。然则所为欲义㉔在上者，何也？曰：义人在上，天下必治，上帝山川鬼神必有干主㉕，万民被其大利。何以知之？子墨子曰：古者汤封于亳，绝长继短，方地百里，与其百姓兼相爱、交相利，移㉖则分，率其百姓以上尊天事鬼，是以天鬼富之，诸侯与之，百姓亲之，贤士归之，未殁其世，而王天下，政诸侯。昔者文王封于岐周，绝长继短，方地百里，与其百姓兼相爱、交相利，则㉗，是以近者安其政，远者归其德。闻文王者，皆起而趋之，罢不肖股肱不利者㉘，处而愿之㉙，曰："奈何乎使文王之地及我吾㉚，则吾利岂不亦犹文王之民也哉。"是以天鬼富之，诸侯与之，百姓亲之，贤士归之，未殁其世而王天下，政诸侯。乡者言曰：义人在上，天下必治，上帝山川鬼神必有干主，万民被其大利。吾用此知之。

是故古之圣王发宪出令，设以为赏罚以劝贤㉛。是以入则孝慈于亲戚，出则弟长于乡里，坐处有度，出入有节，男女有辨。是故使治官府则不盗窃，守城则不崩㉜叛，君有难则死，出亡则送。此上之所赏，而百姓之所誉也。执有命者之言曰："上之所赏，命固且赏，非贤故赏也。上之所罚，命固且罚，不暴故罚也㉝。"是故入则不慈孝于亲戚，出则不弟长于乡里，坐处不度，出入无节，男女无辨。是故治官府则盗窃，守城则崩叛，君有难则不死，出亡则不送。此上之所罚，百姓之所非毁也。执有命者言曰："上之所罚，命固且罚，不暴故罚也。上之所赏，命固且赏，非贤故赏也㉞。"以此为君则不义，为臣则不忠，为父则不慈，为子则不孝，为兄则不长，为弟则不弟。而强执此者，此特凶言之所自生，而暴人之道也。

然则何以知命㉟之为暴人之道？昔上世之穷民，贪于饮食，惰于从事，是以衣食之财不足，而饥寒冻馁之忧至，不知曰"我罢不肖，从事不疾"，必曰"我命固且贫"。昔上世暴王，不忍其耳目之淫，心涂之辟，不顺其亲戚，遂以亡失国家，倾覆社稷。不知曰"我罢不肖，为政不善"，必曰"吾命固失之"。于《仲虺之告》㊱曰："我闻于夏人，矫㊲天命，布命于下，帝伐之恶㊳，龚丧厥师㊳。"此言汤之所以非桀之执有命也。于《太誓》㊵曰：
"纣夷处，不肎㊶事上帝鬼神，祸㊷厥先神禔㊸不祀，乃曰'吾民有命，无
廖排漏㊹'，天亦纵弃之而弗葆。"此言武王所以非纣之执有命也。今用执有
命者之言，则上不听治，下不从事。上不听治，则刑政乱；下不从事，则财
用不足。上无以供粢盛酒醴，祭祀上帝鬼神；下无以降绥㊺天下贤可之士，
外无以应待诸侯之宾客，内无以食饥衣寒，将养老弱。故命上不利于天，中
不利于鬼，下不利于人。而强执此者，此特凶言之所自生，而暴人之道也。

是故子墨子言曰：今天下之士君子，忠实欲天下之富而恶其贫，欲天下
之治而恶其乱，执有命者之言不可不非，此天下之大害也。

【注释】

① 为政：后当补"于"。

② 是故何也：当为"是何故也？"

③ 执有命者以襍于民间者众：当为"以执有命者襍于民间者众"。"以"
当提到"执有命者"前。襍（zá），同"杂"。

④ 命：后有脱文，不可考。（王念孙：《墨子杂志》，第136页。）

⑤ 王公大人：后脱"废大人之听治"六字。

⑥ 下以：后脱"说天下百姓"五字。

⑦ 駔（zǎng）："阻"的假借字。（毕沅：《墨子注》（日本重刻本），第
668页。）

⑧ 譬犹运钧之上而立朝夕者也：好比在制陶转轮上树立一个测定日影
的仪器，以确定早晨和晚上的时间。运，运转、转动。钧，制陶所用的转
轮。朝夕者，判定早晨与晚上的仪器。

⑨ 表：法度、准则。

⑩ 有本之者：有所依据的先王之道。本，道、先王之道，此作动词。

⑪ 有原之者：有审察事物原貌的标准。原，原来、本原。

⑫ 有用之者：有实践利用的标准。

⑬ 废：古同"发"，设置。（王裕安等：《墨子大词典》，第83页。）

⑭ 盖：同"盍"（hé），何不、为何。

⑮ 出国家：当为"为政国家"。（王焕镳：《墨子校释》，第606页。）出，"正"的形讹字。正，同"政"。

⑯ 布：告、告谕。施：施惠。

⑰ 讳："违"的假借字。（孙诒让：《墨子间诂》，第267页。）违，避免。

⑱ 整设师旅：整顿、配置军队。设，配置。

⑲ 吾当未盐数：当为"吾尝未尽数"。盐："尽"的形讹字。（毕沅：《墨子注》（日本重刻本），第669页。）意为"我尚未说尽它的数目"。

⑳ 大方：大类、大率。方，法、类。

㉑ 五者：当为"三者"。（毕沅：《墨子注》（日本重刻本），第669页。）指上文"三王之宪""三王之刑""三王之誓"。

㉒ 错：同"措"。措，废止、放弃。

㉓ 诨："读为悴"（俞樾：《墨子平议》，第453页。）悴（cuì），忧愁、忧伤。

㉔ 义：下脱"人"字。

㉕ 干主：宗主。（姜宝昌：《墨论训释》，第572页。）

㉖ 移：当为"侈"（chǐ）的形讹字。侈，多。

㉗ 则：当为"移则分"，前脱"移"，后脱"分"。移，读chǐ，作"侈"解，多。（姜宝昌：《墨论训释》，第572页。）

㉘ 罷不肖股肱不利者：疲弱无行、不堪任使和手脚不便的人。罷，读pí，疲弱。不肖，不堪任用。

㉙ 处而愿之：在居住之地思慕和盼望。处，居处、居所。愿，思慕、盼望。

㉚ 及：扩及、扩展。吾：通"圄"（yǔ），圄又通"圉"（yǔ）。圉，边陲。

㉛ 劝贤：后脱"沮暴"二字。

㉜ 崩：通"倍"，"倍"同"背"。（孙诒让：《墨子间诂》，第270页。）

㉝ 上之所罚，命固且罚，不暴故罚也：据上文义，此为衍文。

㉞ 上之所赏，命固且赏，非贤故赏也：据上文义，此为衍文。

㉟ 命：当为"有命"。

㊱ 《仲虺之告》：即《仲虺之诰》，《尚书》篇名。仲虺（huī）为商汤

左相。

㊲ 矫：假传命令。

㊳ 帝伐之恶：当为"帝式之恶"。伐，"式"的形讹字。（毕沅：《墨子注》）（日本重刻本），第673页。）式，用、因此。意为"天帝因此厌恶他。"

㊴ 龚丧厥师：即"用丧厥师"。龚，"用"的声讹字。（毕沅：《墨子注》）（日本重刻本），第673页。）

㊵ 《太誓》：即《尚书·泰誓》。

㊶ 肎：同"肯"。

㊷ 祸：由《墨子·天志中》可知，当为"弃。"

㊸ 禔（tí）：通"祇"（qí）。祇，地神。

㊹ 无廖排漏：当为《墨子·非命中》"毋僇其务"，意为"不尽力于祭祀天地鬼神"。无，即"毋"。廖，"僇"（lù）的形讹字，尽力。排，通"匪"，（姜宝昌：《墨论训释》，第580页。）"匪"训为"彼"。漏，道藏本《墨子》作"屚"。（《墨子》（明道藏本），第238页。）屚（lòu），"务"的假借字。

㊺ 降绥：收纳安抚。

【译文】

墨子说：古代在国家执政的王公大臣，都希望国家富裕、人口众多、刑法政治得到治理。然而国家没有实现富裕却得到贫穷，人口没有增多反而趋于减少，刑法政治没有得到治理反而趋于混乱，显然这就是从根本上失去了自己希望得到的，而得到了自己所厌恶的结果。这其中原因是什么呢？墨子说：因为主张有天命而杂处在民间的人太多了。主张有天命的人说："命中该富裕就富裕，该贫穷就贫穷；命中该人多就人多，该人少就人少；命中该治理就得到治理，该混乱就得到混乱；命中该长寿就长寿，该短命就短命。即使有强劲的力量，在命运面前又有什么用处呢？"如果"有命论"者对上游说王公大人成功，就会荒废王公大人治理政务；对下煽惑百姓信从，就会阻碍百姓的生产劳作。可见主张有命论的人是不仁义的。因此，对主张有命论者的言论，不可不予以清楚地辨析。

既然如此，那么将如何清楚地辨析和判断"有命论"这种主张呢？墨子说：必须先设定一个标准。评判言论而没有标准可依，就好比在运转的制陶转轮上竖立一个测定日影的仪器，来测定早晨和晚上的时间一样，对其中是非利害的辨析，是不可能得到明确答案的。所谓评判言论必须要有"三表"。什么是"三表"？墨子说："三表"就是有作为天下大道依据的标准，有审察事物原貌的标准，有实践利用的标准。那么从哪里寻找天下大道的标准呢？就要向上发现和依据古代圣王的行事法则；从哪里寻找审察事物原貌的标准呢？就要向下寻找天下百姓耳听眼见的事实；又从哪里寻找实践应用的标准呢？就要把言论主张转变成刑法政令，观察它是否符合国家和百姓的利益。这就是所说的评判言论的三条标准。

现在天下的士人君子中，有人坚持认为天命是存在的。那么为什么不尝试向上考察圣明君王的事迹呢？古代被夏桀扰乱的国家，商汤接受过来就得到了治理；被商纣所扰乱的国家，周武王接受过来也得到了治理。很明显，这时社会没有更易，人民也并没有改变，而在夏桀、商纣的手中，天下就混乱不堪，而到商汤和周武王执掌社稷，天下就得到了治理，这怎么可以说是有天命存在呢？

然而现在天下的士人君子中，有人坚持认为天命是存在的。那么为什么不尝试向上观看先王的典籍呢？先王的典籍，有的是用来统治国家、告谕和施惠百姓的，应称作宪法。在先王的宪法中，也曾有过"福禄不可祈求、灾祸不可避免、恭敬没有益处、残暴也无伤害"这样的记载吗？先王的典籍，有的是用来听讼定罪的，称作刑法。在先王的刑法中，也曾有过"福禄不可祈求、灾祸不可避免、恭敬没有益处、残暴也无伤害"这样的记载吗？先王的典籍，有的是用来整顿和设立军队、调动军队进攻和撤退的，称作誓词。在先王的誓词中，也曾有过"福禄不可祈求、灾祸不可避免、恭敬没有益处、残暴也无伤害"这样的记载吗？墨子说：我还没有完全统计出来，天下好书多得算不清。以大类来计算，就是以上所说的三类。现在想要从先王典籍中寻求到主张有天命的言论，一定不会得到，那么有天命的主张不是也可以放弃了吗？现在如果采用了主张有天命人的言论，就是覆灭了天下的道义；灭天下道义的人，就是那些主张"有天命"的人，这也就是天下百姓的忧愁所在。而喜爱百姓忧愁的人，当然就是覆灭天下的人。既然如此。那么人们所说的希望有道义的人居于上位，又是为什么呢？回答是：有道义的人居于上位，天下就必定得到治理，天地山川鬼神就必定有主持祭祀的宗主，天下万民就会承受最大的利益。怎么知道是这样的呢？墨子说：古代商汤在亳受封，截长补短，土地方圆不过百里。他与那里的百姓相互关爱，相互惠利，多余财富与大家分享，率领百姓对上敬奉天帝，侍奉鬼神，因此天帝鬼神使他富裕，诸侯希望与他交往，百姓都与他亲近，贤士都甘心投奔他，在他有生之年，他就已称王于天下，统领各地诸侯。从前文王受封于岐周，截长补短，土地方圆不过百里。他与那里的百姓相互关爱，相互惠利，多余财富与大家分享，于是近处的百姓安心于他的施政，远处的百姓归顺他的德行。凡是听到文王名声的人们，都相携前来投奔。即使那些疲弱不堪任事以及手脚不便的人，也在他们的居住之地满怀思慕之情地说："怎样才能使文王的土地扩大到我们的边陲之地，那么我们获得的利益，难道不就如同文王的百姓一样了吗？"因此天帝鬼神让文王富裕，诸侯希望与他交往，百姓都与他亲近，贤士都甘心投奔他，在他有生之年，他就已称王于天下，统领各地诸侯。前边我就说过：有道义的人居于上位，天下就必定得到治理，天帝山川鬼神就必定有主持祭祀的宗主，天下万民就会承受最大的利益。我从商汤和文王的事迹中明白了这个道理。

古代圣王颁布宪法与政令，设立赏罚的规则，就是用来劝勉贤良、阻止暴恶的。如果人们在家对父母孝顺慈爱，出外对乡里长辈兄弟敬顺关爱，举止有规矩，出入有礼节，男女行事有分别，这样让他们治理官府就不会盗窃，让他们守卫城池就不会背叛，君王有危难就会效死尽忠，君王逃亡就会护送追随。这些就是上官所奖赏、百姓所赞誉的人。但那些主张有天命的人却说："上官所要奖赏的，本来就是他命中注定要得到的奖赏，并不是因为他的贤能才得到的奖赏。"如果人们在家对父母不孝顺慈爱，举止没有规矩，出入没有礼节，男女行事也没有分别，那么让他们治理官府就会盗窃，让他们守卫城池就会背叛，君王有危难不会效死尽忠，君王逃亡也不会护送追随。这些就是上官所要惩罚、百姓所要非难的人。但是，主张有天命的人却说："上官所要惩罚的，本来就是他的命中注定要得到的惩罚，并不是因为他的残暴才予以惩罚。"按照"有命"说行事，做国君的就不仁义，做臣子的就不忠诚，做父亲的就不慈爱，做儿子的就不孝顺，做兄长的就不贤良，做弟弟的就不敬顺。可见那些顽固地坚持这种主张的人，就特别成为产生凶恶言论的根源，"有命论"就成为残暴者自我辩解的道术。

那么怎么知道"有命论"是残暴者的道术呢？从前古代的穷人，贪恋饮食，怠惰劳作，以致衣食财用匮乏，饥饿寒冷的愁苦随之而来。他们不说"我等疲弱不堪任事，不能勤于劳作"，却一定要说"我等命中注定，本来就要受穷"。从前古代那些暴虐的君王，不能克制他们耳目放纵的欲望和心路的邪僻，不孝顺父母，以致丧失国家、倾覆社稷，他们对此不说"我疲弱无行，不堪大任，不善于治国理政"，却一定要说"我命中本来注定要失去国家"。《尚书·仲虺之诰》这样记载："我听说夏桀假借天命，向天下人发布命令，天帝因此对他十分厌恶，于是使他丧失了自己的军队。"这说的就是商汤反对夏桀主张有天命的原因所在。《尚书·泰誓》这样记载："商纣倨傲无礼，不能侍奉天帝鬼神，遗弃他的先祖和天地神灵不祭祀，却说'我的民众自有天命'，不尽力于祭祀鬼神的事务，于是天帝就断然抛弃了商纣而不再保护他。"这说的就是周武王反对商纣主张有天命的原因所在。现在如果采用主张有天命人的言论，那么上官就不再处理政务，下面的庶民就不再从事生产劳作。上官不去处理政务，刑法政令就必定混乱；下边庶民不从事生产劳作，那么衣食财用就必定匮乏。这样对上就没有什么可以供给酒食祭品，用来祭祀天地鬼神，对下就没有什么招纳和安抚天下的贤良士人；对外就没有什么应对接待各方诸侯派出的宾客，对内也没有什么救济饥寒，供养老人和病弱的人。遵循和实行这种有天命的主张，上不利于天帝，中不利于鬼神，下不利于万民。可见那些顽固地坚持这种主张的人，就特别成为产生凶恶言论的根源，而"有命论"就成为残暴者自我辩解的道术。

墨子说：现在天下的士人君子，心中确实希望天下得到富裕而厌恶贫穷，希望天下得到治理而厌恶混乱，对于坚持有天命之人的荒谬言论，不可不加以反对，因为这种言论确实是天下的大害！

第二十二篇　非命中

【题解】

首先，本篇提出"本""原""用"，作为检验"有命"说的三条标准。其次，从三个层面展开细致论证：所"本"之事，不论天鬼之志还是圣王之事，都证明"有命"说错误；所"原"之事，即查考先王典籍，圣王"非命"则天下大治，暴王"执命"则社稷沦亡；所"用"之事，即把"执命"和"非命"用来治国理政，则得到两种完全相反的结果。因此，"有命"说是错误的、不能成立的。

【原文】

子墨子言曰：凡出言谈、由①文学之为道也，则不可而不先立义法②。若言而无义，譬犹立朝夕于员③钧之上也，则虽有巧工，必不能得正焉。然今天下之情伪④，未可得而识也。故使言有三法。三法者何也？有本之者，有原之者，有用之者。于其本之也，考之天鬼之志、圣王之事；于其原之也，征⑤以先王之书；用之奈何？发而为刑⑥。此言之三法也。

今天下之士君子⑦，或以命为亡。我所以知命之有与亡者，以众人耳目之情知有与亡。有闻之，有见之，谓之有；莫之闻，莫之见，谓之亡。然胡不尝考之百姓之情？自古以及今，生民以来者，亦尝⑧见命之物、闻命之声者乎？则未尝有也。若以百姓为愚不肖，耳目之情不足因而为法，然则胡不尝考之诸侯之传言流语乎？自古以及今，生民以来者，亦尝有闻命之声、见命之体者乎？则未尝有也。然胡不尝考之圣王之事？古之圣王，举孝子而劝之事亲，尊贤良而劝之为善，发宪布令以教诲，明赏罚以劝沮⑨。若此，则乱者可使治，而危者可使安矣。若以为不然，昔者桀之所乱，汤治之；纣之所乱，武王治之。此世不渝而民不改，上变政而民易教，其在汤武则治，其在桀纣则乱。安危治乱，在上之发政也，则岂可谓有命哉。夫曰有命云者，亦不然矣。

今夫⑩有命者言曰：我非作之后世也，自昔三代有若言以传流矣。今故先生对之⑪？曰：夫⑫有命者，不志⑬昔也三代之圣善人与？意亡昔三代之暴不肖人也？何以知之？初之列士桀大夫⑭，慎言知⑮行，此上有以规谏其君长，下有以教顺⑯其百姓，故上得其君长之赏，下得其百姓之誉。列士桀大夫声闻⑰不废，传流至今，而天下皆曰其力⑱也，必不能曰我见命焉⑲。

是故昔者三代之暴王，不缪⑳其耳目之淫，不慎其心志之辟㉑，外之歐骋田猎毕弋㉒，内㉓沈㉔于酒乐，而不顾其国家百姓之政，繁为无用，暴逆百姓，使下不亲其上，是故国为虚厉，身在刑僇之中，不肎曰："我罢不肖，我为刑政不善。"必曰："我命故且亡。"虽昔也三代之穷民，亦由此也。内之不能善事其亲戚，外不能善事其君长，恶恭俭而好简易㉕，贪饮食而惰从事，衣食之财不足，使身至有饥寒冻馁之忧，必不能曰："我罢不肖，我从事不疾。"必曰："我命固且穷。"虽昔也三代之伪民，亦犹此也。繁饰有命，以教众愚朴人久矣。

圣王之患此也，故书之竹帛，琢之金石。于先王之书《仲虺之告》曰："我闻有夏人矫天命，布命于下，帝式是恶，用阙师㉖。"此语夏王桀之执有命也，汤与仲虺共非之。先王之书《太誓》之言然，曰："纣夷之居㉗，而不肎事上帝，弃阙㉘其先神祇而不祀也，曰：'我民有命，毋僇其务㉙。'天不亦㉚弃纵㉛而不葆。"此言纣之执有命也，武王以《太誓》非之。有于《三代》㉜、《不国》㉝有之，曰："女毋崇天之有命也。"命《三》、《不国》㉞亦言命之无也。于召公之执令于然㉟，且㊱："敬哉！无天命，惟予二人，而无造言，不自降天之哉得之㊲。"在于商、夏之诗书曰："命者，暴王作之。"

且今天下之士君子，将欲辩是非利害之故，当天㊳有命者，不可不疾非也。执有命者，此天下之厚害也，是故子墨子非㊴也。

【注释】

① 由：行。((宋) 朱熹：《四书章句集注》，中华书局 2011 年版，第 58 页。以下简称为"朱熹：《四书章句集注》"。)此引申为创作、撰写。

② 义法：即"仪法"。义，通"仪"。下句"言而无义"之"义"同解。

③ 员：读 yùn，古通"运"。(孙诒让：《墨子间诂》，第 166 页。)

④ 情伪：即"诚伪"，真伪。情，通"诚"。

⑤ 征：验证。

⑥ 刑：后脱"政"字。（毕沅：《墨子注》（日本重刻本），第675页。）

⑦ 今天下之士君子：孙诒让据卢文弨校认为，后脱"或以命为有"五字。（孙诒让：《墨子间诂》，第274页。）

⑧ 尝：后脱"有"字。

⑨ 劝沮：勉力和阻止。沮，阻止。

⑩ 今夫：后脱"执"字。（孙诒让：《墨子间诂》，第274页。）

⑪ 今故先生对之：当为"今胡先生对之"。（孙诒让：《墨子间诂》，第275页。）对，反对。

⑫ 夫：后脱"执"字。

⑬ 志：认识、知道。

⑭ 列士桀大夫：上士和贤能大夫。列士，上士。桀，通"杰"，贤能、英杰。

⑮ 知：当为"疾"，迅速。（王焕镳：《墨子校释》，第618页。）

⑯ 顺：通"训"。训，训导、教训。

⑰ 声闻：声名、声誉。

⑱ 力：此解为"力行"。

⑲ 见命焉：从这里看到了天命。焉，于是、这里。

⑳ 缪："纠"的假借字。（孙诒让：《墨子间诂》，第275页。）

㉑ 辟：同"僻"，邪僻。

㉒ 外之殴骋畋猎毕弋：在外面驱驰骏马打猎，捕野兽射飞鸟。之，则、就。殴，同"驱"。畋（tián），同"田"，田猎。毕，田网或掩网。弋（yí），即"缴射"，用生丝系矢而射鸟。

㉓ 内：后脱"之"字。

㉔ 沈：同"沉"。

㉕ 简易：简慢轻易。简，慢。易，轻易。

㉖ 用阙师：当为"用丧厥师"。"用"后脱"丧"，"阙"为"厥"的形讹字。（毕沅：《墨子注》（日本重刻本），第678页。）

㉗夷之居：当为"夷居"。夷居，傲慢无礼。

㉘厥："厥"的形讹字。

㉙毋僇其务："毋戮力其事也。"（毕沅：《墨子注》（日本重刻本），第678页。）僇，同"戮"。

㉚不亦：当为"亦"，"不"为衍字。

㉛弃纵：当为"纵弃"。（王焕镳：《墨子校释》，第620页。）纵弃，放弃。

㉜《三代》：疑为古史书名，记叙夏、商、周三代之事，今不存。

㉝《不国》：当为《百国》，疑即《百国春秋》。（孙诒让：《墨子间诂》，第277页。）古史书名，今不存。

㉞命《三》《不国》：当为："今《三代》《百国》"。（孙诒让：《墨子间诂》，第277页。）"命"："今"之误。《三》：当为《三代》。《不国》：当为《百国》。

㉟于召公之执令于然：当为"于召公之非执命亦然。"（孙诒让：《墨子间诂》，第277页。）意为"在召公奭《周书》选篇中所说的反对主张有命的言论也是这样的"。令，"命"之误。于，亦。召公，即姬奭（shī），文王之子，封于召，故名召公，与周公同为武王辅佐贤臣。《周书》中有召公的记载。

㊱且：当为"曰"。（毕沅：《墨子注》（日本重刻本），第678页。）

㊲不自降天之哉得之：当为"不自天降，自我得之"。（孙诒让：《墨子间诂》，第277页。）

㊳天：当为"夫"。（毕沅：《墨子注》（日本重刻本），第679页。）

㊴非：后脱"之"字。

【译文】

墨子说：凡是发表言论、作文著书，作为建立一种道术，不能不首先树立一个标准。如果发表言论没有标准，就好比把测定早晨和晚上的仪器置立在转动的陶轮上一样，即便是能工巧匠，也一定不会得到正确的测定结果。况且当今天下言论真假混杂，不可能清楚地识别，所以对发表的言论要有三种衡量标准。什么是三种标准呢？就是要有考察天下大道的标准，有审察事物原貌的标准，有实践应用的标准。在考察大道方面，要考察天帝鬼神的意志和圣王的事迹；在考察事物的原貌方面，要用先王的典籍加以验证；在实践应用方面，要把言论和主张设立为刑法政令来考察。这就是考察和判断言论的三条标准。

现在天下的士人君子，有人认为有天命，有的认为没有天命。我知道天命有或者没有的判断标准，就在于我了解众人耳听眼见的实情，据此就可知道天命有还是没有。假如有人听到、有人看到天命，就叫作有；假如没有人听到、看到天命，就叫作没有。那么为什么不去尝试考察一下百姓们所听所见的实情呢？从古到今，自有人类以来，也曾有人见过"命"这种东西、听到过"命"这种声音吗？当然是不曾有过。如果认为百姓愚陋不肖，他们耳闻眼见的不足以当作标准，那么为什么不去对诸侯的传言流语加以考察呢？从古到今，自有人类以来，也曾有哪个诸侯听到过"命"的声音、看到过"命"形体吗？当然也不曾有过。那么为什么不再尝试考察一番圣王的事迹呢？古代圣明的君王，从民间推举出孝子用来鼓励人们尽心侍奉父母，尊敬社会的贤良人士来鼓励人民做善事，通过颁布法令来教诲百姓，通过严明赏罚来鼓励行善和阻止作恶。这样一来，社会的混乱可得到治理，国家的危殆可转危为安。如果认为不是这样的，请看古代由于夏桀的暴政造成的社会混乱，商汤接手后得到了治理；由于商纣暴政造成的社会混乱，武王接手后也得到了治理。这个社会没有更易，民众也没有改变，只是因为君主改变了施政方略，民众也接受了不同的教化，所以国家在商汤、武王手里就得到了治理，而在夏桀、商纣手里就出现了混乱。因此，国家出现安危治乱两种截然不同的结果，全在于在上的君主如何发令施政，又怎么可以说是决定于天命呢？可见说什么有天命之类的话，事实上并不是这样的。

现在主张有天命的人说：天命这个主张，并不是我们在后世造作出来的，从过去三代以来就有这种说法，一直流传到今天，现在先生你为什么要大力加以反对呢？墨子说：主张"有命论"，不知道出自三代的圣人、善人之口呢，或者是出自从前三代的暴王、无德者之口呢？也就是怎么知道"有命论"的出处呢？自古以来的上士和杰出大夫，言语谨慎，行动敏捷，对上规劝进谏他们的君王，对下教导安抚百姓，所以在上可得到君王的奖赏，在下可得到百姓的赞扬。这些上士和杰出大夫的名声始终不曾废止，以致广泛流传到今天，而天下的人都说这是由于他们个人强力作为的结果，而一定不会说我们从他们那里看到了天命。

从前夏商周三代的残暴君王，不能纠正自己在耳目享乐方面的放纵，不能警戒自己心思上的邪僻，在外驱驰骏马打猎，捕野兽射飞鸟，在内沉湎于饮酒作乐，而不顾及治理国家、教化百姓的政务，却大量从事声色犬马等无益之事，虐待和背离百姓，使下民不愿亲近君上，以致国都成为废墟，后嗣无人，自己陷入杀身之祸的绝境，但这时他还不肯说："我疲弱无德，我治理刑法政令不好。"却一定说："我命中本来注定要灭亡。"就是从前夏商周三代的穷人，也都是这样的。他们在家中不能尽心侍奉父母，在外边不能尽心侍奉君王，厌恶恭敬待人和节俭度日，喜好傲慢无礼，贪心饮食而懒于生产劳作，以致衣服食物等财用匮乏，使自己面临饥饿寒冷的忧患，这时他们一定不说："这是由于我疲弱无行，由于我做事不努力。"而一定会说："这是因为我命中本来注定要受穷。"即使是夏商周三代那些伪诈的人，所说所做也都是这样的。他们用很多花言巧语粉饰"有天命"的主张，并且一直用这种主张教导迷惑那些愚蠢质朴的民众。

圣明的君王对这种情况感到忧虑，因此就把他们反对"有命"的言论书写在竹简帛书上，雕琢在金石器皿上。先王典籍《仲虺之诰》记载说："我听说夏桀假传天命，向天下发布命令，天帝因此对他感到憎恶，于是覆灭了他的军队。"这段记载就是说夏王桀主张"有命论"，圣王商汤和他的贤相仲虺都一起来非难他。先王典籍《泰誓》的记载也大致这样说："商纣傲慢无礼，不肯侍奉天帝，废弃他的先祖和天地神灵不祭祀，反而说：'我的民众自有天命保护，不需要尽心于敬奉鬼神的事务。'天帝于是放弃了商纣，对他不再加以保护。"这段记载是说商纣主张有天命，武王通过《泰誓》对他进行非难。在《三代》《百国》这些史书里也有类似记载："你们切勿尊崇信仰什么天命。"可见《三代》《百国》等史书，也是主张没有"天命"的。在召公奭《周书》的逸文中，也有非难"有命"说的记载："要虔诚恭敬！没有他们所说的天命。只有我召公和周公两人不会造作欺惑民众的谣言。福祉不会从天降下，要靠尽力施政和劳作才会得到。"商和夏两朝的诗章和典籍也说:"命这种东西是残暴的君王编造出来的。"

现在天下的士人君子,希望清楚地辨析是非利害的关系,那么对于"有天命"这种主张,就不可不极力加以反对。因为实行"有天命"的主张,必成为天下的大害,所以墨子才加以反对。

第二十三篇 非命下

【题解】

首先,墨子提出了"有考之者、有原之者、有用之者"的"三法"作为判断和衡量"有命"说的标准和法则。其次,通过列举和对比分析圣王和暴王行事的过程和结果,批驳"有命"说的荒谬。最后,墨子认为,如果坚持"有命"说,就必然放弃个人的主观努力,其结果就是士人君子疏于政务,农夫妇女懈怠从事,那么国家就会陷入贫困和混乱。因此,对"有命"说必须加以反对。

【原文】

子墨子言曰:凡出言谈,则必可而不先立仪而言①。若不先立仪而言,譬之犹运钧之上而立朝夕焉也。我以为虽有朝夕之辩,必将终未可得而从定也。是故言有三法。何谓三法?曰:有考之者,有原之者,有用之者。恶乎考?考先圣大王之事。恶乎原?察众之耳目之请。恶乎用?发而为政乎国,察万民而观之②。此谓三法也。

故昔者三代圣王禹汤文武方为政乎天下之时,曰:"必务举孝子而劝之事亲,尊贤良之人而教之为善。"是故出政施教,赏善罚暴。且以为若此,则天下之乱也,将属③可得而治也;社稷之危也,将属可得而定也。若以为不然,昔桀之所乱,汤治之;纣之所乱,武王治之。当此之时,世不渝而民不易,上变政而民改俗。存乎桀纣而天下乱,存乎汤武而天下治。天下之治也,汤武之力也;天下之乱也,桀纣之罪也。若以此观之,夫安危治乱存乎上之为政也,则夫岂可谓有命④哉!故昔者禹汤文武方为政乎天下之时,曰:"必使饥者得食,寒者得衣,劳者得息,乱者得治。"遂得光誉令问于天下。夫岂可以为命⑤哉？故以为其力也。今贤良之人，尊贤而好功⑥道术，故上得其王公大人之赏，下得其万民之誉，遂得光誉令问⑦于天下。亦岂以为其命哉，又以为力⑧也。然今夫有命⑨者，不识昔也三代之圣善人与？意亡昔三代之暴不肖人与？若以说⑩观之，则必非昔三代圣善人也，必暴不肖人也。

然今以命为有者，昔三代暴王桀纣幽厉，贵为天子，富有天下，于此乎不而矫⑪其耳目之欲，而从其心意之辟。外之驱骋田猎毕弋，内湛于酒乐，而不顾其国家百姓之政。繁为无用，暴逆百姓，遂失其宗庙。其言不曰："吾罢不肖，吾听治不强。"必曰："吾命固将失之。"虽昔也三代罢不肖之民，亦犹此也。不能善事亲戚君长，甚恶恭俭而好简易，贪饮食而惰从事，衣食之财不足，是以身有陷乎饥寒冻馁之忧。其言不曰："吾罢不肖，吾从事不强。"又⑫曰："吾命固将穷。"昔三代伪民亦犹此也。

昔者暴王作之，穷人术⑬之，此皆疑众迟朴⑭，先圣王之患之也，固在前矣。是以书之竹帛，镂之金石，琢之盘盂，传遗后世子孙。曰：何书焉存⑮？禹之《总德》⑯有之，曰："允不著⑰，惟天民不而葆⑱。既防凶心⑲，天加之咎⑳。不慎厥德，天命焉葆？"《仲虺之告》㉑曰："我闻有夏人矫天命，于下㉒，帝式是增㉓，用爽㉔厥师。"彼用无为有，故谓矫。若有而谓有，夫岂谓矫哉。昔者，桀执有命而行，汤为《仲虺之告》以非之。《太誓》之言也，于《去发》㉕曰："恶乎君子！天有㉖显德，其行甚章，为鉴不远，在彼殷王。谓人有命，谓敬不可行，谓祭无益，谓暴无伤。上帝不常㉗，九有以亡，上帝不顺，祝降其丧㉘。惟我有周，受之大帝㉙。"昔纣执有命而行，武王为《太誓》《去发》以非之。曰子胡不尚考之乎商周虞夏之记？从十简之篇以尚㉚皆无之，将何若者也？

是故子墨子曰：今天下之君子之为文学、出言谈也，非将勤劳其惟舌㉛，而利其唇呡㉜也，中实将欲其国家邑里万民刑政者也。今也王公大人之所以蚤朝晏退，听狱治政，终朝均分㉝而不敢怠倦者，何也？曰：彼以为强必治，不强必乱；强必宁，不强必危，故不敢怠倦。今也卿大夫之所以竭股肱之力，殚其思虑之知，内治官府，外敛关市、山林、泽梁之利，以实官府，而不敢怠倦者，何也？曰：彼以为强必贵，不强必贱；强必荣，不强必辱，故不敢怠倦。今也农夫之所以蚤出暮入，强乎耕稼树艺，多聚叔粟，而不敢怠倦者，何也？曰：彼以为强必富，不强必贫；强必饱，不强必饥，故不敢怠倦。今也妇人之所以夙兴夜寐，强乎纺绩织纴，多治麻丝葛绪，捆布縿，而不敢怠倦者，何也？曰：彼以为强必富，不强必贫；强必暖，不强必寒，故不敢怠倦。今虽毋在乎王公大人，蒉㉞若信有命而致行之，则必怠乎听狱治政矣，卿大夫必怠乎治官府矣，农夫必怠乎耕稼树艺矣，妇人必怠乎纺绩织纴矣。王公大人怠乎听狱治政，卿大夫怠乎治官府，则我以为天下必乱矣。农夫怠乎耕稼树艺，妇人怠乎纺绩织纴，则我以为天下衣食之财将必不足矣。若以为政乎天下，上以事天鬼，天鬼不使㉟；下以持养百姓，百姓不利，必离散不可得用也。是以入守则不固，出诛则不胜。故虽昔者三代暴王桀纣幽厉之所以共扰㊱其国家，倾覆其社稷者，此也。

是故子墨子言曰：今天下之士君子，中实将欲求兴天下之利，除天下之害，当若有命者之言，不可不强非也。曰：命者，暴王所作，穷人所术，非仁者之言也。今之为仁义者，将不可不察而强非者此也。

【注释】

① 则必可而不先立仪而言：当为"则不可不先立仪而言"。（俞樾：《墨子平议》，第456页。）必，"不"之误。而，衍字。仪，法仪。

② 发而为政乎国，察万民而观之：由《墨子·节葬下》"转而为政乎国家万民而观之"知当为"发而为政乎国家万民而观之。"发，设置。察，"家"的形讹字。

③ 属：恰、正。下一句"属"字同解。

④ 有命：当为"其有命"。

⑤ 命：前脱"其"。

⑥ 功：同"攻"。"功者，与攻同。"（郝懿行：《尔雅义疏》，第44B。）攻，治、研究。

⑦ 令问：同"令闻"，美好名声。

⑧ 力：前脱"其"。

⑨ 有命：前脱"执"。

⑩ 若以说：当为"以若说"。

⑪ 矫：矫正、纠正。

⑫ 又："必"之误。（孙诒让：《墨子间诂》，第280页。）

⑬ 术：同"述"。述，传述。（毕沅：《墨子注》（日本重刻本），第682页。）

⑭ 疑众迟朴：迷惑民众，阻止淳朴百姓努力做事。疑，迷惑。迟朴，"沮朴实之人"。（毕沅：《墨子注》（日本重刻本），第682页。）迟，迟滞、阻止。

⑮ 何书焉存：即"存于何书"，倒装句。

⑯ 《总德》：三代逸书篇名。（苏时学：《墨子刊误》，第329页。）此书已无考。

⑰ 允不著：当为"允不若"。（孙诒让：《墨子间诂》，第280页。）允，诚、诚信。若，顺。

⑱ 天民：天帝和民众。而：能。

⑲ 既：已经。防："放"的通假字。放，放纵。

⑳ 咎：灾、祸。

㉑ 《仲虺之告》：即《仲虺之诰》。

㉒ 于下：前脱"布命"二字。（孙诒让：《墨子间诂》，第281页。）

㉓ 帝式是增：天帝因此憎恶他。式，于是、因此。是，之。增，"憎"的声讹字。（毕沅：《墨子注》（日本重刻本），第682页。）

㉔ 爽："丧"的假借字。

㉕ 《去发》：当为《太子发》之误。（俞樾：《墨子平议》，第456页。）

㉖ 有："右"的假借字。右，助、佑助。

㉗ 常：通"尚"。尚，佑、助。

㉘ 祝降其丧：祝，断然。（王裕安等：《墨子大词典》，第451页。）

㉙ 大帝：孙诒让据陈桥枞校认为，当为"大商"。（孙诒让：《墨子间诂》，第282页。）

㉚ 十简之篇：即"什简之篇"。"什"即"十"。尚，同"上"。（苏时学：《墨子刊误》，第331页。）

㉛ 惟舌：当为"喉舌"。原为"唯舌"，唯为"喉"的形讹字。（王念孙：《墨子杂志》，第 141 页。）

㉜ 肙呡：即"唇吻"。肙，同"唇"。呡，同"吻"。

㉝ 终朝：终日。朝，此指白天、一日。均分：均衡地分派职事。

㉞ 蒉（kuī）：当为"籍"之误。（俞樾：《墨子平议》，第 458 页。）

㉟ 使：从、依顺。

㊱ 共抎：当为"失抎"。（王念孙：《墨子杂志》，第 144 页。）抎（yǔn），失。

【译文】

墨子说：凡要发表言论，那么就不能不先树立标准，然后再发表言论。如果不先树立标准就发表言论，就好比在转动的陶轮上安放测定早晨与晚上时间的仪器一样，我认为这样做虽说可以测定出早晨与晚上的区别，但这终究不可能测定出确切的时间。现在确定言论有三种标准。什么是三种标准呢？回答是：有考察天下大道的标准，有考察事物原貌的标准，有实践应用的标准。怎样去考察天下大道？就是考察古代圣明君王的行事法则。怎样去考察事物的原貌呢？就是考察和发现民众耳听眼见的事实。怎样去应用于实践呢？就是把言论和主张设置为治理国家和百姓的刑法政令而加以考察。这就是我所说的三种标准。

从前夏商周三代圣王夏禹、商汤、周文王、周武王，在刚开始治理天下政务的时候就说："一定要竭力推举孝子来勉励人们侍奉父母，尊敬贤良的人士来教导人们积德行善。"于是发布政令施行教化，奖赏善行惩罚暴恶。并且认为，只要这样理政，天下的混乱就能恰好得到治理，社稷的危难也能恰好转危为安。如果认为不是这样，那么试看夏桀造成的混乱国家，商汤接收过来就得到了治理；商纣所造成的混乱国家，武王接收过来也得到了治理。在那个时候，社会没有改变，民众也没有变化，只是由于上面君王的政令改变了，民众的风俗也随之发生了改变。国家存在于夏桀、商纣手里就混乱，存在于商汤、周武王手里就实现了天下大治。可见天下的治理是商汤、周武的努力，天下的混乱是夏桀、商纣的罪过。如果根据这些来看，社会的安危治乱完全取决于君主的施政情况，又怎么可以说是有天命呢？从前夏禹、商汤、周文王、周武王刚开始处理天下政务的时候就说："一定要使挨饿的人有饭吃，使受冻的人有衣穿，使过度劳累的人得到休息，使混乱的社会得到治理。"他们因此赢得了美好声誉，名扬天下。这怎么可以认为是他们因为有命而得到的呢？当然这是因为他们的努力才得到的。现在的贤良士人，尊重贤能而且喜好研究治国理政的道术，因而在上得到了王公大人的奖赏，在下得到了广大百姓的赞誉，他们也因此赢得了美好声誉，名扬天下，这怎么可以认为是他们因为有命而得到的呢？当然这是因为他们的努力才得到的。现在那些主张有天命的人，不知道是根据从前三代圣明和善良的人所说的呢，还是根据从前三代暴虐和不肖的人所说的呢？从以上所举出的事实来看，一定不是根据从前三代圣明和善良的人所说的，而是根据那些暴虐无行的人所说的。

现在人们所说的主张有天命的人，就是指从前三代暴虐君王夏桀、商纣、周幽王、周厉王这一类的人。他们贵为天子，富有天下，在天子之位上不能矫正他们声色等享乐的欲望，在外驱驰骏马打猎，捕野兽射飞鸟，在内沉溺于饮酒作乐，而不顾及治理国家和教化百姓的政务，却大量从事声色犬马等无益的事情，虐待和背离百姓，以致最终丧失了国家。他们不说"这是由于我疲弱无行、处理政务不努力"，却一定会说："我命中注定必将失去国家。"即使是三代那些疲弱无行的人也是这样的：他们不能很好地侍奉父母和君上，非常厌恶恭敬待人和节俭度日，喜好倨傲无礼，贪心饮食而不愿劳作，以致衣服食物等财用匮乏，使自己面临饥饿寒冷的忧患。他们不肯说"这是因为我疲弱无行，因为我做事不努力"，而一定会说："我等命中注定必将贫穷"。从前三代那些伪诈的人，所说所做的也都是这样的。

从前暴虐的君王造作了有天命这种说法，而穷人随即加以传述，这都是用来迷惑民众、阻止纯朴百姓努力做事的。先代君王原本在从前就对有命论感到担心，于是才将他们的言行书写在竹简帛书上，镂刻在金属和玉石器皿上，雕琢在盘盂等水器和食器上，传留给后世子孙。有人会问：这些记载都保存在哪些典籍里？回答是：夏禹的《总德》有这样的记载说："如果没有诚信和恭顺，即使是天帝和民众都不会加以保护。既然放纵自己邪恶的念头，天帝一定会对他降下灾祸。不谨慎地修养自己的品德，天帝怎么又会保护他呢?"《仲虺之诰》也说:"我听说夏桀伪托天帝的命令，向天下发布政令，天帝因此对他十分憎恶，于是就覆灭了他的军队。"夏桀把没有的天命说成是有，所以称作伪托;如果确实存在天命而说有天命，又怎么可以叫作伪托呢? 可见，从前夏桀主张有天命而照此行事，商汤就作《仲虺之诰》对他加以斥责。《泰誓》的《太子发》记载说:"呜呼! 君子，天帝佑助有光明道德的人，它的这种佑助行为十分清楚。可以作为借鉴的事迹相去不远，就在那个商王纣身上。他声称凡事都有天命，胡说恭敬不可行，祭祀没有好处，暴虐也不会有什么伤害。上帝因此不再保佑他，国家因此而灭亡。天帝感到他的治国道术荒谬，于是断然降下使他丧命的诛罚。从此我的大周，接受了商朝的天下。"可见从前商纣王主张有命论并加以实行，武王因而作《泰誓·太子发》对他加以斥责。我曾发问过:你们为什么不向上考察虞、夏、商、周典籍的记载? 从现在可见到的上述篇什简书来看，都没有天命存在的记载，你们还会有什么类似的说词吗?

墨子说，现在天下的君子撰写文章、发表言论，不是为了辛劳他的喉舌，磨炼他的嘴皮，而是心中希望对有关国家、邑里和民众的刑法政令有所补益。现在的王公大人之所以早上朝，晚退朝，审理案件处理政务，整天都在忙于均衡的分派职事，不敢怠慢厌倦的原因是什么呢? 回答是:他们认为竭力从事必定得到治理，不竭力从事就必定得到混乱;竭力从事必定安宁，不竭力从事就必定危殆，所以才不敢怠慢厌倦。现在的卿大夫之所以竭尽四肢之力，用尽思虑的智慧，在内治理官府，在外收取关市、山林、水泽、桥梁的赋税来充实国库，而不敢怠慢厌倦的原因是什么呢? 回答是:他们认为竭力从事必定得到富贵，不竭力从事就必定得到贫贱;竭力从事必定得到荣宠，不竭力从事就必定蒙受耻辱，所以不敢怠慢厌倦。现在的农夫之所以早出晚归，竭力从事耕作种植，收集很多豆类和粟米，而不敢怠慢厌倦的原因是什么呢? 回答是:他们认为竭力从事必定富裕，不竭力从事就必定贫穷;竭力从事必定得到饱腹，不竭力从事就必定忍受饥饿，所以不敢怠慢厌倦。现在的妇女们之所以早起晚眠，竭力从事纺丝织缕，梳理很多麻、丝、葛等材料，织成布帛，不敢有所怠慢厌倦的原因是什么呢? 回答是:她们认为竭力从事必定富足，不竭力从事就必定贫穷；竭力从事必定得到有衣穿的温暖，不竭力从事就必定忍受无衣的寒冷，所以她们不敢怠慢和厌倦。现在的王公大人假如真的相信存在天命并且致力于照此实行，那么对审理案件、处理政务就必定怠慢和厌倦，卿大夫对治理官府就必定怠慢和厌倦，农夫对耕作种植就必定怠慢和厌倦，妇女对纺丝绩麻织布也必定怠慢和厌倦。如果王公大人怠慢、厌倦审案理政，卿大夫怠慢、厌倦治理官府，那么我认为天下就必定混乱。如果农夫怠慢、厌倦耕作种植，妇女怠慢、厌倦纺丝绩麻织布，那么我认为天下的衣食财用就必定匮乏。如果把"有命"说贯彻到天下的政务中去，对上侍奉天帝鬼神，天帝鬼神就不会依顺人的心愿；对下抚养百姓，百姓得不到利益，就必定人心离散，不听从驱使。于是在内部防守不会坚固，在外诛伐也不会取胜。从前三代暴虐的君王夏桀、商纣、周幽王、周厉王，他们之所以丧失了国家，倾覆了社稷，原因就在这里。

墨子说：现在天下的士人君子，心中确实希望兴盛天下的利益、除去天下的祸害，对于这种有天命的主张，就不可不极力加以反对。我们说，有命论是由暴虐君王造作、穷人加以传述的，不是仁义之人的主张。现在希望行仁施义的人，对有命论不可不加以认真考察，并且要极力加以反对，其中理由已经说得清楚明白。

第二编　余　论

【导语】

"余论"是指"墨论"十篇的余论。余论部分包括《亲士》《修身》《所染》《法仪》《七患》《辞过》《三辩》七篇。

首先，"余论"七篇的体裁与墨论二十三篇一样，都是论说文，全篇都是围绕一个中心主题展开论述：一般都是首段提出论点或论题，中间立论，末段做出归纳和强调。全文观点鲜明，层次清楚，逻辑严密。

其次，从"余论"七篇阐述的主要思想观点来看，并没有超出"墨论"的范围，是对"墨论"各篇主要观点的补充和深化。具体来讲，《亲士》是对《尚贤》的深化，《所染》是对《尚贤》的深化，《法仪》是对《天志》的补充和深化。《七患》与《辞过》两篇，其观点与《节用》大致相同。有的论者甚至认为《辞过》就是《节用下》，《三辩》可以看作是《非乐》的残篇，都有一定根据。

最后，理解和把握"余论"七篇内容，对于全面准确地理解和把握"墨论"的主要观点具有重要意义。"余论"各篇在不同程度上补充了"墨论"的缺失和不足，深化了读者对"墨论"主要观点的认识和理解，因而是不可或缺的。

第二十四篇　亲士

【题解】

　　本篇主旨是阐述君主亲近和任用贤能之士的重要性。首先，墨子列举晋文公、齐桓公、越王勾践从艰难困顿中崛起而成为天下霸主，以及夏桀、商纣却身死国灭的史实，说明能否亲贤用士关系到国家的安危和社稷存亡。其次，墨子鉴于贤士的优长和特点，论述了君主如何才能"用士"的问题。"良才难令"然可以"致君见尊"，君主要求贤若渴，既具有"自任其难"的爱士之心，还要有宽宏体谅、勇于纳谏的广阔胸怀。只有这样，才能广纳天下贤士为我所用，从而实现"兼王之道"，长生保国。

【原文】

　　入国而不存其士①，则亡国矣。见贤而不急，则缓②其君矣。非贤无急③，非士无与虑国。缓贤忘士，而能以其国存者，未曾有也。

　　昔者文公出走④而正天下，桓公去国⑤而霸诸侯，越王句践遇吴王之丑⑥，而尚摄中国之贤君⑦。三子之能达名成功于天下也，皆于其国抑而大丑也。太上⑧无败，其次败而有以成，此之谓用民⑨。

　　吾闻之曰："非无安居也，我无安心也；非无足财也，我无足心也。"是故君子自难而易彼⑩，众人自易而难彼。君子进⑪不败其志，内究其情⑫；虽杂⑬庸民，终无怨心，彼有自信者也。是故为其所难者，必得其所欲焉；未闻为其所欲，而免其所恶者也。

　　是故偪（逼）臣⑭伤君，谄下⑮伤上。君必有弗弗⑯之臣，上必有詻詻⑰之下。分议者延延⑱，而支苟⑲者詻詻，焉可以长生保国。臣下重其爵位而不言，近臣则喑⑳，远臣则唫㉑，怨结于民心。谄谀在侧，善议障塞，则国危矣。桀纣不以其无天下之士邪？杀其身而丧天下。故曰："归㉒国宝不若献㉓贤而进士。"

　　今有五锥，此其铦㉔，铦者必先挫。有五刀，此其错㉕，错者必先靡。是以甘井近竭㉖，招木㉗近伐，灵龟近灼㉘，神蛇近暴㉙。是故比干之殪㉚，其抗㉛也；孟贲㉜之杀，其勇也；西施之沉㉝，其美也；吴起㉞之裂，其事㉟也。故彼人者，寡不死其所长，故曰：太盛难守也。

故虽有贤君，不爱无功之臣；虽有慈父，不爱无益之子。是故不胜其任而处其位，非此位之人也；不胜其爵而处其禄，非此禄之主也。良弓难张，然可以及高入深；良马难乘，然可以任重致远；良才难令，然可以致君见尊。是故江河不恶小谷之满己也，故能大。圣人者，事无辞也，物㊱无违也，故能为天下器㊲。是故江河之水，非一源之水也；千镒㊳之裘，非一狐之白也。夫恶有同方取不取同而己者乎㊴？盖非兼王之道也。是故天地不昭昭㊵，大水不潦潦㊶，大火不燎燎㊷，王德不尧尧㊸者，乃千人之长㊹也。其直如矢，其平如砥，不足以覆万物。是故谿陕㊺者速涸，逝浅㊻者速竭，墝埆㊼者其地不育。王者淳泽㊽，不出宫中，则不能流国矣。

【注释】

① 入国而不存其士：当为"乂国而不存其士"。（王焕镳：《墨子校释》，第 323 页。）入，"乂"（yì）的形讹字。郭璞《尔雅注疏》："乂，治也。"（阮元校刻：《十三经注疏》，第 2576 页。）存，存问、存恤。

② 缓：怠慢。

③ 非贤无急：除非贤士，没有人帮助应对急难。无急，不能应对急难。

④ 文公出走：指晋献公后期，晋国发生内乱，公子姬重耳为躲避迫害而流亡在外十九年，后得秦穆公扶助回国为君，是为晋文公。

⑤ 桓公去国：指齐桓公故事。齐桓公，春秋时齐国国君，春秋五霸之一，姜姓，名小白。周庄王十一年（前686），因其兄襄公暴虐，小白奔莒，后回国为齐君。

⑥ 越王勾践遇吴王之丑：越王勾践遭逢被吴王夫差俘虏的奇耻大辱。丑，耻辱、丑恶。

⑦ 尚摄中国之贤君：还能成为威慑中原各国的贤君。尚，犹、还。摄，"慑"的假借字。慑，威慑、畏服。中国，此指中原各国。

⑧ 太上：最高层次的、第一位的。

⑨ 用民：任用贤人。

⑩君子自难而易彼：君子对自己劳苦而对他人宽厚。难，劳苦、困苦。易，宽厚。

⑪进：登、晋升、得意。

⑫内究其情：内，"纳"之误。"纳"是"退"的异体字，退避。（俞樾：《墨子平议》，第384页。）意为"退下来当推究不成功的情由"。

⑬杂：厕身、混居。

⑭偪臣：权臣。偪，同"逼"。逼，指逼君。

⑮谄下：谄谀的下臣。

⑯弗弗：即拂拂。弗，"拂"的假借字。拂，矫正、违背。

⑰詻詻（óé）：直言辩论。詻，争论。

⑱分议者延延：持异议者可长时间辩论。分议，争议。延延，长时间地。

⑲支苛：当为"交苛"，即"交相谴责"。（王焕镳：《墨子校释》，第326页。）苛，苛责。

⑳喑（yīn）：哑。

㉑唫："噤"（jìn）的假借字，闭口不说。

㉒归：读kuì，赠、与。

㉓献：举荐。

㉔铦（xiān）：锐利。

㉕错：磨、整治。

㉖近竭：当为"先竭"，以下"近伐""近灼""近暴"之"近"，皆为"先"。（俞樾：《墨子平议》，第385页。）近，"先"的形讹字。篆书"先""近"形似。

㉗招木：高大的树木。

㉘灵龟近灼：灵龟先被烧灼。灼，炙

㉙暴：读pù，同"曝"，晒。

㉚比干：商纣王叔父，忠良之士，官少师，屡劝纣王不听，遭剖心而死。殪（yì），死。

㉛抗：刚直、抗争。

㉜　孟贲：春秋时秦武王的大力士。

㉝　西施之沉：西施沉于江中而死。西施，越国美女，被越王勾践献于吴王夫差为宠妃。

㉞　吴起：战国时军事家、改革家，卫国人，善用兵，后辅佐楚悼王变法图强，终被楚国反对变法的旧贵族用箭射死，另说被车裂而死。

㉟　事：事功。指吴起在楚国的变法事业。

㊱　物：此指"人"。

㊲　天下器：器，指摆放在庙堂之中用来祭祀天地鬼神先祖的钟、鼎、陶器等一类祭器。古代以物喻人，喻指居于国家社稷重要地位成大事的人。此喻指"治理天下的天子"。

㊳　镒：古代重量单位名，二十四两为一镒（一说二十两）。

㊴　夫恶有同方取不取同而已者乎：当为"夫恶有同方不取而取同己者乎"。（俞樾：《墨子平议》，第386页。）意为"哪儿有不去任用志同道合的贤士而只任用与自己意见相同人的道理呢"。恶，哪儿。方，道、术。

㊵　昭昭：明显的样子。昭，明。

㊶　潦潦：雨水大而积聚。潦，雨水大。

㊷　燎燎：光亮、光耀。燎，明亮。

㊸　尧尧：高远之貌。尧，高。

㊹　千人之长：指英杰、英才。

㊺　谿陕：狭窄山溪。谿，同"溪"。陕（shǎn），"陕"（xiá）的形讹字。陕，同"狭"。

㊻　逝浅：逝，"遊"的形讹字，"遊即'流'字也。"（王念孙：《墨子杂志》，第9页。）遊，同"游"，水流。意为"水流浅显"。

㊼　墝埆（qiāo què）：土地坚硬瘠薄。

㊽　淳泽：深厚的恩泽。淳，深、浓。泽，恩泽、德泽。

【译文】

治理一个国家而不去恤问国中的贤士，那么就要亡国了。发现贤士不急于任用，那么贤士就会怠慢他们的君主。除非贤士，没有人帮助国家应对急难；除非贤士，没有人可与君主共商国事。怠慢甚至忘记贤士而能使国家长久保全的，这种事情从来没有过。

从前晋文公流亡外国最终成为天下之长，齐桓公离开故国而最终成为诸侯的霸主，越王勾践遭受吴王的羞辱最终仍能成为威慑中原各国的贤能之君。这三位君主之所以最终取得成功、名扬于天下，原因就在于他们在国家中蒙受屈抑且经历了奇耻大辱的考验。最上等的是从不会失败，其次就是首先经历失败尔后反败为胜，这就是所说的凡是胜利者都能善于任用贤士。

我听说有这样的话："并不是没有安定的居所，而是自己没有安定的心；也不是没有足够使用的钱财，而是自己没有知足的心。"因此，君子一向辛苦自己而宽厚地对待别人，一般百姓都是宽厚地对待自己而苛责他人。君子仕途顺达不会舍弃远大的志向，暂时受挫退隐也要探究受挫的情由，即使厕身于平庸的百姓之中，也始终没有怨恨之心，那是因为他们有充分的自信心。所以，凡事主动承担劳苦和困难的人，一定就能得到他希望得到的结果；从没有听说过有人逞一己之欲去做事、还能避免他所厌恶的结果这类事情。

因此，大权在握的权臣伤害国君，谄媚取宠的臣下损害君上。君主必须要有敢于矫正君主过失的臣子，必须要有直言争辩的臣下。臣下持有异议可以长时间辩论，可以相互苛责辩难直言不讳。只有这样，君主才会长养百姓和保全国家。如果臣下都看重自己的爵位而不敢劝谏，左右亲近大臣都闭口不言，地处边远的臣子都长叹无语，那么就会在百姓心中积聚怨气。加上身边都是阿谀奉承的小人，传递正确建议的渠道就会被堵塞，那么国家就危险了。夏桀和商纣不就是因为没有天下贤士的辅佐，从而招来杀身之祸而且失掉天下的吗？所以说，赠送稀有的国家宝贝，反而不如举荐和引进贤士。

现在有五把锥子，这一把最锐利，那么最锐利的一定最先受损；这里有五把刀，这一把是磨砺加工过的，那么被磨砺加工过的一定最先毁坏。因此，甜水井一定最先干涸，高大树木一定最先被砍伐，卜事灵验的龟一定最先被烧灼，神异无比的蛇一定最先被杀死曝晒。所以说，忠臣比干惨死，是因为他的刚直；武士孟贲遭到杀害，是因为他的勇猛过人；美女西施被沉入江中，是因为她的容貌出众；兵家吴起遭到车裂，是因为他的功勋卓著。上述这些人，很少不是死于他们自己的优点和长处。因而可以说：凡是过于强盛的，都难以持久。即使是贤明的君主，也不会关爱没有功劳的臣下；即使是慈祥的父亲，也不会关爱无所作为的儿子。因此，不能胜任这个工作却占据了这个职位，就不该是处于这个位置的人；不能胜任这个爵位而享用这个爵位的俸禄，就不该是享用这份俸禄的人。良弓虽然难以拉开，但可以射得又高又远；良马虽然难以驾驭，但可以负载重物到达远方；贤士虽然难以使唤命令，但可以使君王治国有方，广受尊敬。江河因不嫌弃小溪的水流注满自己，所以最后才能成为滔滔洪流；圣人因为勇于任事，对人无所不容，所以才能成为天下的大器。所以滔滔江河之水，不是来自一个源头；价值千金的皮裘，不是来自一只狐狸腋下的皮毛。哪儿有不任用志同道合的贤士而只任用与自己意见相同人的道理呢？因为这不是"兼爱"天下的君王所应有的胸怀和气度。

由此可见，就像天地不因为自己的光明普照而自傲、大水不因自己的水势浩大而自傲、大火不因为自己的熊熊火势而自傲一样，君王也不因为自己的品德高尚而自傲，所以得以成为统治天下千万民众的英杰。如果刚直地如同箭杆，平坦地如同磨刀石，就不足以包容万物。因为太狭窄的山溪很快就会干枯，太浅的河流很快就会枯竭，太坚硬贫瘠的土地一定不会生长五谷。如果君王淳厚的恩泽仅局限于宫廷内部，那么就不可能流布到全国。

第二十五篇 修身

【题解】

本篇主要论述了君子品德修养和人格锻炼的极端重要性，以及如何进行品德修养的问题。首先，墨子指出，道德品行是君子做人处世的根本，因而也是成为贤能之士的首要条件。凡是缺乏道德或不重视修身养德的人，意志必不能坚强，理想必不够远大，做事也不会有好的结果。其次，墨子提出要把"君子之道"作为修养准则，即君子应努力做到"贫则见廉，富则见义，生则见爱，死则见哀"。最后，君子修身还要明辨是非，讲求信用，注重实际。

【原文】

君子战虽有陈①，而勇为本焉；丧虽有礼，而哀为本焉；士虽有学，而行②为本焉。是故置本不安者③，无务④丰末⑤；近者不亲，无务来⑥远；亲戚不附，无务外交；事无终始，无务多业；举物而暗⑦，无务博闻。是故先王之治天下也，必察迩⑧来远。君子察迩而迩修者也；见不修行，见毁，而反之身者也，此以怨省而行修矣。谮慝⑨之言，无入之耳；批扞⑩之声，无出之口；杀伤人之孩⑪，无存之心；虽有诋讦⑫之民，无所依矣。故君子力事日强，愿欲日逾，设壮⑬日盛。

君子之道也，贫则见廉，富则见义，生则见爱，死则见哀。四行者不可虚假，反之身者也。藏于心者无以竭爱，动于身者无以竭恭，出于口者无以竭驯⑭。畅之四支⑮，接之肌肤，华发隳颠⑯而犹弗舍者，其唯圣人乎！

志不强者智不达，言不信者行不果。据财不能以分人者，不足与友；守道不笃⑰，遍物⑱不博，辩是非不察者，不足与游。本不固者末必几⑲，雄而不修者其后必惰。原⑳浊者流不清，行不信者名必耗。名不徒生，而誉不自长，功成名遂，名誉不可虚假，反之身者也。务言而缓行，虽辩必不听；多力而伐功，虽劳必不图。慧者心辩而不繁说，多力而不伐功，此以名誉扬天下。言无务为多而务为智，无务为文而务为察。故彼㉑智无察，在身而惰，反其路者也。善无主心者不留㉒，行莫辩于身者不立㉓。名不可简而成也，誉不可巧而立也，君子以身戴行㉔者也。思利寻㉕焉，忘名忽㉖焉，可以为士于天下者，未尝有也。

【注释】

① 陈：读 zhèn，同"阵"。阵，军阵、阵容。

② 行：品行、德行。

③ 置本不安者：植立根本不安稳。置，植立。安，安稳。（俞樾：《墨子平议》，第 388 页。）

④ 务：追求、致力于。

⑤ 丰末：使枝叶丰茂。

⑥ 来：通"徕"。徕（lái），招徕、招揽。

⑦ 暗：暗昧、不明事理。

⑧ 察迩：明察左右。迩，身边、左右。

⑨ 谮慝 (zèn tè)：诽谤。

⑩ 批扞 (hàn)：诋毁谩骂。

⑪ 荄：通"荄"(gāi)，草根，此指心中的念头。

⑫ 诋讦 (jié)：诋毁攻讦。

⑬ 设壮：当为"饰庄"。((清) 毕沅著，戴望校：《墨子注》，载任继愈、李广星主编《墨子大全影印本第十一册》，北京图书馆出版社 2004 年版，第 28 页。以下简称为"毕沅著，戴望校：《墨子注》"。) 饰庄，修养。

⑭ 驯：通"训"。

⑮ 四支：即"四肢"。支，同"肢"。

⑯ 华发隳颠：白发秃顶。隳 (huī) 颠，秃顶。

⑰ 笃 (dǔ)：牢固、专一。

⑱ 遍物：即"阅物"，广泛地考察事物。遍，周遍、广泛。

⑲ 几：危、殆。

⑳ 原：同"源"，水源。

㉑ 彼：读 féi，作"非"讲。

㉒ 善无主于心者不留：善良不在心中发挥主导作用就留不住。主，主导。

㉓ 行莫辨于身者不立：美好的德行连自身都不能分辨就不能树立长久。

㉔ 以身戴行：即"以身载行"，意为"君子要依靠自身的实践来表现自己美好的德性"。戴，读 zài，作"载"讲。载，负载、装载，此处引申为"表现""呈现"。

㉕ 寻：重。

㉖ 忽：倏忽。倏 (shū)，极快。

【译文】

君子作战虽然有阵列，但勇敢才是根本的；丧葬虽然有礼节，但哀伤才是根本的；士人虽然有学问，但品行才是根本的。因此，根基植立不牢固的，就不要追求枝叶繁茂；不能亲近左右的人，就不要追求招徕远方的贤人；宗族兄弟都不能悦服的，就不要追求做好外交事务；做事不能善始善终，就不要追求同时开展多种事业；称举一件事情还不能明白其中道理，就不要追求见闻广博。所以先王治理天下，一定要明察左右并诚心招徕远方的贤士。君子明察左右的人，就连左右亲近人的品德也会得到修养。一旦发现自己的品行修养不够好，被人诋毁，就反省自己，因此别人的怨恨就会减少，自己的品行也会随之提升。诽谤的恶语不进入自己的耳朵，诋毁别人的话语不说出口，杀人伤人的念头不存于心中，这样即使有喜欢诋毁谩骂的小人，也就无所依傍了。所以君子每天都更加勤勉地做事，每天都有更高的理想和追求，他的品行名声也会日益隆盛。

君子修身应当遵守的原则是：在贫穷的时候就表现出廉洁，在富裕的时候就表现出好义，对世间芸芸众生表现出关爱，对于故去的人表现出哀悼之心。这四种品行不能掺杂虚情假意，而是要发自内心。埋藏在心中的都是永不枯竭的关爱真情，言谈举止所表现的都是永不枯竭的恭敬态度，从口中说出的都是永不枯竭的训导话语。能够把这一切嘉言善行畅达到四肢，接触到皮肤，直到白发秃顶也不放弃的，大概只有圣人吧。

意志不坚强的人，他的智慧不会很高；说话不讲信用的人，他的行为也不会有什么结果。占据财富却不愿分给穷人的人，不值得与他交朋友；遵守道义不专一、经历事物不广博、辨别是非不清楚的人，不值得与他交往。根基不牢固必然危及枝节，雄强自傲又不注意品德修养的人，最后必然懈怠没有结果。源头浑浊的河水不会清澈，做事不讲信用的人名声必定受到伤害。名声不会凭空产生，声誉也不会自然养成，功成自会名就，名声和信誉不可夹杂虚假成分，这要靠不断自我反省和加强修养才能达到。只是追求多说却行动迟缓，即使能言善辩也不会有人听从；出力很多却自我夸耀，即使辛劳也没有可取之处。聪慧的人心里明白却不多说，出力很多却不自夸，因此美好名声传扬天下。说话不求繁多而求睿智，不求辞藻华丽而求明白事理。如果既没有智慧又不明白事理，再加上自身懒惰成性，那么实际结果与自己希望的就会大相径庭。善良在自己的心中不能发挥主导作用，就不会留得住；美德在心中不能辨别清楚，就不可能长久树立。名声不可能轻易获得，信誉也不可依靠投机取巧来建立，因为君子要依靠自己一生的实践来表现美好的德行。如果谋利之心很重，对名誉又看得很淡，希求这样可以成为天下贤士的，还不曾有过。

第二十六篇　所染

【题解】

本篇主旨是以染丝作为比喻，说明天子、诸侯以及士人都要高度重视和正确选择亲信和朋友，以便取得良好而积极的影响。首先，墨子用比喻开篇，感叹"染于苍则苍，染于黄则黄"，进而引出"染不可不慎"的主题。其次，墨子连用四组史实阐述天子和诸侯"所染"适当和不适当而造成的两种完全相反的结果：虞舜、夏禹等受到贤臣的感染和影响，从而成为世代赞誉的贤明天子和国君；而夏桀、商纣等因受到佞臣的感染和影响，从而成为身死国灭、永遭后人唾骂的暴王和昏君。最后，墨子指出，由于士人君子交友适当或不适当，结果就是有的"安富尊荣"，有的却身败名裂，从而发出"必择所堪"的忠告。通篇都是从正反两面举例，每一段都有归纳，文义周密，说服力极强。

【原文】

子墨子言①见染丝者而叹曰：染于苍②则苍，染于黄则黄，所入者变，其色亦变，五入必③，而已则为五色矣。故染不可不慎也！

非独染丝然也，国亦有染④。舜⑤染于许由⑥、伯阳⑦，禹⑧染于皋陶⑨、伯益⑩，汤⑪染于伊尹、仲虺，武王染于太公、周公。此四王者所染当，故王天下，立为天子，功名蔽天地。举天下之仁义显人，必称此四王者。夏桀染于干辛⑫、推哆，殷纣染于崇侯、恶来，厉王染于厉公长父⑬、荣夷终⑭，幽王染于傅公夷⑮、蔡公榖⑯。此四王者所染不当，故国残身死，为天下僇⑰。举天下不义辱人⑱，必称此四王者。

齐桓染于管仲⑲、鲍叔⑳，晋文染于舅犯㉑、高偃㉒，楚庄㉓染于孙叔㉔、沈尹㉕，吴阖闾染于伍员㉖、文义㉗，越句践染于范蠡㉘、大夫种㉙。

此五君者所染当，故霸诸侯，功名传于后世。范吉射㉚染于长柳朔㉛、王胜㉜，中行寅㉝染于籍秦㉞、高彊㉟，吴夫差染于王孙雒㊱、太宰嚭㊲，知伯摇染于智国㊳、张武㊴，中山尚㊵染于魏义㊶、偃长㊷，宋康㊸染于唐鞅㊹、佃不礼㊺。此六君者所染不当，故国家残亡，身为刑戮，宗庙破灭，绝无后类，君臣离散，民人流亡。举天下之贪暴苛扰㊻者，必称此六君也。

凡君之所以安者，何也？以其行理㊼也。行理性㊽于染当。故善为君者，劳于论㊾人，而佚于治官。不能为君者，伤形费神，愁心劳意，然国逾危，身逾辱。此六君者，非不重其国、爱其身也，以不知要故也。不知要者，所染不当也。

非独国有染也，士亦有染。其友皆好仁义，淳谨畏令㊿，则家日益，身日安，名日荣，处官得其理矣，则段干木(51)、禽子(52)、傅说之徒是也。其友皆好矜奋(53)，创作比周(54)，则家日损，身日危，名日辱，处官失其理矣，则子西(55)、易牙(56)、竖刀(57)之徒是也。《诗》曰："必择所堪，必谨所堪"(58)者，此之谓也。

【注释】

① 言：当为衍字。（孙诒让：《墨子间诂》，第11页。）

② 苍：青色。

③ 必：通"毕"。毕，完成。

④ 染：感染、影响。

⑤ 舜：传说中的远古圣王，详见《尚贤上》。

⑥ 许由：相传为唐尧时的隐士。

⑦ 伯阳：虞舜时的贤人。

⑧ 禹：夏朝开国君主，详见《尚贤上》。

⑨ 皋陶：虞舜贤臣，详见《尚贤中》。

⑩ 伯益：虞舜贤臣，详见《尚贤上》。

⑪ 汤：商代开国君主，详见《尚贤上》。

⑫ 干辛：夏桀的佞臣。

⑬ 厉公长父：当为"虢公长父"。（《吕氏春秋》，第22页。）虢（guō）

公长父，周厉王的卿士、谏臣。

⑭ 荣夷终：周厉王的卿士、佞臣。

⑮ 傅公夷：周幽王的谏臣。

⑯ 蔡公毂：周幽王的谏臣。

⑰ 僇（lù）：同"戮"，杀、辱。

⑱ 辱人：可耻的人。

⑲ 管仲：春秋齐桓公相国，著名政治家、思想家，名夷吾，字仲。

⑳ 鲍叔：即鲍叔牙，春秋时齐国大夫，管仲至交。

㉑ 舅犯：即狐偃，字子犯，因是晋文公重耳之舅，故称"舅犯"，晋文公重要谋士和贤臣，春秋时曹国人。

㉒ 高偃：本名郭偃，讹为"高偃"，晋文公贤臣，春秋时晋国人。

㉓ 楚庄：即楚庄王，熊氏，名旅。春秋时楚国国君，春秋五霸之一。

㉔ 孙叔：即孙叔敖，春秋时楚国令尹，楚庄王贤臣。

㉕ 沈尹：春秋时楚国大夫，楚庄王贤臣。

㉖ 伍员：即伍子胥，春秋时楚国人，名员（yún），字子胥，因躲避楚平王追杀，流亡吴国，助阖闾登基为王，后又与孙武率兵伐楚大胜，后被吴王夫差赐死。

㉗ 文义：又作"文之仪"，春秋时吴国大夫，吴王阖闾尊之为师。

㉘ 范蠡：春秋末楚国人，越国大夫，助越王勾践灭吴，后易名鸱夷子皮，又号陶朱公，终老于齐鲁。

㉙ 大夫种：即文种，春秋末楚国人，越国大夫，助越王勾践灭吴。

㉚ 范吉射：即范昭子，晋国六卿之一，在晋国内讧中败于赵简子。

㉛ 长柳朔：当为"张柳朔"。（《吕氏春秋》，第22页。）范吉射家臣。

㉜ 王胜：当为"王生"。（《吕氏春秋》，第22页。）范吉射家臣。

㉝ 中行寅：即中行文子、荀寅，晋国六卿之一，在晋国内讧中败于赵简子。

㉞ 籍秦：春秋晋国大夫籍游之孙、籍谈之子，晋卿中行寅的家臣。

㉟ 高彊：齐国人，奔晋后为中行寅家臣。

㊱ 王孙雒：春秋时吴王夫差的佞臣。

㊲太宰嚭：即"伯嚭"，又作"帛喜"，春秋时楚国人，避难奔吴，为吴王阖闾太宰，后受越国贿赂助越灭吴。

㊳智国：即智伯国，春秋时智伯的家臣。

㊴张武：即长武子，晋大夫智伯的家臣。

㊵中山尚：当为中山国末代君主桓公。（孙诒让：《墨子间诂》，第17页。）

㊶魏义：中山尚的臣子。

㊷偃长：中山尚的臣子。

㊸宋康：即宋康王，名偃，宋文公九世孙，自立为王，贪婪残暴，后被齐、魏、楚联合灭国。

㊹唐鞅：宋康王的相国和佞臣。

㊺佃不礼：或作"田不礼"，宋康王佞臣。（《史记》，第1813页）

㊻贪暴苛扰：贪婪、残暴、苛虐、侵扰。

㊼行理：行事合乎道理。

㊽性：读 shēng，通"生"。

㊾论：选择。

㊿淳谨畏令：淳厚、谨慎、守法。

51段干木：战国时魏人，当时著名的不贪图功名富贵的贤人。

52禽子：即禽滑釐，战国初人，初受业于儒门子夏，后为墨子的首席弟子，继墨子为墨家巨子。

53矜奋：骄傲自大。矜，自大、自夸。奋，振矜、张扬。（孙诒让：《墨子间诂》，第19页。）

54创作比周：造作事端，结党营私。比周，结党营私。

55子西：春秋时楚国人，楚平王庶子，在白公胜叛乱中被杀。

56易牙：春秋时齐国人，名巫，任主管烹饪的雍人，齐桓公近臣。

57竖刀：又作"竖习""竖貂"，春秋时齐国人，自宫为宦者，任寺人，齐桓公近臣。

58必择所堪，必谨所堪：今存《诗经》无此诗句，疑为《诗》的逸篇。堪：读"湛"（zhàn）。（王念孙：《墨子杂志》，第14页。）湛，渐渍、浸染。

第一个"堪"指燃料，第二个"堪"指浸染。

【译文】

墨子看到染丝这件事就叹息说：把白丝放入青色渍液中就染成青色，放入黄色渍液中就染成黄色。投放的燃料颜色变了，被染的白丝颜色也随之改变。五次投入不同颜色的染料染完后，于是就出现了五种颜色的彩丝。所以对于染丝不可不慎重！

不仅染丝是这样，国君也有类似被感染和影响的问题。虞舜受到贤臣许由、伯阳的感染，夏禹受到贤臣皋陶、伯益的感染，商汤受到贤臣伊尹、仲虺的感染，周武王受到贤臣太公望、周公旦的感染。这四位圣王因为所受到的感染正当，所以能够称王于天下，被立为天子，功业和名声盖过天地。凡是列举因为仁义而声名显赫的人，人们必定会称引上述四位圣王作为典范。夏桀被佞臣干辛、推哆感染，商纣被佞臣崇侯虎、恶来感染，周厉王被佞臣虢公长父、荣夷终感染，周幽王被佞臣傅公夷、蔡公榖感染。这四个君王因为感染不正当，所以国家破败，受辱而死，被天下人所耻笑，凡是列举天下因不仁义而可耻的人，必定称引这四位君王作为鉴戒。

齐桓公受到贤臣管仲、鲍叔牙的感染，晋文公受到贤臣狐偃、郭偃的感染，楚庄王受到贤臣孙叔敖、沈尹的感染，吴王阖闾受到贤臣伍员、文义的感染，越王勾践受到贤臣范蠡、文种的感染。这五位君王因为受到感染正当，所以能够称霸于诸侯，功业声名流传于后世。范吉射受到佞臣张柳朔、王生感染，中行寅受到佞臣籍秦、高强感染，吴王夫差受到佞臣王孙雒、伯嚭感染，智伯瑶受到佞臣智伯国、张武的感染，中山尚受到佞臣魏义、偃长的感染。这六位君王因为受到的感染不正当，所以国家残破以致灭亡，自身遭受刑戮，宗庙遭到毁灭，后世子孙断绝，君臣分离失散，百姓离散逃亡。凡是列举天下贪婪、残暴、侵扰人民的人，必定会提到这六位君王。

大凡君王保持国泰民安的原因是什么呢？当然是因为君王做事合乎道理。君王做事合乎道理就要得到正当的感染。所以善于做君王的人，在选拔贤士方面相当辛劳，而在任官理政方面相对轻松；不善于做君王的人，即使终日伤身耗神，忧心苦思，也难免国事更加危殆、自身遭到更多的耻辱。上述所列举的范吉射等六位国君，并不是不看重他们的国家，也不是不爱惜自己的身体，实在是因为他们不懂得治国理政的要领才会这样的。而不懂得治国理政的要领，原因正在于所受到的感染不正当。

不只是国君会受到感染，士人也会受到感染。如果他的朋友都喜好仁义，淳朴谨慎而且敬畏法令，那么他的家族就会日益兴旺，他的自身就会日益平安，他的名声也会日益显荣，为官理政也必定合乎正道，就像段干木、禽滑釐、傅说这些著名的贤士一样。如果他的朋友都喜好骄狂自夸，造作生事，结党营私，那么他的家族就会日益衰落，他的自身就会日益危殆，他的名声就会遭到更多的羞辱，做官理政就会迷失正道，就像子西、易牙、竖刁这些佞臣一样。《诗经》逸篇所说的"必须善于选择染料，必须谨慎地对待浸染"，说的正是这个道理。

第二十七篇　法仪

【题解】

所谓"法仪"就是法则和标准。本篇主张以天为法、以天志作为治国理政的根本准则，其主旨与《天志》篇完全相同。

首先，墨子认为，天下所有人，包括天子诸侯、将相百工，出言做事都必须遵循一定的法则；如果"无法可度，"治国理政等都将一事无成。其次，墨子认为，天下的父母、师长和君主"仁者寡"，都不可作为天下的法则，只有"广而无私""施厚而不德"的上天才有资格充当天下的法则。再次，墨子指出以天为法就是以"天志"为法，天志就是"兼相爱、交相利"，其根据就是上天无差别地、一视同仁地关爱和惠利全天下的人，同时也无差别地接受全天下所有人提供的酒食祭品。最后，墨子列举古代圣王顺从天志而得到上天赐福、古代暴王背离天志而受到上天降祸惩罚的事例，从而说明天志的极端重要性和天志不可违的必然性。

【原文】

子墨子曰：天下从事者不可以无法仪①。无法仪而其事能成者，无有也。虽至士之为将相者，皆有法；虽至百工②从事者，亦皆有法。百工为方以矩，为圆以规，直以绳，正以县③。无④巧工不巧工，皆以此五者为法。巧者能中之，不巧者虽不能中，放依⑤以从事，犹逾已⑥。故百工从事，皆有法所度。今大者治天下，其次治大国，而无法所度，此不若百工辩也。

　　然则奚以为治法⑦而可？当⑧皆法其父母奚若⑨？天下之为父母者众，而仁者寡，若皆法其父母，此法不仁也。法不仁，不可以为法。当皆法其学⑩奚若？天下之为学者众，而仁者寡，若皆法其学，此法不仁也。法不仁，不可以为法。当皆法其君奚若？天下之为君者众，而仁者寡，若皆法其君，此法不仁也。法不仁，不可以为法。故父母、学、君三者，莫可以为治法。

　　然则奚以为治法而可？故曰：莫若法天。天之行广而无私，其施厚而不德⑪，其明久而不衰，故圣王法之。既以天为法，动作有为必度于天，天之所欲则为之，天所不欲则止。然而天何欲何恶者也？天必欲人之相爱相利，而不欲人之相恶相贼也。奚以知天之欲人之相爱相利，而不欲人之相恶相贼也？以其兼而爱之、兼而利之也。奚以知天兼而爱之、兼而利之也？以其兼而有之、兼而食之也。今天下无大小国，皆天之邑也；人无幼长贵贱，皆天之臣也。此以莫不犓牛羊，豢犬猪，洁为酒醴粢盛，以敬事天。此不为兼而有之、兼而食之邪？天苟⑫兼而有食之，夫奚说以不欲人之相爱相利也？故曰：爱人利人者，天必福之。恶人贼人者，天必祸之。曰杀不辜者，得不祥焉。夫奚说人为其相杀而天与祸乎⑬？是以知天欲人相爱相利，而不欲人相恶相贼也。

　　昔之圣王禹、汤、文、武，兼爱天下之百姓，率以⑭尊天事鬼，其利人多，故天福之，使立为天子，天下诸侯皆宾⑮事之。暴王桀、纣、幽、厉，兼恶天下之百姓，率以诟天侮鬼，其贼人多，故天祸之，使遂⑯失其国家，身死为僇于天下，后世子孙毁之，至今不息。故为不善以得祸者，桀、纣、幽、厉是也；爱人利人以得福者，禹、汤、文、武是也。爱人利人以得福者有矣，恶人贼人以得祸者亦有矣。

【注释】

① 法仪：法则、标准。

② 百工：各类行业。

③ 正以县：县，读 xuán，古同"悬"，用绳线吊物。意为"用悬挂重物的绳子来观察物体的正与不正。"此三字后当有"平以水"三字。（孙诒让：《墨子间诂》，第 21 页。）

④ 无：不论、无论。

⑤ 放依：模仿。

⑥ 犹逾己：还是胜过自己原有的水平。逾，越、超出。

⑦ 治法：治国理政的法则。

⑧ 当：读 tǎng，同"倘"，倘若。

⑨ 奚若：如何、怎么样。

⑩ 学：读 jiào，师长、老师。（孙诒让：《墨子间诂》，第 21 页。）"学，教也。"（王念孙：《广雅疏证·释诂二下》，第 18 页。）

⑪ 不德：不自夸品德。

⑫ 苟："诚也。"（王念孙：《广雅疏证·释诂一下》，第 14 页。）

⑬ 天与祸乎：当为"天不与祸乎"。"天"后补"不"。（姜宝昌：《墨论训释》，第 48 页。）与，给予。

⑭ 率：即"帅"，率领、统率。以：连词，无实义。

⑮ 宾："所敬也。"（《说文解字》，第 130 页。）

⑯ 遂：读"坠"。"遂，亡也。"（《说文解字》，第 41 页。）

【译文】

墨子说，天下所有做事情的人，都不可以没有法则。没有法则还能办成事情的，是没有的。即使那些做到将军、相国的士人都有法则；即使从事各种行业的工匠也都有法则。工匠们用矩尺画方形，用圆规画圆形，以墨绳定直线，以悬锤判定物体的正与不正，以盛在器皿中的水面判定物体的平与不平。不论有技巧还是没有技巧的工匠，都以上述画方、画圆、画直线以及取正、取平这五种方法作为操作法则。技巧娴熟的工匠来操作固然能符合工艺要求，即使技巧不娴熟的工匠，只要根据这些法则来操作，还是能超出自己原有的水平。所以工匠们从事各种行业，都有法则可以遵循。现在大到治理天下，其次治理大国，反而没有法则来衡量，这就说明王公大人士人们，还不如各行业的工匠们明辨事理呀！

既然这样，那么用什么作为治理天下和国家的法则才可以呢？假如都来效法自己的父母会怎么样？天下为人父母的人数众多，但其中仁者很少。如果都来效法自己的父母，就是效法不仁的人；而效法不仁的人，这是不可以作为法则的。假如都来效法自己的师长怎么样？天下为人师长的人数众多，但其中的仁者很少。如果都来效法自己的师长，就是效法不仁的人；而效法不仁的人，这是不可以作为法则的。假如都来效法自己的国君怎么样？天下作为国君的人数众多，但其中的仁者很少。如果都来效法自己的国君，就是效法不仁的人；而效法不仁的人，这是不可以作为法则的。

既然这样，那么用什么作为治理天下和国家的法则才可以呢？回答是：不如以上天作为法则。上天的行为广大没有偏私，施恩深厚但不自夸有德，光明长久且永不衰竭，所以圣王效法它。既然以上天作为法则，那么凡是动作行为都一定要用上天的意志来衡量，天所希望的就去做，天不希望的就要停下不做。那么上天希望的是什么？憎恶的又是什么？上天必定希望人们互相关爱、互相惠利，而不希望人们相互憎恶、相互残害。怎么知道上天希望人们相互关爱、相互惠利，而不希望人们互相憎恶、互相残害呢？因为上天对天下的百姓无差别地给予关爱，无差别地给予惠利。怎么知道上天对天下的百姓无差别地给予与关爱、无差别地给予惠利呢？因为上天无差别地拥有天下的百姓，无差别地享用天下百姓供奉的祭品。现在天下不分大国小国，都是上天的都邑；人不分年幼年长和高低贵贱，都是上天的臣民。于是天下百姓没有人不用草料喂牛羊、不用米谷养狗猪，然后洁净地置办酒食祭品，恭敬地祭祀上天。这不正是上天无差别地拥有天下百姓、无差别地享用天下百姓供奉祭品的证明吗？这样来看，上天果真是无差别地拥有天下百姓和享用天下百姓供奉祭品的，那又怎么能说上天不是希望人们相互关爱、相互惠利呢？所以说，凡是关爱别人、惠利别人的人，上天必定赐福给他；凡是憎恶人、残害人的人，上天必定降下灾祸惩罚他。当然，残杀无辜的人，必定会招来不祥，又怎么能说有人做出滥杀无辜的恶事上天不降给他灾祸呢？由此可知，上天希望人们相互关爱、相互惠利，而不希望人们相互憎恶、相互残害。

从前圣明的君王夏禹、商汤、周文王、周武王，无差别地关爱天下百姓，率领天下百姓敬奉天帝、侍奉鬼神，给予天下百姓最多的利益，所以上天赐福给他们，使他们成为天子，天下诸侯都恭敬地侍奉他们。而暴虐的君王夏桀、商纣、周幽王、周厉王，他们无一例外地憎恶天下的百姓，带领百姓谩骂天帝，侮辱鬼神，残害很多百姓，所以上天给他们降下灾祸，使他们丧失了自己的国家，即便身死仍在天下人面前遭受戮尸的羞辱，以致后世子孙对他们的责骂，到现在仍没有停止。所以作恶多端而遭致灾祸的人，夏桀、商纣、周幽王、周厉王就是实例；关爱别人、惠利别人而得到上天赐福的人，夏禹、商汤、周文王、周武王就是实例。可见关爱别人、惠利别人而得到上天赐福的确实存在，而憎恶别人、残害别人而得到上天降下灾祸的也确实存在。

第二十八篇　七患

【题解】

所谓"七患"，就是指七种灾难。首先，墨子指出，造成当时国家危亡的七种灾难是轻视城防、外交无能、滥用民力、君主专断、臣下不忠、赏罚不明、国库空虚。其次，为了防止国家灾难的发生，墨子认为最根本的措施就是加强生产，节省财用，从而在粮食、武器、城防方面做好防患的准备。最后，墨子以夏禹、商汤为例，认为他们虽然遭遇"七年水"和"五年旱"，却仍然国泰民安，其原因就在于"生财密""用之节"；而夏桀、商纣不仅没有防备措施，而且奢侈享乐，终于导致国家灭亡。这说明保持"国家根本贮备"的极端重要性。本篇可视作《节用》的补充和深化。

【原文】

子墨子曰：国有七患。七患者何？城郭沟池①不可守，而治宫室，一患也。边国②至境，四邻莫救，二患也。先尽民力无用之功，赏赐无能之人，民力尽于无用，财宝虚于待客，三患也。仕者持禄③，游者爱佼④，君修法讨臣，臣慑而不敢拂，四患也。君自以为圣智而不问事，自以为安强而无守备，四邻谋之不知戒，五患也。所信者不忠，所忠者不信，六患也。畜种菽粟⑤不足以食之，大臣不足以事⑥之。赏赐不能喜，诛罚不能威⑦，七患也。以七患居国，必无社稷；以七患守城，敌至国倾。七患之所当⑧，国必有殃。

凡五谷⑨者，民之所仰也，君之所以为养⑩也。故民无仰则君无养，民无食则不可事⑪。故食不可不务也，地不可不力也，用不可不节也。五谷尽收，则五味尽御于主⑫，不尽收，则不尽御。一谷不收谓之馑⑬，二谷不收谓之旱，三谷不收谓之凶，四谷不收谓之馈⑭，五谷不收谓之饥。岁馑，则仕者大夫以下皆损禄五分之一；旱，则损五分之二；凶，则损五分之三；馈，则损五分之四；饥，则尽无禄，禀食⑮而已矣。故凶饥存乎国，人君彻⑯鼎食五分之五⑰，大夫彻县⑱，士不入学，君朝之衣不革制⑲，诸侯之客，四邻之使，雍食⑳而不盛，彻骖騑㉑，涂不芸㉒，马不食粟，婢妾不衣帛，此告不足之至也。

今有负其子而汲者，队㉓其子于井中，其母必从而道㉔之。今岁凶，民饥、道饿，重其子此疚于队㉕，其可无察邪？故时年岁善，则民仁且良；时年岁凶，则民吝且恶。夫民何常此之有？为者疾㉖，食者众，则岁无丰。故曰：财不足则反之时，食不足则反之用。故先民以时生财，固本㉗而用财，则财足。故虽上世之圣王，岂能使五谷常收，而旱水不至哉！然而无冻饿之民者，何也？其力时急㉘，而自养俭也。故《夏书》曰"禹七年水"，《殷书》曰"汤五年旱"，此其离㉙凶饿甚矣。然而民不冻饿者，何也？其生财密㉚，其用之节也。

故仓无备粟，不可以待㉛凶饥；库无备兵，虽有义不能征无义。城郭不备全，不可以自守；心无备虑㉜，不可以应卒㉝。是若庆忌无去之心，不能轻出㉞。夫桀无待汤之备，故放。纣无待武王之备，故杀。桀、纣贵为天子，富有天下，然而皆灭亡于百里之君者，何也？有富贵而不为备也。故备者国之重也，食者国之宝也，兵者国之爪也，城者所以自守也，此三者国之具也。

故曰以其极赏以赐无功；虚其府库以备车马衣裘奇怪㉟；苦其役徒以治官室观乐㊱；死又厚为棺椁，多为衣裘；生时治台榭，死又修坟墓。故民苦于外，府库单㊲于内。上不厌其乐，下不堪其苦。故国离寇敌则伤，民见凶饥则亡，此皆备不具之罪也。且夫食者，圣人之所宝也。故《周书》曰："国无三年之食者，国非其国也；家无三年之食者，子非其子也。"此之谓国备㊳。

【注释】

① 沟池：护城河。

② 边国：即边疆夷狄之国，此指敌国。

③ 持禄：守住俸禄。持，守、保。

④ 佼："佼，交也。"（《说文解字》，第161页。）交，交友。

⑤ 畜种菽粟：蓄积种植的粮食。畜，同"蓄"。蓄，蓄积、蓄存。菽，豆类。

⑥ 事：通"使"。

⑦ 威：通"畏"。

⑧ 当：存在。

⑨ 五谷：通常指稻、麦、黍、稷、豆。

⑩ 为养：被供养。养，供养。

⑪ 事：作"使"解。

⑫ 御于主：进献给君主。御，进贡、进献。

⑬ 馑：粮食、蔬菜不成熟。

⑭ 馈：读kuì，通"匮"，匮乏。

⑮ 稟食：稟命而食。稟（bǐng），同"禀"。稟，"赐谷也"。（《说文解字》，第111页。）

⑯ 彻：读"撤"，作"撤"解。

⑰ 五分之五：当为"五分之三"之误。（孙诒让：《墨子间诂》，第26页。）

⑱ 彻县：即"撤悬"，撤去悬挂的乐器。县，此指悬挂在簨虡之上的钟磬乐器。簨虡（sǔn jù），古代悬挂钟磬的木架。

⑲ 不革制：不另制作（新衣）。革，更改。

⑳ 雍食：熟食。雍，读 yōng，通"饔"。

㉑ 骖騑：古代驷马之车位于两旁的马。

㉒ 涂不芸：道路不除草。涂，通"途"，道路。芸，通"耘"，除草。

㉓ 队：同"坠"。

㉔ 道：同"导"，引导。

㉕ 重其子此疚于队：当为"此疚重于队其子"。（王念孙：《墨子杂志》，第 20 页。）疚，灾祸、痛苦。队，同"坠"。

㉖ 疾：当为"寡"。（俞樾：《墨子平议》，第 393 页。）

㉗ 本：农桑之事、农事。

㉘ 力时急：把握农时努力劳作。力，尽力。时，农时。

㉙ 离：通"罹"（lí），遭逢。

㉚ 密：多、丰富。

㉛ 待：应对、防备。

㉜ 备虑：防备的思想。

㉝ 卒：读 cù，同"猝"。猝，突发、紧急。

㉞ 是若庆忌无去之心，不能轻出：这正像吴王僚之子庆忌一样，因没有除掉杀手要离的周密考虑，不敢轻易离开吴国。庆忌：春秋末吴王僚子，以勇闻。吴公子光为刺杀吴王僚，就先派杀手要离除去庆忌。

㉟ 奇怪：奇异的珍宝。

㊱ 观乐：乐舞的场所。

㊲ 单：通"殚"，竭、尽。

㊳ 国备：国家的根本储备。

【译文】

墨子说：国家有七种祸患。那么什么是七种祸患？回答是：城墙和护城河年久失修，不能用于防守，却去修造宫室，这是第一患；敌国攻到了边境，四周邻国不来救援，这是第二患；先把民力耗尽在无用的事情上，赏赐无能的臣民，百姓的力量耗尽在无益方面，财宝因为招待宾客而导致库存空虚，这是第三患；做官的人只求保住俸禄，游谈的人只爱结交朋友，君王修订法令诛讨臣下，臣下畏惧诛讨丝毫不敢违背君王的意志，这是第四患；君王自以为圣明睿智而不问政事，自以为国家安定强大而疏于防御，四周邻国图谋进攻而不知戒备，这是第五患；君王宠信的臣下不忠诚于君王，忠诚的臣下却不被君王信赖，这是第六患；种植和储存的粮食不够食用，大臣不足以任使，君王的赏赐不能使臣民喜悦，君王的惩罚又不能使上下畏服，这是第七患。如果上述七种祸患积存在国中，必定毁灭社稷；如果在存有上述七种祸患的前提下守城，敌人到来国家就会倾覆。只要这七种祸患存在于国家，国家就必定遭殃。

五谷是百姓赖以生存的东西，也是君王得以奉养的东西。因此百姓没有了五谷，君王也就没有了奉养；而百姓没有了食物，君王就不可能役使他们。所以粮食不可不尽力生产，土地不可不努力耕作，消费财物不可不节俭。一种谷物没有收成叫作"馑"，两种谷物没有收成叫作"旱"，三种谷物没有收成叫作"凶"，四种谷物没有收成叫作"匮"，五种谷物没有收成叫作"饥"。遭逢馑年，为官的从大夫以下，都要减去俸禄的五分之一；遭逢旱年，要减去原俸禄的五分之二；遭逢凶年，要减去俸禄的五分之三；遭逢匮年，要减去俸禄的五分之四；遭逢饥年，所有为官的都不再发俸禄，只是按照君命供给饮食而已。因此，当国家处于凶饥的年份，君王原有的五鼎膳食要撤去三鼎，大夫要撤去悬挂在簨虡上的钟磬乐器，一般士人不再入学读书，君王的朝服不另制新款，各国宾客和邻国使节的接待用餐不丰盛，驷马的车子撤去两匹边马，道路不予修整，喂马不用粟谷，婢妾不穿丝绸衣服。这一切都是为了告知天下官吏百姓，国家粮食的短缺已到了最严重的程度。

现在有一个背负孩子的母亲从井里打水，不小心把孩子坠落到井里，这个母亲必定赶忙从井里引导把他救出来。不用说，如果遭逢凶年，百姓饥饿，路上多有饿死的人，这种灾难和伤痛要远比孩子掉进井里严重得多，对此怎么可以没有察觉呢？所以当年成好的时候，百姓就显得仁义善良；当年成不好的时候，他们就会变得吝啬而凶恶。百姓的这两种品性又怎么是固定不变的呢？务农的人少，吃饭的人多，就不会出现丰年的情景。所以说：财用不足就要反省是否违背了农时，粮食不足就要反省在吃饭方面是否节俭。由于先民按照节令生产，创造财物，巩固农桑根本而且合理使用财物，因此财用充足。即使古代的圣王，又怎么可能让五谷连年丰收，远离旱涝灾害呢？然而他们却没有受冻挨饿的百姓，这又是什么原因呢？当然是由于圣王们把握天时，督促百姓勤奋劳作，而在自我奉养方面又注意节俭罢了。《夏书》记载："夏禹曾遭遇七年水灾"；《殷书》记载："商汤曾遭遇了五年旱灾。"这两位帝王可以说遭逢了很严重的凶年饥荒，可是百姓并没有受冻挨饿，原因是什么呢？回答是：他们创造的财富很多，但使用财富很节俭。

所以仓库里不贮备粮食，就不可能应对凶年饥荒；武库里不贮备武器，即使正义的军队也不可能征伐不义的国家。内城外郭没有整修齐全，就不可能用来防守；心中没有备战的观念，就不可能应对突发的侵袭进攻。这就如同吴国公子庆忌一样，因畏惧杀手要离而不敢轻易离开吴国，时刻保持高度戒心一样。夏桀因为没有应对商汤的防备措施，所以遭到放逐；商纣没有应对周武的防备措施，所以遭到杀戮。夏桀、商纣贵为天子，富有天下，却都灭亡于小国君主之手，原因是什么呢？当然是徒有富贵而没有防备措施。所以说，防备是国家最重要的大事。具体来说，粮食是国家的财宝，兵器是国家的利器，城池是国家用来御敌自守的屏障：以上三者就是国家必须具有的基本要素。

君王把最高的奖赏赐予没有功劳的人，在世时耗尽府库的财物置办车、马、衣服和奇珍异宝，辛苦役卒和奴隶建造宫室和游乐场所；死后又做成厚重的棺椁，随葬很多丝绸衣服。这样君王在世就大建楼阁亭台，死后又遗命大修坟墓，以致百姓在外受苦受难，府库内的财富被挥霍净尽，在上位的王公大人不厌其乐，在下位的庶民百姓不堪其苦。国家一旦遭逢外敌进攻，就会受到严重创伤；百姓一旦遭逢凶年饥岁，就会大批死亡，这都是没有防备的罪过。况且粮食是圣人最为珍视的东西。《周书》上说："国家如果没有三年的粮食储备，国家就不是自己的国家了；家中如果没有三年的粮食储备，子孙也不是家中的子孙了。"因此，粮食可称作是国家的根本储备。

第二十九篇　辞过

【题解】

所谓"辞过"，是指君主应当去掉奢侈浪费的各种过错。本篇的主旨是提倡节俭，反对王公大人的奢侈浪费，因而它是《节用》的补充和深化。

首先，墨子从宫室和城郭、衣服、饮食、舟车、蓄私五个方面，阐明了王公大人必须有所节制的道理和节制的原则。由于王公大人"厚作敛于百姓，暴夺民衣食之财"，以致"国贫而民难治"。节制的原则就是"凡费财劳力"、不增加百姓利益的，都不应去做。

其次，墨子并不是在一般意义上反对王公大人的生活享受，他反对的是在当时百姓衣食尚不能得到保障的条件下无节制、互相攀比的奢侈浪费。有鉴于追求侈靡的社会风气，墨子作出了"俭节则昌、淫佚则亡"的结论，这不论对于古代社会还是当代中国，都具有很强的警示意义。

【原文】

子墨子曰：古之民未知为宫室时，就陵阜①而居，穴而处②。下③润湿伤民，故圣王作为宫室。为宫室之法，曰：室高足以辟④润湿，边足以围⑤风寒，上足以待雪霜雨露，宫墙之高足以别男女之礼。谨此则止。凡费财劳力，不加利者，不为也。役⑥，修其城郭，则民劳而不伤；以其常正⑦，收其租税，则民费而不病⑧。民所苦者非此也，苦于厚作敛⑨于百姓。是故圣王作为宫室，便于生，不以为观乐也。作为衣服带履，便于身，不以为辟怪⑩也。故节于身，诲于民，是以天下之民可得而治，财用可得而足。当今之主，其为宫室则与此异矣。必厚作敛于百姓，暴夺民衣食之财，以为宫室台榭曲直之望⑪、青黄刻镂之饰。为宫室若此，故左右皆法象⑫之。是以其财不足以待凶饥，振⑬孤寡，故国贫而民难治也。君实欲天下之治而恶其乱也，当为宫室不可不节。

古之民未知为衣服时，衣皮带茭⑭，冬则不轻而温，夏则不轻而凊⑮。圣王以为不中人之情，故作诲妇人治丝麻，梱布绢，以为民衣。为衣服之法：冬则练帛之中⑯，足以为轻且暖；夏则絺綌⑰之中，足以为轻且清。谨此则止。故圣人之为衣服，适身体，和肌肤而足矣，非荣耳目而观愚民也⑱。当是之时，坚车良马不知贵也，刻镂文采不知喜也。何则？其所道之然。故民衣食之财，家足以待旱水凶饥者，何也？得其所以自养之情，而不感于外也。是以其民俭而易治，其君用财节而易赡也。府库实满，足以待不然⑲。兵革不顿⑳，士民不劳，足以征不服。故霸王之业可行于天下矣。当今之主，其为衣服，则与此异矣。冬则轻暖，夏则轻清，皆已具矣。必厚作敛于百姓，暴夺民衣食之财，以为锦绣文采靡曼㉑之衣，铸金以为钩，珠玉以为珮㉒，女工作文采㉓，男工作刻镂，以为身服。此非云益煖之情也㉔。单㉕财劳力，毕归之于无用也。以此观之，其为衣服，非为身体，皆为观好。是以其民淫僻而难治，其君奢侈而难谏也。夫以奢侈之君御好淫僻之民，欲国无乱，不可得也。君实欲天下之治而恶其乱，当为衣服不可不节。

古之民未知为饮食时，素食㉖而分处，故圣人作，诲男耕稼树艺，以为民食。其为食也，足以增气充虚，强体适腹而已矣。故其用财节，其自养俭，民富国治。今则不然，厚作敛于百姓，以为美食刍豢，蒸炙鱼鳖。大国累百器，小国累十器，前方丈，目不能遍视，手不能遍操，口不能遍味。冬则冻冰，夏则饐馏㉗。人君为饮食如此，故左右象之，是以富贵者奢侈，孤寡者冻馁，虽欲无乱，不可得也。君实欲天下治而恶其乱，当为食饮不可不节。

古之民未知为舟车时，重任㉘不移，远道不至，故圣王作为舟车，以便民之事。其为舟车也，全固轻利，可以任重致远。其为用财少，而为利多，是以民乐而利之。法令不急而行，民不劳而上足用，故民归之。当今之主，其为舟车与此异矣。全固轻利皆已具，必厚作敛于百姓，以饰舟车，饰车以文采，饰舟以刻镂。女子废其纺织而修文采，故民寒；男子离其耕稼而修刻镂，故民饥。人君为舟车若此，故左右象之。是以其民饥寒并至，故为奸衺㉙。奸衺多则刑罚深㉚，刑罚深则国乱。君实欲天下之治而恶其乱，当为舟车不可不节。

凡回于天地之间，包于四海之内，天壤之情，阴阳㉛之和，莫不有也，虽至圣不能更也。何以知其然？圣人有传㉜：天地也，则曰上下；四时也，则曰阴阳；人情㉝也，则曰男女；禽兽也，则曰牝牡㉞雄雌也。真天壤之情，虽有先王不能更也。虽上世至圣，必蓄私㉟不以伤行，故民无怨；宫无拘女㊱，故天下无寡夫。内无拘女，外无寡夫，故天下之民众。当今之君，其蓄私也，大国拘女累千，小国累百，是以天下之男多寡无妻，女多拘无夫，男女失时，故民少。君实欲民之众而恶其寡，当蓄私不可不节。

凡此五者，圣人之所俭节也，小人之所淫佚也。俭节则昌，淫佚则亡，此五者不可不节。夫妇节而天地和，风雨节而五谷孰㊲，衣服节而肌肤和。

【注释】

① 陵阜：山陵高坡。

② 穴而处：在洞穴安居。

③ 下：地下。

④ 辟：同"避"。

⑤ 圉：作"御"解。

⑥ 役：当为"以其常役"。（毕沅著，戴望校：《墨子注》，第42页。）"役"前脱"以其常"三字。意为"按常例安排劳役"。

⑦ 正：读 zhēng，征收。

⑧ 病：困顿、忧虑。

⑨ 作敛：即"籍敛"，征税。

⑩ 辟怪：特殊癖好。辟，读 pì，不常见的、不正常的。

⑪ 望：使……观望。

⑫ 法象：效法模仿。象，通"像"，模仿。

⑬ 振：救济。

⑭ 茭：草绳。

⑮ 清（qìng）：凉。以下"清"字同解。

⑯ 练帛之中：白色熟绢的中衣。练帛，白色熟绢。中，中衣。

⑰ 絺綌（chī xì）：细葛布与粗葛布。絺，细葛布。綌，粗葛布。

⑱ 非荣耳目而观愚民也：荣，荣华、光鲜。耳目，偏义复词，特指"目"。观，被观。意为"不是让愚民们看起来光鲜"。

⑲ 不然：突发变故。

⑳ 顿：损坏。

㉑ 靡曼：美好、柔美。

㉒ 珮：同"佩"。

㉓ 作文采：从事刺绣一类的工作。

㉔ 此非云益煗之情也：这样并没有增加暖和的事实。云，有。益，增加。煗（nuǎn），同"暖"。情，实情。

㉕ 单：同"殚"，竭、尽。

㉖ 素食：当为"索食"。（（清）王闿运：《墨子注》，载任继愈、李广星主编《墨子大全影印本第十九册》，北京图书馆出版社 2004 年版，第 27 页。以下简称为"王闿运：《墨子注》"。）意为"寻找食物"。索，索取、寻找。

㉗ 餲饐（ái yí）：食物变质腐烂。

㉘ 重任：重物。

㉙ 衺（xié）：同"邪"。

㉚ 深：重。

㉛ 阴阳：中国古人用来解释天地万物、人类社会发展变化的哲学范畴。一般指一切事物及其现象互相对立、互相依存、互相消长的两个方面，如天地、男女、日夜等。

㉜ 传：典籍、古书。

㉝ 人情：指男女性别。

㉞ 牡牝（mǔ pìn）：指动物的雄与雌。

㉟ 蓄私：蓄养宠妾。私，宠妾。

㊱ 拘女：被留在宫中服侍的宫女。

㊲ 孰：同"熟"。

【译文】

墨子说：古代的民众在还不知道建造宫室的时候，都是依傍山陵高坡选择住处，在天然洞穴里安居。由于地下湿气浓重，伤害人的身体，所以圣王发明建造了宫室。建造宫室的要求是：宫室的高度足以避开地下的潮湿，四周的墙壁足以抵御风寒，上顶足以遮挡雪霜雨露，宫墙的高度足以显示男女有别的礼节。只要做到这些就够了。凡是浪费财物和损耗体力、并不增加更多好处的举动，都不去做。按照常例安排劳役，修筑城郭，百姓虽然辛劳但不受伤害；按照常规征收财税，百姓虽然花费钱财但不至困顿。百姓感到痛苦的不是这些，而是对百姓的横征暴敛。因此，圣王创制和建造宫室，是为了方便人民的生活起居，不是为了观赏游乐；创造和制作衣服、腰带和鞋子，是为了方便保养身体，而不是为了满足特殊癖好。圣王自身节俭，并以此教导民众，因此天下百姓得到教化和治理，财物用度也感到充足。现在的君主建造宫室，与古代圣王存在很大差别。他们必定要对百姓征收很重的赋税，强夺百姓的衣食财用来建造宫室、台榭以及曲直回旋的景观，并在这些建筑物上雕刻各种色彩的装饰。君王这样奢侈地建造宫室，以致身边近臣都纷纷效仿。因此，国家的财用不足以应对凶年饥岁和救济孤儿寡妇，并且国家贫穷，百姓就难以治理。君主们确实希望天下得到治理而厌恶混乱，在建造宫室方面就不可不节俭。

古代的民众在不知道制作衣服的时候，身穿兽皮，腰扎草绳，冬天不轻便暖和，夏天不轻便凉爽。圣王认为这样穿着不合乎人的性情，于是就教导妇女整理丝麻，编织布帛，并用布帛制成百姓的衣服。制作衣服的要求是：冬天穿上用熟丝绢制成的内衣，轻便而暖和；夏天穿上用粗细葛布做成的内衣，轻便而凉爽。仅仅这样也就够了。可见圣人制作衣服，是为了适宜身体，和顺肌肤，不是为了让百姓看上去穿着光鲜。在那个时期，人们不认为坚固的马车和驯良的骏马是珍贵的，也不因为马车上刻满彩色花纹就感到惊喜。这是为什么呢？这当然是圣王教导的结果。那时民众的衣食财用，之所以家家都足以应对旱涝凶饥年景的原因是什么呢？当然是由于他们懂得自给自足的道理，而不被外界奢靡风气所影响。因此，民众节俭就容易治理，君王用财节俭就容易富足。官府仓库存满财物，就足以抵御突发的侵扰；兵器甲胄完好无损，士人和民众不感辛劳，就足以征伐叛逆和不义的国家。这样就可以在天下成就霸业。现在的君主在制作和穿着衣服方面，与古代圣王有很大差别。冬天穿着轻便暖和，夏天穿着轻便凉爽。在这些都已具备的同时，他们还要向百姓征收沉重的赋税，强夺百姓的衣食财用来制作柔美、多彩、华丽的衣服，熔铸黄金做成带钩，串联珍珠美玉做成佩饰，召集女工制作刺绣，召集工匠专做雕刻，这样才做成可穿的衣服。其实这样做并没有增加暖和的实情。用尽财力和人力，结果都用在了没有实际用处的事情上。照这样看来，他们制作衣服，不是为了身体穿着舒服，而是为了外表的华丽好看。因此，这些君王统治的百姓邪恶不正难以治理，君王自身也是奢侈无度难以听从别人的劝谏。那么以这样奢侈的君王来治理邪恶不正的百姓，还希望国家不出现混乱，这是不可能做到的。所以，君王确实希望天下得到治理而厌恶混乱，在制作衣服方面就不可不节俭。

古代的民众在不懂得饮食制作方法的时候，分别到各处寻找天然的食物充饥。因此在圣人出现后，就教会男人耕作种植，把收获的粮食作为百姓的食物。圣人制作食物的要求是，足以增加力气和强体饱腹就可以了，所以圣人使用财物节俭，自我供养尤为节俭，于是百姓富足，国家得到治理。现在的君王就不是这样，他们对百姓征收很重的赋税，蒸烤牛羊猪狗鱼鳖等做成美食。大国国君一餐要摆上上百个食器，小国国君也有十多个食器，眼前食器摆放一丈见方，以致眼睛不能全部看清，手不能全部取到，口也不能尝遍所有味道。这些剩余的美食，冬天上冻结冰，夏天就腐烂变质。作为统领臣民的君王饮食这样铺张靡费，以致身边的臣子们都群起效仿，结果就是富贵之家奢侈无度，孤儿寡母无依无靠的人挨饿受冻，即使希望天下不出现混乱，也是不可能的。君王确实希望天下得到治理，而厌恶天下混乱，在饮食方面就不可不节俭。

古代的百姓在不知道制造车船的时候，沉重的东西不能搬动，也不能到达远方，所以圣明的君王创造了车和船，方便百姓做事。圣王制作车船的要求是：完整、坚固、轻巧、方便，可以负载重物到达远方。这样的车船花费财物少，创造利益却很多，所以百姓乐于使用。不需法令催促，车船就在百姓中推广使用，百姓不劳苦而君上财用充足，所以百姓都乐于归顺。现在的君王制造车船与古代圣王的要求不同。除了完整、坚固、轻巧和便利这些要求之外，他们还对百姓征收很重的赋税，用来装饰车船：用彩色花纹装饰马车，用雕刻图案来装饰船只。妇女荒废了纺丝织布来描绘彩色花纹，因此百姓寒冷；男子荒废了耕作种植来雕刻图案，因此百姓挨饿。作为统治臣民的君王这样来制造车船，身边臣子们都群起效仿，以致百姓饥寒交迫，不得已走上奸邪之路。奸邪的人多了刑罚就会加重，刑法加重就会导致国家混乱。君王确实希望天下得到治理而厌恶天下混乱，在制造车船方面就不可不节俭。

凡是回旋在天地之间、包括四海之内的万物秉性，如阴阳相互依存、相互对立、相互调和，没有不是这样的，即便最伟大的圣人也不能更改。怎么知道是这个道理呢？圣人的书传上记载说："说到天地，就有上下的分别；说到四时，就有阴阳的分别；说到性别，就有男女的分别；说到禽兽，就有公母雌雄的分别。"这种自然禀赋的性情，即便是圣王也不能改变。即便是前代最伟大的圣人，也会蓄养姬妾，但不会因此损害他们的德行，因此百姓没有怨言。王宫中没有滞留的宫女，天下就没有无妻的男人；贵族家中没有滞留的妇女，外边就不会有无妻的男人，那么天下的人口就会众多。现在的君王在蓄养姬妾方面，大国国君往往有几千人，小国国君也有几百人，以致天下很多男人没有妻子，很多女子没有丈夫，男婚女嫁错过时机，所以人口越来越少。君王确实希望人口众多而厌恶人口稀少，在蓄养姬妾方面就不可不节制。

上述所说的建造宫室等五个方面的事情，正是圣人注意节俭而小人奢侈放纵的地方。节俭就会昌盛，奢侈放纵就会灭亡，那么上述建造宫室等五个方面的花费不可不节制。夫妇有节制天地就会和谐，风雨有节制就会五谷丰登，衣服有节制就会身体和顺。

第三十篇　三辩

【题解】

"三辩"指对音乐问题的多次辩论。"三"未必是确指，可理解为"多次"。有人认为此篇应是《非乐》的残文。

文章通过墨子与儒家弟子程繁的对话，辩论音乐对于治国理政究竟能够发挥什么作用。墨子以古代圣王唐尧、虞舜、夏禹、商汤为例，说明"其乐愈繁者，其治愈寡"，因而否定了音乐具有治国理政的功能，表明了他反对音乐的态度。应当指出，一方面，墨子站在普通百姓的立场，反对王公大人的劳民伤财，大兴音乐，具有积极合理的意义；另一方面，墨子忽视音乐具有启迪智慧、修养身心、陶冶情操的教化和娱乐功能，其"非乐"观点存有明显的片面性。

【原文】

程繁①问于子墨子曰："夫子②曰：'圣王不为乐。'昔诸侯倦于听治③，息于钟鼓之乐；士大夫倦于听治，息于竽瑟之乐；农夫春耕夏耘，秋敛冬藏，息于聆缶④之乐。今夫子曰：'圣王不为乐'，此譬之犹马驾而不税⑤，弓张而不弛，无乃非有血气者⑥之所不⑦能至邪？"

子墨子曰："昔者尧舜有茅茨⑧者，且以为礼，且以为乐。汤放桀于大水⑨，环天下⑩自立以为王，事成功立，无大后患，因先王之乐，又自作乐，命曰《护》⑪，又修《九招》⑫；武王胜殷杀纣，环天下自立以为王，事成功立，无大后患，因先王之乐，又自作乐，命曰《象》⑬；周成王因先王之乐，又自作乐，命曰《驺虞》⑭。周成王之治天下也，不若武王；武王之治天下也，不若成汤；成汤之治天下也，不若尧舜。故其乐逾繁者，其治⑮逾寡。自此观之，乐非所以治天下也。"

程繁曰："子⑯曰'圣王无乐'，此亦乐已，若之何其谓圣王无乐也？"子墨子曰："圣王之命也，多寡之。食之利也，以知饥而食之者智也，因⑰为无智矣。今圣有乐而少，此亦无也。"

【注释】

① 程繁：与墨子同时期兼治儒墨的学者。

② 夫子：古代老师、学者的称谓。

③ 听治：处理政务。

④ 聆缶：聆，当为"瓴"。（毕沅著，戴望校：《墨子注》，第48页。）瓴缶，即"瓴"和"缶"，两种盛水或酒的瓦器，敲之有声，可作为低级击打乐器。

⑤ 税：通"脱"。孙诒让引《方言》郭璞注："税犹脱也。"（孙诒让：《墨子间诂》，第39页。）脱，卸、解除。

⑥ 有血气者：有生命的人。

⑦ 不：当为衍字。

⑧ 茅茨：当以道藏本《墨子》"第期"为是，"茅茨"为误。（《墨子》（明道藏本），第28页。）第期，传为尧舜时代通于礼乐的学者。

⑨ 大水：即"大坰"，"汤初放桀之地。"（尹桐阳：《墨子新释》，第102页。）大坰，古地名，其地在今河南巩义一带。

⑩ 环天下：包有天下。环，围。

⑪《护》：传为商汤所作乐章名。护，救护人民之意。

⑫《九招》：或作"韶"，相传尧舜所修乐章名。

⑬《象》：周武王所作乐章名。

⑭《驺虞》：周成王所作乐章名。驺（zōu），古姓。

⑮ 治：此指治理天下的政绩。

⑯ 子：当为"夫子"，脱"夫"字。

⑰ 因：当为"固"之误。（孙诒让：《墨子间诂》，第42页。）固，本来。

【译文】

程繁问墨子说："先生说过，'圣明的君王不创作音乐'。可是从前诸侯处理政务疲倦了，就欣赏敲击钟鼓一类的音乐来休息；士大夫处理政务疲倦了，就欣赏吹弹竽瑟一类的音乐来休息；农夫忙于春天耕种、夏天除草、秋天收获和冬天储藏，感到疲倦了，就欣赏敲打水瓶瓦盆一类瓦器来休息。现在先生却说。'圣王不创作音乐'，这就好比一直让马驾车而不卸下辕套、一直把弓拉开而不松弛一样，这恐怕不是有血气的人所能做到的吧？"

墨子说："从前尧舜时代有个叫第期的学者，既能制定礼仪，也能创作音乐。商汤初次把夏桀流放到大坰，就统一天下自立为王，感到大业已成，功勋建立，没有大的后患，于是因循先王的音乐，自己又创作了新的音乐，命名为《护》，同时修订了唐尧、虞舜两位圣王创作的音乐《九招》。周武王战胜殷商杀掉纣王，统一天下自立为王，感到大事成功，没有大的后患，于是就因袭先王音乐，又自己创作新的音乐，命名为《象》。周成王在因袭先王音乐的同时，也创作了新的音乐，命名为《驺虞》。周成王治理天下不如周武王，周武王治理天下不如商汤，商汤治理天下不如唐尧、虞舜。可见创作音乐越多的人，他们治理天下的功绩就越少。由此看来，音乐并不是用来治理天下的利器。"

程繁又问："先生曾说：'圣王没有音乐。'但先生所举出的这些事例说明，这也是音乐啊，怎么可以说'圣王没有创作音乐'呢?"墨子回答说："圣王的教导告诉我们，凡是过于繁多的事物就应该减少。吃饭的好处大家都知道，但把知道饿了就要吃饭当作智慧，这本来就不是什么智慧。现在圣王虽有音乐但很少，这就像没有音乐一样。"

第三编　墨　语

【导语】

本编共有《耕柱》《贵义》《公孟》《鲁问》《公输》和《非儒下》六篇。《非儒下》原排在"墨论"《非命下》后，因其内容和文体既不属于"墨论"，又不在"余论"的范围，所以将其移到本编"墨语"最后。

第一，从文体上看，"墨语"各篇不是论说文体裁，绝大部分属于记叙文。它主要记叙了墨子与国君、将军、士大夫以及他的弟子、儒者等问答，辩驳相关问题，而《公输》篇则是情节完整的历史故事。

第二，从内容上看，一方面，各篇论述内容广泛，很少有统一的论述主题，而且各篇的论述主题和记叙的人物都有重复的地方；另一方面，"墨语"各篇的内容绝大部分都属于"十论"的范围，主要是对墨子社会政治理想的补充和深化。

第三，"墨语"六篇可看作是墨子本人及其弟子的重要传记资料。各段中所记载有关墨子的内容，大部分都有清晰或相对清晰的发生时间、地点、原因和结果。综合各篇记叙来看，墨子从中年到晚年，在鲁、齐、楚、卫等国的活动轨迹有大量记载，而在以禽滑釐为首的墨家十五个及门弟子中，有十三个弟子在"墨语"部分也有清楚的事迹记载。

第三十一篇　耕柱

【题解】

本篇命名源于第一段墨子与弟子耕柱的对话。本篇共二十个自然段，大多由墨子与弟子的对话以及辩驳儒者巫马子的论说组成，各段思想内容并不互联，但对"义"的言论最多。

墨子认为，用"义"为政，"人民必众，行政必治，社稷必安"，因此，义是"天下之良宝"。"行义"好比筑墙，要各守其职，各尽其能，孜孜不倦；他坚决反对"口言义而行非""背义而向禄"的人。

【原文1】

子墨子怒耕柱子①，耕柱子曰："我毋俞②于人乎？"子墨子曰："我将上大行③，驾骥与羊④，子将谁驱？"耕柱子曰："将驱骥也。"子墨子曰："何故驱骥也？"耕柱子曰："骥足以责。"子墨子曰："我亦以子为足以责。"

【注释】

① 怒耕柱子：对耕柱子发怒。耕柱子：墨子弟子。

② 俞：同"愈"，益、胜。

③ 大行：即太行山，在山西高原与河北平原之间。

④ 骥与羊：当为"骥与牛"。骥，骏马。羊，当为"牛"之形讹，羊不可用来驾车。

【译文】

墨子对耕柱子生气。耕柱子说："我难道没有胜过别人的地方吗？"墨子发问说："如果我要上太行山，用骏马和笨牛驾车，你会选择哪一种来驱车？"耕柱子回答说："我选择驱使骏马。"墨子又问："为什么要驱使骏马？"耕柱子说："骏马足以承担上太行山的重任。"墨子说："我也认为你足以承担重任。"

【原文 2】

巫马子①谓子墨子曰："鬼神孰与圣人明智？"子墨子曰："鬼神之明智于圣人，犹聪耳明目之与聋瞽也。昔者夏后开②使蜚廉③折金④于山川，而陶铸之于昆吾⑤；是使翁难雉乙卜于白若之龟⑥，曰：'鼎成三足而方⑦，不炊⑧而自烹，不举而自臧⑨，不迁而自行。以祭于昆吾之虚⑩，上乡⑪！'乙又言兆之由⑫：'飨矣！逢逢⑬白云，一南一北，一西一东，九鼎既成，迁于三国。'夏后氏失之，殷人受之；殷人失之，周人受之。夏后殷周之相受也，数百岁矣。使圣人聚其良臣与其桀相而谋，岂能智数百岁之后哉？而鬼神智之。是故曰鬼神之明智于圣人也，犹聪耳明目之与聋瞽也。"

【注释】

① 巫马子：儒家弟子，鲁人；或认为即《史记·仲尼弟子列传》所记载的孔子弟子巫马施。

② 夏后开：即"夏王启"。启，姒（sì）姓，夏王禹长子，传为中国历史上第一个破除禅让制而开启世袭制的君王。后，君、王。开，"启"的代字，汉代为避景帝刘启之讳而改"启"为"开"。

③ 蜚廉：夏王启的大臣。

④ 折："哲"的假借字。哲（chè），通"摘"，取。

⑤ 陶铸：把熔开的青铜汁倒入陶范中铸造器皿。昆吾：人名用作地名，亦称帝丘，在今河南濮阳西南。昆吾，颛顼之后，己姓，为夏伯陶冶，封于昆吾。

⑥ 使翁难雉乙卜于白若之龟：意为"命翁难乙用百灵之龟来占卜"。翁难雉乙，当为"翁难乙"，"雉"为衍字。翁难乙，卜人姓名。（王焕镳：《墨子校释》，第653页。）白若之龟，疑为"百灵之龟"。（高亨：《墨子新笺》，第48页。）"白若"为"百灵"之误。

⑦ 三足而方：当为"四足而方"。（王念孙：《墨子杂志》，第183页。）据考，方鼎未见三足者。

⑧ 炊：烧火做饭。

⑨ 臧：同"藏"，古"藏"字。

⑩ 虚：同"墟"，大丘。

⑪ 上乡：即"尚飨（飨）"，古代用于祭文末，祈请天地鬼神享用祭品。乡（鄉），飨（饗）的形讹字。

⑫ 兆之由：占卜时用来判断吉凶征兆的卜辞。兆，古代占卜人察看龟甲烧灼后形成的裂纹，据此判断吉凶，此裂纹即为"兆"。由，与"繇"同，卜辞。

⑬ 逢逢：读 péng péng，盛大的样子。

【译文】

儒家巫马子问墨子说："鬼神与圣人谁更明智？"墨子回答说："鬼神的明智与圣人相比，就如同聪耳明目的人与聋子盲人相比一样。从前夏王启命蜚廉去山川间开采铜、锡等矿藏，然后在昆吾这个地方将青铜汁浇入陶犯铸成铜鼎，命卜者翁难乙用百灵龟占卜说：'铜鼎铸成，四足方形，不需燃火，自己烹煮；不须持举，自己隐藏；不需迁移，自己行走。用它在昆吾的山丘上祭祀，恭请诸神都来享用供品吧！'然后，翁难乙又诵读占卦的卜辞：'鬼神享用已毕。一蓬蓬白云，一会在南，一会在北，一会在东，一会在西。九鼎铸成以后，将在三个国家之间迁移'。夏后氏失去九鼎，殷人接受了它；殷人失去后，周人又接受了它。夏、商、周三代相继接收，已有几百年了。假如让圣人聚集他的贤能臣下和杰出的国相共同谋划，又怎么能知道数百年以后的事情呢？然而鬼神却知道。所以说，鬼神的明智与圣人相比，就像聪耳明目的人与聋子盲人相比一样。"

【原文3】

治徒娱、县子硕①问于子墨子曰："为义孰为大务？"子墨子曰："譬若筑②墙然，能筑者筑，能实壤③者实壤，能欣④者欣，然后墙成也。为义犹是也，能谈辩者谈辩，能说书者说书，能从事者从事，然后义事成也。"

【注释】

① 治徒娱、县子硕：两人皆为墨子弟子，原为齐国暴徒，后成为墨家

贤士。

　　② 筑：以杵捣土或以夯夯土。

　　③ 实壤：填充土壤。实，充实、填充。

　　④ 欣：读 xī，通"睎"，瞭望、观察。

【译文】

　　治徒娱、县子硕问老师墨子说："要做仁义的事，什么是最重要的？"墨子回答说："如同建筑城墙，能夯土的夯土，能填土的填土，能操持仪表瞭望观测的就操持仪表瞭望观测，然后墙才可以筑好。做仁义的事也是这样，能谈说辩论的就谈说辩论，能解说经典书籍的就解说经典书籍，能从事劳作的就从事劳作，那么就可以做成仁义的事情了。"

【原文 4】

　　巫马子谓于墨子曰："子兼爱天下，未云①利也；我不爱天下，未云贼也。功皆未至，子何独自是而非我哉？"子墨子曰："今有燎②者于此，一人奉水将灌之，一人掺③火将益之，功皆未至，子何贵④于二人？"巫马子曰："我是彼奉水者之意，而非夫掺火者之意。"子墨子曰："吾亦是吾意，而非子之意也。"

【注释】

　　① 云：有。

　　② 燎：放火。

　　③ 掺（chān）："操"的异体字。

　　④ 贵：尊尚、看重。

【译文】

　　巫马子对墨子说："你'兼爱'天下，也没有给天下带来利益；我不爱天下，也没有给天下造成贼害。既然我们两人的功效都没有展现，你凭什么特别认为你自己是对的而非难我呢？"墨子反驳说："现在有人在这里放火，有一人端着水想把火浇灭，另一个人却拿着燃烧物想让火烧得更旺，这两人都只是想还没有行动，你尊尚的是哪一个呢？"巫马子说："我赞同端水救火人的想法，而反对拿着燃烧物让火烧得更旺的人的想法。"墨子说："我也是肯定我的主张，而反对你的主张。"

【原文 5】

子墨子游荆①耕柱子于楚，二三子②过③之，金④食之三升，客⑤之不厚。二三子复于子墨子曰："耕柱子处楚无益矣。二三子过之，食之三升，客之不厚。"子墨子曰："未可智也。"毋几何，而遗⑥十金⑦于子墨子，曰："后生不敢死⑧，有十金于此，愿夫子之用也。"子墨子曰："果未可智也。"

【注释】

① 荆：当为衍字。

② 二三子：弟子、徒属、学生。

③ 过：访问。

④ 金：当为衍字。

⑤ 客：招待客人。

⑥ 遗（wèi）：赠送。

⑦ 十金：古以一镒为一金，十金即十镒。

⑧ 后生不敢死：后生不敢贪图钱财而取死。

【译文】

墨子推荐门人耕柱子到楚国去做官，几位同门经过的时候访问了他。他只按每人每天三升粟米的标准供给饭食，招待不够丰厚。这几个同门回去后告诉墨子说："耕柱子在楚国为官并没有好处。我们几位同门经过时访问他，他只供应每人每天三升粟米的饭食，招待并不丰厚。"墨子说："这件事还不知道真实情况。"没过多久，耕柱子送给墨子十镒金子，并且说："弟子不敢贪图财物而触犯死罪，这里有十镒金子，愿先生您留用。"墨子说："果然当时不知道真实情况。"

【原文 6】

巫马子谓子墨子曰："子之为义也，人不见而耶，鬼而不见而富①，而子为之，有狂疾②！"子墨子曰："今使子有二臣③于此，其一人者见子从事，不见子则不从事；其一人者见子亦从事，不见子亦从事，子谁贵于此二人？"巫马子曰："我贵其见我亦从事，不见我亦从事者。"子墨子曰："然则是子亦贵有狂疾也。"

【注释】

① 人不见而耶，鬼而不见而富：第一个和第三个"而"，通"尔"，你。耶，当为"服"的讹字。（王念孙：《墨子杂志》，第 187 页。）富，"福"的假借字。当是"不见人服尔，不见鬼福尔"。

② 狂疾：疯病。"疾"后当有"乎"。（（清）吴汝纶：《点勘墨子读本》，载任继愈、李广星主编《墨子大全影印本第二十册》，北京图书馆出版社 2004 年版，第 220 页。以下简称为"吴汝纶：《点堪墨子读本》"。）

③ 臣：家臣、仆役。

【译文】

巫马子对墨子说："你践行义事，看不到什么人对你佩服，也看不到什么鬼神赐福给您，而您照常去做，恐怕是有疯病吧？"墨子回答说："现在假设这里你有两个仆役，其中一人看到你就劳作，看不到你就不劳作；另一个人见到你劳作，不见到你也劳作。那么这两个人你看重哪一个呢？"巫马子说："我看重见到我劳作、见不到我也劳作的那一个。"墨子说："既然这样，那么这就是你也看重有疯病的人。"

【原文 7】

子夏①之徒问于子墨子曰："君子有斗乎？"子墨子曰："君子无斗。"子夏之徒曰："狗狶②犹有斗，恶有士而无斗矣？"子墨子曰："伤③矣哉！言则称于汤文，行则譬于狗狶，伤矣哉！"

【注释】

① 子夏：即卜商，字子夏，春秋时卫国人，孔子弟子，以文学见称。

② 豨（xī）：猪。

③ 伤：伤心、可悲。

【译文】

子夏的门徒问墨子说："君子也有争斗吗？"墨子说："君子没有争斗。"子夏的门徒说："猪狗尚且有争斗，哪有士人君子没有争斗的呢？"墨子说："可悲啊！你们言谈上就称赞商汤和周文王，但在行为上却与猪狗相类比，真是可悲啊！"

【原文 8】

巫马子谓子墨子曰："舍今之人而誉先王，是誉槁骨①也。譬若匠人然，智槁木也，而不智生木。"子墨子曰："天下之所以生者，以先王之道教也。今誉先王，是誉天下之所以生也。可誉而不誉，非仁也。"

【注释】

① 槁骨：枯骨，指死人。槁（gǎo），干枯。

【译文】

儒者巫马子对墨子说："舍弃现在的人而赞誉先王，这就是赞誉死人，就如同木匠那样，只懂得干枯的木材，却不懂得正在生长的树木。"墨子回答说："天下人之所以得到生存和发展，是因为有先王之道经常加以教导。现在赞誉先王，就是赞誉天下人赖以生存发展的道理。应该赞誉却不给予赞誉，不是仁者应该做的事情。"

【原文 9】

子墨子曰："和氏之璧①、隋侯之珠②、三棘六异③，此诸侯之所谓良宝也。可以富国家，众人民，治刑政，安社稷乎？曰：不可。所为贵良宝者，为其可以利④也。而和氏之璧、隋侯之珠、三棘六异不可以利人，是非天下之良宝也。今用义为政于国家，人民必众，刑政必治，社稷必安。所为⑤贵良宝者，可以利民也，而义可以利人，故曰：义，天下之良宝也。"

【注释】

① 和氏之璧：省称"和璧"，春秋时楚国人卞和所得宝玉，传说价值连城。

② 隋侯之珠：省称"隋珠"。隋侯，周代东方姬姓诸侯，传隋侯曾救大蛇，大蛇衔宝珠以报。

③ 三棘六异：即"三翮六异"，九鼎的别称。棘，通"翮"（hé），原指空心硬管的羽毛，此指"鼎足"。异，通"翼"，此指"鼎耳"。

④ 利：后缺"民"，当补。

⑤ 所为：当为"所谓"。古"谓""为"字意相通。

【译文】

墨子说："和氏璧、随侯珠以及三足六耳的九鼎，这些就是诸侯们所认为的良宝。但是它们可以使国家富强、人民众多、刑法政令得到治理、社稷得到平安吗？回答是：不可能。所谓被看重的真正良宝，是因为它们可以给天下民众带来利益。而和氏璧、随侯珠以及三足六耳的九鼎，不可能给天下民众带来利益，所以它们就不是天下真正的良宝。现在如果用'义'来治国理政，人民必定众多，刑法政令必定得到治理，社稷必定平安。所谓被真正看重的良宝，就是可以有利于民众的东西；而'义'可以给天下民众带来利益。所以说，'义'才是天下真正的良宝。"

【原文 10】

叶公子高①问政于仲尼②曰："善为政者若之何？"仲尼对曰："善为政者，远者近之，而旧者新之③。"子墨子闻之曰："叶公子高未得其问也，仲尼亦未得其所以对也。叶公子高岂不知善为政者之远者近之，而旧者新是④哉？问所以为之若之何也。不以人之所不智告人，以所智告之，故叶公子高未得其问也，仲尼亦未得其所以对也。"

【注释】

① 叶公子高：即沈诸梁，春秋时楚国人，字子高，楚大夫，封于叶，称叶公。

② 仲尼：即孔丘，中国古代伟大思想家，儒家学派创始人。

③ 旧者新之：对待旧臣如同对待新交的。

④ 旧者新是：当为"旧者新之"，"是"为"之"之误。

【译文】

叶公子高向孔子请教治国理政的方法说："善于治国理政的人在理政时是怎么做的呢？"仲尼回答说："善于治国理政的人，对于远方的人要亲近他们，对待旧臣要如同新交的一样。"墨子听说他们的对话后说："叶公子高没有明确给出要问的问题，仲尼也没有给出应有的回答。叶公子高难道不知道善于治国理政的人，对待远方的人要亲近他们，而对待旧臣应如同对待新交的一样吗？他想要问的是治国理政的具体方法到底怎么去做。不拿别人不知道的去告诉别人，而是把别人已经知道的告诉别人，所以叶公子高没有明确给出要问的问题，仲尼也没有给出应有的回答。"

【原文 11】

子墨子谓鲁阳文君①曰："大国之攻小国，譬犹童子之为马也。童子之为马，足用而劳②。今大国之攻小国也，攻者③农夫不得耕，妇人不得织，以守为事。攻人者，亦农夫不得耕，妇人不得织，以攻为事。故大国之攻小国也，譬犹童子之为马也。"

【注释】

① 鲁阳文君：即公孙亮，战国时楚国人，楚平王孙司马子期子，受封于鲁阳，为县公，又称鲁阳文子、鲁阳公。

② 足用而劳：指两手两脚在地上模仿马行走，足以导致疲劳。

③ 攻者：当为"见攻者"。见，被。

【译文】

墨子对鲁阳文君说："大国攻打小国，就好比儿童双手双脚触地模仿马行走一样。儿童用手脚在地上模仿马行走，足以导致疲劳不堪。现在大国攻打小国，被攻打小国的农夫不能耕作种植，妇女不能纺纱织布，因为大家都把守御城池作为主要事务；作为攻打别国的大国一方，同样也是农夫不能耕作种植，妇女不能纺纱织布，因为大家都以攻战作为主要事务。所以大国攻打小国，就好比儿童模仿马走的游戏一样疲劳不堪。"

【原文 12】

子墨子曰："言足以复行①者，常之②；不足以举行者，勿常。不足以举行而常之，是荡口③也。"

【注释】

① 复行：践行。
② 常之：经常说。之，言语。
③ 荡口：说空话、胡说。荡，空、无所据。

【译文】

墨子说："言语足以让人践行的，方可经常说；不足以让人践行的，就不要经常说。不足以让人践行的言语反而经常说，这就是白费口舌地说空话。"

【原文 13】

子墨子使管黔激①游②高石子③于卫，卫君致禄甚厚，设之于卿。高石子三朝④必尽言，而言无行者。去而之齐⑤，见子墨子曰："卫君以夫子之故，致禄甚厚，设我于卿，石三朝必尽言，而言无行，是以去之也。卫君无乃以石为狂乎？"子墨子曰："去之苟道，受狂何伤⑥！古者周公旦非关叔⑦，辞三公，东处于商蓋⑧，人皆谓之狂，后世称其德，扬其名，至今不息。且翟闻之：'为义非避毁就誉。'去之苟道，受狂何伤！"高石子曰："石去之，焉敢不道也！昔者夫子有言曰：'天下无道，仁士不处厚⑨焉。'今卫君无道，而贪其禄爵，则是我为苟陷人长⑩也。"子墨子说，而召子禽子⑪曰："姑听此乎！夫倍义而向禄⑫者，我常闻之矣。倍禄而向义者，于高石子焉⑬见之也。"

【注释】

① 管黔澉：即"管黔敖"，墨子弟子。澉（áo），同"敖"。

② 游：推荐。

③ 高石子：墨子弟子。

④ 三朝：据周礼，大臣朝见天子或国君，分为岁朝、月朝、日朝。

⑤ 去而之齐：离开卫国到齐国。之，到、往。

⑥ 苟：诚、确实。道：道义。狂：轻狂、狂妄。

⑦ 关叔：即管叔，文王三子，姓姬，名鲜，周初封于管，因与蔡叔、武庚叛乱被诛。

⑧ 商蓋：当为"商奄"。（王念孙：《墨子杂志》，第188页。）商奄，东夷之地，周初封予周公旦。蓋，"奄"的形讹字。

⑨ 处厚：居于俸禄丰厚的官位上。处，居。厚，厚禄。

⑩ 苟陷人长：当为"苟啗人食"。（孙诒让：《墨子间诂》，第433页。）意为"苟且食用别人的俸禄"。啗（dàn），食用。食，此指俸禄。

⑪ 子禽子：即禽滑釐，墨子首席大弟子，详见《所染》注释。

⑫ 倍义而向禄：背叛道义而追求俸禄。倍，通"背"。向，向往、追求。

⑬ 焉：代词，作"这里"解。

【译文】

墨子派弟子管黔敖推荐高石子到卫国做官。卫国国君给予高石子的俸禄很丰厚，任命他为上大夫。高石子在岁朝、月朝、日朝时一定按墨家学说尽力规谏；但对他这些规谏，卫君并没有接纳和实行。于是高石子就离开卫国到齐国，拜见墨子说："卫君因为先生您推荐的原因，给予我丰厚的俸禄，把我列于上大夫之位。我在岁朝、月朝、日朝时都尽力规谏，但卫君对我的规谏并没有接纳和实行，所以我就离开了卫国。卫君不会认为我太轻狂吧？"墨子说："你离开卫国确实是符合道义的，被别人指责为轻狂又有什么伤害呢？从前周公旦反对管叔鲜的反叛行为，辞去尊贵的三公职位，居住在东方商奄，时人都说他做事轻狂。而后世的人们无不称赞周公的美德，传扬他的声名，至今不曾止息。况且我听到有这样一种说法，践行义事不是为了避免非难、诋毁而去追求别人的赞誉，所以你离开卫国确实符合道义，即使被指责为轻狂又有什么伤害呢？"高石子说："我离开卫国，怎敢不合乎道义呢？以前先生曾说过：'天下无道的时候，仁人志士不应当居于俸禄优厚的官位上。'现在卫君无道，如果我贪图他给予的俸禄和爵位，那么我就是在苟且地食用别人的俸禄。"墨子听后非常高兴，于是召集大弟子禽滑釐等，对他们说："姑且来听一听这个事吧！那种背弃道义而追求官爵俸禄的，我时常听说，但背弃爵位、俸禄而追求道义的人，我在高石子这里看到了。"

【原文 14】

子墨子曰："世俗之君子，贫而谓之富，则怒；无义而谓之有义，则喜。岂不悖哉！"

【译文】

墨子说："世俗的君子本来是贫穷的，说他富裕他就要发怒；他本来没有道义说他有道义，他就满心欢喜。这难道不是荒谬的吗？"

【原文 15】

公孟子曰："先人有则①三②而已矣。"子墨子曰："孰先人而曰有则三而已矣？子未智人之先有③。"

【注释】

① 则：法则、规则。

② 三：同"参"。参验、传述。（姜宝昌：《墨论训释》，第 689 页。）

③ 子未智人之先有：当为"子未智人之先而有后在焉"。（王焕镳：《墨子校释》，第 662 页。）意为"你不知道那些生于前头的先人，比起那些更在前头的先人，就成了后生"。

【译文】

公孟子说："先人已有法则了，后人只要参验传述就可以了。"墨子说："谁说先人已有法则，后人参验传述就可以了？你不明白这些先人与比他更早的先人相比，他们就是后生！"

【原文 16】

后生有反子墨子而反者①，"我岂有罪哉②？吾反后。"子墨子曰："是犹三军北，失后之人求赏也。"

【注释】

① 有反墨子而反者：第一个"反"解作"背弃、反叛"。第二个"反"解作"返回、重返"。

② 我岂有罪哉：此语前当有"曰"。（孙诒让：《墨子间诂》，第 434 页。）

【译文】

有背弃墨子而又返回墨子门下的学生说："我难道有罪过吗？我是在别人后头才背弃先生的。"墨子说："这就像三军打了败仗，在后面逃走的人还要求给予奖赏一样。"

【原文 17】

公孟子曰："君子不作①，术②而已。"子墨子曰："不然。人之其③不君子者，古之善者不诛④，今也⑤善者不作。其次不君子者，古之善者不遂⑥，已有善则作之，欲善之自己出也。今诛而不作，是无所异于不好遂而作者矣。吾以为古之善者则诛之，今之善者则作之，欲善之益多也。"

【注释】

① 作：创作、创新。

② 术：同"述"。（毕沅：《墨子注》（日本重刻本），第756页。）述，传述、转述。

③ 其：当为"綦"的形讹字。綦（qí），很、极。（于省吾：《墨子新证》，第158页。）

④ 诛：当为"述"的形讹字。（毕沅：《墨子注》（日本重刻本），第756页。）以下两个"诛"字同解。

⑤ 今也：当为"今之"。（孙诒让：《墨子间诂》，第434页。）

⑥ 遂：为"述"之误。（毕沅：《墨子注》（日本重刻本），第757页。）

【译文】

公孟子说："君子自己不创作，仅传述先贤的言论就够了。"墨子说："不是这样。那些很不具备君子品德的人，对于古代的嘉言善行不予传述，对于现在的嘉言善行也不会创作；那些次一等不具备君子品格的人，对于古代的嘉言善行不予传述，而自己有嘉言善行就着手创作，无非是想嘉言善行都由自己来创作。现在有人仅传述不创作，这与那种不乐意传述先贤事迹而只乐意为自己而创作并没有两样。我认为，对于古代先贤的嘉言善行要予以传述，对于现在的嘉言善行就予以创作，这样做就是希望世上的嘉言善行越来越多。"

【原文 18】

巫马子谓子墨子曰："我与子异，我不能兼爱。我爱邹人于①越人，爱鲁人于邹人，爱我乡人于鲁人，爱我家人于乡人，爱我亲于我家人，爱我身于吾亲，以为近我也。击我则疾②，击彼则不疾于我，我何故疾者之不拂③，而不疾者之拂？故有我有杀彼以我，无杀我以利④。"子墨子曰："子之义将匿耶？意将以告人乎？"巫马子曰："我何故匿我义？吾将以告人。"
子墨子曰："然则一人说⑤子，一人欲杀子以利己；十人说子，十人欲杀子
以利己；天下说子，天下欲杀子以利己。一人不说子，一人欲杀子，以子为
施⑥不祥言者也；十人不说子，十人欲杀子，以子为施不祥言者也；天下不
说子，天下欲杀子，以子为施不祥言者也。说子亦欲杀子，不说子亦欲杀
子，是所谓经⑦者口也，杀常之身者也。"子墨子曰："子之言恶利也？若无
所利而不言⑧，是荡口也。"

【注释】

① 于：通"逾"，过、超过。

② 疾：病、痛。

③ 拂：去、除。

④ 故有我有杀彼以我，无杀我以利：当为"故我有杀彼以利我，无杀
我以利彼"。（俞樾：《墨子平议》，第 481 页。）

⑤ 说：喜欢、喜悦。

⑥ 施：散布。

⑦ 经："刭"的假借字。刭（jǐng），以刀割脖。（王焕镳：《墨子校释》，
第 665 页。）

⑧ 不言：当为"必言"。（孙诒让：《墨子间诂》，第 436 页。）

【译文】

巫马子对墨子说："我与你不一样，我不能做到'兼爱'，我爱邹国人
超过越国人，爱鲁国人超过邹国人，爱我同乡人超过鲁国人，爱我家中人超
过同乡人，爱我父母超过家中其他人，爱我自身超过爱我父母，因为离我
越近的我越爱。如果击打我我就感到疼痛，如果击打别人我就感觉不到疼
痛，那么我为什么不去解除自己的疼痛，反而去解除别人的疼痛呢？所以对
我来说，只有杀别人以利于自己、没有杀自己以利于别人的道理。"墨子问
道："你说的这种道理是把它隐藏起来不说呢，还是把它告诉世人知道呢？"
巫马子回答说："我为什么要把我的道理隐藏起来呢？我将把它告诉世人。"

墨子说："既然这样，那么如果有一个人喜欢你说的道理，就有一个人要杀掉你来使他自己得利；如果有十个人喜欢你说的道理，就有十个人要杀掉你使自己得利；如果天下的人都喜欢你说的道理，那么全天下的人都会杀掉你使自己得利。如果有一个人不喜欢你说的道理，就有一个人要杀掉你，因为你是散布不祥言论的人；如果有十个人不喜欢你说的道理，就有十个人要杀掉你，因为你是散布不祥言论的人；如果天下的人都不喜欢你说的道理，那么天下的人都会杀掉你，因为你是散布不祥言论的人。这样看来，喜欢你的道理的人也想杀了你，不喜欢你说的道理的人也想杀了你，这就是人们经常说的，嘴巴就像割脖子的刀一样，常常招致杀身之祸。"墨子又说："你说的这些言论哪儿有什么益处呢？如果没有什么益处还一定要说，这就是信口胡说。"

【原文 19】

子墨子谓鲁阳文君曰："今有一人于此，羊牛犓豢①，维人但割而和之②，食之不可胜食也。见人之作饼，则还然③窃之，曰：'舍④余食。'不知日月⑤安不足乎？其有窃疾乎？"鲁阳文君曰："有窃疾也。"子墨子曰："楚四竟⑥之田，旷芜而不可胜辟，謑灵⑦数千，不可胜⑧，见宋、郑之闲邑⑨，则还然窃之，此与彼异乎？"鲁阳文君曰："是犹彼也，实有窃疾也。"

【注释】

① 羊牛犓豢：犓豢，即"刍豢"。意为"用草料和谷料喂养的牛羊猪狗"。

② 维人但割而和之：当为"雍人袒割而和之"。（毕沅：《墨子注》（日本重刻本），第758页。）维，"雍"的形讹字。雍，又为"饔"（yōng）的形讹字。饔人，厨师、厨宰。但，"袒"的形讹字。袒，去除动物皮毛。和，调和。意为"厨宰除毛切割后以五味调和而烹煮"。

③ 还然：便捷的样子。（王焕镳：《墨子校释》，第666页。）

④ 舍：给予、给。

⑤ 日月：当为"甘肥"之误。（（清）曹耀湘：《墨子笺》，载任继愈、李

广星主编《墨子大全影印本第十九册》，北京图书馆出版社 2004 年版，第 643 页。以下简称为"曹耀湘：《墨子笺》"。）甘肥，转指美味。

⑥ 竟：同"境"。

⑦ 譁灵：孙诒让认为乃"譁虚"之误。（孙诒让：《墨子间诂》，第 436 页。）虚，指"封邑、村落"。譁，当为"罅"的形讹字。罅（xià），裂缝、缝隙。罅虚，指间隙虚旷的城邑。

⑧ 不可胜：当为"不可胜入"。（孙诒让：《墨子间诂》，第 437 页。）

⑨ 闲邑：空邑。闲，空、闲置。

【译文】

墨子对鲁阳文君说："现在有一个人在这里，用草料和谷料喂养了很多牛羊猪狗，厨宰将它们宰杀去毛切割，然后用五味调和加以烹煮，多得吃不完。当他看到别人做成的面饼时，就迅速地把它偷走，还说：'给我一些食物吧。'不知道他的甘肥美味哪儿还有不足呢，还是这个人就有偷窃的毛病呢？"鲁阳文君回答说："应该是有偷窃的毛病。"墨子说："楚国四境之内空旷荒芜的土地多得开垦不完，间隙空虚的封邑数以千计，多到不能完全进入，但看到宋国、郑国之间的空邑，就想尽快地偷来，这种人与上面说的那种人有区别吗？"鲁阳文君说："这种人就像上面说的那种人一样，确实是有偷窃的毛病。"

【原文 20】

子墨子曰："季孙绍与孟伯常①治鲁国之政，不能相信，而祝于丛社，曰：'苟②使我和。'是犹弇其目而祝于丛社也③：'苟使我皆视。'岂不缪④哉！"

【注释】

① 季孙绍与孟伯常：二人生平不详，当为季康子与孟武伯之后。

② 苟：愿、希望。

③ 祝于丛社也：当为"祝于丛社曰"。（俞樾：《墨子平议》，第 481 页。）

④ 缪：同"谬"。

【译文】

墨子说："季孙绍和孟伯常掌管鲁国的政务，不能相互信任，就到丛祠里去祝祷说：'但愿鬼神使我们和好。'这就好比遮盖住自己的眼睛，然后到丛祠中祝祷说：'但愿鬼神使我们都能看见东西'，这难道不是荒谬的事吗？"

【原文 21】

子墨子谓骆滑氂①曰："吾闻子好勇。"骆滑氂曰："然。我闻其乡有勇士焉，吾必从而杀之。"子墨子曰："天下莫不欲与②其所好，度③其所恶，今子闻其乡有勇士焉，必从而杀之，是非好勇也，是恶勇也。"

【注释】

① 骆滑氂：生平不详。

② 与：亲与、亲近。

③ 度：当为"废"之误。（王念孙：《墨子杂志》，第 188 页。）

【译文】

墨子对骆滑氂说："我听说你喜好勇武。"骆滑氂说："是的。我只要听说哪个乡里有勇士，我一定要去杀掉他。"墨子说："天下没有人不亲近他喜好的，不除掉他所厌恶的。现在你一听说哪个乡里有勇士，一定要去杀掉他，这不是喜好勇武，而是厌恶勇武。"

第三十二篇 贵义

【题解】

本篇命名源于第一段墨子所说"万事莫贵于义"。本篇共分十九段，所论主题思想还是"贵义"和"行义"。墨子认为，人们的一切言行都要符合"义"；为了"行义"，墨子身体力行作出表率，同时也要求他的弟子"自苦而为义"。另外，从墨子同楚国大臣穆贺的问答，以及与卫国执政公良桓子的对话可看出，墨子力图说服上层统治者采纳墨家学说，表现出积极救世的迫切心态。

【原文 1】

子墨子曰："万事莫贵于义。今①谓人曰：'予子冠履，而断子之手足，子为之乎?'必不为。何故? 则冠履不若手足之贵也。又曰：'予子天下而杀子之身②，子为之乎?'必不为。何故? 则天下不若身之贵也。争一言以相杀③，是贵义④于其身也。故曰：万事莫贵于义也。"

【注释】

① 今：若。

② 身：躯体，转指生命。

③ 争一言而相杀：为争"义"而选择赴死。一言，即"义"。相，择。杀，死。

④ 贵义：当为"义贵"。

【译文】

墨子说："世间万事万物没有什么比'义'更为珍贵。假如对人说：'给您帽子和鞋子，但要砍断您的手和脚，您会去做吗?'必定不会做。原因是什么呢? 当然帽子和鞋子不如手和脚珍贵。又说：'把天下给您却要杀了您，您会去做吗?'必定不会做。原因是什么呢? 当然是由于天下不如自己的生命珍贵。有人为争一个'义'字而选择赴死，这是他们认为'义'比自己的生命更可贵。所以说，世间万事万物没有什么比'义'更为珍贵。"

【原文 2】

子墨子自鲁即齐，过故人①，谓子墨子曰："今天下莫为义，子独自苦而为义，子不若已。"子墨子曰："今有人于此，有子十人，一人耕而九人处②，则耕者不可以不益急矣。何故? 则食者众而耕者寡也。今天下莫为义，则子如③劝我者也，何故止我？"

【注释】

① 过故人：探访老朋友。过，访问、探望。故人，老朋友。

② 处：闲处、闲居。

③ 如：当为"宜"。（毕沅：《墨子志》（日本重刻本），第 762 页。）

【译文】

墨子从鲁国到齐国去，探望一位老朋友。老朋友对墨子说："现在天下人没有谁去行'义'，单单只有您自愿吃苦去行义，你不如罢手别做了。"墨子回答说："假设现在这里有一个人，他有十个儿子，只有一个儿子在耕作，其他九个儿子在闲居，那么这个耕作的人就不能不更加努力。这是什么原因呢？那是因为吃饭的人多而耕作的人少。现在天下没有人行义，那么您就应该勉励我去行义，为什么反而阻止我呢？"

【原文 3】

子墨子南游于楚，见楚献惠王①，献惠王以老辞②，使穆贺③见子墨子。子墨子说穆贺，穆贺大说，谓子墨子曰："子之言则成④善矣，而君王天下之大王也，毋乃曰'贱人⑤之所为'而不用乎？"子墨子曰："唯其可行。譬若药然，草之本⑥，天子食之以顺⑦其疾，岂曰'一草之本'而不食哉？今农夫入其税于大人，大人为酒醴粢盛，以祭上帝鬼神，岂曰'贱人之所为'而不享哉？故虽贱人也，上比之农，下比之药，曾不若一草之本乎？且主君⑧亦尝闻汤之说乎？昔者，汤将往见伊尹，令彭氏之子御⑨。彭氏之子半道而问曰：'君将何之？'汤曰：'将往见伊尹。'彭氏之子曰：'伊尹，天下之贱人也。若君欲见之，亦令召问焉，彼受赐矣。'汤曰：'非女所知也。今有药此⑩，食之则耳加聪，目加明，则吾必说而强食之。今夫伊尹之于我国也，譬之良医善药也。而子不欲我见伊尹，是子不欲吾善也。'因下⑪彭氏之子，不使御。彼苟然，然后可也。"

【注释】

① 楚献惠王：当为"楚惠王"。（孙诒让：《墨子间诂》，第 440 页。）历史上只有楚惠王，没有楚献惠王。楚惠王（？—前 432），春秋战国之际楚国国君，熊氏，名章，在位五十七年。

② 献惠王以老辞：当为"献书惠王，惠王以老辞"。（孙诒让：《墨子间诂》，第 440 页。）据余知古《渚宫旧事》，墨子在楚惠王五十年"至郢，献书于惠王"，此时惠王年迈，故"使穆贺以老辞"。（（唐）余知古著，袁华忠译注：《渚宫旧事》，湖北人民出版社 1999 年版，第 100 页。以下简称为"余知古：《渚宫旧事》"。）

③ 穆贺：楚惠王大臣，生平不详。

④ 成：通"诚"。

⑤ 贱人：体力劳动者、平民。

⑥ 草之本：当为"一草之本"。（苏时学：《墨子刊误》，第 339 页。）本，根。意为"一草之根"。

⑦ 顺：安。

⑧ 主君：义项有三：一指天子、君主；二指士大夫；三是对他人的敬称。此处指大臣穆贺。

⑨ 御：通"驭"，使马、驾马。

⑩ 今有药此：当为"今有药于此"。（苏时学：《墨子刊误》，第 339 页。）

⑪ 下：此解"赶下车"。

【译文】

墨子到南方楚国去游说，希望拜见楚惠王，并献上他的著作。楚惠王以年老的理由没有出面，派大臣穆贺接待墨子。墨子向穆贺宣传墨家的主张，穆贺听后非常高兴，就对墨子说："您所谈论的确实很好啊！但我们君王是天下的大王，大概会认为'这是下等人提出的主张'而不会采用吧？"墨子说："只要它是可行的，就不需分贵贱吧。就好比草药一样，哪怕是一棵草根，天子服用后可去病体安，又能说这是一棵草根而不服用吗？现在农夫向在位的上官交纳赋税，上官大人们用以置办酒食祭品，来祭祀天地鬼神，天地鬼神又怎么会认为这是下等人提供的而不享用呢？因此，虽然我属于下等人，但对上与农夫比较，对下与草药比较，难道我还不如一棵草根吗？再说，主君你听说过商汤说过的话吗？从前，商汤将要去拜见伊尹，让姓彭的后生来驾车。彭家后生在半道上问商汤说：'君王你将到哪里去？'商汤说：'我将去拜见伊尹。'彭家后生说：'伊尹是低贱的下等人。如果君王想见他，只要发令召唤他前来问话就行了，这样对他来说也是受到了恩赐。'商汤教训他说：'这不是你所能理解的事情。现在这里有一种药，服用后耳更聪、眼更明，那么我必定心存喜悦地勉强把它服用下去。至于伊尹，对我国来说，他就好比是良医好药，而你竟然不希望我前往拜见伊尹，就是不希望我成为好君王。'因而把彭家后生赶下车，不再让他驾车。假如楚王确实也像商汤那样做，那么以后他就会采用我的主张。"

【原文 4】

子墨子曰："凡言凡动，利于天鬼百姓者为之；凡言凡动，害于天鬼百姓者舍之；凡言凡动，合于三代圣王尧、舜、禹、汤、文、武者为之；凡言凡动，合于三代暴王桀、纣、幽、厉者舍之。"

【译文】

墨子说："凡是言语行动有利于天帝、鬼神和百姓的，就去说去做；凡是言语行动，有害于天帝、鬼神和百姓的，就不去说不去做；凡是言语行动符合三代圣王唐尧、虞舜、夏禹、商汤、周文王、周武王言行的，就去说去做；凡是言语行动符合三代暴王夏桀、商纣、周幽王、周厉王言行的，就不去说不去做。"

【原文 5】

子墨子曰："言足以迁①行者，常之；不足以迁行者，勿常。不足以迁行而常之，是荡口也。"

【注释】

① 迁：改变。

【译文】

墨子说："足以改变人们行动的言论要经常说，不足以改变人们行动的言论就不要经常说。不足以改变人们的行动的言论经常说，就是说空话。"

【原文 6】

子墨子曰："必去六辟①。嘿②则思，言则诲，动则事，使三者代御③，必为圣人。必去喜，去怒，去乐，去悲，去爱④，而用仁义。手足口鼻耳⑤从事于义，必为圣人。"

【注释】

① 必去六辟：据本段行文逻辑，此四字当移到下面"必去喜"之前。辟，读 pī，邪僻。

② 嘿：当为"默"的异体字。（毕沅：《墨子注》（日本重刻本），第764 页。）

③ 使三者代御：假设将"默""言""动"三者更迭运用。（俞樾：《墨子平议》，第482 页。）御，用。

④ 去爱：后脱"去恶"二字。（俞樾：《墨子平议》，第482 页。）

⑤ 手足口鼻耳：下脱"目"字。

【译文】

墨子说："静默时能思考，谈论时能教导别人，行动时能承担职责。如果能将'默''言''动'这三者更迭运用，一定能成为圣人。一定要除去六种邪僻，也就是一定要除去喜悦、愤怒、欢乐、悲哀、爱慕、厌恶这六种情绪，完全以仁义作为行动准则。如果让手、足、口、鼻、耳、目都从事仁义的事情，就一定能成为圣人。"

【原文 7】

子墨子谓二三子曰："为义而不能，必无排其道。譬若匠人之斲①而不能，无排其绳②。"

【注释】

① 斲 (zhuō)：即"斫"，砍。

② 绳：墨线、绳墨。

【译文】

墨子对弟子们说："我们即使不能行义，也一定不要排斥行义的道理。这就好比木匠砍木头没有砍正，不能抵触墨线一样。"

【原文 8】

子墨子曰："世之君子，使之为一犬一彘之宰①，不能则辞之；使为一国之相②，不能而为之。岂不悖哉！"

【注释】

① 宰：宰夫。

② 相：相国。初在晋国设立，是战国时期廷臣的最高职务，直到秦汉时期仍存在。相国职权大于丞相，且在一个时期只设立一个相国，而丞相可有多人。

【译文】

墨子说："世上的所谓君子，让他去充当杀一条狗、一头猪的宰夫，他干不了就推辞了；如果让他去做一个国家的相国，他自知不胜任却接受了。这难道不是荒谬的事吗？"

【原文 9】

子墨子曰："今瞽曰：'钜①者白也，黔②者黑也。'虽明目者无以易之。

兼白黑，使瞽取焉，不能知也。故我曰瞽不知白黑者，非以其名也，以其取也。今天下之君子之名仁③也，虽禹、汤无以易之。兼仁与不仁，而使天下之君子取焉，不能知也。故我曰天下之君子不知仁者，非以其名也，亦以其取也。"

【注释】

① 钜："岂"之误。岂，"皑"的假借字。（俞樾：《墨子平议》，第482页。）皑，白。

② 黔：黑。

③ 名仁：称说仁的名号。名，称谓。

【译文】

墨子说："现在有一个盲人说：'皑是白色，黔是黑色'。即使是眼睛明亮的人也不能改变这种说法。如果把白色和黑色的混在一起，让盲人去选择，他就不能把黑白区分开来。所以我所说的盲人不知道白与黑的理由，不是因为盲人不知道白与黑的名称，而是因为他们不能选择白与黑。现在天下的君子称说仁的名号，就是夏禹、商汤也不能改变这种名号。但如果把'仁'与'不仁'的事情混在一起，再让天下的君子来选择，他们就不知道如何选择了。所以我认为，天下的君子不知道仁为何物，不是因为他们不知道仁的名称，而是因为他们不能选择什么是仁。"

【原文10】

子墨子曰："今士之用身①，不若商人之用一布②之慎也。商人用一布布③，不敢继苟而雠焉④，必择良者。今士之用身则不然，意之所欲则为之，厚者入刑罚，薄者被毁丑。则士之用身不若商人之用一布之慎也。"

【注释】

① 用身：以身处事。

② 布：钱币。

③ 布布：当为"布市"。（孙诒让：《墨子间诂》，第444页。）第二个"布"为"市"的形讹字。市，购物、买东西。

④ 不敢继苟而雠焉：当为"不敢轻苟而雠焉"。继，"轻"的形讹字。（王焕镳：《墨子校释》，第675页。）苟，随意。雠，即"讐"，同"售"，卖。此处当指"买卖东西"。

【译文】

墨子说："现在的士人以身处世，还不如商人使用一枚钱币那样谨慎。商人即便用一枚钱币去购买东西，也不敢轻易随便地做成买卖，一定要选择上好的货物。现在的士人以身处事却不是这样，心里想做什么就做什么，其结果是：严重地陷入刑罚，轻微的也被人非难羞辱。由此可见，士人立身处事还不如商人使用一枚钱币那样谨慎。"

【原文 11】

子墨子曰："世之君子欲其义之成，而助之修其身则愠，是犹欲其墙之成，而人助之筑则愠也。岂不悖哉！"

【译文】

墨子说："当今的君子希望成就自己'义'的崇高境界，可当别人帮助他修养品德的时候就要发怒，这就好比希望自己筑墙成功，当有人帮助他筑墙时却发怒一样，这难道不是荒谬的事情吗？"

【原文 12】

子墨子曰："古之圣王，欲传其道于后世，是故书之竹帛，镂之金石，传遗后世子孙，欲后世子孙法之也。今闻先王之遗①而不为，是废先王之传也。"

【注释】

① 遗：指遗留下来的道术。

【译文】

墨子说:"古代圣明的君王,希望把自己的道术传留给后世,因此就把这些道术书写在竹简帛书上,镂刻在金属或玉石器皿上,留传给后世子孙,希望后世子孙遵循这些道术。现在听说先王遗传下来的道术,而不去照此实行,这就等同于废弃了先王传留下来的道术。"

【原文 13】

子墨子南游使卫①,关②中载书甚多。弦唐子③见而怪之,曰:"吾夫子④教公尚过曰:'揣曲直而已⑤。'今夫子载书甚多,何有⑥也?"子墨子曰:"昔者周公旦朝读书百篇,夕见漆⑦十士,故周公旦佐相天子,其修⑧至于今。翟上无君上之事,下无耕农之难,吾安敢废此?翟闻之:'同归之物,信有误者⑨。'然而民听不钧⑩,是以书多也。今若过之心者,数逆于精微⑪,同归之物,既已知其要矣,是以不教以书也。而子何怪焉?"

【注释】

① 卫:古国名,周武王封弟康叔于故商都地区,建都朝歌。

② 关:也称"扃"(jiōng),古代在车厢两旁用横木围成长方箱体,用以放置兵器、书籍等物品。

③ 弦唐子:墨子弟子,具体生平不详。

④ 夫子:古代男子的尊称,引申为弟子对老师的尊称。

⑤ 揣曲直而已:揣度人事的是非罢了。揣,揣度。曲直,是非。

⑥ 何有:即"何为"。

⑦ 漆:当为"柒"(七)的形讹字。

⑧ 修:美德。

⑨ 同归:天下事物殊途而同归于一个道理。信:诚然、确实。

⑩ 钧:"均"的假借字。均,均等、齐一。

⑪ 数逆于精微:对道理已考究到精细微妙的境界。数,理。逆,溯、推考。

【译文】

墨子南游并出使卫国，车厢横栏里装载了很多书。弦唐子看到后就很好奇地询问说："先生您曾教导公尚过说：'只要揣度好人事的是非就可以了。'现在先生又在车上装了这么多书，这是为什么呢？"墨子回答说："从前周公旦早上要读一百篇书，晚上还要接见七十个士人，所以周公旦辅佐周天子兢兢业业，他的美德一直流传到今天。我对上没有君王的繁忙政务，对下没有农夫耕作的艰难，我哪儿敢荒废读书呢？我听说过'天下事物都有殊途同归的道理，但在表述上却有分歧和差误'，加上人们听闻不均等，所以记载见闻的书就多了。现在像公尚过的心智，他对于事理探究到细致微妙的境界，特别是对万事万物殊途同归的道理，已经洞察它的要领，因此对他就不再需要教授书本知识了。而你又何必感到奇怪呢？"

【原文 14】

子墨子谓公良桓子①曰："卫，小国也，处于齐、晋之间，犹贫家之处于富家之间也。贫家而学富家之衣食多用，则速亡必矣。今简②子之家，饰车数百乘，马食菽粟者数百匹，妇人衣文绣者数百人，吾③取饰车、食马之费与绣衣之财以畜④士，必千人有余。若有患难，则使百人⑤处于前，数百于后，与妇人数百人处前后孰安？吾以为不若畜士之安也。"

【注释】

① 公良桓子：卫国大夫。

② 简：察、阅。

③ 吾："若"之误。（俞樾：《墨子平议》，第 483 页。）

④ 畜：养、供养。

⑤ 百人：从上下文看，当为"数百人"。（王念孙：《墨子杂志》，第 192 页。）脱"数"。

【译文】

墨子对公良桓子说："卫国只是一个小国家，处在齐、晋两个大国之间，这就好比穷人家处在富人家之间一样。如果在穿衣吃饭等方面穷人学富人家大手大脚花钱，那么它的迅速败落是一定的。现在察看一下您的家庭花费情况，装饰彩纹的车子有几百辆，喂食豆粟的骏马有几百匹，身穿锦绣衣服的妇女有几百人。如果把装饰车子、喂食马匹、购置锦绣的钱财节省下来供养勇士，一定可以养得起上千人吧。如果突然遭逢祸患和灾难，一是让几百个勇士处在前面抵挡，几百个勇士处在后面防守，二是让几百个妇女处在身前身后遮挡，哪一种情况更安全呢？我认为不如供养勇士更有安全感。"

【原文 15】

子墨子仕人①于卫，所仕者至而反。子墨子曰："何故反？"对曰："与我言而不当。曰'待女以千盆②'，授我五百盆，故去之也。"子墨子曰："授子过千盆，则子去之乎？"对曰："不去。"子墨子曰："然则非为其不审③也，为其寡也。"

【注释】

① 仕人：推荐别人去做官。

② 盆：俸禄的计量单位。

③ 审："当"之误。（王焕镳：《墨子校释》，第 678 页。）

【译文】

墨子推荐某人到卫国去做官，这个人到卫国后又返回来了。墨子问："为什么返回啊？"这个人回答说："卫君对我说的与他做的不符合。他说'给你一千盆粟米的待遇'，而实际只给我五百盆，所以我就离开了。"墨子又问："如果给你的俸禄超过一千盆，那你还离开卫国吗？"这个人回答："不会离开。"墨子说："那么你离开卫国不是因为卫君言行不符，而是因为他给你的俸禄少。"

【原文 16】

子墨子曰："世俗之君子，视义士①不若负粟者。今有人于此，负粟息于路侧，欲起而不能，君子见之，无长少贵贱，必起之。何故也？曰：义也。今为义之君子，奉承②先王之道以语之，纵不说而行，又从而非毁之。则是世俗之君子之视义士也，不若视负粟者也。"

【注释】

① 义士：信奉并践行"义"的士人。

② 奉承：秉持和尊奉。

【译文】

墨子说："世俗君子看待一个义士竟然不如一个背粟米的人。假设这里有一个人，背着粟米在路旁歇息，想站起来但办不到。真正的君子如果看到这种情景，不论这个人年长年少或高贵贫贱，都一定会帮助他站起来。这是出于什么原因呢？回答是：真正的君子甘心做义事。现在世间行义的君子，秉持先王的道术，并将这种道术说给世俗君子听，他们纵然不喜欢行义也就罢了，却又对行义的君子加以非难和诋毁。由此可见，世俗君子们看待天下的义士还不如一个背粟米的人。"

【原文 17】

子墨子曰："商人之四方，市贾信徙①，虽有关梁②之难，盗贼之危，必为之。今士坐而言义，无关梁之难，盗贼之危，此为信徙不可胜计，然而不为。则士之计利，不若商人之察也。"

【注释】

① 市贾信徙：当为"市贾倍徙"。（毕沅：《墨子注》（日本重刻本），第768页。）市，交易。贾，当为"价"，通"价"。信，"倍"的形讹字。徙，通"蓰"(xǐ)，五倍。意为"货物卖价为一倍到五倍。"下句"信徙"也作"倍蓰"解。

② 关梁：关口和桥梁，喻指险要之处。

【译文】

墨子说："商人到四方去做生意，因为买卖货物的差价有一倍到五倍，即使有关口桥梁的阻难和遭逢盗贼劫杀的危险，也一定会照做不误。现在士人坐而论'义'，既没有通过关口桥梁的为难，也没有盗贼劫杀的危险，而且行义的好处比做生意要多出多少倍都算不清楚，然而士人们还是不会做。可见士人算计利益，还不如商人算得清楚。"

【原文 18】

子墨子北之齐，遇日者①。日者曰："帝以今日杀黑龙于北方，而先生之色黑，不可以北。"子墨子不听，遂北，至淄水②，不遂而反焉。日者曰："我谓先生不可以北。"子墨子曰："南之人不得北，北之人不得南，其色有黑者，有白者，何故皆不遂也？且帝以甲乙③杀青龙于东方，以丙丁杀赤龙于南方，以庚辛杀白龙于西方，以壬癸杀黑龙于北方，若用子之言，则是禁天下之行者也。是围心而虚天下也④，子之言不可用也。"

【注释】

① 日者：古代占候时日的卜卦人。

② 淄水：即淄河，发源于沂山，流入渤海。

③ 甲乙：我国古代历法，用"甲乙丙丁"等十天干和"子丑寅卯"等十二地支，循环组合成六十组数字，用以记载时日。

④ 是围心而虚天下也：这是违背人心而使天下虚无一人的说词。围，"违"的假借字。（苏时学：《墨子刊误》，第 340 页。）虚天下，使天下空虚。

【译文】

墨子向北到齐国去，遇到一个占卜时日的卜卦人。卜卦人对墨子说："天帝今天在北方杀黑龙，而先生您是黑色的脸膛，不可以往北边去。"墨子不听，继续往北走，到达淄水看到河水上涨过不去，于是就原路返回。卜卦人说："我对先生说过你不能往北去。"墨子回答说："南边的人有到淄水北边去的，北边的人也有到淄水南边去的，他们脸色有黑的，也有白的，是什么原因让他们都不能过河呢？并且天帝于甲乙日在东方杀青龙，于丙丁日在南方杀赤龙，于庚辛日在西方杀白龙，于壬癸日在北方杀黑龙。如果按照你的说法，就是禁止天下人出行。这是违背人心而且使天下虚无一人的说词，因而你的说法不可采用。"

【原文 19】

子墨子曰："吾言足用矣，舍言革思①者，是犹舍获②而攈③粟也。以其言非吾言者，是犹以卵④投石也，尽天下之卵，其石犹是也，不可毁也。"

【注释】

①舍：下脱"吾"字。（孙诒让：《墨子间诂》，第 448 页。）革思：改换或变更主张。

②获：收割田间五谷。

③攈：读 jūn，同"攟"，拾穗。

④卵：鸟蛋，此指鸡蛋。

【译文】

墨子说："我的主张足以用来经世济民。舍弃我的主张而改换成其他主张，这就如同放弃了收获五谷而去捡拾遗漏的谷穗一样。用别的主张来非难攻击我的主张，这就好比用鸡蛋砸石头一样，即使把天下的鸡蛋都砸光了，那块石头依然如故，不可能被毁坏。"

第三十三篇　公孟

【题解】

本篇命名源于第一段墨子与公孟子的对话。本篇共二十三段，其中十四段是墨子与儒家弟子公孟子和告子的论辩。墨子在"有命无命""有无鬼神""三年之丧"以及"何故为乐"方面，驳斥了儒家的观点和主张，明显是墨子对《非命》《明鬼》《节葬》和《非乐》等篇主旨的进一步申述。墨子一方面指出儒家的"天鬼不明""厚葬久丧""习为声乐""以命为有"四种主张"足以丧天下"，同时也承认孔子也有"当而不可易"的主张。

【原文1】

公孟子谓子墨子曰："君子共己以待①，问焉②则言，不问焉则止。譬若钟然，扣③则鸣，不扣则不鸣。"子墨子曰："是言有三物④焉，子乃今知其有一身⑤也，又未知其所谓也。若大人⑥行淫暴于国家，进而谏，则谓之不逊，因左右而献谏，则谓之言议，此君子之所疑惑也。若大人为政，将因于国家之难，譬若机之将发也然⑦，君子之必以谏，然而⑧大人之利。若此者，虽不扣必鸣者也。若大人举不义之异行，虽得大巧之经⑨，可行于军旅之事，欲攻伐无罪之国，有之⑩也，君得之，则必用之矣，以广辟土地，著税伪材⑪。出必见辱，所攻者不利，而攻者亦不利，是两不利也。若此者，虽不扣必鸣者也。且子曰：'君子共己待，问焉则言，不问焉则止。譬若钟然，扣则鸣，不扣则不鸣。'今未有扣子而言，是子之谓不扣而鸣邪？是子之所谓非君子邪？"

【注释】

① 共己以待：自己拱手等待。共，"拱"的假借字。拱，两手交叉平置于胸前。

② 焉：也。

③ 扣：同"叩"，敲击。

④ 三物：三种事情，此指三种情况：不扣不鸣为一种；不扣而鸣有两种。

⑤ 一身：当为"二耳"。（王焕镳：《墨子校释》，第682页。）一，当为"二"，指"叩则鸣，不叩则鸣"两种情况。身，"耳"的形讹字。

⑥ 大人：此处当指君王、人君、

⑦ 机之将发也然：机弩将要发射箭矢。机，即"弩"。

⑧ 然而：即"是乃"。然，是。而，乃。

⑨ 虽得大巧之经：又得到了极其巧妙的治军经典。虽，又。大巧，极

为巧妙。经，经典。

⑩ 有之：也会出现这种情况。之，指得到治军经典用于军旅和攻伐。

⑪ 著税伪材：当为"籍税货财"。（孙诒让：《墨子间诂》，第 450 页。）著，当为"籍"之误，敛。伪，当为"赗"之误。赗（guì），"古货字"。（《说文解字》，第 130 页。）材："财"的假借字。

【译文】

儒者公孟子对墨子说："君子应该拱手恭敬地等待，有人问就说话，不问就不说话。就好像乐钟一样有人敲击就响，不敲击就不响。"墨子说："这说的是发表言论有三种情况，而你现在仅知道其中两种情况，而且还不知道它是什么意思。如果君王在国家中推行邪僻暴虐的恶政，君子进前而直接劝谏，就被说成是不恭敬；如果凭借君王左右近臣而间接劝谏，就被说成是妄议朝政，这就是君子感到疑惑、不敢轻易讲话的原因。如果君王执政，正当国家处于危难之际，如同机弩即将发射箭矢那样急迫，君子在这时一定要进谏，这关涉到君王的利益。如果遇到这种情况，乐钟不敲击也要响起来。如果君王走向背弃仁义的邪行，又得到极为巧妙的兵家经典，可运用于军事行动中，就会图谋攻伐无罪的国家并占为己有；何况君王如能得这样的兵家经典，就一定会运用到攻伐战争上，以利于广泛地开垦土地和敛取赋税货财。而这种不义战争，出师必定遭到羞辱，不仅对被攻国家不利，而且对攻伐国家也不利，这就是对双方都不利的不义行径。在这种情况下，即使不敲击，乐钟也要响起来，君子必定进谏无疑！况且您说过：'君子应该拱手恭敬地等待，有人问就说话，不问就不说话，就好像乐钟一样，有人敲击就响，不敲击就不响。'现在没有人敲击你就说话了，这是您所说的不敲击而响呢？还是您所说的不是君子的行为呢？"

【原文 2】

公孟子谓子墨子曰："实为善人，孰不知？譬若良玉①，处而不出，有余糈②。譬若美女，处而不出，人争求之。行而自衒③，人莫之取④也。今子遍从人而说之，何其劳也！"子墨子曰："今夫世乱，求美女者众，美女虽不出，人多求之。今求善者寡，不强说人，人莫之知也。且有二生于此，善筮⑤，一行⑥为人筮者，一处而不出者。行为人筮者，与处而不出者，其糈孰多？"公孟子曰："行为人筮者其糈多。"子墨子曰："仁义钧，行说人者，其功善亦多，何故不行说人也？"

【注释】

① 良玉：当为"良巫"。(孙诒让：《墨子间诂》，第 450 页。)

② 糈 (xǔ)：粮食。

③ 衒 (xuàn)：同"炫"，自夸、卖弄。

④ 取：通"娶"，用"娶"意。

⑤ 筮 (shì)：古代用蓍草占卜。

⑥ 行：出行、外出。以下四个"行"字皆同解。

【译文】

公孟子对墨子说："真正行善的人，谁不知道呢？就好比高明的巫师，长住家中不出门，也有很多粮食食用。又好比美女，即使住在家中不出门，也会有很多人争着去追求；如果美女离家到处行走炫耀，也就没有人会娶她了。现在您四处行走对人说教，是多么地劳累啊！"墨子回答说："现在正逢乱世，追求美女的人很多，即使美女居家不出，也会有很多人来追求。而现在追求行善的人很少，如果不强力游说世人，就没有人知道行善的道理。假设这里有两个后生都善于用蓍草为人占卜，一个四处行走为人占卜，另一个就住在家里为人占卜。那么四处行走为人占卜和居家为人占卜，哪一个挣的粮食更多呢？"公孟子说："当然是四处行走为人占卜的挣的粮食更多。"墨子说："推行仁义与占卜的道理相同，四处行走对人游说仁义的，他的功效和好处也更多，为什么不能四处行走对人说教呢？"

【原文 3】

公孟子戴章甫①，搢忽②，儒服，而以见子墨子，曰："君子服然后行乎③？其行然后服乎？"子墨子曰："行不在服。"公孟子曰："何以知其然也?"子墨子曰:"昔者齐桓公高冠博带,金剑木盾,以治其国,其国治。昔者晋文公大布之衣,牂羊④之裘,韦⑤以带剑,以治其国,其国治。昔者楚庄王鲜冠组缨⑥,绛⑦衣博袍,以治其国,其国治。昔者越王勾践剪发文身,以治其国,其国治。此四君者,其服不同,其行犹一也。翟以是知行之不在服也。"公孟子曰:"善!吾闻之曰'宿⑧善者不祥'。请舍忽,易章甫,复见夫子,可乎?"子墨子曰:"请因以⑨相见也。若必将舍忽、易章甫而后相见,然则行果在服也。"

【注释】

① 章甫:殷冠。

② 搢忽:即"插笏"。搢(jìn),插。忽,"笏"的形讹字。笏,古代大臣上朝时所执用于记事的玉板或木板。以下两个"舍忽"的"忽",皆作同解。

③ 君子服然后行乎:服,注重服饰样式。行,注重行为规范。

④ 牂羊:母羊。

⑤ 韦:熟牛皮。

⑥ 鲜冠组缨:光鲜的冠冕缀以绶带。组,绶。缨,丝带。

⑦ 绛:同"缝","绛"之误。道藏本《墨子》即为"绛"。(《墨子》(明道藏本),第344页。)绛,深红色。

⑧ 宿:止、留。

⑨ 因以:以,而、尔。意为"凭借这样"。

【译文】

儒者公孟子头戴殷冠,腰插笏板,身穿儒服,见到墨子说:"君子应该首先注重服饰样式然后再注重行为规范呢,还是首先注重行为规范然后再注重服饰样式呢?"墨子回答说:"君子注重行为规范,并不在于注重服饰样式。"公孟子问:"凭什么知道是这样呢?"墨子又回答说:"从前齐桓公头戴高冠,腰束大带,身配金剑,手持木盾,这样来治理齐国,齐国得到治理。从前晋文公身穿大幅布衣,披母羊皮皮裘,熟牛皮腰带上挂着佩剑,这样来治理晋国,晋国得到治理。从前楚庄王所戴光鲜的冠冕上缀着绶带,身穿深红色的中衣和宽大的袍子，这样来治理楚国，楚国得到了治理。从前越王勾践留着短发、身刺文饰来治理越国，越国也得到了治理。这四位君王，他们穿戴的服饰样式各不相同，但他们尊奉的行为规范如同一样，我因此知道，注重行为规范并不在于注重服饰样式。"公孟子说："说得好啊！我听说有这样一句话：'阻止善行的人不吉祥'，请允许我放下笏板，更换冠冕，再来拜见先生好吗？"墨子制止他说："请按照现在这个样子相见就好。如果一定要放下笏板，更换冠冕之后再相见，那么君子注重行为规范就真的取决于注重服饰样式了。"

【原文 4】

公孟子曰："君子必古言服①，然后仁。"子墨子曰："昔者商王纣卿士费仲为天下之暴人，箕子②、微子③为天下之圣人。此同言而或仁或不仁④也。周公旦为天下之圣人，关叔为天下之暴人，此同服或仁或不仁。然则不在古服与古言矣。且子法周而未法夏也，子之古非古也。"

【注释】

① 君子必古言服：当为"君子必古言古服"，"服"之前脱"古"字。

② 箕子：字胥余，商纣王叔父，赐子爵，封于箕，屡谏纣王不听，因惧杀而佯装疯癫。

③ 微子：名启，纣王庶兄，封于微，后被周武王封于商丘，国号宋。

④ 或仁或不仁：按上句所列人物顺序，当为"或不仁或仁"。

【译文】

儒者公孟子说："君子一定要说古代的语言，穿古代的衣服，这样才能成为仁义的人。"墨子驳斥他说："古代的商纣和他的卿士费仲都是天下残暴的人，而箕子和微子都是天下的圣人，这是说着相同的语言或者是不仁义的人或者是仁义的人的例证。周公旦是天下的圣人，管叔鲜是天下残暴的人，这是穿着相同的衣服或者是仁义的人或者是不仁义的人的例证。既然这样，那么到底是仁义还是不仁义，就不在于是否穿着古代的衣服和说古代的语言了。况且你只是效法周代，并没有效法夏代，因而你所说的古代，也未必是真正的古代。"

【原文5】

公孟子谓子墨子曰："昔者圣王之列也，上圣立为天子，其次立为卿大夫，今孔子博于《诗》《书》，察于礼乐，详于万物，若使孔子当圣王，则岂不以孔子为天子哉？"子墨子曰："夫知者，必尊天事鬼，爱人节用，合焉为知矣。今子曰孔子博于《诗》《书》，察于礼乐，详于万物，而曰可以为天子，是数人之齿①，而以为富。"

【注释】

① 齿：指"契齿"。古代记数的方法是在竹木上刻上记号，刻处如齿状，所以称为"齿"。

【译文】

儒者公孟子对墨子说："从前圣王排列次序，道德智慧最高的被立为天子，次一等的被立为卿大夫。现在孔子博通《诗》《书》，明察礼乐制度，详知天下万物，如果让孔子处于圣王的时代，那难道不是要让孔子做天子吗？"墨子回答说："说到有智慧的人，必定是尊敬天帝，侍奉鬼神，爱护百姓，节俭用度，这些都能做到的，方可称为有智慧的人。现在您说孔子博通《诗》《书》，明察礼乐制度，详知天下万物，又说可以让他做天子，这不过是数着别人契板上的齿数，却自认为富有罢了。"

【原文6】

公孟子曰："贫富寿夭，齰然在天①，不可损益。"又曰："君子必学。"子墨子曰："教人学而执有命，是犹命人葆②而去元冠也。"

【注释】

① 齰（zé）：当为"措"的形讹字。措，措置、安排。

② 葆：同"苞"，裹、包裹。

【译文】

儒者公孟子说："贫穷、富贵、长寿、命短，这些都是上天安排好的，既不能减损又不能增加。"又说："君子一定要学习。"墨子反驳他说："既教人学习，又主张命由天定，这就好比让人包裹起头发又要除去冠冕一样，是很矛盾的。"

【原文 7】

公孟子谓子墨子曰："有义不义，无祥不祥①。"子墨子曰："古圣王皆以鬼神为神明，而②为祸福，执有祥不祥，是以政治③而国安也。自桀、纣以下，皆以鬼神为不神明，不能为祸福，执无祥不祥，是以政乱而国危也。故先王之书《子亦》④有之曰：'亓傲也，出于子，不祥。'此言为不善之有罚，为善之有赏。"

【注释】

① 有义不义，无祥不祥：有义和不义的说法，没有吉祥和不吉祥的说法。
② 而：能。
③ 政治：刑法政令得到治理。政，刑法政令。
④ 《子亦》：当为"《亓子》"。（毕沅：《墨子注》（日本重刻本），第774页。）亓，即"其"，其通于"箕"，《子亦》即《周书》中的《箕子》篇。

【译文】

儒者公孟子对墨子说："世间的事情只有义与不义的说法，没有吉祥和不吉祥的说法。"墨子回答说："古代圣明的君王，都认为鬼神神明，能降下灾祸，也能赐福于人，主张按照人的义与不义给予吉祥和不吉祥，所以刑法政令得到治理，国家得以安定。可是从夏桀、商纣以及以后的残暴君王，都认为鬼神并不神明，既不能赐福于人，也不能降祸于人，顽固地主张行义或不行义，都不会带来吉祥和不吉祥，所以刑法政令出现混乱，国家陷入危殆的境地。因此先王的典籍《箕子》这样写道：'如果你傲慢无礼你就会不吉祥。'这就是说，不做善事会有惩罚，做善事就会有奖赏。"

【原文8】

子墨子谓公孟子曰："丧礼①，君与父母、妻、后子②死，三年丧服；伯父、叔父、兄弟期③；族人④五月；姑、姊、舅、甥皆有数月之丧。或以不丧⑤之间诵诗三百，弦诗三百，歌诗三百，舞诗三百。若用子之言，则君子何日以听治？庶人何日以从事？"公孟子曰："国乱则治之，国治则为礼乐。国治则从事，国富则为礼乐。"子墨子曰："国之治⑥，治之废，则国之治亦废。国之富也，从事，故富也。从事废，则国之富亦废。故虽治国，劝之无餍⑦，然后可也。今子曰'国治则为礼乐，乱则治之'，是譬犹噎⑧而穿井⑨也，死而求医也。古者三代暴王桀、纣、幽、厉，蔼⑩为声乐，不顾其民，是以身为刑僇，国为戾虚⑪者，皆从此道也。"

【注释】

① 丧礼：指周代建立、儒家倡导的"厚葬久丧"的丧葬制度。

② 后子：长子。

③ 期：即"期年"，一年。

④ 族人：当为"戚族人"，指外姓姻亲以及同姓族人。

⑤ 不丧：没有丧葬和不服丧的时候。

⑥ 国之治：后脱"也，治之，故治也"六字。（姜宝昌：《墨论训释》，第749页。）

⑦ 餍（yàn）：满足、吃饱。

⑧ 噎（yē）：食物堵住食管。

⑨ 穿：凿、掘。

⑩ 蔼（ěr）：同"尔"，繁盛、华茂。此指声乐繁多盛大。

⑪ 戾虚：当为"虚戾"。戾通"厉"。（王念孙：《墨子杂志》，第199—200页。）住宅无人谓虚，死后无人谓厉。

【译文】

墨子对儒者公孟子说:"按照丧礼的规定,国君和父母、妻、长子去世,要穿三年丧服;伯父、叔父、兄弟去世,穿一年丧服;外姓姻亲及同姓族人去世,穿五个月丧服;姑、姐、舅、外甥去世都要穿几个月的丧服。在不服丧期间,要朗诵《诗》三百篇,抚奏琴瑟朗诵《诗》三百篇,歌唱《诗》三百篇,配以舞蹈歌唱《诗》三百篇。如果听从了您的主张,那么君子哪一天可以处理政务?百姓哪一天可以从事劳作?"公孟子回答说:"国家混乱就加以治理,国家治理后就兴办礼乐教化。国家贫穷就从事劳作,国家富裕了就从事礼乐教化。"墨子驳斥他说:"国家治理,是因为首先实行了治理,所以国家才得到治理;如果废弃了治理,国家的治理也就荒废了。国家富裕,是因为百姓从事劳作,所以国家才得到富裕。如果废止了百姓劳作,国家的富裕也就废弃了。因此,即使是已经得到治理的国家,也要不厌其烦地劝勉他们劳作,只有这样才算可以。现在您却说:'国家治理了就兴办礼乐教化,国家混乱了就加以治理。'这就好比吃饭噎住了喉咙才想到掘井饮水、人死了才去求医一样。从前三代残暴的君王夏桀、商纣、周幽王、周厉王,制作和沉溺于繁盛的声乐之中,不顾百姓死活,所以自身遭到杀戮,国家也变成人烟稀少的废墟,都是由于实行'厚葬久丧'这种礼乐制度造成的。"

【原文 9】

公孟子曰:"无鬼神。"又曰:"君子必学祭祀①。"子墨子曰:"执无鬼而学祭礼,是犹无客而学客礼也,是犹无鱼而为鱼罟也。"

【注释】

① 祭祀:当为"祭礼"。(毕沅:《墨子注》(日本重刻本),第 775 页。)

【译文】

儒者公孟子说:"世上没有鬼神。"又说:"君子一定要学习祭祀的礼节。"墨子听到后反驳他说:"主张没有鬼神却又要学习祭祀礼节,这就好比没有客人却要学习接待客人的礼节、没有鱼可捕却要编织渔网一样。"

【原文 10】

公孟子谓子墨子曰："子以三年之丧为非，子之三日之丧亦非也。"子墨子曰："子以三年之丧非三日之丧，是犹倮谓撅者不恭也①。"

【注释】

① 是犹倮谓撅者不恭也：这就好比赤裸身体的人却说掀起衣服的人不恭敬失礼一样。倮（luǒ），同"裸"，赤身。撅（juē），揭开。

【译文】

儒者公孟子对墨子说："你认为服丧三年的规定是错误的，而我认为你主张的服丧三天的规定也是错误的。"墨子回答说："你用服丧三年的规定来反对我服丧三天的规定，这就好比赤裸身体的人指责揭起衣服的人有失礼节一样。"

【原文 11】

公孟子谓子墨子曰："知有贤于人①，则可谓知乎？"子墨子曰："愚之知有以贤于人，而愚岂可谓知矣哉？"

【注释】

① 知有贤于人：某个人的智慧在某些方面超过别人。知，智慧。贤，胜过、超过。

【译文】

儒者公孟子对墨子说："某个人的智慧，在某些方面有胜过别人的地方，那么就可以说这个人是有智慧的人吧？"墨子回答说："愚人的智慧在某些方面会胜过别人，可是愚人又怎么可以说是有智慧的人呢？"

【原文 12】

公孟子曰："三年之丧，学吾之慕父母①。"子墨子曰："夫婴儿子②之知，独慕父母而已。父母不可得也，然号③而不止，此亓故何也？即愚之至也。然则儒者之知，岂有以贤于婴儿子哉？"

【注释】

① 学吾之慕父母：当为"学吾子之慕父母"。"吾"后脱"子"。（俞樾：《墨子平议》，第485页。）吾子，即"伢子""幼儿"。慕，思慕、依恋。意为"模仿幼儿依恋父母"。

② 婴儿子：婴儿。

③ 号：大声哭泣。

【译文】

儒者公孟子说："服丧三年的规定是模仿婴儿依恋父母。"墨子说："婴儿的智慧也就是知道依恋自己的父母。一会儿找不到父母就大哭不止，这是什么原因呢？当然是愚蠢到了极点。那么儒者的智慧难道就没有超过婴儿的地方吗？"

【原文 13】

子墨子曰："问于儒者①：'何故为乐？'曰：'乐以为乐也②。'"子墨子曰："子未我应也。今我问曰：'何故为室？'曰：'冬避寒焉，夏避暑焉，室③以为男女之别也。'则子告我为室之故矣。今我问曰：'何故为乐？'曰：'乐以为乐也。'是犹曰：'何故为室？'曰：'室以为室④也'。"

【注释】

① 子墨子曰：问与儒者：当为"子墨子问于儒者曰"。（苏时学：《墨子刊误》，第342页。）

② 乐以为乐也：制作音乐是为了学习音乐。为，学。

③ 室："且"之误。（俞樾：《墨子平议》，第486页。）

④ 为室：有房屋。为，有。

【译文】

墨子向一个儒者发问说："为什么要制作音乐？"儒者回答说："制作音乐是为了学习音乐。"墨子说："你并没有回答我提出的问题。现在如果我问你：'为什么要建造房屋？'应该回答：'冬天躲避寒冷，夏天躲避暑热，还可以用来区分男女。'这就是你应当告诉我要建造房屋的原因。现在我问你：'为什么要制作音乐？'你却说：'制作音乐是为了学习音乐。'这就好比询问：'为什么要建造房屋？'你却回答'建造房屋就是为了有房屋'一样答非所问。"

【原文 14】

子墨子谓程子①曰："儒之道足以丧天下者，四政②焉。儒以天为不明，以鬼为不神③，天、鬼不说，此足以丧天下。又厚葬久丧，重为棺椁，多为衣衾，送死若徙④，三年哭泣，扶后起，杖后行，耳无闻，目无见，此足以丧天下。又弦歌鼓舞⑤，习为声乐⑥，此足以丧天下。又以命为有，贫富寿夭、治乱安危有极⑦矣，不可损益也。为上者行之，必不听治矣。为下者行之，必不从事矣。此足以丧天下。"程子曰："甚矣，先生之毁儒也！"子墨子曰："儒固无此若四政者，而我言之，则是毁也。今儒固有此四政者，而我言之，则非毁也，告闻也。"程子无辞而出。子墨子曰："迷⑧之！"反，后⑨坐，进复曰："乡者先生之言有可闻者焉。若先生之言，则是不誉禹⑩，不毁桀、纣也。"子墨子曰："不然。夫应孰辞⑪，称议而为之⑫，敏也。厚攻则厚吾⑬，薄攻则薄吾。应孰辞而称议，是犹荷辕而击蛾也⑭。"

【注释】

① 程子：即《墨子·三辩》中的程繁，兼治儒墨的学者。

② 四政：四项制度。政，制度。

③ 神：神明、灵验。

④ 徙：xǐ，迁居、搬家。

⑤ 弦歌鼓舞：抚琴唱歌，击鼓跳舞。

⑥ 习为声乐：学习制作声乐。习，学习。为，制作。

⑦ 极：度、常。

⑧ 迷：当为"还"的形讹字。（孙诒让：《墨子间诂》，第 459 页。）

⑨ 后：当为"复"的形讹字。

⑩ 不誉禹：当为"不誉禹汤"。（曹耀湘：《墨子笺》，第 655 页。）"禹"后脱"汤"字。

⑪ 孰辞：熟悉的言辞。孰，同"熟"。

⑫ 称议而为之：当为"不称议而为之"。（孙诒让：《墨子间诂》第 460 页。）称议，举行辩论。意为"不举行辩论就能回答"。

⑬ 吾：读 yù，假借为"御"，"抵御"之意。（姜宝昌：《墨论训释》，第 759 页。）以下"薄吾"之"吾"同解。

⑭ 荷：肩扛。辕：车前驾驭牲口的直木或曲木。蛾：即"蛾子"，常在夜间飞行的一种昆虫。

【译文】

墨子对程子说："儒家的道术足以丧失天下的有四项制度。儒家认为天帝不明察，鬼神不神明，天帝和鬼神因而不高兴。这足以丧失天下。又实行'厚葬'和长久服丧的丧礼：棺椁层层重叠，随葬衣服被褥很多，送葬如同搬家；服丧三年哭泣不止，以至身体衰弱到由人搀扶才能站起，拄着拐杖才能行走，耳朵接近聋，眼睛接近盲。这足以丧失天下。又倡导抚琴、唱歌、敲鼓、跳舞，学习制作声乐。这足以丧失天下。又认为世间天命存在，说什么贫穷和富贵、长寿和短命以及国家的治理、混乱、安定和危殆，都是先天注定有常态的，不可能减少或增加。如果人们相信有天命，在上位的长官照此办理，就一定不会治理政务；在下位的百姓照此办理，就一定不会从事劳作。这足以丧失天下。"程子听后说："先生这样诋毁儒家，真是过分了！"墨子回答说："现在儒家本来就有这四项制度，我来评论它就不是诋毁，而是告知人们我所听到的事实罢了。"程子无话可说就出去了。墨子对他说："请您回来。"程子又返回坐下，又靠前对墨子说："先前先生说的也有可非议的地方。如先生所说，您并不诋毁儒家，那么就是您既不称赞夏禹、商汤，也不诋毁夏桀、商纣吗？"墨子回答说："不是这样的。应对平常熟悉的言辞，不用辩驳就可随口作答，这就是机敏。如果对方辩驳攻势激烈，我会予以激烈抵御；如果对方辩驳平和，我也以平和来应对。如果应对平常熟悉的言辞，还要激烈辩驳，这就如同肩扛车辕去击打飞蛾一样。"

【原文 15】

子墨子与程子辩，称于孔子。程子曰："非儒，何故称于孔子也？"子墨子曰："是亦当①而不可易者也。今鸟闻热旱之忧则高②，鱼闻热旱之忧则下，当此虽禹、汤为之谋，必不能易矣。鸟鱼可谓愚矣，禹、汤犹云因焉③。今翟曾无称于孔子乎？"

【注释】

① 亦当：当为"其当"。（俞樾：《墨子平议》，第 486 页。）其，指孔子。当，正当、合理。

② 今鸟闻热旱之忧则高：意为："鸟儿受到炎热和干旱的忧患就向高处躲避"。忧，忧患。高，向高处飞。

③ 禹、汤犹云因焉：云，作"或"。（王念孙：《墨子杂志》，第 202 页。）因，依从。意为"大禹、商汤有时候还依从它们的习性"。

【译文】

墨子在与程子辩论时称赞孔子。程子不解地说："您非难儒家，为什么还要称赞孔子呢？"墨子回答说："这是因为孔子所说的也有合理而不可改变的地方。现在鸟儿感受到天气炎热和干旱就飞向高处，鱼儿感受到天气炎热干旱就向水下潜藏。在这时就是夏禹、商汤来为鸟儿和鱼儿谋划，也不可能改变鸟儿和鱼儿的做法。鸟儿和鱼儿可以说是愚蠢的生物，可是夏禹、商汤还有时候要依从它们的习性，现在我为什么就不能称赞孔子呢？"

【原文 16】

有游于子墨子之门者，身体强良，思虑徇通①，欲使随而学。子墨子曰："姑学乎，吾将仕子。"劝于善言而学，其年，而责仕于子墨子。子墨子曰："不仕子。子亦闻夫鲁语②乎？鲁有昆弟③五人者，其父死，其长子嗜酒而不葬，其四弟曰：'子与我葬，当为子沽④酒。'劝于善言而葬，已葬而责酒于其四弟，四弟曰：'吾未予子酒矣。子葬子父，我葬吾父，岂独吾父哉？子不葬，则人将笑子，故劝子葬也。'今子为义，我亦为义，岂独我义也哉？子不学，则人将笑子，故劝子于学。"

【注释】

① 徇通：敏捷、通达。"徇，疾也"。（《说文解字》，第 162 页。）

② 鲁语：鲁国的古语。

③ 昆弟：兄弟。

④ 沽：买。

【译文】

有个人来到墨子的门下，身体强健，思维敏捷通达。墨子想让他跟从自己学习，于是就对他说："暂且跟着我学习吧，以后我会推荐你出去做官。"这个人接受了墨子的善言相劝就留下来学习。刚满一周年，他就要求墨子推荐外出做官。墨子说："我不会推荐你出去做官。你也听说过鲁国古语吗？鲁国有一家兄弟五个人，父亲死后，长子却贪酒不葬父亲。他的四个弟弟对长兄说：'你与我们一起安葬完父亲，我们就会给你买酒。'长兄听从弟弟的善言相劝就一起安葬了父亲。刚安葬好父亲，长兄就向他的四个弟弟求酒。四个弟弟对他说：'我们不会给你买酒。你安葬你的父亲，我们安葬我们的父亲，难道他单单是我们的父亲吗？你不安葬父亲，人家就会耻笑你，所以我们才劝你来安葬父亲。'现在你是在行义，我也是在行义，难道行义就只属于我一个人吗？你不学习，那么别人就会耻笑你，所以我才劝勉你努力学习。"

【原文 17】

有游于子墨子之门者，子墨子曰："盍学乎？"对曰："吾族人无学者。"子墨子曰："不然。夫好美者，岂曰吾族人莫之好，故不好哉？夫欲富贵者，岂曰我族人莫之欲，故不欲哉？好美、欲富贵者，不视人犹强为之。夫义，天下之大器也，何以视人必强为之？"

【译文】

有人来到墨子门下，墨子对他说："为什么不求学呢？"这个人回答说："我的家族中没有人求学。"墨子说："不是这样的。比如说爱美的人，难道可以说我家族中没有爱美的人，所以我也不爱美了吗？又如希望自己富贵的人，难道可以说我家族中没有希望富贵的人，所以我就不去追求了吗？那些爱美、希望富贵的人，不考虑别人如何行事就努力去做。至于说到'义'，这是天下的珍贵宝物，为什么还要观察别人的态度呢？一定努力追求才对啊！"

【原文 18】

有游于子墨子之门者，谓子墨子曰："先生以鬼神为明知，能为祸人哉①福，为善者富②之，为暴者祸之。今吾事先生久矣，而福不至。意③者先生之言有不善乎？鬼神不明乎？我何故不得福也？"子墨子曰："虽子不得福，吾言何遽④不善？而鬼神何遽不明？子亦闻乎匿徒之刑之有刑乎⑤？"对曰："未之得闻也。"子墨子曰："今有人于此，什子⑥，子能什誉之，而一自誉乎⑦？"对曰："不能。""有人于此，百子，子能终身誉亓善，而子无一乎⑧？"对曰："不能。"子墨子曰："匿一人者犹有罪，今子所匿者若此亓多，将有厚罪者也，何福之求？"

【注释】

① 人哉：为衍文，当去。（王念孙：《墨子杂志》，第 202 页。）

② 富：同"福"，赐福。

③ 意："意，疑也。"（王念孙：《广雅疏证·释言一》，第 40A。）

④ 遽（jù）：就。下句"何遽"之"遽"同解。

⑤ 匿徒之刑之有刑乎：当为"匿刑徒之有刑乎"。（孙诒让：《墨子间诂》，第 463 页。）前"之"为衍字。"徒刑"当为"刑徒"。

⑥ 什子：即"十倍于子"。以下"百子"即"百倍于子"。

⑦ 而一自誉乎：当为"而无一自誉乎"。（王焕镳：《墨子校释》，第698页。）

⑧ 而子无一乎：当为"而子无一誉乎"。（王焕镳：《墨子校释》，第698页。）

【译文】

有一个正在墨子门下求学的弟子对墨子说："先生你认为鬼神聪明智慧，能给人降祸福，对行善的人就赐福给他，对残暴的人就降祸给他。现在我侍奉先生很久了，福气却一直没有来到，是先生的言论有不好的呢，还是鬼神不能明察呢？"墨子回答说："即使你没有得到赐福，我的言论怎么就不好？鬼神怎么就不明察？你也听说过'藏匿刑徒也是有罪'这句话吗？"这个弟子回答说："没有听说过。"墨子说："假设现在这里有一个人，他的贤能比你强十倍，你能十倍地称赞他，而完全不称赞自己吗？"弟子回答："不能。"墨子又说："假设现在这里有一个人，他的贤能强过你百倍，你能做到终身赞扬他的善行而完全不称赞自己吗？"弟子回答："不能。"墨子说："藏匿一个罪人尚且有罪，现在你藏匿了他人这么多的善行，将会有大罪，哪里还会有什么福气？"

【原文 19】

子墨子有疾，跌鼻①进而问曰："先生以鬼神为明，能为祸福，为善者赏之，为不善者罚之。今先生圣人也，何故有疾？意者，先生之言有不善乎？鬼神不明知乎？"子墨子曰："虽使我有病，何遽②不明？人之所得于病者多方③，有得之寒暑，有得之劳苦。百门而闭一门焉，则盗何遽无从入？"

【注释】

① 跌鼻：墨子弟子。

② 何遽：当为"鬼神何遽"，前脱"鬼神"二字。（孙诒让：《墨子间诂》，第463页。）

③ 方：途径、方面。

【译文】

墨子有病，门人跌鼻进前问道："先生您认为鬼神圣明，能降祸赐福，对于行善的人给予奖赏，对于作恶的就予以惩罚。现在先生您是圣人，是什么原因导致你有病呢？我对此感到疑惑，是先生您的言论有不好的地方呢，还是鬼神有不够聪明睿智的地方呢？"墨子回答说："即使我有病，鬼神怎么就不神明了？导致人生病的原因是多方面的，有的是因为寒冷暑热，有的是因为过分劳累。这就好比一百扇门只关上了其中一扇，那么盗贼（疾病）怎么就没有地方进入啦？"

【原文 20】

二三子有复于子墨子学射者。子墨子曰："不可。夫知者必量亓力所能至而从事焉。国士战且扶人①，犹不可及也。今子非国士也，岂能成学又成射哉？"

【注释】

① 国士战且扶人：国家勇士一边搏战一边搀扶伤员。国士，国家的勇武之士。战，搏战。扶，搀扶。

【译文】

墨子的一些弟子报告老师希望增加学习射箭的课程，墨子回答说："不可以。有智慧的人必定先估量自己的能力达到什么程度，才去做能做的事。国家的勇武之人一边搏战、一边搀扶伤员，尚且做不到，现在你们这些人并不是国家的勇武之人，又怎么做到学业和射箭都能成功呢？"

【原文 21】

二三子复于子墨子曰："告子曰①：言义而行甚恶，请弃之。"子墨子曰："不可。称我言以毁我行，愈于亡②。有人于此，翟甚不仁，尊天、事鬼、爱人甚不仁，犹愈于亡也③。今告子言谈甚辩，言仁义而不吾毁。告子毁④，犹愈亡也！"

【注释】

① 告子曰：下脱"墨子"二字。改后为"告子曰：墨子言义而行甚恶。"（孙诒让：《墨子间诂》，第464页。）告子，战国时人，名不详，或曰告不害，兼治儒墨，提出性无善恶论，明确反对儒家性善论。

② 愈：同"逾"，好过、超过。亡：同"无"。

③ 有人于此，翟甚不仁，尊天、事鬼、爱人甚不仁，犹愈于亡也：仁，亲近。"尊天"前当补"誉"。第二个"甚不仁"为衍文。"爱人"后补"毁我行"。当断句和改为"有人于此，翟甚不仁，誉尊天、事鬼、爱人，毁我行，犹愈于亡也"。

④ 告子毁：当为"告子毁我行"。

【译文】

弟子们报告墨子说："告子说：'墨子嘴上讲仁义，而行为恶劣'，请先生与他绝交。"墨子回答说："这样不可以。他称赞我的言论却诋毁我的行为，这总比对我没有诋毁和赞誉好吧。假设这里有一个人，我与他很不亲近，但他却赞誉我的'尊天''事鬼'和'爱人'的主张，尽管他诋毁我的行为，可是他这样做还是胜过没有诋毁和赞誉。如今告子能言善辩，讲仁义而不诋毁我的言论，虽然他诋毁我的行为，但还是胜过没有诋毁和赞誉。"

【原文 22】

二三子复于子墨子曰："告子胜①为仁。"子墨子曰："未必然也。告子为仁，譬犹跂以为长②，隐以为广③，不可久也。"

【注释】

① 胜：胜任、担当。

② 跂以为长：跂（qí），踮脚。长，高。意为"踮脚以显示身材高大"。

③ 隐以为广：隐，读yǎn，仰卧。广，宽。意为"仰卧挺身以显示身材

宽大。"

【译文】

弟子们报告墨子说:"告子能胜任践行仁义的事情。"墨子说:"我看未必是这样。告子如能践行仁义,就好比踮起脚来让身高增加,仰卧挺身让身体加宽一样,不可能长久维持。"

【原文 23】

告子谓子墨子曰:"我治国为政①。"子墨子曰:"政者,口言之,身必行之。今子口言之,而身不行,是子之身乱②也。子不能治子之身,恶能治国政?子姑亡③,子之身乱之矣!"

【注释】

① 我治国为政:当为"我能治国为政"。(孙诒让:《墨子间诂》,第 465 页。)"我"后脱"能"字。

② 乱:发生言行不一的混乱。

③ 子姑亡:你暂且不要这样说。姑,姑且、暂且。亡,同"毋"。

【译文】

告子对墨子说:"我能治理国家,处理政务。"墨子说:"从政就是口里说出来的,自身必定要去践行。现在您口里说出很多言论,可是您自身不能践行,这就是您自身发生了言行不一的混乱。您不能治好自身混乱的毛病,又哪能处理好国家政务?您暂且不要说什么治国理政了,先考虑您自身言行不一的混乱该怎么办吧!"

第三十四篇　鲁问

【题解】

本篇命名源于第一段鲁君(穆公)向墨子询问齐国攻打鲁国之事。本篇共分二十三个自然段，主要记叙了墨子与鲁穆公、齐大王、鲁阳文君、齐将项子牛等论说攻伐的经过，进一步申诉了墨子的"兼爱""非攻"主张。另外，墨子还对他的弟子们提出了游说诸侯"必择务而从事"的策略，体现了墨子向往国家富强、天下安宁、人民安居乐业的理想追求。

【原文 1】

鲁君①谓子墨子曰："吾恐齐之攻我也，可救乎？"子墨子曰："可。昔者三代之圣王禹、汤、文、武，百里②之诸侯也，说③忠行义，取天下。三代之暴王桀、纣、幽、厉，雠怨④行暴，失天下。吾愿主君⑤之上者尊天事鬼，下者爱利百姓，厚为皮币⑥，卑⑦辞令，亟遍礼四邻诸侯，驱国而以事齐，患可救也；非此，顾⑧无可为者。"

【注释】

① 鲁君："疑即（鲁）穆公"。（孙诒让：《墨子间诂》，第 466 页。）

② 百里：百里见方。

③ 说：悦、喜悦。

④ 雠怨：雠（chóu），"仇"的异体字。意为"仇视抱怨的人"。

⑤ 主君：指天子诸侯、士大夫和一般人。此指鲁君。

⑥ 币：古人用作礼物的丝织品。

⑦ 卑：使……谦卑。

⑧ 顾：通"固"。（王念孙：《墨子杂志》，第 203—204 页。）固，确实、本来。

【译文】

鲁国国君向墨子询问说："我怕齐国攻打我们鲁国，可以解救吗？"墨子回答说："可以。从前三代圣王夏禹、商汤、周文王、周武王，初始都不过是方圆百里的诸侯国，因为他们喜欢忠臣、奉行仁义，所以取得天下。而三代暴虐的君王夏桀、商纣、周幽王、周厉王，他们仇视那些怨恨的人，实行残暴统治，因而丢失了整个天下。我希望主君您对上要尊敬天帝、侍奉鬼神，对下要关爱施利给百姓，多多置办毛皮布帛，使用谦卑的外交辞令，快速周遍地结交四邻诸侯，驱使全国的军队和民众来对付齐国，这样鲁国的忧患就可解救。如果不这样做，确实没有其他办法了。"

【原文 2】

齐将伐鲁，子墨子谓项子牛①曰："伐鲁，齐之大过也。昔者，吴王②东伐越，栖③诸会稽；西伐楚，葆昭王于随④；北伐齐，取国子⑤以归于吴。诸侯报其雠，百姓苦其劳而弗为用⑥。是以国为虚戾，身为刑戮也。昔者智伯伐范氏与中行氏，兼三晋之地。诸侯报其雠，百姓苦其劳而弗为用。是以国为虚戾，身为刑戮。用是也⑦。故大国之攻小国也，是交相贼也，过⑧必反于国。"

【注释】

① 项子牛：春秋末齐国将领。

② 吴王：指吴王夫差。

③ 栖：山居。

④ 葆昭王于随：保护昭王退守到随地。葆，同"保"。昭王，楚昭王，熊氏，名珍，春秋末楚国国君。随，古国名，西周初年分封，姬姓，在今湖北随县。

⑤ 国子：即"国书"，齐国大夫，参与杀齐悼公，立齐简公。吴王夫差率兵与齐国战于艾陵（今山东莱芜东南），国书为中军主将，被吴俘虏。

⑥ 弗为用：即"弗为之用"。弗，不。

⑦ 用是也：当为"衍文"。（王念孙：《墨子杂志》，第 204 页。）

⑧ 过：当为"祸"。（曹耀湘：《墨子笺》，第 659 页。）

【译文】

齐国将要攻伐鲁国，墨子对齐国将领项子牛说："攻伐鲁国是齐国极大的过错。从前吴王夫差向东攻伐越国，使越王勾践困居于会稽山中；向西攻伐楚国，使楚国军队保护楚昭王退守到随国；向北攻伐齐国，俘虏了齐国将领国书回到吴国。到最后各诸侯起来向夫差报仇，百姓因为战乱劳苦也不肯为夫差所用，于是吴国都城变成废墟，夫差被刑戮而死。从前晋卿智伯攻打范氏和中行氏，兼并了三晋的土地。最后诸侯起来向智伯报仇，百姓也因战乱劳苦不再听从智伯调遣，于是国都成为废墟，智伯也遭到刑戮。所以，大国攻伐小国，是相互残害，灾祸一定会反过来殃及攻伐的国家。"

【原文 3】

子墨子见齐大王①曰："今②有刀于此，试之人头，倅③然断之，可谓利乎？"大王曰："利。"子墨子曰："多试之人头，倅然断之，可谓利乎？"大王曰："利。"子墨子曰："刀则利矣，孰将受其不祥？"大王曰："刀受其利，试者受其不祥。"子墨子曰："并国覆军④，贼敫⑤百姓，孰将受其不祥？"大王俯仰而思之曰："我受其不祥。"

【注释】

①齐大王：指齐太王田和，他是"田氏代齐"的始祖。自田和始，田姓齐国取代姜姓齐国。

②今：若。

③倅：同"猝"，瞬间、刹那。

④并国覆军：兼并国家，覆灭军队。并，兼并。

⑤敫："古杀字"。(《说文解字》，第66页。)

【译文】

墨子去见齐太王田和说："假使这里有一把刀，用人头试验一下它的利钝，瞬间就能砍断人头，这可以说是锋利吗？"齐太王回答说："锋利。"墨子再问："试验去砍很多人头，都瞬间被砍断了，这可以说是锋利吗？"齐太王又回答："锋利。"墨子又问道："刀是试验出了锋利，但是谁将承受这份锋利带来的不吉祥呢？"齐太王又答说："刀有了利刃的名称，被实验的人承受了锋利带来的不吉祥。"墨子话锋一转说："吞并别人的国家，灭亡别国的军队，残杀别国的百姓，谁将承受这攻伐带来的不吉祥呢？"齐太王仰起头又低下头思考了一会说："我将承受这种不吉祥。"

【原文 4】

鲁阳文君将攻郑，子墨子闻而止之，谓阳文君①曰："今②使鲁四境之内，大都攻其小都，大家伐其小家，杀其人民，取其牛马狗豕布帛米粟货财，则何若？"鲁阳文君曰："鲁四境之内，皆寡人③之臣也。今大都攻其小都，大家伐其小家，夺之货财，则寡人必将厚罚之。"子墨子曰："夫天之兼有天下也，亦犹君之有四境之内也。今举兵将以攻郑，天诛亓不至乎？"鲁阳文君曰："先生何止我攻郑也？我攻郑，顺于天之志。郑人三世杀其父④，天加诛焉，使三年不全⑤，我将助天诛也。"子墨子曰："郑人三世杀其父而天加诛焉，使三年不全，天诛足矣。今又举兵将以攻郑，曰：'吾攻郑也，顺于天之志。'譬有人于此，其子强梁不材，故其父笞之。其邻家之父举木而击之，曰：'吾击之也，顺于其父之志。'则岂不悖哉！"

【注释】

① 谓阳文君："谓"下脱"鲁"字。（毕沅：《墨子注》（日本重刻本），第 784 页。）

② 今：假如。

③ 寡人：即"寡德之人。"天子、诸侯自称。

④ 父：当为"君"之误。（苏时学：《墨子刊误》，第 344 页。）下句"杀其父"之"父"也作同解。

⑤ 三年不全：即"三年不顺"。全，顺、风雨调和。

【译文】

鲁阳文君将要攻打郑国，墨子听说就来劝阻他，对鲁阳文君说："现在如果在鲁阳县四境之内，大都邑攻打小都邑，大家族攻打小家族，杀戮人民，夺取人家的牛马狗猪、布帛米粟等货物钱财，那么你想怎么处理呢？"鲁阳文君回答说："在鲁阳县四境之内，他们都是我的臣民。如果大都邑攻打小都邑，大家族攻打小家族，夺取人家的货物钱财，那么我必定对他们给予严厉惩罚。"墨子说："天帝兼有整个天下，也就如同你拥有鲁阳四境之内一样。现在你就要发兵攻打郑国，天帝的惩罚难道不会降下来吗？"鲁阳文君不悦地对墨子说："先生为什么要阻止我攻打郑国呢？我攻打郑国正是顺从天帝的意志。郑国人杀掉了三代国君，天帝降下诛罚，使他们连续三年遭受饥荒。我将帮助天帝诛罚他们。"墨子说："郑国人杀掉三代国君，所以天帝降下诛罚，让他们连续三年遭受饥荒，天帝的诛罚已经足够了。现在你又兴兵将要攻打郑国，说什么'我攻打郑国是顺从天帝的意志'，这就好比这里有一个人，他的儿子蛮横不成材，因此他就用木杖击打儿子，而他邻居的父亲，也举起木杖来击打这个儿子，而且说什么'我来击打他是顺从他父亲的意志'，这难道不是荒谬的事情吗？"

【原文 5】

子墨子谓鲁阳文君曰："攻其邻国，杀其民人①，取其牛马粟米货财，则书之于竹帛，镂之于金石，以为铭②于钟鼎，传遗后世子孙，曰：'莫若吾多③！'今贱人也，亦攻其邻家，杀其人民，取其狗豕食粮衣裘，亦书之于竹帛，以为铭于席豆④，以遗后世子孙，曰：'莫若我多！'亓可乎？"鲁阳文君曰："然，吾以子之言观之，则天下之所谓可者，未必然也。"

【注释】

① 民人：当为"人民"，下文"杀其人民"可证。

② 铭：铭文，用以叙述某人的功劳、美德，使某人传名于后。

③ 莫若我多：没有人像我一样战功这么多。莫，没有人。多，指战功很多。

④ 席豆：几席和食器。豆，古代高脚碗，用来盛饭食。

【译文】

墨子对鲁阳文君说："攻打邻国，杀害邻国的人民，夺取他们的牛马、粟米等货物钱财，还把它书写在竹简帛书上，镂刻在青铜器皿和石碑上，作成铭文刻铸在钟和鼎上，留传给后世子孙，说什么'没有人像我一样拥有这么多的战功’。假设平民百姓也攻打他的邻居，杀死他的邻人，夺取他们的狗猪、粮食和衣裳，也书写在竹简帛书上，作成铭文书写到几席和食器上，留传给后世子孙，说什么‘没有人像我这样拥有这么多的财富’，这样可以吗？"鲁阳文君说："是这个道理。我用您的言论来观察这些问题，那么天下所认可的许多事情，看来也未必正确。"

【原文 6】

子墨子为①鲁阳文君曰："世俗之君子，皆知小物而不知大物。今有人于此，窃一犬一彘则谓之不仁，窃一国一都则以为义。譬犹小视白谓之白，大视白则谓之黑。是故世俗之君子知小物而不知大物者，此若言之谓也。"

【注释】

① 为：通"谓"。

【译文】

墨子对鲁阳文君说："世俗君子都明白小道理而不明白大道理。假如这里有一个人，偷了一只狗一头猪，人们都会指责他不仁义；可是有人窃取了一个国家、一个都邑，反而认为是合乎‘义’的。这就好比看到小块白色认为是白色，看到大块白色却认为是黑色一样。因此，世俗的君子只明白小道理而不明白大道理，这句话正是说的这种人。"

【原文 7】

鲁阳文君语子墨子曰："楚之南有啖人之国者桥①，其国之长子生，则鲜②而食之，谓之宜弟③。美，则以遗其君，君喜则赏其父。岂不恶俗哉？"子墨子曰："虽中国之俗，亦犹是也。杀其父而赏其子，何以异食其子而赏其父者哉？苟不用仁义，何以非夷人④食其子也？"

【注释】

① 啖（dàn）：吃。桥：食人国国名。《墨子·节葬下》说："越之东有輆

(kǎi)沐之国",为食人国。(孙诒让:《墨子间诂》,第187页。)《后汉书·南蛮传》:"交阯""其西有啖人国,生首子辄解而食之","今乌浒人是也"。(《后汉书》,第2834页。)啖,同"啗"。

②鲜:"解"的形讹字。(毕沅:《墨子注》(日本重刻本),第787页。)

③宜弟:即"利弟""善弟"。

④夷人:蛮夷。夷,古代对东方各民族的通称。楚国之南在南方,故称"蛮夷"。

【译文】

鲁阳文君对墨子说:"楚国南面有个食人国叫桥国。这个国家的长子出生后,就把他分解吃掉,并称这种行为有利于他的弟弟。如果味道鲜美,就进献给国君品尝,国君喜欢就赏赐这个被食婴儿的父亲。这难道不是一种丑恶的风俗吗?"墨子回答说:"就是中原各国的风俗,也是这样的。在攻伐别国时父亲被杀,就赏赐他的儿子,这与吃掉人家的儿子赏赐儿子的父亲又有什么区别?假如不能实行仁义,我们凭什么去非难蛮夷分食儿子的风俗呢?"

【原文8】

鲁君之嬖人①死,鲁君为之诔②,鲁人③因说而用之。子墨子闻之曰:"诔者,道死人之志也。今因说而用之,是犹以来④首从服⑤也。"

【注释】

①嬖人:爱妾。嬖,爱幸。

②鲁君为之诔:鲁君当为"鲁人"。(苏时学:《墨子刊误》,第345页。)诔,记述死者生平行状的文章。

③鲁人:当为"鲁君"。(苏时学:《墨子刊误》,第345页。)

④来:"秾"的省文,秾(lái),通"狸"。(孙诒让:《墨子间诂》,第471页。)

⑤服:服马。古代驷马车,中间两匹称"服",两旁边马称"骖"。

【译文】

鲁国国君的爱妾去世了，鲁国有一个人为她撰成一篇诔文，鲁君因喜爱这篇诔文就任用这个人做官从政。墨子听说就评论说："诔文只是用来述说死者生前心志的，现在君王因为喜爱这篇诔文就任用他做官从政，这就好比用狸猫来代替驾车的服马一样。"

【原文 9】

鲁阳文君谓子墨子曰："有语我以忠臣者，令人①俯则俯，令之仰则仰，处则静，呼则应，可谓忠臣乎？"子墨子曰："令之俯则俯，令之仰则仰，是似景②也。处则静，呼则应，是似响③也。君将何得于景与响哉？若以翟之所谓忠臣者，上有过则微之以谏，己有善则访④之上，而无敢以告。外匡其邪而入其善，尚同而无下比。是以美善在上而怨雠在下，安乐在上而忧戚在臣。此翟之所谓忠臣者也。"

【注释】

①人：当为"之"。

②景：古同"影"。

③响：回声。

④访：归、归附。

【译文】

鲁阳文君对墨子说："有人对我说忠臣是这样的：让他低头就低头，让他抬头就抬头，平居时很安静，呼唤就答应。这可以称作忠臣吗？"墨子回答说："让他低头就低头，让他抬头就抬头，这就像影子一样。平居很安静，呼唤就答应，这就像回声一样。主君将从影子和回声那里得到什么呢？如果按照我的标准，所谓忠臣就是君上有过错，就伺机进行劝谏；自己有了好的主张就归于君上，而不敢告诉别人。从外部匡正君主的邪念，从而让他纳入正道；与君上保持一致而不在下面结党营私。于是善名归于君上而怨恨留给臣下，安乐归于君上忧愁留给臣下。这就是我所理解的忠臣。"

【原文 10】

鲁君谓子墨子曰:"我有二子,一人者好学,一人者好分人财,孰以为太子而可?"子墨子曰:"未可知也。或所为赏与①为是也。鲔②者之恭,非为鱼赐也。饵鼠以虫③,非爱之也。吾愿主君之合其志功而观焉④。"

【注释】

① 赏与:即"赏誉"。与,"誉"的假借字。(孙诒让:《墨子间诂》,第472页。)

② 鲔:同"钓"。

③ 饵鼠以虫:用虫饵捕捉老鼠。饵,钓饵,此作"诱捕"。

④ 合其志功而观焉:把志向和功效两者结合起来去考察。志,志向、追求。功,功效。

【译文】

鲁君对墨子说:"我有两个儿子,一个喜好学习,一个喜好把财物分给别人,您认为谁适合做太子?"墨子回答说:"还不知道。或许他们都是为了赏赐和名誉才这么做的。就像钓鱼的人态度恭敬,并不是对鱼有所恩赐;人们用虫子来诱捕老鼠,也不是因为喜欢老鼠。我希望主君您结合他们两人的志向和功效来考察。"

【原文 11】

鲁人有因子墨子而学①其子者,其子战而死,其父让②子墨子。子墨子曰:"子欲学子之子,今学成矣,战而死,而子愠,是犹欲耀③,耀雠④,则愠也。岂不费⑤哉!"

【注释】

① 学:读 jiāo,意同"教"。

② 让:责备。

③ 耀(tiào):同"粜",卖粮食。

④ 糴（dí）：当为"糶"之误。讐：同"售"。糶、讐意义重复，"讐"当去。

⑤ 费：读 fú，通"拂"。拂，悖。

【译文】

鲁国有人依凭墨子的关系而让墨子教导他的儿子。他的儿子后来战死，他就责备墨子。墨子对他说："是你希望由我来教导你儿子的，现在你的儿子学成后战死疆场，你却来对我发脾气，这就好像卖粮食一样，粮食卖出去了，却又发脾气，这难道不荒谬吗？"

【原文 12】

鲁之南鄙①人有吴虑②者，冬陶③夏耕，自比于舜。子墨子闻而见之。吴虑谓子墨子④："义耳义耳，焉用言之哉？"子墨子曰："子之所谓义者，亦有力以劳⑤人，有财以分人乎？"吴虑曰："有。"子墨子曰："翟尝计之矣。翟虑耕而食天下之人矣，盛⑥，然后当一农之耕，分诸天下，不能人得一升粟。籍而以为得一升粟，其不能饱天下之饥者，既可睹矣。翟虑织而衣天下之人矣，盛，然后当一妇人之织，分诸天下，不能人得尺布。籍而以为得尺布，其不能暖天下之寒者，既可睹矣。翟虑被坚执锐⑦救诸侯之患，盛，然后当一夫之战，一夫之战，其不御三军，既可睹矣。翟以为不若诵先王之道而求其说，通圣人之言而察其辞，上说王公大人，次⑧匹夫徒步之士。王公大人用吾言，国必治；匹夫徒步之士⑨用吾言，行必修。故翟以为虽不耕而食饥，不织而衣寒，功贤于耕而食之、织而衣之者也。故翟以为虽不耕织乎⑩，而功贤于耕织也。"

【注释】

① 鄙：边境。

② 吴虑：与墨子有交往的鲁国隐者。

③ 陶：制作陶器。

④ 子墨子：后当有"曰"字。（孙诒让：《墨子间诂》，第 473 页。）

⑤ 劳：替别人辛劳。

⑥盛：极其努力、尽最大努力。以下两"盛"同解。

⑦被：读 pī，作"披"讲。坚：坚固的铠甲。锐：锐利的兵器。

⑧次：后脱"说"字。（毕沅：《墨子注》（日本重刻本），第790页。）

⑨匹夫："古指平民中的男子。"（《辞海》，第166页。）徒步之士：按古礼，平民出行不得乘车。

⑩乎：作"焉"讲。

【译文】

鲁国南部边境上有一个叫吴虑的人，冬天制陶，夏天耕种，自比为虞舜再世。墨子听说后就去会见他。吴虑对墨子说："行义而已，行义而已，为什么一定要把它说出来呢？"墨子反问他："你所说的行义，也是有能力就替人辛劳、有财物就分给别人吗？"吴虑回答："是。"墨子说："我曾经盘算过如何行义的事。我考虑过自己去耕种，让天下人都有饭吃，可就是我极其努力，最后得到的也就是抵得上一个农夫的劳动成果。把它全部分给天下人，每个人也不可能得到一升粟米。假设认为每人可以分到一升粟米，也不能让天下饥饿的人吃饱，这是显而易见的。我考虑过自己去纺织，让天下人都有衣服穿，可就是我极其努力，最后得到的也就是抵得上一个妇女的劳动成果。把它全部分给天下的人，也不可能每人分到一尺布。假设认为每人可分到一尺布，也不可能让天下挨冻的人得到温暖，这是显而易见的。我也考虑过，自己穿着坚固的铠甲、手执锐利的兵器去解救因诸侯攻伐带来的灾祸，可就是我极其努力，最后也就是抵得上一个士兵的战斗能力。而一个士兵的战斗能力，不可能抵御三军奔涌而来的千军万马的进攻，这也是显而易见的。因此我认为不如去诵读先王的道术，探求先王的学说，通晓圣人的言论，考察圣人的言辞，对上游说王公大人，其次游说庶人平民。如果王公大人采取了我的主张，国家必定得到治理；庶人平民听从了我的主张，品行必定得到修养。所以我认为，虽然我不能耕种而让饥饿的人有饭吃，不能纺织而让寒冷的人有衣穿，但我行义的功效，要胜过自己去耕种给人饭吃的农夫，也胜过自己去纺织给人衣服穿的妇女。由此可见，我认为，我虽然不耕种不纺织，但是行义的功效却胜过我亲自去耕种纺织。"

【原文 13】

吴虑谓子墨子曰："义耳义耳，焉用言之哉？"子墨子曰："籍设而天下不知耕，教人耕，与不教人耕而独耕者，其功孰多？"吴虑曰："教人耕者其功多。"子墨子曰："籍设而攻不义之国，鼓而使众进战，与不鼓而使众进战而独进战者，其功孰多？"吴虑曰："鼓而进众者其功多。"子墨子曰："天下匹夫徒步之士少知义，而教天下以义者功亦多，何故弗言也？若得鼓而进于义，则吾义岂不益进哉！"

【译文】

吴虑对墨子说："行义行义，哪儿需要不停地去游说呢？"墨子反问吴虑说："假设天下的人都不知道耕种，教人耕种与只是自己耕种而不教人耕种，谁的功效会更多？"吴虑回答说："教人耕种的功效多。"墨子又问："假设去攻打不义的国家，或击鼓让众人进攻，或自己单独进攻而不击鼓让众人进攻，谁的功效会更多？"吴虑回答说："当然是击鼓让众人进攻的功效多。"墨子感慨地说："天下的庶人平民很少有知道行义这回事的，现在教化天下人行义的功效会很多，有什么理由不去游说呢？如果能鼓励大家都去追求'义'，那么我所说的'义'难道不是更能进入到新的境界吗？"

【原文 14】

子墨子游公尚过于越。公尚过说①越王，越王大说②，谓公尚过曰："先生苟能使子墨子③于越而教寡人，请裂④故吴之地，方五百里，以封子墨子。"公尚过许诺。遂为公尚过束⑤车五十乘，以迎子墨子于鲁。曰："吾以夫子之道说越王，越王大说，谓过曰：'苟能使子墨子至于越，而教寡人，请裂故吴之地，方五百里，以封子。'"子墨子谓公尚过曰："子观越王之志何若？意越王将听吾言，用我道，则翟将往，量腹而食，度身而衣⑥，自比于群臣，奚能以封为哉？抑越⑦不听吾言，不用吾道，而吾往焉，则是我以义耀⑧也。钧之耀，亦于中国耳，何必于越哉？"

【注释】

① 说：游说。

② 说：高兴、喜悦。

③ 子墨子：后脱"至"字。（孙诒让：《墨子间诂》，第 474 页。）

④ 请：诚、愿。裂：分割。

⑤ 束：约、套。

⑥ 量腹而食，度身而衣：依饭量吃饭，依身材穿衣。度，计算。腹，饭量。

⑦ 越：后脱"王"。（孙诒让：《墨子间诂》，第 475 页。）

⑧ 糶：卖粮食，此作"卖"解。

【译文】

墨子推荐弟子公尚过到越国去做官。公尚过用墨子的主张游说越王，越王十分高兴，就对公尚过说："先生假如能让墨子到越国来教导我，我愿意把原吴国方圆五百里的土地分割出来，封给墨子。"公尚过答应了。于是吴王就为公尚过套好驷马车五十辆，到鲁国迎接墨子。公尚过见到墨子报告说："我用先生您的主张游说越王，越王十分高兴，他对我说：'假如你能让墨子到越国来教导我，我愿意把原吴国方圆五百里的土地，分割出来封给墨子'。"墨子对公尚过说："你观察越王的心志究竟怎么样？或许越王将会听从我的言论，采用我的主张，那么我会到那里去，依照饭量吃饭，依照身材穿衣，自比于群臣中的一员就可以了，又怎能以求取分封为目的呢？或者越王不听从我的言论，不采纳我的主张，而我还要到那里去，这就是我要把'义'卖出去。同样是卖'义'，也应该是卖给中原各国吧，又何必卖给偏远的越国呢？"

【原文 15】

子墨子游①，魏越②曰："既得见四方之君，子则将先语？"子墨子曰："凡入国，必择务而从事焉。国家昏乱，则语之尚贤、尚同；国家贫，则语之节用、节葬；国家憙音湛湎③，则语之非乐、非命；国家淫僻无礼，则语之尊天、事鬼；国家务夺侵凌，即语之兼爱、非攻。故曰择务而从事焉。"

【注释】

① 游：游历。

② 魏越：墨子弟子。

③ 憙音湛湎：喜好声乐，沉溺酒色。憙（xǐ），同"喜"。湛（chén），通"沉"，沉溺。湎（miǎn），嗜酒。

【译文】

墨子将外出游历，弟子魏越对他说："如果您见到了各国的国君，您将先说什么呢？"墨子说："凡是我所进入的国家，一定选择国家大事进行游说。如果国家混乱，就对国君讲'尚贤''尚同'；如果国家贫穷，就对国君讲'节用''节葬'；如果国家喜好音乐，沉溺酒色，就对国君讲'非乐''非命'；如果国家邪僻无礼，就对国君讲'天志''明鬼'；如果国家专搞侵略和掠夺，就对国君讲'兼爱''非攻'。因此说，一定要选择切中时弊的重要大事来进行游说。"

【原文 16】

子墨子出曹公子①而于宋，三年而反，睹子墨子曰："始吾游于子之门，短褐之衣，藜藿之羹②，朝得之则夕弗得，祭祀鬼神③。今而以夫子之故，家厚于始也。有家厚，谨祭祀鬼神。然而人徒多死，六畜不蕃④，身湛⑤于病，吾未知夫子之道之可用也。"子墨子曰："不然。夫鬼神之所欲于人者多，欲人之处高爵禄则以让贤也，多财则以分贫也。夫鬼神岂唯擢季拊肺⑥之为欲哉？今子处高爵禄而不以让贤，一不祥也；多财而不以分贫，二不祥也。今子事鬼神唯祭而已矣，而曰：'病可自至哉？'是犹百门而闭一门焉，曰：'盗何从入？'若是而求福于有怪之鬼⑦，岂可哉？"

【注释】

① 出：当为"仕"之误。（俞樾：《墨子平议》，第489页。）曹公子：墨

子弟子。

②藜（lí）：草本植物，俗名灰菜。藿（huò）：豆科植物的叶子。藜藿之羹：指粗劣的饭食。

③祭祀鬼神：前脱"弗得"二字。（孙诒让：《墨子间诂》，第 476 页。）

④蕃（fán）：此指动物繁殖。

⑤湛（jiān）：渍、染。

⑥擢季拑肺：当为"擢黍拑肺"。（王念孙：《墨子杂志》，第 208 页。）擢（zhuō），拔。季，"黍"的形讹字。拑（qián），夹取。

⑦有怪之鬼：被责怪的鬼神。

【译文】

墨子推荐弟子曹公子到宋国去做官。三年后曹公子返回去看望墨子说："当初我在您的门下求学，穿粗布衣服，吃灰菜豆叶一类食物，早上能吃上有时晚上吃不上，也不能祭祀鬼神。现在因为夫子的教导做了官，家境开始宽裕起来。因为家境宽裕，于是就恭敬小心地祭祀鬼神。然而家中人口多有死亡，牲畜不繁殖，自己也染上疾病，我不知道夫子您的主张真的可用吗？"墨子回答说："不是这样的。鬼神希望人们去做的事情有很多，希望人们处于高官厚禄时就主动让贤，希望人们钱财很多时就主动分给穷人。鬼神难道仅以拔取黍稷、夹取肺肝作为自己的追求吗？现在你处于高官厚禄的位置不知道让贤，这是第一个不吉祥；钱财很多而不知道分给穷人，这是第二个不吉祥。现在你侍奉鬼神仅有形式上的祭祀而已，并没有满足鬼神的众多愿望，反而说：'我的疾病是从哪儿来的呢？'这就好比有一百扇门只关闭了其中一扇，反而说：'盗贼是从哪儿进来的呢？'就像你这样向你责怪的鬼神祈求赐福，又怎么可能称心如愿呢？"

【原文 17】

鲁祝①以一豚②祭，而求百福于鬼神。子墨子闻之曰："是不可。今施人薄而望人厚，则人唯恐其有赐予己也。今以一豚祭，而求百福于鬼神，唯恐③其以牛羊祀也。古者圣王事鬼神，祭而已矣。今以豚祭④而求百福，则其富不如其贫也。"

【注释】

① 祝：主持祭祀的人。

② 豚（tún）：小猪。

③ 唯恐：此前脱"鬼神"二字。（孙诒让：《墨子间诂》，第477页。）

④ 今以豚祭：当为"今以一豚祭"，脱"一"字。

【译文】

鲁国的主祭者用一头小猪作为祭礼行祭，却祈求鬼神赐给各种福气。墨子听说这事就说："这样做不可以。如果施予别人的微薄，却盼望别人给予丰厚的回报，那么别人就唯恐你再施予什么东西给自己。现在仅用一头小猪作为祭品行祭，却祈求鬼神赐给各种福气，那么鬼神就唯恐你用牛羊作为祭品来行祭。古代的圣王侍奉鬼神，只是祭祀而已。现在用一头小猪行祭而祈求鬼神赐给各种福气，那么祭品丰富还不如祭品贫乏为好。"

【原文18】

彭轻生子①曰："往者可知，来者不可知。"子墨子曰："籍设而亲②在百里之外，则遇难焉，期③以一日也，及之则生，不及则死。今有固车良马于此，又有奴马四隅之轮④于此，使子择焉，子将可⑤乘?"对曰："乘良马固车，可以速至。"子墨子曰："焉在矣来⑥?"

【注释】

① 彭轻生子：墨子弟子。

② 而亲：即"尔亲"。亲，父母。

③ 期：约定、限期。

④ 奴：通"驽"，劣马。四隅之轮：四个棱的车轮。隅：角、棱。

⑤ 可："何"之误。

⑥ 焉在矣来：当为"焉在不知来"。"矣"为"知"之误，"知"前补

"不"。（苏时学：《墨子刊误》，第 345 页。）

【译文】

彭轻生子说："以往的事情是可以知道的，未来的事情是不可以知道的。"墨子问他说："假设你的双亲在百里以外遭逢危难，约定期限仅一天，赶上了就能活，赶不上就得死。假设这里有坚固的马车和强壮的骏马，还有疲病的劣马和四棱轮子的车子，你将会驾乘哪一种？"彭轻生子回答说："当然驾乘好马与坚固的车子，这样可以迅速到达。"墨子说："你所说的'不知道将来会怎样'的说法又表现在哪里呢？"

【原文 19】

孟山①誉王子闾②曰："昔白公之祸③，执王子闾，斧钺钩要④，直兵⑤当心，谓之曰：'为王则生，不为王则死！'王子闾曰：'何其侮我也！杀我亲而喜我以楚国⑥，我得天下而不义，不为也，又况于楚国乎？'遂⑦而不为。王子闾岂不仁哉？"子墨子曰："难则难矣，然而未仁也。若以王为无道，则何故不受而治也？若以白公为不义，何故不受王，诛白公然而反王？故曰难则难矣，然而未仁也。"

【注释】

①孟山：疑为墨子弟子。（孙诒让：《墨子间诂》，第 478 页。）

②王子闾：即楚平王庶子熊启。

③白公之祸：指楚惠王六年（前 483），楚大夫白公胜杀令尹子西、司马子期，袭惠王而占领郢都之事。

④要：同"腰"。

⑤直兵：直兵器，如剑矛。

⑥杀我亲：被白公胜杀害的子西、子期都是王子闾的兄长。喜我：让我欢喜。

⑦遂：后脱"死"字。（孙诒让：《墨子间诂》，第 478 页。）

【译文】

孟山称赞王子闾说："从前楚国白公胜作乱，劫持了王子闾，用斧钺钩住他的腰间，用剑和矛抵住他的胸口，对他说：'答应当王就可以活，不答应当王就得死。'王子闾回答说：'怎么这样侮辱我呢？杀死我的家人却拿楚国的王位让我喜欢，即使得到天下而不合乎道义我也不会做，又何况一个楚国王位呢？'于是宁愿死也没有答应。王子闾难道不是仁义的士子吗？"墨子回答说："王子闾这样做，说难为确是难为，可是还不能称作仁义的士子。如果认为楚惠王无道，那么有什么理由不接受王位而对楚国加以治理呢？如果认为白公胜是不义的人，有什么理由不先把王位接受过来，诛杀白公胜以后再把王位返还给楚惠王呢？所以我认为王子闾难为确是难为，可是还不能称作仁义的士子。"

【原文 20】

子墨子使胜绰①事项子牛。项子牛三侵鲁地，而胜绰三从。子墨子闻之，使高孙子请而退之，曰②："我使绰也，将以济骄而正嬖③也。今绰也禄厚而谲④夫子，夫子三侵鲁，而绰三从，是鼓鞭于马靳⑤也。翟闻之，言义而弗行，是犯明也。绰非弗之知也，禄胜义也。"

【注释】

① 胜绰：墨子弟子。

② 使高孙子请而退之，曰：此句当有脱漏。"曰"后之语是高孙子转述墨子的话说给齐将项子牛听的，当改为"使高孙子请而退之。高孙子传墨子言曰"。高孙子，墨子弟子。请而退之，请求齐将项子牛辞退胜绰。

③ 济骄而正嬖：阻止骄纵，匡正邪僻。济，补益、抑制。正，匡正。嬖，通"僻"，邪僻。

④ 谲（jué）：欺诈。

⑤ 鼓：抽打。靳：勒在前胸的皮带。马靳：此指马胸。

【译文】

墨子让弟子胜绰辅佐齐国将领项子牛。项子牛三次侵入鲁国领土，而胜绰三次都跟随。墨子听说胜绰的所作所为，就派弟子高孙子去见齐将项子牛，请求项子牛辞退胜绰。高孙子转述墨子的话对项子牛说："我当初派胜绰到你帐下，是让他能够抑制骄纵和匡正邪僻的。现在胜绰享用丰厚的俸禄却欺诈夫子，夫子三次侵入鲁国而胜绰三次都跟从，这就好比用鞭子抽打马的前胸，反而让马跑得更快一样。听说有这样一句话：'口称仁义却不践行，这是明知故犯。'胜绰不是不知道仁义的道理，他只是看重俸禄远在仁义之上。"

【原文21】

昔者楚人与越人舟战于江①，楚人顺流而进，迎流而退，见利而进，见不利则其退难。越人迎流而进，顺流而退，见利而进，见不利则其退速。越人因此若埶②，亟③败楚人。公输子④自鲁南游楚，焉始为舟战之器，作为钩强⑤之备，退者钩之，进者强之，量其钩强之长，而制为之兵。楚之兵节，越之兵不节，楚人因此若埶，亟败越人。公输子善其巧，以语子墨子曰："我舟战有钩强，不知子之义亦有钩强乎？"子墨子曰："我义之钩强，贤于子舟战之钩强。我钩强，我钩之以爱，揣之以恭⑥。弗钩以爱则不亲，弗揣以恭则速狎，狎而不亲则速离。故交相爱，交相恭，犹若相利也。今子钩而止人，人亦钩而止子，子强而距人，人亦强而距子。交相钩，交相强，犹若相害也。故我义之钩强，贤子舟战之钩强。"

【注释】

①舟战于江：在长江利用战船进行水战。江，此指长江。

②因此若埶：凭借这种形势。此若，同义复词，这、这个。埶，通"势"。势，地势、水势等。下"埶"同解。

③亟（qì）：数、屡。

④公输子：即公输般，或作"公输盘"，号公输，典籍及民间多称"鲁班"，春秋末年鲁国著名工匠，生活年代与墨子相当。

⑤ 钩强：当作"钩拒"。（姜宝昌：《墨论训释》，第 817 页。）用于舟战，退兵用钩，进兵用拒。强，同"彊"，当为"拒"，因形近而讹误。

⑥ 我钩强，我钩之以爱，揣之以恭：第二个"我"："义"的形讹字。揣："拒"之误。（孙诒让：《墨子间诂》，第 480 页。）当断句为"我钩强，义也。钩之以爱，拒之以恭"。

【译文】

从前楚国人与越国人在长江里用战船作战。楚国人顺流进攻，逆流撤退，伺察有利战机就进攻，但战机不利撤退就感到困难。越国人却是逆流进攻，顺流撤退，伺察有利战机可顺利进攻，战机不利撤退就显得很容易。越国人凭借这种有利的水势，屡次打败楚国人。公输般从鲁国南游来到楚国，于是开始帮助楚国人制造舟战器械，造成了钩和拒这种作战器械：敌方撤退时就用钩钩住敌方战船，敌方进攻时就用拒推拒敌方战船，并且度量钩拒的长度，制作了其他适合的战斗兵器。这样一来，楚国人的兵器适用，越国人的兵器不适用。楚国人凭借这种兵器上的优势，反败为胜，屡次打败越国人的进攻。公输班夸耀钩和拒的巧妙，就对墨子说："我为水战制造了钩和拒，不知道您的'义'也有钩和拒这样的利器吗？"墨子回答他说："我所倡导的'义'的钩和拒，胜过您所制造的水战的钩和拒。我的钩和拒就是'义'，以关爱之心钩住对方，以恭敬之心推开对方。不用关爱之心为钩就不会亲近，不以恭敬之心为拒就会对人轻慢。轻慢而不相亲，人们很快就会离心离德。所以说，互相亲爱，互相恭敬，也就是相互给予利益。现在你用钩来阻止别人，别人也会用钩来阻止你；你用拒来推拒别人，别人也会用拒来推拒你。相互钩住，又相互推开，也就是互相残害。因此我倡导的'义'的钩和拒，胜过您水战的钩和拒。"

【原文 22】

公输子削竹木以为鹊①，成而飞之，三日不下。公输子自以为至巧。子墨子谓公输子曰："子之为鹊也，不如匠之为车辖②，须臾刘③三寸之木，而任五十石之重④。故所为巧，利于人谓之巧，不利于人谓之拙。"

【注释】

① 鹊：同"鹊"。

② 辖：插在车轴两端用以固定车轮与车轴位置的销钉。

③ 剒："剫"的形讹字。（王念孙：《墨子杂志》，第 211 页。）剫（zhuō），同"斫"，砍、削。

④ 任五十石之重：任，承受、承载。石，读 dàn，古代一石重一百二十斤。意为"承载五十石的重量"。

【译文】

公输班刻削竹片和木头制作鹊鸟，制成以后飞到天上去，竟然三天都不落下。公输班自认为这个飞鸟精巧至极。墨子却对公输般说："你制作的飞鹊，不如木匠制作的车辖。木匠一会儿就砍削成三寸厚的车辖，可以承载五十石的重量。因此，制作器物精巧与否在于：有利于百姓的就叫作精巧，不利于百姓的就叫作笨拙。"

【原文 23】

公输子谓子墨子曰："吾未得见之时，我欲得宋。自我得见之后，予我宋而不义，我不为。"子墨子曰："翟之未得见之时也，子欲得宋，自翟得见子之后，予子宋而不义，子弗为，是我予子宋也。子务为义，翟又将予子天下。"

【译文】

公输子对墨子说："我没有看到夫子的时候，想得到宋国；自从看到夫子后，即使给我宋国但不合仁义，我也不会要。"墨子说："我没有看到您的时候，您想得到宋国；自从我见到您以后，给您宋国但不合仁义，您也不要，这就等于我把宋国给了您。您如果努力行义，我还会将整个天下给您。"

第三十五篇 公输

【题解】

本篇篇名源于鲁国工匠公输班"助楚攻宋"。本篇共分五段，各段之间时间和情节密切相连，构成了墨子"止楚攻宋"的完整历史故事。具体内容是：墨子闻说鲁国工匠公输班（盘）已制成攻城云梯，将帮助楚国攻打宋国，于是从鲁国日夜兼程赶往楚国首都，当面驳斥公输班，最后说服楚惠王停止攻打宋国。在论辩中，墨子运用归谬法，驳斥公输般"义不杀少而杀众"；运用设喻类比方法，指责楚王攻打宋国等同于患有"窃疾"的窃贼，既展示了墨子善于运用墨家逻辑、雄辩机智的才能，也表现了墨子为了实现"兼爱""非攻"的理想不畏艰险、不图回报的高尚品格。

【原文】

公输盘为楚造云梯之械成①，将以攻宋。子墨子闻之，起于齐②，行十日十夜而至于郢③，见公输盘。

公输盘曰："夫子何命焉为④？"子墨子曰："北方有侮臣⑤，愿藉子杀之。"公输盘不说。子墨子曰："请献十金。"公输盘曰："吾义固不杀人。"子墨子起，再拜曰："请说之。吾从北方闻子为梯，将以攻宋。宋何罪之有？荆国⑥有余于地，而不足于民，杀所不足，而争所有余，不可谓智。宋无罪而攻之，不可谓仁。知而不争，不可谓忠。争而不得，不可谓强。义不杀少而杀众，不可谓知类⑦。"公输盘服。子墨子曰："然乎不已乎⑧？"公输盘曰："不可，吾既已言之王矣。"子墨子曰："胡不见我于王？"公输盘曰："诺。"

子墨子见王，曰："今有人于此，舍其文轩⑨，邻有敝舆⑩，而欲窃之；舍其锦绣，邻有短褐，而欲窃之；舍其粱肉，邻有糠糟，而欲窃之。此为何若人？"王曰："必为窃疾矣。"子墨子曰："荆之地，方五千里，宋之地，方五百里，此犹文轩之与敝舆也；荆有云梦⑪，犀兕麋鹿⑫满之，江汉之鱼鳖鼋鼍⑬为天下富，宋所为无雉兔狐狸者也，此犹粱肉之与糠糟也；荆有长松、文梓、楩枏、豫章⑭，宋无长木，此犹锦绣之与短褐也。臣以三事⑮之攻宋也，为与此同类。臣见大王之必伤义而不得。"王曰："善哉！虽然，公输盘为我为云梯，必取宋。"

于是见公输盘。子墨子解带为城，以牒为械⑯，公输盘九设攻城之机变，子墨子九距⑰之，公输盘之攻械尽，子墨子之守圉⑱有余。公输盘诎⑲，而曰："吾知所以距子矣，吾不言。"子墨子亦曰："吾知子之所以距我，吾不言。"楚王问其故，子墨子曰："公输子之意，不过欲杀臣。杀臣，宋莫能守，可攻也。然臣之弟子禽滑釐等三百人，已持臣守圉之器，在宋城上而待楚寇矣。虽杀臣，不能绝也。"楚王曰："善哉！吾请无⑳攻宋矣。"

子墨子归，过宋。天雨，庇其闾中㉑，守闾者不内也。故曰：治于神者，众人不知其功；争于明者，众人知之。

【注释】

① 公输盘：即公输般、鲁班。云梯：主要用大木做成的攀登城墙的大型攻城器械。

② 起于齐："齐"当为"鲁"。成书于战国末秦初的《吕氏春秋》为"自鲁往"；(《吕氏春秋》，第194页。) 成书于西汉中期的《淮南子》为"自鲁趋而往"。((汉) 刘安：《淮南子》，上海古籍出版社1989年版，第210页。以下简称为"《淮南子》"。) 可见"起于齐"的说法乃是后人所改。

③ 郢 (yíng)：古都邑名，春秋时楚文王定都于此，但以后楚多次迁都，都城也称郢。

④ 何命焉为：有何见教。命，教命、教导。焉，之、是，复指"命"。

⑤ 侮臣：后脱"者"字。

⑥ 荆国：即"楚国"。

⑦ 知类：了解不同性质事物的类别。类，类别。

⑧ 乎不已乎：当为"胡不已乎"。(孙诒让：《墨子间诂》，第484页。)

⑨ 文轩：装饰彩色花纹的华美车子。

⑩ 敝舆：破烂车子。舆 (yù)，同"舆"，车子。

⑪ 云梦：楚国大湖，沿长江分为南北两个区域，早已干涸。

⑫ 兕（sì）：古代犀牛的一种。麋：鹿的一种，体型大。

⑬ 鼋（yuán）：大鳖。鼍（tuó）：猪婆龙，即今扬子鳄。

⑭ 文梓（zǐ）：纹理细腻的梓树。楩（pián）：黄楩树。枏（nán）：同"楠"，楠树。豫章：香樟树。

⑮ 三事：指上述对楚、宋两国三个方面土地、物产等优劣对比。

⑯ 以牒为械：用小木札布成守城器械。牒，小木扎、小木片。

⑰ 距："拒"的假借字。以下"距子""距我"之"距"皆作同解。

⑱ 守圉：即"守御"。"圉"同"御"。

⑲ 诎（qū）：通"屈"，屈服、折服。

⑳ 无：同"毋"，不。

㉑ 庇：遮蔽、掩护。闾：里门。

【译文】

公输盘为楚国制造云梯这种大型攻城器械。云梯已造好，楚国将用来攻打宋国。墨子听说这个事情，即刻从鲁国向楚国进发，经历十天十夜到达楚都郢城，就去会见公输盘。

公输盘问："先生前来对我有何见教？"墨子说："北方有个人侮辱了我，愿借您的手把他杀掉。"公输盘听后很不高兴。墨子又说："我愿奉送十镒黄金。"公输盘气愤地说："我奉行道义，决不杀人。"墨子起身连拜两拜说："请您听我陈说一些事情。我在北方听说您为楚国造好了云梯，就要攻打宋国。请问宋国有什么罪？楚国土地有余而人口不足，牺牲本来不足的人口去争夺本来就富裕的土地，不可以称为明智；宋国没有罪过而去攻打它，不可以称为仁义；已经知道攻打宋国无理却不去劝谏，不可以称为忠诚；已做了劝谏君王不听从，不可以称为强大；自称奉行道义，不肯杀害少数人却去杀戮很多人，不可以称为能够区分不同性质事物类别的人。"公输盘终于被墨子折服。墨子说："可是为什么不停止攻打宋国呢？"公输盘回答说："不能停止。我已经答应楚王了。"墨子说："既然这样，为什么不引荐我拜见楚王呢？"公输盘说："好吧。"

墨子拜见楚王后说："假设这里有一个人，舍弃自己装饰华美的彩车，看见邻居有破旧车子，就想窃为己有；舍弃自己锦绣华丽的衣服，看见邻居有粗布衣服，就想窃为己有；舍弃自己细米肥肉等精美食物，看见邻居有谷皮酒糟，就想窃为己有。这是属于什么样的人呢？"楚王回答说："这必定是有偷窃毛病的一类人。"墨子话锋一转继续说："楚国有方圆五千里的土地，宋国土地方圆仅有五百里，这就如同华美的彩车与破旧的车子；楚国有云梦大泽，犀牛麋鹿遍布各处，还有长江汉水出产鱼鳖大鼋为天下之冠，宋国那里连野鸡、兔子、狐狸都不生长，这就如同细米肥肉的食物与谷皮酒糟一样；楚国生长着长松、文梓、黄楩、楠树、香樟树等高大珍贵树木，而宋国却没有高树，这就如同锦绣衣服与粗布衣服一样。我认为大王您拥有以上所说土地、物产三个方面的优越却仍要攻打宋国，就与喜好偷窃的人没有两样，属于同一类。我预见大王您攻打宋国，必定损害您仁义的名声，还会一无所获。"楚王说："说得好啊！即便你说得对，可公输盘已为我造好了云梯，我一定要攻取宋国。"

于是，墨子又与公输盘相见。墨子解下腰带摆成城池的形状，用许多小木札叠成守城器械。公输盘先后九次改变攻城的阵势，墨子也九次抵挡了他的进攻。公输盘攻城器械都已用完了，而墨子的守御方法仍然绰绰有余。公输盘表示折服，但又不甘心地说："我知道用什么办法来对付你，但我不说。"墨子也说："我知道你用什么办法来对付我，但我也不说。"楚王询问两个人都不明说的原因是什么，墨子回答说："公输先生的意思，不过是想要杀了我。认为'杀了我就没有人守住城池，宋国就可以攻下了'。可是我的弟子禽滑釐等三百人，已拿着我制作的守城器械，在宋国都城上等待楚国侵略者了。即使杀了我，也不可能杀尽那些守城的弟子们。"楚王说："说得很对！我同意不再攻打宋国了。"

墨子返回鲁国，路过宋国，正赶上下雨，就想在一个大门下面避雨，守门人却不让他进去。所以说："那些把灾祸用神奇的办法解决的人，众人都不知道他的功劳；而那些在明处争论不休的人，有可能人人都会知道。"

第三十六篇　非儒下

【题解】

"非儒"即反对儒家的思想观点和主张。《非儒》今上、中篇皆佚失，仅存下篇。本篇主要内容就是叙说墨子和墨家批驳儒家礼仪思想和等级制度，同时批判儒家的"命定论"。

应当指出，儒与墨作为先秦两大学派，既各有积极可取的方面，也各有弊端和片面性。本篇对儒家烦琐礼仪等级制度的批判有现实和历史的积极合理因素，但认为儒家处世消极，却不符合实际。关于孔子鼓励白公胜叛乱，以及"树鸱夷子皮于田常之门"鼓动田和叛乱等，历史上并无此事。可知《非儒下》有些内容仅据传言写成。

【原文1】

儒者曰："亲亲有术①，尊贤有等。"言亲疏尊卑之异也。其礼②曰：丧③，父母三年，妻、后子三年，伯父叔父弟兄庶子其，戚族人五月。若以亲疏为岁月之数，则亲者多而疏者少矣，是妻、后子与父母同也。若以尊卑为岁月数，则是尊其妻子与父母同，而亲伯父、宗兄而卑子也④。逆孰大焉？其亲死，列尸弗敛⑤，登屋窥井，挑⑥鼠穴，探涤器，而求其人焉⑦。以为实在，则戆愚甚矣；如其亡⑧也，必求焉，伪亦大矣！

【注释】

① 亲亲有术：当为"亲亲有杀"。（王念孙：《墨子杂志》，第145—146页。）"亲亲之杀，尊贤之等，礼所生也。"（朱熹：《四书章句集注》，第30页。）可证。杀，减损。

② 礼：指《仪礼·丧服经》。

③ 丧：指服丧的期限。

④ 而亲伯父、宗兄而卑子也：当为"而视伯父、宗兄如卑子也"。（王念孙：《墨子杂志》，第147页。）"亲"当为"视"。卑子，庶子。

⑤敛：同"殓"，给死人穿好衣服放入棺中，即"入殓"。

⑥挑：掘。

⑦求其人焉：从这里寻求到死者的灵魂。焉，这里。

⑧亡：通"无"。

【译文】

儒家的人说："敬爱亲人的程度，要按照与亲人关系的远近逐次减损；尊重贤能的人，要按照贤能的等级区分等级。"这是说对待亲近与疏远、尊贵与卑贱要有差异。《仪礼·丧服经》规定："服丧期限是：父、母三年；妻、长子三年；伯父、叔父、弟兄、庶子一年；外姓姻亲与同姓族人五个月。"如果以亲疏作为制定服丧期限的依据，就是亲近的服丧岁月多而疏远的少，可是服丧的规定却是把妻、长子与父、母同等看待。如果以尊贵和卑下作为制定服丧期限的依据，这个规定就把妻和长子提高到与父、母同样尊贵的地位，而把伯父和宗兄看作庶子一样。说到伦常悖逆，还有什么比这样更严重的吗？他们的父母死了，竟然陈尸几天不入殓，却登上房顶，窥视井内，挖掘老鼠洞，探察洗涤用具，希望从这里找到死者的灵魂。如果认为死者灵魂确实存在，就是愚蠢至极；如果认为没有亡灵，还一定要去寻找，就是极大的虚伪。

【原文 2】

取①妻，身迎，祗褍为仆②，秉辔授绥③，如仰严亲④。昏⑤礼威仪，如承祭祀。颠覆上下，悖逆父母，下则⑥妻子，妻子上侵。事亲若此，可谓孝乎？儒者⑦："迎妻：妻之⑧奉祭祀，子将守宗庙，故重之。"应之曰：此诬言也。其宗兄守其先宗庙数十年，死，丧之其；兄弟之妻奉其先之祭祀，弗散⑨。则丧妻子三年，必非以守⑩奉祭祀也。夫忧妻、子以大负累⑪，有曰："所以重亲也。"为欲厚所至私，轻所至重⑫，岂非大奸也哉！

【注释】

①取：同"娶"。

②祗禔为仆：祗（zhī），恭敬。禔（duān），通"端"，正。意为"恭敬端正如同仆人"。

③秉辔授绥：辔，马缰。绥，登车时手拉的绳索。意为"手牵马缰，把登车绳索交到妻的手里"。

④仰：当为"御"。意同"迎"。（俞樾：《墨子平议》，第459页。）严亲：父亲。

⑤昏：同"婚"。

⑥则：效法、等同。

⑦儒者：后脱"曰"字。（毕沅：《墨子注》（日本重刻本），第687页。）

⑧之：当为"且"，将。（王焕镳：《墨子校释》，第633页。）

⑨弗散：姜宝昌引卢文弨说，"'弗散'当为'弗服'"。（姜宝昌：《墨论训释》，第624页。）"散"为"服"的形讹字。

⑩守：后脱"宗庙"二字。（孙诒让：《墨子间诂》，第290页。）

⑪忧："优"的假借字。优，优待。负：通"服"。（曹耀湘：《墨子笺》，第552页。）案（léi）：即"累"，增加、叠加。

⑫厚所至私，轻所至重：这是厚待最亲近的人，轻慢最重要的人。

【译文】

说到迎娶妻子，一定要亲到女方家迎接，态度恭敬，衣貌端正，就像仆人一样牵着马缰，把上车时牵拉的绳索交到妻子手上，这与迎奉严父差不多。结婚礼仪如同承办祭祀一样庄重烦琐。这样颠倒了上下辈分，悖逆父母，特别是服丧的规定，把父母降低到妻与长子的规格，将妻与长子提高到僭越的地位。这样侍奉和对待双亲，可以称得上孝顺吗？信奉儒术的人解释说："这样庄重地迎娶妻子，是因为将与她奉行祭祀，所生长子还要守护宗庙，所以特别看重妻与长子。"回答是：这完全是谎言。他的宗兄守护先祖宗庙几十年，死后给他服丧仅有一年；他的其他哥哥和弟弟的妻子也要奉行先祖的祭祀，死后却不为他们服丧。由此可见，妻与长子死后服丧三年的原因，必定不是守护宗庙和奉行祭祀，而是为了优待妻子与长子，才把服丧期限层层增加到三年的，却又说成"这样是为了尊重父母"。厚待自己最偏爱的人，却轻慢了自己最敬重的人，难道不是太奸诈了吗？

【原文 3】

有强执有命以说议曰："寿夭贫富，安危治乱，固有天命，不可损益。穷达赏罚，幸否有极①，人之知力，不能为焉。"群吏信之，则怠于分职；庶人信之，则怠于从事。吏不治则乱，农事缓则贫，贫且乱政之本②。而儒者以为道教③，是贼天下之人者也。

【注释】

① 极：度、中。

② 贫且乱政之本：当为"贫且乱倍政之本"。（孙诒让：《墨子间诂》，第291 页。）倍，通"背"，背离。

③ 道教：即"教导"。

【译文】

顽固坚持有天命的儒者评论说："长寿与短命、贫穷与富裕、安定与危殆、治理与混乱，本来就是天命决定的，不可能减少和增加。坎坷与顺达、奖赏与惩罚、幸运与不幸运，这一切都有定数，不是人自身的智慧和能力所能改变的。"众多官吏们如果相信了这种说教，就会懈怠分内的职责；平民百姓如果相信了这种说教，就会懈怠生产劳作。官吏不勤于处理政务，就会出现混乱；农事延缓懈怠，民众就会陷入贫穷。贫穷而且混乱，就必定背离治国理政的根本。而那些儒者还把"有命"说拿来教导百姓，这真是残害天下的人民啊！

【原文 4】

且夫繁饰礼乐以淫人①，久丧伪哀以谩亲②，立命缓贫而高浩居③，倍本弃事而安怠傲。贪于饮食，惰于作务，陷于饥寒，危于冻馁，无以违④之。是若人气⑤，鼸鼠藏⑥，而羝羊视⑦，贲彘起⑧。君子笑之，怒曰："散人⑨，焉知良儒！"夫夏乞麦禾，五谷既收，大丧是随，子姓⑩皆从，得餍饮食，毕治数丧，足以至矣。因人之家翠以为⑪，恃人之野以为尊⑫，富人有丧，乃大说喜，曰："此衣食之端⑬也。"

【注释】

① 繁饰：用繁杂的形式装饰。淫：迷惑。

② 谩亲：诳骗父母。谩，欺诳。

③ 高浩居：即"高傲倨"，以傲倨为高。

④ 违：避。

⑤ 人气：即"乞人"。"气"为"乞"的形讹字。（孙诒让：《墨子间诂》，第 291 页。）

⑥ 鼸鼠藏：鼸（xián），田鼠。意为"像田鼠一样把食物藏起来"。

⑦ 羝羊视：羝（dí），公羊。意为"像公羊那样瞪大眼睛看着食物。"

⑧ 贲彘起：贲，同"豮"（fēn），雄性牲畜。彘，猪。意为"像公猪一样跳起来抢夺食物"。

⑨ 散人：不才、无用之人。

⑩ 子姓：子孙。

⑪ 因人之家翠以为：当为"因人之家以为翠"。（孙诒让：《墨子间诂》，第 293 页。）翠，"脺"的省文。脺（cuì），肥。意为"凭借别人富裕的家资来自肥。"

⑫ 恃人之野以为尊：尊，酒器，转指饮酒。意为"依靠别人田野的收获来酿酒自饮"。

⑬ 端：本源、来源。

【译文】

儒者用繁杂的形式装饰礼乐来迷惑人，用长久服丧假装哀痛来诳骗已故父母，树立天命延缓脱贫且把倨傲看作高贵，背离施政的根本、废弃做事而习惯于怠惰傲慢。贪图吃喝，懒惰成性，拒绝劳作，陷入饥寒境地，因挨饿受冻而危及生命，而且无法摆脱。他们形同乞丐，像田鼠一样藏匿食物，像公羊一样盯住食物不放，像公猪一样纵身跃起抢夺食物。君子因而嘲笑他们，他们就发怒说："你们这些无用的废人，哪能理解贤良的儒者！"他们夏天向人家祈求麦子，等到秋天五谷收割完了，重大丧葬之事也会随之而来，他们就带上子孙一大群去为人家办丧事，不仅可以随意地吃喝，而且在承办几家丧事以后，已赚了足够多的钱财配称富翁了。他们擅长凭借别人富裕的家资来自肥，依靠别人田野的收获来酿酒自饮。每当富贵人家遭逢大丧，他们就十分喜悦地说："这就是我们这些人的衣食来源。"

【原文 5】

儒者曰："君子必服古言然后仁①。"应之曰：所谓古之言服者，皆尝新矣，而古人言之、服之，则非君子也。然则必服非君子之服，言非君子之言，而后仁乎？

【注释】

① 君子必服古言然后仁：当为"君子必古言古服然后仁"。（王念孙：《墨子杂志》，第 151 页。）

【译文】

儒者说："君子必须按照古制说话、按照古制穿衣服，然后才可称作仁义的人。"我们回答说：所谓古代的言语和衣服，在刚开始说和刚开始穿的时候，都曾经是新的；古代的人就那么说，那么穿，就不是君子吗？那么必须身穿非君子的衣服、口说非君子的言语，然后才可以称为仁义的人吗？

【原文 6】

又曰："君子循而不作。"应之曰：古者羿①作弓，仔②作甲，奚仲③作车，巧垂④作舟。然则今之鲍、函、车、匠⑤皆君子也，而羿、仔、奚仲、巧垂皆小人邪？且其所循，人必或作之，然则其所循皆小人道也。

【注释】

① 羿：即后羿（yì），上古东夷族领袖，曾杀夏太康，自立为君，善射，

传为弓箭发明者。

②伃（yú）：或作杼（zhù），即"季杼"，夏少康之子。《世本·作篇》："杼作甲"。（（汉）宋衷注，（清）秦嘉谟辑：《世本八种》，中华书局2008年版，第362页。以下简称为"宋衷注：《世本八种》"。）

③奚仲：任姓，黄帝之后，为夏车正，封于薛。《世本·作篇》："奚仲作车"。（宋衷注：《世本八种》，第362页。）

④巧垂：唐尧时巧者，传为舟的发明者。

⑤鲍、函、车、匠：指皮革匠、铠甲匠、车匠和木匠。

【译文】

儒者又说："君子只是遵循前人的成规而不去创造。"我们回答说：古代后羿创制了弓，季杼创制了铠甲，奚仲创制了车子，巧垂创制了舟船。按照你们的说法，现在皮革匠、铠甲匠、车匠和木匠都是君子，而古代的后羿、季杼、奚仲和巧垂等发明家反都成了小人了？而且后人所遵循的成规，必定有前人开始去创作，既然你们说创作者是小人，那么你们所遵循的不就是小人的道术吗？

【原文7】

又曰："君子胜不逐奔，揜函弗射，施则助之胥车①。"应之曰：若皆仁人也，则无说而相与②。仁人以其取舍是非之理相告，无故从有故也，弗知从有知也，无辞必服，见善必迁，何故相③？若两暴交争，其胜者欲不逐奔，揜函弗射，弛则助之胥车，虽尽能犹且不得为君子也。意暴残之国也，圣④将为世除害，兴师诛罚，胜将因用儒术⑤令士卒曰："毋逐奔，揜函勿射，弛则助之胥车。"暴乱之人也得活，天下害不除，是为群⑥残父母而深贱⑦世也，不义莫大焉。

【注释】

①君子胜不逐奔，揜函弗射，施则助之胥车：逐，追逐。奔，奔逃、败逃。揜（yǎn），同"掩"，遮蔽。函，铠甲。施，通"弛"。弛，解体、损

毁。骭，通"疏"，疏散。意为"战胜以后不再追杀败逃者，败逃者用铠甲遮蔽就不再射击，敌方战车损毁要帮助他们疏散逃走"。

② 无说而相与：没有理由相互敌对。说，理由。相与，敌对。

③ 何故相：下脱"与"。（王念孙：《墨子杂志》，第152页。）

④ 圣：下脱"人"字。（孙诒让：《墨子间诂》，第295页。）

⑤ 因用儒术：依据并采用儒家道术。因，依据。

⑥ 群：朋辈、集体。

⑦ 贱："贼"的形讹字。（孙诒让：《墨子间诂》，第296页。）贼，残害。

【译文】

儒者又说："君子战胜以后就不再追杀败逃者，败逃者用铠甲遮蔽就不再用箭射击，敌车损坏就要帮助他们疏散逃走。"我们回答说：如果双方都是仁人，就没有理由互相对抗，因为仁人都会把取舍是非的理由告诉对方，没有道理的服从有道理的，不了解情况的服从了解情况的。如果没有言辞可辩就必定折服，看到别人善良行为必定会改变自己的做法，这样又有什么理由相对抗呢？如果是两个残暴的人在相互争斗，战胜一方不想再追杀败逃者，败逃者用铠甲遮蔽就不再用箭射击，看到敌车损坏就帮助他们疏散逃走，这一切即使全能做到，也不能成为君子。或者是对待暴乱之人残害的国家，圣人本来就是为世人除去祸害，才兴兵加以诛罚的，如果战胜之后反而袭用儒家道术命令士兵说："不可追杀败逃者，败逃者用铠甲遮蔽就不再用箭射击，敌车损坏了就要帮助他们疏散撤退。"这样做就是让暴乱者得以活命，而天下的祸害就不会除掉。这无异于集体残害父母，并且严重地伤害世人。世间不仁义的事情，没有比这个更大的了。

【原文8】

又曰："君子若钟，击之则鸣，弗击不鸣。"应之曰：夫仁人事上竭忠，事亲得孝，务善则美①，有过则谏，此为人臣之道也。今击之则鸣，弗击不鸣，隐知豫力②，恬漠③待问而后对，虽有君、亲之大利，弗问不言。若将有大寇乱，盗贼将作，若机辟④将发也，他人不知，己独知之，虽其君亲皆在，不问不言，是夫大乱之贼也！以是为人臣不忠，为子不孝，事兄不弟交，遇人不贞良⑤。夫执后不言之朝物⑥，见利使⑦己，虽恐后言。君若言而未有利焉，则高拱下视，会噎为深⑧，曰："唯其未之学也。"用谁⑨急，遗⑩行远矣。

【注释】

① 事亲得孝，务善则美：当为"事亲务孝，得善则美"。(俞樾：《墨子平议》，第460—461页。)

② 隐知豫力：知，同"智"。豫，"储"的通假字。意为"隐藏智慧，储存力量"。

③ 恬漠：安闲清静。恬，安静。

④ 机辟：机身，转指机弩。辟，"臂"的通假字。

⑤ 事兄不弟交，遇人不贞良：当断句为"事兄不弟，交遇人不贞良"。弟（tì），恭敬。交遇人，与人交往。

⑥ 执后不言之朝物：对朝廷之事秉持处后不先发言的立场。执，秉持。后，处后。朝物，朝廷之事。

⑦ 使："便"的形讹字。(苏时学：《墨子刊误》，第331页。)

⑧ 高拱下视，会噎为深：拱，敛手。会，通"哙"，指咽喉。噎，噎饭。(毕沅：《墨子注》（日本重刻本），第691页。)意为"双手高高拱起，双目下视，如同食物深深堵塞喉咙不能说话一样。"

⑨ 谁：当为"虽"。(孙诒让：《墨子间诂》，第297页。)

⑩ 遗：弃。

【译文】

儒者又说："君子如同乐钟，敲击就响，不敲击就不响。"我们回答说：凡是仁人侍奉君上应当竭尽忠诚，侍奉父母应当尽力孝顺，他们有善行就予以赞美，有过错就予以劝谏，这才是作为臣子应恪守的准则。如果就像钟一样，敲击就响，不敲击就不响，就会隐藏智慧，储存力量，安闲清静地等待君上和双亲的发问，虽然是关系到君上和双亲的重大利益，只要他们不发问就不说。假如就要发生大的敌寇骚乱，盗贼将要开始犯罪活动，如同机弩就要引发不会停止一样，这时别人不知道，只有自己知道，即使君上和双亲都在眼前，仍是不问不说，这就成为引发祸乱的贼子了。这样去做人，作为人臣就是不忠诚，作为儿子就是不孝顺，侍奉兄长就是不恭敬，交结和对待朋友就是不忠贞善良。秉持处在后面不先谈论朝政的立场，看到对自己有利的事情，唯恐发言落在别人后面；假如君上所说对自己没有利益，就把双手高高拱起，两眼向下看，好像食物深深堵住咽喉不能说话一样，说什么"此道我从来没有学过"。尽管君上需用急切，他还是弃之不顾远远避开了。

【原文 9】

夫一①道术学业，仁义也，皆大以治人，小以任官，远施周偏②，近以修身，不义不处，非理不行，务兴天下之利，曲直周旋③，利则止④，此君子之道也。以所闻孔某之行，则本与此相反谬也。齐景公⑤问晏子⑥曰："孔子为人何如？"晏子不对。公又复问，不对。景公曰："以孔某语寡人者众矣，俱以贤人也。今寡人问之，而子不对，何也？"晏子对曰："婴不肖，不足以知贤人。虽然，婴闻所谓贤人者，入人之国，必务合其君臣之亲，而弭其上下之怨。孔某之荆，知白公之谋⑦，而奉之以石乞⑧，君身几灭，而白公僇。婴闻贤人得上不虚⑨，得下不危，言听于君必利人，教行下必于上⑩，是以言明而易知也，行明而易从也，行义可明乎民，谋虑可通乎君臣。今孔某深虑周谋以奉贼，劳思尽知以行邪，劝下乱上，教臣杀君，非贤人之行也。入人之国而与⑪人之贼，非义之类也。知人不忠，趣⑫之为乱，非仁义之也⑬。逃人而后谋，避人而后言，行义不可明于民，谋虑不可通于君臣，婴不知孔某之有异于白公也，是以不对。"景公曰："呜呼！贶⑭寡人者众矣，非夫子，则吾终身不知孔某之与白公同也。"

【注释】

① 一：齐一、统一。

② 周偏：普遍、周围。偏，通"徧"（遍）。

③ 曲直周旋：应对是非曲直。曲直，正与不正，即"是与非"。周旋，

应对。

④利则止：当为"不利则止"，前脱"不"字。（俞樾：《墨子平议》，第462页。）

⑤齐景公：春秋时齐国国君，名杵臼，前期为政昏乱，后期任用晏婴为正卿，国政向好。

⑥晏子：即晏婴，春秋时齐国卿相，著名政治家。

⑦白公之谋：指楚国大夫白公胜谋反之事。

⑧石乞：春秋时楚国勇士，楚惠王时助白公胜袭杀令尹子西，劫持惠王作乱。

⑨虚：虚有其位。

⑩教行下必于上：当为"教行于下必利于上"，脱"于""利"二字。（俞樾：《墨子平议》，第463页。）

⑪与：助、帮助。

⑫趣：通"促"，促使。

⑬非仁义之也：当为"非仁义之类也"，脱"类"字。（毕沅：《墨子志》（日本重刻本），第692页。）

⑭贶（kuàng）：赐、赐教。

【译文】

能统一一种思想、学术和专业的东西就是仁义。从大处来说，仁义可以用来治理民众；从小处来说，仁义可用来驾驭官吏。远可以遍施恩惠于天下，近可以修养自己的道德。不义之地不居住，无理事情不去做，努力兴办涉及天下民众利益的事业，从容应对是非曲直，对别人不利的事情就停手不做，这就是君子的道术。根据所听到的孔某人的行为来看，原本就与君子道术相违背。齐景公问晏子说："孔子为人怎么样？"晏子不回答。齐景公又问，晏子仍不回答。齐景公对晏子说："对我谈及孔某人的不在少数，都认为他是贤能的人。现在我多次向你询问，你却不予回答，这是为什么？"晏子回答说："晏婴不才，不足以了解贤能的人。尽管这样，但我听说过所谓贤能的人，就是进入别人的国家，一定要尽力调和他们的君臣关系，消除他们君臣上下的怨恨情绪。孔某人来到楚国，明明知道白公胜将要作乱的阴谋，却还要把勇士石乞献给他，结果石乞助白公胜作乱，楚王几乎丧命，白公胜本人也落得被杀的下场。我听说贤能的人，得到君上的重用就不虚其位，得到下层民众的拥护就让他们安心。言语被君王听从必定有利于百姓，教化施行于百姓必定有利于君王。因此言语明白就容易了解，行事光明就容易跟从，践行义事可让民众心里明白，谋划思虑可使君臣相互通晓。现在孔某人把深思熟虑、周密谋划的东西献给反贼，竭尽智慧、辛苦思考的却是推行邪僻的事情，鼓励下属犯上作乱，教唆臣子杀害君王，这当然不是贤能士人的行为；进入别人的国家而帮助这个国家的反贼，当然不属于义人这一类；明知白公胜对君王不忠诚，却又促使他作乱，这也不属于仁义之人这一类。避开人们的注意力，暗中谋划，躲开人们的视线隐秘地谈论。行义事不让民众心里明白，谋划思虑不让君臣相互知晓。我不知道孔某人与白公胜是否有区别，所以我就没有及时回答。"齐景公说："唉！对我赐言的人很多，但是如果不是听了夫子您说的话，那么我终身也不会知道孔某人与白公胜原是同一类人。"

【原文10】

孔某之齐，见景公，景公说，欲封之以尼谿①，以告晏子。晏子曰："不可。夫儒，浩居②而自顺③者也，不可以教下；好乐而淫人，不可使亲治；立命而怠事，不可使守职；宗丧循哀④，不可使慈民；机服勉容⑤，不可使导众。孔某盛容修饰以蛊世，弦歌鼓舞以聚徒，繁登降之礼以示仪，务趋翔之节以观众⑥，博学不可使议世，劳思不可以补民，絫寿⑦不能尽其学，当年⑧不能行其礼，积财不能赡⑨其乐，繁饰邪术以营世君，盛为声乐以淫遇民⑩，其道不可以期世⑪，其学不可以导众。今君封之，以利齐俗，非所以导国先众⑫。"公曰："善。"于是厚其礼，留其封，敬见而不问其道。孔某乃忿，怒于景公与晏子，乃树鸱夷子皮于田常之门⑬，告南郭惠子⑭以所欲为，归于鲁。有顷，间齐将伐鲁，告子贡⑮曰："赐乎！举大事于今之时矣！"乃遣子贡之齐，因南郭惠子以见田常，劝之伐吴，以教高、国、鲍、晏⑯，使毋得害田常之乱，劝越伐吴。三年之内，齐、吴破国之难，伏尸以言术数⑰，孔某之诛⑱也。

【注释】

① 尼谿：春秋时齐国地名，未详何地。

② 浩居：即"傲倨"。

③ 自顺：顺从自己的心意。

④ 宗丧循哀：即"崇丧遂哀"。宗，崇。循，顺遂。

⑤ 机服勉容：穿着奇异服装，强作庄敬面容。机服，异服。机，机变、变异。勉，勉强、强为。（于省吾：《墨子新证》，第 114 页。）

⑥ 务趋翔之节以观众：专门做出小步疾行、张臂回旋的动作吸引众人目光。趋，小步疾行。翔，张开双臂如鸟飞翔。

⑦ 絫寿：絫，同"累"。寿，寿命，转指一世、一辈子。意为"几世或几辈子"。

⑧ 当年：壮年。

⑨ 赡（shàn）：供给。

⑩ 以淫遇民：迷惑愚民。淫，疑惑。遇，同"愚"。

⑪ 期世：示世。期，示。

⑫ 导国先众：引领国家先导民众。

⑬ 树：树立、置立。鸱夷子皮：即范蠡，详见《所染》注释。田常：即田成子，又名"陈恒"，春秋末齐国人，杀齐悼公、齐简公，为齐国权相。

⑭ 南郭惠子：人名，无考。

⑮ 子贡：即端木赐，春秋时卫国人，孔子弟子，善辞令，曾游吴，促吴伐齐救鲁。

⑯ 高、国、鲍、晏：当时齐国四大世卿家族。

⑰ 以言术数：当为"以亿率数"。（孙诒让：《墨子间诂》，第 302 页。）言，通"意"，意同"亿"，古一亿为十万。术，读"率"，通"率"。率，计、计算。

⑱ 诛："谋"的形讹字。（苏时学：《墨子刊误》，第 333 页。）

【译文】

孔某人到齐国去拜见齐景公。景公很高兴地想把尼豀这个地方分封给孔子，并把这个想法告知晏子。晏子对景公说："不可以分封给他。说起儒家的人，他们都倨傲不恭，总是顺从自己的心意做事，不可以用来教导民众；喜好音乐并用音乐迷惑世人，不可以使他们亲自治理国家；他们树立有命论而怠惰做事，不可以使他们出任官职；崇尚长久服丧，顺遂人们哀痛，不可以使他们慈爱民众；穿着奇异的服装，强作庄敬的面容，不可以使他们引导民众。孔某人刻意盛装打扮蛊惑世人，弹琴唱歌、击鼓跳舞用来聚集门徒，把升降进退的礼节搞得异常繁杂以显示威仪，追求小步疾行和张臂回旋的动作以吸引众人的目光。他虽然博学，但不可以让他议论时事；他劳神苦思，但不可能补益民众。人们花费几辈子学不完他的学术，年富力强的人也不能实行他的礼节，积聚的财物不能供给他在乐舞方面的花费，以繁文缛节装饰邪僻的道术用来蛊惑当世君王，创作盛大的音乐来迷乱愚蠢的民众。他们的道术不可以公之于世，他们的学说也不可能引导民众。现在君王你要分封土地给他，借此希望改变齐国的风俗，这实在不是引领国家与民众的好办法。"齐景公听后说："很好！"于是齐景公赠送孔子一份厚礼，留下土地不分封；恭敬地接见孔子，但不询问他的思想学说。孔某于是对齐景公和晏子感到愤怒，就把范蠡安置到齐国大夫田常的门下，并把他想要做的一切告知亲信南郭惠子，然后回到鲁国。不久，伺察到齐国将要攻伐鲁国的消息，就告知弟子子贡说："端木赐啊，我们举行大事就在现在这个时候了！"于是派遣子贡到齐国去，通过南郭惠子见到齐大夫田常，劝说田常攻伐吴国，又告诫高氏、国氏、鲍氏、晏氏这四大世卿，不得妨碍田常作乱；接着又派子贡劝说越国勾践伐吴。在三年之内，齐国和吴国都遭受了国家破灭的灾难，死亡人数竟达十万之多，这都是孔某人设计好的计谋。

【原文 11】

孔某为鲁司寇①，舍公家而奉季孙②。季孙相鲁君而走③，季孙与邑人争门关④，决植⑤。

【注释】

① 孔某为鲁司寇：孔子于鲁定公九年（前501）为鲁国大司寇。司寇，周代六卿之一，为"掌诘盗贼"之官。

② 季孙：即季桓子，春秋时鲁国大夫，曾执鲁国之政。

③ 季孙相鲁君而走：季桓子为鲁国相国而出走。孙诒让云：经传无此事，当为谩语。（孙诒让：《墨子间诂》，第302页。）

④ 门关：门闩。

⑤ 决："抉"的声讹字。抉，撅开。植：置于门闩之上的直木，用以固定和关锁门闩。

【译文】

孔某人当上鲁国大司寇以后，就舍弃公家政事去侍奉季桓子。季桓子为鲁国相国却要出逃，在城门与守门人争抢门闩，孔某人撅开门闩上的直木，放跑了季桓子。

【原文 12】

孔某穷于蔡、陈之间①，藜羹不糁②，十日，子路为享豚③，孔某不问肉之所由来而食；号人衣以酤酒④，孔某不问酒之所由来而饮。哀公迎孔某，席不端弗坐，割不正弗食。子路进，请曰："何其与陈、蔡反也？"孔丘曰："来，吾语女。曩与女为苟生⑤，今与女为苟义。"夫饥约⑥则不辞妄取以活身，赢饱⑦则伪行以自饰。污邪诈伪，孰大于此？

【注释】

① 穷：困厄。蔡：古国名，姬姓，周武王灭商后封其弟叔度于蔡，建都于上蔡。陈：古国名，妫（guī）姓，周武王灭商后封虞舜之后胡公满于陈，建都宛丘。

② 藜羹不糁：藜，一种野菜，俗称"灰菜"。糁（shēn），米粒。意为"野菜汤中没有掺入米粒"。

③ 享豚：即"烹豚"，蒸小猪。享，通"亨""烹"。烹，蒸煮。

④ 号人衣以酤酒：当为"裭人衣以酤酒"。(毕沅：《墨子注》(日本重刻本)，第 695 页。) 号 (號)，"裭"的形讹字。裭 (chǐ)，剥夺。酤，买。意为"剥夺人家的衣服用来买酒"。

⑤ 苟生：意为"苟且以求生存"。苟，苟且。

⑥ 饥约：饥饿与贫困。约，贫困。

⑦ 赢饱：富裕饱腹。赢 (yíng)，富裕。

【译文】

孔某人那时在陈、蔡边境常遭受困厄，所食野菜汤中不见米粒。到了第十天，弟子子路为他烹煮了一头小猪，孔某人不问肉从哪里来就吃起来；子路又去裭夺别人的衣服用来买酒，孔某人也不问酒自哪里来就喝起来。后来鲁哀公派人迎接孔某人回国，坐席不摆正不坐，肉切割不方正不吃。子路走上前来询问说："为什么在这里所做的与在陈、蔡边境上的行为相反呢？"孔某人说："过来，我来告诉你吧。那时候我和你是苟且度日以求生存，现在却是苟且从政以求仁义。"在饥饿贫困的时候就不辞妄取以求活命，在富余饱食的时候就伪装品行借以自我粉饰。卑污奸邪、狡诈虚伪的行为，还有比这个更大的吗？

【原文 13】

孔某与其门弟子闲坐，曰："夫舜见瞽叟就然①，此时天下圾②乎？周公旦非其人③也邪？何为舍亓家室而托寓④也？"孔某所行，心术所至也。其徒属弟子皆效孔某，子贡、季路辅孔悝乱乎卫⑤，阳货乱乎齐⑥，佛肸以中牟叛⑦，漆雕刑残⑧，莫大焉。夫为弟子后生，其师⑨，必修其言，法其行，力不足、知弗及而后已。今孔某之行如此，儒士则可以疑矣。

【注释】

① 瞽叟：虞舜的父亲。瞽 (gǔ)，目盲。就然：局促不安。就，通"造"，"造"通"蹙"。(孙诒让：《墨子间诂》，第 305—306 页。)

② 圾：通"岌"，当为"岌岌"，山高貌，喻指不安定。

③非其人：当为"其非仁"。（孙诒让：《墨子间诂》，第306页。）人，通"仁"。

④托寓：寄身于外。寓，寄。

⑤子贡：当为"子羔"。（孙诒让：《墨子间诂》，第306—307页。）季路：即"子路"。孔悝（kuī）在卫国作乱发生于鲁哀公十五年，时子路为孔悝的邑宰，子贡未与其事，而孔子另一弟子子羔当时在卫国。

⑥阳货：又作阳虎，春秋末鲁国执政季氏的家臣，他在鲁定公八年谋除"三桓"（孟孙、叔孙和季孙）而败，后奔晋依附于赵盾。阳虎非孔子弟子，也没有"乱齐"之事。

⑦佛肸（xī），春秋末鲁国人，曾为晋国中牟邑宰。当在孔子离鲁之前，佛肸在中牟发生叛乱，然他不是孔子弟子。

⑧桼雕刑残：姓桼雕的人刑杀残暴。桼雕：即"漆雕"，姓。孔子弟子中姓漆雕者多人，此处难以确指何人。

⑨其师：当为"学其师"。前脱"学"。

【译文】

孔某人与弟子们闲坐时说："虞舜看见他的父亲瞽叟时就局促不安，这时天下岌岌可危啊！周公旦也许称不上仁德之人吧，为什么要舍弃他的王室地位而寄居在商奄之地呢？"孔某人的所有作为，都是出自他的老谋深算，而他的徒众弟子都效仿孔某人。子贡、子路辅佐权臣孔悝在卫国作乱，阳货在齐国作乱，佛肸在中牟叛乱，漆雕刑杀残暴，没有谁能比得上。凡是弟子后生从师求学，必定修习老师的言论，效法老师的行为，一直到自己的能力不足、智慧达不到时才停下来。现在孔某人的行为竟然是这个样子，那么一般儒士的行为就大可怀疑了。

第四编　墨　经

【导语】

《墨经》原指《经上》《经说上》《经下》《经说下》四篇，是为狭义《墨经》；清代学者汪中提出将《大取》《小取》也列入墨经，遂成六篇，是为广义《墨经》。

《墨经》六篇在墨子一书中占据重要位置，对于彰显墨子学说的特质和特征具有重要意义。《墨经》与《墨子》其他四个部分内容的区别在于，它集中反映和阐述了墨家的自然科学知识和逻辑学知识，即便是在《墨经》中所涉及的一些社会政治和伦理问题，很多都是作为逻辑学的材料为墨家逻辑体系服务的。

墨家自然科学知识主要包含在《经上》《经说上》《经下》和《经说下》四篇中，主要涉及数学、物理学、力学和光学问题。在数学方面，墨家初步建立了一个可以与欧几里得几何学相媲美的几何学框架；在物理学方面，墨家几乎论述了几何光学的所有问题，发现和揭示了照相术和电影术的基本原理，其深度和广度达到了当时那个时代的高峰。墨家逻辑主要包含在《大取》《小取》两篇中，几乎涉及逻辑学的所有问题，建立了一个"三物"（故、理、类）论格式的墨家逻辑体系。

我国学术界普遍认为，墨家的自然科学成就，是先秦诸子缺少和无法企及的，其中许多成果堪称科学先驱，具有世界意义。因此，墨家的科学成就和科学精神，应当列入中国传统文化的精华部分，值得中华民族骄傲。墨家逻辑，虽然在论述的重点和表现形式上不同于亚里士多德的"三段论"格式逻辑以及古代印度陈那"三支论"格式逻辑，但它也是探究和认识科学真理的工具，在论述的思维形式和规律方面，与西方逻辑在本质上完全一致，因而把它称作人类三大逻辑体系之一，是毋庸置疑的。特别指出，墨家逻辑应当包括形式逻辑和辩证逻辑两大方面，墨家辩证逻辑也已达到内容丰富、相当成熟的水平。

第三十七、三十八篇　经上、经说上

【题解】

"经"是春秋战国时期的一种写作题材，它先用极简练的语言概括表达某一种思想，然后再在"经说"中予以解释、补充和引申拓展。据《墨经》专家姜宝昌的研究，《墨经》前四篇共 179 条，其中《经上》和《经说上》97 条，《经下》和《经说下》82 条。除《经上》46、52、56、57、72 和《经下》12、15、75 八条没有经说外，其他各条都是有一条"经"就有一条"经说"相对应。因而训释《墨经》必须遵循"引说就经"这一原则，不可将"经"与"经说"分开训释。而在狭义《墨经》179 条中，专门论述自然科学的有39 条，其中数学 16 条，物理学 9 条，力学 6 条，光学 8 条；专论逻辑学的有 78 条；涉及经济学的 2 条，其余各条都是关于社会政治和伦理学的内容。

本合篇《经上》和《经说上》各条，大多为原理、定义、界说之类，对宇宙万物和人类思维认识的众多概念、范畴作出定义和分类。本篇在自然科学方面，主要探讨了数学问题：古希腊欧几里得几何学有点、线、面、体，墨家有端（点）、尺（线）、区（面）、厚（体）；欧氏几何学有方、圆以及几何体相交、平行、垂直、相切的定义，墨家则对方和圆作出科学定义，也准确论述了几何体相撄（相交）、不相撄（平行）、参（垂直）、楹柢（相切）等关系。据此可说，墨家创立了完整的几何学框架。

【原文】

[经上 1] 故①。所得而后成也。

[经说上 1] 故②。小故③，有之不必然，无之必不然。体④也，若有端⑤。大故⑥，有之必然，无之必不然。若见之成见也。

【注释】

①故：本指事物的原因，引申义指论证的理由和根据。

②故：凡经说部分的第一个字，都是用来提示本经说是解释哪一条经

文的，因而该字就是连接"经"与"经说"关系的提示字，习惯简称为"牒经标目字"，但不作实质意义的解释。以下各段该提示字都具同一作用，不再逐个说明。

③ 小故：指原因的部分要素，相当于必要条件。

④ 体：部分、元素，相对于"兼"（整体、集合）而言。

⑤ 若有端：当为"若尺有端"。（孙中原：《墨学通论》，辽宁教育出版社1993年版，第130页。以下简称为"孙中原：《墨学通论》"。）尺，线。端，点。

⑥ 大故：相当于充分必要条件。

【译文】

缘故或原因，是得到它就能形成某一结果的条件。

"小故"，即原因中的部分要素，是有了它不一定出现某一结果，而没有它就一定不会出现某一结果的必要条件。例如，有了点不一定成线，而没有点就一定不会成线。"大故"就是有了它就一定出现某一结果、没有它就一定不会出现某一结果的充分必要条件。例如，看见外物的充分必要条件（对象存在、视力健全、合适光线、适当距离）都具备了，那么就会出现眼睛一定能看见外物的结果。

【原文】

[经上2] 体，分于兼①也。

[经说上2] 体。若二之一②，尺之端③也。

【注释】

① 兼：与"体"相对，指"整体""集合"。

② 若二之一：例如集合元素"二"中的"一"。

③ 尺之端：线中的点。

【译文】

"体"这个部分是从"兼"这个整体中分出来的。

例如，集合元素"二"中的元素"一"、线中的点等，都可称作"体"。

【原文】

[经上 3] 知①，材②也。

[经说上 3] 知材③。知也者，所以知也④，而不必知，若明⑤。

【注释】

① 知：认知能力。

② 材：材质、本能。

③ 知材：此牒经标目字用两个，属于特殊情况，以便与 [经说上 5] 相区分。

④ 知也者，所以知也：认知能力是凭借它认知事物的基本条件。前一个"知"，指"认识能力"，后一个"知"即"认知"（认识、了解）。

⑤ 若明：就像人的眼睛。

【译文】

对事物进行认知，这是人具有的本能。

认知能力，就是人凭借它来认知事物的基本条件。仅有认知能力，不一定能求得知识。这正如眼睛可以看到外物，但不用眼睛去看，或不认真去看，也会看不清外物一样。

【原文】

[经上 4] 虑①，求②也。

[经说上 4] 虑。虑也者，以其知有求也，而不必得之。若睨③。

【注释】

① 虑：思虑、思考。

② 求：探求。

③ 睨（ní）：睥睨、斜视。

【译文】

思虑是探求知识的大脑活动过程。

思虑就是人们运用认知事物的能力、在大脑中进行探求的过程，但这种探求不一定能得到事物的真相，这就如同随便一瞥不一定能看清外物一样。

【原文】

[经上5] 知①，接②也。

[经说上5] 知。知也者，以其知③遇④物，而能貌⑤之。若见。

【注释】

① 知：指感性认识。

② 接：接触。

③ 知：指认知能力。

④ 遇：遭逢、过从。

⑤ 貌：描述（外物）形貌。

【译文】

感性认识产生于人们的感官与外界客观事物的接触。

感性认识就是运用人的认知能力，与外物相过从，从而描摹出该外物的相貌。这就如同用健全的视力与外物接触，就能看见事物一样。

【原文】

[经上6] 恕①，明也。

[经说上6] 恕。恕也者，以其知②论物，而其知③之也著④，若明。

【注释】

① 恕：同"智"，墨家逻辑常用术语，指理性知识。

② 知：认知能力。

③ 知：理性认识。

④ 著：显著、透彻。

【译文】

理性认识是高于感性认识的清楚明白的认识。

理性认识就是运用人的认知能力，对事物现象及其属性进行分析和推理，从而得到一种显著而透彻的认识。例如，人们用心观察和思考某一事物，就会把该事物看得清楚明白。

【原文】

[经上 7] 仁①，体爱②也。

[经说上 7] 仁。爱己者，非为用己也。不若爱马者。

【注释】

① 仁："仁，亲也。"（《说文解字》，第 161 页。）意为"仁是人与人之间相偶相亲的关系"。

② 体爱：与"兼爱"相对，是"兼爱"关系的具体表现。

【译文】

仁作为人与人之间相亲相偶的关系，它是"兼爱"关系的具体表现。

这种人与人之间相亲相偶的关系，即我关爱别人、别人关爱我，都是出自纯真的关爱之心，不存在利己的私念。这与人类爱马是为了驱使马为人类服务不一样。

【原文】

[经上 8] 义，利也。

[经说上 8] 义。志以天下为芬①，而能能利之②，不必用。

【注释】

① 芬：即"分"，职分。（王闿运：《墨子注》，第 383 页。）

② 而能能利之：前"能"为"才能"之意，后"能"为"能够"之意。（高亨：《墨经校诠》，科学出版社 1956 年版，第 35 页。以下简称为"高亨：《墨经校诠》"。）

【译文】

义就是给人以实际利益。

立志把为天下人谋取利益作为自己的职分，进而施展自己的才能，使这一宏伟志向能够得以实现，即使一时不被王公大人举用也不放弃。

【原文】

[经上 9] 礼①，敬也。

[经说上 9] 礼。贵者公②，贱者名③，而俱有敬僈④焉。等异论⑤也。

【注释】

① 礼：礼仪。

② 公：古代五等爵位的第一等。

③ 名：当为"台"。（高亨：《墨经校诠》，第 36 页。）按《周礼》："王臣公，公臣大夫，大夫臣士，士臣皂，皂臣舆，舆臣隶，隶臣僚，僚臣仆，仆臣台。"（《左传》，岳麓书社 1988 年版，第 291 页。以下简称为"《左传》"。）"台"为奴隶等级中最低贱的一级。

④ 敬僈：恭敬和侮慢。僈，同"慢"，侮慢、怠慢。

⑤ 等异论：当为"等异伦"。（高亨：《墨经校诠》，第 36 页。）意为"对不同等级同等对待"。

【译文】

礼是人们表达恭敬情感的外在表现。

最尊贵的是公这一贵族等级，最低贱的是台这一奴隶等级，但不论是尊贵的公爵，还是低贱的像台一般奴隶，都会有恭敬之心或侮慢之心。换言之，在以礼表示恭敬的情感方面，不应区分贵贱尊卑，而应当同等看待。

【原文】

[经上 10] 行①，为也。

[经说上 10] 行。所为不善名②，行也。所为善名，巧③也，若为盗。

【注释】

① 行：行动、行为。

② 善名：美好的名声。

③ 巧：工巧、诈伪。

【译文】

人的行为，就是有所作为。

不为求取美好名声的行为，叫作正义的行为；专为博取美好名声的行为，可称作诈伪勾当。后一种人窃取虚名，与盗贼没有分别。

【原文】

[经上 11] 实①，荣②也。

[经说上 11] 实：其志气③之见④也，使人如已，不若金声玉服⑤。

【注释】

① 实：墨家常用逻辑用语，指实质、内容、实物。

② 荣：指形式、外观、现象。

③ 志气：本质、特征、

④ 见：读"现"，表现、呈现。

⑤ 金声玉服：金声，钟鸣声音。金，钟一类礼器。玉服，即"服玉"。（孙诒让：《墨子间诂》，第335页。）服，佩。《礼记·月令》："春服苍玉"，"夏服赤玉"，"秋服白玉"，"冬服玄玉"。（阮元校刻：《十三经注疏》，第1361—1373页。）意为"外表用钟声美玉等华丽外表装饰"。

【译文】

一个诚实的人，可通过他的外表呈现出来。

一个诚实人的本质特征要通过外表呈现出来。他品德高尚，与人为善，对待别人就像对待自己，与那些刻意装饰、徒有钟声美玉一类华丽外表的人大为不同。

【原文】

[经上 12] 忠①，以为利而强低②也。

[经说上 12] 忠。不利弱子亥③。足④将入止容⑤。

【注释】

① 忠：忠于国家和忠于君王。

② 低：通"抵"。抵，抵拒、力争。（（清）王树枏：《墨子斠注补正》，载任继愈、李广星主编《墨子大全影印本第十四册》，北京图书馆出版社2004 年版，第 495 页。以下简称为"王树枏：《墨子斠注补正》"。）

③ 弱子亥：当为"弱孩"。（孙诒让：《墨子间诂》，第 335 页。）弱孩，年弱的孩子，此指"幼主"。子亥，当为"孩"一分为二之误。

④ 足：举足。

⑤ 止容：当为"正容"。（孙诒让：《墨子间诂》，第 335 页。）正容，庄重严肃的仪容。

【译文】

对君王的忠诚，就是认为对君王有利就要强谏君王。

为了君王的利益进行强谏，尽管会不利于幼主，但在举足晋见君王时也要执君臣常礼，保持庄重严肃的仪容。

【原文】

[经上 13] 孝，利亲也①。

[经说上 13] 孝。以亲为芬，而能能利亲，不必得。

【注释】

① 孝，利亲也：孝道就是以有利于双亲为宗旨，孝：墨家采用了儒家"孝"的名称，但其内涵不同于儒家，别除了儒家对孝所作的盲从等规定。

【译文】

孝道以有利于双亲为宗旨。

把做好有利于双亲的事作为本分，并且竭尽自己的能力去孝敬双亲，即使不能得到双亲的欢心也不放弃。

【原文】

[经上 14] 信，言合于意①也。

[经说上 14] 信。不以其言之当②也，使人视城得金③。

【注释】

① 意：意志、心意。

② 不以其言之当：不认为所说的话符合事实就是信。

③ 使人视城得金：本句前疑脱"若"。（姜宝昌：《墨经训释》，齐鲁书社2004 年版，第 17 页。以下简称为"姜宝昌：《墨经训释》"。）意为"好比我让某人到城上找金子，他果然找到了金子一样"。

【译文】

诚信就是人说的言语与心意相符合。

诚信仅指人的言语与心意相符合，而不是指所说言语符合事实，就好似我让某人到城上去寻找金子，他果然得到金子那样。

【原文】

[经上 15] 佴①，自作②也。

[经说上 15) 佴。与人，遇人，众偣③。

【注释】

① 伲（ěr）：佐助、副贰。

② 自作：从自身做起。

③ 与人，遇人，众惇：当断句和改为"与人偶，入众循"。（姜宝昌：《墨经训释》，第 18 页。）遇，郭璞《尔雅注疏·释言》："遇，偶也。"（阮元校刻：《十三经注疏》，第 2584 页。）偶，二人相伴相随。第二个"人"，当为"入"的形讹字。惇（dùn），"循"之误。意为"与少数人相处要以仁义相待，在众人之中要遵循礼节"。

【译文】

在社会上倡导互相帮助，要求每个人从自身做起。

与少数人相处要以仁义相待，处于众人之中要遵循礼节。

【原文】

[经上 16] 誚①，作嗛②也。

[经说上 16] 誚：为是为是之台彼也③，弗为也。

【注释】

① 誚（juān）：为"獧""狷"的假借字。（孙诒让：《墨子间诂》，第 313 页。）狷（juān），讲操守而不失其身、有作为的人。

② 嗛（xián）：通"慊"，快意、满足。

③ 为是为是之台彼也：当为"为是之台彼也"，第二个"为是"是衍文。（孙诒让：《墨子间诂》，第 336 页。）孙诒让引顾广圻说，"台读当为'诒'"。（孙诒让：《墨子间诂》，第 336 页。）诒（dài），欺诈、哄骗。意为"为满足自己欺骗对方"。

【译文】

为人处世讲求正直的节操，并以此感到自我满足。

讲求节操的人不会为了自我满足而去做欺骗别人的事情。

【原文】

[经上 17] 廉①，作非也。

[经说上 17] 廉。己惟②为之，知其諰③也。

【注释】

① 廉：当作"慊"。（孙诒让：《墨子间诂》，第 314 页。）慊（qiàn），怨恨、内疚。

② 惟：通"虽"。（孙诒让：《墨子间诂》，第 336 页。）

③ 諰："諰"的形讹字。（孙诒让：《墨子间诂》，第 336 页。）諰（xǐ），忧虑、畏惧。

【译文】

君子对自己违背仁义的作为感到内疚。

君子虽然有时也会做出违背仁义的事情，可内心总是感到内疚和畏惧。

【原文】

[经上 18] 令①，不为所作也。

[经说上 18] 所令②。非身弗行。

【注释】

① 令：发令、命令。

② 所令：牒经标目字为"令"，"所"为衍字。

【译文】

命令是由自己发出或下达而由别人去执行的指示。

这个命令如果发令者本人都做不到，其他人也不一定能执行。

【原文】

[经上 19] 任①，士损己而益②所为也。

[经说上 19] 任。为身之所恶③，以成人之所急④。

【注释】

① 任：原意为"担当、承受"，此处指作为墨家的重要道德之一，其内涵是不计个人得失、勇于扶危济困的任侠行为。

② 益：增加他人的利益。

③ 所恶：所厌恶的饥寒、劳累等痛苦的事。

④ 所急：所急于解决的饥寒、劳累、疾病等痛苦的事。

【译文】

任侠就是损害自身的私利而增加天下人公利的高尚行为。

具体来说，任侠就是为了解除天下人急迫的灾难和痛苦，自己要自觉承受饥寒、劳累甚至牺牲等各种痛苦。

【原文】

[经上 20] 勇①，志②之所以敢也。

[经说上 20] 勇。以其敢于是③也命之，不以其不敢于彼④也害之。

【注释】

① 勇：勇敢，墨家道德名目之一。

② 志：心志、心意。

③ 敢于是：敢于去做符合仁义的善事。是，指符合仁义的事。

④ 不敢于彼：不敢于去做违背仁义的恶事。彼，违背仁义的恶事。

【译文】

勇敢就是为了正义和公利而积极进取、不畏艰险的坚强意志。

君子为了仁义的事业而积极进取，不畏艰险，当然可称作勇敢；同时，君子自警自省、克制自己，不去做违背仁义的事情，并不损害他勇敢的美名。

【原文】

[经上 21] 力①，刑之所以奋也②。

[经说上 21] 力。重之谓下，與重，奋也③。

【注释】

① 力：墨家逻辑常用术语，是指"重力""举力"。

② 刑：通"形"。形，形体、物体。奋：运动、振动。

③ 重之谓下，與重，奋也：当断句为"重之谓。下、與。重，奋也"。
（姜宝昌：《墨经训释》，第 25 页。）下，向下的重力。與，同"擧"（举），
举物。

【译文】

作用力，是改变物体运动和静止状态的根本原因。

人们把重力作为力的代表。例如，物体自由下落，是重力在起作用；物
体上举，必须克服重力的阻力。因此说，重力是改变物体运动和静止状态的
一种重要的力。

【原文】

[经上 22] 生①，刑与知处也②。

[经说上 22] 生。楹之生③。商不可必也④。

【注释】

① 生：生命。

② 刑与知处也：刑，通"形"，此指生命的形体。知，知觉、心意。
处，居、同居。意为"生命形体与知觉同在就是生命现象"。

③ 楹："盈"的通假字。盈，充盈、充满。之：指生命形体和知觉二者。

④ 商不可必也："商"前当有"若"字。（张纯一：《墨子集解》，第 383
页。）商，指商人做生意。不可必，不一定必然长寿。

【译文】

生命，就是形骸与知觉共处一起的表现形式。

形骸与知觉同处就产生了生命体。但每个人生命的长短，如同商人做生意是赔是赚不一定那样，是不好确定的。

【原文】

[经上 23] 卧①，知无知也②。

[经说上 23] 卧。

【注释】

① 卧：休息、睡眠。

② 知无知也：前一个"知"指"认知能力"，后一个"知"指"认知活动"。

【译文】

人在睡眠状态，认知能力处在不能对外界事物进行认知活动的状态。

【原文】

[经上 24] 梦，卧而以为然①也。

[经说上 24] 梦。

【注释】

① 然：实然、已发生的。

【译文】

梦境就是人在睡眠时，浮现在脑海里好像已经发生、其实并没有发生任何事的幻觉。

【原文】

[经上 25] 平①，知②无欲恶也。

[经说上 25] 平：惔③然。

【注释】

① 平：安定、静心。

② 知：知觉。

③ 惔（dàn）：当为"憺"。（（清）张惠言：《墨子经说解》，载任继愈、李广星主编《墨子大全影印本第十三册》，北京图书馆出版社 2004 年版，第 329 页。以下简称为"张惠言：《墨子经说解》"。）憺，恬淡、淡然。

【译文】

平静就是在心中没有产生喜好和厌恶的情绪。

平静就是恬淡处世，与世无争。

【原文】

[经上 26] 利①，所得②而喜也。

[经说上 26] 利。得是而喜，则是利也。其害也，非是也。

【注释】

① 利：墨家逻辑常用术语，即"利益、好处"。

② 所：特殊指示代词，意同"之"。"所得"即"得之"。

【译文】

所谓利益，就是人们得到它以后感到喜悦的东西。

得到它以后感到喜悦的东西就是利益，而感觉受到伤害和痛苦的东西就不是利益。

【原文】

[经上 27] 害①，所得而恶②也。

[经说上 27] 害。得是而恶，则是害也。其利也，非是也。

【注释】

① 害：墨家逻辑常用术语，与"利"相对应，即"祸害"。

② 恶：厌恶、憎恨。

【译文】

所谓祸害，就是人们得到后感到厌恶的东西。

得到后感到厌恶的东西就是祸害，得到后感到对自己有好处的当然就不是祸害。

【原文】

[经上28] 治①，求得也。

[经说上28] 治。吾事治矣，人有②治南北。

【注释】

① 治：治理。"治"是墨家逻辑的常用术语，与"乱"相对应。

② 有：通"又"。

【译文】

治理就是使墨家"兼相爱、交相利"的社会政治理想得以实现。

要实现墨家"兼相爱、交相利"的社会政治理想，首先要把自身的事情做好，然后再把东西南北全天下民众的事情做好。

【原文】

[经上29] 誉①，明美②也。

[经说上29] 誉。之必其行也③、其言之忻④，使人督之。

【注释】

① 誉：赞誉、称誉。誉为墨家逻辑常用术语，与"诽"或"非"相对应。

② 明：彰明、宣扬。美：美善。

③ 之必其行也：当为"必其行"，"之"为衍字。（张纯一：《墨子集解》，第 387 页。）意为"一定要使受到赞誉的人坚持善行"。

④ 忻（xīn）：通"欣"，欢欣。

【译文】

赞誉就是彰显别人的善行美德。

赞誉的目的是使被赞誉的人能够长久坚持善行美德，但赞誉的言辞一方面可使人内心欢欣鼓舞，另一方面也可能使人懈怠而退步，所以要派人予以劝勉和督促。

【原文】

[经上 30] 非①，明恶②也。

[经说上 30] 诽。必其行也。其言之忻③。

【注释】

① 诽：非议、批评。墨家逻辑常用术语，与"誉"相对。

② 恶：恶行。

③ 忻："怍"的形讹字。（梁启超：《墨经校释》，载任继愈、李广星主编《墨子大全影印本第二十六册》，北京图书馆出版社 2004 年版，第 273 页。以下简称为"梁启超：《墨经校释》"。）怍（zuò），愧疚。

【译文】

非议，就是彰显别人的错误和恶行。

非议的目的在于劝人回心转意，停止作恶。这些非议的言辞可让被非议的人感到愧疚。

【原文】

[经上 31] 举①，拟实②也。

[经说上31] 举。告以文名③，举彼实也。

【注释】

① 举：称举、列举。

② 拟：摹拟、描述。实：真实形貌。

③ 文名：名称。"文名"为同义复词，"文"即"名"。

【译文】

列举某一事物的名称，就要摹拟该事物的真实形貌。

告知别人某一事物的名称，就要列举出该事物的真实形貌。

【原文】

[经上32] 言①，出举也。

[经说上32] 故言也者②，诸口能③之出民④者也。民若画俿也⑤。言之谓，言犹石⑥致也。

【注释】

① 言：言语、言辞、命题。言是墨家逻辑常用术语。

② 故言也者：此句前当有牒经标目字"言"。（梁启超：《墨经校释》，第275页。）

③ 能：机能、功能。

④ 民："名"之误。（孙诒让：《墨子间诂》，第338页。）

⑤ 民："名"之误。俿："虎"的异体字。

⑥ 石：当为"名"之误。（孙诒让：《墨子间诂》，第338页。）

【译文】

言语就是把一系列所列举事物的名称连缀起来后说出来。

言语是通过人们说出各种事物的名称来认识事物的手段和工具，如同人们所画成的老虎可以反映真老虎的形貌一样。言语可以对事物进行评论，它是由一些表述事物的名称按照一定的语法规则组合而成。

【原文】

[经上 33] 且①：言然②也。

[经说上 33] 且。自前曰且③，自后曰已④，方然亦且⑤。若石者也⑥。

【注释】

① 且：《墨经》常用时间模态词，有二义：一是"将"；二是"此""今"。

② 然：情形、状况。

③ 自前曰且：在事前预言未来将会出现的情形用言语表达就是"且"。

④ 自后曰已：已，完成、结束。意为"在事后追述已经发生的情形用言语表述就是'已'"。

⑤ 方然亦且：在事物进行过程中断言结果的实然判断，用言语表达也用"且"。

⑥ 石："名"的形讹字。（俞樾：《墨子平议》，第 472 页。）

【译文】

"且"这个时间模态词，可用表示事物将要怎么样和正在怎么样这两种状态。

在事前预言未来将会出现情形的或然判断用时间模态词"且"，在事后追述过去发生情形的实然判断用时间模态词"已"，在事物进行过程中断言结果如何的实然判断词也用模态词"且"。上述"且""已"等表示时间的虚词，类似于表述实在事物名称的实词。

【原文】

[经上 34] 君①，臣萌通约也②。

[经说上 34] 君。以若名者也③。

【注释】

① 君：指君主、国君、天子，与臣、民相对而言。

② 臣萌通约也：萌，通"氓"。（梁启超：《墨经校释》，第 277 页。）氓 (méng)，即"民"。通约，相互沟通约定。意为"臣子和民众相互沟通和约定"。

③ 若：符合。名：指"君"。

【译文】

君主是由天下臣民相互沟通约定而推举的。

只有君主发布的政令被臣民遵循和执行，他才能符合君主这一名称。

【原文】

[经上 35] 功①，利民也。

[经说上 35] 功。不待时，若衣裘②。

【注释】

① 功：功劳、功绩，墨家逻辑常用术语。

② 若衣裘：如同要提前缝制夏衣冬裘一样。

【译文】

所谓功绩，其标准就是为天下民众谋取利益。

为民众谋取利益的功业应事先筹划安排，不可临近再作决定，就如同不能夏天到了才缝制夏衣、冬天到了才缝制冬裘那样。

【原文】

[经上 36] 赏①。上报②下之功也。

[经说上 36] 赏。上报下之功也。

【注释】

① 赏：奖赏、赏赐。"赏"是墨家逻辑常用术语，与"罚"相对应。

② 报：回报、报答。

【译文】

奖赏是君主回报臣民立功的手段。

奖赏是君主回报臣民立功的手段。

【原文】

[经上 37] 罪①，犯禁也。

[经说上 37] 罪。不在禁，惟②害无罪，殆姑③。

【注释】

① 罪：犯罪、罪恶。"罪"为墨家逻辑常用术语。

② 惟：通"虽"。

③ 殆姑：接近于犯罪。殆，近。姑，通"辜"，罪。

【译文】

犯罪就是触犯了国家法律等禁令。

如果某人的过失行为并没有触犯国家法律，虽然损害了别人的利益，也不能定为犯罪，但这种过失已近于犯罪。

【原文】

[经上 38] 罚①，上报下之罪也。

[经说上 38] 罚：上报下之罪也。

【注释】

① 罚：处罚。"罚"是墨家逻辑的常用术语。

【译文】

处罚是君主惩处臣下犯罪的手段。

处罚是君主惩处臣下犯罪的手段。

【原文】

[经上 39] 久①，弥异时也②。

[经说上 39] 久，古今旦莫③。

【注释】

① 久：指时间。"久"是墨家逻辑常用术语。

② 弥：遍、遍及。异时：各种具体的时间形式。

③ 旦莫：清晨和傍晚。莫，即"暮"，傍晚、黄昏。

【译文】

"久"这个时间概念，遍指各种具体的时间形式。

古代、当今、清晨和傍晚，都是具体的时间形式。

【原文】

[经上 40] 宇①，弥异所②也。

[经说上 40] 宇。东西家南北③。

【注释】

① 宇：墨家逻辑常用术语，指空间，与"久"相对应。

② 异所：各种具体的空间形式。

③ 东西家南北：应为"东西南北"，指空间的具体形式。"家"为衍字。

【译文】

"宇"这个空间概念遍指各种不同的具体空间形式。

空间包括东方、西方、南方和北方等具体空间形式。

【原文】

[经上 41] 穷①，或有前不容尺②也。

[经说上 41] 穷。或不容尺，有穷。莫不容尺，无穷也。

【注释】

① 穷：极、尽。"穷"为墨家逻辑常用术语。

② 或有前不容尺：或，读 yù，"或，邦也。"（《说文解字》，第 266 页。）"或"即"域"，指国家的地域或区域。有，通"又"。尺，线。意为"从某一区域的边际，再向前推移一线的距离，都不能容纳"。

【译文】

穷，就是指某一区域再向前推移一线的距离也不能容纳。

区域在向前推移一线的距离也不能容纳，称作有穷；空间好似线线相续永无停止的距离，没有任何区域出现不能容纳一线距离的情况，就称作无穷。

【原文】

[经上 42] 尽①，莫不然也。

[经说上 42] 尽。但止动。

【注释】

① 尽：全、俱、所有。"尽"是墨家逻辑常用术语，为全称判断的全称量项，与表特称判断的量项"或"相对应。

【译文】

尽，就是在一个论域中，所有的个体都是这样的。

例如，就物质存在方式来说，所有物质只有静止和运动这两种方式，不可能再有第三种存在方式。

【原文】

[经上 43] 始①，当时②也。

[经说上 43] 始。时或有久，或无久③。始当无久。

【注释】

① 始：初始、开始。"始"是墨家逻辑常用术语。

② 当时：当前、当今、当下。

③ 久：时间持续的过程。有久：既有限时间，时间持续过程有结束。无久：即无限时间，时间持续过程永无终点。

【译文】

开始就是事物刚刚发生的那个极短的时间点。

时间分为有绵延时间量的有限时间（有久）和没有绵延时间量的无限时间（无久）。开始相当于没有绵延时间量的"无久"。

【原文】

[经上 44] 化①，征易②也。

[经说上 44] 化。若蛙为鹑③。

【注释】

① 化：变化、进化。

② 征易：事物性质发生质变。征，特征、性质。

③ 若蛙为鹑：如同青蛙变化成为鹌鹑。此是古代相传证明事物性质发生变化的虚假例证。

【译文】

事物性质的变化，就是事物特征的改变。

例如，青蛙可以变化成鹌鹑。

【原文】

[经上 45] 损①，偏去也②。

[经说上 45] 损。偏去也者③，兼之体也④。其体或去或存，谓其存者损⑤。

【注释】

① 损：减损、亏损。

② 偏：部分、局部，相当于"体"。

③ 偏去也者：道藏本《墨子》为"偏也者"，"去"为衍字。（《墨子》（明道藏本），第 278 页。）

④ 兼：整体、全部。

⑤ 谓其存者损：减少的部分是相对于保留的部分来说的。

【译文】

损就是从整体中减去一部分。

偏是整体的组成部分，它们有的被减去，有的被保存。减去的部分是相对于被保存的部分来说的。

【原文】

[经上 46] 益①，大也。

[经说上 46] 无说。

【注释】

① 益：增加，墨家逻辑常用术语。

【译文】

益就是增大。

【原文】

[经上 47] 儇，积柢①。

[经说上 47] 儇。昫民②也。

【注释】

① 儇 (xuān)：通"瓓"（环），环即"圆环"。积：通"俱"。柢：通"柢"。（孙诒让：《墨子间诂》，第 341 页。）柢 (dǐ)，郭璞《尔雅注疏·释言》释为"本也"。（阮元校刻：《十三经注疏》，第 2583 页。）"本"即"根"，此指圆环与平面的相切点。

② 昫民：当为"俱氏"之误，"氏"通"柢"。（孙诒让：《墨子间诂》，第 341 页。）

【译文】

圆环在一个平面上滚动时，圆环上的每一个点都与平面相切形成一个相切点，即"柢"。

滚动的圆环与平面相接触，就在底部形成接连不断的相切点。

【原文】

[经上 48] 库①，易也②。

[经说上 48] 库。区穴若，斯貌常③。

【注释】

① 库：仓库、库房。

② 易：更换。

③ 区穴若，斯貌常：当断句为"区穴若斯貌常"。（姜宝昌：《墨经训释》，第 55 页。）区穴，一定区域的空间，此指仓库的一定空间。貌常，即"常貌"，常态化的形貌和样子。

【译文】

仓库内所贮存的物品是经常更换的。

尽管贮存物品经常更换，但仓库的贮存空间并没有改变，还是原先的那个样子。

【原文】

[经上 49] 动①，或従也②。

[经说上 49] 动。偏祭従者③，户枢免瑟④。

【注释】

① 动：运动。

② 或従也：或：同"域"，区域、空间。従："徙"的形讹字。下"従"同解。徙，迁徙、移徙。意为"物体在空间位置的移徙"。

③ 偏：同"徧"。祭：通"际"。（孙诒让：《墨子间诂》，第 341 页。）

④ 户枢免瑟：户枢，门户上下两端的木轴。瑟，当为"閟"。閟（bì），关门，此指门闩。意为"除去门闩后门轴转动打开门"。

【译文】

运动就是物体在空间位置中的移动。

物体绕轴运动是空间移动的形式之一，就像一扇转动的门被去掉了门闩以后会敞开那样。

【原文】

[经上 50] 止①，以久也②。

[经说上 50] 止。无久之不止，当牛非马，若矢过楹③。有久之不止，当马非马，若人过梁④。

【注释】

① 止：静止，停止。

② 以久也：经历时间的延续。久，时间。

③ 无久之不止，当牛非马，若矢过楗：无久，瞬间。不止，运动。当，类似、如同。楗，门两边的楗柱。意为"速度很快的运动，类似于牛和马容易辨别，又如同飞矢疾速飞过楗柱"。

④ 有久：持续一段有限时间。马非马：白马非马的论题。梁：桥梁。

【译文】

静止同样也需要时间的延续。

速度很快的运动，如同牛与马一样容易分别，又如同飞矢疾速飞过楗柱那样。速度很慢的运动反而不好辨别，好比"白马非马"这个论题不易识别对错，又好比行人缓慢地走过桥梁。

【原文】

[经上 51] 必①，不已②也。

[经说上 51] 必。谓臺执者也③。若弟兄一然者一不然者④，必不必也⑤，是非必也。

【注释】

① 必：必然、必定。

② 已：完毕、终止。

③ 谓臺执者也：所谓坚执不移。臺，"壹"的形讹字。（高亨：《墨经校诠》，第 62 页。）壹，一直、自始至终。

④ 若弟兄一然者一不然者：当断句为"若弟兄，一然者一不然者"。（姜宝昌：《墨经训释》，第 59—60 页。）意为"如同兄弟二人，因为同一父母所生，必然有其相同一面，也必然有不相同的一面"。

⑤ 必不必也：当断句为"必，不必也"。意为"必然中包含不必然"。

【译文】

必然，就是必定要发生不会停下来的趋势。

必然就是一直坚定不移地走下去。这就好比亲兄弟两个人，同有父母的遗传因素，这就是"必然"的一面；又因为出生先后不同，导致个性有差异，这就是"不必然"的另一面。既然"必然"中包含"不必然"，那么这个"必然"就不是绝对的"必然"。

【原文】

[经上 52] 平①，同高也。

[经说上 52] 无说。

【注释】

① 平：平等、同高。

【译文】

齐平就是高度相等。

【原文】

[经上 53] 同长，以正相尽也①。

[经说上 53] 同。捷与狂之同长也②。

【注释】

① 以正相尽也：以，与。正，同"正"，指标准。意为"与标准全部重合"。

② 捷与狂之同长也：捷，"楗"的误字。（毕沅著，戴望校：《墨子注》，第 261 页。）楗（jiàn），关锁门户的直木。狂，"框"的假借字，古无"框"字。（高亨：《墨经校诠》，第 63 页。）框，门框。意为"门楗与门框的长度相等"。

【译文】

长度相等，是指某一物体与标准长度完全重合。

例如，作为关锁门户的楗与门框的长度完全相等。

【原文】

[经上 54] 中①，同长也②。

[经说上 54] 中。心③，自是④往相若也。

【注释】

① 中：中心、圆心。

② 同长也：从圆心到圆周上任意一点形成的半径都等长。

③ 心：中心、圆心。

④ 是：圆心。

【译文】

圆心是同圆半径的相交点。

圆心到圆周任一点的半径都相等。

【原文】

[经上 55] 厚①，有所大也②。

[经说上 55] 厚。惟无所大③。

【注释】

① 厚：厚度、体积。

② 有所大也：有一定增大的体积。

③ 惟无所大：当为"惟无厚无所大"。（高亨：《墨经校诠》，第 64 页。）
意为"没有厚度的平面不能说大"。

【译文】

厚度必定是指体积有一定增大的立体物而言。

对于没有厚度的平面，就不能用"大"这个词来描述平面面积的增加。

【原文】

[经上 56] 日中，正南也。

[经说上 56] 无说。

【译文】

置立木臬于地，正午时分，木臬的影子的一端指示着正南方向。

【原文】

[经上 57] 直，参也①。

[经说上 57] 无说。

【注释】

① 参：参与、介入，即一点介入两点之间。

【译文】

直线就是在三点中恰有一点介于两点之间。

【原文】

[经上 58] 圜①，一中同长也②。

[经说上 58] 圜。规写攴也③。

【注释】

① 圜（yuán）：同"圆"。

② 一中同长也：起于圆周经过圆心的任意一条直线都等长。

③ 规：圆规。写：画。攴（pō）："交"的形讹字。

【译文】

圆就是只有一个圆心，而且从圆周经过圆心的任一直线都等长。

圆就是用圆规画出来的、起点和终点相重合的封闭图形。

【原文】

[经上 59] 方①，柱隅四讙也②。

[经说上 59] 方。矩见攴也③。

【注释】

① 方：正方、四方。

② 柱隅四讙也：柱：楹柱。隅：陬（zōu）、角。柱隅：楹柱的四个角。讙（huān），"权"（權）的形讹字。权：正。意为"楹柱的四个角都是方正的"。

③ 矩见攴也：矩，矩尺。攴（pō），"交"的形讹字。意为"用矩尺分两次画出的方折线相重合"。

【译文】

方形就是如同楹柱断面的四个方正直角那样的图形。

用矩尺分两次画出的正交方折线并使两线终点相重合的几何图形就是方形。

【原文】

[经上 60] 倍①，为二也②。

[经说上 60] 倍。二尺与尺但去一③。

【注释】

① 倍：加倍。

② 为二也：原数两次相加。

③ 二尺与尺但去一：当断句为"二尺与尺，但去一"。（姜宝昌：《墨经训释》，第 70 页。）二尺与尺，即"二尺与一尺"。但去一，只去掉一尺。

【译文】

加倍就是原数的二次相加。

例如：二尺与一尺的关系，去掉一尺，余下一尺，可知二尺为一尺的一倍。

【原文】

[经上 61] 端①，体之无序而最前者也②。

[经说上 61] 端。是无同也③。

【注释】

① 端：点，此指几何上线的两端。

② 体之无序而最前者也：体，部分，此指线的一部分。因为面为"兼"，面由线构成，线即为"体"。无序，没有其它与它共排次序。意为"处在线的最前面且没有任何一点可取而代之"。

③ 是：指"体之无序而最前者"的端。无同：没有可与它相同的。

【译文】

端，就是在线上排列在最前面而且没有任何一点可取而代之的点。

没有哪一个点可与它相同且处在线的最前面的这个点就是端。

【原文】

[经上 62] 有间①，中也②。

[经说上 62] 有间。谓夹③之者也。

【注释】

① 间：间隙、空处。

② 中也：处在两个物体之间的空间。

③ 夹：左右相夹持。

【译文】

间隙是指处在并立而相离的两物中间的空间。

间隙是相对于夹持在两旁的两个物体而言的。

【原文】

[经上63] 间,不及旁也①。

[经说上63] 间。谓夹者也。尺前于区穴而后于端②,不夹于端与区内。及非齐之及也③。

【注释】

① 间,不及旁也:间隙并不涉及两旁的物体。

② 尺前于区穴而后于端:端、尺、区,即点、线、面。穴,当为衍字。(梁启超:《墨经校释》,第299页。)意为"在平面几何中,线位于面的前边,夹持住面,而作为面的界限,线又位于点的后面"。

③ 及非齐之及也:当断句为"及,非齐之及也"。(姜宝昌:《墨经训释》,第73页。)意为"'不及旁'的'及'是指涉及,不是相等(齐及)的意思"。齐及,相等。

【译文】

两个物体之间的空隙,不涉及旁边两个物体本身。

所谓两个物体的间隙,是指两个物体夹持的空虚部分。在平面几何中,线位于面的前边,夹持住面;而作为面的界限,线又位于点的后面,即线夹面,点夹线。但不能说"点与面夹线"。这个"不及旁"的"及"是指涉及,不是相等的意思。

【原文】

[经上64] 纑①,间虚也。

[经说上64] 纑。虚也者,两木之间,谓其无木者也。

【注释】

① 纑(lú):"'栌'的同声假借字"。(孙诒让:《墨子间诂》,第313页。)

栌（lú），柱子上方的方木。

【译文】

柱子上方两小方木之间存在空隙。

这两小方木之间的空隙里，是没有方木存在的。

【原文】

[经上 65] 盈①，莫不有也。

[经说上 65] 盈。无盈无厚②。

【注释】

① 盈：充盈、充满。

② 无盈无厚：厚，厚度、体积。意为"无充盈就没有体积可言"。

【译文】

物体呈现充盈状态，是说在这个物体内全被物质元素所渗透、占据。

对于一个平面而言，因为没有物质元素的渗透，也就没有厚度（体积）可言。

【原文】

[经上 66] 坚白，不相外也①。

[经说上 66] 于尺无所往而不得，得二②。坚异处不相盈，相非，是相外也③。

【注释】

① 坚白，不相外也：坚白，坚指石头的坚硬、刚性，白指石头的白色。外，远、疏离。意为"石头的坚性和白性，不是相互疏离，而是处处相包容的"。

② 于尺无所往而不得，得二：尺，"石"的形讹字。（孙诒让：《墨子间

诂》，第344页。）意为"对于石头来说，坚性和白性无处不在，石头处处充满坚性和白性这两种属性"。

③坚异处不相盈，相非，是相外也：坚，此字当移到本经说开端"于尺"之前作为牒经标目字，此句即改为"异处不相盈，相非，是相外也"。此条系对公孙龙子"离间白"论点的驳论。盈，包容。意为"如果说石头的坚性和白性各有所处之地，而不是相互渗透相互包容，那就是处处相分离了"。

【译文】

石头的坚性和白性这两种性质，不是相互分离，而是相互包容的。

对于石头来说，坚性和白性无处不同时存在，石头时时处处都充满坚性和白性这两种属性。如果说石头的坚性和白性各有所处之地，而不是相互渗透、相互包容，那就是时时处处相互分离了。

【原文】

[经上 67] 撄①，相得②也。

[经说上 67] 撄。尺与尺俱不尽③。端与端但尽④。尺与或尽或不尽⑤。坚白之撄相尽⑥，体撄不相尽⑦。端⑧。

【注释】

①撄：相交、相融、重合。

②相得：即相交、相融。

③尺与尺俱不尽：尺，几何线。意为"线与线相交包括直线与曲线、直线与直线、曲线与曲线相交的各种情况，只能有一个或几个交点是重合的，线与线其它各点都不能完全重合"。

④端与端但尽：但，"俱"之误。（孙诒让：《墨子间诂》，第345页。）意为"点与点相交，必定完全重合"。

⑤尺与或尽或不尽：尺与，后当有"端"。（孙诒让：《墨子间诂》，第345页。）意为"线与点相交，对点来说是完全重合，对线来说只是部分重合"。

⑥坚白之撄相尽：石头的坚性和白性处处包容，完全重合。

⑦ 体撄不相尽：体，部分，指线与线、线于点的相交点。意为"线与线、线与点相交，只是部分重合"。

⑧ 端：当为寊入之字，无解。（孙诒让：《墨子间诂》，第 345 页。）

【译文】

撄就是相交、相融或重合。

线与线相交，包括直线与直线、曲线与直线、直线与曲线相交，只有少数几个相交点重合，其它线上各点都不重合。点与点相交，必定完全重合。线与点相交，对点来说完全重合，对线而言，除交点上部分重合，其它各点都不重合。石头的坚性和白性互相包容，可以说完全重合。线与线、线与点相交，只能是部分重合。

【原文】

［经上 68］似①，有以相樱，有不相撄也。

［经说上 68］仳。两有端而后可②。

【注释】

① 似："仳"的形讹字。（孙诒让：《墨子间诂》，第 314 页。）仳（pǐ），同"比"，比较、并列。

② 两有端而后可：两条长短不同但必须都有始点和终点的线才能比较。

【译文】

两条长短不同的线段相比较，有完全重合的部分，也有长线多出的线段不能重合的部分。

只有两条长短不同但必须都有始点和终点的线段才能进行比较。

【原文】

［经上 69］次①，无间而不撄撄也②。

［经说上 69］次。无厚而后可③。

【注释】

① 次：排序、对比。

② 无间而不撄撄也：当为"无间而不相撄也"。第一个"撄"当为"相"。（孙诒让：《墨子间诂》，第314页。）意为"排列对比图形就是没有间隙但不重合"。

③ 无厚而后可：排列图形的次序必须是没有厚度（体积）的平面图形。

【译文】

排列对比两个图形，就是它们没有间隙但两者又不相交。

只有两个没有厚度（体积）的几何图形才可以进行对比。

【原文】

[经上70] 法①，所若而然也②。

[经说上70] 法。意、规、员三也俱，可以为法③。

【注释】

① 法：标准、样本、法则。

② 所若而然也：若，依照、符合。意为"依照这个标准去做，会得到与标准一样的结果"。

③ 意、规、员三也俱，可以为法：当断句为"意、规、员三也，俱可以为法"。（姜宝昌：《墨经训释》，第83页。）意，意识中的画圆方法。规，圆规。员，同"圆"，即画成的圆。也，通"者"。（谭戒甫：《墨辩发微》，中华书局1996年版，第153页。以下简称为"谭戒甫：《墨辩发微》"。）

【译文】

法就是人们依照它来画图制器的标准。

人们意识中的画圆方法、圆规和已画好的圆形这三者，都可以作为画圆的标准。

【原文】

[经上 71] 侙①，所然也。

[经说上 71] 侙。然也者民若法也②。

【注释】

① 侙（èr）：副本、复制品。

② 然也者民若法也：当断句为"然也者，民若法也"。（姜宝昌：《墨经训释》，第 83 页。）若，依循、依照。法，法律。

【译文】

侙就是人们按照范本复制出来的副本。

民众遵循法律办事，就会出现法律本身所设计的良好社会局面。

【原文】

[经上 72] 说①，所以明也。

[经说上 72] 无说。

【注释】

① 说：解说、论证、推理。

【译文】

推理就是说明命题和结论之所以成立的根据。

【原文】

[经上 73] 攸①，不可两不可也。

[经说上 73] 彼。凡牛枢②非牛，两也，无以非也。

【注释】

① 攸：当为"彼"。（张惠言：《墨子经说解》，第 338 页。）彼，指对方，

与"此""是"相对而言，也特指论题。

② 枢：通"区"。（姜宝昌：《墨经训释》，第86页。）区，区别、不同。

【译文】

对同一个论题，辩论的双方不能同时认为是假。

在辩论中，凡是说到"牛"以及与"牛"相区别的"非牛"，这就形成了两个命题。例如，一方说"牛是牛"，一方却说"马是非牛"，就无法断定双方所论哪一方是假，因为双方辩论的不是同一个命题。

【原文】

[经上74] 辩①，争彼②也。辩胜，当③也。

[经说上74] 辩。或谓之牛，谓之非牛④，是争彼也。是不俱当。不俱当，必或不当。不若当犬⑤。

【注释】

① 辩：指辩论、论争。"辩"为墨家逻辑常用术语。

② 彼：此指论题或命题。

③ 当：符合事实、正确的。

④ 谓之非牛：当为"或谓之非牛"。（孙诒让：《墨子间诂》，第346页。）

⑤ 若：相似、相类。当犬：面对一只狗，"这是犬"与"这是狗"可以同真。

【译文】

辩论，就是双方就某一论题展开辩论，辩论胜利一方的结论是符合事实的，因而是正确的。

例如，这里有一头牛，甲方说这是牛，乙方说这不是牛，这才是符合辩论规则的辩论。在这种名副其实的辩论中，辩论的双方一定不会都对；既然双方不会都对，就必定会有一方不对。这种情况与面对一条狗，一人认为是"狗"、而另一人认为是"犬"不同，因为狗和犬是一种动物的两种称呼，可以同真，而不必有一个不真。

【原文】

[经上 75] 为①，穷知而悬于欲②也。

[经说上 75] 为。欲斵③其指，智不知其害，是智之罪④也。若智之慎文⑤，也，无遗于其害也。而犹欲斵之，则离⑥之。是犹食脯⑦也。臊之利害⑧，未可知也。欲而臊，是不以所疑止所欲也。墙⑨外之利害，未可知也。趋之而得力⑩，则弗趋也。是以所疑止所欲也。观⑪"为，穷知而悬于欲"之理，斵脯而非恕也，斵指而非愚也，所为与不所与为相疑也⑫，非谋⑬也。

【注释】

① 为：行为，作为。

② 穷知而悬于欲：知，读为"智"，心智。悬，同"悬"。悬，系、左右。意为"心智穷尽而被欲望所左右"。

③ 斵：无注音释义，当为"斵"之误。（孙诒让：《墨子间诂》，第 346 页。）斵（zhuó），即"斫"，砍。

④ 罪：过错。

⑤ 慎文：当为"慎之"。（孙诒让：《墨子间诂》，第 347 页。）

⑥ 离：通"罹"（lí），遭逢。

⑦ 脯（fǔ）：干肉。

⑧ 臊："臊"的假借字。（毕沅著，戴望校：《墨子注》，第 262 页。）臊，原指腥臊味道，此指肉味。利害：指肉味好坏。

⑨ 墙（qiáng）：古同"墙"。

⑩ 力：当为"刀"的形讹字。（孙诒让：《墨子间诂》，第 347 页。）刀，泉刀，泛指古代货币。

⑪ 观：审视。

⑫ 所为与不所与为相疑也：当为"所为与所不为相疑也"。后"与"为衍字。（张惠言：《墨子经说解》，第 339 页。）意为"究竟是做还是不做心存怀疑"。

⑬ 谋：谋划、权衡。

【译文】

人之所以出现错误行为，是因为心智穷尽而被欲望所左右。

例如，自己想砍伤自己的手指，是因为理智不知道这样做的害处，这就是理智的过错。如果理智能够谨慎地对待砍手指这件事，就不会给自己留下伤害；但是还想不计后果地砍下去，就一定会使自己遭受"伤指"的痛苦。这就像吃干肉一样，如果连干肉味道好坏都不知道，就应该怀疑才对，现在却是不管味道好坏就吃下去了。这种做法属于不因为自己怀疑而放弃了想要得到的那一类情况。有人说墙外有钱币，真实情况当然不知道，可只要赶到门外就会得到钱币，因为怀疑这件事的真实性，就没有走出家门。这种做法属于因为自己怀疑从而放弃了想要得到的另一类情况。认真分析由于理智穷尽和被欲望所左右而出现错误行为这一事实，不管味道好坏砍下干肉就吃，不能说是明智；不管后果如何砍伤自己的手指，也不能说是愚蠢。人们在失去理智的情况下，对事情到底该做不该做就心存怀疑。很多错误或失误，都是由于没有经过深思熟虑、权衡利害得失而造成的。

【原文】

[经上 76] 已①，成、亡②。

[经说上 76] 已。为衣③，成也。治病，亡也。

【注释】

① 已：已然、已经。

② 成：事情完成。亡：消失、丢失。

③ 为衣：制作衣裳。

【译文】

"已"有两个义项：一是事情完成；二是消失。

例如，制作衣裳完成，就是完成的"已"。给别人治病，病人病愈，疾病消失了，就是消失的"已"。

【原文】

[经上 77] 使，谓、故①。

[经说上 77] 使。令谓，谓也，不必成②。濕，故也，必待所为之成也③。

【注释】

① 使：使令、致使。使令动词，墨家逻辑常用术语。谓：告诉、言说。故：原故、原因。

② 令谓，谓也，不必成："令谓"就是发布命令，用言语指使别人，不一定被成功执行。令谓，发布命令。

③ 濕，故也，必待所为之成也：濕，同"湿"。意为"地湿是由于具备了充分条件的缘故"。

【译文】

使有两个义项：一是使令，二是缘故。

令谓就是先发布命令，用言语指使他人，因为仅具备必要条件而非充分条件，命令不一定被成功执行。地湿了，是由于具备充分条件的缘故，例如下雨、地下冒水、洪水泛滥等，都会造成地湿。

【原文】

[经上 78] 名①，达、类、私②。

[经说上 78] 名。物，达也③。有实必待文多也④。命之马，类也⑤。若实也者必以是名也。命之臧，私也⑥。是名也止于是实也⑦。声出口，俱有名，若姓宇洒⑧。

【注释】

① 名：指名称、称谓，与"实"相对，墨家逻辑常用术语。

② 达：通达、周遍。类：类别、相类。私：私属、专有。

③ 物，达也：把世间万物称为"物"，这是达名。

④ 有实必待文多也：当为"有实必待之名也"，"文多"为"之名"之误。（孙诒让：《墨子间诂》，第349页。）意为"凡有物质之实的万物，都可用'物'这个达名来称呼"。

⑤ 命之马，类也：把具有四蹄、长尾、浓鬃的动物命名为"马"，这是类名。

⑥ 命之臧，私也：把一个家奴叫作"臧"，这是私名。

⑦ 是名也止于是实也："臧"这个私名只能用来称呼这一个家奴。是，这个。

⑧ 若姓宇丽：宇，当为"字"之讹。（张惠言：《墨子经说解》，第340页。）丽，通"俪"，匹配、相配。意为"如同这个人的姓字与这个人相匹配一样"。

【译文】

世间万事万物的名称，可分为达名、类名和私名。

称世间万物为"物"，"物"就是达名。凡是具有物质之实的所有事物，都可用"物"这个达名来称呼。把一些具有四个蹄子、长尾巴、浓密鬃毛的动物命名为"马"，"马"就是类名。凡是具有这些特征的动物都要用"马"这个类名来称叫。把一个家奴叫作"臧"，"臧"就是私名。这个私名只能用来称叫这一个家奴。声音从口里发出来，都表示这样或那样的名称，这正如一个人的姓字与他这个人相匹配一样。

【原文】

[经上79] 谓，移、举、加①。

[经说上79] 谓。狗犬，命也②。狗、犬，举也③。叱狗，加也④。

【注释】

① 谓，移、举、加：称谓有移转、举实和外加感情三种用法。谓，称谓。移，移转。举，举实、列举。加，附加、外加。

② 狗犬，命也：把狗称作犬，这种命名就是移转称谓。

③ 狗、犬，举也：这个叫作狗，那个叫作犬，这是举实称谓。

④ 叱狗，加也：叱责狗说："狗！"这是外加感情的称谓。

【译文】

称谓有移转、举实和外加感情三种用法。

例如，把狗叫作犬，这种命名就是移转称谓。这个叫作狗，那个叫作犬，所称叫的都是实有动物，这叫作举实称谓。如果大声斥责狗说："狗！"这是外加感情的称谓。因为厉声斥狗，不但有"狗"这个词的意义，还加上了斥责的感情因素。

【原文】

[经上 80] 知，闻、说、亲；名、实、合、为①。

[经说上 80] 知。传受之，闻也。方不㢓②，说也。身观焉，亲也。所以谓，名也③。所谓，实也④。名实耦⑤，合也。志行⑥，为也。

【注释】

① 知，闻、说、亲；名、实、合、为：知识分为闻知、说知、亲知、名知、实知、合知和为知七大类。

② 方不㢓：方，方域、时空。㢓（zhàng），同"障"。（张纯一：《墨子集解》，第 415 页。）障，阻隔。意为"推说知识不受时空限制"。

③ 所以谓，名也：用称谓来陈述事物的知识叫"名知"。

④ 所谓，实也：对称谓对象的知识叫"实知"。

⑤ 耦（ǒu）：耦合、符合。

⑥ 志行：自觉实行。

【译文】

知识的种类可分为"闻知""说知""亲知""名知""实知""合知"和"为知"。

经传授得来的知识叫"闻知"；不为时空所限、经由推理得来的知识叫

"说知"；亲身观察体验得来的知识叫"亲知"；用称谓来陈述事物的知识叫"名知"；对称谓对象加以陈述的知识叫"实知"；概念理论与事物相符合的叫"合知"；自觉地将知识应用于实践活动叫"为知"。

【原文】

[经上 81] 闻，传、亲①。

[经说上 81] 闻。或告之，传也。身观焉，亲也。

【注释】

① 闻：指"闻知"。传：传闻。亲：亲闻。

【译文】

经听闻得到的知识，其获取的途径，一是"传"闻，二是"亲"闻。

通过自己读书或他人之口告诉自己的知识，就是"传"闻；自己亲临其境观察听取得来的知识，就是"亲"闻。

【原文】

[经上 82] 见，体、尽①。

[经说上 82] 见。时②者，体也。二者，尽也。

【注释】

①见：看见、观察。体：部分。尽：全部、整体。

②时：当为"特"之误。（孙诒让：《墨子间诂》，第 350 页。）特，特别的、独一的。

【译文】

人们说"见"有两种情况：一是仅仅看见局部的"体见"；二是可看见整体的"尽见"。

只看到了事物的某一部分，这是"体见"；能够看到事物的全局和整体，这是"尽见"。

【原文】

[经上 83] 合①，正、宜、必②。

[经说上 83] 古③。兵立、反中、志工，正也④。臧之为，宜也⑤。非彼⑥必不有，必也。圣者用而勿必，必也者可勿疑⑦。

【注释】

① 合：符合。

② 㱡：同"正"，正直。宜：适宜。必：必定。

③ 古：当为"合"。（谭戒甫：《墨辩发微》，第 171 页。）

④ 兵：兵器。兵立：指持兵械而立。反：同"返"。中：中道。志：意志。工："功"的省文。（孙诒让：《墨子间诂》，第 350 页。）

⑤ 臧之为，宜也：奴仆臧的作为符合分寸，这是"宜合"。

⑥ 彼：论题。

⑦ 圣者用而勿必，必也者可勿疑：用，用事，指料事行事。意为"圣明的人料事行事，不敢说必定成功；如果真能必定成功，也就不用怀疑"。

【译文】

事物相"合"有"正合""宜合"和"必合"三种不同情况。

士兵持兵器站立而行列得正，浪子回头返归正道而行为得正，意志与功业相随而名实得正，这些都是"正合"。奴仆臧的作为符合主人的心意，这是"宜合"。没有论题就必定不会有辩论发生，这是"必合"。圣明的人料事行事不敢轻易说必定成功；如果他认为必定成功，也就不用怀疑。

【原文】

[经上 84] 欲㱡权利，且恶㱡权害①。

[经说上 84] 仗者两而勿偏②。

【注释】

① 欲正权利,且恶正权害:当为"正,欲正权利,恶正权害"。"且"为衍字。(孙诒让:《墨子间诂》,第 316 页。)正,正当、使之正。句首当补"正"字。欲,希望。恶,厌恶。

② 仗者两而勿偏:本句前当补牒经标目字"正"。(梁启超:《墨经校释》,第 327 页。)仗,当为"权"之误。(孙诒让:《墨子间诂》,第 351 页。)权,权衡。

【译文】

正当包括"欲"得到的"正当"和"恶"得到的"正当"两方面。

"欲"得到的"正当"主要是权衡利益,"恶"得到的"正当"主要是权衡伤害。

在作权衡思考时,要遵循"两而勿偏"的原则,顾及事物的两面,而不能只顾及事情的一面。

【原文】

[经上 85] 为①,存、亡、易、荡、治、化②。

[经说上 85] 为。早台,存也③。病,亡也④。买鬻⑤,易也。霄尽⑥,荡也。顺长⑦,治也。鼍买⑧,化也。

【注释】

① 为:作为。

② 存、亡、易、荡、治、化:生存、消亡、交易、荡平、治理、变化。

③ 早台,存也:当为"甲台"。(孙诒让:《墨子间诂》,第 351 页。)甲,缝制甲胄。台,建造城台。

④ 病,亡也:疾病消失。亡,无。

⑤ 买鬻:买和卖。鬻(yù),卖。

⑥ 霄尽:消除净尽。霄,通"消"。(毕沅著,戴望校:《墨子注》,第 264 页。)

⑦ 顺长：顺从少长之序。顺，顺从。长，指少长之序。

⑧ 鼃买：当为"蛙鼠"。（孙诒让：《墨子间诂》，第 351 页。）鼃，同"蛙"。买，"鼠"的形讹字。在古人意识中，"蛙""鼠"都可化为鹌鹑。

【译文】

人或自然的作为，可分为生存、消亡、交易、荡平、治理和变化六大方面。

缝制甲胄，修造城台，这是作为"生存"的作为；病愈后疾病消失，这是作为"消亡"的作为；买进卖出，互通有无，这是作为"交易"的作为；全部扫除贼寇，这是作为"荡平"的作为；顺从少长之序，人人安居乐业，这是作为"治理"的作为；青蛙和老鼠变成鹌鹑，这是作为"变化"的作为。

【原文】

[经上 86] 同，重、体、合、类①。

[经说上 86] 同。二名一实，重同也。不外于兼②，体同也。俱处于室③，合同也。有以同④，类同也。

【注释】

① 同，重、体、和、类：同，墨家逻辑常用术语，指相同、相合，与"异"相对应。意为"同包括重同、体同、合同、类同四个方面"。

② 不外于兼：所有部分都处在同一个整体中。兼，整体。

③ 俱处于室：各种事物共处于一个场所。

④ 有以同：几种事物有共同点。

【译文】

"同"包括重同、体同、合同、类同四个方面。

一种事物有两个名称，这是名异而实同的"重同"；一个人的四肢都是身体的一部分，这是部分隶属于整体的"体同"；许多事物共处于一个场所，这是同处一所的"合同";几种事物有其共同点,比如马牛羊都是哺乳动物,这是类别相同的"类同"。

【原文】

[经上 87] 异,二、不体、不合、不类①。

[经说上 87] 异。二必异②,二也。不连属③,不体也。不同所④,不合也。不有同⑤,不类也。

【注释】

①异,二、不体、不合、不类:异,差异、不同。"异"是墨家逻辑常用术语,与"同"对应。意为"异包括二、不体、不合、不类四个方面"。

②二必异:两个事物两个名称,必定不相同。

③不连属:两个事物互不关联。连属,相关。

④不同所:几个事物处于不同场所。

⑤不有同:两个或多个事物没有共同性。

【译文】

事物的"异"包括"二""不体""不合""不类"四种情况。

两个事物实质不同、名称不同,这是"二之异";两个事物各自独立,互不隶属,互不关联,这是"不体之异";几个事物分别处于不同场合,不能合在一块,这是"不合之异";几个事物在性质上没有共同点,这是"不类之异"。

【原文】

[经上 88] 同,异而俱于之一也①。

[经说上 88] 侗②。二人而俱见是楹③也,若事君④。

【注释】

①异而俱于之一也:俱:读jū,作"具"解,具备、供具。一,指共同

点。意为"不同事物都有共同点"。

②侗：即"同"。（孙诒让：《墨子间诂》，第 339 页。）

③楹：楹柱。

④若事君：事，听命、侍奉。意为"如同群臣都听命一个君主一样"。

【译文】

同就是不同的事物都有共同点。

例如，甲乙二人都看到了这根楹柱。甲乙二人为不同事物，而他们的共同点就是都看见了这根楹柱。又如群臣都听命于同一个君主，各个大臣是不同事物，都听命于同一个君主，这是他们的共同点。

【原文】

[经上 89] 同异交得①，放有无②。

[经说上 89] 同异交得③。于福家良恕④，有无也。比度⑤，多少也。免蚛还园⑥，去就也。鸟折用桐⑦，坚柔也。剑尤早⑧，死生也。处室子，子母⑨，长少也。两绝胜，白黑也⑩。中央、旁也⑪。论行行行学实，是非也⑫。难宿，成未也⑬。兄弟，俱适也⑭。身处志往⑮，存亡也。霍，为姓故也⑯。贾宜，贵贱也⑰。长短、前后、轻重。援。

【注释】

①同异交得：交得，交互得到。意为"'同'和'异'在同一事物中可以交互得到"。

②放有无：放，读 fāng，比方、仿照。意为"比方说在同一事物中'有'和'无'交互得到"。

③同异交得：用四字作为牒经标目字，是为特例。

④福：通"富"。恕："恕"的形讹字。（高亨：《墨经校诠》，第 88 页。）恕，同"知"。"良恕"即"良知"。

⑤比度：比较度量的结果。

⑥免蚛还园：当为"免轫还辕"。（高亨：《墨经校诠》，第 88 页。）免，

免除、解除。蚓（yǐn），"轫"的形讹字。轫（rèn），置于车轮前阻止车轮转动的木块。还，复还。辕，车辕。

⑦ 鸟折用桐：鸟，"茑"（niǎo）的假借字。（高亨：《墨经校诠》，第90页。）茑草，寄生在树木上的藤蔓植物。用，因。意为"茑草因缠绕在桐树上，当桐树被砍时也被连带折断"。

⑧ 剑尤早：当为"剑戈甲"。（孙诒让：《墨子间诂》，第353页。）尤，"戈"的形讹字。早，"甲"的形讹字。意为"剑和戈用以进攻，甲胄用以护体保命"。

⑨ 处室子，子母：处女，年少在家，年长后嫁人生子为母。处室子，处女。子母，生子为母。

⑩ 两绝胜，白黑也：有黑白两种颜料，白色压住黑色就显白色，黑色压住白色就显黑色，这就是"白"和"黑"共存。绝胜，绝对压倒。

⑪ 中央、旁也：由于参照物不同，"中央"和"旁侧"是相对的。这就是"中央"和"旁侧"共存。

⑫ 论行行行学实，是非也：当为"论行学实，是非也"，"行行"为衍字。（孙诒让：《墨子间诂》，第353页。）意为"一个人的言论和行动、学问和实践，有时为是，有时为非，这是'是'与'非'共存于一人"。

⑬ 难宿，成未也：难，疑为"鸡"之误。（高亨：《墨经校诠》，第91页。）宿，卧宿。意为"母鸡卧宿孵卵，小鸡尚未孵化出来，这是'成'与'未成'共存"。

⑭ 俱适也：完全适合于少长之序。适，适合。

⑮ 身处志往：身在此处，心却在另一个地方。

⑯ 霍，为姓故也：人姓霍，但不是"鹤"这种水鸟，这是姓（名）与故（实）并存。霍，通"鹤"。

⑰ 贾宜，贵贱也：卖价合适，必是对卖者而言足够"贵"，对买者而言足够"贱"，这是"贵"与"贱"并存。

【译文】

"同"和"异"有时可以从同一事物中一起得到，就如同从同一事物中可以同时得到"有"和"无"一样。

例如，富人有家财却没有良知，这是"有"和"无"并存。乙物比甲物数量多，同时又比丙物数量少，这是"多"和"少"并存。除去车轫，驾车出发，从此地到彼地，对此地而言是"去"，对彼地而言是"就"，这是"去"和"就"并存。砍伐桐树，必定折断缠绕在上面的茑草，桐木坚硬，茑草柔软，这是"坚"和"柔"并存。剑和戈用以进攻，甲胄用以护体，其目的是杀死敌人，保全自己的生命，这是"死"和"生"并存。处女年少在家，长大后嫁人，生子而为母亲，这是"长"和"少"并存。这里有白黑两种颜料，白色涂多了就可以遮蔽黑色而显出白色，黑色涂多了就可以遮蔽白色而显示黑色，这是"白"和"黑"并存。对某一参照物而言，此处是中央，彼处是旁侧；对于另一参照物而言，此处是旁侧，彼处却变成中央，这是"中央"和"旁侧"并存。人的言论和行动、学问和实践，有时是对的，有时是错误的，这是"是"与"非"并存。母鸡卧宿孵卵，小鸡尚未孵化出来，这是"成"与"未成"共存。兄弟三个人，老二是老大的弟弟，却是老三的兄长，并且合乎长少的次序，这是"兄"和"弟"并存。一个人身体在此处，心里却挂念的是彼处，也就是身体存在于此处而心却消失了，这是"存"和"亡"并存。这个人姓霍，而不是说这个人是霍（鹤）这种水鸟，这是"姓"（名）和"故"（实）并存。价格合适，对卖者而言必是足够的"贵"，对买者而言必是足够的"贱"，这是"贵"和"贱"并存。至于"长""短"并存、"前""后"并存、"轻""重"并存，也都可以援引上述事例而得到说明。

【原文】

[经上90] 闻①，耳之聪②也。

[经说上90] 循所闻而得其意，心之察也③。

【注释】

① 闻：闻知。

② 耳之聪：耳朵能听见和接受外界信息。

③ 循所闻而得其意，心之察也：孙诒让认为，本条"有经无说"；而姜宝昌认为，窜入《经上》（见孙诒让《墨子间诂》343 页）的"循所闻而得其意，心之察也"即是本条"经说"，且在本经说前补加牒经标目字"闻"，今从姜说。循，顺从。察，明察。意为"根据听到的信息，分析后可理解它的意义，这是大脑明察的结果"。

【译文】

因听闻而获得知识，这是耳朵特有的接收外界信息的官能。

"闻知"就是根据听到的外界信息，经过分析后可以理解这些信息的意义，这是大脑明察的结果。

【原文】

[经上 91] 言①，口之利②也。

[经说上 91] 执所言而意得见，心之辩也③。

【注释】

① 言：言语。

② 利：利器。

③ 执所言而意得见，心之辩也：孙诒让认为，《经上》本条"有经无说"；姜宝昌认为，窜入《经上》（见孙诒让《墨子间诂》343 页）的"执所言而意得见，心之辩也"即是本条"经说"，且在本经说前加牒经标目字"言"。今从姜说。执，把握。辩，辨析。意为"把握住自己的言语所要表达的思想，让听者明白自己所说的意见，这是大脑辨析的结果"。

【译文】

言语就是人们的口部特有的表情达意的利器。

把握住自己的言语所要表达的思想，让听者明白自己的真实意思，这是大脑辨析的结果。

【原文】

[经上 92] 诺①，不一利用②。

[经说上 92] 诺。超城员止也③。相从、相去、先知、是、可、五色④。正五诺，皆人于知有说⑤。过五诺，若负，无直无说⑥。用五诺，若自然矣。

【注释】

① 诺：应诺、承诺。

② 不一利用：根据语气有不同的用法。

③ 超城员止也：当为"负正也"。（孙诒让：《墨子间诂》，第 353 页。）超城：衍文。员止，当为"负正"的形讹字。负，不正确。正，正确。

④ 相从、相去、先知、是、可、五色：当为"相从、相去、先知、是、可、五也"，"色"为"也"之误。（孙诒让：《墨子间诂》，第 354 页。）相从，对于自己不知道的姑且表示依从。相去，对自己反对的暂且表示应诺。先知，自己事先已知道的作出应诺。是，自己完全同意的作出应诺。可，自己尚可接受的作出应诺。

⑤ 正五诺，皆人于知有说：使用正确的五种应诺，就是具备回答别人提出问题的有关知识，并且可以进行论证。正，正当、正确。说，论证、说辞。

⑥ 过五诺，若负，无直无说：过，过错、错误。负，背、背离。直，"知"的声讹字。（孙诒让：《墨子间诂》，第 355 页。）意为"错误地使用'五诺'，与'正五诺'相背离，不具有回答别人问题的知识，也不能对问题进行论证"。

【译文】

回应别人要求的"应诺"，根据语气的不同，可以分为各种不同的方法。

"应诺"就是对别人提出的问题，采取不正确的应答还是正确的应答。"应诺"可以分为五种：一是"相从"之诺，对别人提出的自己不知道的问题，姑且表示依从。二是"相去"之诺，自己对别人提出的问题表示反对，但暂作应答，留待以后再加陈述。三是"先知"之诺，即自己对别人提出的自己事先已知的问题作出应答。四是"是"之诺，即自己完全同意别人提出的意见而作出应答。五是"可"之诺，即自己对别人提出的问题尚可接受，而作出应答。要做到正确使用"应诺"，就是自己要具备回答别人问题的知识，而且还能对问题加以论证；不能正确地使用"应诺"方法，就是背离"正五诺"的方法，既不具备回答别人问题的知识，也不能对问题作出论证。要正确使用上述五种"应诺"方法，就要熟练地加以掌握，时间长了就能达到得心应手的自然地步。

【原文】

[经上 93] 服，执、說、音利。①

[经说上 93] 执服难成②，言务成之③，九则求执之④。

【注释】

① 服，执、說、音利：当为"服，执、說、言利"。（孙诒让：《墨子间诂》，第 354 页。）服，心服、服膺。执，执持、坚持。說（ní），伺察。言利，言语利器。

② 执服难成：当为"执难成"，"服"字当提到前面作为本经说的牒经标目字。（谭戒甫：《墨辩发微》，第 189 页。）意为"双方都固执己见就无法分清是非"。

③ 言务成之：辩论的目的在于务必分清是非。

④ 九则求执之：当为"說则求执之"。（孙诒让：《墨子间诂》，第 354 页。）意为"既要察言观色，又要坚持己见"。

【译文】

在辩论中，要使对方心悦诚服地接受自己的意见，既要伺察对方言语的漏洞予以驳斥，坚持自己的正确意见，又要察言观色，充分发挥好语言利器的作用。

如果双方各执己见，谁也说服不了谁，就难以分清是非，而辩论的目的就是为了分清是非。为了达到分清是非的目的，要求辩者既要察言观色，又要坚持己见。

【原文】

[经上 94] 法同则观其同，巧转则求其故①。

[经说上 94] 法。法取同，观巧传②。

【注释】

① 法同则观其同，巧转则求其故：此句本为两段，而且下半句在上半句前，高亨据《墨经》排列规则予以调整。（高亨：《墨经校诠》，第 97—98 页。）法，法则、标准、规律。巧转，指偷换概念和论题。

② 传：读 zhuǎn，即"转"。（高亨：《墨经校诠》，第 98 页。）转，转换、改变。

【译文】

运用同一法则和标准对研究对象进行研究论证，必须认真观察和寻找它们之间的共同点。对于出现偷换概念或论题的情况，要认真探求发生这种情况的原因。

既要注意运用同一法则和标准研究和论证众多事物，又要注意偷换概念或论题的情况发生。

【原文】

[经上 95] 法异则观其宜①。

[经说上 95] 法。取此择彼，问故观宜②。以人之有黑者有不黑者也，止黑人③，与以有爱于人有不爱于人，心④爱人，是孰宜⑤？

【注释】

① 宜：合适。

② 取此择彼，问故观宜：对于此类事物采取此种法则和标准，对于彼类事物选择彼类法则和标准，这就要究问和弄清不同事物所以不同的缘故，然后才可针对不同事物采用合适的法则和标准。

③ 止黑人：阻止出现面色发黑的人。止，阻止。

④ 心："止"之误。（张惠言：《墨子经说解》，第 344 页。）

⑤ 是孰宜：这怎么能说是合适的呢？是，指"止黑人"和"止爱人"。

【译文】

对于不同事物进行研究选择不同法则和标准，就要仔细观察和分析所采取的法则和标准是否合适。

对于此类事物采取此类法则和标准，对于彼类事物则选择彼类法则和标准，这就要究问和弄清不同事物所以不同的缘故，然后才可针对不同事物采用合适的法则和标准。例如，以人的面色有黑的和不黑的为理由，就想去阻止面色发黑的人的出现；又以人有关爱别人和不关爱别人的为理由，去阻止那些关爱别人的人对别人施以关爱。这样去做怎么能说是合适呢？

【原文】

[经上 96] 止，因以别道①。

[经说上 96] 心②。彼举然者，以为此其然也，则举不然者而问③之。

【注释】

① 止，因以别道：止，停止、止息。以，同"已"。别，辨别。意为"辩论所以停止，是因为事物的道理已经辨别清楚"。

② 心：当为"止"之误。（梁启超：《墨经校释》，第 339 页。）

③ 问：反问、问难。

【译文】

辩论之所以停止，是因为关于某些事物的道理已经辨别清楚。

彼方举出少数事物具有如此的性质，进而认为凡属同类事物都具有如此性质，这种由简单枚举归纳推理得出的结论必然是以偏概全；此方可以举出一个属于同种事物而不具有如此性质的例子加以反驳问难，那么彼方就会哑口无言。

【原文】

[经上 97] 正，无非。

[经说上 97] 若圣人有非而不非。

【译文】

正确就是没有错误。

就像圣人那样，有时会作出常人不能理解的判断，从而被认为他们这种判断是错误的；其实这是由于别人一时不理解所致，并不是真正的错误。

第三十九、四十篇　经下、经说下

【题解】

本篇共有 82 条。与《经上》《经说上》稍有不同的是：《经下》《经说下》在对定理原则进行阐述时，更注重论证过程以及辩驳儒家、名家等其他学派的观点。

在自然科学方面，本篇重点探讨了光学和力学问题。在光学方面，《墨经》全面系统地论证了光的直线传播特性、物影的生成、双影的生存、小孔成影（像）、光的反射现象，以及物影大小所关涉的条件、平面镜成像、凹面镜成像和凸面镜成像等众多原理，建立起一个完整而深刻的几何光学体系。直到今天，仍是不易之论。

在力学方面，墨家研究了桔槔取水，对物重与用力的大小与重、力两臂的长短进行了论证说明，从中发现了杠杆平衡原理。墨家还分析了斜梯受力情况，明确认识到可以用增大距离的代偿来换取减少用力的方法来提高功效，只是没有用数学公式来说明省力不省功的情况。

【原文】

[经下 1] 止①，类以行人②。说在同③。

[经说下 1] 止。彼④以此其然⑤也，说是⑥其然也。我以此其不然也，疑是其然也。此然是必然，则俱⑦。

【注释】

① 止：墨家逻辑中的一种重要反驳方式，即驳倒对方终止辩论。

② 类以行人：当为"类以行之"，"人"为"之"误。（孙诒让：《墨子间诂》，第 319 页。）类，同类。

③ 同：指同类事物中所包含的反面例证。

④ 彼：辩论对方。

⑤ 其然：这种性质和特点。

⑥ 是：所有、所有的。

⑦ 此然是必然，则俱：如果对方举出的同类事物的全部对象都具有某一性质的特点，那就是完全归纳推理论。

【译文】

在辩论中，要想驳倒对方，从而结束辩论，必须以同类事物中的反面例证加以驳斥，因为同类事物中的反面例证可以推翻简单枚举归纳推理得出的结论。

例如，对方列举出同类事物中几个具体事物作为例证，经过简单枚举推理方式，就得出凡属于同类事物都具有某种性质和特点的结论。对此，我就可以举出同类事物中的反面例证，说明这类事物并不都具有这一性质和特点，从而怀疑对方的一般性结论。如果对方举出了同类事物的全部对象都具有某种性质和特点，那就是完全归纳推理，结论当然是正确的。

【原文】

[经下 2] 推类①之难，说在之大小②。

[经说下 2] 谓四足兽③，与生鸟与，物尽与④，大小也。

【注释】

① 推类：狭义指类比推理，包括譬（譬喻式类比推理）、侔（比较相似词句的类比推理）、援（援引对方的类比推理）、推（归谬式类比推理）等；广义指"推理""推论"，包括演绎、归纳和类比等。

② 大小：指事物的类别有大小不同。

③ 谓四足兽：本句前脱"推"字。（高亨：《墨经校诠》，第 108 页。）四足兽，四足一类的动物。

④ 与生鸟与，物尽与：当为"与牛马异，物尽异"。（孙诒让：《墨子间诂》，第 356 页。）生鸟，"牛马"的形讹字。两个"与（与）"为"异"之误。意为"说到四足兽这一类，即不同于牛马这个类，也有别于'物'这个类"。

【译文】

在推理中会经常遇到困难，因为据以推理的类别有大小的区别。

例如，人们所说的"四足兽"这个类概念，与"牛马"这个类概念不同，因为前者属于"属"概念，后者属于"种"概念。物的类更不同于"四足兽"和"牛马"的类，因为物是范畴概念，类外延最大，而"四足兽"类外延较小，"牛马"的类外延更小。

【原文】

[经下 3] 物尽同名①。二与鬭、爱、食与招、白与视、丽与、夫与履②。

[经说下 3] 为麃同名，俱斗，不俱二，二与斗也③。包、肝肺，子爱也④。橘茅，食与招也⑤。白马多白，视马不多视，白与视也⑥。为丽不必丽，不必丽与暴也⑦。为非以人是不为非，若为夫勇不为夫，为屦以买衣为屦，夫与屦也⑧。

【注释】

① 物尽同名：事物常有名称相同而内容不尽相同或完全不同的情况。

② 二与鬭、爱、食与招、白与视、丽与、夫与履：当为"二与斗、子与爱、食与招、白与视、丽与暴、非夫与屦"。据本条《经说》所说，"爱"

之前脱"子与"二字；"丽与"后脱"暴"字；"夫与屦"前脱"非"字，且"屦"当为"屦"。

③为麋同名，俱斗，不俱二，二与斗也：高亨认为"同名"应提到"为麋"前作为牒经标目字。（高亨：《墨经校诠》，第109页。）孙诒让将本句断为"同名，马麋俱斗，不俱二，二与斗也"，认为"为"为"马"的形讹字。（孙诒让：《墨子间诂》，第356页。）意为"一马与一麋相斗，可以说'马麋俱斗'，不能说'马麋俱二'因为'马麋俱二'是说有二马二麋。因此说'马麋俱斗'与'马麋俱二'句式相同，但意义不同。这是句式相同而意义不同的例子"。

④包、肝肺，子爱也：包，通"胞"，指胎儿。胎儿在胎衣中如同在包中。子爱也，当为"子与爱也"。（姜宝昌：《墨经训释》，第141页。）子，"慈"之误。慈，慈爱。意为"孕妇慈爱腹中的胎儿与珍爱自己的肺肝，都是爱，但略有不同：慈爱胎儿是爱别人，珍爱肺肝是爱自己"。

⑤橘：当为"楸"。（孙诒让：《墨子间诂》，第356—357页。）楸，木瓜树，所结木瓜可食。茅：指菅（jiān）茅，可用来滤酒，用作招神之物。

⑥白马多白，视马不多视，白与视也：视，看。意为"白马身上很多白毛，可以说'白马多白'；'看马'一看便知，无须多看，因而不能说'视马多视'。'白马多白'与'视马多视'句式相同，但意义不同"。

⑦为丽不必丽，不必丽与暴也：当为"为丽不必丽，为暴不必暴，丽与暴也"。（张其锽：《墨经通解》，载任继愈、李广星主编《墨子大全影印本第三十九册》，北京图书馆出版社2004年版，第159页。以下简称为"张其锽：《墨经通解》"。）第一个"丽"指"偶丽"，即"两两相附的'俪'"，此指"伉俪"；第二个"丽"指美丽。第一个"暴"指"残暴""暴虐"；第二个"暴"意同"晞"（xī），暴露。

⑧为非以人是不为非，若为夫勇不为夫，为屦以买衣为屦，夫与屦也：当为"为非以人是不为非，若为夫以勇是不为夫，为屦以买是不为屦，非夫与屦也"。（孙诒让：《墨子间诂》，第357页。）为夫，下脱"以"。勇，后脱"是"。以买，后脱"是"。衣，"不"的形讹字。夫与屦也，前当有"非"字。夫，丈夫，与"妇"对言，又指勇夫。屦（jù），鞋。

【译文】

事物常有名称相同而内容不尽相同或完全不同的情况。"二与斗"属于句式相同而意义不同之类；"子与爱"属于同义词而其义略有不同之类；"食与招"属于同音词而其意义完全不同之类；"白与视"属于句式相同而意义不同之类；"丽与暴"属于名称相同而意义不同之类；"非、夫与屦"都属于句式相同而意义不同，而其中"夫"又属于名称相同而内容不同之类。

一马与一麋相斗，可以说"马麋俱斗"，不能说"马麋俱二"，因为"马麋俱二"是指二匹马二只麋。"马麋俱斗""马麋俱二"，这是句式相同而意义不同的例证。孕妇慈爱腹中的胎儿和珍爱自己的肺肝，都是爱，但这两种爱略有不同：慈爱胎儿是爱别人，珍爱肺肝是爱自己。"爱胎儿之爱"与"爱肺肝之爱"，这是两个同义词但意义又不完全相同的例证。楸树所结木瓜可以食用，而菅茅只能用来招神。"可食之'楸'"与"招神之'茅'"，这是音同而意义完全不同的例证。白马身上有很多白毛，可以说"白马多白"；"看马"一看便知，无须多看，因而不能说"视马多视"。"白马多白"与"视马多视"，这是句式相同而意义不相同的例证。作为伉俪的夫妇，相貌不一定美丽；而暴虐的人也不一定经常暴露出暴虐的本性。伉俪（丽）之"丽"与美丽之"丽"，暴虐之"暴"与暴露之"暴"，这是名称相同而内容不同的例证。自己的行为虽有过失，但是出于别人的胁迫，如果从宽处理，可以不作为过失。某人在战场上无愧于勇夫的称号，但在家中未必就是称职的丈夫。声称自己做鞋，却是去买鞋，当然这不是自己制作鞋。"为非以人是不为非"，"为夫以勇是不为夫"，"为屦以买是不为屦"，这三句是表达句式上完全相同但在表达内容上各不相同的例证。

【原文】

[经下 4] 不能而不害①，说在害。

[经说下 4] 举不重，不与箴，非力之任也②。为握者之顑倍，非智之任也③。若耳目④。

【注释】

① 不能而不害：人都有不能胜任的事情，这并没有什么伤害。

② 举不重，不与箴，非力之任也：当为"不。举重，不与箴，非力之任也"。（梁启超：《墨经校释》，第350页。）"不"提前，为牒经标目字。箴，即"鍼"，同"针"。任，事。意为"有人可以举重物却不能运针缝衣裳，因为用针缝衣裳不是用力气的事情"。

③ 为握者之颎倍，非智之任也：握，握持。颎（hōng），当为"觭"的形讹字。（孙诒让：《墨子间诂》，第360页。）觭（jī），即"奇"，奇数，单数。倍，此指偶数。意为"计数的人手握筹码让人猜是单数还是偶数，即使是智者也未必猜中，因为这不是运用智慧的事"。

④ 若耳目：就像人的耳朵和眼睛，各有其固有功能。

【译文】

人们都有自己不能胜任的事务，这并没有什么害处，原因在于尽管他们不能胜任那些事务，但这不妨碍他们去做好自己能够胜任的事务。

例如，有人可以举起重物，却不能用针缝衣服，因为用针缝衣服，并不需要大力气。射覆游戏是手握筹码的人，让众人猜是单数还是偶数，即使是智者也不一定猜中，因为这不是运用智慧的事情。这就好比人的耳朵和眼睛，各有固定的功能，不能互相取代，不能因为耳不能看、眼不能听，就质疑耳目的原有功能。

【原文】

[经下5] 异类不吡，说在量①。

[经说下5] 异。木②与夜孰长？智与粟孰多？爵、亲、行、贾③四者孰贵？麋与霍孰高？麋与霍孰霍？蚓与瑟孰瑟④？

【注释】

① 吡：古通"比"，比较。量：量度单位和标准。

② 木：树木。

③爵、亲、行、贾：爵位、亲情、品行、物价。贾，通"价"，指物价。

④麋与霍孰高？麋与霍孰霍？蚓与瑟孰瑟：孙诒让认为："麋与霍孰霍"为衍文，改后为"麋与霍孰高？蚓与瑟孰瑟"。（孙诒让：《墨子间诂》，第360页。）霍，即"鹤"的异体字。蚓（yīn)，"蚓"的异体字。蚓，蚯蚓。第一个"瑟"，指弹拨乐器"瑟琴"。第二个"瑟"，瑟缩。

【译文】

不同类别的事物不能进行比较，因为他们各自使用的度量单位和标准不同。

例如，不能说，树木与夜晚哪一个更长？智慧与粟米哪一个更多？爵位、亲情、品行、物价哪一个更贵重？麋鹿与仙鹤那一个更高？蚯蚓与瑟琴哪一个更瑟缩？

【原文】

[经下6] 一偏弃之，谓而固是也，说在因①。

[经说下6] 二与一亡②。不与一在，偏去未③。有文实也，而后谓之；无文实也，则无谓也④。不若敷与美⑤。谓是，则是固美也；谓也，则是非美。无谓，则报也⑥。

【注释】

①一偏弃之，谓而固是也，说在因：一偏，"一"相对"二"而言是部分，"偏"相对"体"而言也是部分。弃，去掉。固，本来。因，依据、依凭。意为"一个整体去掉一部分，留下一部分。事实本来就是这样，理由在于，必须以客观事实为依据"。

②二与一亡：当为"一。一与，一亡。"二，应为"一。一"，原文误将两个"一"合为"二"。（梁启超：《墨经校释》，第346页。）与，"舉（举）"的形讹字，选、选用。亡，丢弃。

③不与一在，偏去未：当断句为"不与，一在，偏去未"。（姜宝昌：《墨

经训释》，第149页。）不与即"不举"，指"体"之损者。一在，"体"之存者。偏去未，"偏去未偏去"的省语。

④ 有文实也，而后谓之；无文实也，则无谓也：前后两个"文"字，当为"之"的形讹字。（孙诒让：《墨子间诂》，第358页。）实，事实。谓，称谓、称呼。

⑤ 不若敷与美：敷，敷陈。美，赞美。意为"不能像敷陈和赞美事物那样随意夸大"。

⑥ 谓是，则是固美也；谓也，则是非美。无谓，则报也：前后两个"美"，都做"正确"讲。谓也，当为"谓非"。（王树枏：《墨子斠注补正》，第510页。）无谓，无所谓是与非。报，报告、说明。

【译文】

一个整体去掉一部分，还留下一部分。事实本来就是这样。我们论证一个道理，必须依据客观事实，不可掺杂主观因素。

一个整体可以分成留下的和去掉的两部分。或者这部分去掉，那部分留下；或者这部分留下，那部分去掉。去掉的那部分叫"偏去"，留下的那部分叫"未偏去"。有这样的事实，就用这样的名称去称呼它；没有这样的事实，就不能用这样的名称称呼它，而不可以像敷陈和赞美事物那样随意夸大其词。如果说某事物好，是因为这事物原本就是好的；如果说某事物不好，是因为这事物原本就是不好的。如果某事物无所谓好与不好，也应当如实加以说明，不应当随意夸大和缩小。

【原文】

[经下7] 不可偏去而二①，说在见与俱、一与二、广与脩②。

[经说下7] 见不见离，一二不相盈，广脩坚白③。

【注释】

① 不可偏去而二：二，全、兼、整体。偏去，偏废、去掉一部分。意为"石头的'白'与'坚'两种性质共存于一体，不可偏废"。

② 见：仅得一石"坚白二性"的一种。俱：俱得一石"坚白二性"。一：指一石。二：指坚白二性。广：宽。脩：同"修"，长。

③ 见不见离，一二不相盈，广脩坚白：当为"不。见不见离，一二相盈，广脩坚白"。（高亨：《墨经校诠》，第114页。）"不相盈"之"不"移到"离"前，为牒经标目字。离，分离。盈，包容、包含。

【译文】

石头的"白"与"坚"两种性质共存于一体，不可偏废。原因在于眼睛看到了石头的白性，经过大脑的联想就会得知石头的坚性；手触摸石头感知到了石头的坚性，经过大脑的联想也会得知石头的白性。坚白二性共存于同一石头之中，如同一个平面必然包容了宽和长一样。

尽管眼睛仅看见石头的白性而看不到石头的坚性，或者用手仅能感知石头的坚性而眼睛看不见石头的白性，但石头的坚性和白性两种性质都不会分离，因为坚白两种性质本来就是包容在同一石头之中，正如宽和长都包容在同一个平面之中一样。

【原文】

［经下8］偏去莫加少①。说在故②。

［经说下8］偏：俱一无变。

【注释】

① 加少：减少。

② 故：原先、原有。

【译文】

一个整体去掉一部分，留下一部分，从总量来看并没有减少，因为把留下的部分与去掉的部分相加，还是原来的那个整体。

留下的和去掉的部分，都是原来整体的一部分。就数量而言，留下的部分和去掉的部分的相加之和，与原先整体的数量并没有不同。

【原文】

[经下 9] 假必悖①。说在不然②。

[经说下 9] 假。假必非也，而后假③。狗假霍也，犹氏霍也④。

【注释】

① 假：虚假，与"真"相反。悖：悖谬、背离。

② 然：事实、真相。

③ 假必非也，而后假：当断句为"假必非也而后假"。（姜宝昌：《墨经训释》，第 154 页。）第一个"假"，假借之词。第二个"假"，假借。意为"虚假之词必定不会符合事实，唯其不符合事实，才会被用于假借"。

④ 霍：同"鹤"。犹：如同。氏：姓氏

【译文】

虚假之词背离客观事实，因为客观事实本来不是这样的。

凡属于假借之词，必定不符合事实真相，唯其不符合事实真相，才会被用于假借。例如，人可以把鹤的名称假借给狗当狗名，但狗就是狗，绝不是鹤，这与人假借霍（鹤）当作姓氏相类似：霍（鹤）只是这个人区分于他人的一个姓氏罢了，与"鹤"并没有什么实质联系。

【原文】

[经下 10] 物之所以然①，与所以知之，与所以使人知之，不必同。说在病。

[经说下 10] 物或伤之，然也。见之，智也。告之，使智也②。

【注释】

① 所以然：造成这种现状的原因。

② 物或伤之，然也。见之，智也。告之，使智也：当改为"物。或伤之，所以然也。见之，所以知也。告之，所以使知也"。（孙中原：《墨子解读》，中国人民大学出版社 2013 年版，第 97 页。以下简称为"孙中原：《墨

子解读》"。）物，牒经标目字。伤，受伤。"然也""知也""使知也"都省略
了"所以"二字，当补。智，同"知"。

【译文】

构成某一事物的原因，和了解这一事物及成因的途径，以及让别人了
解这一事物及成因的方式，都不一定相同，例如某人生病。

某人受到意外伤害，这是他生病的原因。亲眼看到他受伤而生病的情
景，这是了解这个人受伤生病原因的途径。把所知道的这个人的病况转告别
人，这是让别人知道这件事情的方式。

【原文】

[经下 11] 疑。说在逢、循、遇、过①。

[经说下 11] 疑逢为务则士②；为牛庐者夏寒③，逢也。举之则轻，废
之则重，非有力也。沛从削，非巧也。若石羽，循也④。斗者之敝⑤也以饮
酒，若以日中⑥，是不可智也，愚⑦也。智与？以已为然也与？愚也⑧。

【注释】

①疑。说在逢、循、遇、过：当改为"疑：说在逢、循、遇、过"。疑，
怀疑。逢，遭逢。循，循顺。遇，偶遇。过，过去、已过。

②疑逢为务则士：疑，当单列为牒经标目字。务，事务。士，同
"仕"，任事，即小吏。意为"碰到一个勤恳做事的人，就猜想他是一个下层
官吏"。

③为牛庐者夏寒：庐，寄，寄居。寒，凉。意为"遇到搭建牛棚的人
就联想到夏天可以为牛纳凉"。

④举之则轻，废之则重，非有力也。沛从削，非巧也。若石羽，循也：
当为"举之则轻，废之则重，若石羽，非有力也。沛从削，非巧也。循也"。
（谭戒甫：《墨辩发微》，第220—221页。）废，放置。沛，削下的木片。（张
惠言：《墨子经说解》，第356页。）削，以刀削木。

⑤敝：落败、打败。

⑥若：或。日中：指"市场"。《易·系辞下》："日中为市。"（宋祚胤：《周易校注》，岳麓书社 2011 年版，第 369 页。以下简称为"宋祚胤：《周易校注》"。）

⑦愚：当为"遇"。（孙诒让：《墨子间诂》，第 362 页。）

⑧智：智者。已：过去的经验。然：正确。愚：当为"过"。

【译文】

怀疑有时正确，有时错误，属于不确定的知识，可分为四个方面的表现：一是遭"逢"之疑，二是"循"顺之疑，三是偶"遇"之疑，四是已"过"之疑。

具体来讲，碰到一个勤恳做事的人，就猜想他是一个下层小吏。遇到搭建牛棚的人，就联想到夏天可以让牛纳凉。这就是遭"逢"之疑。用手托举羽毛，羽毛可飘然上天，把重石放到地上，重石可轰然落地，这都与人的力气大小无关。用刀削木头，木屑纷纷落地，这与人的工巧也无关。有人怀疑这些都与用力和工巧有关，这就是因为不明白因循事物自然之理而产生的怀疑，叫作"循"顺之疑。偶然碰到打架斗殴的失败者，有人猜想他可能因为饮酒过量才与人发生了争吵打斗，有人却怀疑他在市场上因谈生意而与别人发生争吵打斗。这种因偶然遇到某事而发生的怀疑叫作偶"遇"之疑。有人自以为聪明非凡，有人却认为他把自己以往的经验，都看作是正确的，这本身就值得怀疑，这就叫作已"过"之疑。

【原文】

[经下 12] 合与一，或复否①，说在拒②。

[经说下 12] 无说。

【注释】

①合与一，或复否：当断句为"合，与一或复否"。（姜宝昌：《墨经训释》，第 159 页。）合，指几何图形的相合、相等。一，指一个"共同标准"。复，重合。

② 拒：当为"矩"。（孙诒让：《墨子间诂》，第 321 页。）

【译文】

比较两个几何图形是否相合，可以看它们与一个共同的标准是否相重合，例如，可用矩尺来比较两个或若干个方形是否相等。

【原文】

[经下 13] 欧物①，一体②也，说在俱一③，惟是④。

[经说下 13] 俱⑤。俱一，若牛马四足。惟是，当牛马。数牛，数马，则牛、马二；数牛马，则牛马一。若数指，指五而五一⑥。

【注释】

① 欧物：当为"敺物"。欧为"敺"的形讹字。（王闿运：《墨子注》，第 573 页。）敺即"驱"，通"区"，区分、划分。

② 一：统一性。体：特殊性。

③ 俱一：墨家逻辑常用术语，指"集合本身所具有的整体性质"。

④ 惟是：墨家逻辑常用术语，指"集合中的元素"。

⑤ 俱：当为"伛"之误。（谭戒甫：《墨辩发微》，第 225 页。）伛，"区"的形派字，牒经标目字。

⑥ 若数指，指五而五一：如同数算手指头，分开说是五个手指头，合起来说是一只手。

【译文】

人们区分事物的种类，既要研究其统一性，又要研究其特殊性，因所有事物既共具统一性，又各具特殊性。

事物具有统一性，例如牛和马，它们同属于四足的畜类动物。事物具有特殊性，还举牛和马，牛有两角而马没有角，因而它们又属于不同物种。换句话说，从不同物种的角度来看，数算牛数算马，牛和马是两个物种；从共属于同类角度来看，数算牛和马，牛马又是一类动物。这就如同数算手指，分开数就是一只手上有五个指头，合起来说就是五个指头合为一只手。

【原文】

[经下 14] 宇①，或徙②，说在长宇久③。

[经说下 14] 长宇④。徙而有处⑤，宇。宇南北在旦有在莫⑥，宇徙久⑦。

【注释】

① 宇：空间。

② 或徙：物质如"日月星辰都在不断地运动"，即物质在空间位置发生转换。（张知寒：《读墨余论》，山东友谊出版 1999 年版，第 92 页。以下简称为"张知寒：《读墨余论》"。）或，同"域"，"域"又同"宇"，指宇宙区域空间。徙（xí），移动、转换。

③ 长宇久：久，时间。意为"位移短，历时也短；位移长，历时也长"。

④ 长宇：牒经标目字。为避免与《经说上 40》重复，故加上"长"字以区别。

⑤ 徙而有处：处，处所、某一空间位置。意为"无数运动的物质必定占有一定空间位置"。

⑥ 莫：即"暮"。

⑦ 宇徙久：空间位置转换与时间密不可分。

【译文】

空间由物质的位置转换表现出来，而位置转换，又与时间的迁延相对应，原因在于位置转换短，历时也短，位置转换长，历时也长，空间和时间密不可分。

尽管物质，比如日月星辰，在运动中不断转换位置，但在任何一个时间点，它总是处在某个固定位置。无穷个固定位置的总和，即构成了整个空间。具体的空间如东西南北，总是与具体的时间古今旦暮联系在一起，即物质必定在一定的空间里运动，而运动的物质又必定占据一定的时间，因而空间和时间是物质运动的基本表现形式。

【原文】

[经下 15] 不坚白①。说在无久与宇②。

[经说下 15] 无说。

【注释】

① 不坚白：即"离坚白"，见于《公孙龙子·坚白论》："视不得所坚而得其所白者，无坚也；抚不得其所白而得其所坚，得其坚也。""得其白，得其坚，见与不见谓之离，一二不相盈，故离。"（庞朴：《公孙龙子研究》，中华书局 1979 年版，第 38—39 页。以下简称为"庞朴：《公孙龙子研究》"。）公孙龙子认为：眼睛看见石头的白性而看不见石头的坚性，用手抚石可感知石头的坚性却看不到石头的白性，因而石头的坚白二性不是共存于一体的，而是相互分离的。墨家主张"盈坚白"，反对公孙龙子的"离坚白"。

② 无久与宇：不存在时间和空间共处一体的事实。

【译文】

公孙龙主张"离坚白"，认为眼睛看见了石头的白性，却看不见石头的坚性，用手抚石感知到石头的坚性却感知不到石头的白性，那么石头的"坚白"二性是相互分离的，而不是相互包容的，原因在于不存在时间与空间共处一体的事实。既然时间与空间可以分离，石头的"坚白"二性也可以分离。墨家认为"离坚白"荒谬绝伦，因为石头的"坚白"二性不可分离。

【原文】

[经下 16] 坚白，说在因①。

[经说下 16] 无坚得白②，必相盈也。

【注释】

① 因：因依、依凭。

② 无坚得白：当为"坚，无坚得白"。（高亨：《墨经校诠》，第 125 页。）无，通"抚"。（姜宝昌：《墨经训释》，第 164 页。）

【译文】

石头的坚与白两种性质不可分割，原因在于坚与白这两种性质互相依存，融为一体。

用手抚摸石头，可以感知石头的坚性，同时通过大脑的联想又可感知石头的白性；以目视石，可以看清石头的白性，同时通过大脑的联想又可感知石头的坚性，因而可以断定，石头的坚性和白性必然相互包容在同一石头中，二者须臾不可分离。

【原文】

[经下 17] 在诸其所然未者然①，说在于是推之②。

[经说下 17] 在尧善治③，自今在诸古也。自古在之今，则尧不能治也。

【注释】

① 在诸其所然未者然：当为"在诸其所然未然者"，"者然"当为"然者"。（高亨：《墨经校诠》，第 126 页。）诸，即"之于"。在，考察。所然，即"所以然者"。

② 是：指"所以然者"。推：推论。

③ 在尧善治：当为"在。尧善治"，"在"为牒经标目字。

【译文】

考察已出现的社会现象和尚未出现的社会现象，可以运用类推这一方法，从已知社会现象推导出尚未出现的社会现象。

"尧善治"这一判断命题，是站在现在人的立场去考察古代社会现实情况而得出的结论；如果是从古代人的立场出发，把尧放到当今社会现实情况下加以考察，就会得出"尧不能治"的相反结论。

【原文】

[经下 18] 景不徙，说在改为①。

[经说下 18] 景。光至景亡②。若在，尽古息③。

【注释】

① 景不徙，说在改为：景，读为"影"，通"影"。改，改易、更改。意为"物体遮蔽光源形成的影子是不动的。影子移动是光源和物体相对位置改变造成的"。

② 光至景亡：亡，消失。意为"光源与物体的相对位置改变到一定程度，影子就会消失"。

③ 尽古：终古。息：停止。

【译文】

物体遮蔽光源形成的影子是不动的，人们之所以认为影子移动，是因为光源与物体的相对位置发生改变的结果。

如果物体移动，光源没有移动，那么原处的影子一定会消失。如果物体和光源都没有移动，那么这个影子将永远停留在原处。

【原文】

[经下 19] 景二，说在重①。

[经说下 19] 景。二光夹一光②。一光者景也。

【注释】

① 重：二重光源。

② 二光夹一光：两个光源形成的两个半影，夹持一个本影。

【译文】

一个物体有时出现两个影子，原因在于两个光源照射到同一物体上。

如果将两个光源平行地置于某一物体的前上方，就会在物体的两侧出现两个因二次性光照形成的长而虚的影子，而在物体的正面一侧，就会在两光夹持的死角形成一个短而实的半影。

【原文】

[经下 20] 景到①，在午有端②，与景长，说在端。

[经说下 20] 景。光之人煦③若射。下者之④人也高，高者之⑤人也下。足敝⑥下光，故成景于上；首蔽上光，故成景于下。在远近有端与⑦于光，故景障⑧内也。

【注释】

① 到：读"倒"，古通"倒"。（姜宝昌：《墨经训释》，第169页。）

② 午：交午、相交。端：点。

③ 煦：当为"照"。（曹耀湘：《墨子笺》，第605页。）

④ 之：到。

⑤ 之：到。

⑥ 敝：通"蔽"。

⑦ 与：通"预"，参与、涉及。

⑧ 障（zhàng）：同"障"，阻挡、遮挡。

【译文】

光线交叉穿过隔屏小孔，必定在映幕上形成一个倒影。反光物体和映幕同隔屏上小孔的距离，关系到倒影的大小。假如隔屏小孔距光体近而距映幕远，那么所形成的倒影就较大；假如隔屏小孔距光体远而距映幕近，那么所形成的倒影就较小。出现倒影的关键在于屏孔很小。

就小孔形成人影而言，光线皆以直线前进的方式从光源照到人身上，就如同很多箭矢从弓弦上射出一样。经过人体下部的光线，穿过屏上小孔，投影在映幕上部；经过人体上部的光线，穿过屏上小孔，投射在映幕下部。这是因为人足遮蔽了射至人体下部的光线，所以成影于映幕上部；人首遮蔽了射至人体上部的光线，所以成影于映幕下部。由此可知，因为有了小孔，并且使小孔与物体、映幕的距离远近适度，这是光线能够在隔屏小孔处交汇贯穿的关键所在。如果不具备这一条件，就不能在隔屏后面的映幕上形成倒影。

【原文】

[经下 21] 景迎①日，说在抟②。

[经说下 21] 景。日之光反烛③人，则景在日与人之间。

【注释】

① 迎：面向、迎接。

② 抟 (tuǎn)：转动、反转。

③ 烛：照、照射。

【译文】

日光照射到平面镜上，又反转照射到人身上，就会形成人影迎向日光的现象，其形成原理就在于光的反射功能。

日光照射到平面镜，再反射到人身上形成的影子，一定会处在人与日之间。

【原文】

[经下 22] 景之小、大，说在地正①远近。

[经说下 22] 景。木杝，景短、大②；木正，景长小。大小于木③，则景大于木。非独小也，远近。

【注释】

① 地正：当为"杝正"。（孙诒让：《墨子间诂》，第 328 页。）杝 (yí)，同"迤"，斜。

② 景短、大：当断句为"景短大"，即"景短而大"。（姜宝昌：《墨经训释》，第 174 页。）

③ 大小于木：当为"光小于木"。（孙诒让：《墨子间诂》，第 365 页。）

【译文】

被同一光源照射的物体，其影子会有大小不同，其原因在于物体放置有时斜有时正，以及光源距离物体有时远有时近。

例如，用烛光照射一根立木，会因立木的正斜和烛光的长短以及照射的远近出现以下六种情况：如果立木倾斜，就会形成较短而且较粗较深的影子；如果立木正直，就会形成较长而且较细较浅的影子；如果烛光长度比立木长度短，就会形成长度长于立木的影子；如果烛光长度比立木长，就会形成长度短于立木的影子；如果烛光距离立木较远，就会形成较小的影子；如果烛光距离立木较近，就会形成较大的影子。

【原文】

[经下23] 临鑑而立，景到，多而若少，说在寡区①。

[经说下23] 临正鉴②，景寡。貌能、白黑、远近、杝正③，异于光鑑，景当俱就，去亦当俱④。俱用北。鑑者之臭，于鉴无所不鉴⑤。景之臭无数，而必过正。故同处，其体俱，然鑑分⑥。

【注释】

① 临鑑而立，景到，多而若少，说在寡区：本经文原窜入《经下14》之前，依经说内容移于此处。（谭戒甫：《墨辩发微》，第248页。）鑑，即"鉴"，镜，此指平面镜。景到，即"影倒"。寡，少。区，面。

② 临正鉴：当断句为"临。正鉴"。（姜宝昌：《墨经训释》，第176页。）鉴，同"鑑"。正鉴，平面镜。

③ 能：通"态"。白黑：指像体颜色浓淡。杝正：斜正。杝：同"迆"，斜。

④ 异于光鑑，景当俱就，去亦当俱：当断句为"异于光。鑑影当俱，就去亦当俱"。（姜宝昌：《墨经训释》，第176页。）当，相当。就，从。去，离开。亦（ěr），同"亦"。

⑤ 鑑者之臭，于鉴无所不鉴：当断句为"鑑者之臭于鑑，无所不鑑"。（姜宝昌：《墨经训释》，第176页。）鑑者，即"被鑑者"，指物体、人体。臭，"臬"之形讹字。臬，射的，此指影。下句"臭"同"臬"。

⑥ 其体俱，然鑑分：当断句为"其体俱然，鑑分"。（姜宝昌：《墨经训释》，第176页。）

【译文】

物体放置在平面镜之前，必在镜后生成倒置的虚像。两平面镜交角越大，所生虚像数目越少。相反，两平面镜交角越小，所产生虚像数目越多。其原因在于较小交角所夹的区面较小。

一个平面镜只能生成单一的虚像，而其状貌形态不同、像体浓淡不同、距镜远近不同和位置正斜不同，都是不同光体的真实反映。平面镜中的虚像，处处都与镜前物体相值相对。如果移动镜前物体，使之靠近或背离镜面，镜中虚像也随之靠近或背离镜面。就是说，虚像时时都用背逆物体进退方向的移动，来保持它与物体之间永远存在的相值相对关系。对于平面镜来说，凡有物体，必定生成虚像，没有任何例外。假如期待生成许多虚像，就必须使两平面镜交角逐渐减小才可以。因此，不论是一个平面镜成像，还是两个平面镜成像，镜前物体与镜后虚像都同时存在。单一虚像和众多虚像虽属倒置，但形体与物体完全相同，而且虚像与物体或虚像与虚像的虚像，分别居于镜面前后，为轴对称图形。（本段基本采用姜宝昌《墨经训释》的译文）

【原文】

[经下24] 鑑位，景一小而易，一大而正，说在中之外内①。

[经说下24] 鑑中之内②：鑑者近中，则所鑑大，景亦大；远中，则所鉴小，景亦小。而必正。起于中，缘正而长其直也③。中之外：鑑者近中，则所鑑大，景亦大；远中，则所鑑小，景亦小，而必易。合于中而长其直也。

【注释】

① 鑑位，景一小而易，一大而正，说在中之外内：本经原窜入 [经下14] 之后，依经说内容当移于此处。（姜宝昌：《墨经训释》，第181页。）鑑位，当为"鑑洼"，"位"为"洼"的形讹字。鑑洼即凹面镜。中之外内，当作"中之外"之"中"和"中之内"之"中"讲。前者指凹面镜的球心，后者指凹面镜的焦点。

② 鑑中之内：当断句为"鑑。中之内"。（姜宝昌：《墨经训释》，第

181 页。)

③ 起于中，缘正而长其直也：当断句为"起于中缘正而长其直也"。（姜宝昌：《墨经训释》，第 181 页。）正，指镜后所形成的正而大的虚像。直，通"值"，即"相交"。

【译文】

凹面镜成像有两种情况：其一，物体置于球心之外，生成一个比物体小而倒置的实像；其二，物体置于焦点之内，生成一个比物体大而正立的虚像。关键在于物体是置于球心之外还是焦点之内。

如果把物体置于焦点之内，成像情况又有两种：一种是物体靠近焦点，那么，物体发射的光线或反射的光线在镜面上所占的面积较大，在镜后生成的正立虚像也较大。一种是物体远离焦点，那么，物体发射的光线或反射的光线在镜面上所占的面积较小，在镜后生成的正立虚像也较小。不过，不管物体靠近焦点或远离焦点，这两种情况下生成的像都必定是正立虚像。其原因在于经由物体上某一点且平行于中轴的光线被镜面反射而过焦点，然后沿着在镜后生成正像的方向反向延长，并与过球心和物体这一点所作连线的延长线相交而成物体这一点的像，无数像点聚合为整个物体的像。如果把物体置于球心之外，成像情况又有两种：一种是物体靠近球心，那么物体发射的光线或反射的光线所占镜面的面积较大，在镜前生成的倒立实像也较大。一种是物体远离球心，那么物体发射光线或反射的光线所占镜面的面积较小，在镜前生成的倒立实像也较小。不过，不管物体靠近球心或远离球心，这两种情况下所生成的像都必定是倒立实像。其原因在于，经由物体上某一点且平行于中轴的光线被镜面反射而过焦点，然后沿着在镜前生成倒像的方向正向延长，汇合于过物体上这一点和球心所作连线的延长线，并与之相交而成物体上这一点的像，无数像点聚合为整个物体的像。（本段基本采用姜宝昌《墨经训释》译文）

【原文】

[经下 25] 鑑团①，景一天②，而必正③。说在得③。

[经说下 25] 鑑：鑑者近，则所鑑大，景亦大；亓远，所鑑小，景亦小，而必正。景过正，故招④。

【注释】

① 鑑团：凸面镜。（张之锐：《新考证墨经注》，载任继愈、李广星主编《墨子大全影印本第三十二册》，北京图书馆出版社 2004 年版，第 125 页。以下简称为"张之锐：《新考证墨经注》"。）团，意同"圜"（huán），球形体。

② 景一天：当为"景，一小一大"，"小"字脱漏，"一大"误为"天"。（高亨：《墨经校诠》，第 138 页。）

③ 得：适当。

④ 故招：孙诒让《墨子间诂》将其误断属下条说文。栾调甫认为，此当置于本经说最后。（栾调甫：《墨子研究论文集》，人民出版社 1957 年版，第 333 页。以下简称为"栾调甫：《墨子研究论文集》"。）招，摇动。

【译文】

凸面镜成像可分为两种情况：一是物体放置在距离镜面较远的地方，在镜后生成一个较小而正立的虚像；二是把物体放置在距离镜面较近的地方，在镜子后形成一个较大而正立的虚像。其关键在于物体距离镜面的远近必须适当。

如果物体离镜面较近，那么，物体发射的光线或反射的光线在镜面上所占的面积就较大，在镜后生成的正立虚像也较大；如果物体离镜面较远，那么，物体发射的光线和反射的光线在镜面上所占的面积就较小，在镜后生成的正立虚像也较小。由此可知，物体在凸面镜上形成的像都必定是比物体小的正立虚像。如果物体放置在距离镜面很远处，超过了生成正立而较小虚像所需距离的限度，这时，影像就会变得摇摇晃晃，模糊不清。

【原文】

[经下 26] 贞而不挠，说在胜①。

[经说下 26] 贞衡木②，加重焉而不挠，极③胜重也。右校交绳④，无

加焉而挠，极不胜重也。衡加重于其一旁，必捶⑤，权重相若也相衡，则本短标长⑥。两加焉，重相若，则标必下，标得权也。

【注释】

① 贞而不挠：当为"负而不挠"。（孙诒让：《墨子间诂》，第 328 页。）贞，"负"的形讹字。挠，偏斜。胜：胜任。

② 贞衡木：当为"负。衡木"。（姜宝昌：《墨经训释》，第 188 页。）衡木，用作称衡物体重量的长木，即秤杆。

③ 极："权"的形讹字，权，即秤锤、秤砣，石制或铁制。

④ 校：校正、调节。交绳：系权的绳子。

⑤ 捶：同"垂"，下落。

⑥ 权重相若也相衡，则本短标长：当断句为"权重相若也，相衡则本短标长"。（姜宝昌：《墨经训释》，第 188 页。）

【译文】

杠杆负重后能保持平衡而不致发生偏斜，原因在于，支点选点得当，重臂和力臂按反比例承担各自的重量，从而使力矩相等。

对于称衡的横木来说，如果在系重物的一端加挂重量，并且保证横木不致发生偏斜，就要将称权向外移动，以保持力矩始终相等。就是说，以较长的力臂来支撑较大的重量。如果把系称权的交绳调向右边，而又不在系称权的一端加挂重量，称衡的横木必定向重臂一边偏下。因为这时力臂长度减短，较短的力臂不能用来支撑较大的重量。称衡平衡时，不论在系称权一端加挂重量，还是在系重物一端加挂重量，凡是加挂重量的一端必定下垂。因为称衡处于平衡状态时，称权之重和物体之重是相匹配的，权重与物重之比，等于力臂与重臂之反比。这时，重臂短而力臂长。如果在系称权一端和系重物一端加挂相同重量，力臂方面的力矩必定大于重臂方面的力矩而偏下。力臂方面的偏下，得益于加权。因为权加一分，物应加数分，才可以与之相匹配。（本段基本采用姜宝昌《墨经训释》译文）

【原文】

[经下27] 契与枝板。说在簿①。

[经说下27] 挈，有力也②；引，无力也。不正，所挈之止于施也③，绳制④挈之也，若以锥⑤刺之。挈，长重者下，短轻者上。上者愈得，下下者愈亡⑥。绳直权重相若，则正矣⑦。收，上者愈丧，下者愈得；上者权重尽，则遂⑧。

【注释】

① "契"当为"挈"，"枝"当为"收"。（张惠言：《墨子经说解》，第361页。）"板"当为"仮"，即"反"。（孙诒让：《墨子间诂》，第328页。）挈，上提。收，下拉。反，用力相反。簿，逼迫。

② 挈，有力也：脱一个"挈"字，当为"挈。挈，有力也"。（姜宝昌：《墨经训释》，第193页。）

③ 不正，所挈之止于施也：当为"不必所挈之止于施也"。（谭戒甫：《墨辩发微》，第262页。）所挈，指提升的重物。施，施加。

④ 制：读"掣"，通"掣"。掣（chè），牵掣、曳引。

⑤ 锥：指尖器、尖劈。

⑥ 下下者愈亡：当为"下者愈亡"，"次'下'字衍"。（张惠言：《墨子经说解》，第361页。）

⑦ 则正矣：当为"则止也"，"正"为"止"的形讹字。（张之锐：《新考证墨经注》，第131页。）

⑧ 遂：读"队"。队，古同"坠"。

【译文】

利用简单机械滑轮来使物体上升或下降，提拉的力和收引的力方向相反。其原因在于，地心吸力迫使物体下落。一物体下落，另一物体自然就会上升。

滑轮一方提拉物体并使之上升的力，来自滑轮另一方由地心吸力而下落的物体，它通过绕绳施力于上升的物体。看起来，提升物体之力是外物所加，而使物体下落的力是地心吸力，似乎并非外物所加。提升物体或使物体下落，不一定直接施力于物体，或向上提拉，或向下收引。用绳绕于滑轮之上，也可以通过牵掣作用使物体上升和下降。简单器械滑轮的便利，正如以尖器刺入物体使之劈裂的简单器械尖劈一样。利用滑轮提升重物时，可使下落物体重量略大于被提升物体重量。这样，较重物体受地心吸力，自然缓缓下落，系绳也逐渐加长。与此同时，被提升物体轻轻地通过绳的提拉，缓缓上升，系绳也逐渐减短。较轻物体越升越高，而较重物体越降越低，这正好符合提升物体的要求。如果滑轮两方的绳长相等，物重也相等，这时，提升物体的力和收引物体的力大小相等，方向相反，物体静止不动，既不上升，也不下降。利用滑轮使物体下落时，可使上升物体重量略小于下落物体的重量。这样，较轻物体缓缓上升，系绳逐渐减短。与此同时，较重物体缓缓下落，系绳也逐渐加长。较轻物体越升越高，而较重物体越降越低，这正好符合使物体下落的要求。当较轻物体上升到最高处时，它对下落的较重物体的牵掣作用已经丧失殆尽，较重物体正好坠落于地面上。（本段基本采用姜宝昌《墨经训释》译文）

【原文】

[经下 28] 倚者不可正，说在剃①。

[经说下 28] 倚倍、拒、坚、触，倚焉则不正②。挈，两轮高，两轮为辅③，车梯也。重其前，弦其前，载弦其前，载弦其轴，而县重于其前④。是梯，挈且挈则行。凡重，上弗挈，下弗收，旁弗劫⑤，则下直。扡⑥，或害之也，沭⑦。梯者不得沭、直也。今也废尺⑧于平地，重不下，无膀⑨也。若夫绳之引轴也，是犹自舟中引横⑩也。

【注释】

①倚者不可正，说在剃：当为"倚者不可正，说在梯"。（孙诒让：《墨子间诂》，第329页。）倚，偏斜。梯，车梯。

②倚倍、拒、坚、触，倚焉则不正：当断句为"倚。倍、拒、坚、触，倚焉则不正"。（姜宝昌：《墨经训释》，第196页。）倍，反，转指背负。拒，

抵拒。坚，"掔"之误。掔（qiān），通"牵"，牵引。（孙诒让：《墨子间诂》，第371—372页。）䟣，"躲"的形讹字。躲（shè），同"射"，发射。

③ 輲（chuán）：同"輇"，读 quán，无辐车轮。

④ 重其前，弦其前，载弦其前，载弦其轵，而县重于其前：孙诒让认为"载弦其前"为衍文，当改为"重其前，弦其前，载弦其轵，而县重于其前"。（孙诒让：《墨子间诂》，第370页。）弦，弦直。轵，车辕前下垂挂地的器具。（姜宝昌：《墨经训释》，第198页。）县，即"悬"，牵系。

⑤ 劫：强力相协。

⑥ 扡：同"柂"（yí），"迆"的声讹字。迆，斜出。

⑦ 沭（liú）：同"流"。

⑧ 废尺：当为"废石"，"尺"为"石"之误。（孙诒让：《墨子间诂》，第371页。）废，置、放置。

⑨ 蹚（páng）：同"旁"。

⑩ 横：舟前的横木。

【译文】

要把重物升至高处，可以利用偏倚而不平正的斜面，它能省力而不能省功。后轮高而前轮低的车梯，就是依据简单机械斜面原理设计制造的。

人负物行走，背部必须前倾。墙壁将要坍塌，必须用支撑物斜向抵拒。马拉车前进，牵绳与地平面必须保持某一倾斜角度。人开弓射箭，身子必定略微后倾。所有这些情况，都是作势斜倚不正才便于施展力气的例子。就提升重物而言，利用斜面原理制成的车梯十分便利。其构造是后两轮高，前两轮低，一条长形木板铺在车轴上面，形成一架四轮斜梯。设计时，要注意使其前部较重，以避免重物升至高处发生倾覆。车前长板边缘作平直状，长板边缘接连一竖向挂地撑板，其底部边缘也作平直状。把待运的重物放在车前，并用绳子牵系，以便引拉。利用这样的车梯提升重物，必须有人握绳向斜上方引拉。人不断引拉，重物则不断前进升高。空间一切物体，如果上方不用力引拉，下方不用力收拽，旁边不施力胁迫，物体必定自由笔直下落。一旦发生斜向下落的情况，一定要有外力加其上，令其下落方向有所改变。车梯上的重物下滑时，只能沿斜板方向做直线运动，不会改变运动方向，因为木板是平直的。现在，我们把一块石头放置在平地上，它本身的重量换得了地面对它的支持力，除此而外，没有任何从旁边施加于它的胁迫力，所以石头正立于地面之上。假如想让车梯移动，就必须用绳索牵引车前挂地的撑板，正如想让船体移动，必须用绳索牵引船前的横木一样。（本段基本采用姜宝昌《墨经训释》译文）

【原文】

[经下29] 推之必往，说在废材①。

[经说下29] 谁②。骈石，絫石耳，夹帚者法也③。方石去④地尺，关⑤石于其下，县丝⑥于其上，使适至方石，不下，柱也。胶丝⑦去石，挈也。丝绝，引也。未变而名⑧易，收也。

【注释】

① 推之必往，说在废材：本条叙说砌墙时叠石受力情况。推，"堆"的形讹字。堆，堆砌、叠石。往，"柱"的形讹字。柱，支撑。废，放置。材，石材、石料。

② 谁："堆"的形讹字。

③ 骈：同"并"。并石，排列石块。絫（lěi）：即"累"，叠加。夹：夹持。帚：即"寝"。寝，摆放、搁置。

④ 去：离开。

⑤ 关：作"贯"解，贯通。

⑥ 县丝：即"悬绳"。丝，指绳索。

⑦ 胶丝：用绳子系牢。胶，固结。

⑧ 名："石"的形讹字。（梁启超：《墨经校释》，第369页。）

【译文】

堆石块砌墙，石头既受来自上面的正压力，又受来自下面的撑挂力。因为石料上下叠放，必然出现这种受力情况。

砌墙，即每层排列石块和层层堆砌石块，要遵循互相夹持摆放的法则。可用以下方法对石头受力情况进行试验：首先打制一块方形石头，用绳索将它悬挂在距离地平面一尺的高度上，绳索的竖直长度正好是从悬挂点到方形石头上表面的距离。然后，将另一块石头放置在方形石头下面，并且使它们上下相靠。石头的受力情况会有三种结果：一是不系绳索时，上面的方形石头不下落，因为受到下面石头作用于它的撑挂力；二是绳索系紧上面的方形石头，并且抽去下面的石头，上面的方形石头就被悬挂起来，它就受到绳索的提挈力；三是绳索系紧上面的方形石头，并抽去下面的石头，如果绳索拉断而方形石头落在地上，这是地心引力造成的结果。第三种情况和第二种情况条件一样，只因绳索断开后，方形石头被地心引力所收拽才落到地上。

【原文】

[经下30] 买无贵，说在仮其贾①。

[经说下30] 买。刀糴相为贾②。刀轻③则糴不贵，刀重④则糴不易⑤。王刀无变，糴有变⑥。岁变糴则岁变刀⑦。若鬻子⑧。

【注释】

① 买：此指买卖货物。贵：指贵贱。仮（fǎn）：即"反"，反复。贾：即"价"，物价。

② 刀糴相为贾：刀，刀币、钱币。糴（dí），买入谷物，此指谷物。意为"钱币和谷物的状况都互相成为价格的体现"。

③ 刀轻：钱币变贱。轻，贱。

④ 刀重：钱币变贵。重，贵。

⑤ 不易：不贱。

⑥ 王刀无变，糴有变：国家货币发行量没有变，但谷物收成随年景有变化。王刀，国家货币。

⑦ 岁变糴则岁变刀：随着年景好坏不同和谷物收成多少的变化，钱币的贵贱也随之发生变化。

⑧ 若鬻子：如同买卖孩子违法，但其价格也随着年景好坏有所变化一

样。鬻（yù），卖。

【译文】

买卖货物本来不存在贵和贱的问题，因为物价本来就是买卖双方根据各种情况反复协商的结果。

用钱币购买谷物时，钱币和谷物的数量以及其他一些情况，都相互影响成为价格的体现。钱币变贱谷物也没有变贵，钱币变贵谷物也没有变贱。虽然国家货币发行数量没有变，但谷物收成却会随年景好坏而发生变化。当谷物收成随年景好坏发生很大变化时，钱币的贵贱也会随之发生变化，这就如同买卖孩子本来属于非法，不存在孩子价格有贵贱的问题，但偶尔有人出卖孩子，孩子的价格也会随着年景好坏会有变化一样。

【原文】

[经下 31] 贾宜则雠①，说在尽②。

[经说下 31] 贾尽也者③，尽去其以不雠也④。其所以不雠去，则雠，正贾也宜不宜⑤，正欲不欲。若败邦鬻室嫁子⑥。

【注释】

①贾：同"价"，价格、物价。雠：同"售"，卖出。

②尽：指买卖双方完全解决了买卖中出现的问题。

③贾尽也者：当断为"贾。尽也者"。（姜宝昌：《墨经训释》，第205 页。）

④尽去其以不雠也：当为"尽去其所以不雠也"。（孙诒让：《墨子间诂》，第 373 页。）雠，同"雠"。

⑤正贾也宜不宜：当断句为"正贾也。宜不宜"。（姜宝昌：《墨经训释》，第 206 页。）

⑥败邦：衰败的国家。鬻室：出卖妻妾。鬻（yù），卖。室，指妻妾。子：指女儿。

【译文】

买卖双方认为价格合适，货物就可以卖出去，原因在于买卖双方已完全解决了交易中出现的各种问题。

这里所说的"完全"解决，是指把各种妨碍交易进行的因素都清除掉。一旦清除了各种妨碍交易的不利因素，货物就可卖出了，这个销售价格就是正当价格。价格是否合适，取决于卖者愿卖和买者愿买。这就好比在国家衰败时，人们急于出售妻妾和嫁出女儿一样，即使对方付钱很少也认为是合适的。

【原文】

[经下 32] 无说而惧。说在弗心①。

[经说下 32] 无。子在军不必其死生。闻战亦不必其生②。前也不惧，今也惧。

【注释】

① 无说而惧。说在弗心：当为"无说而惧，说在弗必"，"心"为"必"的形讹字。（孙诒让：《墨子间诂》，第 329 页。）说，原因、解说。弗必，不必要。意为"没有原因的恐惧大可不必要"。

② 子在军不必其死生。闻战，亦不必其生：当断句和改为"子在军，不必其死生；闻战，亦不必其死生"。（姜宝昌：《墨经训释》，第 208 页。）在军，出师而未接战。闻战，听说开战。前一个"生死"指"死去"，取意在"死"；后一个"生死"指"生还"，取意在"生"。

【译文】

在没有确切原因的情况下，就为假想的不吉利的结局而感到恐惧，其实大可不必，因为在或然判断中会出现吉利和不吉利两种结局，你所得到的未必就是不吉利的结局。

例如，某人的儿子随军出征，敌我双方并未接战，但这不能预料他一定能活着，因为他有可能由于其他原因而死亡；听说敌我双方接战后，也不能预料儿子必定会死，因为也有可能我军很快战胜敌方，从而儿子得以生还。开战前不担心儿子有生命危险，开战后又十分担心儿子会死去，这都是理由不充分的猜想罢了。

【原文】

[经下 33] 或①，过名也②，说在实③。

[经说下 33] 或。知是④之非此也，有⑤知是之不在此也，然而谓此南北，过而以已为然⑥。始也谓此南方，故今也谓此南方。

【注释】

① 或：即"域"，地域。

② 过名也：过去的地名。

③ 实：事实，指过去地名名副其实。

④ 是：此，指现在的地域。

⑤ 有：通"又"。

⑥ 过而以已为然：把经过转换已经变化了情况仍看作是从前的情况。

【译文】

人们对于地域名称，常常用从前的地名来称叫它，这是不准确的，原因在于这个地域的实际情况已发生了变化。

例如，人们虽然知道现在的地域不是从前的地域，又知道现在的地域也不在从前地域的位置上，却仍然把现在的地域称作从前的南方或北方，这明显是把经过转换已经变化的情况，仍看作是从前的情况。也就是说，因为当初把某地域叫作南方或北方，所以现在把转换后的另一地域仍然称作南方或北方。

【原文】

[经下 34] 知知之否之足用也，谆①，说在无以②也。

[经说下 34] 智论之③，非智无以也。

【注释】

① 知知之否之足用也，誖：当为"知知之否之，足用也，誖"。（张惠言：《墨子经说解》，第 364 页。）知知，前"知"指知识，后"知"指知道。誖，"誖"的形讹字。誖（bèi），即"悖"，荒谬。意为"对于知识知道不知道，都可满足社会需要，这种观点是荒谬的"。

② 无以：没有什么可以用来满足社会需要。

③ 智论之：当为"知。论之"。智，同"知"，为牒经标目字。论，推论。

【译文】

有人认为，知识知道或不知道，都可满足社会的需要，这种观点是荒谬的，因为人们没有知识或知识不足，就不可能满足治国理政的需要。

推论事理，治国理政，如果没有必备的知识，就无法进行。

【原文】

[经下 35] 谓辩①无胜，必不当，说在辩②。

[经说下 35] 谓。所谓，非同也，则异也。同则或谓之狗，其或谓之犬也。异则或谓之牛，牛③或谓之马也。俱无胜，是不辩也④。辩也者，或谓之是，或谓之非，当者胜也。

【注释】

① 谓辩：有所说的辩论。谓，有所说。

② 辩：论辩，指争论是非的论辩。

③ 牛：当为"其"之误。（孙诒让：《墨子间诂》，第 374 页。）

④ 俱无胜，是不辩也：辩论双方所辩论的或都对或都不对，就不是辩论。

【译文】

在分清是非的辩论中，如果没有分出战胜者，这是不符合辩论规则的，原因在于双方就同一论题发表相互对立的意见，不能同真或同假，必然是一真一假。

双方在辩论中就同一论题发表意见，可能相同，也可能不同，会出现以下三种情况，其中相同的情况是双方说的都对，双方都胜，例如，面对一条狗，甲认为是狗，乙认为是犬，这不能构成辩论。双方意见不相同的情况有两种：例如面对一头牛，甲认为是牛，乙认为是马，甲对乙不对，一胜一不胜则构成辩论。又如同样面对一头牛，甲认为是一匹马，乙认为是一只羊，双方都不对，即双方都不胜，这也不能构成辩论。由此可见，真正的辩论必须是双方就同一论题或认为对，或认为不对，而且只有一方的判断符合事实。如果双方的判断同时都是对的，或者同时都是不对的，这都不是真正意义上的辩论。

【原文】

[经下36] 无不让也，不可，说在始①。

[经说下36] 无让者酒，未让②。始③也，不可让也。若殆于城门，与于臧也④。

【注释】

① 无不让也，不可，说在始：当为"无不让也，不可，说在殆"。"始"为"殆"的形讹字。（孙诒让：《墨子间诂》，第331页。）让，礼让。殆，危殆、危险。

② 无让者酒，未让：当断句为"无。让者，酒未让"。（姜宝昌：《墨经训释》，第215页。）酒，此指周礼中的"献酬之酒"。

③ 始："殆"的形讹字。

④ 若殆于城门，与于臧也：如同进出拥挤有危险的城门，不能礼让；同臧这样的奴仆打交道，也不能礼让。殆，因拥挤而产生危险。与，交往。臧，奴仆。

【译文】

礼让是有条件的，不分场合的礼让是不必要的，因为不恰当的礼让会招致危险。

人们在交往中应当讲礼让，但在庄重的宴会场合，主人献酬的酒就不能推让。还有面对危险，也不可礼让。比如经过十分拥挤、充满危险的城门，必须尽快通过，千万不可一味礼让滞留在原地；又如在与臧这一类奴仆打交道时，也要防范危险，不可拘泥于礼让。

【原文】

[经下37] 于一①，有知焉，有不知焉，说在存②。

[经说下37] 于石一也③；坚白，二也④，而在石。故有智焉，有不智焉⑤，可。

【注释】

① 于一：对于一种事物。

② 存：客观存在。

③ 于石一也：当断句为"于。石，一也"。（姜宝昌：《墨经训释》，第216页。）意为"石头是一种物质实体"。

④ 坚白，二也：坚性和白性是石头的两种属性。

⑤ 故有智焉，有不智焉：前后两个"智"皆读为"知"。

【译文】

对于一种事物来说，都有可以感知和不可以感知的方面，但不可以用感知的去否定不可感知的，原因在于：无论可感知还是不可感知的，它们都是融合于物体中的客观存在。

例如，石头是一种物质实体，坚性和白性是石头的两种属性，它们同时存在于同一石头之中。对于石头的坚白二性，用手抚石可感知到它的坚性，但无法感知它的白性，但可以联想得到；用眼可看到石头的白性，却不能感知到它的坚性，但也可以联想得到。从这种相互感知的角度去理解石头的坚白二性共存于一体，是完全可以的。而不可以感知到石头的坚性，就否定了石头的白性；看见了石头的白性，又否定了石头的坚性。

【原文】

[经下 38] 有指于二①，而不可逃②，说在以二絫③。

[经说下 38] 有指。子智是，有智是吾所先举，重④。则子智是，而不智吾所先举也，是一⑤。谓有智焉，有不智焉，可。若⑥智之，则当指之智告我，则我智之。兼指之，以二也⑦。衡指之，参直之也⑧。若曰必独指吾所举，毋举吾所不举。则者⑨固不能独指。所欲相不传，意若未校⑩。且其所智是也，所不智是也，则是智是之不智也⑪，恶得为一⑫？谓而有智焉有不智焉。

【注释】

① 有指于二：本条论证《墨经》"盈坚白"的论题，反驳公孙龙等人"离坚白"的论题。指，用手指着。于二，指"坚白"二性。

② 逃：藏。

③ 以二絫：絫，当为"参"之误。（张惠言：《墨子经说解》，第365页。）参，参合、参考。意为"把二人的感知加以参合验证"。

④ 子：汝。有：通"又"。智：本说以下所有十五个"智"皆作"知"讲，同"知"。重：当为"是重"。（孙诒让：《墨子间诂》，第375页。）重与"一"对言，此指"二"。

⑤ 是一：坚白二性中的一种性质。

⑥ 若：汝、你。

⑦ 兼指之，以二也：把所指认的石头的坚性和白性与你所指认的石头的坚性和白性，合在一起就是"坚白"二性。

⑧ 衡：平等地、公平地。参：参验。直：同"值"，措置、相合。

⑨ 则者：当为"则二者"。（张惠言：《墨子经说解》，第366页。）

⑩ 所欲相不传，意若未校：当为"所欲指不传，意若未校"。（孙诒让：《墨子间诂》，第375页。）校，清楚。

⑪ 则是智是之不智也：那么你所知道的只是石头的一种性质，还是不知道石头具有"坚白"二性。

⑫ 恶得为一：恶，作"安、何"解。意为"又怎么可以说你知道石头的一种性质呢"。

【译文】

假设有两人同时指认石头的坚性和白性，那么石头的坚白二性就无可藏匿，原因在于二人所感知石头的坚白二性可以相互参和验证，结论就可以水落石出。

你既知道石头的坚性，又知道我以前告诉你的石头的白性，或者你既知石头的白性，又知道我以前告诉你的坚性，实际上，石头的坚白二性就完全知道了，但你却把你知道的与我告诉你的割裂开来。这样一来，说你"只知道石头的一种属性，而不知道石头的另一种属性"，是可以的。为了共同完成验证石头具有坚白二性的任务，你所知道石头具有某一性质，就应当明确指出，并且把它告诉我，这样我就知道了；我自己已经知道的一种性质，加上你告诉我的另一种属性，石头的坚白二性就可以完全指认出来。因为这样做，我指一种属性，你指另一种属性，我们是平等地加以指认，并且把石头的两种属性合在一起，就得出"盈坚白"的结论。但是你拒不参加指认的感知活动，并且声言"只对我说过的某种属性加以指认，而对我没说的另一种属性不予指认"。这简直是强词夺理！你声称对我没说的不予指认，似乎是我的意思没有表达清楚。按照你的说法，你的指认必将以我为转移，其结果是，你所知是"坚"，你所不知也是"坚"；你所知是"白"，你所不知也是"白"。这样你对坚和白，是既知又不知，又怎么能说你对石头的坚白两种属性，只知道其中一种，而不知道另一种呢？

【原文】

[经下39] 所知而弗能指①，说在春也、逃臣、狗犬、贵者②。

[经说下39] 所。春也，其执固不可指也③。逃臣不智其处。狗犬不智其名也④。遗者，巧弗能两也⑤。

【注释】

① 所知而弗能指：指，指认。意为"人们知道的事物，也有很多是不能指认的"。

② 舂：服役的奴隶；逃臣：逃走的奴隶。臣，低等奴隶。贵："遗"的形讹字。（张惠言：《墨子经说解》，第367页。）遗，遗失。此指遗失物品。

③ 其执固不可指也：仆舂现在正在干什么杂役确实不好指认。执，执役、服役。固，确实。

④ 狗犬不智其名也：智，同"知"。意为"大的为犬，小的为狗，但大小都是相对的，那么到底是叫狗还是叫犬也不好指认"。

⑤ 巧弗能两也：巧匠也不能做出与遗失物品完全相同的东西。巧，工巧。两，成双，指复制品与遗失物品构成无差别的一双。

【译文】

人们已经知道的事物，也有很多是不能指认的。例如，仆舂在哪儿服劳役、奴隶逃往何处、狗犬如何分辨、遗失物品如何完美复制等。

仆舂要做的杂役很多，但他现在究竟在做什么不好指认。逃亡的奴隶没有定所，他们究竟藏身在哪儿，不好指认。大狗称作犬，小狗叫作狗，但狗的大小是相对的，到底应该称作狗还是叫作犬，也不好指认。要想完全复制一个与原遗失物品毫无差别的物品几乎不可能，因为遗失者不可能对遗失物品的所有特征都能加以指认。

【原文】

[经下40] 知狗而自谓不知犬，过①也，说在重②。

[经说下40] 智。智狗，重，智犬③。则过。不重则不过。

【注释】

① 过：过错、错误。

② 重：相重、重同。指狗犬"二名一实"。

③ 智狗，重，智犬：当断句和改为"知狗重知犬"。（姜宝昌：《墨经训

释》，第 224 页。）两个"智"皆同"知"。重，此指两方面都知道。

【译文】

从动物种属来说，狗和犬是同种。所以知道狗又说自己不知道犬，这自然是不对的，因为狗和犬"二名同实"。

如果从狗犬同种这个意义上来说，知道狗就是知道犬。这时如果说知道狗而不知道犬，当然是错误的。如果从狗小犬大这个意义上来说，狗和犬从形体上看是有区别的，狗和犬是"二名二实"。在这种情况下，再说"知道狗而不知道犬"，就不再是错误的了。

【原文】

[经下41] 通意后对①，说在不知其谁②谓也。

[经说下41] 通。问者曰："子智飖乎③？"应之曰："飖何谓也？"彼曰"飖施④。"则智之。若不问飖何谓，径⑤应以弗智，则过。且应必应，问之时⑥若应，长应有深浅。大常中在，兵人长⑦。

【注释】

① 通意后对：通晓对方所问的问题再应答。通，通晓。对，应答、应对。

② 谁：意同"何"。（《说文解字》，第 57 页。）

③ 智：同"知"。以下两"智"皆同"知"。飖："赢"的省文。赢（luǒ），同"骆"。

④ 飖施：施，读"它"，"它"通"驼"。飖施即"骆驼"。

⑤ 径：直、直接。

⑥ 且应必应，问之时：当断句为"且应必应问之时"。（姜宝昌：《墨经训释》，第 226 页。）

⑦ 若应，长应有深浅。大常中在，兵人长：当断句和改为"若应长，应有深浅、大小，不中，在长人长"。（曹耀湘：《墨子笺》，第 610 页。）

【译文】

如果有人向我询问问题，我首先要通晓他所询问的究竟是什么，然后再予以回答。其理由在于，如果不知道对方询问的到底是什么，就会出现答非所问的毛病。

例如，有人向我发问："你知道赢吗？"我因有怀疑转而反问："你所说的赢指的是什么？"他对此解释说："赢就是骆驼。"这样我就明白了他所要询问的是什么问题。如果我没有搞清他所说的赢是指什么，就直接回答说不知道，这是不求甚解、不愿学习知识的错误表现。而且在回答别人问题时，要及时回答。在别人询问什么是"长"这类复杂问题时，就必须弄清他所问的是"长短"的"长"、"深浅"的"长"，还是"大小"的长。如果我盲目回答是"深浅"或"大小"的长，这都没有说中，其实他真正要询问的是孟子所说的"长人之长"的长。

【原文】

[经下 42] 所存与者，於存与孰存，驷异说①。

[经说下 42] 所②。室堂③，所存④也；其子，存者⑤也。据在者而问室堂，恶可存也？主室堂而问存者，孰存也？是一主存者以问所存，一主所存以问存者。

【注释】

① 所存与者，於存与孰存，驷异说：所存与者，"与"后脱"存"。说，后当补"在主"。（张惠言：《墨子经说解》，第368页。）存，存在。於，同"乌"，乌，何、哪。驷，意同"四"。主，为主、侧重。当为"所存与存者，乌存与孰存，四异，说在主"。

② 所：此为牒经标目字，原文划入上段经说文，今改。（姜宝昌：《墨经训释》，第228页。）

③ 室：内室。堂：外厅。

④ 所存：居住人的处所。

⑤ 存者：室堂的居住之人。

【译文】

陈述所居之处和居处之人，询问居住于何处和何人居住，这其中包含了四种不同意义，可以由四种不同的句式来表达，其原因在于：这些句式陈述和询问的侧重点都不相同。

室堂，是人们居住的处所；某人，是居住室堂的人。这是两种不同的陈述句式。依据居处之人而问此人所居住的处所，一定要问："君在哪里居住？"依据所居处所而询问居住之人，一定要问："谁居住在这里？"这两种不同的询问句式，前者侧重的是询问居住的处所，后者侧重的是询问居住之人。

【原文】

[经下 43] 五行毋常胜①，说在宜。

[经说下 43] 五。合水土火火②，离③。然火铄④金，火多也；金靡⑤炭，金多也。合之府水，木离木⑥。若识麋与鱼之数，惟所利⑦。

【注释】

① 五行：指中国传统文化中所主张的构成世界的五种基本元素金木水火土。毋：同"无"。

② 合水土火火：当为"金、水、土、木、火"。（谭戒甫：《墨辩发微》，第 292 页。）合为"金"的形讹字。第一个"火"为"木"的形讹字。

③ 离：分离、独立。

④ 铄（shuò）：熔化。

⑤ 靡：消灭。

⑥ 合之府水，木离木：当为"合之成水，木离土"。（孙诒让：《墨子间诂》，第 378 页。）合，火熔金。离，通"丽"，附丽。意为"火熔金成为水，树木必附丽于土而生长"。

⑦ 若识麋与鱼之数，惟所利：数，理、道理。意为"如同认识麋出没于山林、鱼畅游于河流，不过是依凭有利于它们生长的环境这样的道理罢了"。

【译文】

墨家反对阴阳家主张的"水能胜火、火能胜金、金能胜木、木能胜土、土能胜水"的所谓"五行常胜说",理由在于,金、木、水、火、土这五行之间,不管哪一行取胜,都要具备适宜取胜的环境和条件,五行之间不存在绝对谁胜谁的事实。

金、木、水、火、土这五行是互相分离、相对独立的,但在一定环境和条件下也会相互发生作用。例如,炭火可以熔化金属,是因为炭火足够多;金属也可以使炭火熄灭,因为足够多的金属耗尽了炭火。可见片面地认为"火胜金"是不成立的。火与金融合化为水(液态金属),树木依附于土地而生长,也不是"火胜金""木胜土",而是由于具备了金属熔化和树木生长的条件,这正如麋鹿在山林里奔跑,群鱼在河里畅游一个道理,是凭借有利于它们生长的环境条件,当然谈不上谁胜谁的问题。

【原文】

[经下44] 无欲恶之为益损也,说在宜①。

[经说下44] 无。欲恶,伤生损寿。说以少连,是谁爱也②?尝多粟,或者欲不有能伤也③,若酒之于人也。且恕人利人,爱也,则唯恕弗治也④。

【注释】

① 无:不、没有。欲恶:欲望和厌恶。益损:益处和损害。宜:适宜、合度。

② 欲恶:所欲所恶。说:说明。少连:孔子表彰的贤人。谁爱:即"爱谁"。

③ 尝多粟,或者欲不有能伤也:当为"尝多粟,或者欲有不能伤也"。(孙诒让:《墨子间诂》,第378页。)尝,品尝。多粟,各种食物。

④ 且恕人利人,爱也,则唯恕弗治也:恕(zhì),同"智"。治,修治、研究。意为"智者把多行有利于天下人的事当作爱人的表现,因而只有智者才不去研究'恶欲会伤生损寿'这一套学问"。

【译文】

不存在欲恶绝对有益或绝对有害这种道理，因为所欲所恶得其所宜必有益，所欲所恶不得其宜必受损害。

有人认为，所欲所恶必定伤害身体、减损寿命。例如，那个主张淡化"欲恶"的贤人少连，却以尽孝为名不吃不喝，自残身体，这种"无欲无恶"难道不会"伤生损寿"？况且他这样做到底是爱自己还是爱父母呢？品尝和享用多种食物可以维持生命，强健身体，满足这种欲望恰恰是为了身体不会受到伤害，这就如同适量饮酒不会伤害身体一样。智者把多做有利于天下民众的事当作关爱民众的表现，也只有智者才不会去研究什么"欲恶会伤生损寿"这一套所谓学问。

【原文】

[经下45] 损①而不害，说在余。

[经说下45] 损。饱者去余，适足不害。能害，饱。若伤糜之无脾也②。且有损而后益智者③，若瘧④病之之于瘧也。

【注释】

①损：减损。

②若伤糜之无脾也：糜，读为 mí，通"糜"，粥。脾，读 bí，通"裨"，补益。意为"因为食粥过饱而受到伤害，当然就没有补益了"。

③且有损而后益智者：当为"且有损而后益者"，"智"为衍字。（孙诒让：《墨子间诂》，第378页。）

④瘧（nüè）："瘧"的异体字。（毕沅著，戴望校：《墨子注》，第273页。）

【译文】

在某种情况下，去掉物体的一部分，不会造成什么损害，因为去掉的部分对该物体来说是多余的。

人的饭量是一定的，超过一定的饭量就必然吃得过饱，而去掉了这些多余饭量，才使自己不受到伤害；而受到伤害，恰恰是因为吃得过饱的缘故。如同食粥过饱使肠胃受到伤害，当然也就没有补益可言。而且去掉多余的部分后，会更加有利于生命的存在和强健，就像患上疟疾的人经过治疗病愈了，身体就恢复正常了。

【原文】

[经下46] 知而不以五路，说在久①。

[经说下46] 智②。以目见，而目以火③见，而火不见。惟以五路智④。久，不当⑤以目见若以火见。

【注释】

① 知：此指经验。五路：五种道路，即眼耳鼻舌身五种感官。久：时间，此指较长时间。

② 智：当为"知"，为牒经标目字。

③ 火：此指光、光线。

④ 惟以五路智：知，知觉。意为"感知外物必须经过五种感觉器官"。

⑤ 当：等同。

【译文】

经验不是通过眼、耳、鼻、舌、身五种感觉器官的感知而得到的，而是通过较长时间感性知识的积累和提炼才得到的。

只有用眼睛才能看到物体，而眼睛看清物体必须借助于光线；光线本身不能看物体，它只是眼睛看见物体的必要条件。可见感知外物必须依赖这五种感觉器官。至于经验，是人们通过较长时间的积累和提炼而成的。这种知识已近似于理性知识，不能等同于用眼睛看见或眼睛借助于光线看见的感性知识。

【原文】

[经下47] 必热，说在顿①。

[经说下47] 火。谓火热也，非以火之热我有②，若视日③。

【注释】

① 必："火"的形讹字。（高亨：《墨经校诠》，第 171 页。）顿：通"屯"，屯积、聚积。

② 我有：我们有感受。有，有感受。

③ 若视日：当为"若视日"。曰为"日"的形讹字。（曹耀湘：《墨子笺》，第 612 页。）

【译文】

凡火燃烧必产生热量，这是因为可燃物质内部积聚大量热量，并在燃烧时得以释放。

说到有火必有热，这是说热是火的固有性质，并不是指我们对火燃烧后产生热的一种感觉。这就如同我们看到天上的太阳一样，太阳发出光和热是客观存在的，不论我们看到和没有看到，或感觉到和没有感觉到，太阳都一如既往地向外辐射光和热。

【原文】

[经下 48] 知其所以不知，说在以名取①。

[经说下 48] 杂②所智与所不智而问之，则必曰："是所智也，是所不智也。"取、去③俱能之，是两智④之也。

【注释】

① 知其所以不知，说在以名取：当为"知其所知不知，说在以名取"。（高亨：《墨经校诠》，第 172 页。）以名取，名指名称。取指选取、择用。意为"要了解其名称，在应用中加以选取"。

② 杂：此前当补"智"。（姜宝昌：《墨经训释》，第 240 页。）此"智"字原断入上句，"智"即"知"，作为牒经标目字。杂，夹杂、混合。

③ 取、去：选取和舍去。

④ 两智：对他知道的和不知道的都知道了。智，同"知"。

【译文】

认识自己原来并不认识的东西，有两种方式：一是了解它的名称等概念知识，二是在实际应用中加以选取，深化原有的认识。

如果我把某人知道的和不知道的都混合在一起，然后询问他知道什么不知道什么，他必定回答："这是我所知道的"，"这是我所不知道的。"这样他对如何选取和舍去都能做到，我对他知道什么和不知道什么也就都知道了。

【原文】

[经下 49] 无不必待有，说在所谓①。

[经说下 49] 无。若无焉②，则有之而后无。无天陷③，则无之而无。

【注释】

① 无：墨家逻辑常用术语。与"有"对言，指不存在、虚无。有：指实有、有形。所谓：所说的。

② 焉：通"鶠"。（姜宝昌：《墨经训释》，第 243 页。）鶠（yān），古代一种黄色羽毛的大鸟。

③ 陷：陷落、塌落。

【译文】

"无"有两种存在方式：一是与"有"相对的存在，它以"有"为前提，这是相对的"无"；二是不必与"有"相对存在，这是绝对的"无"，因为绝对的"无"完全独立存在，不以"有"的存在作为必要条件。

例如，我们说"无"鶠鸟，是说从前曾经有过这种鸟，但现在没有了，这种过去"有"而现在没有的"无"，就是相对的"无"。如果说"无"天塌，就是从古到今都没有"天塌"这回事，这就是从前没有、现在没有、以后也不会有的绝对的"无"。

【原文】

[经下 50] 擢虑①不疑，说在有无②。

[经说下 50] 擢。疑无谓也③。臧也今死，而春也得文文死也可④。

【注释】

① 擢：抽引、归纳。虑：思虑、探求。

② 有无：此指两事物是否同类，看它们有无共同性。

③ 疑无谓也：有实而后有名，名实相副；无实则无名，即"无谓"。意为"怀疑某一事物与典型事物存在共同性"。

④ 而春也得文文死也可：当为"而春也得之又死也可"。文文，当为"之又"的形讹字。（胡适：《墨子与别墨》，载任继愈、李广星主编《墨子大全影印本第四十九册》，北京图书馆出版社 2004 年版，第 65 页。以下简称为"胡适：《墨子与别墨》"。）

【译文】

经过深入思考，对同类事物归纳出具有共同性质的一般性结论，这种结论的正确性，当无可怀疑。看某一事物是否属于同类事物，那就看这一事物与同类事物有无共同性质。

当某一事物与典型事物没有共同性质时，怀疑是对的；当两种及以上事物具有共同性质时，就不可再加怀疑它们是同类事物。例如，仆人臧因患不治之症，现已死去，由此推断，患上同样疾病的仆人春，也必死无疑。

【原文】

[经下 51] 且然不可正，而不害用工，说在宜欧①。

[经说下 51] 且。犹是也②。且然必然，且已必已③。且用工而后已④者，必用工而后已。

【注释】

① 且然不可正，而不害用工，说在宜欧：张其锽认为"正"当为"已"。（张其锽：《墨经通释》，第 193 页。）姜宝昌认为，"欧"字当断属《经下 13》"欧物，一体也"，当从"宜"后剥离。（姜宝昌：《墨经训释》，第

245 页。）据此改为"且然不可已，而不害用工，说在宜"。且，将要。已，停止。工，事功。宜，适宜。

②犹是也：当为"且，犹是也"。（姜宝昌：《墨经训释》，第 245 页。）且，作"此、今"解。

③且然必然，且已必已："且然"指当今尚未"其然"，则未来必定"其然"。"且已"指当今尚未"其止"，未来则必定"其止"。

④且用工而后已：有些事物需人们施加事功才能停下来。

【译文】

事物将要发生的变化，在规律的支配下是不可能停止的，但这并不妨碍人们积极做事，发挥作用。问题的关键在于，只有在符合事物发展规律的前提下，人们的主观努力才能发挥作用。

现在我们探讨的问题就是这样。凡是将要出现的变化，就一定会出现；凡是将要停止的进程，就必定会停止。当然这并不妨碍人的主观努力发挥作用。凡是需要人们积极努力才能停止的进程，就一定需要人们积极努力才能停止下来。

【原文】

[经下 52] 均之绝①，不②，说在所均。

[经说下 52] 均。发均县轻重而发绝③，不均也。均，其绝也莫绝。

【注释】

①均：均匀、均等。绝：断绝。

②不：通"否"。否，不是。

③发均县轻重而发绝：当为"发县轻重而发绝"，"均"为衍字。（高亨：《墨经校诠》，第 176 页。）县，通"悬"。轻重，指轻重之物。

【译文】

有人说微粒排列均匀的头发悬挂重物以后会断裂开来，这是不可能的，因为从理论上来说，微粒排列均匀的头发，受力情况处处相等，因而物体是找不到断裂点的。

头发悬挂或轻或重的物体断裂开来，这一定是头发内部微粒排列不均匀造成的。如果头发微粒排列均匀，上面所说的出现断裂的地方也就不会发生断裂了。

【原文】

[经下 53] 尧之义也，生于今而处于古①，而异时②，说在所义二③。

[经说下 53] 尧霍④。或以名视人，或以实视人⑤。举友富商也，是以名视人也；指是臒⑥也，是以实视人也。尧之义也，是声也于今，所义之实处于古。

【注释】

① 生于今而处于古：当为"声于今而处于古"。（王树枬：《墨子斠注补正》，第 501 页。）声，指声名。意为"行仁的名声在现在，而行仁的事实在古代"。

② 异时：跨越两个不同的时代。

③ 所义二：涉及名声和实际两个不同方面。

④ 尧霍："尧"为牒经标目字。"霍"乃下文而窜入，当删。（梁启超：《墨经校释》，第 391 页。）

⑤ 视人：即"示人"。（梁启超：《墨经校释》，第 391 页。）视，同"示"。名：名称。实：事实。

⑥ 臒：读 huò，即"鹤"。

【译文】

唐尧作为仁义的君主，他的声名传扬于现在，而他实行仁义的事实却是在古代。由于古代和现在是两个不同的时代，因而"尧是仁义的"这个命题，就被分解成现在的名声和古代的事实两个方面。

让人了解一种事物，有两种方式：一种是把事物的名称告诉别人，一种是把实在的事物告诉别人。例如，对别人说："我的朋友是一位富商"，这是把事物的名称告诉别人。指着眼前的动物告诉别人说："这是一只鹤"，这是把实在的事物告诉别人。我们说唐尧是仁义的君主，其实他的声名显扬于现在，而他实行仁义的事实却是在古代，这可以看作是以事物的名称告诉别人的例子。

【原文】

[经下54] 狗，犬也。而杀狗非杀犬也，可①，说在重②。

[经说下54] 狗。狗，犬也，谓之杀犬，可。若两膑③。

【注释】

① 可：当为"不可。"（高亨：《墨经校诠》，第177页。）

② 重：重叠，与"二名一实"之重同。

③ 两膑：两股。膑（pí），即"脾"。脾，"髀"（bì）的异体字。髀，指"股"。

【译文】

狗是小犬，但也是犬，所以"杀狗不是杀犬"的说法是不对的，其理由在于狗与犬是"二名一实"。

狗就是小犬，因而说"杀狗就是杀犬"是可以的，这就好比人有两条大腿一样，左右大腿在实质上并没有什么区别。

【原文】

[经下55] 使殷美，说在使①。

[经说下55] 使。令使也。我使我，我不使亦使我②。殷戈亦使殷，不美亦使殷③。

【注释】

① 使殷美，说在使：当作"使殿義，说在使"，"殷"为"殿"的形讹

字，"美"为"义"的形讹字。（张惠言：《墨子经说解》，第371页。）殿，殿后。义，宜、适宜。使，使令、命令。

②我使我，我不使亦使我：当改为"我使我，我不使我亦使我"。意为"我让我接受命令也得去执行，我不让我接受命令也得去执行"。本句第一个和第二个"使"字，都作"让"解，第三个"使"字作"命令"解。

③殿戈亦使殿，不美亦使殿：戈，"义"的残字，当为"义"。美，"义"的形讹字。当改为"殿义亦使殿，不义亦使殿"。

【译文】

官长命令我担任队伍的殿后，无论这个命令合适与否，我都要执行，理由在于他是从全局的需要发出这个命令的。

官长命令我完成殿后的任务，我主动接受这个命令，他也委派我去执行；我不主动接受这个命令，他也要委派我去执行。换言之，这个殿后的任务对我合适也会委派我去执行，对我不合适也要委派我去执行。

【原文】

[经下56] 荆①之大，其沈浅也②，说在具③。

[经说下56] 荆。沈，荆之贝④也，则沈浅非荆浅也。若易五之一⑤。

【注释】

① 荆：指楚国。

② 沈：楚国的一个大县。浅：偏狭。

③ 具：具有、所属。

④ 贝："具"的形讹字。

⑤ 若易五之一：易，更易、交换。意为"如果交换，沈县的面积只有楚国的五分之一"。

【译文】

楚国疆域广大，沈县地域狭小，因为沈县是楚国所属的众多县中的一个。

沈县既然是楚国所属的一个县，那么说沈县地域狭小，不等同于说楚国地域狭小。如果两者可以交换，沈县的地域面积仅有楚国疆域的五分之一。

【原文】

[经下57] 以楹为抟①，于②以为无知也，说在意③。

[经说下57] 以楹之抟也④，见之，其于意也不易，先智意，相也⑤。若楹轻于秋⑥，其于意也洋然⑦。

【注释】

① 以：认为。槛：当为"楹"。（孙诒让：《墨子间诂》，第325页。）楹，楹柱。抟：圆。

② 于：作"其"解。

③ 意：猜测、意度。

④ 以楹之抟也：当断为"以。楹之抟也"。

⑤ 其于意也不易，先智意，相也：当断句为"其于意也，不易先智。意，相也"。（姜宝昌：《墨经训释》，第256页。）智，同"知"。相，通"象"，即"假象"。意为"仅凭猜测，是不容易预先了解事物真相的，因为猜测仅是主观虚构的假象"。

⑥ 秋："获"的形讹字。获（dí），即"获蒿"。古代可用成捆获蒿的茎秆做墙柱，称为"蒿柱"。

⑦ 洋然：不着边际。

【译文】

如果没有见过楹柱，就认为它是圆形的，这种结论只能认为是无知，因为这种结论是没有根据的猜测。

楹柱是不是圆形，一看就能知道，而仅凭猜测就无法了解事物的真相，因为猜测仅是主观虚构的假象。例如，猜测楹柱就像蒿柱一样轻盈，这种猜测就是不着边际的胡思乱想。

【原文】

[经下58] 意未可知，说在可用、过仵①。

[经说下58] 段、椎、锥俱事于履，可用也②。成绘屦过椎③，与成椎过绘屦同，过仵也。

【注释】

① 意：意图。可用：指制作一件物品可以采用的工具和工序很多。过仵：过错和背离。仵（wǔ）：逆反、背离。

② 段、椎、锥俱事于履，可用也：高亨认为，"段"前当有本经说标目字"意"。当改为"意。段、椎、锥俱事于履，可用也"。（高亨：《墨经校诠》，第181页。）段，"碫"的通假字。碫（duàn），即"砺石""石砧"。椎：棒槌。锥，锥子、针锥。履，鞋。

③ 绘屦：用彩线缝制鞋帮和鞋底的图案。屦（jù），同"履"。过椎：用棒槌敲打鞋帮、鞋底，使之平整。

【译文】

如果制作一件物品没有标准工艺流程，那么这种意图就难以预知其结果。原因在于，在制作工具很多可用和工艺流程较为烦琐的情况下，很容易出现颠倒程序的错误。

例如，石砧、棒槌、锥子是制鞋工艺流程中必不可少的工具。如果说在彩绘制成鞋帮鞋底之后必须经过棒槌敲打这一流程，无疑是正确的；如果说先用棒槌敲打鞋帮鞋底再来进行彩绘缝制，这在制作程序上是完全颠倒的。

【原文】

[经下59] 一少于二而多于五。说在建住①。

[经说下59] 一。五有一焉。一有五焉。十，二焉。

【注释】

① 建住：当为"建位"，"住"为"位"的形讹字。（曹耀湘：《墨子笺》，第 614 页。）建位即建立定位标准。

【译文】

个位数的一小于个位数的二，但十位数的一大于个位数的五，因为定位的标准不同。

例如，个位数的五包含五个个位数的一，而十位数的一却包含两个个位数的五。因为十位数的一等于个位数的十，这个"十"就是个位数的两个"五"之和。

【原文】

[经下 60] 非半不斱则不动，说在端①。

[经说下 60] 非。斱半，进前取也②。前则中无为半，犹端也。前后取，则端中也③。斱必半，毋与非半④，不可斱也。

【注释】

① 非半不斱则不动，说在端：斱（zhuó），同"斲"，即"斫"，剖、破。端，指"点"。意为"一条木棍每次都从它的正中间剖分，一直剖分到不能再分，就是点"。

② 斱半，进前取也：取半的方法，一种是向前取半。

③ 前后取，则端中也：取半的另一种方法，是从木棍的两端向中间取半，最后不能再取的中间位置，就是点。

④ 毋与非半：不能是不到剩余部分的一半。毋，不。

【译文】

一条木棍，每次都从它的中间剖分，直到剖分到不能再剖分，余下的部分就是没有宽窄、厚薄、大小的点。

进行木棍取半剖分的方法有两种：一种是从木棍的一端开始截中取半，

逐渐向前推进，最后推至中点不可再分，就是点。另一种是从木棍的两端分别向中间取半剖分，最后同时推到中间不能再剖分的位置，就是点。要注意的是，对木棍进行半分，必须是截中留半，一直分到不可再剖分为止。

【原文】

［经下 61］可无也，有之而不可去，说在尝然①。

［经说下 61］可。无也；已给②则当给，不可无也。

【注释】

① 无：此指从来没有过的绝对的"无"。去：抹去、去掉。尝：曾经。

② 给：供给、具有。

【译文】

说到事物的存在形式，可以有从来没有过的绝对的"无"；但过去有过、现在没有了，就是无法抹去的相对的"无"，因为它曾经存在过。

绝对的"无"是指从前和现在都没有出现过。那些已经存在过、现在没有了的事物，也应当作存在的事物来看待，不能看作是绝对的"无"。

【原文】

［经下 62］正而不可担①，说在抟②。

［经说下 62］正丸③，无所处而不中县④，抟也。

【注释】

① 担：通"儋"。儋（dàn），安定。

② 抟：即"圜""圆"。

③ 正丸：当为"正。丸"。（姜宝昌：《墨经训释》，第 264 页。）"正"为牒经标目字。丸，指球形体。

④ 县：即"悬"，悬，悬系。

【译文】

球体在平面上自由转动而不会安定下来，原因在于从球心到球面的任一点距离都相等。

不论球体转动到什么位置，经过切点的球体半径总是与平面相垂直，这是由球体切面的性质所决定的。

【原文】

[经下 63] 宇进无近①，说在敷②。

[经说下 63] 伛宇不可偏举，宇也③。进行者④，先敷近，后敷远。

【注释】

① 宇：空间。进：行进。近：指"远近"。

② 敷：敷陈、布陈，此指布陈步履。

③ 伛宇不可偏举，宇也：当断句和改为"宇。伛不可遍举，宇也"。伛宇，二字倒置，且"宇"为牒经标目字。宇，"宇"的形讹字。（伍非百：《墨辩解故》，载任继愈、李广星主编《墨子大全影印本第二十七册》，北京图书馆出版社 2004 年版，第 179 页。以下简称为"伍非百：《墨辩解故》"。）

④ 进行者：指"在一定区域空间行进"。

【译文】

在广大无边的空间中行进，本来没有远近可言。但就在某一具体空间行进而言，必定有远近之分，原因在于人们在选定起点开始，行走的步履数量有多有少。

无数个列举不尽的具体空间构成了广袤无边的宇宙空间。虽然广袤空间不可分远近，但具体空间可以分出远近。即以人们在某一具体空间行走为例，以起点为计算标准，总是先走在近处，然后才走向远方。

【原文】

[经下 64] 行循以久①，说在先后②。

[经说下 64] 行。者行者③，必先近而后远。远近，修也；先后，久也。民行修必以久也④。久有穷无穷⑤。

【注释】

① 行循以久：当为"行脩以久"。（张惠言：《墨子经说解》，第 373 页。）循，"脩"的形讹字。脩，同"修"，指"长度"。久，时间。

② 说在先后：按恒定速度行进，行程的远近必伴随时间的先后。

③ 者：读 zhū，义同"诸"。（姜宝昌：《墨经训释》，第 267 页。）诸，众。

④ 民行修必以久也：人们行走距离的长短，必定取决于持续时间的长短。民，人、人们。

⑤ 久有穷无穷：时间既是有限又是无限。

【译文】

人走一定长度的路程，必然要占用一定长度的时间：如果行进速度不变，那么走得近就历时短，走得远就历时长。原因在于，在恒速条件下行走，不仅行程远近与时间成正比，而且行程远近与时间还有先后关系：具体相对较近的距离必伴随在先的时间，具体相对较远的距离必伴随在后的时间。

凡是按恒定速度行进，必定是先到近处后到远处。远近是指空间距离的长度，先后是指行走时占用的时间。人们行走距离的远近，必然伴随一定长短的时间。这就是说，时间和空间是不可分离的。时间既是有限的，又是无限的：当人们考察某一运动形式时，总是要设定事物运动的起点和终点，这就是时间的有限性；但无数个有限的运动形式构成了无限的宇宙空间，因而就无始无终的宇宙来说，时间必是无限的。

【原文】

[经下 65] 一法之相与也尽①，若方②之相合也，说在方。

[经说下 65] 一方尽类③。俱有法而异④，或木或石，不害其方之相合也。尽类犹方也⑤，物俱然。

【注释】

① 一法之相与也尽：法，法则、标准、规范。与，类似、相同。意为"按照统一规范的标准制成的物品，一定完全相同"。

② 方：方形，此指用矩尺画出的方形。

③ 一方尽类：当断句为"一。方尽类"。（王念孙：《墨子杂志》，第167页。）

④ 俱有法而异：凡做方形都遵照同一法则，但所用材料有差异。异，指做方形的材料。

⑤ 尽类犹方也：它们之所以完全相似，是由于都是方形。犹，通"由"。

【译文】

按照统一规范和标准制成的物品，一定是完全相同的。例如，用同一矩尺画出的方形都相互重合，因为它们的边长和内角都相等。

所有的方形都相类似，因为它们都是运用矩尺这个统一标准画成的，尽管制作矩尺的材料有木质和石质的分别，但这并不影响它们所画的方形相互重合。它们之所以完全相似，是由于所有方形的四个角都是九十度。不只是画方形，世间所有物品都是这样，同一模型的复制品是没有差别的。

【原文】

[经下 66] 狂举不可以知异①，说在有不可。

[经说下 66] 牛狂与马惟异②，以牛有齿、马有尾，说牛之非马也，不可。不偏有，偏无有③。曰："之与马不类，用牛有角、马无角④。"是类不同也。若举牛有角、马无角，以是为类之不同也，是狂举也⑤。犹牛有齿、马有尾。

【注释】

① 狂：指癫狂的语言。异：事物的差别。

② 牛狂与马惟异：当断句和改为"狂。牛与马惟异"，"牛狂"二字倒置。惟，作"虽"解。

③ 不偏有，偏无有：牛和马都有牙齿和尾巴，既不是仅为一方有，也不是仅为一方所没有。

④ 之与马不类，用牛有角、马无角：当为"牛与马不类，用牛有角、马无角"。（谭戒甫：《墨辩发微》，第 326 页。）之，"牛"的形讹字。用，作"以"解，因为。

⑤ 若举牛有角、马无角，以是为类之不同也，是狂举也：当为"若不举牛有角、马无角，以是为类之不同也，是狂举也"。（伍非百：《墨辩解故》，第 181 页。）"举牛"前加"不"字。

【译文】

用癫狂的语言胡乱列举一些事物性的特点，不可能分清事物的类别及其差异，因为它歪曲事实，不可能对事物的本质给予正确的解释。

人们虽然知道牛与马是不同类，但是把牛有牙齿、马有尾巴说成是牛与马不同类的依据，这是不能成立的，因为牙齿和尾巴是牛与马都具有的，而不是牛和马仅有一方具有，或者牛和马仅有一方不具有。如果说"牛与马不同类，是因为牛有角、马没有角"，那么这确实是正确地说明了牛与马不同类的依据。如果不是举出牛有角、马没有角，并把这一点作为区分牛与马不同类的依据，而是癫狂地胡乱列举，就如同坚持牛有牙齿、马有尾巴是区分牛与马不同类的依据那样，只能是没有任何说服力地乱说一通。

【原文】

[经下 67] 牛马之非牛，与可之同①，说在兼。

[经说下 67] 或不非牛而非牛也，可。则或非牛或牛而牛也，可②。故曰"牛马非牛也，"未可；"牛马牛也，"未可。则或可或不可，而曰"牛马牛也，未可"亦不可③。且牛不二，马不二，而牛马二，则牛不非牛，马不非马，而牛马非牛非马，无难。

【注释】

① 牛马之非牛，与可之同：向墨家问难者认为"所有的牛马都不是牛

和所有的牛马都是牛", 同样都是错误的。之, 是。可, 许可、认可, 即认可 "牛马是牛"。同, 此指错误相同。

② 或不非牛而非牛也, 可。则或非牛或牛而牛也, 可: 沈有鼎认为, 当断句并改为 "牛。或不非牛或非牛而'非牛也'可; 则或非牛或牛而'牛也', 可"。(沈有鼎:《墨经的逻辑学》, 载任继愈、李广星主编《墨子大全影印本第五十九册》, 北京图书馆出版社 2004 年版, 第 420 页。以下简称为 "沈有鼎:《墨经的逻辑学》"。) 或, 用为特称量词, 指一部分, 与 "尽""俱" 相对。

③ 则或可或不可, 而曰 "牛马牛也, 未可" 亦不可: 这是墨家反驳问难者的话。意为 "我们主张'牛马非牛', 你们认为错误, 那么就该证明你们的'牛马牛也'是正确的, 因为这两个矛盾判断必有一个是真实的。可是你们判断'牛马牛也'还是不对的, 那么你们的判断还是错误的"。

【译文】

向墨家问难者所主张的 "所有的牛马都不是牛和所有的牛马都是牛", 同样都是错误的, 因为牛马是一个集合概念, 即由牛和马构成一个整体, 这个整体是独立的, 不能等同于作为部分的牛或马。

你们问难者把墨家 "牛马非牛" 的观点曲解为 "牛马这一群体中所有部分都不是牛", 于是你们强加给墨家的观点: "牛马群体中的一部分是'不非牛'的牛, 另一部分是'非牛'的马", 所以你们就认可了 "牛马群体中所有部分都不是牛" 的说法。如果按照你们的逻辑, 那么 "牛马群体中一部分是'非牛'的马, 一部分是'牛', 那么你们又认可了'牛马群体中所有部分都是牛'的说法"。

我们墨家认为, "牛马非牛也" 与 "牛马牛也" 是一对矛盾判断, 二者必有一真。既然 "牛马非牛也" 是成立的, "牛马牛也" 就必定是不成立的。现在你们既认为 "牛马非牛也" 是错误的, 又认为 "牛马牛也" 也是不对的, 这就违背了两个矛盾判断必有一真的排中律, 因而你们的判断全部都是错误的。

我们认为, 牛是单独概念, 马也是单独概念, 不论是牛还是马都不是集合概念。但牛马是包含了牛和马的集合概念。换言之，牛不指"非牛"之马，马也不指"非马"之牛；而"牛马"既不是单指"非马"之牛，也不能单指"非牛"之马。这样理解是没有什么困难的。

【原文】

[经下 68] 循此循此与彼此同①，说在异②。

[经说下 68] 彼。正名③者"彼此"。"彼""此"可。"彼""彼"止于"彼"，"此""此"止于"此"。"彼""此"不可："彼"且"此"也。"彼此"亦可："彼此"止于"彼此"。若是而"彼此"也，则彼亦且此此也。

【注释】

① 循此循此与彼此同：当改为"'彼此''彼此'与'彼此'同"。（梁启超：《墨经校释》，第 401 页。）

② 说在异：名称虽相同，但所指之"实"存在差异。

③ 正名：名不副实，就要端正名称。"正名"为孔子首倡，然其所涉都是政治和伦理问题，墨家纯从逻辑学意义上使用"正名"这一概念。

【译文】

一种是彼定指彼、此定指此的"彼""此"；另一种是彼不定指彼也可能指此、此不定指此也可能指彼的"彼""此"；还有一种是彼定指彼加上此定指此，而不是单指彼也不是单指此的"彼此"。其称名虽然相同，但其所指却又各不相同。原因在于：第一种"彼""此"是正确的单指代名词；第二种"彼""此"是不正确的单指代名词；第三种"彼此"是正确的兼指代名词，即正确的单指代名词的集合。

在逻辑研究中，首先需要正名的称名是彼此。（一）用"彼"这一称名来指"彼"的实际事物，并且仅仅局限于指"彼"的实际事物；用"此"这一称名来指"此"的实际事物，并且仅仅局限于指此的实际事物。这样的单独代名词"彼""此"，其称名是正确的。（二）用"彼"这一称名既可指"彼"的实际事物，又可指"此"的实际事物，用"此"这一称名既可指"此"的实际事物，又可指"彼"的实际事物。这样的单独代名词"彼""此"其称名是不正确的。（三）用"彼此"这一称名来指"彼此"的实际事物，并且仅仅局限于指"彼此"的实际事物，即"彼"所指的实际事物和"此"所指的实际事物的集合，而不是单指"彼"所指的实际事物，也不是单指"此"所指的实际事物。这样的双兼代名词"彼此"，其称名也是正确的。如果是这种意义上的"彼此"，其中的一个单独代名词"彼"一定是用"彼"这一称名来指"彼"的实际事物，并且仅仅局限于指"彼"的实际事物；另一个单独代名词"此"也一定是用"此"这一称名来指"此"的实际事物，并且也是仅仅局限于指"此"的实际事物。

【原文】

[经下 69] 唱和同患①，说在功②。

[经说下 69] 唱无过，无所周，若粺③。和无过，使④也，不得已。唱而不和，是不学也⑤。智⑥少而不学，必寡。和而不唱，是不教也。智而不教，功适息⑦。使人夺人衣，罪或轻或重；使人予人酒，或厚或薄⑧。

【注释】

①唱和同患：唱，倡导。和，应和。患，忧虑、忧愁。意为"倡导者担心没有应和者，应和者则担心没有倡导者"。

②功：功绩、功效。

③过："遇"的形讹字。遇，与下句"和无过"之"过"同解。遇，读"偶"，"义通偶"。（王裕安等：《墨子大词典》，第 412 页。）偶，二人组合为"偶"，此指"唱"的应和者。周："用"的形讹字。（孙诒让：《墨子间诂》，第 388 页。）用，功用、功效。粺（bài）：同"稗"，麦田中的野草。

④使：使令、强迫。

⑤唱而不和，是不学也：此以"唱"与"和"比喻"教与学"，阐述教与学的关系。意为"只有倡导，无人应和，就如同只有施教者，却没有学习的人"。

⑥智：此"智"与下句"智而不教"的"智"，皆作"知"解。

⑦ 功适息：教育的功效就会消失。息，消失。

⑧ 或厚或薄：功劳或大或小。厚，大。薄，小。

【译文】

倡导者担心没有应和者，应和者则担心没有倡导者，他们担心的原因在于，如果没有倡导者和应和者双方紧密配合，做事就不会取得实际功效。

只有倡导者而没有应和者，倡导者就无从发挥作用，就像田地里稗子，长得再多也不会收获谷物。只有应和者而没有倡导者，强迫应和者勉强去做茫然无知的事，也不会有实际功效。只有倡导者而没有应和者，这就如同只有施教者而没有受教者，那些本来知识就缺少的受教者又不学习，必定还是孤陋寡闻；只有应和者而没有倡导者，就好比只有受教者而没有施教者，拥有丰富知识的施教者不教导别人，教育的功效就会趋于消失。倡导者和应和者发挥的作用，在不同情况下略有不同，不能一概而论。举例来说，就好比唆使某人抢夺别人的衣服，被唆使者罪行轻一些，而唆使者罪行要重一些。支持某人给别人送酒，送酒者功劳大一些，而指使送酒的人功劳要小一些。

【原文】

[经下 70] 闻所不知若所知，则两知之①，说在告②。

[经说下 70] 闻。在外者，室中所不知也③。或曰"在室者之色若是其色④"，是所不智⑤若所智也。犹白若黑也，谁胜⑥? 是若其色也。若白者必白。今也智其色之若白也，故智其白也。夫名以所明正所不智⑦，不以所不智疑所明。若以尺度所不智长⑧。外，亲智也；室中，说智也。

【注释】

① 两：两个方面（知道的和不知道的）。

② 告：告知。

③ 在外者，室中所不知也：梁启超据本经说整体意义改为"在外者，所知也；在室者，所不知也"。（梁启超：《墨经校释》，第 403 页。）外，室外。室，室内。知，此指室内人和室外人的脸色。

④ 若是其色：就像这种一样的脸色。

⑤ 智：此"智"与以下各"智"字，皆作"知"解。

⑥ 胜：任，适合。

⑦ 夫名以所明正所不智：名，墨家逻辑中的概念和推论，此指"求知之道"。所明，已明确认定的知识。正，正确推论。意为"求知之道，就是用已经明确认定的知识去正确推论还不知道的知识"。

⑧ 若：如同。度：度量。

【译文】

当别人告诉你说，你所不知道的就像你已经知道的一样，那么你就不仅知道了自己已经知道的，而且还知道了在这之前你不知道的。很明显，这是你在听到别人告知的话语以后进行推理的结果。

室外人的脸色是我知道的，室内人的脸色是我不知道的。这时有人告诉我说，室内人的脸色就像室外人的脸色一样。这样我就由室外人的脸色推论出原先所不知道的室内人的脸色。这就像用白与黑两种颜色决定一件物品的颜色一样，白与黑哪一种颜色适合于这种物品的颜色，那么这种物品就是这种颜色。现在我已经听说室内人的脸色与室外人一样，而我又知道室外人的脸色是白色的，那么由此推论，室内人的脸色必是白色的。求知之道，就在于用已经明确认定的知识去正确推论出还不了解的知识，而不是反过来用未知的知识怀疑已知的知识。例如，人们可以用标准尺度去度量一个不知长度的物件，而不可以用这个未知长度的物件来怀疑这个尺度的标准。室外人的脸色是我亲自看到的，而室内人的脸色，则是经过别人告知、又经过我推论而知道的。

【原文】

［经下71］以言为尽誖①，誖，说在其言。

［经说下71］以。誖，不可也。出入之言可②，是不誖，则是有可也。之人之言不可，以当，必不审。

【注释】

① 誖：同"悖"，悖谬。

② 出入之言可：当为"之人之言可"。（孙诒让：《墨子间诂》，第 389 页。）之人，这些人。

【译文】

如果认为所有言论都是错误的，这种说法本身就是错误的。因为在事实上，人们的言论既有正确的，也有错误的。

言论错误是指所论说的不合乎事实和道理。许多人的言论合乎事实道理，那就不是错误言论，这就说明有很多言论是正确的。有些人的言论是错误的，如果把这种错误言论当作是正确的，必定是极不审慎的表现。

【原文】

[经下 72] 唯吾谓，非名也则不可，说在仮①。

[经说下 72] 惟。谓是霍可，而犹之非夫霍也②。谓彼是是也③。不可谓者，毋惟乎其谓。彼犹惟乎其谓，则吾谓不行④。彼若不惟其谓，则不行也。

【注释】

① 唯：应答、唯诺。谓：说、称说。此指称说事物的"名"。非名：名实不符。仮（fǎn）：同"反"，违反。

② 霍：同"鹤"。犹：指犬，有的说陕西称犬为犹。夫：那个。

③ 谓彼是是也：当断为"谓，彼是，是也"。（姜宝昌：《墨经训释》，第 285 页。）意为"我所称说的'名'，只有别人认为是对的才是可以的"。

④ 彼犹惟乎其谓，则吾谓不行：当为"彼犹惟乎其谓，则吾谓行也"。孙诒让认为，原文"不"为衍字。（孙诒让：《墨子间诂》，第 390 页。）犹，尚、尚能。惟，同"唯"。意为"别人尚能同意我称说的名，说明我称说的名是符合名实关系的"。

【译文】

让别人同意我称说的"名"，前提是名实相符；不符合名实关系的"名"是不可以的，理由在于不符合名实关系必然违反事理。

指着一只鹤说，这是一只鹤，这符合名实关系，当然可以；如果指着一条狗却说，这是那只鹤，这违反了名实关系，当然是不可以的。称说事物的名称正确与否，不能自我认定，必定是别人或对方同意才是可以的。违反名实关系而称说的名称，别人是不会同意的。别人同意了你所称说的事物的名称，说明你所称说的名称是符合名实关系的。别人不同意你所称说的名称，那么你所称说的名称就可能违反了名实关系。

【原文】

[经下 73] 无穷不害兼，说在盈否①。

[经说下 73] 无。"南者②有穷则可尽，无穷则不可尽。有穷无穷未可智③，则可尽不可尽不可尽未可智④。人之盈之否未可智，而⑤必人之可尽不可尽亦未可智。而必人之可尽爱也，誖。"人若不盈先穷，则人有穷也⑥。尽有穷，无难。盈无穷，则无穷尽也。尽有穷，无难。

【注释】

①无穷不害兼，说在盈否：穷，穷尽。兼，此指"兼爱"。盈，充满。意为"地域不能穷尽并不妨碍实行'兼爱'，问题在于人是否充满了所有地域"。

②南者：即南方。者，指示代词，此指空间。

③智：此"智"同以下各"智"字，都作"知"解。

④则可尽不可尽不可尽未可智：第二个"不可尽"为衍文，当改为"则可尽不可尽未可智"。（毕沅著，戴望校：《墨子注》，第 278 页。）

⑤而：作"犹"解。

⑥人若不盈先穷，则人有穷也：先，"无"之误。（孙诒让：《墨子间诂》，第 390 页。）意为"如果人不充满南方地域，说明人是有穷尽的"。

【译文】

地域没有穷尽并不妨碍实行"兼爱"，问题在于人是否充满了所有地域。

反对"兼爱"学说的问难者说："假如南方地域有穷尽，那么'兼爱'就可以做到；假如南方地域没有穷尽，那么'兼爱'就不可能做到。现在南方地域到底是有穷尽还是没有穷尽还不知道，当然'兼爱'是能做到还是不能做到也不知道。何况人是否充满南方地域也不知道，那么'兼爱'能够做到或是不能做到也不知道。在这么多情况都不知道的情况下，就一定要说'兼爱'能够做到，这是荒谬不可信的。"墨家反驳问难者说："你们反对实行'兼爱'的理由是：南方地域无穷尽以及不知道人是否充满南方地域，那么我们认为，这要从以下两个方面来说：一方面，如果人不能充满南方地域，说明人是有穷尽的。兼爱有穷尽的人，没有什么困难。另一方面，如果人充满南方地域，说明你们所说的无穷尽地域，被人所穷尽。就是说，你们所说的无穷尽地域，实际上是有穷尽地域。地域既有穷尽，人也有穷尽。兼爱有穷尽的人也没有什么困难。"

【原文】

［经下74］不知其数而知其尽①也。说在明者②。

［经说下74］不。"二智其数③，恶智爱民之尽文也④？"或者遗乎其问也⑤。尽问人则尽爱其所问，若不智其数而智爱之，尽文也无难⑥。

【注释】

①尽：指尽爱或"兼爱"。

②明："问"之误。（孙诒让：《墨子间诂》，第330页。）问，询问。者：作"也"解。

③二智其数：当为"不智其数"。"二"为"不"之误。（曹耀湘：《墨子笺》，第618页。）智，此"智"同以下各"智"字都作"知"解。

④恶智爱民之尽文也：当为"恶智爱民之尽之也"。文，"之"的形讹字。（孙诒让：《墨子间诂》，第391页。）恶，疑问代词，同"安"。

⑤或者遗乎其问也：或者你们担心在询问人数时有所遗漏吧！遗，遗漏。

⑥若不智其数而智爱之，尽文也无难：当断句和改为"若不智其数而智爱之尽之也，无难"。（姜宝昌：《墨经训释》，第290页。）文，"之"的形讹字。

【译文】

即使不知道人口的数量，也可以兼爱所有的人，其方法就是查问人口。

反对"兼爱"的问难者说："不知道人口的数量，又怎么知道能够尽爱所有的人呢？"墨家反驳他们说："也许你们所说的是，我们在查问人口时会有所遗漏吧？这个并不是问题，我们可以查问所有的人。所有的人都查问到了，当然就会尽爱所有的人。由此可见，即使不知道人口的数量，也不难知道所有的人都尽得其爱。"

【原文】

[经下75] 不知其所处，不害爱之①，说在丧子者②。

[经说下75] 无。

【注释】

①其、之：指示代词，代指不知所处的人。

②丧子：走失的孩子。丧：逃亡、走失。

【译文】

不知道一个人居住在何处，并不妨碍对他的关爱，这就好比父母对逃亡或者走失在外的孩子，虽然不知道他现在处于何地，但对他的关爱并不比处在身边的孩子少。

【原文】

[经下76] 仁义之为内外也内①，说在仵颜②。

[经说下 76] 仁。仁，爱也；义，利也。爱、利，此也③；所爱、所利，彼也④。爱、利不相为内外，所爱利亦不相为外内⑤。其为"仁内也义外也"⑥，举爱与所利也，是狂举也。若左目出右目入⑦。

【注释】

① 仁义之为内外也内：当为"仁义之为内外也病"，"内"为"病"的形讹字。（伍非百：《墨辩解故》，第 192 页。）病，毛病、纰漏。意为"把仁说成是内在的东西，义则是外加的东西，这是有纰漏的说法"。

② 忤（wǔ）：抵牾、违背。颜：颜面，此指脸面器官眼睛。

③ 此也：在一方面，指主观的。

④ 彼也：那一方面，指客观的。

⑤ 爱、利不相为内外，所爱利亦不相为外内：爱人之心和利人之心不能分为内在的东西和外在的东西；所爱的对象和所利的对象也不能分为内在的东西和外在的东西。

⑥ 其为"仁内也义外也"：当断句为"其为'仁，内也，义，外也'"。（姜宝昌：《墨经训释》，第 292 页。）为，作"谓"讲。此句乃引用《孟子》，原文是"仁，内也，非外也；义，外也，非内也。"（杨伯峻：《孟子译注》，中华书局 2008 年版，第 197 页。以下简称为"杨伯峻：《孟子译注》"。）

⑦ 若左目出右目入：这好比说"左眼是输出物象的，右眼是输入物象的"。

【译文】

把"仁"和"义"说成是内在的和外在的两种东西，这种说法存在严重纰漏，因为这相当于把人脸上的两只眼睛看作是功能不相同的器官。

仁的实质是爱人，义的实质是利人。爱人、利人之心是主观的东西，所爱所利的对象是客观的东西，因而爱人之心和利人之心不能分作内在的东西和外在的东西，所爱的对象和所利的对象也不能分作内在的东西和外在的东西。儒者认为"仁是内在的东西，义是外在的东西"，这就是把本来同属于主观的东西错误地分成主观和客观两个方面的东西，因而是胡乱列举，这就如同主张左眼主导输出物象、右眼主导输入物象一样荒谬。

【原文】

[经下 77] 学之益也,说在诽者①。

[经说下 77] 学也②。以为不知"学之无益"也,故告之也,是。使智"学之无益"也③,是教也。以学为无益也教,誖。

【注释】

① 学之益也,说在诽者:当为"学之无益也,说在诽者"。(孙诒让:《墨子间诂》,第 331 页。)诽,批评。

② 学也:"也"为衍字。

② 是。使智"学之无益"也:当断句为"是使智'学之无益'也"。(姜宝昌:《墨经训释》,第 294 页。)智,同"知"。

【译文】

"学习没有益处"的说法是错误的,这种错误已经被反对"学习没有用处"的批评者讲得明明白白。

批评者指出,坚持"学习没有益处"的人认为,别人不知道"学习没有益处"这个道理,于是就告诉他们,这样做就是在晓谕别人"学习是没有益处"的道理,因而等同于对别人进行施教。这样一来,一方面他们主张"学习是没有益处"的,另一方面又在教导别人去学习道理,显然是自相矛盾的。

【原文】

[经下 78] 诽①之可否,不以众寡②,说在可非。

[经说下 78] 论诽,诽之可不可,以理之可诽③,虽多诽,其诽是也;其理不可非,虽少诽,非也。今也谓多诽者不可,是犹以长论短。

【注释】

① 诽:非议、批评。

② 众寡：多少。此指批评的多少。

③ 论诽，诽之可不可，以理之可诽：曹耀湘认为，第一个"诽"字应提到"论"前，作为牒经标目字，当断句和改为"诽。论诽之可不可以理"。"之可诽"三字归属下句。（曹耀湘：《墨子笺》，第619页。）论，议论。以理，在理、当理。之可诽，当为"之可非"。（张惠言：《墨子经说解》，第378页。）之，指示代词，指某种言论或意见。

【译文】

对别人的批评意见是否正确，不取决于批评的话语多少，而取决于这种批评意见在理不在理。

评论批评意见正确与否，关键是看批评的意见是否在理。如果某人的言行是错误的，对他的批评就在理，虽然批评的话语很多，这种批评也是正确的。如果某人言行是正确的，对他的批评就不在理，虽然批评的话语很少，这种批评也是错误的。现在有人却说批评的话语太多就必定是错误的，这是信口乱说。这就好比没有弄清物品的长短各有所宜就妄论此长彼短一样。

【原文】

[经下 79] 非诽者谆，说在弗非①。

[经说下 79] 不诽，非己之诽也，不非②。诽，非可非也③。不可非也，是不非诽也④。

【注释】

① 非：非难。诽者：批评者。谆：当为"誖"的形讹字。誖，即悖。弗非：不是错误的，即"正确"。非，错误。

② 不诽，非己之诽也，不非：当断句和改为"非。诽非，己之非也，不非"。（孙诒让：《墨子间诂》，第392页。）

③ 诽，非可非也：第一个"非"作"不"解，第二个"非"作"非难"解。意为"对正确的批评意见，不可妄加非难"。

④ 不可非也，是不非诽也：对正确的东西不能随意反对，这正是我们坚持对批评者不能大加刁难的原因。

【译文】

对正确的批评大加非难是错误的，因为正确的批评可以阐明道理，本身并不存在错误。

某人言行存在错误，我对这种错误提出批评，可以看作是我对他的非议；但这种批评是为了弄清真相，阐明道理，因而是正确的。基于上述认识，对于正确的批评意见，不可以大加非难。对正确的东西不能随意加以反对，这正是我们坚持对批评者不能大加刁难和指责的原因。

【原文】

[经下 80] 物甚①、不甚。说在若②是。

[经说下 80] 物。甚长甚短，莫长于是，莫短于是，是之是也。非是也者③，莫甚于是④。

【注释】

① 甚：很、极。

② 若：比较、比得上。

③ 是之是也。非是也者：应改为"是之甚也，非甚也者"。（孙中原：《墨子解读》，第153页。）意为"此物不甚如何，有比此物更如何的"。

④ 莫甚于是：当改为"不甚于是，有甚于是"。（孙中原：《墨子解读》，第153页。）

【译文】

说某一事物"甚如何"或"不甚如何"，是就这一事物与另一事物相比较而言的，因而反映的是一种比较关系。

例如，说此物"甚长"，是指在这一论域中"没有其他东西比它更长的了"；说此物"甚短"是指在这一论域中"没有其他东西比它更短的了。"如果说此物"甚如何"，就是指"没有其他东西比此物更如何的"；说此物"不甚如何"，就是指"还有其他东西比此物更如何的"。

【原文】

[经下 81] 取下以求上也①，说在泽②。

[经说下 81] 取。高下以善不善为度，不若山泽③。处下善于处上，下所请④上也。

【注释】

① 取：选取。下：指人的社会身份居于下层。划分社会身份，一般以官爵、财富、职业作为标准。上：此指上同或效仿品德高尚的人。

② 泽：水泽，指广大的水域。

③ 高下以善不善为度，不若山泽：度，法度、标准。意为"衡量一个人是高尚或是卑下，要以善与不善作为基本标准，不像高山与水泽那样存在固定不变的高差"。

④ 请：当为"谓"。（孙诒让：《墨子间诂》，第 392 页。）

【译文】

在社会身份上选取下位，在道德品质上追求效仿圣贤，修身行善，终生不渝，这就如同水泽容纳无数溪流一样。

衡量一个人是高尚还是卑下，要以善或不善作为基本标准，不应以官位、财富和职业作为基本标准。也就是说，不能像高山与水泽那样存在固定不变的高差。对于一个品德高尚的人来说，居于社会身份的下位，好于居于社会身份的上位，因为他们虽然在社会身份上居于下位，但是他们道德品质高尚，令世人敬仰。

【原文】

[经下 82] 是是与是同，说在不州①。

[经说下 82] 不是，是②则是且是焉。今是文于是③，而不于是，故是

不文。是不文，则是而不文焉④。今是不文于是，而文于是，故文与是不文同说也。

【注释】

① 不州：相同。州，"殊也"。（王念孙：《广雅疏证·释诂三上》，第15B。）

② 不是，是：当改为"是。是不是"。补牒经标目字"是"。"不"字倒置。

③ 今是文于是：当为"今是久于是"。（高亨：《墨经校诠》，第202页。）以下七个"文"字皆为"久"的形讹字。久，指长时间持续。

④ 则是而不文焉：当为"则是而亦久焉"。（高亨：《墨经校诠》，第202页。）"不"当为"亦"的形讹字。

【译文】

一种情况是：现在是"是"，将来还是"是"，这就是"之是"的"是"；另一种情况是：现在是"是"，将来变成"不是"，这就是"不是之是"的"是"。在现在都是"是"这一点上，上述两种情况是相同的，因为二者在现在都是"是"这一点上没有本质差别。

现在是"是"，将来变成"不是"，但就现在来说，这个"是"仍然是"是"。现在这个"是"，维持其为"是"已经很久了，于是不再是"是"，而变成了"不是"，所以现在的这个"是"，又有其"不久"的一面。现在这个"是"，虽然有其"不久"的一面，但就现在来说，这个"是"仍有其相对"长久"的一面。现在这个"是"，不能长久地维持其为"是"，但是又在一定限度内长久地维持了这个"是"。所以说：现在这个"是"是长久的；又可以说：现在这个"是"不是长久的。这两种相反的说法同样可以成立。（本条参考孙中原《墨子解读》译文改写而成）

第四十一篇 大取

【题解】

本篇原有 62 个自然段，本书据内容合并为 31 段，其中大部分论述"兼爱"问题，其余则专论逻辑问题。

《大取》篇名因何而来？伍非百《大小取章句》说："大取言兼爱之道，以墨家之辩术，证成墨家之教义，所重在'道'，其所取者大，故曰大取。"可以认为，"兼相爱，交相利"的"兼爱"理念是墨子思想体系、特别是墨子社会政治思想的核心和灵魂。《墨子·兼爱》三篇从治国理政的角度来论述"兼爱"宗旨及其重大意义，而《大取》则是自觉运用墨家逻辑这一思维工具来论证"兼爱"学说的成立和正确。因此，《大取》关涉墨子学说的核心，"其所取者大"，用"大取"命名是适当的。

墨家逻辑的基点就是"辞以故生，以理长、以类推"，《大取》即用墨家逻辑的故（辞、概念）、理（判断）、类（推理）三物论格式，来证明墨子"兼爱"学说的正确性和可行性。本篇举出大量事例反复论证爱与仁义、爱与利的内在统一关系，强调天下圣王君子以及仁义之士都要把爱与利结合起来，视为一体，发自内心地以各自所能为他人、为天下人谋取利益。利由爱而生，去利则非爱；利有厚薄大小，但不应有差别亲疏。这是与儒家等差之爱不相同的地方。

【原文 1】

天之爱人也，薄①于圣人之爱人也；其利人也，厚②于圣人之利人也。大人③之爱小人④也，薄于小人之爱大人也；其利小人也，厚于小人之利大人也。

【注释】

① 薄：通"溥"（pǔ），即"普"，广博。下句"薄于小人"之"薄"同解。

② 厚：优厚、厚重。

③ 大人：指天子、诸侯、王公大人等权贵统治者。

④ 小人：指从事体力劳动的平民百姓。

【译文】

上天关爱平民，比圣人关爱平民广博；上天惠利平民，比圣人惠利平民优厚。贤德的统治者关爱平民，比百姓关爱贤德的统治者广博；他们惠利平民，也比平民惠利贤德的统治者优厚。

【原文 2】

以臧①为其亲也而爱之，非爱其亲也②；以臧为其亲也而利之，非利其亲也。以乐③为利其子，而为其子欲之④，爱其子也。以乐为利其子，而为其子求之，非利其子也。

【注释】

① 臧：读 zàng，通"葬"。葬，此指"厚葬"。

② 非爱其亲也：据下文当为"爱其亲也"。"非"为衍字。（孙诒让：《墨子间诂》，第 403 页。）

③ 乐：指"乐舞"。

④ 欲之：指"喜好乐舞"。欲，欲求、喜好。

【译文】

认为厚葬父母就是子女表达对父母的爱心，于是就厚葬父母，这当然是子女关爱已故父母的方式之一。认为为了惠利父母就要厚葬父母，却未必合适，因为这样做不会对已故父母带来任何好处。认为学习乐舞是对子女有利的，于是为了子女就让子女喜好乐舞，这当然是关爱子女的表现；认为学习乐舞对子女的成长和未来是有利的，于是为了子女就让子女大肆追求乐舞，这未必合适，因为这样做对子女并没有实际好处。

【原文 3】

于所体之中而权，轻重之谓权①。权，非为是也，非非为非也②。权，正③也。

断指以存擘④，利之中取大，害之中取小也。害之中取小也，非取害也，取利也。其所取者，人之所执⑤也。遇盗人，而断指以免身，利也。其遇盗人，害也。

断指与断腕，利于天下相若，无择也。死生利若，一无择也⑥。

杀一人以存天下，非杀一人以利天下也⑦；杀己以存天下，是杀己以利天下。

于事为之中⑧而权轻重之谓求。求为之，非也⑨。害之中取小，求为义，非为义也。

利之中取大，非不得已也。害之中取小，不得已也。所未有而取焉⑩，是利之中取大也；于所既有而弃焉，是害之中取小也。

【注释】

① 于所体之中而权，轻重之谓权：当断句为"于所体之中而权轻重之谓权"。（姜宝昌：《墨经训释》，第 317 页。）体，体认、体察，转指"亲身经历"。权，权衡、考量。

② 非非为非也：当为"亦非为非也"。（孙诒让：《墨子间诂》，第 404 页。）

③ 正：正当、正确。

④ 擘（wǎn）：同"腕"，即"手腕"。

⑤ 执：执持、挟持。

⑥ 死生利若，一无择也：如果个人的死和生对天下同样有利，都是无可选择的。一，全部、一律。

⑦ 非杀一人以利天下也：当为"非杀人以利天下也"。（孙诒让：《墨子间诂》，第 404 页。）

⑧ 于事为之中：在做事的过程中。事，从事、做事。

⑨ 求为之，非也：当为"求为之，非为之也"。（孙诒让：《墨子间诂》，第 404 页。）

⑩ 所未有而取焉：当为"于所未有而取焉"。（孙中原：《墨子解读》，第
173 页。）

【译文】

在亲身经历的事情中，认真考量利害的轻重、大小，这就叫作权衡。
权衡既不是为了求得正确，也不是为了求得不正确。权衡只是为了把事物的
轻重和大小利害关系处理得当。

在迫不得已的情况下，为保存手腕而砍断手指，这是在利益中选取大
的方面，在祸害中选取较小的方面。在祸害中选取较小的方面，不是为了选
取祸害，而是为了选取利益，因为在这时的选取受制于人，是别人在操纵这
种选取。在路上遭逢强盗，如果用砍断手指换来免遭杀害，这就是获得利益
的明智选择。当然路上遭逢了强盗，这本身是一个祸事。

如果砍断手指和砍断手腕，都同样对天下有利，就无须选择，不必计
较；如果个人的或死或生，都同样对天下有利，也就无须选择，不必计较。

杀掉一个危害天下的坏人从而保存天下，不等于用杀人的方法让天下
人得到利益；但牺牲自己的生命来保存天下，可以称作是牺牲自己的生命来
让天下人得到利益。

在做事的过程中，考量事情的利害轻重和大小，这就叫作"求取"。为
了求取美好名声而去做事，这是不可取的自私狭隘的行为。在众多祸害之中
选取较小的方面当然是对的，但如果仅仅是为了求取"义"的名声去做事，
就不是真正的从事义事了。

在众多利益中选取大的利益，这当然不是迫不得已的无奈选择；而在众
多祸害中选择小的祸害，这却是迫不得已的无奈选择。在尚未存在的事物中
作出选择，这就类似于在众多利益中选取大的利益；在已经存在的事物中被
迫作出选择，这就类似于从众多祸害中选取较小的祸害。

【原文 4】

为暴人语天之为是也而性，为暴人歌天之为非也①。

诸陈执②既有所为，而我为之陈执，执之所为，因吾所为也。若陈执未

有所为，而我为之陈执，陈执因吾所为也。

暴人为我为天之以人非为是也而性，不可正而正之③。

【注释】

① 为暴人语天之为是也而性，为暴人歌天之为非也：当断句和改为"为暴人语天之为是也，惟为暴人之呵天之为非也"。（姜宝昌：《墨经训释》，第327页。）两个"天之"当为"天志"。性，"惟"（唯）的形讹字。歌，"呵"之误。呵（hē），呵斥、诋毁。意为"对暴虐之人讲说天志是正确的，而对暴虐之人诋毁天志放纵不管是错误的"。

② 陈执：指陈规旧习。（张纯一：《墨子集解》，第522页。）

③ 暴人为我为天之以人非为是也而性，不可正而正之：当断句和改为"暴人谓，我为天志，以人非为是也，而性不可正而正之"。（曹耀湘：《墨子笺》，第623页。）第一个"为"，当为"谓"，说成。天之，即"天志"。性，恶劣本性。正，匡正。

【译文】

对残暴的人讲说天志，目的是希望他们改恶从善，这是正确的；而对于残暴的人诋毁天志的言论放纵不管，却是错误的。

各种陈规旧习既然有它的作用，它就会影响人们的行为，而陈规旧习的作用大小也会因人们的行为受到影响。假如陈规旧习尚未发挥作用，而是由人们的行为造成了陈规旧习，那么陈规旧习就完全是人为造成的，

那些残暴的人总是认为，我所做的一切都是符合天志的，这是把众人都认定是错误的东西说成是正确的。对于他们的这种恶劣本性，虽然明知难以匡正也要予以匡正。

【原文 5】

义可厚，厚之；义可薄，薄之，谓伦列①。德行、君上、老长、亲戚②，此皆所厚也。为长厚，不为幼薄。亲厚，厚；亲薄，薄。亲至，薄不至③。义，厚亲不称行而顾行④。

【注释】

① 谓伦列：当为"之谓伦列"。（孙诒让：《墨子间诂》，第 405 页。）伦列，无差等。伦，等。

② 老长、亲戚：老人和长辈、父母与同宗近亲。亲戚，指父母和同宗近亲。

③ 亲至，薄不至：对于亲情最深的人可以给予最厚的爱，而对于亲情最薄的人，却不能给予最薄的爱。

④ 不称行而顾行：当为"不称行而类行"，"顾"为"类"的形讹字。（孙诒让：《墨子间诂》，第 405 页。）意为"儒家所讲的厚爱亲人的义理，并不是施以平等合理的爱，而是依据亲缘关系的远近而施以或厚或薄的等差之爱"。

【译文】

从道义上可以给予厚爱的就给予厚爱，可以给予薄爱的就给予薄爱，这是无差等之爱的应有之义。儒者说："品德高尚的人，君王和居于上位的贵族、老年人和长辈以及父母与同宗的近亲，这些都是应当给予厚爱的人。"但是墨家认为，在厚爱年长位尊的人的同时，不能薄爱年幼和居于下位的人。儒者说："对于亲情深厚的人，必须给予厚爱；对于亲情稀薄的人，必须给予薄爱。"墨家认为，很明显，儒家的主张就是对亲情最深厚的人给予最深厚的爱，对亲情最稀薄的人给予最稀薄的爱。由此可见，儒家所讲的厚爱亲人的道理，并不是从天下人的利益出发施以平等合理的爱，而是以自我为中心，依据人们与自己亲缘关系的远近施以或厚或薄的差等之爱。

【原文 6】

为天下厚禹，为禹也。为天下厚爱禹，乃为禹之人爱也。厚禹之加于天下①，而厚禹不加于天下，若恶盗之为加于天下，而恶盗不加于天下。

【注释】

① 厚禹之加于天下：当为"厚禹之为加于天下"。（孙诒让：《墨子间诂》，

第 405 页。)厚,厚爱。为,因为。

【译文】

为了天下百姓厚待大禹,是因为大禹为天下百姓当得起这种厚待。为了天下百姓而厚爱大禹,是因为大禹是爱利天下百姓的圣王。换言之,人们厚爱大禹,那是因为大禹的卓越行为让天下百姓普遍得到了惠利,但这种厚爱仅施予大禹一人,而不是施予天下所有人的。这就如同人民虽然厌恶盗贼把祸害施加于天下的百姓,但这仅是人们对盗贼的厌恶,而不是对天下百姓的厌恶一样。

【原文 7】

爱人不外己,己在所爱之中。己在所爱,爱加于己。伦列①之爱己,爱人也。

【注释】

① 伦列:无差等、平等。

【译文】

爱人不排除爱自己,自己也在所爱之中。既然自己也在所爱之中,爱也就能够施加于自己。没有差等地爱自己,也就是爱人。

【原文 8】

圣人恶疾病,不恶危难,正体①不动。欲人之利也,非恶人之害也②。

圣人不为其室臧之,故在于臧③。

圣人不得为子之事。

圣人之法,死亡亲④,为天下也。厚亲,分也,以死亡之,体渴兴利⑤。有厚薄而毋伦列之兴利,为己。

【注释】

① 正体：端正身体。正，端正。

② 欲：希望。恶：畏惧。

③ 圣人不为其室臧之，故在于臧：当断句为"圣人不为其室，臧之故，在于臧"。（姜宝昌：《墨经训释》，第344页。）室，墓穴。第一个"臧"，通"葬"，埋葬。第二个"臧"，读"藏"，埋藏。故，道理、方法。

④ 死亡亲：埋葬死去的父母以后就要忘掉它们。亡，通"忘"，忘记。下"亡"字同解。亲，父母。

⑤ 体渴兴利：体，体现。渴，同"竭"。"渴，尽也。"（《说文解字》，第235页。）意为"体现出要竭尽全力为天下百姓兴举利益"。

【译文】

圣人讨厌疾病缠身，却不畏惧危险艰难，他们端正身体，坚定意志，不为外物所撼动。他们心中所想的都是为天下百姓谋取利益，从不畏惧别人把灾难祸害施加到自己身上。

圣人不为自己死后建造宏大的坟墓，因为他们主张，埋葬死者的道理仅在于埋藏而已。

圣人不会做那些只为自己的子女谋取利益的事。

圣人制定的埋葬的礼法是，以简单节俭的葬仪埋葬完死去的父母后，就尽快忘记他们。虽然厚待双亲是子女应尽的本分，但父母既已死亡，就尽快忘记他们，投身于本职工作，体现出竭尽全力为天下百姓兴办利益的精神风貌。那种只关注葬仪的厚薄、而不去履行与别人同等地为天下人兴利职分的人，只不过是为自己打算罢了。

【原文9】

语经：语经①也，非白马焉，执驹焉说求之②，舞说③非也。渔大之舞大④，非也。

【注释】

① 语经：经常说的话题、口头禅、经，常。

② 非白马焉，执驹焉说求之：此是名家的两个论题：一是"白马非马"论；二是"孤驹无母"论。焉，语气助词。说求之，不停地谈论以求得支持。

③ 舞说：舞弄观点。舞，舞弄。

④ 渔大之舞大：当为"杀犬之无犬"。（孙诒让：《墨子间诂》，第406页。）"杀犬之无犬"是杀狗非杀犬的演绎，是名家的错误观点之一。

【译文】

人们常说的话题许多出自名家：名家把"白马非马""孤驹无母"当作口头禅到处宣扬，以寻求别人的支持。他们舞弄这些似是而非的观点是错误的。另外，他们还说"杀狗不是杀犬"，"没有犬是由杀犬造成的"，同样都是错误的。

【原文 10】

臧①之爱己，非为爱己之人也②。厚③不外己，爱无厚薄。举己④，非贤也。

【注释】

① 臧：同"葬"，指"厚葬"。

② 非为爱己之人也：不是作为天下的一员而应得到的那种"爱自己"。

③ 厚：后当有"人"字。（孙诒让：《墨子间诂》，第407页。）厚，厚爱，即"兼爱"。

④ 举己：为自己的名利谋划。举，谋划。

【译文】

厚葬自己的父母仅是为了博取别人的好评，实质上不是爱父母，而是爱自己，而这种"爱自己"，不是作为天下一员而应得到的那种"爱自己"。墨家主张"兼爱"天下所有的人，当然不把自己排除在"兼爱"的范围之外，因为"兼爱"的基本要求是：对别人对自己的关爱没有厚薄之分。凡是主张厚葬观点的人，其实是在为自己打算，这不是贤者应做的事情。

【原文 11】

义，利；不义，害。志功为辩①。

【注释】

① 志功为辩：应当把动机和效果联系起来加以辨别。志，动机、意念。功，效果、成绩。

【译文】

所谓义，就是有利于天下；所谓不义，就是祸害天下。评价人与事义或者不义，应当把人的动机和实际效果联系起来加以考察和辨别。

【原文 12】

有有于秦马，有有于马也①，智②来者之马也。

【注释】

① 有有于秦马，有有于马也：两个"有有"，第一个"有"都作"有人说"解，第二个"有"都作表示存在的"有"解。
② 智：同"知"。

【译文】

有人说有一匹从秦国运来的马，有人说又有一匹马运来了。我只知道运来的都是马，无须费心了解这些马产于何地。

【原文 13】

凡学爱人①：爱众众世②，与爱寡世相若。兼爱之有③相若。爱尚世与爱后世，一若今之世人也④。

【注释】

① 凡学爱人：本段原无此四字，王念孙将窜入下文的四字提到本段句首。（王念孙：《墨子杂志》，第 169 页。）

② 爱众众世：当为"爱众世"，第二个"众"是衍字。（王念孙：《墨子杂志》，第 170 页。）

③ 兼爱之有：此谓宾语前置，当为"有兼爱之"。

④ 一若今之世人也：当为"一若今世之人也"。（王念孙：《墨子杂志》，第 170 页。）一，齐一、同样。

【译文】

凡是学习"兼爱"学说的人应做到：爱人口众多世代的人与爱人口稀少世代的人相同。不管处于何种时间、空间中，人们所具有的"兼爱"之心是相同的，所以我们爱过去世代和以后世代的人，都与爱当代的人相同。

【原文 14】

鬼，非人也；兄之鬼，兄也①。天下之利欢。

【注释】

① 兄之鬼，兄也：家兄的鬼魂有时可代表家兄。

【译文】

一般来说，鬼魂并不是人，但家兄的鬼魂有时可代表家兄，因为祭祀家兄的鬼魂，可以看作是祭祀家兄。把爱利施于天下的百姓，尊天敬鬼，天地鬼神与人类都感到十分高兴。

【原文 15】

圣人有爱而无利，倪日①之言也，乃客之言也②。天下无人，子墨子之言也犹在。

【注释】

① 倪日：从门缝里窥视太阳。倪（qiàn），"间见"。（《说文解字》，第
165 页。）间见，从缝隙里看物。间，间隙、空隙。

② 乃客之言也：这是对方儒家所说的话。客，对方。此指儒家。《论语》
载："仁者爱人"；"子罕言利"；"君子喻于义，小人喻于利。"（杨伯峻：《论
语译注》，中华书局 1984 年版，第 131、86、39 页。以下简称为"杨伯峻：《论
语译注》"。）为其证。

【译文】

儒家圣人关于"有爱而无利"的说法，就如同从门缝里窥看太阳一样，
存有明显的偏见，这也是作为问难的儒家一方反驳墨家"兼爱交利"观点的
言论。即使到了天下再也没有人宣传"兼爱交利"主张的那一天，墨子的主
张依旧长存世间，不可撼动。

【原文 16】

不得已而欲之，非欲之也。非杀臧也①，专杀盗，非杀盗也。

【注释】

① 非杀臧也：据上下文，此句前脱漏"专杀臧"三字。（王念孙：《墨子
杂志》，第 171 页。）意为"想杀掉臧这个仆人，并不等于把臧杀死的行为"。

【译文】

出于不得已的原因想这样去做，并不是本来就想这样去做。例如，出
于某种原因想杀掉臧这个仆人，但这并不等同于把臧杀死的行为；筹划着专
门杀掉盗贼，也不能等同于杀死盗贼的具体行为。

【原文 17】

小圜①之圜与大圜之圜同。方至尺之不至也，与不至钟之至不异②。其
不至同者，远近之谓也。是璜③也，是玉也

【注释】

① 圜（yuán）：同"圆"。

② 方至尺之至不也，与不至钟之至不异：当为"不至尺之不至也，与不至钟之不至异"。（姜宝昌：《墨经训释》，第 365 页。）方，"不"字之误。至不异，当为"不至异"。尺，度量长度的标准单位。钟，度量粮食等容量单位。

③ 璜（huáng）：半圆形的玉。

【译文】

小圆与大圆，尽管二者半径不相同，但就圆的基本属性来看，二者又是相同的。不到一尺的"不到"，与不到一钟的"不到"，没有任何可比性而言，因为二者使用的不是同一度量标准。如果让两个"不到"可比较，那就要采用同一个度量标准，比如用尺度度量路途的远近那样就可以。又比如，这是一块璜，这是一块玉，二者同属于玉类，当然就可以进行比较。

【原文 18】

意楹①，非意木②也，意是楹之木也。意指③之人也，非意人也。意获④也，乃意禽也。

【注释】

① 意：揣度、琢磨。楹：楹柱，正堂大门两侧的圆柱。

② 木：指树木。

③ 指：指定。

④ 获：指猎获物。

【译文】

揣度楹柱，并不是揣度所有的树木，而是揣度做成这根楹柱的木头。揣度指定的这个人，也不是揣度所有的人。但揣度猎获物，就是揣度飞禽走兽一类的东西。

【原文 19】

志功不可以相从也①。利人也，为其人也。富人②，非为其人也，有为③也以富人。富人也，治人有为鬼焉④。

为赏誉⑤利一人，非为赏誉利人⑥也，亦不至无贵⑦于人。

智⑧亲之一利，未为孝也，亦不至于智不为己之利于亲也⑨。

智是之世之有盗也⑩，尽爱是世。智是室之有盗也，不尽是室也。智其一人之盗也⑪，不尽是二人。虽其一人之盗，苟不智其所在，尽恶其弱也⑫。

【注释】

① 志功不可以相从也：孙中原将此句置于本段句首，与孙诒让原本不同。（孙中原：《墨子解读》，第170页。）

② 富人：使人富裕。富，即"使之富裕"。

③ 有为：让他们有所作为。

④ 治人有为鬼焉：当为"治人又为鬼焉"。（孙中原：《墨子解读》，第174页。）治人，治理民众。有，通"又"。为鬼，祭祀鬼神。

⑤ 为赏誉：实行奖赏和赞誉。为，实行、开展。

⑥ 利人：有利于天下的人。

⑦ 贵：重要。

⑧ 智：同"知"。下句"智"字同解。

⑨ 亦不至于智不为己之利于亲也：也不至于自己明明知道有利于双亲的事而不去做。不为，不做。

⑩ 智是之世之有盗也：当为"智是世有盗也"。两个"之"皆为衍字。（孙诒让：《墨子间诂》，第409页。）是，这、这个。以下"是"字皆同解。世，世间、社会。

⑪ "智其一人之盗也"与"虽其一人之盗"的"之"字，都作"为"解。"之盗"即"为盗"。虽，作"唯"解。

⑫ 尽恶其弱也：当断句为"尽恶，其弱也"。（姜宝昌：《墨经训释》，第375页。）恶，厌恶。弱，错、错误。

【译文】

动机与效果不一定恰好一致。施利于一些人，确实是为的那些人；而任用贤士为官并使他们富裕，却不是仅仅为他们着想，而是要他们有所作为，造福于百姓。换言之，使贤士富裕，主要目的还在于让他们履行治理民众和祭祀鬼神的职责。

通过奖赏和赞誉使一个人建功立业并得利，当然不是通过奖赏和赞誉使天下百姓得利，但也不能说这样做对天下百姓并没有重要意义。

只知道给予双亲某一方面的利益，这还不算真正意义上的恪尽孝道。尽管如此，也不至于说，他们明明知道还有其他方面有利于双亲的事情，他们不会去做。

明知道这个世间还有盗贼，还是要"兼爱"这个世上所有的人。但是知道这个房间里有盗贼，却不能厌恶这个房间里所有的人。假定这个房间里有两个人，其中有一个人是盗贼，也不可以同时厌恶这两个人。就是说，这个房间里只有一个人是盗贼，如果不知道他现在处于何处，就厌恶这个房间中所有的人，显然是错误的。

【原文 20】

诸圣人所先为，人欲名实①，名实不必名②。

苟是石也白，败③是石也，尽与白同。是石也唯大，不与大同，是有便谓焉也④。

以形貌⑤命者，必智⑥是之某也，焉⑦智某也。不可以形貌命者，唯⑧不智是之某也，智某可也。诸以居运命者⑨，苟人于其中者，皆是也。去之，因非也。诸以居运命者，若乡里齐、荆者，皆是。诸以形貌命者，若山丘室庙者，皆是也。

【注释】

① 诸圣人所先为，人欲名实：当断句为"诸圣人所先，为人欲名实"。（姜宝昌：《墨经训释》，第377页。）诸，凡。所先，首要事务。为人欲名实，当为"为人效名实"。（孙诒让：《墨子间诂》，第409页。）效，审核、考核。

② 名实不必名：当为"实不必名"。（孙诒让：《墨子间诂》，第 409 页。）

③ 败：损坏。

④ 是石也唯大，不与大同，是有便谓焉也：唯，作"虽"解。便，方便。意为"虽然说这块石头是大的，但与其它更大的石头比，不能称作大，只是就近方便与小的石头比较而言"。

⑤ 形貌：物体的形态体貌，泛指物质实体。

⑥ 智：同"知"，以下各"智"字同解。

⑦ 焉：乃、才。

⑧ 唯：作"虽"解。

⑨ 诸：凡。居：居处。运：迁徙、转移。

【译文】

凡圣人的首要事务，就是为世人审核和端正名和实。端正的标准就是达到名实相副，但有实不一定有名。

如果这块石头是白色的，那么把它砸碎以后，每一小块石头都是白色的。另一种情况是，虽然说这块石头是大的，但与其他更大的石头比，就不能称作大；所谓这块石头大，只是就近方便与较小的石头比较而言。

为事物命名主要分为两大类：为有形之物和无形之物的命名。对那些具有形态体貌的有形之物的命名，一定要首先知道它是什么物体，然后才能给它确定一个名称；而对那些没有具体形态体貌的无形之物，虽然不知道它是什么样子，但只要知道它与那些有形之物是什么关系，也就可以给它命名了。凡是用居住在某地或离开某地来为人命名的，不论他是谁，只要他住在某地，都应该成为某地的人；如果他已经离开某地，就不能再称他是某地人。凡是用住在和离开某地为人命名的，如用乡、里之类的行政区划名称和齐、楚之类的国家名称来确定人的里籍和国籍的，都属于这种情况。凡是为具有形态体貌的有形之物命名的，如用山、丘、室、庙等名称来称说山峰、丘陵、居室、庙宇等，都属于这种情况。

【原文 21】

智①与意②异。

【注释】

① 智：同"知"，感知。

② 意：意悟。

【译文】

感知和意悟是人们认识事物的两种不同方法。

【原文 22】

重同①，具同②，连同③，同类之同④，同名之同⑤，丘同⑥，鲋同⑦，是之同⑧，然之同⑨，同根之同⑩。

有非之异，有不然之异⑪。有其异也，为其同也，为其同也，异⑫。

一曰乃是而然，二曰乃是而不然，三曰迁⑬，四曰强⑭。

【注释】

① 重同：两个名称同指一个实体，即"二名一实"。

② 具同：具，同"俱"，指俱在一个处所（小如居室、大如邦国）。

③ 连同：各个分体连属于同一个整体，如手和足同属于身体一部分。连，指连属。

④ 同类之同：既属于同一种类或物类。

⑤ 同名之同：两个名称虽相同，但所指之"实"却不同。如"夫"，可指丈夫或兵勇。

⑥ 丘同：丘，大。即大同小异或基本相同。

⑦ 鲋同：鲋，通"附"。附，依附。与"丘同"相反，"小同而大异"，或基本不相同。

⑧ 是之同：两种观点中都会有正确或真理的成分。是，正、真。

⑨ 然之同：然，如是、这样，即在主观评价上认可对方的全部或一部

分事实或观点。

⑩ 同根之同：与人同祖或同师。

⑪ 非之异：即原本不正确的事理又出自不同的人物、师传或典籍。不然之异：即对某一事理，论者都认为不正确，而认为不正确的理由又各不相同。

⑫ 有其异也，为其同也，为其同也，异：本句论述同异关系，即"异中有同，同中有异"。此用"同"定义"异"，又用"异"定义"同"，具有深刻的辩证法意义。

⑬ 迁：变更，指偷换概念和论题。

⑭ 强：牵强附会。

【译文】

事物相同有十种情况：一是"二名一实"的"重同"；二是同在一个处所的"具同"；三是各个分体连属于同一个整体的"连同"；四是同属于一个种类或物类的"同类之同"；五是两个名称相同、但所指之"实"却不同的"同名之同"；六是大同小异或基本相同的"丘同"；七是小同大异或基本不相同的"附同"；八是两种观点中都包含有正确成分的"是之同"；九是认可对方全部或一部分事实或观点的"然之同"；十是与人同祖或同师的"同根之同"。

事物的不同也分两种情况：一是原本就不正确的事理又出自不同人物或师传的"非之异"；二是对某一事理，论者都认为是不正确，而认为不正确的理由又各不相同的"不然之异"。事物同异的辩证关系，可以表述如下：人们说某一事物有它的不同点，是指首先承认该事物在某些方面与其他事物存在共同点的基础上，然后再进行比较而言的；也正因为各事物之间存在共同点，所以我们才能发现和了解它们之间的不同点。

在推论过程中，一般会出现四种情况：一是前提为是、结论为然的"是而然"推理；二是前体为是、结论为不然的"是而不然"推理；三是偷换概念和论题的诡辩式推理；四是牵强附会、胡乱拼凑的强词夺理。

【原文 23】

子深其深，浅其浅，益①其益，尊②其尊。

察次山比因至优指③；复次察声端名因请复④。

【注释】

① 益：增加。下"益"同解。

② 尊："劋"的假借字。劋（zūn），减。下"尊"同解。

③ 察次山比因至优指：当断句和改为"次察由、比因，至优指"。（吴毓江：《墨子校注》，第651页。）察次，当为"次察"。山，"由"的形讹字。由，经历、经由。比因，考校原因。比，考校。优指，真善美的意旨。指，意旨。

④ 复次察声端名因请复：当断句为"复次察声，端名，因请复"。（姜宝昌：《墨经训释》，第401页。）复次，再次。因，犹"以"，依据。请，通"情"，实情。复，审核。

【译文】

首先，墨子在论道、教学过程中，应该讲深的就讲深，应该讲浅的就讲浅，应该增加的就增加，应该减少的就减少。其次，墨子审察事物发展变化的来龙去脉，考校其成败利钝形成的原因，以求获得真善美的意旨和精义。再次，墨子在审察名实关系时，注重闻"声"而知"名"，依据事物的客观实情，对名不副实的情况加以端正。

【原文 24】

正夫辞恶者，人右以其请得焉①。诸所遭执而欲恶生者②，人不必以其请得焉。

【注释】

① 正夫辞恶者，人右以其请得焉：当为"匹夫辞恶者，人有以其情得焉"。（孙诒让：《墨子间诂》，第411页。）正，"匹"的形讹字。匹夫，平民。辞恶，说话不雅而粗俗。右，"有"之误。有，通"或"。请，通"情"，实情。

② 诸：凡。遭执：因所遭遇而执持一种偏见。欲：欲求。恶：憎恶。

【译文】

那些言谈粗俗而不雅的平民百姓，或许可能从他们那里获得真实的情况和实证；而那些由于特殊遭遇而形成偏执心理、欲求和憎恶完全从个人出发的人，人们就一定不能从他们身上获取真实的情况和实证。

【原文 25】

圣人之附渍①也，仁而无利爱，利爱生于虑。昔者之虑也，非今日之虑也；昔者之爱人也，非今之爱人也

爱获之爱人也，生于虑获之利②。虑获之利，非虑臧③之利也，而爱臧之爱人也，乃爱获之爱人也④。去其爱而天下利，弗能去也。

昔之知牆⑤，非今日之知牆也。贵为天子，其利人不厚于正夫⑥。

【注释】

① 附渍：当为"抚育"。附，道藏本《墨子》作"抐"。(《墨子》(明道藏本) 第 309 页。)抐，通"抚"。渍，通"渎"，渎又通"淯"。淯 (yù)，通"育"。(《辞海》，第 968 页。)

②

③ 爱获之爱人也，生于虑获之利："非兼者"爱女仆获的这种所谓"爱人"，产生于从获那里得到利益的虑求。获，《墨子》中作为例证的女仆。

④ 臧：《墨子》中作为例证的男仆。

⑤ 而爱臧之爱人也，乃爱获之爱人也：非兼者爱女仆臧的这种"爱人"理念，就是爱男仆获的这种"爱人"理念，即都是为了从奴仆身上得到利益。

⑥ 牆：即"墙"，"啬"的形讹字。啬 (sè)，吝啬。此指节俭。

⑦ 正夫：当为"匹夫"。(俞樾：《墨子平议》，第 478 页。)

【译文】

圣人抚育天下百姓，完全是出于仁爱之心，不存在私利私爱的杂念，

而私利私爱这种杂念产生于对别人的欲求。古代圣王的思虑和追求，绝对与现在"非兼者"充满私心的欲求不同。古代圣王厚爱天下百姓的大爱，也绝对不是现在"非兼者"的狭隘私爱。

"非兼者"施加于女仆获的这种"爱人"理念，产生于他们要从女仆获那里得到利益的考虑。当然，他们从女仆获那里得到的纺织等利益，不等于他们从男仆臧那里获得的收获五谷的利益。但是他们施加于男仆臧的"爱人"理念，就是施加于女仆获的"爱人"理念，即这种理念都是为了从臧和获那里得到利益。显然，要使"非兼者"放弃私利私爱而实行爱利天下的"兼爱"行不通，他们是不可能放弃私利私爱的。

古代圣王懂得节俭是为天下百姓谋取利益，而不是像现在的"非兼者"，他们节俭只是为了谋取私利。那些只知道私利私爱的人，即使贵为天子也不能坚持"兼爱"的理念，他们在爱人利人方面甚至都不如普通百姓做得好。

【原文 26】

二子事亲，或遇孰①，或遇凶②，其亲也相若。非彼其行益也③，非加也④。外执无能厚吾利者⑤。

藉臧也死而天下害⑥，吾持养臧也万倍，吾爱臧也不加厚。

【注释】

①孰：通"熟"，转指丰年。

②凶：指饥荒，此指凶年、歉年。

③非彼其行益也：不能说他们的一个儿子在丰年时孝行增进了。彼，指遇上丰年的儿子。行，孝行。益，增进。

④非加也：当为"非加少也"，脱"少"字。

⑤外执无能厚吾利者：执，当为"势"。（孙诒让：《墨子间诂》，第412页。）势，形势、环境。厚，增加或减少。意为"外在环境条件的改变不能增加或减少我的爱利双亲的孝心"。

⑥天下害：给天下造成损害。

【译文】

例如，有两个儿子轮流侍奉父母，一个儿子遇上丰年，另一个儿子却遇上歉年，他们孝敬双亲的心思并没有不同。既不能说在丰年时他们的一个儿子孝心有所增进，也不能说他们的另一个儿子在歉年时孝行有所减少。他们会说，外在环境条件的改变并不能增加或减少我们爱利父母的孝心。

假如臧奴死去会给天下百姓造成损害，那么我会以万倍于平常人的费用来供养他，尽最大努力不使他早死。而我这样做，只是为天下百姓着想，并不是我对臧奴的关爱有所增加。

【原文 27】

长人之异短人之同①，其貌②同者也，故同。指之人也与首之人也异③，人之体非一貌者也，故异。将剑与挺剑异④，剑以形貌命者也，其形不一，故异。杨木之木与桃木之木也同。诸非以举量数命者⑤，败之尽是也⑥。

故一人指，非一人也，是一人之指，乃是一人也。方之一面，非方也⑦，方木之面，方木也。

【注释】

① 长人之异短人之同：当断句和改为"长人之与短人也同"。（俞樾：《墨子平议》，第 256 页。）

② 貌：指形貌特征。

③ 指之人也与首之人也异：人的手指与人的脑袋是不同的。指，手指。首，首级、脑袋。

④ 将剑与挺剑异：扶剑与拔剑不相同。将，扶。挺，拔。

⑤ 诸非以举量数命者：凡是不用标举计量单位如斗、升、钟或数目来命名的事物。举，标举。量，计量单位。数，计算数量。

⑥ 败之尽是也：当断句为"败之，尽是也"。（姜宝昌：《墨经训释》，第 420 页。）败，破碎。意为"破碎以后，其性质仍与整体性质相同"。

⑦ 方之一面，非方也：在多面体中，只有一个面是正方形，不能说这是一个方形。

【译文】

说到身材较高与身材较矮的人相同，是指他们作为人的形貌特征是相同的，所以说高人矮人作为人相同。说到这个人的手指与脑袋不相同，是因为人的手指和脑袋作为这个人身体的一部分，不是一种形貌特征，所以说它们二者不相同。扶剑与拔剑之所以不同，是因为"扶剑"和"拔剑"是按照剑的存在状态来命名的，"扶剑"和"拔剑"是两种不同的存在状态，因而说"扶剑"不同于"拔剑"。从杨木和桃木都是木材这一角度来说，杨木与桃木相同。凡是不必以标举计量单位或数目来命名的事物，把它们剖分为若干个部分，每一部分的性质与原来整体事物的性质是完全一样的。

所以仅仅说这是一个人的手指，我们就不知道这到底是哪一个人的手指。如果说这是这个人的手指，那么就一定是指的这个人。多面体如果只有一面是正方形，那么就可以认定这不是一个方形。而对正方体的方木，我们只要看到一面是正方形。就可以断定这是正方体的木材。

【原文 28】

语经，语经也①。三物必具，然后足以生②。以故生，以理长，以类行③也者。立辞④而不明于其所生，忘⑤也。今人非道无所行，唯有强股肱⑥，而不明于道，其困⑦也，可立而待也。夫辞以类行者也。立辞而不明于其类，则必困矣。

【注释】

① 语经，语经也：所谓"语经"，就是说话思考问题必须遵循的基本规律。经，道、规律。此句原窜入上文。（孙中原：《墨子解读》，第 182 页。）

② 三物必具，然后足以生：三物，指故、理、类。故，原因或条件。理，道理。类，类别或种类。意为"必须故、理、类这三大要素完全具备，才能确定命题并对命题进行有效论证"。

③ 生：产生、形成、成立。长：成长、发展、展开。行：进行、推行。

④ 立辞：建立命题和论题。

⑤ 忘：通"妄"。妄，虚妄、荒谬。

⑥ 唯：作"虽"解。强：强健。股肱：大腿和胳臂，转指身体。

⑦ 困：困难、困顿。

【译文】

所谓语经，就是人们说话和思考问题时必须遵循的基本规律。只有在故、理、类三大要素完全具备的前提下，人们才能确立论题，并对这个论题展开有效论证。凡是论题，都有它产生和成立的原因或条件。在实施和展开论证时，必须运用正确的理论和事实以及科学的逻辑方法。此外，还要遵循"以类取、以类予"的基本原则。只有做到这些，才能最终证成论题。如果建立论题不能清楚地了解其所以产生的原因和条件，这个论题就是虚妄不实的。例如，现在人们没有道路就无法出行。即使某人有强健的身体，由于他并不知道道路在哪里，那么他很快就会遭遇出行的困难。同样道理，论题必须根据事物的类别关系才能加以推论。人们在推理过程中，如果不能明确分辨事物的类别，就不能很好的运用"类比"原则进行合乎逻辑的论证，那么就一定会使自己陷入困境之中无法解脱。

【原文 29】

故浸淫之辞①，其类在于鼓栗②。

圣人也，为天下也，其类在于追迷③。

或寿或卒④，其利天下也指若⑤，其类在誉石⑥。

一日而百万生⑦，爱不加厚，其类在恶害⑧。

爱二世有厚薄⑨，而爱二世相若，其类在蛇文⑩。

爱之相若，择而杀其一人，其类在阮下之鼠⑪。

【注释】

① 浸淫之辞：指影响逐步扩大的"非兼者"言论。浸淫，渐进而逐步扩大。

② 鼓：鼓噪。栗：同"慄"，战栗。

③ 追迷：拯救迷失道路的人。追，救、补救。迷，迷途、迷失。

④ 或寿或卒：或长寿或短命，或生或死。寿，长寿。卒，死亡。

⑤ 指若：当为"相若"。（苏时学：《墨子刊误》，第 333 页。）

⑥ 誉石：当为"誉名"。（毕沅著，戴望校：《墨子注》，第 294 页。）誉名，美名。

⑦ 一日而百万生：一，齐一。日，每天。生，生灵。每天都与百万百姓共同生存在天地之间。

⑧ 恶害：厌恶让百姓受到伤害。恶，厌恶。

⑨ 爱二世有厚薄："非兼者"非难"贵兼者"说，你们爱古代和后代的人，不如爱当代的人深厚。二世，指古代与后代。

⑩ 蛇文：指蛇外表的条纹。文，同"纹"。

⑪ 阮：同"坑"，指洼地、地穴。

【译文】

那些"非兼者"宣传的影响逐步扩大的虚假言辞，已造成很大声势，这类似于大肆鼓噪，让人们感到战栗不安。

墨子与古代的圣王一样，他们终生都在为拯救天下苍生而奔走呼喊，这类似于救助那些迷失道路的人，期待他们重返正道。

圣人或者长寿，或者短命；或者生，或者死，但他们爱利天下百姓的思想和追求没有什么不同，这就像千万年来，天下百姓都在同声赞誉圣人的美名没有什么不同一样。

"贵兼者"每天都与百万百姓共存于天地之间，他们平等地爱利每一位百姓，既不会无故增加对一个百姓的爱，也不会无故减少对一个百姓的爱，这是因为"贵兼者"厌恶或者不愿意天下任何一个百姓受到不应有的伤害。

"非兼者"非难"贵兼者"说，你们爱古代和后代的人不如爱当代的人深厚。其实这种指责是没有根据的。"贵兼者"遵从宗师墨子的"兼爱"之道，爱古代和后代的人与爱当代的人并没有什么两样，这就类似于花蛇身上的条纹，每一条都相同。

虽然"贵兼者"主张无差别地爱利天下每一个人，但并不排除会有选择地惩治甚至杀掉极少数危害天下利益的巨奸大恶，这就类似于为了防止瘟疫和保住百姓的粮食，必须消灭地穴中的老鼠那样。

【原文 30】

小仁与大仁①，行厚相若②，其类在申③。

凡兴利除害也④，其类在漏雍⑤。

【注释】

① 小仁与大仁：即平民和贵族。仁，"人"的假借字。

② 行：德行。厚：深厚。

③ 其类在申：这是由于他们爱利众生的志向得到伸展。申，同"伸"，延伸、伸展。

④ 凡兴利除害也：当断句为"凡兴利，除害也"。（姜宝昌：《墨经训释》，第 442 页。）

⑤ 漏雍：堵塞堤防上的漏洞。雍，同"壅"。（曹耀湘：《墨子笺》，第 633 页。）壅（yōng），堵塞。

【译文】

无论是平民百姓，还是贵族统治者，只要他们行仁施义，那么他们的德行就没有厚薄之分，这是由于他们爱利众生的志向得到了伸展。

凡是想为天下百姓兴办利益等事业的人，都必定重视清除那些危害百姓的祸害，这就如同兴办水利事业，就要堵塞堤防上的漏洞一样。

【原文 31】

厚亲不称行而类行①，其类在江上井②。

不为己之可学也③，其类在猎走④。

爱人非为誉也，其类在逆旅⑤。

爱人之亲，若爱其亲，其类在官苟⑥。

兼爱相若，一爱相若，一爱相若⑦，其类在死也⑧。

【注释】

① 称行：按有利于天下的贡献大小施以或厚或薄之爱。类行：按照亲疏关系远近施以或厚或薄的差等之爱。

② 其类在江上井：比喻等差之爱比之于"兼爱"十分狭隘，这好比在江上打井，这种井很快即被滔滔江水淹没。

③ 不为己之可学也：不为一己私利的"兼爱"学说是可学可行的。不为己，不为一己私利，指"兼爱"主张。

④ 猎走：田猎而走马。走马，驱马奔跑。

⑤ 递旅：客栈。

⑥ 官苟：为官者忙于公事，敬慎而不怠慢。官，为官者。苟，敬。

⑦ 一爱相若：当为衍文。（孙诒让：《墨子间诂》，第 415 页。）

⑧ 死也：此指楚国令尹孙叔敖儿时杀死并埋掉两头蛇，保护了别人，也保护了自己的故事。也，即"虵"（shé），同"蛇"。

【译文】

一心厚爱自己的父母和亲属，不是以他们有利于天下的贡献大小来施以或厚或薄的平等之爱，而是以亲疏关系的远近类推施以或厚或薄的差等之爱。这种差等之爱比之于平等之爱，十分狭隘自私，不能遍及天下众生，这就如同在江中挖井一样，挖好的江井很快就被滔滔江水所淹没。

不为一己私利的"兼爱"学说可学可行，并且关键在于能否实行，这就如同为了得到飞禽走兽，猎手必须跑马射箭一样。

兼爱世人，并不是为了捞取名声，这就如同开设客栈只是为了方便旅客一样。

"贵兼者"都要关爱别人的父母就像关爱自己的父母一样，这就类似于为官者朝夕忙于公务，敬慎而不怠慢。

如果世人都能做到没有差等地去关爱别人，那么别人也会回报给自己无差等的关爱。这就如同楚国令尹孙叔敖那样，他在小时候杀死并埋掉了不祥的双头蛇，这既保护了别人，同时也保护了自己。

第四十二篇　小取

【题解】

《小取》是相对于《大取》而言的:《大取》证成墨家"兼爱"核心理念,所重视的是"大道";《小取》重点在论证逻辑(辩说)的规则、方法和功用,所重视的是"术"。"术"就是方法、手段、工具,是墨家用来驳斥对手、论证墨家思想学说的,所以命之为《小取》。

本篇原有 12 个自然段,本书按内容合并为四大段,系统阐述了墨家逻辑体系。概括言之,墨家逻辑体系包含以下几个方面内容:(一)明辨,即明确逻辑的目的、对象就是"明是非之理,审治乱之纪,明同异之处,察名实之理",其作用就是"处利害、决嫌疑"。(二)立名,即概念论。墨家阐明了集合和元素概念,实体、属性和关系概念,范畴、普遍和单独概念。(三)立辩,即判断论。墨家研究了语句与判断的关系以及真假,明确提出并区分了全称判断和特称判断、假言判断、模态判断等众多判断句式和类别。(四)立说,即推理论。墨家研究了现实推理中存在的各种谬误,提出了推理必须依据充分条件(大前提)和必要条件(小前提)等规则。墨家还研究了推理、证明、反驳的形式,阐明了"以说出故"推理形式主要有譬喻式类比推理(譬)、不同语言表达方式的类比推理(侔)、以对方主张为前提的类比推理(援)、归谬式的类比推理(推)等。(五)言法,即思维规律论。墨家研究并初步表述了同一律、矛盾律、排中律等形式逻辑的思维规律,并自觉运用于辩论之中。

墨家逻辑从特征来看,是熔演绎、归纳、类比为一炉的综合性逻辑,论辩思想是其核心和精髓,这就决定了它并不特别注重对思维形式结构和相应规则的研究,以致其体系的形式化特征不够鲜明。但是墨家逻辑与西方亚里士多德逻辑和印度因明逻辑一样,都是探求和认识科学真理的工具,在思维形式和规律论方面,本质上并无不同。如果说《大取》是"墨家的大逻辑(辩证逻辑)",《小取》就是"墨家的小逻辑(普通逻辑)"。墨家逻辑是贯穿《墨子》全书的立论工具和方法论,这是《墨子》一书具有滔滔雄辩、强大逻辑力量的基本原因。

【原文 1】

夫辩①者，将以明是非②之分，审治乱之纪③，明同异之处④，察名实之理⑤，处⑥利害，决嫌疑焉。摹略⑦万物之然⑧，论求群言之比⑨。

以名举实⑩，以辞抒意⑪，以说出故⑫。

以类取，以类予⑬，有诸己不非诸人，无诸己不求诸人⑭。

【注释】

① 辩：辩学，即"墨家逻辑学"。

② 是非：指真理和谬误。

③ 审治乱之纪：审察社会治理和混乱的头绪。审，审察。纪，丝别，指头绪。

④ 处：所在。

⑤ 察名实之理：考察事物的概念与事物本身相互关系的原理。名，名称、概念。实，客观事物。理，原理、道理。

⑥ 处：裁定、处分。

⑦ 摹略：反映、概括。

⑧ 然：事物的本来面貌。

⑨ 论求群言之比：讨论和探求各种言论的利弊和得失。论求，讨论和探求。群言，各种言论。

⑩ 以名举实：以概念反映客观事物的属性和实质。实，实质或性质。

⑪ 以辞抒意：用判断表达自己的思想和理念。辞，判断、命题。抒，表达。意，理念、思想。

⑫ 以说出故：用推理揭示某一判断成立与否的理由和根据。说，推理、论证。故，理由、根据、原因。

⑬ 以类取，以类予：遵照类同的原则来选取例证，又遵照类同的原则来进行推理。类，同类事物，即类同。取，取证。予，进行、给予。

⑭ 有诸己：自己赞同某一论点。不非诸人：不反对别人赞同。无诸己：

自己不赞同某一论点。不求诸人：不要求别人赞同。

【译文】

建立辩学的目的和功用有六个方面：一是明确真理和谬误的区别；二是审察社会治理和混乱的头绪；三是辨明事物及其关系的相同与相异的所在；四是考察事物的概念与事物本身相互关系的原理；五是裁定利益和祸害的或取或舍；六是决断事物各种道理的困惑和疑虑。换句话说，辩学的基本任务和宗旨，就是讨论和探求各种言论的利弊得失，以正确的概念和判断来反映客观事物的属性和实质。

辩学规定和要求的关于辩论的科学程序和基本方法是：以概念反映客观事物的属性和实质，用判断表达自己的思想和理念，用推理揭示某一判断成立与否的理由和根据。

辩论双方在辩论过程中必须遵守的规则是：要依照类同的原则来选取例证，同时又要依照类同的原则来进行推理。既然自己赞同和主张某一观点，就不能反对别人也赞同和主张与此相类似的观点；既然自己不赞同和不主张某一观点，就不能要求别人赞同或主张与此相类似的观点。

【原文 2】

或也者，不尽也①。假者，今不然也②。效者，为之法也③；所效者，所以为之法也④。故中效⑤，则是也；不中效，则非也，此效也。辟也者，举也物而以明之也⑥。侔也者，比辞而俱行也⑦。援⑧也者，曰：子⑨然，我奚独不可以然也？推也者，以其所不取之，同于其所取者⑩，予之也。"是犹谓"⑪也者同也；"吾岂谓"⑫也者异也。

【注释】

① 或也者，不尽也：或，此是墨家逻辑特称判断专用词，是说主词外延的一部分，包括于谓词外延之中。尽，穷尽。意为"'或'所指的如此，是指其中的一部分，并不是全部如此"。

② 假者，今不然也：假，假是"假设"，此是墨家逻辑中关于假言判断

或推理判断的专用词，即假借某种原因和条件来预期其结果。意为"假设现在如此，是说现在并没有如此"。

③效者，为之法也：效，仿效、师法。法，法式、法则、标准、公式。墨家逻辑的"效"式推理，近似于现在逻辑学的三段论推理。意为"'效'就是为某个事物或理论提供法则、标准或公式，并把这个法则、标准或公式当作仿效复制或代入验证的依据"。

④所效者，所以为之法也：所用来仿效的东西，就是为被验证的事物和理论提供的法则、标准或公式。

⑤中效：合于法则、标准或公式。中，符合。

⑥辟也者，举也物而以明之也：辟，通"譬"(pì)，譬喻。指墨家逻辑中譬喻式类比推理。意为"'譬'即譬喻式类比推理，就是列举已知的事理，比附于与之同类的未知事理，从而使未知变为已知"。

⑦侔也者，比辞而俱行也：侔，均等、齐平。此指比较相似的语言结构或句群的类比推理。意为"'侔'式类比推理，就是比较相似语言结构而且语义也相类似的宾语和主语，并由宾语的是或非而判断主语的然与不然"。

⑧援：援引、援用，此指墨家逻辑中援引对方言行来证明自己相似言行的类比推理。

⑨子：先生，指辩论中的对方。

⑩推也者，以其所不取之，同于其所取者：当断句为"推也者，以其所不取之同于其所取者"。（孙中原：《墨子解说》，第191页。）推，推理、推求。此指墨家逻辑归谬式类比推理。

⑪是犹谓：这犹如说。此为类比推理的常用连接词，用以说明两件事物类似。

⑫吾岂谓：我难道那样说了吗？此为类比推理的常用连接词，用以说明两件事物不同。

【译文】

墨家逻辑关于判断的定义和推理的类型，大致有以下内容："或"所指的"如此"，是指其中的一部分，并不是全部如此。假设现在如此，是说现在并没有如此。"效"式推理的"效"，就是为某个事物和理论提供法则、标准或公式，而这个法则、标准或公式可以当作仿效复制或带入验证的依据。在效式推理中，可以用来仿效的东西，就是能够用来仿效复制和代入验证的法则、标准或公式。在仿效复制或代入验证的过程中，凡是符合法则、标准或公式的，就是真或正确的，否则就是假和不正确的。所谓譬式推理，即譬喻式类比推理，就是列举出已知的公认的事理，比附于与之同类的未知事理，从而使未知事物变为已知事物。所谓"侔"式类比推理，就是比较相似的语言结构、且语义也相类似的宾语和主语，并由宾语的是或非断定主语的"然"与"不然"。所谓"援"式推理，就是在承认对方的事理为"然"的基础上，我方援引对方的事理来评价同类事物，那么由此得出的事理为什么不可以为"然"呢？所谓"推"式推理，就是我方以对方所"非"或所"不然"的事理评判他所"是"或所"然"的事理为同类，从而推定对方所"是"或所"然"的事理也应当为"非"或"不然"。"是犹谓"，即"这犹如说"，在类比推理中常用来说明两件事物相类似；"吾岂谓"，即"我难道这样说了吗？"在类比推理中常用来说明两件事物不相同。

【原文 3】

夫物有以同而不，率遂同①。辞之侔也，有所至而正②。其然也，有所以然也，其然也同，其所以然不必同。其取之也，有所以取之，其取之也同，其所以取之不必同。是故辟、侔、援、推之辞，行而异③，转而危④，远而失⑤，流而离本⑥，则不可不审也，不可常用也。故言多方、殊类、异故⑦，则不可偏观也。

【注释】

① 夫物有以同而不，率遂同：当为"夫物有以同而不率遂同"。（毕沅著，戴望校：《墨子注》，第296页。）率，尽、全、皆。意为"事物在某一方面相同，但并不是完全相同"。

② 辞之侔也：侔式类比推理。至：恰当、适当。正：真、真实。

③ 行而异：行，使用。意为"在使用过程中因歪曲而出现怪异的表达

方式"。

④ 转而危：转，转换、变更。危，通"诡"。意为"因转述而偷换概念或论题，从而形成诡辩"。

⑤ 远而失：远，迂远。失，疏失。意为"因推论迂远而造成疏失"。

⑥ 流而离本：流，支流、分支、部分。本，主体、主干问题。意为"因顾及枝节问题而离开主干问题"。

⑦ 多方：方法的多样性。殊类：事物在类别上的相同相异。异故：形成某一事物及其现象的多样性、复杂性。

【译文】

事物在某一方面或某些方面相同，但并不是完全相同。例如，进行排比式类比推理，必须将其限制在一定范围内恰当推论，方能推导出正确结论。某一事物的现象或结果如此，必定有它所以如此的原因。某一事物的现象或结果相同，产生这些现象和结果的原因却未必相同。在辩论或推理过程中，人们选择赞同某一论点，必然有其选择赞同这一论点的原因；即使是双方或多方都选择赞同某一论点，他们赞同这一论点的原因也未必相同。因此，在进行譬喻式、排比式、援例式、归谬式类比推理时，可能会出现牵强附会的行为，从而导致怪异的表达方式；或因偷换概念或论题，从而形成诡辩；也可能因为推论迂远，从而造成疏忽和失误；也可能因为专注于枝节问题，从而离开了辩论的主干问题。对上述在辩论中存在的各种漏洞和问题，不可不审慎地对待。也就是说，对于譬喻式、排比式、援例式和归谬式等类推方式，不能机械地到处加以套用。所以说，立论必须考虑道理和方法的多样性、事物相同相异的相对性以及形成事物现象和结果原因的复杂性，而不可以孤立、片面地看待这些问题。

【原文4】

夫物或乃是而然，或是而不然①，或一周而一不周②，或一是而一不是也。不可常用也。故言多方、殊类异故，则不可偏观也。非也③。

白马，马也；乘白马，乘马也④。骊马⑤，马也；乘骊马，乘马也。获，人也；爱获，爱人也。臧，人也；爱臧，爱人也。此乃是而然者也⑥。

获之亲⑦，人也；获事其亲，非事人也⑧。其弟，美人⑨也；爱弟，非爱美人⑩也。车，木也；乘车，非乘木⑪也。船，木也；人船，非人木也⑫。盗人，人也；多盗，非多人⑬也；无盗，非无人也。奚以明之？恶我盗⑭，非恶多人也；欲无盗，非欲无人也。世相与共是之⑮。若若是，则虽盗人人也⑯；爱盗非爱人也；不爱盗非不爱人也⑰；杀盗人非杀人也⑱，无难盗无难矣⑲。此与彼同类，世有彼而不自非也，墨者有此而非之，无也故焉⑳，所谓内胶外闭，与心毋空乎，内胶而不解也㉑。此乃是而不然者也。

且夫读书，非好书也㉒。且斗鸡，非鸡也㉓；好斗鸡，好鸡也。且入井，非入井也；止㉔且入井，止入井也。且出门，非出门也；止且出门，止出门也。若若是㉕，且夭，非夭也；寿夭也㉖。有命，非命也；非执有命，非命也，无难矣，此与彼同类，世有彼而不自非也，墨者有此而罪非之㉗。无也故焉，所谓内胶外闭，与心毋空乎，内胶而不解也㉘。此乃是而不然者也。

爱人，待周爱人，而后为爱人。不爱人，不待周不爱人，不周爱，因为不爱人矣㉙。乘马，不待周乘马，然后为乘马也。有乘于马，因为乘马矣。逮至不乘马，待周不乘马，而后为不乘马。此一周而一不周者也。

居于国，则为居国㉚；有一宅于国，而不为有国㉛。桃之实，桃也；棘㉜之实，非棘也。问㉝人之病，问人也；恶人之病，非恶人也。人之鬼，非人也；兄之鬼，兄也㉞。祭人之鬼，非祭人也；祭兄之鬼，乃祭兄也㉟。之马之目盼㊱，则为之马盼；之马之目大，而不谓之马大。之牛之毛黄，则谓之牛黄；之牛之毛众，而不谓之牛众。一马，马也；二马，马也。马四足者，一马而四足也，非两马而四足也。一马，马也㊲。马或白者，二马而或白也，非一马而或白。此乃一是而一非者也。

【注释】

①或是而不然：本句后当增补"或不是而然"五字。道藏本《墨子》与孙诒让《墨子间诂》都没有此句，胡适认为应予以增补。（胡适：《墨子与别墨》，第39—40页。）据下文的举例来看，增加此句是恰当的，也是必要的。

② 或一周而一不周：周，指周延、周遍。意为"有一种说法是周延的，而另一种说法是不周延的"。

③ 不可常用也。故言多方、殊类异故，则不可偏观也。非也：此为衍文，当删去。（姜宝昌：《墨经训释》，第484页。）

④ 白马，马也；乘白马，乘马也：此句与以下三句句式完全相同。"白马，马也"是前提，"乘白马，乘马也"是结论。因为前提正确（肯定），所以结论也是正确的（肯定）。在"白马是马"这个前提中，因为"白马"这个"种"包含在"马"这个"类"中，因而判断是正确的；而在"乘白马就是乘马"这个结论中，在主项"白马"和"谓项""马"前面各加一个动词"乘"，其原意并没有改变，因而结论仍然是正确的。

⑤ 骊马：黑马。骊（lí），纯黑色的马。

⑥ 此乃是而然者也：这些例子就是，前提是肯定命题而结论也是肯定命题的正确的排比式类比推理。

⑦ 获之亲：婢获的父母。获，指婢女获。

⑧ 获事其亲，非事人也：婢获侍奉她的双亲，不是作为奴仆去侍奉人。事：侍奉。

⑨ 美人：指美男子。

⑩ 爱美人：指"爱美色"。

⑪ 乘木：乘坐未加工的木头。

⑫ 人船，非人木也：当为"入船，非入木也"。（苏时学：《墨子刊误》，第334页。）两个"人"字，皆为"入"的形讹字。入木，进入木头。据上文"船，木也"。

⑬ 多人：即人多。

⑭ 恶我盗："我"为"多"之误。

⑮ 世相与共是之：世人相互共同认可的道理。是，认可、同意。

⑯ 若若是，则虽盗人人也：当断句和改为"若若是，则虽盗，人也"，"盗"后"人"为衍字。（姜宝昌：《墨经训释》，第491页。）若若是，如果是这样。第一个"若"作"如果"解，第二个"若"作判断词"是"解。是，这样、如此。

⑰爱盗非爱人也；不爱盗非不爱人也：当断句为"爱盗，非爱人也；不爱盗，非不爱人也"。

⑱杀盗人非杀人也："人"为衍字。（孙诒让：《墨子间诂》，第418页。）当断句为"杀盗，非杀人也"。

⑲无难盗无难矣：当为"无难矣"，"盗无难"三字为衍文。（孙诒让：《墨子间诂》，第418页。）

⑳也故：即"他故"。（王念孙：《墨子杂志》，第172页。）

㉑所谓内胶外闭，与心毋空乎，内胶而不解也：当断句为"所谓内胶外闭，与心毋空乎内，胶而不解也"。（孙中原：《墨子解读》，第192页。）胶，胶结、固结。毋，通"无"。解，解析、疏通。意为"这就是人们所说的内部思想固结、外部拒斥封闭，心中没有留下一点孔隙，一直处于胶结状态而得不到疏通"。以下各相同语句同解。

㉒且夫读书，非好书也：当为"夫且读书，非读书也；好读书，好书也"。（孙诒让：《墨子间诂》，第418—419页。）夫，发语助词。且，将、将要。好，喜爱、爱好。

㉓非鸡也：当为"非斗鸡也"。（谭戒甫：《墨辩发微》，第401页。）脱"斗"字。

㉔止：阻止。以下三个"止"字同解。

㉕若若是：此前当补"世相与共是之"六字。（孙诒让：《墨子间诂》，第419页。）

㉖寿夭也：当为"寿夭，夭也"，"夭"后脱"夭"字。（孙诒让：《墨子间诂》，第419页。）夭（yāo），夭折、短命。

㉗墨者有此而罪非之："罪"为衍字，当为"墨者有此而非之"。（苏时学：《墨子刊误》，第334页。）

㉘与心毋空乎，内胶而不解也：当断句为"与心毋空乎内，胶而不解也"。（孙中原：《墨子解读》，第192页。）

㉙因为：当分开解，即"因而就是"或"因而就可称作"。

㉚居国："居于国"，省略介词"于"，词意相同。

㉛有国：指"拥有国家"。

㉜棘：野枣树，属多年生低矮灌木，果实为野枣。

㉝问：探问、问候。

㉞人之鬼，非人也；兄之鬼，兄也：此墨家按当时人情所做的论断。"兄"为自己的亲人，所以当兄去世，其鬼魂仍如活在世上，萦绕心间，自当与别人的鬼魂不同。

㉟祭兄之鬼，乃祭兄也：祭祀兄长，总感到就是在祭祀活着的兄长。

㊱之马：这匹马。之，指示代词，这、这个。以下"之牛"的"之"同解。盼：当为"眇"的形讹字。眇（miǎo），瞎、目盲。下句"马盼"之"盼"也作"眇"解。

㊲一马，马也：此四字为衍文，当去。

【译文】

进行排比式类比推理，存在以下五种情况：一是"是而然"的情况，即前提肯定结论也肯定；二是"是而不然"的情况，即前提肯定而结论否定；三是"不然而然"的情况，即前提否定但结论肯定；四是"一周而一不周"的情况，即一种说法周延而另一种说法不周延；五是"一是而一不是"的情况，即一种说法成立而另一种说法不成立。

白马是马，乘白马就是乘马。黑马是马，那么乘黑马就是乘马。婢获是人，爱婢获就是爱人。奴臧是人，那么爱奴臧就是爱人。这些例子就是前提是肯定命题而结论也是肯定命题、正确的排比式类比推理格式之一。

婢获的父母是人，但婢获侍奉父母不是作为奴仆侍奉人。婢获的弟弟是美男，婢获爱她的弟弟不是爱美男。车子是由木头制作的，但乘车不是乘木头。船也是木头制作的，进入船舱也不是进入木头。盗贼是人，盗贼很多不等于守法的良民很多；没有盗贼，并不等于没有守法的良民。怎样才能说明这个道理呢？这就好比说，厌恶盗贼增多，并不是厌恶增加守法的良民；希望没有盗贼，并不是希望没有守法的良民。对这些世人都有共识。如果是这样一个道理，那么虽说盗贼是人，但关爱盗贼并非关爱守法良民，不关爱盗贼也并不是不关爱守法良民，杀死盗贼，也并不是杀死守法良民，这些都是不难理解的。这种道理与世人都有共识的道理属于同类，但世人只认可他们的道理，且不认为自己是错的，对墨家的主张却加以非难。出现这种情况并没有其他原因，主要是由于世人们内部思想固结，外部拒斥封闭，心中没有留下一丝空隙，以致一直处于胶结状态而得不到疏通。上述这些例子，都属于前提是肯定命题、不能推出结论也是肯定命题、且必须对结论的谓项加以否定才能成立的谬误排比式类比推理格式之一。

将要读书，还不是读书；而爱好读书，就是爱好书。将要斗鸡，还不是斗鸡；而爱好斗鸡，就是爱好鸡。将要跳井，还不是跳井；而阻止将要跳井，就是阻止跳井。将要出门，还不是出门，而阻止将要出门，就是阻止出门。对这些世人都有共识。如果是这样的道理，那么可以据此推断：将会夭折，还不是夭折；而寿命很短，就是夭折。主张有命，并不等于世上有命存在；而反对主张有命，就是反对有命的存在。这些都是不难理解的。这些道理与世人都有共识的道理属于同类，但世人们只认可他们的道理，且不认为自己是错误的，而且对墨家的主张却加以非难。出现这种情况并没有其他原因，主要是由于世人们内部思想固结，外部拒斥封闭，心中没有留下一丝空隙，以致一直处于胶结状态而得不到疏通。上述这些例子，都属于前提为否定命题而结论为肯定命题的谬误排比式类比推理格式之一。

说"爱人"，必须等到周遍地爱世间所有的人以后，才可以说"爱人"。说"不爱人"，不必等到周遍地不爱世间所有的人，只要存在不能周遍"爱人"的情况，就可以说"不爱人"。说"乘马"，不必等到周遍地乘过所有的马以后，才可以说"乘马"；只要乘过一匹马，就可以说"乘马"。说"不乘马"，必须等到周遍地不乘所有的马以后，才可以说"不乘马"。这就是在论辩过程中，一种表述可周延而另一种表述不周延的两种情况。

居住在某一国之中，可称作居住在某国；有一处住宅在某一国之中，不可以叫作拥有国家。桃树的果实是"桃"，棘树的果实却不是"棘"。探问别人的病情可简称为"探问某人"，而厌恶某人的疾病却不是厌恶某人。人的鬼魂不等于从前活在世上的那个人，而兄长的鬼魂总感觉可以代表从前活在世上的兄长。祭祀某人的鬼魂不是祭祀从前活在世上的某人，而祭祀兄长的鬼魂总感到就是祭祀从前活在世上的兄长。这匹马的一只眼睛瞎，可以说这匹马瞎；而这匹马的眼睛大，却不能说这匹马大。这头牛的毛是黄色的，可以说这头牛是黄牛；而这头牛的毛多，却不可以说这头牛是多牛。一匹马是马，两匹马还是马。说马四条腿，是指一匹马有四条腿，而不是指两匹马四条腿。说有的马是白色的，是说两匹马中有一匹是白色的，而不能说一匹马中有的是白色的。上述所举的这些例子，都是属于一种表述正确而另一种表述不正确的谬误排比类比推理之一。

第五编　墨　守

【导语】

墨子站在当时小国、弱国的立场上，为反对大国、强国的侵略，提出了系统的城市防御的思想和方法，取得了令人瞩目的实战效果。因而可以认为，墨子既是军事思想家，也是杰出的军工技术专家。

首先，墨子先进的战争观是积极防御的军事思想建立的基础。墨子"非攻"，但并不是反对一切战争。他严格区分正义战争和不义战争，主张以积极防御的正义战争，打败扩张、劫掠的不义战争。

其次，墨子和墨家提出了系统完备的积极防御的军事思想和策略方法。墨子认为，有备无患是积极防御的基本前提。即使在和平时期，也要在粮食储积、武器装备、城防工程、防御计划、内政外交等方面做好抗敌和自卫的准备。墨子还认为，只有实行全方位立体防御才能取得积极防御的成功，凡军队力量、物资供应、城防器械、人心向背以及建立赏罚严明、高效畅通的指挥系统等，都是夺取防御战胜利的必要条件。

再次，墨家在军工技术和守城器械方面多有贡献。先秦兵家论军事，多是从宏观角度谈用兵之道，很少涉及武器、作战工程设施以及战术细节，《墨子》守城各篇恰好填补了这一空白。墨家守城的具体方法，在今天看来价值已不大，但他的和平反战的先进战争观，以及全方位、立体化守城的积极防御的军事思想，至今仍有不可低估的借鉴意义。

最后，《墨子》关于"墨守"的内容共有 11 篇。据《墨子·备城门》，墨子传授的守城之法，应该包括《备高临》《备钩》《备冲》《备梯》《备堙》

《备水》《备穴》《备突》《备空洞》《备蛾傅》《备轒辒》《备轩车》各篇十三种方法，但《备钩》《备冲》《备堙》《备空洞》《备轒辒》《备轩车》六篇早已缺失，《墨子》本书仅存《备城门》《备高临》《备梯》《备水》《备突》《备穴》和《备蛾傅》七篇七种守城方法；另有《迎敌祠》《旗帜》《号令》和《杂守》四篇，所论皆是守城中必须重视的某一方面或某几个方面的问题。

第四十三篇　备城门

【题解】

《备城门》及以下七篇，大都以墨子回答他的首席大弟子禽滑釐提问的方式展开论述。《备城门》篇幅很长，且所论并不仅仅是城门防守问题，涉及守城各方面的问题，但以城门防守为主。

本篇对于如何利用高城深池打败强敌，保卫城邑与国家，墨子作了周密思考：从军队的建制、组织和调度，到守城设施和器械的制作、部署和使用，从物质的准备、战术的运用到对民众的动员组织，都有精细的规定和阐述。因此，《备城门》既体现了墨子"兼爱""非攻"的思想，同时也表现了墨子克敌制胜、备战御敌的胆略和智慧。

【原文】

禽滑釐问于子墨子曰："由圣人之言，凤鸟①之不出，诸侯畔殷周之国②，甲兵方起于天下，大攻小，强执弱，吾欲守小国，为之奈何？"子墨子曰："何攻之守？"禽滑釐对曰："今之世常所以攻者，临、钩、冲、梯、堙、水、穴、突、空洞、蚁傅、轒辒、轩车③，敢问守此十二者奈何？"子墨子曰："我城池修，守器具，推④粟足，上下相亲，又得四邻诸侯之救，此所以持也。且守者虽善⑤，则犹若不可以守也。若君用之，守者又必能乎守者，不能而君用之，则犹若不可以守也。然则守者必善而君尊用之，然后可以守也。

凡守围城之法，城厚以高，壕池深以广，楼撕揳⑥，守备缮利⑦，薪食足以支三月以上，人众以选，吏民和，大臣有功劳于上者多，主信以义，万民乐之无穷。不然，父母坟墓在焉。不然，山林草泽之饶足利。不然，地形之难攻而易守也。不然，则有深怨于适⑧而有大功于上。不然，则赏明可信而罚严足畏也。此十四者具，则民亦不宜⑨上矣，然后城可守。十四者无一，则虽善者不能守矣。

故凡守城之法，备城门，为县门沉机⑩，长二丈，广八尺，为之两相如；门扇数，令相接三寸⑪，施土扇上，无过二寸。堑⑫中深丈五，广比扇，堑长以力为度，堑之末为之县，可容一人所。

客⑬至，诸门户皆令凿而幕孔⑭，孔之各为二幕二⑮，一凿而系绳，长四尺。城四面四隅，皆为高磨褍⑯，使重室子⑰居亓上候适，视亓俲状⑱与其进左右所移处，失候⑲，斩。

適人为穴而来，我亟使穴师选本⑳，迎而穴之，为之且㉑内弩以应之。

民室杵㉒木瓦石，可以盖㉓城之备也，尽上之，不从令者斩。

昔筑㉔，七尺一居属㉕，五步一垒㉖。五筑有锑㉗，长斧，柄长八尺。十步一长镰，柄长八尺。十步一斗㉘，长椎，柄长六尺，头长尺，斧㉙其两端。三步一大铤㉚，前长尺，蚤㉛长五寸。两铤交之置如平，不如平不利，兑㉜亓两末。

穴队㉝若冲队，必审如攻队之广狭，而令邪㉞穿亓穴，令亓㉟广必夷㊱客队。

疏束树木㊲，令足以为柴抟㊳，毋前面树，长丈七尺一㊴，以为外面，以柴抟从㊵横施之，外面以强㊶涂，毋令土漏。令亓广厚能任三丈五尺之城以上。以柴木土稍杜㊷之，以急为故㊸。前面之长短，豫㊹蚤接之，令能任涂，足以为堞，善涂亓外，令毋可烧拔也。

大城丈五为闺门㊺，广四尺。为郭门㊻，郭门在外，为衡㊼，以两木当门，凿亓木维敷上堞㊽。

为斩县梁㊾，酌㊿穿，断城以板桥，邪穿外，以板次之[51]，倚杀如城报[52]。城内有傅壤[53]，因以内壤为外[54]。凿亓间，深丈五尺，室以樵[55]，可烧之以待适。

令耳属城[56]，为再重楼。下凿城外堞，内深丈五，广丈二。楼若令耳，皆令有力者主敌，善射者主发，佐皆广矢[57]。

治裾诸[58]，延堞，高六尺，部[59]广四尺，皆为兵弩简格[60]。

转射机[61]，机长六尺，狸[62]一尺。两材合而为之辐[63]，辐长二尺，中凿夫之为道臂[64]，臂长至桓[65]。二十步一，令善射之者佐，一人皆勿离。

城上百步一楼，楼四植[66]，植皆为通舄[67]，下高丈，上九尺，广、袤[68]各丈六尺，皆为宁[69]。三十步一突，九尺，广十尺，高八尺，凿广三尺，表二尺，为宁。

城上为攒火⑦，夫⑦长以城高下为度，置火亓末。城上九尺一弩、一戟、一椎、一斧、一艾⑦，皆积参石⑦、蒺藜。

渠⑦长丈六尺，夫⑦长丈二尺，臂长六尺，其狸者三尺，树渠毋傅堞五寸。

藉莫⑦长八尺，广七尺，其木也广五尺，中藉苴⑦为之桥，索亓端，适攻，令一人下上之，勿离。

城上二十步一藉车⑦，当队者⑦不用此数。

城上三十步一垄灶⑧。

持水者必以布麻斗⑧、革盆⑧，十步一。柄长八尺，斗大容二斗以上到三斗。敝裕⑧、新布长六尺，中拙⑧柄长丈，十步一，必以大绳为箭⑧。

城上十步一铫⑧。

水瓹⑧，容三石以上，小大相杂。盆、蠭各二财⑧。

为卒干饭，人二斗，以备阴雨，面⑧使积燥处。令使守⑨为城内堞外行餐。

置器备，杀沙砾铁⑨，皆为坏⑨斗。令陶者为薄缻⑨，大容一斗以上至二斗，即用取，三祕合束⑨。

坚为斗城上隔⑨，栈高丈二，剡其一末⑨。

为闺门，闺门两扇，令可以各自闭也。

救闉池⑨者，以火与争，鼓橐⑨。冯埴⑨外内，以柴为燔。

灵丁⑩，三丈一，火耳⑩施之。十步一人，居柴内弩⑩。弩半，为狗犀⑩者环之。墙七步而一。

救车火⑭，为烟矢⑮射火城门上，凿扇上为栈⑯，涂之，持水麻斗、革盆救之。门扇薄植⑰，皆凿半尺，一寸一涿弋⑱，弋长二寸，见⑲一寸，相去七寸，厚涂之，以备火。城门上所凿以救门火者，各一垂⑩水，火⑪三石以上，小大相杂。

门植关必环锢⑫，以锢金若铁鍱⑬之。门关再重，鍱之以铁，必坚。梳关⑭关二尺，梳关一苋⑮，封以守印，时令人行貌封⑯，及视关入桓⑰浅深。门者皆无得挟斧、斤⑱、凿、锯、椎。

城上二步一渠，渠立程⑲丈三尺，冠⑳长十丈，辟㉑长六尺。二步一苫㉒，苫广九尺，衰十二尺。

二步置连梃㉓，长斧、长椎各一物，枪㉔二十枚，周置二步中。

二步一木弩㉕，必射五十步以上。及多为矢，节㉖毋以竹箭，以楛、赵、掋㉗、榆可。盖求齐铁夫㉘，播以射衝㉙及桄枞㉚。

二步积石，石重千钧㉛以上者，五百枚。毋百，以亢㉜疾犁，壁㉝，皆可善方㉞。

二步积苙㉟，大一围㊱，长丈，二十枚。

五步一罂，盛水。有奚㊲，奚蠢大容一斗。

五步积狗尸五百枚，狗尸长三尺，丧以弟㊳，瓮其端，坚约弋㊴。

十步积抟㊵，大二围以上，长八尺者二十枚。

二十五步一灶，灶有铁鐕㊶容石以上者一，戒㊷以为汤。及持沙，毋下千石。

三十步置坐候楼㊸，楼出于堞四尺，广三尺，广㊹四尺，板周三面，密傅之，夏盖其上。

五十步一藉车㊺，藉车必为铁纂㊻。

五十步一井屏㊼，周垣之，高八尺。

五十步一方㊽，方尚㊾必为关籥守之。

五十步积薪，毋下三百石，善蒙涂，毋令外火能伤也。

百步一桄枞，起地高五丈；三层，下广前面八尺，后十三尺，亓上称议衰杀之㊿。

百步一木楼，楼广前面九尺，高七尺，楼轫居坫㊿，出城十二尺。

百步一井㊿，井十甕㊿，以木为系连。水器容四斗到六斗者百。

百步一积杂秆，大二围以上者五十枚。

百步为橹㊿，橹广四尺，高八尺。为冲术㊿。

百步为幽膊㊿，广三尺，高四尺者千㊿。

二百步一立楼，城中广二丈五尺二㊿，长二丈，出枢㊿五尺。

城上广三步到四步，乃可以为使斗㊿。俾倪㊿，广三尺，高二尺五寸。陛㊿高二尺五，广长各三尺，远广㊿各六尺。

城上四隅童异⑭，高五尺，四尉舍焉⑮。

城上七尺一渠，长丈五尺，狸三尺，去堞五寸；夫⑯长丈二尺，臂长六尺。半植一凿⑯，内后长⑱五寸。夫两凿，渠夫前端下堞四寸而适。埋渠、凿坎，覆以瓦，冬日以马夫寒⑲，皆待命，若以瓦为坎。

城上千步一表⑰，长丈，弃水者⑰操表摇之。五十步一厕，与下同溷⑫。之厕者，不得操⑬。

城上三十步一藉车，当队者不用。

城上五十步一道陛，高二尺五寸，长十步。

城上五十步一楼扡⑭，扡勇勇必重⑮。

土楼⑯百步一，外门发楼⑰，左右渠之⑱。为楼加藉幕，栈⑰上出之以救外。

城上皆毋得有室，若也⑱可依匿者，尽除去之。

城下州道⑱内，百步一积薪，毋下三千石以上，善涂之。

城上十人一什长，属一吏士⑫，一帛尉⑬。

百步一亭，高垣⑱丈四尺，厚四尺，为闺门两扇，令各可以自闭。亭一尉，尉必取有重厚忠信可任事者。

二舍共一井爨⑮，灰、康、秕、杯⑱、马矢，皆谨收藏也。

城上之备：渠谵⑱、藉车、行栈⑱、行楼、到⑲、颉皋⑲、连梃、长斧、长椎、长兹⑲、距⑫、飞冲⑬、县□⑭、批屈⑮。

楼五十步一，堞下为爵穴⑯，三尺而一，为薪皋⑰，二围，长四尺半，必有洁⑱。

瓦石，重二升⑲以上。城上，沙五十步一积。灶置铁鐕⑳焉，与沙同处。

木大二围，长丈二尺以上，善耿亓本㉑，名长从㉒，五十步三十㉓。木桥长三丈，毋下五十㉔。复使卒急为垒壁，以盖瓦复之。

用瓦木罂㉕容十升以上者，五十步而十，盛水，且用之。五十二者十步而二㉖。

城下里㉗中家人，各葆亓左右前后，如城上。城小人众，葆离乡老弱国中及也大城㉙。

寇至，度必攻，主人先削城编㉚，唯勿烧。寇在城下，时换吏卒署㉛，而毋换亓养㉒，养毋得上城。

寇在城下，收诸盆瓮，耕积㉓之城下，百步一积，积五百。

城门内不得有室，为周室桓吏㉔。四尺为倪㉕，行栈内闬㉖，二关一堞

除城场㉗外，去池百步，墙垣树木小大俱坏伐，除去之。寇所从来若昵道㉘、儌近㉙、若城场，皆为扈楼㉚。立竹箭天中㉛。

守堂下为大楼㉜，高临城，堂下周散道㉝，中应客，客待见。时召三老在葆宫㉞中者，与计事得先㉟，行德计谋合㊱，乃入葆。葆入守，无行城㊲，无离舍。诸守者审知卑城浅池㊳，而错㊴守焉。晨暮卒歌㊵以为度，用人少易守。

守法：五十步丈夫㊶十人，丁女㊷二十人，老小十人，计之五十步四十人。城下楼卒，率㊸一步一人，二十步二十人。城小大以此率㊹之，乃足以守圉。

客冯面㊺而蛾傅之，主人则先之知，主人利，客适㊻。客攻以遂㊼，十万物㊽之众，攻无过四队者。上术㊾广五百步，中术三百步，下术百五十步。诸不尽百五步㊿者，主人利而客病。广五百步之队，丈夫千人，丁女子二千人，老小千人，凡四千人，而足以应之，此守术之数也。使老小不事者，守于城上不当术者。

城持出必为明填(51)，令吏民皆智(52)知之。从一人(53)百人以上，持出不操填章，从人非亓故人，乃亓積章(54)也，千人之将以止之，勿令得行。行及吏卒从之，皆斩，具以闻于上。此守城之重禁之，夫奸之所生也，不可不审也。

城上为爵穴(55)，下堞(56)三尺，广亓外，五步一。爵穴大容苴(57)，高者六尺，下者三尺，疏数自适为之(58)。

塞外堑(59)，去格七尺，为县梁。城笙陕(60)不可堑者，勿堑。

城上三十步一聋灶(61)。

人擅苣，长五节。寇在城下，闻鼓音，燔苣，复鼓，内(62)苣爵穴中，照外。

诸藉车皆铁什(63)。藉车之柱长丈七尺，其狸者四尺，夫(64)长三丈以上至三丈五尺，马颊(65)长二尺八寸，试藉车之力而为之困(66)，失(67)四分之三在上。

藉车夫长三尺，四二三㉘在上，马颊在三分中㉙。马颊长二尺八寸、夫长二十四尺以下不用。治困以大车轮。藉车桓㉚长丈二尺半。诸藉车皆铁什，复车者在之㉛。

寇闉㉜池来，为作水甬㉝，深四尺，坚慕貍之㉞。十尺一，覆以瓦而待令。以木大围长二尺四分而早㉟凿之，置炭火亓中而合慕㊱之，而以藉车投之。为疾犁投，长二尺五寸，大二围以上。涿弋㊲，弋长七寸，弋间六寸，刿其末。狗走㊳，广七寸，长尺八寸，蚤㊴长四寸，犬耳㊵施之。"

子墨子曰："守城之法，必数城中之木，十人之所举为十挈㊶，五人之所举为五挈，凡轻重以挈为人数。为薪樵挈㊷，壮者有挈，弱者有挈，皆称亓任。凡挈轻重所为，吏人各得亓任。城中无食，则为大杀㊸。

去城门五步大堑之，高地三丈，下地至㊹。施贼㊺亓中，上为发梁㊻，而机巧㊼之，比传薪土㊽，使可道行，旁有沟垒，毋可逾越。而出佻且比㊾，适人遂入。引机发梁，适人可禽㊿。适人恐惧而有疑心，因而离。"

【注释】

① 凤鸟：中国古代传说中的神鸟、祥瑞之鸟。

② 畔：古同"叛"。殷周之国：指周王室。殷：王。（王裕安等：《墨子大词典》，第 397 页。）殷周即王周。（岑仲勉：《墨子城守各篇简注》，中华书局 1958 年版，第 1 页。以下简称为"岑仲勉：《墨子城守》"。）

③ 临、钩、冲、梯、堙、水、穴、突、空洞、蚁傅、轒辒、轩车：此为墨家守城中的所要对付的十二种攻城战术。临，即"高临"，指在城外筑土为山，居高临下地攻城。钩，用铁钩钩住城墙攀缘而上。冲，用大型攻城器械冲车攻城。梯，用大型攻城器械云梯攻城。堙（yīn），用土石填塞护城河攻城。水，决水淹城。穴，用挖掘隧道的方法攻城。突，从城墙的偏门突入攻城。空洞，在城墙上打洞攻城。蚁傅，如同蚂蚁一样密集爬城攻城。轒辒，使用蒙上牛皮的四轮车攻城。轩车，使用四轮的楼车攻城。

④ 推："樵"的形讹字。（孙诒让：《墨子间诂》，第 494 页。）樵（qiáo），木柴。

⑤ 且守者虽善：孙诒让引卢文弨说，后当补"'而君不用之'五字"。

（孙诒让：《墨子间诂》，第494页。）

⑥撕：同"楒"（sī）。楼撕：即"高厤楒"，城上的四角小高楼。揗（xún），同"循"。"循"与"修"形近而讹，作"修"解。（孙诒让：《墨子间诂》，第495页。）厤（lì），同"历"。

⑦缮利：经修缮利于防守。缮，修缮。

⑧适：同"敌"。（王裕安等：《墨子大词典》，第62页。）本编十一篇中大部分"适"都作"敌"解。

⑨宜："疑"的音讹字。（岑仲勉：《墨子城守》，第5页。）

⑩县：同"悬"。悬挂。（孙中原：《墨子大词典》，商务印书馆2016年版，第400页。以下简称为"孙中原：《墨子大词典》"。）悬门：安装在城门口可升降的大门。沈：同"沉"。沉机：上下升降的机关。

⑪门扇数，令相接三寸：当断句为"门扇数令相接三寸"。数，同"促"。（毕沅：《墨子注》（日本重刻本），第805页。）意为"促使两扇大门交接处重叠三寸而没有缝隙"。

⑫堑：深坑、壕沟。（岑仲勉：《墨子城守》，第6页。）

⑬客：指敌人、敌方。与指"我方"的"主人"相对。（岑仲勉：《墨子城守》，第7页。）

⑭慕孔：孔的形状。慕，通"摹"，摹通"模"。模，形状。（岑仲勉：《墨子城守》，第7页。）

⑮孔之各为二幕二："孔之"为衍文。"幕"为"幂"的形讹字。幂（mì），覆盖物。后"二"为衍字。（岑仲勉：《墨子城守》，第7页。）

⑯高厤楒：即"高厤楒"。磨当为"厤"（lì），楒（sī），同"楒"。（孙诒让：《墨子间诂》，第498页。）

⑰重室子：贵家子弟。（孙诒让：《墨子间诂》，第498页。）

⑱能状：状态。能即"态"。

⑲失候：候，候望敌情，转指"失职"。

⑳亟：急忙。穴师：挖掘隧道的专家。选本：当为"选士"之误。（王念孙：《墨子杂志》，第224页。）

㉑且："具"之误。

㉒ 杵："材"之误。(王念孙:《墨子杂志》第 226 页。)

㉓ 蓋："益"之误。(王念孙:《墨子杂志》,第 226 页。)

㉔ 昔筑:当为"皆筑"。(毕沅:《墨子注》(日本重刻本),第 812 页。)

㉕ 居属:指"锄"。(孙诒让:《墨子间诂》,第 499 页。)

㉖ 垄:盛土的笼、筐。(孙诒让:《墨子间诂》,第 500 页。)

㉗ 銕:疑作"鏔"(yí),锄一类工具。(孙诒让:《墨子间诂》,第 500 页。)

㉘ 斗:当为"斲",斲(zhuó),同"斫"。(毕沅:《墨子注》(日本重刻本),第 812 页。)

㉙ 斧:"兑"之误,兑同"锐"。(孙诒让:《墨子间诂》,第 500 页。)

㉚ 铤:"鋋"的形讹字。(孙诒让:《墨子间诂》,第 500 页。)鋋(chán),铁柄短矛。

㉛ 蚤:同"爪"。

㉜ 兑:同"锐"。

㉝ 队:指隧道。

㉞ 邪:通"斜"。

㉟ 亓:同"其",以下"亓"字皆作"其"解。

㊱ 夷:齐平。

㊲ 疏束树木:把树木摊开弄齐后再予以捆缚。疏束,弄齐捆缚。(岑仲勉:《墨子城守》,第 26 页。)

㊳ 柴抟:不规则圆柱形的柴捆。抟(tuán),通"团"。(王裕安等:《墨子大词典》,第 329 页。)

㊴ 毋前面树,长丈七尺一:当断句为"毋前面,树长丈七尺一","毋"为"贯"。(岑仲勉:《墨子城守》第 26 页。)

㊵ 从:同"纵"。

㊶ 强:坚韧的泥土。(孙诒让:《墨子间诂》,第 501 页。)

㊷ 杜:闭、堵塞。

㊸ 急:作"竖"解。故:巧。(岑仲勉:《墨子城守》,第 26 页。)

㊹ 豫:通"预",事先准备。(王裕安等:《墨子大词典》,第 413 页。)

㊺ 闺门:内城墙上"别出小门"。(孙诒让:《墨子间诂》,第 502 页。)

㊻ 郭门：外城为“郭”，郭门即外城墙大门。

㊼ 衡：闩门的横木，即门闩。

㊽ 以两木当门，凿亓木维敷上堞：维敷，用绳索系缚。堞，城墙上修建的矮墙。意为“用两个门闩关锁住大门，在门闩上凿出两个小洞拴上绳索，可以在城堞上左右拉动”。

㊾ 斩县梁：斩，“堑”的省文。（孙诒让：《墨子间诂》，第502页。）堑，壕沟。县，同“悬”。悬梁，吊桥。意为“在壕沟上架设吊桥”。

㊿ 聆（líng）：同“令”。（岑仲勉：《墨子城守》，第27页。）

(51) 以板次之：用板桥接续。板，板桥。次，接续。

(52) 倚杀如城报：倚，偏斜。杀，减损。（王裕安等：《墨子大词典》，第269页。）报，“执”之误，“执”为“势”的省文。（孙诒让：《墨子间诂》，第502页。）意为“板桥的倾斜程度依据城墙的形势而定”。

(53) 城内有傅壤：“内”为“上”之误。“傅”作“附加”解。“壤”为“堞”之误。（苏时学：《墨子刊误》，第358页。）

(54) 因以内壤为外：遇到紧急情况，就撤到内墙对付攻上外墙的敌人。为，对付。

(55) 室以樵：用木柴塞满涵洞。室，涵洞。

(56) 令耳：小楼。属：附。（岑仲勉：《墨子城守》，第27页。）

(57) 佐皆广矢：疑为“佐以厉矢”。（孙诒让：《墨子间诂》，第503页。）厉，通“利”。

(58) 治裾诸：用竹竿、木桩编织成藩篱。裾为“椐”的形讹字。（孙诒让：《墨子间诂》，第503页。）椐，同“樣”（qú），藩篱。诸，“者”的形讹字。

(59) 部：城上堞与堞有间隔，一堞即“一部”。（孙诒让：《墨子间诂》，第503页。）

(60) 简格：“简”为“蔺”之误，“蔺”为“拦”的声讹字。拦、格都作“阻拦”解。（岑仲勉：《墨子城守》，第28页。）

(61) 转射机：连续发射箭矢的机械装置。

(62) 貍：同“埋”。

(63) 辒：置于车或其它器械后部用于镇压的巨木，作用同“輐”（wǎn）。

（孙诒让：《墨子间诂》第 504 页。）

㉔夫：通"肤"，指转射机在地面的部分。（岑仲勉：《墨子城守》，第 28 页。）

㉕桓："垣"之误。

㉖植：当为"楹"，柱。（孙诒让：《墨子间诂》，第 504 页。）

㉗舄（xì）：础石或基石。

㉘丧："袤"之误。（苏时学：《墨子刊误》，第 359 页。）袤，长度。下句"丧"也作"袤"解。

㉙宁："窗"之误。

㉚攒火：带长柄的火把，手持可攻击敌人。（岑仲勉：《墨子城守》，第 29 页。）

㉛夫：疑为"柄"之误。（岑仲勉：《墨子城守》，第 29 页。）

㉜艾："刈"（yì）的假借字。（孙诒让：《墨子间诂》，第 505 页。）

㉝参石：即"絫石""礌石"。参，"絫"的形讹字。（岑仲勉：《墨子城守》，第 30 页。）

㉞渠：城上大型防守器械。（孙诒让：《墨子间诂》，第 505 页。）

㉟夫：同"肤"，指渠柱露出地面的部分。

㊱藉莫："莫"通"幕"，藉幕即"遮幕"。（岑仲勉：《墨子城守》，第 30 页。）遮幕是在大木架上蒙上可以滑动的皮革或布帛，用以遮挡敌方的矢石。

㊲苴（jū）："幕"之误。

㊳藉车：贮存箭矛等武器的木车，类似于专用来盛装弓弩的辒车。

㊴当队者：敌方进攻线。队，此指敌人、敌师。

㊵茖灶：茖当为"垄"之误。垄灶即"行灶"。（岑仲勉：《墨子城守》，第 30 页。）

㊶布麻斗：用漆布做成的盛水工具。斗，枓（dǒu）的假借字。枓的功用同杓。（孙诒让：《墨子间诂》，第 507 页。）

㊷革盆：皮盆。

㊸敝裕：破旧粗葛布。裕，"綌"之误。綌（xì），粗葛布。

㉞ 拙："诎"之误。"诎"通"屈""曲"。（孙诒让：《墨子间诂》，第508页。）

㉟ 为箭："缝缀之意"。箭疑为"揩"，插。（岑仲勉：《墨子城守》，第31页。）

㊱ 鈂（chén）：臿（chā）一类掘土工具。

㊲ 瓿（bù）：同"缶"，盛水瓦器。

㊳ 蠡：即奚蠡，或称瓠（hù），汲水工具。（岑仲勉：《墨子城守》，第31页。）财："具"之误。（苏时学：《墨子刊误》，第359页。）

㊴ 面："而"之误。

㊵ 守：当为"守者"。（孙诒让：《墨子间诂》，第508页。）

㊶ 杀：通"椴"。椴（sà），散、流布。砾：碎石块。铁：铁屑。

㊷ 坏："坯"的形讹字。坯，尚未烧制的陶器。

㊸ 瓴（fǒu）：同"缶"。

㊹ 三袐合束：其义不详。

㊺ 斗："弋"之误字。弋作"缴"解，缴作"绕"解。"坚为弋"即"缠绕紧固"。（孙诒让：《墨子间诂》，第509页。）隔指隔板。

㊻ 剡（shàn）：删削。一：当为衍字。（苏时学：《墨子刊误》，第360页。）末：树干的顶端。

㊼ 闉（yān）：瓮城的门。池：护城河。

㊽ 橐（tuó）：风箱。（孙诒让：《墨子间诂》，第509页。）

㊾ 冯埴：即"冯垣"，冯垣是"女垣"别名。（岑仲勉：《墨子城守》，第33页。）

⑩⓪ 灵丁：当为瓴甋（dì），即有耳的罂。（岑仲勉：《墨子城守》，第33页。）

⑩① 火耳："犬牙"的形讹字。（孙诒让：《墨子间诂》，第509页。）

⑩② 居：积存。内：纳。（岑仲勉：《墨子城守》，第33页。）

⑩③ 狗屎：即下文"狗尸"。狗尸是用狗尾草拧成的草把。（姜宝昌：《墨守训释》，齐鲁书社2014年版，第57页。以下简称为"姜宝昌：《墨守训释》"。）

⑩④车火：即"熏火"，火烧烟熏。车为"熏"之误。（孙诒让：《墨子间诂》，第510页。）

⑩⑤烟矢：带火的箭。（岑仲勉：《墨子城守》，第7页。）

⑩⑥栈：当为"杙"（yì）或"弋"。（孙诒让：《墨子间诂》，第510页。）大门上突出的门丁。

⑩⑦薄植：薄同"欂"。欂（bó），与"植"皆为柱。（岑仲勉：《墨子城守》，第8页。）

⑩⑧涿弋：即"杙"，门丁。

⑩⑨见：呈现、凸起。

⑩垂：通"甀"（zhuì），即罂，大肚小口瓶。

⑪火：当为"容"。（王念孙：《墨子杂志》，第217页。）

⑫门植关必环鍹：植即"持门之植木"，关即"持门之横木"。（岑仲勉：《墨子城守》，第8页。）关即衡木、门闩。环鍹即"稳固"。

⑬鍱（dié）：用铁包裹。

⑭梳关：梳或为"桄"（guāng），桄作"楗"解。（孙诒让：《墨子间诂》，第512页。）楗即木锁。

⑮苋：疑作"筦"，筦（guǎn），通"管"。（孙诒让：《墨子间诂》，第512页。）管，锁，指在门闩上另加锁。

⑯行貌封：行视关锁封条的外貌。行，行视、巡行。貌封，关锁封条的外貌。

⑰桓：两扇大门靠外侧的直木。

⑱斤：砍伐树木的工具，与斧相似，小于斧。（王裕安等：《墨子大词典》，第159页。）

⑲立程：渠上直立的木杠。（岑仲勉：《墨子城守》，第9页。）

⑳冠：指渠顶。

㉑辟：通"臂"。

㉒荅（dā）：遮拦矢石的防守工具。

㉓连梃：类似于打禾谷所用的连枷，分为二至三节，可打击爬上女墙的敌人。（岑仲勉：《墨子城守》，第9页。）

㉔ 枪：古代兵器，在木柄上装有尖锐的金属刃具。

㉕ 木弩：以机械装置发射的大型弓弩，用黄连木、桑木或柘木做成，弓长一丈二尺。

㉖ 节："即"之误。（孙诒让：《墨子间诂》，第 514 页。）

㉗ 楛（kǔ）：树名。赵："桃"之误。捬："櫔"之误，櫔即"柘"。（孙诒让：《墨子间诂》，第 514 页。）

㉘ 盖：益之误。益，多。夫："矢"的形讹字。

㉙ 播：分布。衔：衝（冲）的形讹字。（孙诒让：《墨子间诂》，第 514 页。）射冲：冲梯。（岑仲勉：《墨子城守》，第 9 页。）

㉚ 栊枞（lóng zòng）：用于窥伺敌情的建筑物。（岑仲勉：《墨子城守》，第 10 页。）

㉛ 千钧：当为"十钧"。（孙诒让：《墨子间诂》，第 515 页。）钧，古代重量单位，三十斤为一钧。

㉜ 毋百，以亢：当断句和改为"毋石以亢"。百为"石"的形讹字。亢作"御"解。（岑仲勉：《墨子城守》，第 11 页。）

㉝ 疾犁，壁：疾犁即"蒺藜"；壁即"甓（pì）砖"。（岑仲勉：《墨子城守》，第 11 页。）

㉞ 皆可善方：方，材。意为"都是很好的防御材料"。

㉟ 苙："苣"的形讹字。苣（jù），通"炬"，一般用芦苇制作。（孙诒让：《墨子间诂》，第 515 页。）

㊱ 大一围：火炬围粗九寸。《仪礼·丧服》郑玄注："中人之扼围九寸"。（阮元校刻：《十三经注疏》，第 1097 页。）以下围粗皆按古制九寸。

㊲ 奚：当为"奚蠡"，后脱"蠡"字。蠡指"瓠（hù）瓢"。（苏时学：《墨子刊误》，第 348 页。）

㊳ 狗尸：狗尾草把。丧以弟："丧"为"衰"之误（姜宝昌：《墨守训释》，第 71 页。）"弟"为"茅"之讹。（孙诒让：《墨子间诂》，第 515—516 页。）

㊴ 瓮："兑"之误。兑同"锐"。（孙诒让：《墨子间诂》，第 516 页。）约：约束、捆缚。弋：通"杙"，木桩。

⑭⓪ 积抟：积：积存。抟即"柴抟"。

⑭① 鬵（zèn）："鬵"的假音字。鬵（zèng），大釜。（孙诒让：《墨子间诂》，第 516 页。）

⑭② 戒："备"之误。（岑仲勉：《墨子城守》，第 12 页。）

⑭③ 坐候楼：用于瞭望敌情的木楼。

⑭④ 广："长"之误。（俞樾：《墨子平议》，第 491 页。）

⑭⑤ 藉车：盛放箭矢武器的四轮车。

⑭⑥ 铁纂：作"铁什""铁鍱（yè）"解，即"以铁包裹"。（岑仲勉：《墨子城守》，第 12 页。）

⑭⑦ 井屏：即"厕所"。（岑仲勉：《墨子城守》，第 13 页。）

⑭⑧ 方："户"之误。（孙诒让：《墨子间诂》，第 517 页。）

⑭⑨ 方尚：当为"户上"。（孙诒让：《墨子间诂》，第 517 页。）

⑮⓪ 称议衰杀之：议，"宜"的声讹字。衰，逐渐。杀，减少。意为"酌度其适宜程度而逐渐减少"。（岑仲勉：《墨子城守》，第 13 页。）

⑮① 楼物居坫：楼物，即"楼囱"。（孙诒让：《墨子间诂》，第 517 页。）坫，"坫"（diàn）之误。坫，屏墙。（毕沅：《墨子注》（日本重刻本），第 808 页。）意为"楼上烟囱建在屏墙上"。

⑮② 井：指从城上直通城下的井。

⑮③ 瓮（wèng）：同"瓮"。

⑮④ 橹："大盾也"。（《说文解字》，第 124 页。）

⑮⑤ 冲术：应为"冲队（隧）"，冲击隧道。（孙诒让：《墨子间诂》，第 518 页。）

⑮⑥ 幽牍：暗沟。牍（dú），通"渎"。"渎，沟也。"（《说文解字》，第 232 页。）

⑮⑦ 千："一"之误。（孙诒让：《墨子间诂》，第 518 页。）

⑮⑧ 二：衍字。

⑮⑨ 枢："疑当作拒"，指立楼的横拒。（孙诒让：《墨子间诂》，第 519 页。）

⑯⓪ 使斗：使（士卒）战斗。（孙诒让：《墨子间诂》，第 519 页。）

⑯① 俾倪（bì ní）：城上有窥测孔的小墙。（岑仲勉：《墨子城守》，第

13 页。）

⑯ 陛：台阶。

⑯ 远广：当为"道广"。（孙诒让：《墨子间诂》，第 519 页。）此道指台阶上下的道路。

⑯ 童异：疑为"重娄"的形讹字。娄通"楼"。（孙诒让：《墨子间诂》，第 519 页。）

⑯ 四尉舍焉：四尉当指四个协助太守、主将防守的司察和帛尉。舍，住。

⑯ 夫："肤"的假借字，指"渠"露出地面部分的支架。（岑仲勉：《墨子城守》，第 16 页。）

⑯ 半植一凿：在木臂的中间凿出一个小孔。植，"柱"之误，指渠的横臂。

⑯ 内后长：当为"内径"，"后"为"径"之误，"长"为衍字。（孙诒让：《墨子间诂》，第 520 页。）

⑯ 以：后脱"息"。（毕沅：《墨子注》（日本重刻本），第 809—810 页。）息：停止、防止。"马夫寒"当为"马矢塞"。"夫寒"为"矢塞"的形讹字。（孙诒让：《墨子间诂》，第 520 页。）

⑰ 千步一表：千为"十"的讹字。（孙诒让：《墨子间诂》，第 521 页。）表即"柱"。（尹桐阳：《墨子新释》，275 页。）

⑰ 弃水者：指泼水的人。

⑫ 溷（hùn）：厕所。

⑬ 不得操：当为"不得操兵"，"操"后脱"兵"。

⑭ 扚（kǒng）："撕"的形讹字。楼撕即"楼榯"，即"栏槛"。（孙诒让：《墨子间诂》，第 521 页。）

⑮ 扚勇勇必重：疑为"楼榯必再重"。后"勇"为衍字。（孙诒让：《墨子间诂》，第 521 页。）

⑯ 土楼：当为"木楼"。（岑仲勉：《墨子城守》，第 18 页。）

⑰ 外门发楼：楼外设悬门。（孙诒让：《墨子间诂》，第 521 页。）

⑱ 左右渠之："渠，堑也，所以防逾越也。"（苏时学：《墨子刊误》，第 350 页。）意为"木楼左右两边设木栏以阻挡"。

⑰ 栈：楼上木桥。

⑱ 也："它"之误。

⑱ 州道：即"周道"，环城路。

⑱ 属一吏士：当为"属十吏士"。（孙诒让：《墨子间诂》，第 522 页。）

⑱ 一帛尉：当为"百一帛尉"，脱"百"字。帛尉即"百尉"。

⑱ 高垣：当为"亭垣"。（孙诒让：《墨子间诂》，第 522 页。）

⑱ 二舍共一井爨：爨（cuàn），烧柴做饭，此指灶。意为"什长与百尉共用一个井和灶"。

⑱ 康：通"糠"。秕：不实的谷粒。杯：秠（pī）的形讹字。秠即谷皮。

⑱ 襜（dàn）："襜"（chān）的形讹字。渠襜指"藉幕"，即防箭矢的遮幕。（孙诒让：《墨子间诂》，第 524 页。）

⑱ 行栈：用途不固定的编木。（王裕安等：《墨子大词典》，第 371 页。）

⑱ 到：疑为"剆"。剆（zhuō），即"斫"。（孙诒让：《墨子间诂》，第 524 页。）

⑲ 颉皋（jié gǎo）：即"桔槔"，"一端悬石，用以起重省力之具"。（岑仲勉：《墨子城守》，第 20 页。）

⑲ 长兹：当为"镃錤"。镃錤（zī jī），即"鉏"（chú）、"锄"。（孙诒让：《墨子间诂》，第 524 页。）

⑲ 距：铁钩钜。（孙诒让：《墨子间诂》，第 524 页。）

⑲ 飞冲：即冲车，大型攻城器械。

⑲ 县□：当为"悬梁"。空格为"梁"。（孙诒让：《墨子间诂》，第 524 页。）

⑲ 批屈：疑为"翼楼"。（岑仲勉：《墨子城守》，第 20 页。）

⑲ 楼五十步一，堞下为爵穴："十"当为衍字。当断句为"楼五步一堞，下为爵穴"。（岑仲勉：《墨子城守》，第 20 页。）

⑲ 薪皋：即"桔槔"。（孙诒让：《墨子间诂》，第 525 页。）

⑱ 必有挈：挈，"挈"的形讹字。（孙诒让：《墨子间诂》，第 525 页。）挈，提举。意为"一定需要一个人的力量（即一挈）才能提起来"。

⑲ 升："斤"之误。（岑仲勉：《墨子城守》，第 37 页。）

⑳ 鳝（zèng）：即"甑"，大釜。

⑳耿："联"的形讹字。（孙诒让：《墨子间诂》，第525页。）本：树的根部，此指树干。

㉒长从：当为"长枞"。枞（cōng），冷杉。

㉓三十：据前文，当为"一"。

㉔毋下五十：据上文，当为"毋下二十"。（孙诒让：《墨子间诂》，第525页。）

㉕瓦木罂：即瓦坛和木坛。罂，大腹小口的坛、罐一类。

㉖五十二者十步而二：当为"五斗以上者，十步而二"。（孙诒让：《墨子间诂》，第526页。）

㉗里：古代城邑内居民基层单位，二十五户为一里。

㉘葆：同"保"，以下各"葆"字同解。

㉙也：通"他"。（王裕安等：《墨子大词典》，第384页。）国：指国都。"国中"前当有"之"。之，往。改后为"葆离乡老弱之国中及他大城"。

⑩城编："附城室庐"。（孙诒让：《墨子间诂》，第527页。）

㉑署：士卒驻守的营房或驻防地。

㉒养：此指厨役、炊事人员。"炊烹者曰养。"（俞樾：《墨子评议》，第495页。）

㉓耕积：累积。耕，篝（gòu）的形讹字。篝同"搆""构"。

㉔周室桓吏：疑为"周宫植吏"。（孙诒让：《墨子间诂》，第527页。）周宫，有顶无分隔的大屋。植，通"置"，设置。

㉕倪：小儿、儿童。（孙诒让：《墨子间诂》，第528页。）

㉖开：古同"闭"。

㉗城场："城下周道"，即环城大道。（孙诒让：《墨子间诂》，第528页。）

㉘昵道：近道。昵，近。

㉙徯近：当为"近徯"，"徯"通"蹊"。（孙诒让：《墨子间诂》，第528页。）蹊（xī），间道、小道。

㉑扈楼：瞭望楼。（王裕安等：《墨子大词典》，第127页。）

㉑天中：当为"水中"。（孙诒让：《墨子间诂》，第528页。）

㉒守堂下为大楼：太守正堂下对中门地方，建造大楼以备候望。（孙诒

让：《墨子间诂》，第 528 页。）

㉓ 周散道：周围小道。散道，小道。

㉔ 三老：为邑里基层小吏，掌教化。葆宫：即"保宫"。

㉕ 得先：当为"得失"。（孙诒让：《墨子间诂》，第 529 页。）

㉖ 行德计谋合：行，行为。德，通"得"。意为"行为有所得，计谋相合"。

㉗ 行城：此指在城上随意行走。

㉘ 审：明察、详知。卑城浅池：城墙高低和护城壕池深浅。此为互文见义用法，故有"卑"无"高"，有"浅"无"深"。

㉙ 错：通"措"，安置。

㉚ 卒歌：击鼓。卒，"蹴"的声讹字。蹴，踏、击。歌，"鼓"之误。（孙诒让：《墨子间诂》，第 529 页。）

㉛ 丈夫：成年男子。

㉜ 丁女：成年妇女。

㉝ 率：一律。

㉞ 率：标准。

㉟ 冯：同"凭"，依凭。面：城墙外面。

㊱ 适："病"之误。（孙诒让：《墨子间诂》，第 530 页。）

㊲ 遂：同"队"，即进攻队列、进攻线。

㊳ 物：为衍字。（孙诒让：《墨子间诂》，第 530 页。）

㊴ 术：作"道"解。道，方法，此指"进攻方法"。

㊵ 百五步：当为"百五十步"。（孙诒让：《墨子间诂》，第 530 页。）

㊶ 持："将"的形讹字。（孙诒让：《墨子间诂》，第 531 页。）填："旗"之误。本段以下各"填"皆误，都作"旗"解。（孙诒让：《墨子间诂》，第 531 页。）

㊷ 智：为"习"之误。（苏时学：《墨子刊误》，第 353 页。）

㊸ 从一人：当为"从十人"。（孙诒让：《墨子间诂》，第 531 页。）

㊹ 乃：及。乃后脱"非"。积章：当为"填章"，填为"旗"之误。（毕沅：《墨子注》（日本重刻本），第 815 页。）

㉕爵穴：能放下一个"酒爵"的孔洞。爵，古代青铜酒杯。

㉖下堞：即"下于堞"或"堞以下"。

㉗苴：通"炬"。

㉘疏数自适为之：数量多少视敌情而确定。自，作"视"解。

㉙塞：当为"穿"，穿凿、开凿。（孙诒让：《墨子间诂》，第531页。）
堑：壕沟。

㉚筄陕：促迫、狭窄。筄，同"笮"(zé)，通"窄"。陕，即"狭"。

㉛聋灶：即垄灶。

㉜内：即"纳"。

㉝铁什：即上文所说"铁纂"或"铁鍱"(yè)。

㉞夫：同"肤"，指地面部分。

㉟马颊：安放在藉车上用来向敌人投掷伤害物的袋子，因形状像马凸出的两个颊骨而得名。（孙诒让：《墨子间诂》，第533页。）

㊱困：通"梱"。梱(kǔn)，木橛，此用以压制藉车。（岑仲勉：《墨子城守》，第36页。）

㊲失："夫"之误。夫即"肤"。

㊳四二三：当为"四之三"。（孙诒让：《墨子间诂》，第533页。）

㊴三分中：（在马颊杆的）十分之三处。

㊵桓：柱，即支撑"肤"的立柱。（岑仲勉：《墨子城守》，第35页。）

㊶复车者在之：当为"后车者佐之"。复为"后"之误。在为"左"之误。左通"佐"。（孙诒让：《墨子间诂》，第534页。）

㊷闉："闉"之讹。闉(yīn)，即"堙"，堵塞。

㊸水甬：疑为"水桶"，甬为"桶"的形讹字。（岑仲勉：《墨子城守》，第36页。）

㊹坚慕貍之：把水桶封固埋到地下。慕通"幕"，幕又通"幂"。幂，覆盖。貍，通"霾"，"霾"又通"埋"。

㊺早："中"之误。（孙诒让：《墨子间诂》，第534页。）

㊻合慕：一起封固。慕通"幕""幂"。

㊼涿弋：即门丁。

㉖ 狗走：当为"钩抓一类器具"。（岑仲勉：《墨子城守》，第 37 页。）

㉙ 蚤：通"爪"。

㉗ 犬耳："犬牙"之误。

㉑ 挈（qiè）：每个人所能举起的重量。一人能举的大木叫一挈。（岑仲勉：《墨子城守》，第 37 页。）

㉒ 薪樵挈：一人所能举起的柴捆。

㉓ 杀：减损。

㉔ 下地至：后脱"泉"。（王念孙：《墨子杂志》，第 234 页。）

㉕ 贼："栈"的形讹字。（王念孙：《墨子杂志》，第 234 页。）

㉖ 发梁：吊桥。

㉗ 机巧：巧为"引"之误。（孙诒让：《墨子间诂》，第 536 页。）

㉘ 传："傅"之讹，"傅"又通"敷"。（苏时学：《墨子刊误》，第 356 页。）

㉙ 出佻且比：当为"出佻且北"。佻（tiāo）为"挑"之误，比为"北"之误。（王念孙：《墨子杂志》，第 235 页。）

㉚ 禽：通"擒"。

【译文】

禽滑釐向墨子请教说："从圣人的说法来看，现在象征国家祥瑞的凤鸟没有出现，各地诸侯背叛周王国，战争刚在天下兴起，以致大国攻打小国、强国操控弱国。我想防守小国，应该怎么去做呢？"墨子反问说："你要防守的是哪些方式的进攻？"禽滑釐回答说："现在世上常用的进攻方法主要有：筑土为山、居高临下的进攻，用飞钩钩抓城墙进攻，用冲车冲撞城门的进攻，架设云梯的进攻，填塞城下壕沟的进攻，用水淹城的进攻，挖掘隧道的进攻，突袭城下偏门的进攻，在城墙上打洞的进攻，像蚂蚁一样密集爬城的进攻，用蒙上牛皮的四轮车的进攻，以及使用高大轩车来发动进攻。请问防守这十二种进攻方式应该怎么办？"墨子回答说："我方城池修好，守城器具准备齐全，柴草粮食充足，上下互相亲近，又得到四邻诸侯的救助，这些就是用来做好守城工作的重要条件。可是守城的人虽然有能力，但国君不信任他，那么这个城也是不可以防守的。如果国君任用的守城人，具备守城的才干，那么就可以把城守住；如果没有守城的才干，国君却任用了他，那么这个城也是不可以守住的。由此可知，守城人必须具有才干，而且国君又能尊重、信任他，这样才可以防守得住城池。

凡是防守被围城池的基本方法就是：城墙又厚又高，壕沟和护城河又深又宽，城上瞭望楼得到修理，防守器械全面而且修缮一新，柴草和粮食足可以支撑三个月以上，防守人数众多而且经过挑选，官吏和百姓关系和睦，为君上建立功劳的大臣很多，国君讲信义，百姓感到无限快乐。或者守城将士和百姓的父母坟墓就在这里；或者山林草泽富饶可以利用；或者地势难以进攻而容易防守；或者对敌人存有深仇大恨而对国君立下大功；或者奖赏明确可信而惩罚严厉足以令人惧怕。如果这十四个条件都具备了，那么民众就不会怀疑君上，然后城池就可以守住；如果这十四个条件一个都不具备，那么就是防守的人有才干也是守不住的。

凡是守城的方法，就是在城门上准备并安装悬门，并安装上可以控制悬门的机关。悬门长两丈，宽八尺，安两扇长宽都相等的门，使两门交接处重合三寸，门上涂上泥巴，不超过两寸厚。壕沟深一丈五尺，宽度与大门宽度一样，壕沟的长度视自己的人力来定。壕沟的边上修建一处管理悬门的房间，大小可容纳一个人。

敌人到来时，这个房间门上凿开两个孔洞，分别挂上了遮蔽物，一个孔洞向外系上一根长四尺的绳子。城墙的四面四角都建起瞭望楼，派贵家子弟住在楼里瞭望敌情，观察敌人的动态，随敌人进攻的方位而移动，失职者处以斩刑。

敌人挖掘隧道来攻城，我方应立即派'穴师'挑选精壮士卒，迎着敌人挖掘的方向而开挖隧道，并准备短弓来对付隧道中的敌人。

百姓家中的木材、砖瓦和石块，凡是可以增强防守城池力量的，都要全部上缴，不服从命令的要处以斩刑。

各种筑城工具要准备好：每七尺放一把锄头；五步有一个筐、一把铁锄、一把柄长八尺的斧头；每十步有一把长镰刀，柄长八尺；十步放一把斫、一把长锥，而锥柄长六尺，锥头长一尺，使其尖端锐利；三步有一把大铤，前端长一尺，爪状前端长五寸。两个铤尖交叉安置而且使之平行，不平行不利于使用，两头都要锋利。

用挖隧道的方法来对付用隧道进攻的敌人，一定要详知敌方所挖隧道的宽窄，让我方隧道斜穿敌方隧道，这样就可夷平敌方隧道。

把砍伐的树木摊开弄整齐，捆缚成一个个大柴抟。在前面贯通放置一根长一丈七尺的大树。把柴抟纵横排放，在外面涂上粘而韧的泥土，不要让泥土脱落。柴抟堆积的宽度和厚度，要足以充当三丈五尺高城墙的屏障。用柴抟、树木、泥土加固城墙，越坚固越好。柴抟前面的长短布置，要预先让它们互相衔接，留有缝隙，以便能够涂抹泥土，充当矮墙的用途。要妥善地涂好外面，使敌人不能烧毁或拔掉。

大城应建造一个高一丈五尺、宽四尺的闺门。在外城城墙建造郭门。郭门上安置门闩，用两块横木作门闩关锁大门，再在门闩两端凿小孔，拴上绳子拉到郭城矮墙上。

在城门前壕沟上设置吊桥，令桥横跨壕沟。吊桥从城门洞向外斜伸。如果吊桥的长度不能到达壕沟另一侧，可用板桥接续，且吊桥的斜度要依据城墙的形势而定。城上有附设的女墙。建造女墙是为了在紧急情况下，我方可撤到女墙来对付攻上外墙的敌人。女墙与外墙之间，可凿通深一丈五尺的涵洞，用木材填满，敌人攻上来可焚烧木材御敌。

在城上建造附设的两层令耳小楼。在靠近外城墙处向下开凿深一丈五尺、宽为一丈二尺的上下竖井。城上的瞭望楼和令耳楼，都要选派身强力壮的士卒对付敌人，善于射箭的士兵负责射箭，作为助手的士卒要提供足够的利箭。

用竹箭木桩编造成藩篱，与城堞相连，高六尺。各地段的藩篱都宽四尺，备好兵器弓箭，便于拦杀敌人。

发射箭矢的转射机，机身长六尺，有一尺长埋于地下。用两根大木拼合制成车辐压住机身，车辐长二尺。在机身露出地面一半的地方凿孔，将木制通臂插入其中。通臂的长度要直抵城墙，以便固定发射机。二十步设一台转射机，命令善于发射的士兵在一旁协助，不准擅离岗位。

城上每百步建立一座方楼，该楼有四根柱子，柱子都安装在基石上。楼分两层，下层一丈高，上层九尺高，长和宽各为一丈六尺，都安上窗户。

城上三十步挖一个暗道，长九尺，宽十尺，高八尺，凿一个三尺宽、两尺长的窗户。

在城上要预备长柄攒火，柄的长度视城墙的高度而定，把火炬安放在长柄的顶端。城上每隔九尺设置一张弩、一把戟、一把锥、一把斧和一把刀，堆积一定数量的礌石、蒺藜。

渠这种大型器械长一丈五尺，埋入地下三尺，露出地面的渠柱长一丈二尺，渠臂长六尺。立渠不能靠近女墙，渠与女墙要有五寸距离。

遮挡矢石的藉幕长八尺，宽七尺。支撑藉幕的木架宽五尺。在藉幕中间安上可以滑动的木桥，再用绳子系住藉幕上部两头。当敌人进攻时，命一士卒上下牵拉绳索，不得擅离岗位。

城上每隔二十步安置一个盛放武器的藉车。在敌人集中进攻的地方，不受二十步一个藉车的限制。

城上每隔三十步安置一个垄灶。

盛水的用具，是用漆麻布做成的布麻杓和用皮革制成的革盆，每一步都各放置一件。布麻杓的柄长八尺，杓的大小可容水二到三斗。杓各用六尺旧麻布和新麻布缠裹而成，斗柄中间弯曲，每十步放十个，还要用大粗绳把它们连缀起来，以免弄乱。

城上每十步放一把锸。

盛三担水以上的水缸准备若干口，小的和大的混合放置，配备上皮盆、水瓢各两件。

为士卒准备干粮，每人按两斗。为防备阴雨天，干粮要积存在干燥的地方。令守城士卒在城上女墙外边就餐，不能离岗。

城上放置向敌人喷撒沙石、铁屑的器具，这些沙石、铁屑都装在尚未烧制的土斗中。让制陶工人烧制薄胎瓦缸，大的能装下一斗到两斗，再用绳索把瓦缸捆缚加固。

城上的隔栈用坚固缠绕的柴抟构成，高一丈二尺，并且向着城墙里侧的一端要削齐。

在城墙上建闺门，闺门要安两扇门。门上设置机关，使这两扇门可以自行关闭。

解救瓮城城门和护城河的方法，是用火烧烟熏与敌方争夺，因而要用力鼓动风箱，造成浓烈的烟火。在女墙的里边和外边，都要燃烧柴草熏敌。

放置小口大肚的瓦坛，三丈一个，犬牙交错地放置。十步配置一人，负责积存柴捃和弓弩。围绕柴捃中部捆绑上狗尾草把。每七步砌一堵墙。

解救敌人用火箭射火焚烧城门的方法，就是在城门上凿孔安装门丁，在门丁上涂上厚泥，并准备好布麻杓和皮盆泼水救火。门扇、持门柱、门闩上都要凿孔，每隔一寸安一个门丁，门丁长两寸，突出部分长一寸，上下两排相距七寸，涂上厚泥以防火。城门上凿出用于防火的墙洞，各放一个大瓦缸，盛水在三担以上，大小混放。

持门柱与门闩的横木必须坚固，都要用坚固的金属如铁皮等来包裹。门闩有两道，也用铁皮包裹。木锁长二尺，用以锁住门闩，在木锁上还要锁一把铁锁，用盖有太守官印的封条封住，并按时派人巡视锁上封条有无变动，以及察看门闩插入城墙的深浅。防守城门的人员一律不得挟带斧、斤、凿、锯、锥等工具，以防生变。

城上每隔两步设立一渠，渠的立柱高一丈三尺，渠顶长十丈，渠臂长六尺。每隔两步设立一具遮挡矢石的笞，宽九尺，长十二尺。

每隔两步设置连铤、长斧、长锥各一件以及装有金属刃具的长枪二十枝，遍置于这一区间内。

每隔两步设立一架木弩，其射程一定要达到五十步以上。箭矢要备足，即使没有竹箭，用楛、桃、柘、榆木做木箭也可以。要求多备上好铁矢，分布在冲梯和用于窥伺敌情的枞枞周围。

城上每两步积存一堆石块，每一块重三百斤以上的准备五百块，最少也不能少于一百块。用蒺藜、石块抵御敌方进攻，都是好办法。

每两步积存芦苇，制成火把。大的火把围粗九寸，长一丈，两步之内要有二十把。

每五步设置一口储水缸，用瓠瓢盛水，大水瓢可盛一斗。

每五步积存狗尾草把五百枚，长如茅草，草把一端尖细，紧紧拴缚在木桩上。

每十步积存一批柴捃，大柴捃二十捆，长八尺，围粗比小柴捃大两倍以上。

每二十五步设置一口灶，灶上安放一口大铁锅，容量在一石以上，准备烧热水使用。还要备存大堆沙子，不少于一千石。

每隔三十步建立一座坐候楼，用于观察敌情。坐候楼向女墙外伸出四尺，宽三尺，长四尺，三面用木板围挡。木板上涂上厚泥，以防敌人火攻。在夏天要盖住坐候楼顶部，以遮光防雨。

每五十步设立一台藉车，藉车外部要用铁皮包裹。

每五十步建一座厕所，四周修墙，墙高八尺。

每五十步设置一道门，门上一定要用门闩和木锁把守。

每五十步积存一批柴薪，不能少于三百担，而且要用泥巴从外面涂抹好，以防止外火引起燃烧。

每一百步建造一座用于观察敌情的枑枑。从地面起，枑枑高五丈，分为三层，底部前面宽八尺，后面宽十二尺，它的上部根据合适程度逐步缩减。

每一百步建造一座木楼。木楼前面宽九尺，高七尺，烟囱及屏墙高出城头十二尺。

每一百步在城下开凿一口井，每口井要配置十个水瓮，水瓮要拴系在木杆上。其他可容纳四到六斗的储水器具要准备一百个。

每一百步要积存一批捆好的杂秆，其中围粗在一尺八寸以上的，要有五十捆。

每一百步放置一个大盾，大盾宽四尺，高八尺。

每一百步开凿一条暗渠，宽三尺，深四尺。

每二百步建造一座立楼，立楼在城上的部分宽两丈五尺，长两丈，伸出城堞外的部分有五尺。

城上每一个小的区间，要留出宽三步到四步的空地方，可以让士卒作战和他用。开凿有窥视孔的城上小墙睥睨，宽三尺，高二尺五寸。台阶高二尺五寸，长和宽各三尺，上下台阶的道路长宽各六尺。

城上四个城角所建造的重楼高五尺，由四个帛尉分别驻守。

在城上每隔七尺设立一架大型器械渠，渠长一丈五尺，埋入地下三尺，距离女墙五寸，露出地面的部分为一丈二尺，横臂长六尺。在横臂的中间凿一个小孔，内径为五寸；渠柱露出地面的部分称作'肤'，在'肤'上凿两个孔。'肤'的前端比女墙低四寸较为合适。安装渠所开凿出的坑，平常用瓦覆盖，到冬天要防止马屎塞满。命令士兵在渠旁待命。

城上每十步树立一个木表，木表高一丈。城上向下倒水时，士卒就来摇动木表。城上每五十步设立一个厕所，其污秽物与下面的厕所混在一起。凡进入厕所的人，都不得携带武器等物品。

城上每三十步设置一架藉车，而面对敌人进攻线的地方不受这个规定限制。

城上每五十步修一道台阶，阶高二尺五寸，长十步。

城上每五十步建一道横跨城墙的栏槛，分为上下两层。

每一百步建造一座木楼，在楼门外设置悬门。在木楼左右挖掘壕沟防止敌人逾越。木楼要设置遮幕遮挡敌方矢石。还要在木楼上设置桥道，以方便及时外出救援。

城上不得存在非用于防守的房舍。如有此类房舍和其他可以隐蔽藏身的地方，都要一律拆除干净。

在城下的环城大路上，每隔一百步都要积存一堆柴薪，体积不少于三千石以上，而且要用泥土封固，防止失火。

城上每十人任命一名什长，管理十名士卒。每一百名士卒设置一名百尉。

每百步设立一座亭，亭墙高一丈四尺，墙厚四尺，设两扇门，并运用机关使门可以自行关闭。负责守亭的亭尉，一定要选拔稳重、厚道、忠诚而且能担当职责的人来担任。

什长和百尉同居一室，合用一个井和灶。凡灶灰、谷糠、秕谷、谷皮、马粪这些东西，都需细心储存。

城上设置和安放的守城器械有：渠幕、藉车、栈桥、行楼、斫、桔槔、连梃、长斧、长锥、锄、钩钜、冲车、吊桥等。

城楼上每五步设一处木制矮墙，下面留有孔穴。每三尺设一具桔槔，围粗四尺半，必须是只需一个人的力量就能提起来。

瓦石都重二斤以上。城上积存沙子和碎石，每五十步一堆。每个灶配备一口大锅，与沙子碎石安置在一处。

巨木有两抱粗，长一丈二尺以上，把它的底部与地面牢固地连接起来，用来窥伺敌情，名叫"长枨"。五十步放置三十个长枨。木桥长三丈，最低不少于二十尺。又让士卒从快修好壁垒，用瓦覆盖在上面。

用瓦缸和木缸盛水。盛十斗以上的大缸，每五十步放置十个，盛满水备用。可盛五斗以上的缸，每十步放两个。

城下里邑中的家人，让他们前后左右邻居互相保护，就如同城上士兵互保一样。在城小人多的情况下，要派人保护城中百姓离家到国都或其他大城中暂避。

敌人来到，估计他们必定攻城，那么本城郡守就要下令，首先拆除掉附属于城墙的房屋，但不能放火烧房。敌人来到城下，要按时更换士卒的驻防处，但不更换炊事人员，炊事人员也不能移到城上。

敌人在城下，就要收集大量盆罐等瓦器，堆积在城下。每一百步设一堆，每一堆五百个盆罐。

城门内不得有房舍，只修筑无间隔的大通间，安排官吏管理，童子可上下联系。楼中的桥道要关闭，大门两道关锁都要锁闭。

除了环城大路，在距护城河一百步的范围内，所有的墙垣、大小树林，都要推倒或砍伐，彻底清除。敌人可能要从近路、小道和大路上来，那么就在道路的要害处建造扈楼，并把竹箭插满一切水域。

在太守堂下对着中门的地方，建造大楼以瞭望敌情。大楼高可临城，公堂四周修建小道。郡守在公堂接待客人，客人可在侧室等候接见。郡守经常召见保宫来的里中三老，与他们计议事情的得失。如果行为有所得，计谋又相合，郡守就召三老入保城池。但凡入保城池的人，不得在城上随意走动，也不能离开他们的临时住处。守城的官吏士卒，详细了解城池的高低深浅，因而要分派他们防守城池的要害之地。早晚用击鼓来调动士卒，用人少有时反而利于防守。

分兵守城的方法是：每五十步配备壮年男子十人，壮年妇女二十人，老人小孩十人，总计五十步配备四十人。城下守卒一律一步一人，每二十步二十人。不管城小城大，只有以这个标准来配备守城人员，城池才能防守得住。

敌人依凭四面的城墙像蚂蚁一样爬上城来，守城一方能预先知道，这对守城一方有利，对攻城的敌方则不利。敌人攻城的队形，如果有十万人之多的话，敌人的队形不会超过四种，如上等队形按五百步宽的队形排列，中等队形三百步宽，下等队形五十步宽。各种达不到一百五十步宽的进攻队形，都是有利于守城方而不利于进攻方的。对于宽五百步的进攻队形来说，用壮年男子一千人、壮年妇女两千人和老人小孩一千人，共四千人，就可以对付敌人的进攻。这是防守敌人进攻队形的一般防守人数。那些老弱幼童不能胜任防守任务的，就让他们去防守没有敌人集中进攻的地方。

城上将领出城一定要打出旗号，让官吏和百姓都知道。从属十人、百人以上的将领出城不持旗章，跟从的人不是自己的部署，以及所持旗章不符合出城者身份的，即使是面对统率千人以上的将领，也要加以阻止，不使他们出城。凡出城者及其随从，不服从命令者一律斩首，然后报告郡守。这是守城最重要的禁令。因为城门是最容易产生内奸的地方，所以必须谨慎地加以防范。

在城上离开女墙下方三尺的地方，开凿像酒爵一样大小的孔洞，孔洞要外面大里边小，便于窥望敌情。在城墙上每五步凿一个孔洞，孔洞的直径要能够插入一个火炬。高的孔洞离地面六尺，最下面的孔洞离地面三尺。墙上孔洞疏密分布，视敌情而确定。

开凿城门壕沟，在距离城门七尺处设置吊桥。如果城外地面狭窄不能挖掘壕沟，就不再挖掘。

城上每隔三十步设立一个垒灶。

执持的火炬长五尺。敌人到达城下，听到敲鼓就点燃火炬；第二次敲鼓，就把火炬从'爵穴'插到城墙外面，从而照亮城头。

所有藉车都用铁皮包裹。藉车的立柱长一丈七尺，有四尺埋于地下。藉车露出地面的这部分叫'肤'，长三丈以上，最长到三丈五尺。安在藉车上向敌人发射矢石的'马颊'长二尺八寸。依据藉车的力量而安置一块大木橛压住缠吊马颊的木杆。藉车露出地面的部分要占藉车高度的四分之三。

'肤'长三丈，四分之三为'肤'的上部，而马颊就安装在'肤'的上部。马颊长二尺八寸。藉车的'肤'最少也需要两丈四尺，少于两丈四尺的不能用。可用大车轮作为木橛来压制藉车。藉车的支柱长一丈二尺半。所有藉车都用铁皮包裹，后面有其它车辅助。

敌人用填塞护城河的办法发动进攻时，可制作高四尺、像无底大水桶那样的漏水装置，用机关控制，封固好埋到水中，每十尺埋一个，用瓦盖上以待用。把围粗二尺四寸的木头，凿空其中，放入炭火封固好，用藉车投射出去烧伤敌人。也可投射蒺藜刺伤敌人。蒺藜长二尺五寸，有两抱粗。城门上安装门丁，长七寸。每个门丁间隔六寸，把它的前端削尖。'狗走'为钩抓一类的器具，宽七寸，长一尺八寸，外爪长四寸。为保证效果，要犬牙交错地放置。"

墨子说："守城的方法，一定要计算城中所积存的木材。十个人能举起的为'十挈'，五个人能举起的为'五挈'，一个人能举起的为'一挈'。木材的轻重要以多少人可举起来的挈数来计算，柴抟或柴捆的多少也按挈数来定。壮者有壮者举起一挈的力量，弱者有弱者能举起一挈的力量。凡是所举每挈的重量，都与每个人的实际能力相当。城中缺粮的时候，每人所举起挈的重量也要随之大为减少。

在离开城门五丈远的地方挖掘一条大壕沟，在高地上要向下挖一丈五尺深，在低洼地带向下挖到泉水即可。在壕沟里面要预设通往大门里面的栈道。在壕沟上面架设吊桥，并安装机关控制吊桥。作战时，可在桥面上铺上柴草，撒上泥土，使吊桥看上去可以行走。因为两旁都是深壕大沟，实际上是不可逾越的。我方可派士卒出城挑战，假装败走，引诱敌人从后追赶踏上吊桥，我方即可发动机关让吊桥与壕沟分离，那么踏上吊桥的敌人就可被擒拿。敌人因恐惧而产生能否攻城的疑虑，因而就会被迫撤离而去。"

第四十四篇　备高临

【题解】

《备高临》是墨子研究守城战术的重要篇章之一，主要阐述了当敌人

"积土为山"、企图居高临下攻取城池时，可以采取两种打败敌人的方法：一是在城上修造行城，居高临下，相机打退敌人；二是在城上设置用机械力量发射密集箭矢的弩车，大量杀伤敌人迫使敌方撤兵。

【原文】

禽子再拜再拜曰："敢问适①人积土为高，以临吾城，薪土俱上②，以为羊黔③，蒙櫓④俱前，遂属之城，兵弩俱上，为之奈何？"

子墨子曰："子问羊黔之守邪？羊黔者，将之拙者也，足以劳卒，不足以害城。守为台城⑤，以临羊黔⑥，左右出巨⑦，各二十尺，行城三十尺，强弩之⑧，技机藉之⑨，奇器□□之⑩，然则羊黔之攻败矣。

备临以连弩之车⑪，材大方一方一⑫尺，长称⑬城之薄厚。两轴三轮⑭，轮居筐⑮中，重下上筐⑯。左右旁二植⑰，左右有衡植⑱，衡植左右皆圜内⑲，内径四寸。左右缚弩皆于植，以弦⑳钩弦，至于大弦。弩臂㉑前后与筐齐，筐高八尺㉒，弩轴去下筐三尺五寸。连弩机郭同铜㉓，一石三十钧㉔，引弦鹿长奴㉕。筐大三围半，左右有钩距㉖，方三寸，轮厚尺二寸，钩距臂博㉗尺四寸，厚七寸，长六尺。横臂齐筐外，蚤㉘尺五寸，有距㉙，博六寸，厚三寸，长如筐，有仪㉚，有诎胜㉛，可上下。为武㉜重一石，以材大围五寸㉝。矢长十尺，以绳□□矢端㉞，如如戈射㉟，以磨鹿㊱卷收。矢高弩臂三尺，用㊲弩无数，出人六十枚㊳，用小矢无留㊴。十人主此车，遂具㊵寇，为高楼以射道㊶，城上以荅罗矢。"

【注释】

①适：通"敌"。

②薪土俱上：堆积柴草泥土。

③羊黔：指敌方堆积柴草泥土筑成土山一样的基址。（岑仲勉：《墨子城守》，第39页。）王念孙认为，《墨子·杂守》"作羊坅，非作羊黔"。（王念孙：《墨子杂志》，第236页。）羊坅指形小而高的攻城工事。坅（líng），陡峭的崖岸。当以"羊坅"为是。

④蒙櫓：大楯，即大盾。（岑仲勉：《墨子城守》，第39页。）

⑤ 台城：即行城，指在城上临时建筑的城。

⑥ 以临羊黔：以高高的台城居高临下面对敌人所堆积的基址。

⑦ 巨："距"的假借字。"距"是"编连大木，横出两旁"的拒敌器械。（孙诒让：《墨子间诂》，第537页。）

⑧ 强弩之：当为"强弩射之"，脱"射"字。（孙诒让：《墨子间诂》，第537页。）

⑨ 技机藉之：利用器械的技巧投掷礌石等击打敌人。机，技巧。藉，"掷"之误。（岑仲勉：《墨子城守》，第40页。）

⑩ 奇器□□之：奇器，安装技巧的器械。脱漏两字疑为"以击"。

⑪ 连弩之车：古代以机械力发射箭矢的重型武器。《淮南子·泛论训》："连奴之车，销车以斗。"高诱注云："连车弩通一弦，以牛挽之，以刃著左右，为机关发之，曰销车。"（《淮南子》，第138页。）

⑫ 方一方一：后"方一"为衍文。

⑬ 称：依照。

⑭ 三轮：当为"四轮"之误。（俞樾：《墨子平议》，第500页。）

⑮ 筐：即"车箱"。（孙诒让：《墨子间诂》，第538页。）

⑯ 下上筐：指"车厢的盖和底"。（岑仲勉：《墨子城守》，第41页。）

⑰ 植：柱。

⑱ 衡植：横柱。

⑲ 圉内：即"圆枘"。（岑仲勉：《墨子城守》，第41页。）枘（ruì），即榫（sǔn），木质器具各构件接合处凸出的部分。

⑳ 以弦：当为"以距"，"距"即下文"钩距"。（孙诒让：《墨子间诂》，第538页。）

㉑ 弩臂：即"弩柄"。

㉒ 筐高八尺：上下两箱的高度，每箱各高四尺。

㉓ 机郭：枢机外部。机：枢机，即机关。郭通"廓"。同："用"之讹。

㉔ 钧：当为"斤"之误。

㉕ 鹿长奴：当为"鹿卢收"。（孙诒让：《墨子间诂》，第539页。）鹿卢，即"辘轳"和下文所说"磨鹿"。（岑仲勉：《墨子城守》，第41页。）辘轳是

安置于地面或井上，摇动手柄提升人和其它物品的工具。

㉖钩距：弩机上用来钩连的金属部件。(岑仲勉：《墨子城守》，第41页。)

㉗博：宽。下句"博六寸"的"博"同解。

㉘蚤：通"爪"。

㉙有距：向两旁横伸。

㉚仪：表，类似现代枪支上的瞄准器。(岑仲勉：《墨子城守》，第42页。)

㉛诎胜：即"屈伸"。诎，同"屈"。胜，"伸"的声讹字。

㉜武：弩的主体，即弩床。(岑仲勉：《墨子城守》，第42页。)

㉝以材大围五寸：疑为"以材大五围"，"寸"为衍字。(孙诒让：《墨子间诂》，第539页。)

㉞以绳□□矢端：脱漏之字当为"系固"。

㉟如如弋射：第二个"如"为衍字。戈射，"弋射"之误。弋射，用带绳子的箭射鸟。

㊱磨鹿：即"辘轳"。鹿，同"鹿"。

㊲用：为衍字。

㊳出人六十枚：当为"矢人六十枚"。

㊴无留：无须收回保留。

㊵具："见"之误。

㊶道："敌"之误。

【译文】

禽滑釐向墨子连拜两拜问道："请问先生，如果敌人堆积泥土为高丘，靠近我方城墙，又运来大量柴草泥土堆成山一样的基址，士卒用大盾牌做掩护从高处冲上前来，很快就接进了我方城头，挥舞兵器，不停地射箭。面对这种进攻，应该怎样应对呢？"

墨子回答说："你要询问的是，如何防守敌人用堆土造山的所谓'羊坽'办法发动的进攻吧？其实，用堆土造山进攻是一种拙劣的方法，因为这种方法足以使士卒疲劳，却不足以危害城池。针对敌人的'羊垆'式攻城，防守的策略和方法就是在城上再筑行城。行城高于敌人堆积的土山，可以居高临下对付敌人的进攻。用大木编连成'距'，从行城两侧各向外伸出二十尺。行城高三十尺，可用强弩发射箭矢杀敌，可以用有机关的器械投掷礌石等杀伤敌人，或用其它奇特器械击打敌人。那么敌人的所谓'羊垆'式进攻就必败无疑了。

防备敌人堆土为山从高处进攻的方法之一，是使用安装了强弩的连弩车。制造连弩车的木材，厚度一尺见方，长度依据城墙的厚薄而定。两个车轴四个轮子，车轮安装在车厢中。车厢有上下两个，左右各有两根立柱，另有两根横梁。横梁左右两端都制作成圆榫插入，内径四寸。把弩箭都缚在主柱上，弩弦条条相钩连，都连到一根大弦上。弩臂前后与车厢齐平，车厢高八尺。弩车的车轴距离车厢底部三尺五寸，弩车的枢机外部需用一百五十斤铜铸成，弓弦要用辘轳车拉开。车厢周长三围半，左右两边安有三寸见方的钩距。车轮厚一尺二寸。钩距臂宽一尺四寸，厚七寸，长六尺。横臂与车厢外缘齐平，臂端的尖爪长一尺五寸，横伸出两旁，宽六寸，厚三寸，臂与车厢同长。弩车上安装瞄准仪，可上下屈伸调整。弩床重一百二十斤，用五围粗的大木做成。大箭长十尺，用丝绳系住箭尾，就像弋射高鸟那样，射出的箭用辘轳车再收回。大箭高出弩臂三尺。用箭量没有固定数目，每人射出六十支大箭都要收回，小箭射出的不用回收。连弩车由十个人操控，看到敌人攻上来，就从高楼上发箭射杀敌人。城上可用竹子和草绳编织成草帘，悬挂在士卒前面，一方面可以遮挡敌箭的杀伤，另一方面可把敌箭网罗起来使用。"

第四十五篇　备梯

【题解】

《备梯》主要阐述了怎样才能对付敌人用云梯攻城的战术方法。云梯是当时攻打城池的重大而有效的进攻器械。墨子针对云梯的构造特点和弱点，提出的反击方法是：在城上建造行城和杂楼，对云梯上的敌人施以箭射、火攻、沸水攻等方法，同时沉着镇静，多管齐下，从而打退敌人的云梯攻城。

【原文】

禽滑釐子事子墨子三年，手足胼胝①，面目黧黑，役身给使②，不敢问欲。子墨子其③哀之，乃管酒块脯④，寄于大山⑤，昧葇⑥坐之，以樵⑦禽子。

禽子再拜而叹。子墨子曰："亦何欲乎？"禽子再拜再拜曰："敢问守道？"子墨子曰："姑亡⑧，姑亡。古有亓术者，内不亲民，外不约治⑨，以少间众，以弱轻强，身死国亡，为天下笑。子亓慎之，恐为身薑⑩。"

禽子再拜顿首，愿遂问守道。曰："敢问客众而勇，烟资⑪吾池，军卒并进，云梯既施，攻备已具，武士⑫又多，争上吾城，为之奈何？"

子墨子曰："问云梯之守邪？云梯者重器⑬也，亓动移甚难。守为行城，杂楼相见⑭，以环亓中。以适广陜为度⑮，环中藉幕，毋广亓处⑯。行城之法，高城二十尺，上加堞，广十尺，左右出巨各二十尺，高、广如行城之法。为爵穴、煇倪⑰，施苔⑱亓外，机、冲、钱、城⑲，广与队等，杂亓间以镜⑳剑，持冲十人，执剑五人，皆以有力者。令案目㉑者视适，以鼓发之，夹㉒而射之，重而射，披机㉓藉之，城上繁下矢、石、沙、炭以雨之，薪火、水汤以济之。审赏行罚，以静为故㉔，从之以急，毋使生虑㉕。若此，则云梯之攻败矣。

守为行堞，堞高六尺而一等㉖，施剑亓面，以机发之，冲至则去之。不至则施之。爵穴，三尺而一。蒺藜投必遂而立㉗，以车推引之。

裾㉘城外，去城十尺，裾厚十尺。伐裾㉙，小大尽本断之，以十尺为传㉚，杂而深埋之，坚筑㉛，毋使可拔。二十步一杀㉜，杀有一鬲㉝，鬲厚十尺。杀有两门，门广五尺。裾门㉞一，施浅埋弗筑，令易拔。城希裾门而直桀㉟。

县火，四尺一钩樴㊱。五步一灶，灶门有炉炭。令适人尽入，煇火烧门，县火次㊲之。出载而立㊳，亓广终队㊴。两载之间一火，皆立而待鼓而然㊵火，即具㊶发之。适人除火而复攻，县火复下，适人甚病，故引兵而去，则令我死士左右出穴门㊷击遗师，令贲士㊸、主将皆听城鼓之音而出，又听城鼓之音而入。因素[44]出兵施伏，夜半城上四面鼓噪，适人必或[45]，有此必破军杀将。以白衣为服，以号相得[46]，若此，则云梯之攻败矣。”

【注释】

① 胼胝（piàn zhī）：手掌和足底因长期摩擦而形成的硬化皮肤，俗称老茧。

② 役身给使：以自身供使役。（王裕安等：《墨子大词典》，第393页。）

③ 其："甚"之误。

④ 管酒块脯：用竹管载酒，怀揣干肉。管酒，以管载酒。块，道藏本《墨子》作"槐"。（《墨子》（明道藏本），第400页。）"槐"即"怀"的假借字。（岑仲勉：《墨子城守》，第43页。）脯（fǔ），干肉。

⑤ 寄：同"暨"，至。大山：泰山。

⑥ 昧菜：昧，当为"眛"。眛（mèi），即"灭"（滅）。菜（róu），"茅"之误。（孙诒让：《墨子间诂》，第541页。）意为"拔除茅草"。

⑦ 樵："醮"的形讹字。醮（jiào），《仪礼·士冠礼》郑玄注曰："酌而无酬酢曰醮。"（阮元校刻：《十三经注疏》，第956页。）

⑧ 姑亡：姑且不要（问）。姑，姑且、暂且。亡，通"毋"。

⑨ 约治：管理政事。约，管束、理。（孙诒让：《墨子间诂》，第542页。）

⑩ 薑：通"僵"。僵，死亡。

⑪ 烟："堙"之误。堙，堵塞。（王念孙：《墨子杂志》，第239页。）资：通"茨"。茨，堆土填满。茨与堙同义。（俞樾：《墨子平议》，第500页。）

⑫ 武士：勇武敢死之士。

⑬ 重器：重兵器。

⑭ 相见：相间隔。见，"间"之误。（俞樾：《墨子平议》，第501页。）

⑮ 以适广陕为度：以适合的宽窄为度。适，适合。陕，通"狭"。

⑯ 毋广亓处：中间距离不可太宽。

⑰ 煇鼠：小孔穴。煇（yùn），熏。鼠，同"鼠"

⑱ 苔：覆盖物，转指覆盖、遮挡。

⑲ 机、冲、钱、城：技机、冲车、行栈和行城。机，当为技机，即用

技巧发射的器械。(岑仲勉:《墨子城守》,第45页。)钱,"栈"之误。栈即"行栈"。(王念孙:《墨子杂志》,第240页。)城,行城。

⑳ 镌(juān):"斀"(zhuō)之误。斀与剑皆为破砍兵器。(孙诒让:《墨子间诂》,第543页。)

㉑ 案目:案,"按"的假借字。按,止。"止目注视"即"目不转睛"。(孙诒让:《墨子间诂》,第544页。)

㉒ 夹:交叉。

㉓ 披机:校机。(孙诒让:《墨子间诂》,第544页。)

㉔ 故:巧。

㉕ 虑:忧虑,转指"变故"。

㉖ 一等:一律齐等。

㉗ 必遂而立:一定按敌人进攻路线而设置。遂,通"队",指敌方的进攻路线。

㉘ 裾(jū):当为"椐"。椐(jū),此指在城外埋入大小树木组成的藩篱。(孙诒让:《墨子间诂》,第544页。)

㉙ 伐裾:当为"伐木为裾之法"的简化语。

㉚ 传:"斷"之误,斷(duàn),同"断"。(毕沅:《墨子注》(日本重刻本),第826页。)

㉛ 坚筑:用杵捶土使之坚固结实。

㉜ 杀:向敌人投掷杀伤物的处所。(岑仲勉:《墨子城守》,第46页。)

㉝ 鬲(gé):通"隔",此指用木板做成的隔墙。

㉞ 裾门:我方为出入"裾"而留下的通道。

㉟ 城:当为"城上"。希:同"睎"(xī),望。直:当为"置"误。置,置立。桀:同"楬"。(王念孙:《墨子杂志》,第241页。)楬(jiē),木桩。

㊱ 钩械:械(zhì),作"弋"解。钩弋:指以绳系钩、在钩上悬置火炬的器械。

㊲ 次:接续。

㊳ 载:装满战具的战车。(岑仲勉:《墨子城守》,第47页。)立:分布。

㊴ 亓广终队:战车分布的范围,应符合敌人进攻队列的宽度。终,"中"

的声讹字。中，符合、对应。

⑩ 然：同"燃"。

⑪ 具：通"俱"。

⑫ 穴门："突门"之误。（岑仲勉：《墨子城守》，第48页。）

⑬ 贲士：勇士。贲（bèn），指虎贲，力大勇猛之人。

⑭ 素：经常、一贯。

⑮ 或：通"惑"。

⑯ 以号相得：用暗号相互联络通气。

【译文】

禽滑釐侍奉老师墨子三年，手脚都磨出了老茧，面容黝黑，以自身供驱使，不敢询问想问的事情。墨子很怜惜他，于是用竹管盛酒，怀揣干肉，与他来到泰山，拔除一些茅草席地坐下，用酒款待禽滑釐。

禽滑釐再次拜谢并叹息。墨子说："你有什么想说的吗？"禽滑釐连拜几拜说："我想向您请教防守的方法。"墨子回答说："还是暂切不要询问防守的事吧。古代也有懂得防守方法的人，但是他对内不亲近百姓，对外不管理政务，自己兵力少却去离间兵力多的国家，自己国力弱却轻视力量强大的国家，结果自己丢掉性命而国家也灭亡了，以致被天下人耻笑。你要慎重地对待这件事情，恐怕弄不好会有杀身之祸呢！"

禽滑釐又起身拜了两拜，然后伏地叩首，表示希望请教防守城池的方法，就对墨子说："请问先生，敌方人数众多而勇敢，填塞了我方的护城河，军队向前推进，云梯已经架好，攻城战具都已齐备，大量的勇武敢死的士卒登上城头，这时怎样才能应对呢？"

墨子回答说："你询问的是如何防守云梯的方法吧？云梯可是重兵器，移动起来相当困难。防守云梯的方法就是在城上建造临时用于作战的行楼。其他杂楼与行楼相间隔，把行楼环绕在中间，相互间的宽窄距离要适度。在行楼四周设置遮挡箭矢的遮幕，各楼之间不能相隔太远。建造行城的方法是：高出原城墙二十尺，上面加筑锯齿状的城堞。城堞宽十尺，左右各横向伸出城墙二十尺。杂楼的高度、宽度与行城相同。在城堞上要凿出如酒杯或鼠穴一样大小的孔洞，洞口用遮蔽物遮盖起来。城上所设置的技机、冲车、行栈、行城等器械设施，所安放的范围大致与敌人的进攻区域相等。各器械和设施之间，还要安排一批手持剽和剑的士兵，用于砍破敌人的云梯。十个人掌控冲车，五个人在一旁持剑，都选用大力士充当。命视力绝佳的士兵观察敌军，用鼓声发出战斗信号，从两边向敌人交叉射箭，要不间断地反复发射。再发动各种机械，从城上将箭、碎石、沙子、炭灰像下雨一样倾泻到敌人头上，再辅之投掷火把、倾倒开水等方法。既要赏罚严明，沉着冷静，又要在关键时刻行动迅捷，不致发生其它变故。如果能做到这些，敌人用云梯攻城就可以被打败了。

防守者在城上修筑的城堞，高度统一为六尺，箭矢放置在城堞上，用机械发射。运来冲车就把发射箭矢的连弩车等搬走，冲车没到就安放连弩车。在城堞下方开凿孔洞，每三尺凿一个。蒺藜的投放必须对应敌人的进攻队列，用战车牵引移动。

在城外离开城墙十尺的地方，设置一大片用大小木桩构成的类似于保护城池的藩篱那样的‘椐’。‘椐’从里到外的宽度为十尺。砍伐树木用来设置‘椐’，其方法是：无论树木大小，一律从根部切断，按十尺为标准切成一段，大小混合深埋在地下，然后把填土锤打坚固，不让敌人轻易拔出来。在‘椐’中每隔二十步设立一个向敌人投掷杀伤物的‘杀’。‘杀’要用木墙隔开，隔墙厚十尺。每座‘杀’预设两个门，门宽五尺。在‘椐’的外侧要预先设立一座门，这座门所埋的木桩一定要浅埋，而且不要埋结实，以方便我方出入‘椐’时容易拔出木桩。从城上密切注视‘椐门’所发生的敌情变化，并准备好木桩，以随时把这些木桩运到‘椐门’备用。

所谓‘悬火’，就是在城上每隔四尺设一个‘钩弋’，即用绳子系住铁钩的装置，再把火炬拴挂在铁钩装置上。每隔五步设一口灶，灶门放置炉炭。等到敌人全军攻进来，就点燃烟火烧门，接着向敌人投掷‘悬火’。排列装载战具的战车，其宽度与敌方的进攻队列范围相当。两架战车之间设置一个‘悬火’，士兵都站立等候进攻的鼓声，鼓声一响就马上点燃‘悬火’，把‘悬火’一起投向敌人。如果敌人灭除了‘悬火’而继续发起进攻，就再次向敌人投掷‘悬火’。这样反复多次，敌人就会感到疲惫不堪，因而就会撤兵而走。这时就命令我方敢死队从城下突门左右杀出，追杀溃逃的敌军。虎贲勇士和守城主将都按城上战鼓的指挥而杀出，也按战鼓的指挥而退回。由于不停地出兵伏击，半夜又在城上四面鼓噪，因而敌军一定会产生疑惑和混乱，我方就能乘机攻破敌营，斩杀敌将。我方伏兵要穿白衣，互相用暗号联络。只要做到这些，那么敌人用云梯攻城就失败了。"

第四十六篇　备水

【题解】

《备水》主要讲述如何打败敌人以水攻城的战术方法。当城内地势低洼、敌人在城外筑堤、企图引水灌城时，守军可采用在城里挖渠泄水的方法，同时可令士兵乘船出城，两船并为"轒辒"船冲撞堤坝，使之决口，从而打乱敌人的攻城计划。

【原文】

城内堑外周道①，广八步。备水谨度四旁高下。城地中偏下②，令耳③亓内，及下地，地深穿之，令漏泉④。置则瓦⑤井中，视外水深丈以上，凿城内水耳⑥。

并船以为十临⑦，临三十人，人擅⑧弩，计四有方⑨，必善以船为轒辒。二十船为一队，选材士⑩有力者三十人共船，亓二十人，人擅有方，剑甲鞮瞀⑪，十人，人擅苗⑫。

先养材士，为异舍食亓父母妻子，以为质⑬，视水可决，以临轒辒，决外堤，城上为射橶⑭，疾佐之。

【注释】

① 周道：环城大路。

② 城地中偏下：当为"城中地偏下"。（孙诒让：《墨子间诂》，第547页。）徧（biàn），"偏"的形讹字。

③ 耳：当为"巨"，即"渠"的省字。（孙诒让：《墨子间诂》，第

547 页。)

④ 漏泉：泄水、泄漏。

⑤ 则瓦：则，"测"的声讹字。"测瓦"即"测水之瓦"，即把瓦从下到上附于井壁上，看瓦察知水位高低。(岑仲勉：《墨子城守》，第 49 页。)

⑥ 水耳：即"水渠"。耳，"巨"之误，巨为"渠"之误。

⑦ 并船以为十临：把两船并在一起为一临，共有十临。并船，把两船并连在一体，以备冲撞堤坝之用。

⑧ 擅：持、提持。(孙诒让：《墨子间诂》，第 547 页。) 以下"人擅有方""人擅苗"之"擅"同解。

⑨ 计四："什四"的形讹字。(孙诒让：《墨子间诂》，第 547 页。) 从下文来看，当为"二十"。方："锛"的音讹字。锛 (bāng)，锄。(岑仲勉：《墨子城守》，第 50 页。)

⑩ 材士：有能力、有才干的人。

⑪ 剑甲：厚甲。古代称坚而厚的甲为"剑甲"。(岑仲勉：《墨子城守》，第 51 页。) 鞮瞀 (tí mào)：即鞮鍪 (tí móu)，用金属、皮革制成的头盔。

⑫ 擅苗：即"持矛"。"苗"即"矛"的声讹字。(岑仲勉：《墨子城守》，第 51 页。)

⑬ 质：人质。

⑭ 射㑞：㑞 (yǐ)，"机"的形讹字。射机即连弩车。

【译文】

在城内和城外堑壕之外，所修建的环城大道有八步宽。为了防备敌人用水淹城，就要详细地了解和考虑四周地势高低所带来的利弊。如果城内地势偏低，就让人开挖水渠泄水；如果是更加低洼的地方，就往深处挖掘若干口大井，并使各井之间互相连通，以便把水泄入地下。在井壁上从下到上固定安放测量水位的测瓦，用来观察本城地下水的深度。当城外的水深已达一丈以上，就要把城内的水渠挖开排水。

把两只船并列连接在一起，叫作一"临"；共连接十"临"船，用于冲破敌人在城外筑成的堤坝。每临船上有三十人，人人都要手持弓箭，其中二十人持有掘堤的锄头。一定要很好地把船只当作陆地上辒辕来破堤。二十"临"船为一队，选拔身高力大、能力强的士卒登船。在每"临"船三十人中，其中二十人身披厚甲，头戴头盔，手持锄头破堤，另外十人持矛御敌。

对这些选拔上船的"材士"，事前要把他们供养起来，还要另备房舍安置并供养他们的父母、妻子和子女，并把他们的亲人作为人质，防止他们出城后叛变投敌。当发现敌方堤坝可以冲破的时候，"材士"们就要立即驾船，像操控辒辕那样冲破城外的堤坝，城上士卒也要迅速发动连弩车等射箭器械，向敌人密集射击，帮助从船上进攻的"材士"。

第四十七篇　备突

【题解】

《备突》主要讲如何防备敌人从城墙的暗门攻入的战术方法。墨子认为，当敌人攻入暗门后，可用涂泥车轮阻断通道，尔后燃放烟火，鼓动风箱熏敌，从而打退敌人的进攻。

【原文】

城百步一突门①，突门各为窑灶②，窦③入门四五尺，为亓门上瓦屋④，毋令水潦⑤能入门中。吏主⑥塞突门，用车两轮，以木束之，涂其上，维⑦置突门内，使度门广狭，令之入门中四五尺。置窑灶，门旁为橐⑧，充灶伏柴艾⑨，寇即入，下轮而塞之，鼓橐而熏之。

【注释】

① 突门：城墙上的暗门。（岑仲勉：《墨子城守》，第52页。）

② 窑灶：同"窑灶"，窑同"窑"。（岑仲勉：《墨子城守》，第52页。）窑灶是集合了窑和灶两种功能的设施，下为灶口可续柴烧火，上用砖或土坯砌成半圆形，顶部留有泄烟小洞。

③ 窦："灶"之误。（岑仲勉：《墨子城守》，第52页。）

④ 为亓门上瓦屋：在突门上方建瓦屋。

⑤ 水潦：积水。

⑥ 主：负责。

⑦ 维：用绳索系缚。

⑧ 橐（tuó）：类似风箱的鼓风设备。

⑨ 伏："状"之误。（孙诒让：《墨子间诂》，第549页。）状，充实。艾：艾草。

【译文】

在城墙内每一百步设置一个暗门，每个暗门都要垒砌像瓦窑一样的窑灶，窑灶位于突门里侧四五尺的地方。要在暗门上方修建一个可以覆盖窑灶的小瓦屋，以防雨水流入暗门，淋坏窑灶。任命一名军吏负责堵塞暗门。先把两个大车轮用长方木捆缚在一起，再把泥涂在方木上，然后把涂泥车轮用绳索系挂在门口上方。派人计算暗门的宽窄高低，最后把车轮悬挂在距离暗门门口四到五尺的地方。砌好窑灶，连接上门旁的鼓风橐，把柴草艾叶等填满灶膛。一旦敌人进入暗门，就放下涂泥车轮封闭暗门的出口，鼓动风箱助燃柴草，用浓烟熏倒敌人。这样，敌人从暗门的进攻就被打败了。

第四十八篇 备穴

【题解】

《备穴》主要阐述怎样才能打败敌人用挖掘隧道的方法（即穴攻）来攻城的战术方法。首先，在城上建筑行楼观察敌人穴攻的方向，然后在城下凿井置罂以准确探知敌方挖掘隧道的方位，随之迎头而挖掘隧道，使之与敌方隧道相通。其次，在我方隧道中预置各种机关阻挡敌人前进，并施放浓烟熏敌，从而挫败敌人的穴攻。

【原文】

禽子再拜再拜曰："敢问古人有善攻者，穴土①而入，缚柱施火②，以坏吾城，城坏，或③中人为之奈何？"

墨子曰："问穴土之守邪？备穴者，城内为高楼，以谨候望适人。适人为变，筑垣聚土非常者，若彭④有水浊非常者，此穴土也。急堑城内，穴其土直⑤之。穿井城内，五步一井，傅城足。高地，丈五尺，下地，得泉三尺而止。令陶者为罂⑥，容四十斗以上，固顺之以薄鞈革⑦，置井中，使聪耳者伏罂而听之，审知穴之所在，凿穴迎之。

令陶者为月明⑧，长二尺五寸，六围，中判之⑨，合而施之穴中，偃一，覆一⑩。柱之外，善周涂亓傅柱者，勿烧。柱者勿烧。柱⑪善涂亓窦际，勿令泄。两旁皆如此，与穴俱前。下迫⑫地，置康若灰⑬亓中，勿满。灰康长五窦⑭，左右俱杂相如也。穴内口为灶，令如窯⑮，令容七八员⑯艾，左右窦皆如此⑰，灶用四橐。穴且遇，以颉皋⑱冲之，疾鼓橐熏之，必令明习橐事者勿令离灶口。连版⑲以穴高下广陕为度，令穴者与版俱前⑳，凿亓版，令容矛，参分亓疏数㉑，令可以救窦。穴则遇，以版当㉒之，以矛救窦，勿令塞窦；窦则塞，引版而郄㉓，过㉔一窦而塞之，凿亓窦，通亓烟，烟通，疾鼓橐以熏之。从穴内听穴之左右，急绝其前，勿令得行。若集客穴㉕，塞之以柴涂㉖，令无可烧版也。然则穴土之攻败矣。

寇至吾城，急非常也，谨备穴。穴疑有应寇，急穴，穴未得㉗，慎毋追。

凡杀㉘以穴攻者，二十步一置穴，穴高十尺，凿㉙十尺，凿如㉚前，步下三尺㉛，十步拥穴㉜左右横行，高广各十尺。杀㉝。

俚㉞两罂，深平城㉟，置板亓上，𦤎板以井听㊱。

五步一密㊲。用𣝪若松为穴户㊳，户穴有两蒺藜，皆长极亓户，户为环，垒石外埻㊴，高七尺，加堞亓上。勿为陛与石㊵，以县陛㊶上下出入。具炉橐，橐以牛皮，炉有两瓵㊷，以桥鼓之百十㊸。

每亦熏四十什㊹，然炭杜之㊺，满炉而盖之，毋令气出。适人疾近五百㊻穴，穴高若下㊼不至吾穴，即以伯㊽凿而求通之。穴中与适人遇，则皆圉而毋逐，且战北㊾，以须炉火之然也，即去而入壅穴杀㊿。有鼠𥦘(51)，为之户及关籥独顺(52)，得往来行亓中。穴垒之中各一狗，狗吠即有人也。

斩艾与柴，长尺(53)，乃置窯灶中，先垒窯壁，迎穴为连(54)。

凿井傅城足，三丈一(55)，视外之广陕而为凿井，慎勿失。城卑穴高从穴难(56)。凿井城上(57)，为三四井，内新甀(58)井中，伏而听之，审之知(59)穴之所在，穴而迎之。穴且遇，为颉皋，必以坚材为夫(60)，以利斧施之，命有力者三人用颉皋冲之，灌以不洁十余石。趣伏此井中(61)，置艾亓上，七分(62)，盆盖井口，毋令烟上泄，旁亓橐□(63)，疾鼓之。

以车轮辒(64)。一束樵，染麻索涂中以束之。铁锁县正当寇穴口。铁锁长三丈，端环(65)，一端钩。

偃穴高七尺，五寸广，柱间也尺(66)，二尺一柱，柱下傅舄(67)，二柱共一员十一(68)。两柱同质，横员士(69)。柱大二围半，必固亓员士，无柱与柱交者(70)。

穴二窯，皆为穴月屋(71)，为置吏、舍人各一人，必置水。塞穴门，以车两走为蒀(72)，涂亓上，以穴高下广陕为度，令入穴中四五尺，维置之。当穴者客争伏门(73)，转而塞之。为窯容三员(74)艾者，令亓突入伏尺(75)。伏傅(76)突一旁，以二橐守之，勿离。穴矛以铁，长四尺半，大如铁服说(77)，即刃之二矛(78)。内去窦尺(79)，邪(80)凿之，上穴当心，亓矛长七尺。穴中为环利率(81)，穴二(82)。

凿井城上(83)，俟其身(84)井且通，居版(85)上，而凿亓一偏，已而移版，凿一偏(86)。颉皋为两夫(87)，而旁貍其植，而数钩亓两端。诸作穴(88)者五十人，男女相半。五十人(89)。攻内为传士之□(90)，受六参(91)，约枲绳以牛其下(92)，可提而与(93)投。已则穴七人守退垒之中，为大庑(94)一，藏穴具其中。

难穴(95)，取城外池唇木月散之什(96)，斩亓穴(97)，深到泉。难近穴，为铁鈇(98)。金与扶林(99)长四尺，财(100)自足。客即穴，亦穴而应之。为铁钩钜(101)长四尺者，财自足，穴彻，以钩客穴者。为短矛、短弩、寅矢(102)，财自足，穴彻以斗。以金剑为难(103)，长五尺，为銎(104)、木杘(105)；杘有虑(106)枚，以左(107)客穴。

戒持罂(108)，容三十斗以上，貍穴中，丈一(109)，以听穴者声。

为穴，高八尺，广，善为傅置(110)。具全牛交橐(111)，皮及坛(112)，卫穴(113)二，盖陈靃及艾(114)，穴彻熏之以(115)。

斧金为斫(116)，杘长三尺，卫穴四。为垒(117)，卫穴四十，属四(118)。为斤、斧、锯、凿、钁(119)，财自足。为铁校(120)，卫穴四。为中橹(121)，高十丈半(122)，广四尺。为横穴八橹(123)，盖具稾枲(124)，财自足，以烛(125)穴中。

盖持醯(126)，客即熏，以救目。救目分方鑿(127)穴，以益(128)盛醯置穴中，文(129)

盆毋少四斗。即熏，以自㉒临上及以泔㉓目。"

【注释】

① 穴土：掘土挖隧道。

② 缚柱施火：此为穴攻之法，即在隧道中架起木柱，以火烧柱，柱毁城塌。(孙诒让：《墨子间诂》，第550页。)

③ 或："域"的假借字。域，此指"城"。

④ 若：与。彭：读"旁"，同"旁"。(王念孙：《墨子杂志》，第287页。)

⑤ 直：迎。

⑥ 罂：口小肚大的陶器。

⑦ 固：紧固。顺：当为"幎"(mì)或"幂"(mì)，覆盖。(孙诒让：《墨子间诂》，第550页。)鞈(luò)革：生皮。

⑧ 月明："瓦窦"之误。(岑仲勉：《墨子城守》，第57页。)

⑨ 六围：当为"大围"。(岑仲勉：《墨子城守》，第57页。)判：分、剖。

⑩ 覆一：后当接下一句的"下迫地"三字。

⑪ 柱之外，善周涂亓傅柱者，勿烧。柱者勿烧。柱：岑仲勉认为，"柱者勿烧。柱"为衍文当去，其余"柱之外，善周涂亓傅柱者，勿烧"当移到下段"无柱与柱交者"之后。(岑仲勉：《墨子城守》，第58页。)

⑫ 迫：接近。

⑬ 康："糠"的假借字。若：和。

⑭ 五窦：五窦即"瓦窦"，"五"为"瓦"之误。

⑮ 窒：即"窑"。

⑯ 员：即"丸""团"。(孙诒让：《墨子间诂》，第552页。)

⑰ 左右窦皆如此：当移到上句"穴内口为灶"前。

⑱ 颉皋：即桔槔，一端悬挂重石，可为提物省力。

⑲ 连版：即"连板"，在隧道中使用的重要器械。即把木板连接固定在一起，其宽度和高度与隧道相同，挖掘隧道的人与连板同进，一方面御敌，一方面挡住浓烟不致自伤。

⑳ 令穴者与版俱前：挖掘隧道的人挖到哪，连板也一同移到哪。

㉑参分亓疏数：参，同"三"。数，作"促"解。(孙诒让：《墨子间诂》，第552页。)"疏数"即"疏密"。意为"在连板凿孔，可分为三个区域，或疏或密地排列"。

㉒当：通"挡"。

㉓郄（qiè）："却"的形讹字。却，退。

㉔过："遇"的形讹字。

㉕若集客穴：如果我方已汇集在敌方隧道里。客指敌方。

㉖柴涂：涂上泥巴的木柴。

㉗穴未得：没有搞清敌方隧道的情况。

㉘杀：破除。

㉙凿："广"之误。(孙诒让：《墨子间诂》，第553页。)

㉚如：作"而"解。

㉛步下三尺：每步向下降低三尺。下，降低。

㉜拥穴：从隧道向两旁挖出的孔穴，又称"杀"。

㉝高广各十尺。杀：当断句和改为"高广各十尺为杀"。"杀"即"拥穴"。(孙诒让：《墨子间诂》，第554页。)

㉞偂："薶"的形讹字。薶即"埋"。

㉟深平城：深度与城墙根的地面齐平。

㊱赒板以井听：赒（cè），作"册"解，意为"覆盖"。(岑仲勉：《墨子城守》，第62页。)井听，当为"听井"。(苏时学：《墨子刊误》，第360页。)意为"在井中置入罂，将薄木板盖在罂口上，人伏在木板上听取敌方挖洞的声音。"

㊲密："井"之误。(孙诒让：《墨子间诂》，第554页。)

㊳搯：无注音释义，"枱"（tái）的声讹字，枱又为"梓"（zǐ）之误。(孙诒让：《墨子间诂》，第554页。)若：及。

㊴塎（hòu）："埻"的形讹字。埻（zhǔn），"郭"的异体字。(孙诒让：《墨子间诂》，第554页。)

㊵勿为陛与石：环绕隧道口的郭墙以内，不得垒砌台阶，不得堆放碎石。陛（bì），台阶。

㊶ 县陛：悬梯。

㊷ 瓴：同"瓮"，肚大口小。

㊸ 以桥鼓之百十：当断句和改为"以桥鼓之"，"百十"移入下句。（岑仲勉：《墨子城守》，第63页。）桥是牵拉装置，用以加强鼓风能力。

㊹ 每亦熏四十什：此句当接上句"百十"二字，断句为"百十每亦熏四十什"。"百十"为"置"，"每"即"煤"的声讹字，"亦"当为"其"，"熏"当为"重"，"什"当为"斤"。意为"置煤，其重四十斤"。（岑仲勉：《墨子城守》，第63页。）

㊺ 然：同"燃"。杜："佐"之误。

㊻ 五百："吾"之误。

㊼ 穴高若下：敌穴或比我穴高，或比我穴低。

㊽ 伯：当为"倚"。（孙诒让：《墨子间诂》，第555页。）倚，斜、不正。

㊾ 且战北：即"且战且北"。北，败逃。此指"假装败逃"。

㊿ 雍穴：即"拥穴"。杀：即"拥穴"。

(51) 鼠䆲：鼠穴。䆲（cuàn），同"窜"。

(52) 关籥独顺：关，即"管"，锁。籥，同"钥"，钥匙。独顺，疑为"绳幎"。（孙诒让：《墨子间诂》，第555—556页。）幎，同"幂"。意为"门上闩锁，锁上盖物遮蔽"。

(53) 长尺：长一尺。

(54) 迎穴为连：当为"迎穴为连板"，"连"后脱"板"字。（孙诒让：《墨子间诂》，第556页。）

(55) 三丈一：三丈凿一口井。古代六尺为一步，五步即为三丈。

(56) 从穴难：从，通"踪"。踪，探察踪迹。此指"城基很深，而敌方凿穴高，那么探测敌穴的踪迹就困难"。

(57) 城上：当为"城内"之误。

(58) 内：同"纳"。甀（zhuì）：同"甄"，坛子一类瓦器。

(59) 审之知："之"为衍字。

(60) 夫：同"趺"（fū），脚或足部，此指桔槔的底座。底座易坏或不稳，上承重物则易于倾倒，故云"必以坚材为夫"。

㉛ 趣伏此井中：当为"促装柴其中"。趣，同"促"。伏，"状"的形讹字。状同"装"。"此"为"柴"之误。"井"为"其"之误。（岑仲勉：《墨子城守》，第65页。）

㉒ 置艾亓上，七分：当断句为"置艾亓上七分"。孙诒让认为"七分"无解，当为"七八员"的讹误。"员"即"丸""团"。（孙诒让：《墨子间诂》，第557页。）

㉓ 旁亓橐□："橐"后脱一字，未知。当为"旁立橐"，"亓"无解。（岑仲勉：《墨子城守》，第65页。）

㉔ 以车轮辒：把车轮作为阻敌的"辒辒"。辒（wēn），即"辒辒"。

㉕ 端环：当为"一端环"，脱"一"字。

㉖ 也尺：当为"七尺"，"也"为"七"的形讹字。

㉗ 傅：即"附"，转指"置入"。礜（xì）：同"碏"，础石。

㉘ 员十一：当为"负土"之误。负土，指在隧道中用立柱支撑的木板。（岑仲勉：《墨子城守》，第66—67页。）

㉙ 员士：当为"负土"的形讹字。下句"员土"亦作"负土"解。

㉚ 无柱与柱交者：岑仲勉认为，此句后当接上段"柱之外，善周涂亓傅柱者，勿烧"。而从上段移来此句，当改为"柱之外，善周涂亓傅，勿令烧柱"。（岑仲勉：《墨子城守》，第67页。）意为"立柱以外的其它四周东西，也要很好地用泥土涂厚，不使它们燃烧危及立柱"。

㉛ 月屋：当为"穴门上瓦屋"。（孙诒让：《墨子间诂》，第558页。）

㉜ 两走：当为"两轮"之误。（孙诒让：《墨子间诂》，第559页。）蒀（yūn）："辒"的假借字。

㉝ 伏门：当为"状斗"。

㉞ 员：即"丸"。

㉟ 伏尺：当为"十尺"。伏，"什（十）"之误。

㊱ 伏傅：隐蔽。

㊲ 铁服说：疑为"铁钺"。（岑仲勉：《墨子城守》，第68页。）

㊳ 二矛：穴矛，或指酋矛和夷矛。《诗经》："二矛重英"。（张克平等：《诗经注译》，安徽人民出版社2001年版，第84页。以下简称为"张克平等：

《诗经注译》"。)

⑦ 内去窦尺：当为"穴去窦尺"。内，"穴"之误。（孙诒让：《墨子间诂》，第 559 页。）

⑧ 邪：通"斜"。

⑧ 环利率：当为"环利通索"，即"环索"。（岑仲勉：《墨子城守》，第 68 页。）

⑧ 穴二：分左右安装两条环索。

⑧ 城上：当为"城下"之误。

⑧ 身："穿"之误。穿，凿。

⑧ 居版：站在木板上。

⑧ 徧：通"偏"，即"边"。

⑧ 两夫：即"两趺"，指桔橰下支撑的两个底座。

⑧ 作穴：即"掘穴"。

⑧ 五十人：此三字为衍文。

⑨ 攻内为传士之□：孙诒让认为，"内"为"穴"误，"士"为"土"之误。（孙诒让：《墨子间诂》，第 560 页。）岑仲勉认为空格脱字当为"具"。改后为"攻穴为传土之具"。（岑仲勉：《墨子城守》，第 69 页。）

⑨ 受六参："参"疑为"𥱥"，"𥱥"同"虆"（léi），盛土笼子。

⑨ 枲（xǐ）绳：麻绳。牛："绊"之误。

⑨ 与：举。

⑨ 庑（wǔ）：有栏无墙的厅堂或门屋。

⑨ 难："斲"之误。斲（zhuó），同"斫"。

⑨ 池唇：护城河边。木月：当为"木瓦"之误。"什"为"外"之误。（孙诒让：《墨子间诂》，第 560 页。）

⑨ 斩亓穴：斩，"堑"之误。意为"挖掘壕沟阻断敌方挖隧道"。

⑨ 鈇（fū）：即"斧"。

⑨ 金与扶林：当为"斧与柄"之误。（岑仲勉：《墨子城守》，第 70 页。）

⑩ 财：通"才"。

⑩ 铁钩钜：岑仲勉引史树青说，认为"铁钩钜"即"铁钩镶"，"退者钩

之，进者拒之。"（岑仲勉：《墨子城守》，第70—71页。）

⑩ 䎹（měng）矢：短箭，又叫飞䎹。（岑仲勉：《墨子城守》，第71页。）

⑩ 金：铁和铜。剑："斩"之误。"斩"即"斲"。难：拒敌。

⑩ 䂻（qióng）：孔洞。

⑩ 㞦（chì）：柄、把。

⑩ 䖏："鑢"的假借字。鑢（lú），即"鑢错"。错，齿。

⑩ 㘴："挫"的假借字。

⑩ 戒：备。持：具。

⑩ 丈一：当为"三丈一"，"丈"前加"三"字。（孙诒让：《墨子间诂》，第562页。）

⑩ 傅置：当为"傅置于柱"。（孙诒让：《墨子间诂》，第562页。）置，"埴"（zhí）的声讹字。埴为黄黏土。意为"在立柱上涂泥"。

⑪ 具全牛交橐（gǎo）：当为"具鑢牛皮橐"。（孙诒让：《墨子间诂》，第562页。）

⑫ 皮及坺：当为"及瓦缶"。（孙诒让：《墨子间诂》，第562页。）皮为"及"之误。及为"瓦"之误。坺（áo）当为"缶"之误。

⑬ 卫穴：即"每穴"。卫为"每"之误。以下"卫穴四十""卫穴四"之"卫"，皆作"每"解。

⑭ 盖："益"之误。藿（huò）：同"藿"，豆叶。艾：艾草。

⑮ 穴彻熏之以：当为"穴彻以熏之"。

⑯ 斧金为斫：砍斧以青铜作刃。金：指"铜"。

⑰ 垒：疑为"虆"（lěi），盛土竹笼竹筐。

⑱ 属四：属，当为"句钃"（ju zhú），锄类工具。意为"锄有四把"。

⑲ 钁（jué）：大锄。

⑳ 校：疑为"铰"，当是剪刀一类。（岑仲勉：《墨子城守》，第73页。）

㉑ 橹：用藤条树枝编成的盾牌。

㉒ 十丈半：当为"六尺半"。"十"疑为"六"，"丈"疑为"尺"。因上文已介绍地道高八尺、宽八尺，作为中等大小的盾牌绝不可能有十丈半高，当以"六尺半"为是。

⑫横：横阻。八：疑"大"之误。（孙诒让：《墨子间诂》，第563页。）

⑭盖具稾枲：盖："益"的形讹字。稾（gǎo）：干禾秆。枲（xǐ）：干麻秆。

⑮烛：照、照亮。

⑯盖："盆"之误。醯（xī）：同"醯"，醋。

⑰鑿（lóng）："凿"的形讹字。

⑱益："盆"之误。

⑲文："大"之误。（孙诒让：《墨子间诂》，第564页。）

⑳自："目"的形讹字。

㉛沺（tián）："洒"的形讹字。洒，涤、洗。

【译文】

禽滑釐拜了两拜后又拜了两拜说："请问古代有擅长攻城战术的人，他们挖掘地道潜入到城墙下，在地道中架设梁柱，把柴草绑在梁柱上焚烧，用这个办法毁坏我方城池，往往城墙遭到破坏，城中的防守者应该怎么办呢？"

墨子回答说："你所询问的是如何防御敌人挖掘地道攻城的办法吧？要防御敌人的地道进攻，就要在城内建筑高楼，以便随时仔细地观察敌人的动向，看敌方有什么变化。如果发现敌方在修筑垣墙，而且堆积起不合常理的高大土堆，或者发现旁边的护城河水浑浊不堪，大异平常，这就是敌人在掘土挖地道了，那么我方就要赶快在城内挖掘壕沟，迎着敌方的地道位置挖掘地道。如果这时还没弄清敌方地道的确切位置，那么就在城内凿井。要傍着城墙根五步挖一口井。在城基高处，井深要达一丈五尺；在低洼处，挖到泉水以下三尺就要停止。让制陶工人烧制口小肚大的大瓦罂，要求容量在四十斗以上，用很薄的生牛皮牢固地绑缚在瓦罂口上，然后把瓦罂放入井中，安排听力好的士卒趴在瓦罂口上细听，依据从地下传来的声音，弄清敌方地道的确切位置，随即开挖地道对付来犯的敌人。

令制陶工人烧制瓦窦，每根瓦窦长二尺五寸，粗一围，从中间剖分为两半，一半朝上，一半朝下，在放置足够的燃烧物以后，就把这两块瓦窦合起来，用泥巴把缝隙涂好，不让管内的浓烟泄漏出来。地道的两边各放一排瓦窦，瓦窦要随着地道的前伸而延伸。瓦窦下部接地，里面撒放谷糠和炭灰，虽然为了通风不能装满，但撒放范围要与瓦窦一样长。两边瓦窦的燃烧物都是混合的，大致差不多。在地道口的里侧设置窑灶，即下为灶，上为窑形，每口窑灶都是这样。灶膛里要能放下七八团艾草，每口窑灶要连接四台风箱。当敌我双方在地道里即将遭遇时，我方就要用桔橰击破地道隔层，立即鼓动风箱用浓烟熏退敌人。一定要安排熟悉风箱操作方法的人管理风箱，不让他们离开灶口。把木板拼连起来做成'连板'，它的大小以地道的高低宽窄作为标准，让挖掘地道的士卒一边挖地道，一边推着'连板'前行。在'连板'上分三个区域凿出疏密相间的孔洞，孔洞可容纳一只长矛伸出去，以阻止敌人对瓦窦的破坏。如果双方一旦在地道相遇，就要用'连板'阻挡敌人的进攻，并从'连板'中伸出长矛刺敌，从而保护瓦窦不被敌人堵塞。一旦瓦窦被堵塞，就要拖曳'连板'向后退却，在下一节瓦窦接口处堵住敌人，凿开瓦窦，让浓烟复出。烟道一通，就立即鼓动风箱熏伤敌人。如果在地道里听到左右传来的响动，就立即冲破敌方的地道，不让敌人继续前进。如果战斗转移到敌方的地道里，就用涂了厚泥巴的柴抟堵住敌人，使敌人没有机会儿烧坏我方的连板。这样一来，敌方挖掘地道的进攻就被打败了。

敌寇兵临我方城下，形势异常危急，要谨防敌人的地道进攻。一旦怀疑敌人在挖地道，为了应对敌人，就要紧急开挖地道。在没有弄清敌人挖掘地道的确切方位时，要谨慎从事，不要盲目出城追击敌人。

大凡破除敌方地道攻击的办法，就是在城下每隔二十步开挖一段地道，高和宽都为十尺。挖向前方时，每挖一步要向下降低三尺。每隔十步就向左右两边分别挖出一个拥穴，高和宽也各为十尺。拥穴又叫"杀"，主要用来自卫和策应。

在城内埋入两个大陶罂，下埋深度让罂口与城基齐平。将薄木板覆盖在罂口上，令士卒伏在木板上听取敌方挖洞的声音。

每五步挖一口井。用梓木和松木制造地道口的大门。在大门里侧安放两大捆与门等高的蒺藜。大门外是环形锁，并且垒砌七尺高的环门郭墙，郭墙上要加砌堞墙。郭墙以内不得垒砌台阶和堆放碎石，以防被敌方利用。可用悬梯上下出入。在地道里准备好炉灶和用牛皮做成的风箱，每个炉灶都配备两个大瓦缸。用杠杆牵拉的'桥'来增加鼓风强度。

每口炉灶配置四十斤煤，同时用烧炭做辅助。炉灶塞满煤炭以后要盖住，不使烟气外泄。当敌方接近我方地道时，如果因为双方地道高低不同，以致敌方地道不能与我方地道相通，就要斜向挖向敌方地道，使双方地道连通。在地道中与敌人遭遇，只是加以抵抗，不是驱赶他们，而且要诈败逃走，诱敌追击，等待炉火烧旺，就快速退入地道两侧的拥穴中。在地道中修建鼠穴，设置关锁，关锁用覆盖物遮蔽，系上绳索从门上方牵拉，以便士卒在鼠穴中往来行走。在地道两侧的孔穴中，都各放一条狗，狗叫就说明孔穴中有人。

把艾草与木柴都切成一尺一段，放在窑灶中。要先砌好窑壁，面向地道接拼连板。

在紧靠城墙根的地方挖井，每三丈挖一口。挖井时要看地形的宽窄，小心不可出现失误。如果城基深，敌方地道又处在高位，那么要弄清敌方地道的准确方位就有困难。可以在城墙内挖三四口井，放上刚烧制成的蒙着薄牛皮的大瓦罐，派人趴在上面细听动静。一旦弄清敌方地道的确切位置，就挖掘地道迎头而进。当即将在地道里与敌人遭遇时，就要安放好桔槔。桔槔的底座需用坚硬而沉重的木材制成，以防损毁和倾倒；桔槔的连杆上要加装利斧，命令三个大力士操控桔槔冲撞双方的隔层。一旦地道打通，就将十几石污秽物灌入敌方地道。同时快速地把柴草填入灶膛，蒙上七八团艾草，盖好窑灶的灶口，不让浓烟外泄，再快速地鼓动灶旁安装的风箱，用滚滚的浓烟熏敌。

用大车轮作为阻拦敌人的'辒辌'，方法是：先把柴抟从两面夹住车轮，再用涂满泥巴浸湿的麻绳紧紧缚住柴抟，然后用铁索把这个大车轮悬吊在敌方地道的出口上方。铁索长三丈，一端连铁环，一端有挂钩。

鼠穴高七尺五寸，两边各设立柱，柱与柱相隔七尺，同一侧立柱之间相隔二尺。支柱下部与基石相连。每两根支柱共同顶在一块叫作'负土'的长木板上，根部则共用一块基石，顶部的负土要横放。支柱两围半粗。负土必须安装牢固，柱与柱也不可倾斜相交叉。立柱以下的其他物品，也要用泥土厚厚地涂满，防止它们燃烧后危及立柱。

在我方地道口设置两口窑灶，在其上方修建小瓦屋，安排小吏和守城主将的亲信各一人掌管，瓦屋中要备存灭火用的水。阻塞地道门口的方法是，用两个车轮做成'辒'，大小以地道口的高低宽窄为标准，在'辒'上涂满泥巴，然后悬挂在地道口里侧四五尺的上方。当地道中的敌人与我方争斗激烈的时候，就转动'辒'上的辘轳，用'辒'塞断地道。我方修建的窑灶需容纳三大团艾草。在敌人突入我方地道十尺后，我方就迅速撤入两侧鼠穴隐藏起来，另安排几个人带着两个风箱守在灶口，不得离开。地道中使用的矛头用铁铸成，全长四尺半，矛头如同铁钺一样大。这种穴矛就是兵器中的酋矛和夷矛。在离开施放浓烟的瓦窦出口一尺的地方，向下斜挖，一直挖到敌方地道的正中间。根据地道的宽窄，地道中所使用的长矛以七尺为宜。在地道中要安装带环的铁环索，每条地道分左右安装两条铁环索。

在城下挖井，等到快要挖通时，挖井人要站在木板上，先挖一边，移动木板后再挖另一边。桔槔的底座分为两部分，两旁有埋于地下的柱子作为支撑，而桔槔主杆的两端都安上铁钩。挖掘每条地道都需要动用五十人，男女各占一半。挖地道要用传送土块的工具，每条地道需用六只装土的筐笼。筐笼要用麻绳勒紧底部，以便提出地道将土到掉。地道挖完以后，安排七个人退守在两侧的孔洞堡垒中，另外挖掘一间有栏杆而无墙的大屋，用以收藏各种挖掘地道的工具。

要想阻止敌人挖掘地道，可以先拾取护城河边上的木头、瓦砾，堆放在敌人可能要挖掘地道的地方；然后在城墙外挖掘壕沟，从而阻断敌人向城下挖掘地道。壕沟的深度以接近地下水位为止。在地道中与敌人展开近距离战斗，需要置备一批铁斧，铁斧的斧头与木柄要达到四尺，才可方便使用。敌人挖地道来进攻，我方也应挖地道与他们相对抗。手持的铁钩钜要达到四尺长度，才可方便使用。双方地道打通时，就用铁钩钜来钩击敌人。要制备一批短矛、短弩、短箭，才可方便使用。地道打通时，就用这些短武器与敌人格斗。还可用铜斫抗击敌人。铜斫长五尺，刃部留有孔洞，可装上木柄。木柄的下端有齿状沟槽，可缠绕细绳便于握持。上述这些武器，都可以用来挫败敌人地道中的进攻。

制备若干个大瓦罐，容量在三十斗以上，把它们埋在我方的地道中，每三丈放一个，用来听取地道中敌方挖掘地道的声音。

挖掘地道的标准是：高和宽都为八尺，特别要妥善搭建支柱，在支柱上涂匀泥巴。制备好炉灶、牛皮风箱以及瓦罐、瓦窦等，每条地道至少备好两套。在炉灶中堆积豆叶和艾草，等双方地道一旦贯通，就施放浓烟熏敌。

用铁或铜制作斧头，安装上三尺长的木柄，这种铁斧每条地道要有四把。制备盛土的大筐笼，每条地道要准备四十个。小锄每条地道准备四把。制备小斧、锯子、凿子和大锄，足用即可。制备铁剪刀，每条地道放置四把。制备中等大小的盾牌若干个，高六尺半，宽四尺。制备横阻在地道中的大盾牌若干个。准备禾秆、麻秆若干捆，用于照明，足够即可。

用盆子装满醋。当用浓烟熏敌时，可用醋来救护我方士卒的眼睛。救护眼睛的方法是：把装满醋的盆子分别放在地道中，每盆醋不少于四斗。被浓烟熏到眼睛时，就把眼睛凑近醋盆，用醋清洗眼睛。"

第四十九篇　备蛾傅

【题解】

《备蛾傅》主要讲述怎样对付敌人凭借人多势众、驱赶士兵像蚂蚁一样密集爬城、强行攻城的战术方法。墨子认为，最主要的防御方法就是加筑城垛，居高临下，运用悬火车、渠苔等多种器械和武器，重点是采用火攻的办法打退敌人的进攻。

【原文】

禽子再拜再拜曰："敢问适人强弱①，遂以傅②城，后上先断③，以为泣程④，斩⑤城为基，掘下为室。前上不止，后射既疾，为之奈何？"

子墨子曰："子问蛾傅⑥之守邪？蛾傅者，将之忿者⑦也。守为行临⑧射之，校机藉之⑨，擢⑩之，太氾⑪迫之，烧苔⑫覆之，沙石雨之，然则蛾傅之攻败矣。

备蛾傅为县脾⑬，以木板厚二寸，前后三尺，旁广五尺，高五尺，而折为下磨车⑭，转⑮径尺六寸，令一人操二丈四方⑯，刃其两端，居县脾中，以铁璪敷县二脾上衡⑰，为之机⑱，令有力四人下上之，勿离。施县脾，大数⑲二十步一，攻队⑳所在六步一。

为絫㉑，苔，广从各丈二尺㉒，以木为上衡，以麻索大偏之㉓，染其索涂中，为铁鏁，钩其两端之县。客则蛾傅城，烧苔以覆之，连箲㉔、抄大㉕皆救之。

以车两走㉖，轴间广大以圉㉗，犯㉘之，穔其两端㉙，以束轮，徧徧㉚涂其上，室中以榆若蒸㉛，以棘为旁，命曰火捽㉜，一曰传汤㉝，以当队。客则乘队㉞，烧传汤，斩维㉟而下之，令勇士随而击之，以为勇士前行，城上辄塞坏城㊱。

城下足为下说镵杙㊲，长五尺，大圉㊳半以上，皆剡㊴其末，为五行，行间广三尺，狸㊵三尺，大耳㊶树之。为连殳㊷，长五尺，大十尺。梃长二尺，大六寸，索长二尺。椎，柄长六尺，首㊸长尺五寸。斧，柄长六尺，刃必利，皆莫其一后㊹。苔广丈二尺，□□丈六尺㊺，垂前衡四寸㊻，两端接尺相覆㊼，勿令鱼鳞三㊽，著其后行，中央木绳一㊾，长二丈六尺。苔楼不会者以牒塞㊿，数暴㉿干，苔为格⓬，令风上下。

堞恶疑坏者，先狸木十尺一枚一⓭，节⓮坏，鄧植以押虑卢薄于木⓯，卢薄表⓰八尺，广七寸，经尺一，数施一击而下之⓱，为上下钩而鄧之⓲。

经一⓳。钩、禾楼、罗石⓴。县苔植内，毋植外。

杜格㉑，狸四尺，高者十丈，木长短相杂，兑其上，而外内厚涂之。

为前行行栈㉒，县苔。隅为楼㉓，楼必曲里㉔。土㉕，五步一，毋亢二十晶㉖。

爵穴，十尺一，下堞三尺，广其外。转脡城上㉗，楼及散与池，革盆㉘。若转，攻卒击其后，煖失，治㉙。车革火㉚。

凡杀㉛蛾傅而攻者之法，置薄㉜城外，去城十尺，薄厚十尺。伐操㉝之法，大小尽木断之，以十尺为断，离而深狸㉞坚筑之，毋使可拔。二十步一杀㉟，有壞㊱，厚十尺。杀有两门，门广五步㊲，薄门板梯狸之㊳，勿筑，令易拔。城上希薄门而置捣㊴。

县火㊵。四尺一椅㊶，五步一灶，灶门有炉炭。传令敌人尽入，车火㊷烧门，县火次之，出载而立，其广终队，两载之间一火，皆立而待鼓音而然，即俱发之。敌人辟火而复攻，县火复下，敌人甚病。敌引哭而榆之㊸，则令吾死士左右出穴门击遗师，令贲士、主将皆听城鼓之音而出，又听城鼓之音而入。因素出兵将施伏，夜半而城上四面鼓噪，敌人必或，破军杀将。以白衣为服，以号相得。"

【注释】

① 弱："梁"之误。

② 傅：附着、沿着。

③ 断：判决。在《墨子》本编原文中，凡在法令与命令中的"断"，一般指"判决有罪"，不作"斩首"解。

④ 湆程：湆（xí），"法"（洼）的形讹字。（王念孙：《墨子杂志》，第247页。）法程，法规。

⑤ 斩：通"堑"。

⑥ 蛾傅：即"蚁附"。详见《墨子·备城门》注。

⑦ 将之忿者：这是将领愤怒异常、拼死一战的行为。忿，愤怒。

⑧ 行临：即"高临"，指在城上建行城、居高临下以对敌。

⑨ 校机：即技机，或铁绞机。藉：压迫、压制。（王裕安等：《墨子大词典》，第139页。）

⑩ 擢（zhuō）：拔、举。

⑪ 太氾："火汤"的形讹字。（孙诒让：《墨子间诂》，第565页。）氾，同"泛"。

⑫ 荅（dá）：用竹木编成阻挡矢石的守城器械。

⑬ 县脾：当为"悬陴"，脾为"陴"（pī）的假借字。岑仲勉认为，悬陴即吊箱，为城上作战器械，方形无底，中间能容一士卒持矛向下刺敌。木箱上有横木，系以铁链，用滑车牵引，可上下急行。（岑仲勉：《墨子城守》，第76页。）

⑭ 磨车：磨，"厤"（lì）之误。厤车，即《墨子·备高临》的"厤鹿"。

⑮ 转：当为"轮"。（苏时学：《墨子刊误》，第362页。）

⑯ 方："矛"之误。（毕沅：《墨子注》（日本重刻本），第836页。）

⑰ 铁璅（suǒ）：即铁索、铁链。敷：通"附"。二：当为衍字。（苏时学：

《墨子刊误》，第362页。）上衡：吊箱上端横木。

⑱ 为之机：连接到铁铰机上。

⑲ 大数：大概。

⑳ 攻队：进攻队列。

㉑ 絫：同"藟"（léi），用竹藤编成的筐笼。

㉒ 荅，广从丈各二尺：当为"为荅广从各丈二尺"。从，即"纵"。（苏时学：《墨子刊误》，第363页。）"丈各"当为"各丈"。（王念孙：《墨子杂志》，第248页。）意为"制作的竹荅宽和长各为一丈二尺"。

㉓ 以麻索大偏之：当为"以大麻索偏之"。（孙诒让：《墨子间诂》，第566页。）偏，"编"之误。

㉔ 连梃（tí）：即连梃。（岑仲勉：《墨子城守》，第77页。）

㉕ 抄大："沙灰"之误。（孙诒让：《墨子间诂》，第566页。）

㉖ 两走：当为"两轮"。（孙诒让：《墨子间诂》，第567页。）

㉗ 围："围"之误。（孙诒让：《墨子间诂》，第567页。）

㉘ 犯：疑为"范"之误。（岑仲勉：《墨子城守》，第77页。）范，钳制。

㉙ 稛其两端：稛（jǐng），当为"融"之误。（岑仲勉：《墨子城守》，第77页。）"融"即"镕"。需熔化的两端指两个车轮外侧轴头上的铁销。

㉚ 偏偏：后"偏"为重文。偏，即"遍"。

㉛ 蒸：薪柴。

㉜ 火捽：用于烧伤敌人的火把。捽（zuó），抓。

㉝ 传汤：汤即"烫"，灼热。（岑仲勉：《墨子城守》，第78页。）

㉞ 乘队：发动进攻。乘，登。

㉟ 斩维：斩断绳子。维，此指绳索。

㊱ 辄塞坏城：辄（zhé），就。塞，堵塞。意为"就堵塞修复损坏的城墙"。

㊲ 足为：足量布置。说："锐"之误字。镵杙（chán yì）：同"椓杙"（zhuō yì），即两头尖锐的木桩。

㊳ 围："围"之误。

㊴ 剡（yán）：削尖。

㊵ 貍：同“埋”。

㊶ 大耳：“犬牙”的形讹字。（孙诒让：《墨子间诂》，第 568 页。）

㊷ 连殳：用排竹做成的军用器械。（岑仲勉：《墨子城守》，第 79 页。）

㊸ 首：指“椎头”。

㊹ 葬其一后：葬，字书无此字。疑为下段“皆著其后衡”的衍文，当删去。（岑仲勉：《墨子城守》，第 79 页。）

㊺ □□丈六尺：当为“其长丈六尺”。其空格为“其长”二字。（岑仲勉：《墨子城守》，第 79 页。）

㊻ 四寸：当为“四尺”。（岑仲勉：《墨子城守》，第 79 页。）

㊼ 两端接尺相覆：两端重合部分有一尺宽。接，叠压、重合。

㊽ 勿令鱼鳞三：三，通“参”。参即“参差”之意。意为“不要像鱼鳞分布一样参差不齐”。（岑仲勉：《墨子城守》，第 79 页。）

㊾ 著其后行，中央木绳一：当断句和改为“皆著其后衡中央，大绳一”。著，附。后衡，后端横木。“木”为“大”之误。（岑仲勉：《墨子城守》，第 79 页。）

㊿ 荅楼：荅的外观像楼，故称荅楼。会：合。牒：木板、木片。

(51) 暴：通“曝”（pǔ），晒。

(52) 格：空格。

(53) 一枚一：一步一根立柱。（岑仲勉：《墨子城守》，第 80 页。）

(54) 节：“即”之误。（孙诒让：《墨子间诂》，第 569 页。）

(55) 鄧植以押虑卢薄于木：鄧，当为“丁”之误。“丁”即“钉”。植，柱。押，作“压”解。虑，衍字。卢薄，柱上横木。改后即为“钉柱，压横木于柱”。（岑仲勉：《墨子城守》，第 80 页。）

(56) 表：“长”之误。

(57) 经尺一：当为“径一尺”。（孙诒让：《墨子间诂》，第 569 页。）数施一击而下之：在两柱之上钉上横木，多次敲击让立柱下沉于地。（岑仲勉：《墨子城守》，第 80 页。）

(58) 为上下釫而鄧之：“上”为衍字。釫（huá），同“铧”，即犁铧。意为“最好是在立柱的下端装上犁铧再钉，下沉更快”。

�经一：当为衍文。

⑥钧、禾楼、罗石：当为"钧、木楼、礌石"。（孙诒让：《墨子间诂》，第569页。）

⑥杜格：当为"柞格"，即阻碍敌人前进的障碍物。（岑仲勉：《墨子城守》，第81页。）

㊿为前行行栈："为前行"为衍文。（岑仲勉：《墨子城守》，第81页。）

⑥隅为楼：在城角上建楼。隅，此指城上四角。（岑仲勉：《墨子城守》，第81页。）

⑥曲里："再重"之误。再，二。（孙诒让：《墨子间诂》，第570页。）

⑥土：土堆。

⑥毌元二十晶：当为"毌下二十晶"。元，"下"之误。（孙诒让：《墨子间诂》，第570页。）晶，即"藁"。

⑥转脯城上：脯，无注音释义。疑有脱文，无解。

⑥楼及散与池，革盆：散，当为"杀"。（孙诒让：《墨子间诂》，第570页。）意为"建好行楼、杀与护城河，还要准备好皮盆"。

⑥若转，攻卒击其后，煖失，治：当断句为"若转攻，卒击其后，缓失，治"。煖，同"暖"，"缓"之误。（孙诒让：《墨子间诂》，第570页。）失，失误。治，依律治罪。意为"如果敌人转变进攻方向，而士卒反击敌人失于迟缓，就要按律治罪"。

⑦车革火：疑下有脱漏，无解。

⑦杀：反击、反抗。

⑦薄：即《墨子·备梯》的"裾"。裾（jū），"椐"的假借字。椐（jū），原指古书上所讲的一种可以做手杖的小树，此是用木桩构成的城墙外的藩篱。

⑦操："薄"之误。（毕沅：《墨子注》（日本重刻本），第839页。）

⑦离：混杂。貍：同"埋"。

⑦杀：裾中用木板制成的战斗堡垒。详见《墨子·备梯》。

⑦墟（yú）："鬲"之误。鬲（gé），同"隔"，此指"杀"中"隔墙"。

⑦五步：当为"五尺"。

㉘薄门板梯貍之：薄门，即"裾门"。梯，疑为"浅"之误。意为"拦挡裾门的木桩要浅埋"。

㉙希："睎"之误。睎（xī），望。搗："楬"（jié）之误。楬即"杙""椓杙"，两头削尖的木桩。

㉚县火："火"指"火炬"。本段自"县火"到段末"以号相得"，与《墨子·备梯》末段大致相同，因此不作详注。

㉛椅："檍"（zhì）之误。檍，小木桩。

㉜车火：当为"熏火"。

㉝引哭而榆之：当为"引师而去"。（岑仲勉：《墨子城守》，第83页。）

【译文】

禽子拜了两拜后又拜了两拜对墨子说："请问先生，如果敌人依仗强大，强行攀爬城墙，传令最后登上城墙的将被斩首，并把这条作为军法；同时敌人还在城下挖掘壕沟，筑土为山，开掘地道。前面的士卒攀爬不止，后面的弓箭急射不停，面对这种情况，又该怎么办呢？"

墨子回答说："你所询问的是，如何防守敌人如同蚂蚁一样攀爬城墙的进攻吧？这种驱使士兵像蚂蚁一样强行爬城的进攻，不过是敌将在恼怒至极时的一种疯狂举动罢了！对付敌人'蚁附'攻城的办法是：建造行城居高临下地射击敌人，发动铁绞机压制敌人，拔除敌人可依托的一切设施和物体，烧煮滚烫的沸水倾倒下来，燃烧遮苫覆盖在敌人身上，像下雨一样向敌人倾泻沙子和碎石。做到这些，敌人的'蚁附'攻城就被打败了。

防御敌人像蚂蚁般爬城强攻，具体方法之一是制作吊箱。吊箱的木板厚两寸，前后宽三尺，两边宽五尺，高五尺。吊箱下方设置滑车，轮子直径一尺六寸。派一个士卒手持一杆矛头两侧都锋利、两丈四尺的长矛，站在吊箱里面向下刺敌。用两条铁链拴住吊箱上的横木，然后再装置在辘轳上，派四个强壮有力的士卒操纵滑车上下移动，不许离开滑车。吊箱的设置，大致二十步一个，而在敌方主要进攻线上，要六步设一个。

制作筐笼和竹苫。竹苫长和宽各一丈二尺，上端的横梁为木质，用浸过油漆的粗大麻绳捆缚横梁，然后用铁链把横梁的两端钩住悬挂起来。当敌人像蚂蚁一样密集爬城时，就点燃竹苕抛向敌人，从上罩住他们。同时用连梃击打敌人，抛撒砂石火把阻挡敌人。

将车的两个轮子绑缚在几块木板上，建成一个板箱。两轮之间的车轴距离要宽一围以上。为了钳制车轮，不使车厢破裂，需把车轮面向外侧的两端铁销熔化。车轮以及木板上要涂满油脂。然后把榆枝等干枯柴薪塞满板箱，四周再缠上一些易燃的荆棘。这些荆棘称作'传汤'或'火捽'。把'传汤'悬置在敌人进攻线的上方。如果敌人正在爬城，就引燃'传汤'，砍断绑缚'传汤'的绳索，使它坠落下去烧杀敌人。命令勇士随即出击，坠落的'传汤'可为勇士们开路。城上的士卒这时就要从快堵塞和修复损毁的城墙。

在城下要布设足量的两头尖锐的木桩。木桩长五尺，大木桩粗一围半以上，末端削尖，插入地下。共排列五行，每行相距三尺，尖端插入地下三尺，按大小高矮、犬牙交错地排列。制备一批用排竹做成的连枲，长五尺，宽十尺。连梃长二尺，宽六寸。系住连梃的绳子长二尺。椎，柄长六尺，椎头长一尺五寸。斧，柄长六尺，斧刃一定要锋利。竹苕宽一丈二尺，长一丈六尺，从前端横梁上向下垂四尺。两片竹苕相重合的部分为一尺，不要像鱼鳞一样参差不齐地排列。都要在后横梁中间系一根大绳，绳长两丈六尺。苕体如有不密合的地方，需用木片填塞。竹苕要多次曝晒使它干燥。竹苕内部要留有空格，让风上下流通。

城堞破溃，估计会有倒塌的危险，就预先在城下埋入十尺高的木柱，每隔一步埋一根。城堞一旦倒塌，就钉紧木柱，在木柱上方压上横木。横木长八尺，宽七寸，径围一尺。最好在木柱下端装上犁铧，便于木柱下沉。经多次敲击上方横木，最终使立柱插于地下。

城上要制备钩、木楼和礌石。竹苕要悬挂在柱子里侧。

设置阻碍敌人前进的'柞格'，所用木桩埋入地下四尺，露出地面最高的可达十尺。木桩要长短混杂，削尖顶端，外侧和里侧都要涂上厚厚的泥巴，以防敌人火烧。

城上要设置可伸缩的桥道和悬挂的竹苕。城的四角修建一定是两层的小楼。每五步一堆土，最少不少于二十笼。

在城上女墙下方三尺的地方，每隔十步凿一个孔穴，孔穴要里小外大。还要修建行楼、杀以及护城河，配备一定数量的皮盆。如果敌人转变攻城方向，我方士卒出击失于迟缓，就要依律治罪。

为反击敌人'蚁附'式攻城，我方还可在城外离开城墙十尺的区域，设置高为十尺、阻敌前进的'据'。砍伐树木设置'据'的方法是：不论树木大小，都从根部切断，每根木桩都以十尺为标准截一段，按木桩大小高低混杂地埋入地下，将地面锤打坚固，不使敌人轻易拔出。在'据'中，每隔二十步设一个用木板做成的'杀'，里面是隔墙，墙厚十尺。'杀'有两门，门宽五尺。拦挡据门的木桩要浅埋，不能捶打坚实，以便于轻易拔出木桩。而城上守卒要紧盯据门的变化，准备好相应的木桩以备用。

设置'悬火'，就是在城上每隔四尺设置一个'钩弋'，即先用绳子系住铁钩装置，再把火炬系挂在铁钩装置上。每隔五步设一口灶，灶门放置炉炭。等到敌人全军攻来时，就点燃烟火烧门，接着向敌人投掷'悬火'。排列装载战具的战车，战车的宽度与敌方进攻队列范围相当。每两架战车之间设置一个'悬火'投掷点。士卒都站立在战车旁等待进攻的鼓声，听到鼓声一响就马上点燃'悬火'投向敌人。如果敌人灭掉或避开了'悬火'，继续发动进攻，我方就再开始一轮向敌人投掷'悬火'。这样反复多次，敌人就会感到疲惫不堪，因而就会撤兵而去。这时就命令我方敢死队从城下突门左右杀出，追杀那些溃逃的敌军。虎贲勇士和守城主将，都按照城上战鼓的指挥杀出，也按战鼓的指挥退回。由于不停地出兵伏击，半夜又在城上四面鼓噪，因而敌军一定会产生疑惑和混乱，我方就必能乘机攻破敌营，斩杀敌将。我方伏兵都要穿白衣，互相用暗号联络。

第五十篇　迎敌祠

【题解】

本篇主要记述了战前关于祭祀、望气、誓师等规则、仪式等，这是为打好守城防御战所做的思想动员和激励士气的重要活动，因而也是保证守城防御战胜利的重要条件。另外，本篇还有一些守城方法，与"迎敌祠"无关，当是部分错简掺入所致。

【原文】

敌以东方来，迎之东坛①，坛高八尺，堂密八②；年八十者八人，主祭青旗③，青神④长八尺者八，弩八⑤，八发而止，将服必青⑥，其牲以鸡⑦。敌以南方来，迎之南坛，坛高七尺，堂密七；年七十者七人，主祭赤旗，赤神长七尺者七，弩七，七发而止，将服必赤，其牲以狗。敌以西方来，迎之西坛，坛高九尺，堂密九；年九十者九人，主祭白旗，素神长九尺者九，弩九，九发而止，将服必白，其牲以羊。敌以北方来，迎之北坛，坛高六尺，堂密六；年六十者六人，主祭黑旗，黑神长六尺者六，弩六，六发而止，将服必黑，其牲以彘。从外宅诸名大祠⑧，灵巫或祷焉⑨，给祷牲⑩。

凡望气⑪，有大将气，有小将气，有往气，有来气，有败气，能得明此者可知成败吉凶。举巫、医、卜有所，长具药⑫，宫之⑬，善为舍。巫必近公社⑭，必敬神之。巫、卜以请守⑮，守独智巫、卜望气之请而已。其出入为流言，惊骇恐吏民⑯，谨微察之，断，罪不赦。望气舍近守官。牧⑰贤大夫及有方技者若工⑱，弟之⑲。举屠、酤者⑳，置厨给事，弟之。

凡守城之法㉑，县师㉒受事，出葆㉓，循沟防㉔，筑蓐通涂㉕，修城。百官共㉖财，百工即事，司马视城修卒伍。设守门，二人掌右阎㉗，二人掌左阎，四人掌闭，百甲坐之㉘。城上步一甲、一戟，其赞㉙三人。五步有五长，十步有什长，百步有百长，旁有大率㉚，中有大将㉛，皆有司吏卒长。城上当阶㉜，有司守之。移中中处㉝，泽㉞急而奏之。士皆有职。

城之外，矢之所遝㉟，坏其墙，无以为客菌㊱。三十里之内，薪、蒸㊲、水皆入内。狗、彘、豚、鸡食其宎㊳，敛其骸以为醢㊴，腹病者以起㊵。城之内，薪蒸庐室，矢之所遝，皆为之涂菌㊶。令命昏纬狗纂马㊷，擊㊸纬。静夜闻鼓声而谯㊹，所以阖㊺客之气也，所以固民之意也，故时谯则民不疾㊻矣。

祝、史㊼乃告于四望山川、社稷㊽，先于戎㊾，乃退。公㊿素服[51]誓于太庙，曰："其人[52]为不道，不修义详[53]，唯乃是王[54]，曰：'予必怀亡尔社稷，灭尔百姓。'二参子尚夜自厦[55]，以勤寡人[56]，和心比力兼左右[57]，各死⑤⑧而守。"既誓，公乃退食。舍于中太庙⑤⑨之右，祝、史舍于社。百官具御⑥⓪，乃斗⑥①，鼓于门，右置旗，左置旌⑥②于隅，练名⑥③。射参⑥④发，告胜⑥⑤，五兵⑥⑥咸备，乃下，出挨⑥⑦，升望我郊⑥⑧。乃命鼓，俄升⑥⑨，役司马⑦⓪射自门右，蓬矢射之⑦①，茅⑦②参发，弓弩继之，校自门左⑦③，先以挥⑦④，木石继之。祝、史、宗人告社，覆之以甑⑦⑤。

【注释】

① 迎之东坛：坛祭为古代巫祭文化。每当有军事行动，国家就要筑坛设祭，祈祷神明护佑。当商周时期，"国之大事，在祀与戎"，可见祭祀与军事的极端重要性，因此不宜断为迷信活动而一概否定。坛，用土石砌成的高台，用于祭祀、誓师等活动。东坛，即在都城东部设坛，以下西坛、南坛、北坛皆是指都城的方位。

② 堂密八：岑仲勉认为，"密"是指坛的长、宽、高三者而言的。（岑仲勉：《墨子城守》，第84页。）意为"坛长、宽、高各为八尺"。

③ 主祭青旗：古代军队出征都举行祭旗仪式。青、白、赤、黑为东西南北四个方位的代表色。（岑仲勉：《墨子城守》，第84页。）

④ 青神：指主东方青色的神灵，该神灵一般由穿青衣的人装扮。以下其他白、赤、黑三种神亦同是方位神灵。

⑤ 弩八：八个弓箭手。因弓箭乃古代主要武器，在祭祀场合拉弓射箭，以示活动与军事有关。

⑥ 将服必青：将领所穿军服一定与东方青神一致，也是青色。

⑦ 其牲以鸡：东方在五行中属木，鸡为木畜。（孙诒让：《墨子间诂》，第573页。）意为"用鸡作为祭祀的牺牲"。

⑧ 从外宅诸名大祠：从外面所有各大名祠起。外宅，此指国家祭坛以外的场合。

⑨ 灵巫或祷焉：或，"咸"的形讹字。（岑仲勉：《墨子城守》，第84页。）意为"都派巫致祭"。

⑩ 给祷牲：提供祭祀的牺牲。

⑪ 望气：古有望气之说和望气之俗。即观察某方位风云气候以对应人

事，从而判断吉凶祸福。

⑫举巫、医、卜有所，长具药：当断句为"举巫、医、卜有所长，具药"。举，推举、任用。卜，占卜的人。具，配备、齐备。

⑬宫之：当为"宫养之"。（孙诒让：《墨子间诂》，第574页。）意为"由王宫（国家）出资供养"。

⑭公社：公祭土地神的设施。

⑮以请守：当为"以请报守"。（王念孙：《墨子杂志》，第248页。）请，同"情"，实情。守，守臣或郡守。

⑯惊骇恐吏民：使官吏和百姓惊怕恐惧。

⑰牧："收"的形讹字。

⑱方技者若工：有专长的人和百工。方技，专长。若，及。工，百工，指各类工匠。

⑲弟之：弟，"䬾"的省文。䬾（zhì），同"秩"。（孙诒让：《墨子间诂》，第575页。）秩之，排列等级次序。

⑳酤者：卖酒的人。

㉑凡守城之法：本段和下一段，所论之事与"迎敌祠"无关。疑为错简窜入。

㉒县师：据《周礼·地官》，县师为司马所管辖的军中官吏，其职责是主管动员、督查等事务。（阮元校刻：《十三经注疏》，第727页。）

㉓出葆：负责主将外出的保卫。葆，同"保"。

㉔循沟防：循通"巡"。（岑仲勉：《墨子城守》，第86页。）意为"巡查河沟防务"。

㉕筑荐通涂：荐，雍。雍，堵塞。（岑仲勉：《墨子城守》，第86页。）意为"堵塞城外通道"。

㉖共：通"供"。

㉗阖："阖"（hé）之误。阖，门扇。

㉘百甲坐之：每门有一百名甲士坐守。甲，甲士。

㉙赞：佐。

㉚旁：指城的四面。率：将领。

㉛中有大将：中军有全军主将。古代军队分为左中右三军，中军主将为全军统帅。

㉜城上当阶：正对着城上的台阶。当，对。

㉝移中中处："中"古代指公文一类薄书。中处，适合的地方。（岑仲勉：《墨子城守》，第87页。）

㉞泽："择"之误。（毕沅：《墨子注》（日本重刻本），第843页。）

㉟逯（tà）：同"逮"，及。

㊱客：指敌人。茵：作"翳"解。翳（yì），翳蔽、遮蔽。（孙诒让：《墨子间诂》，第576页。）

㊲蒸：小树、小块木柴。

㊳宍：即"宍"（ròu），同"肉"。

㊴醢（hé）：肉酱。

㊵腹病者以起：可以治好有肠胃病的人。

㊶涂茵：涂抹泥巴。茵，此指"用来遮蔽的泥巴。"

㊷昏：黄昏、傍晚。纬：束。纂：系、拴。

㊸掔（qiān）：固、牢固。

㊹谗（càn）："譟"（zào）的异体字。譟同"噪"。

㊺阖：压。

㊻疾：惊慌、害怕。

㊼祝、史：指太祝、太史，国中专门掌管国家祭祀活动的高官。

㊽四望山川、社稷：四周山川之神、土神和谷神。

㊾先于戎：在开战以前。

㊿公：指国公、国君。

51素服：白色祭服。

52其人：指敌人。

53义详：正义和吉祥。详，"祥"的音讹字。

54唯乃是王：当为"唯力是王"。意为"一味凭借武力称王"。

55二参子尚夜自厦：当为"二三子夙夜自厉"。"参"即"三"。二三子，指部属、后生、学生。尚为"夙"（sù）之误。厦为"厉"之误。（苏时学：

《墨子刊误》，第366页。）厉同"励"。

㊐ 以勤寡人："以勤于寡人"的省文，即"为寡人效力"。寡人，国君自称。

㊗ 兼：及。左右：佐助。

㊘ 死：同"尸"，主管。（岑仲勉：《墨子城守》，第88页。）

㊙ 中太庙：侯国的太祖庙。

㊚ 御：护驾。

㊛ 斗："升"之误。

㊜ 旌：古代旗帜一种，旗杆顶端用五色羽毛装饰。

㊝ 练名：练，白色缯（zēng）丝。名，同"铭"。（孙诒让：《墨子间诂》，第578页。）意为"用白练作为旌的旒（飘带），在旒上书写主将的姓或名号"。

㊞ 参：同"三"。

㊟ 告胜：祈祷胜利。

㊠ 五兵：指弓、殳、矛、戈、戟五种兵器。

㊡ 挨："俟（sì）"之误。俟，等待。

㊢ 升望我郊：登上侯国庙门台阶，远望国都的郊外。郊，"距国百里为郊。"（《说文解字》，第132页。）

㊣ 俄升：须臾、一会。

㊤ 役司马：负责徒役的官。

㊥ 蓬矢：用蓬草制成的箭。（王裕安等：《墨子大词典》，第226页。）

㊦ 茅：当为"矛"。（孙诒让：《墨子间诂》，第579页。）

㊧ 校自门左："校"后脱"射"。（孙诒让：《墨子间诂》，第579页。）校，军校，军中中级官吏。

㊨ 挥：后当脱某"兵器"。（孙诒让：《墨子间诂》，第579页。）

㊩ 覆之以甑：甑（zèng），陶锅。意为"把陶锅倒扣下来"。

【译文】

如果敌人从东方来，就在都城的东方筑起祭坛迎接和祭祀神灵。祭坛的高度、宽度和长度都为八尺。安排八位八十岁的老人来主祭青旗。选拔八个身高八尺的人充当东方青神。安排八个弓箭手，每人射出八支箭为止。将领一定要穿青色衣服。用鸡作为祭品。如果敌人从南方来，就在南方筑起祭坛迎接和祭祀神灵。祭坛的高度、宽度和长度都为七尺。安排七位七十岁的老人主祭赤旗。选拔七个身高七尺的人充当七位南方赤神。安排七个弓箭手，每人射出七支箭为止。将领一定要穿赤色衣服。用狗作为祭品。如果敌人从西方来，就在西方筑起祭坛迎接和祭祀神灵。祭坛的高度、宽度和长度都为九尺。选拔九位九十岁的老人主持祭祀白旗。选拔九个身高九尺的人充当西方素神。安排九个弓箭手，每人射出九支箭为止。将领一定要穿白色衣服。用羊作为祭品。如果敌人从北方来，就在北方筑起祭坛迎接和祭祀神灵。祭坛的高度、宽度和长度都为六尺。选拔六位六十岁的老人主持祭祀黑旗。选拔六个身高六尺的人充当北方黑神。安排六位弓箭手，每人射出六支箭为止。将领一定要穿黑色衣服。用猪作为祭品。从外面所有各大祠堂起，都派巫前往致祭，并供给祭品。

观察各方位上的风云之气，有大将之气、小将之气，有往气、来气和败气等。能够明辨这些风云之气的人，可以预知人事的成与败、吉与凶。推举的巫祝、医士和卜师，都是有特长的人，要为他们配备齐全的药物，把他们列为国家供养人员，妥善安置馆舍。巫祝一定要住在土地神坛附近，还一定要敬奉神灵。巫祝和卜师要把观察风云之气的实情报告守臣。也只有守臣一人知道巫祝和卜师望气的实情。如果巫祝、卜师到处散布流言蜚语，使官吏和百姓惊慌恐惧，守臣对此应当慎重地秘密调查，罪名落实就要处罚，不能赦免。望气台要邻近守臣官署。要把贤良大夫、有专长的人士和各类工匠集中起来，按身份、能力排列次序，予以任用。还要召集一些屠夫和卖酒的人，把他们划分等次，安排到专用祭祀的神厨里做事。

凡是防守城池的方法是：县师承担的职责，包括出入保卫主将、巡查河沟防务、堵塞城外通道以及整修城墙等。各级官吏负责筹集供应守城所需的物资财用，各类工匠要做好守城的各项具体事务。司马根据城池防御情况布置守卫士卒，两人掌管右扇门开启，另两人掌管左扇门开启，他们四人共同掌管大门的关闭。每道城门安排一百名甲士坐守。城上每五步安排一个甲士、一个持戟士，另加三个助手。城上每五步设伍长，每十步设什长，每百步设佰长。分守城池四面的各有一个将领，中军有一名主将为全军统帅。这样每一级都有主管的官长。在对着城上的阶梯处，安排专人把守。公文要转移到适合的地方保存。选择紧急重要的公文上报。每个吏卒都有自己的职守。

城池外面，凡是箭矢能够射到的地方，要把所有的墙垣都拆除，不能让它成为敌人遮避藏身的掩体。把三十里以内所有的树木柴草和饮用水都运入城内。把狗、猪、鸡等宰杀食肉，然后收集这些动物骨头做成"骨酱"，用来治疗那些有肠胃病的人。城里凡是敌人的箭矢能够射到的，所有的柴堆和房屋都要涂上厚厚的泥巴。命令城内所有居民，在黄昏以后必须把狗、马等动物都牢固地拴好。在寂静的夜晚，一旦听到鼓声就一起呐喊，这样一方面可以压住敌人的气势，另一方面也可稳定民心。经常这么做，城中百姓就不会感到惊慌害怕了。

太祝和太史要在战前祭告四周山川神灵以及土地神和谷神，祭告完毕以后退下。这时候国君穿上白色祭服到祖庙誓师。誓词说："敌人无道，不修德义，只求诉诸武力，甚至狂妄地放言，要消灭我们的国家和百姓。你们百官都要日夜自励，为寡人效力，齐心合力辅佐寡人，各自恪尽职守。"宣誓完毕，国君退出用餐，到太庙的右侧休息。太祝、太史到社庙休息。然后百官护驾，一起拾阶进入太庙。在庙门击鼓。在庙门的右边树旗、左侧树旌，旌旗的飘带上写着将帅的姓氏名号。将帅连射三箭，祷告作战取胜。弓、殳、矛、戈、戟五种兵器齐备。国君率百官走下台阶稍待后，又登上庙中高台，远望都城的郊外。命令再次击鼓，一会儿停止敲击。役司马从庙门右侧射出蓬矢，执矛士卒用矛戳地三下，弓弩手向空中射箭。军校先在庙门左侧挥舞手中兵器，然后士卒把滚木礌石一齐抛下。太祝、太史和祭祀礼官一同祭告社庙，然后把陶锅反扣在祭品上，誓师之礼即告结束。

第五十一篇 旗帜

【题解】

本篇主要阐述的是，对守城的各类人物以及所属的重要武器及其它物资，要设置旗帜标识，以方便于统一指挥和调拨。不仅将军、亭尉有旗帜，妇女、老人、儿童也有旗帜，而且对旗帜的颜色、尺寸、使用方法都有明确规定。此外，还规定城中的官吏、士卒及男女老幼，都要在身体规定部位佩戴旗帜徽章，这也是方便指挥的重要措施。

【原文】

守城之法，木为苍旗，火为赤旗，薪樵为黄旗，石为白旗，水为黑旗，食为菌旗，死士为仓英之旗①，竟士为雩旗②，多卒③为双兔之旗，五尺童子为童旗，女子为梯末④之旗，弩为狗旗，戟为旌⑤旗，剑盾为羽旗，车为龙旗，骑为鸟旗。凡所求索，旗名不在书者，皆以其形名为旗。城上举旗，备具之官致⑥财物，之足⑦而下旗。

凡守城之法，石有积，樵薪有积，菅茅⑧有积，藿苇⑨有积，木有积，炭有积，沙有积，松柏有积，蓬艾有积，麻脂有积，金铁⑩有积，粟米有积；井灶有处，重质⑪有居；五兵各有旗；节各有辨⑫；法令各有贞⑬；轻重分数各有请⑭；主慎道路者有经⑮。

亭尉各为帜，竿长二丈五，帛长丈五、广半幅者大⑯。寇傅攻前池外廉⑰，城上当队鼓三，举一帜；到水中周⑱，鼓四，举二帜；到藩⑲，鼓五，举三帜；到冯垣⑳，鼓六，举四帜；到女垣㉑，鼓七，举五帜；到大城，鼓八，举六帜；乘大城半㉒以上，鼓无休。夜以火，如此数㉓。寇却解，辄部帜如进数㉔，而无鼓。

城为隆㉕，长五十尺。四面四门将长四十尺，其次三十尺，其次二十五尺，其次二十尺，其次十五尺，高无下四十五尺㉖。

城上吏卒置之背㉗，卒于头上；城下吏卒㉘置之肩，左军于左肩㉙，中军置之胸，各一鼓，中军一三㉚。每鼓三、十击之㉛，诸有鼓之吏谨以次㉜应之，当应鼓而不应，不当应而应鼓，主者斩。

道广三十步，于城下夹阶者各二，其井置铁㉝。于道之外为屏，三十步而为之圂㉞，高丈。为民圂，垣高十二尺以上。巷术周道者㉟，必为之门，门二人守之；非有信符，勿行，不从令者斩。城中吏卒男女，皆荷异衣章微，令男女可知㊱。

诸守牲格者㉟，三出却适㊳，守以令召赐食前，予大旗，署㊴百户邑。若他人财物㊵，建旗其署，令皆明白知之，曰某子旗。牲格内广二十五步，外广十步，表㊶以地形为度。靳卒㊷，中教解㊸前后左右，卒劳者更休之。

【注释】

① 死士为仓英之旗：勇士举苍鹰旗。死士，勇士。仓英，"苍鹰"的音讹字。（苏时学：《墨子刊误》，第 367 页。）

② 竞士：劲卒。（苏时学：《墨子刊误》，第 367 页。）雩（yú）："虎"之误。（王念孙：《墨子杂志》，第 252 页。）

③ 多卒：大群士卒。

④ 梯末："姊妹"的形讹字。（岑仲勉：《墨子城守》，第 91 页。）

⑤ 莅：疑为"旌"之误。（孙诒让：《墨子间诂》，第 580 页。）莅：无注音释义。

⑥ 致：致送、送达。

⑦ 之足：所供财务已足用。之，指所供财物。

⑧ 菅茅：茅草。菅（jiān），茅。

⑨ 萑苇：芦苇。萑（huán），同"萑"。

⑩ 金铁：当为"金钱"之误。（王念孙：《墨子杂志》，第 252 页。）

⑪ 重质：重要人质。

⑫ 节各有辨：各类符节有判识的标记。节，符节。辨，判。

⑬ 贞：定。

⑭ 请：同"情"，实情。

⑮ 慎："循"的通假字。（孙诒让：《墨子间诂》，第 582 页。）循通"巡"。巡，巡查。经，行。

⑯ 帛长丈五、广半幅者大：旗帛长一丈五尺、宽半幅，共六面旗。大，"六"之误。（孙诒让：《墨子间诂》，第 582 页。）

⑰ 外廉：外边。廉，边。（岑仲勉：《墨子城守》，第 92 页。）

⑱ 水中周：护城河中的高地。周，通"洲"。（岑仲勉：《墨子城守》，第 92 页。）

⑲ 藩：指护城河里侧的藩篱。藩，藩篱，此指用木桩排列成的"椐"。

⑳ 冯垣：女墙外的矮墙。（岑仲勉：《墨子城守》，第92页。）

㉑ 女垣：即"女墙"，大城外的墙。（岑仲勉：《墨子城守》，第92页。）

㉒ 乘大城半：爬上内城城墙的一半。

㉓ 夜以火，如此数：夜晚以敌人进攻方位举火把，举火把的数目与白天举旗的数目一致。火，火把。

㉔ 寇却解，辄部帜如进数：敌人退到什么方位，就安排举起原先敌人进攻到某方位所举的旗帜。部，部署。（岑仲勉：《墨子城守》，第92页。）

㉕ 城为隆：当为"城将为绛"。（孙诒让：《墨子间诂》，第583页。）"城"后脱"将"。"隆"为"绛"之误。绛（jiàng），赤色。

㉖ 高无下四十五尺：当为"高无下十五尺"，"四"为衍字。（孙诒让：《墨子间诂》，第583页。）

㉗ 城上吏卒置之背：此句前当将下段"城中吏卒民男女，皆荇异衣章微，令男女可知"提上来。荇（xíng），"辨"之误。衣章微，当为"衣章徽帜"。（王念孙：《墨子杂志》，第256页。）微，"徽"的形讹字。"皆荇异衣章微"改后为"皆辨异衣章徽帜"，意为"都用身上的衣章、旗章判断不同身份"。

㉘ 吏卒："卒"为衍字。

㉙ 左军于左肩：按三军序列，下脱"右军于右肩"。（王念孙：《墨子杂志》，第255页。）

㉚ 各一鼓，中军一三：疑为"各一鼓，中军三"。"一"为衍字。（孙诒让：《墨子间诂》，第584页。）

㉛ 每鼓三、十击之：每击一次鼓，或按三击、或按十击来进行。

㉜ 次：顺序。

㉝ 于城下夹阶者各二，其井置铁彉：当断句和改为"于城下夹阶者各二井，置铁彉"。夹阶，夹持上城台阶。彉（quán），"罐"的异体字。

㉞ 圜（huán）："圂"之误。圂（hùn），同"溷"，厕所。

㉟ 巷术周道者：街巷小道通往大道的。巷术，巷道。

㊱ 城中吏卒男女，皆荇异衣章微，令男女可知：此段上移到"城上吏

卒置之背"前。

㊲ 诸守牲格者:"牲格"即"柞格"。意为"防守柞格的军将士卒"。

㊳ 却适:打退敌人,却,打退。

㊴ 署:置官署管理。

㊵ 他人财物:当为"其它财物"。

㊶ 表:"长"之误。

㊷ 靳卒:练兵。靳,"勒"之误。(孙诒让:《墨子间诂》,第586页。)勒,勒兵,指练兵。

㊸ 中教解:居中教练。中,居中。"解"为衍字。(孙诒让:《墨子间诂》,第586页。)

【译文】

防守城池的方法之一,就是当城上需用某种兵力和物资时,就以举旗作为信号。需要木材就举青旗,需用烟火就举赤旗,需用柴草就举黄旗,需用石头就举白旗,需用水就举黑旗,需用食物就举菌旗;需要勇士就举苍鹰旗,需要劲卒就举虎旗,需要增加守城士卒就举双兔旗,需要儿童就举童旗,需征召女子就举姊妹旗;需要弓弩就举狗旗,需要戟就举旌旗,需要剑和盾就举羽旗,需要车就举龙旗,需要战马就举鸟旗。凡需要征调的物品,文书上没有相对应旗帜的,就按该物品的形状和名称来制作相应旗帜。城上举挂旗帜,后勤供应官吏就要按要求送达人财物;所需兵力和物品充足后,就降下相应的旗帜。

凡是防守城池的方法之一,就是要全面储积物品。必须储积的物品,有石头、柴薪、茅草、芦苇、木材、木炭、沙子、松柏、蓬艾、麻油、金钱和粮食。井和灶要安放在合适地方,重要人质要有居住的处所。弓、殳、矛、戈、戟五种兵器各有识别旗号,符节各有识别的记号。各种法令都有明确规定,等级和轻重各按实际情况确定。主持巡查道路的官吏也各有划定的区域。

每个亭尉都配备各自用于识别的旗帜,旗杆长两丈五尺,旗帛长一丈五尺,宽为长幅的一半,共有六面旗帜。当敌方进攻到护城河边,城上与敌方进攻方位相对应的守军就要击鼓三下，升挂一面旗帜；当敌方攻入护城河里面的高地上，就击鼓四下，升挂两面旗帜；当敌方进攻到护城河里侧藩篱时，就要击鼓五下，升挂三面旗帜；当敌方攻到外城第一道矮墙时，就要击鼓六下，升挂四面旗帜；当敌方进攻到女墙时，就要击鼓七下，升挂五面旗帜；当敌军攻到大城城下时，就要击鼓八下，升挂六面旗帜；当敌方已爬到大城城墙一半时，就要不间断地连续击鼓。在夜晚面对敌人的进攻时，就用升举火把代替升举旗帜，升举火把的数量与升挂旗帜规定的数量一样。敌人退却时，部署升挂的旗帜与敌方进攻时的规定相同，但不再击鼓。

守城主将升挂绛色旗帜，旗长五十尺。防守四面城门的将领旗长四十尺。其他校尉级军吏按等级递减，有三十尺、二十五尺、二十尺和十五尺几个规格，最低不少于十五尺。

凡是城中的官吏、士卒和男女百姓，都通过身上佩戴不同的衣章旗徽来加以区分。城上军吏把徽章缝在后背上，城上士卒的徽章插在头盔上；城下官吏士卒把徽章缝在肩膀上：左军缝在左肩，右军缝在右肩，中军则缝在胸前衣服上。左右两军各设一只战鼓，中军设三只战鼓。中军每一次敲鼓，都是按三下或十下的频率来敲击。各处负责击鼓的军吏，要认真按顺序击鼓回应中军。凡应当回应而不回应、不应当回应而任意回应的，都要处死。

城中道路宽三十尺。在上城台阶的两侧，各凿两口井，井旁设置汲水铁罐。在道路外侧修筑屏墙。每隔三十步设立一个墙高一丈的军用厕所。为百姓修建的厕所墙高一丈二尺。凡城中街巷小道与环城大道相通的地方，一定要修建门卡，每个门卡有两人防守。没有出入证的人，不准通行，不服从命令者斩首。

防守城外藩篱的军将，如果连续三次出击打退了敌人进攻，郡守要传令召集他当面赐予食物，授予大旗，赏赐管辖百户人家的城邑以及财物，还要在该军将的官署树立旗帜，使大家都知道这是某某军将的大旗。城外藩篱内侧宽二十五步，外侧宽十步，长度根据地形而定。训练士卒，将官站在中间位置，教练士卒前后左右应当如何行动。士卒训练疲惫了，就让他们轮流休息。

第五十二篇　号令

【题解】

本篇涉及守城的许多问题，但主要讲述守城和作战过程中的各种军纪、法则和禁令，以及城内管辖区的划分、人员布防和处置的各种原则和方法。严明军纪、执行命令是夺取守城胜利的基本保证，墨子对此给予高度重视。他对大到守城防务、外交活动，小到士兵和民众的行为规范，都作出严明规定。而通过这些规定，就可以建立一个赏罚严明、上下畅通的高效指挥系统。

【原文】

安国之道，道任地始①，地得其任则功成，地不得其任则劳而无功。人亦如此，备不先具者无以安主②，吏卒民多心不一者，皆在其将长③。诸行赏罚及有治者④，必出于王公。数使人行劳，赐守边城关塞、备蛮夷之劳苦者⑤，举⑥其守率⑦之财用有余、不足，地形之当守边者，其器备常多⑧者。边县邑，视其树木恶，则少用⑨，田不辟，少食，无大屋、草盖，少用桑⑩。多财，民好食。

为内牒⑪，内行栈，置器备其上。城上吏、卒、养，皆为舍道内，各当其隔部⑫。养什二人，为符者⑬曰养吏一人，辨护⑭诸门。门者及有守禁者皆无令无事者得稽留止其旁，不从令者戮。敌人但至，千丈之城，必郭⑮迎之，主人利。不尽千丈者勿迎⑯也，视敌之居曲⑰、众少而应之，此守城之大体也。其不在此中者，皆心术与人事⑱参之。凡守城者，以亟伤敌为上，其延日持久以待救之至，明⑲于守者也，不能此⑳，乃能守城。

守城之法，敌去邑百里以上，城将如今㉑尽召五官及百长㉒，以富人重室之亲，舍之官府，谨令信人守卫之，谨密为故㉓。

及傅城，守将营无下三百人。四面四门之将，必选择之有功劳之臣及死事之后重者㉔，从卒各百人。门将并守他门，他门之上必夹为高楼，使善射者居焉。女郭、冯垣一人一人守之㉕，使重室子。五十步一击㉖。因城中里为八部，部一吏，吏各从四人，以行冲术㉒及里中。里中父老小㉓不举守之事及会计者，分里以为四部，部一长，以苛往来不以时行、行而有他异者，以得其奸。吏从卒四人以上有分㉙者，大将必与为信符，大将使人行守，操信符，信㉚不合及号不相应者，伯长以上辄止之，以闻大将。当止不止及从吏卒纵之，皆斩。诸有罪自死罪以上，皆逮父母、妻子、同产㉛。

诸男女㉜有守于城上者，什六弩、四兵。丁女子㉝、老少，人一矛。

卒有惊事，中军疾击鼓者三，城上道路、里中巷街，皆无得行，行者斩。女子到大军，令行者男子行左，女子行右，无并行，皆就其守，不从令者斩。离守者三日而一徇㉞，而所以备奸也。里虺与㉟皆守宿里门，吏行其部，至里门，正与㊱开门内㊲吏，与行父之守及穷巷幽间无人之处。奸民之所谋为外心，罪车裂㊳。正与父老及吏主部者不得㊴，皆斩；得之，除，又赏之黄金，人二镒㊵。大将使使人㊶行守，长夜五循行㊷，短夜三循行。四面之吏亦皆自行其守，如大将之行，不从令者斩。

诸灶必为屏㊸，火突㊹高出屋四尺。慎无敢失火，失火者斩其端，失火以为事者㊺车裂。伍人不得，斩；得之，除。救火者无敢喧哗，及离守绝巷㊻救火者斩。其正及父老有守㊼此巷中部吏，皆得救之，部吏亟令人谒㊽之大将，大将使信人将左右救之，部吏失不言者斩。诸女子有死罪及坐㊾失火皆无有所失，逮其以火为乱事者如法。围城之重禁。

敌人卒而至，严令吏民无敢讙嚣、三最㊿并行、相视坐泣流涕，若视举手相探、相指相呼、相麾51、相踵、相投、相击、相靡52以身及衣、讼驳53言语及非令也而视敌动移者，斩。伍人不得，斩；得之，除。伍人逾城归敌，伍人不得，斩；与伯54归敌，队吏斩；与吏归敌，队将55斩。归敌者父母、妻子、同产，皆车裂。先觉之，除。当术需敌离地56，斩。伍人不得，斩；得之，除。

其疾斗却敌于术，敌下终不能复上，疾斗者队二人赐上奉57。而胜围58，城周里以上，封城将三十里地为关内侯59，辅将如令赐上卿60，丞及吏比于丞者赐爵五大夫61，官吏、豪杰与计坚守者，十人62及城上吏比五官者，皆赐公乘63。男子有守者爵，人二级，女子赐钱五千，男女老小先64分守者，人赐钱千，复之三岁，无有所与，不租税。此所以劝吏民坚守胜围也。

卒侍大门㉕中者，曹无过二人。勇敢为前行，伍坐㉖，令各知其左右前后。擅离署，戮。门尉昼三阅之，莫㉗，鼓击门闭一阅，守时令人参之，上逋者㉘名。铺㉙食皆于署，不得外食。守必谨微察视谒者㉚、执盾㉛、中涓㉜及妇人侍前者志意、颜色、使令、言语之请。及上饮食，必令人尝，皆㉝非请也，击而请故㉞。守有所不说谒者、执盾、中涓及妇人侍前者，守曰断之、冲㉟之、若缚之，不如令及后缚者，皆断。必时素诫之。诸门下朝夕立若坐，各令以年少长相次，旦夕就位，先佑㊱有功有能，其余皆以次立。五日，官各上喜戏、居处不庄、好侵侮人者一。

诸人士外使者来，必令有以执将㊲，出而还，若行县㊳，必使信人先戒舍㊴，室乃出迎，门守乃入舍㊵。为人下者常司上之，随而行，松上不随下㊶。必须□□随㊷。

客卒守主人㊸，及以为守卫，主人亦守客卒。城中戍卒㊹，其邑或以下寇㊺，谨备之，数录其署㊻，同邑者，弗令共所守。与阶门吏㊼为符，符合入，劳；符不合，牧㊽，守言㊾。若城上㊿者，衣服他不如令者(51)。

宿鼓(52)在守大门中。莫，令骑若使者、操节闭城者皆以执毚(53)。昏鼓鼓十，诸门亭皆闭之。行者断，必击(54)问行故，乃行其罪。晨见，掌文鼓(55)纵行者，诸城门吏各入请籥(56)，开门已，辄复上籥。有符节，不用此令。寇至，楼鼓五，有周鼓(57)，杂小鼓乃应之。小鼓五，后从军，断。命必足畏，赏必足利，令必行，令出辄人随，省其可行、不行。号，夕有号，失号，断。为守备程(58)而署之曰某程，置署街街衢阶若门(59)，令往来者皆视而放(60)。诸吏卒民有谋杀伤其将长者，与谋反同罪，有能捕告，赐黄金二十斤，谨罪(61)。非其分职而擅取之，若非其所当治而擅治为之，断。诸吏卒民非其部界而擅入他部界，辄收，以属都司空(62)若侯，侯以闻守，不收而擅纵之，断。能捕得谋反、卖城、逾城敌者(63)一人，以令为除死罪二人、城旦(64)四人。反城事父母(65)去者，去者之父母妻子(66)。

悉举民室材木、瓦若蔺石数，署长短小大。当举不举，吏有罪。诸卒民(67)居城上者各葆其左右，左右有罪而不智也，其次伍(68)有罪。若能身捕罪人若告之吏，皆构(69)之。若非伍而先知他伍之罪，皆倍其构赏。

城外令(70)任，城内守(71)任。令、丞、尉，亡(72)，得入当(73)，满十人以上，令、丞、尉夺爵各二级；百人以上，令、丞、尉免，以卒戍。诸取当者⑭，必取寇虏，乃听⑮之。

募民欲财物粟米以贸易凡器者⑯，卒以贾予⑰。邑人知识⑱、昆弟有罪，虽不在县中而欲为赎，若以粟米、钱金、布帛、他财物免出者，令许之。

传言者十步一人，稽⑲留言及乏传者，断。诸可以便事者，亟以疏传言守。吏卒民欲言事者，亟为传言请之吏⑳，稽留不言诸㉑者，断。

县各上其县中豪杰若谋士、居大夫㉒，重厚口数多少。

官府城下吏、卒、民家㉓，前后左右相传保火。火发自燔㉔，燔曼延㉕燔人，断。诸以众强凌弱少及强奸人妇女，以谨讙㉖者，皆断。

诸城门若亭，谨侯视㉗往来行者符。符传疑，若无符㉘，皆诣县廷言，请㉙问其所使；其有符传者，善舍官府。其有知识、兄弟欲见之，为召，勿令里巷㉚中。三老、守闾令厉缮夫为荅㉛。若他以事者微者㉜，不得入里中。三老不得入家人㉝。传令里中有以羽，羽者三所差㉞，家人各令其官㉟中，失令若稽留令者，断。家有守者治食。吏、卒、民无符节而擅入里巷、官府，吏、三老、守闾者失苛止，皆断。

诸盗守器械、财物及相盗者，直一钱以上，皆断。吏、卒、民各自大书于桀㊱，著之其署同㊲，守案其署，擅入者，断。城上日壹废席蓐㊳，令相错发㊴。有匿不言人所挟藏在禁中者，断。

吏、卒民死者，辄召其人㊵与次司空㊶葬之，勿令得坐泣。伤甚者令归治病，家善养，予医给药，赐酒日二升、肉二斤，令吏数行间㊷，视病有瘳㊸，辄造㊹事上。诈为自贼伤以辟事者，族之。事已，守使吏身行死伤家，临户而悲哀之。寇去事已，塞祷㊺。守以令益邑中豪杰力斗诸有功者，必身行死伤者家以吊哀之，身见死事之后。城围罢，主亟发使者往劳，举有功及死伤者数，使爵禄㊻，守身尊宠，明白贵之，令其怨结于敌。

城上卒若吏各保其左右，若欲以城为外谋者，父母、妻子、同产皆断。左右知，不捕告，皆与同罪。城下里中家人皆相葆，若城上之数㊼。有能捕告之者，封之以千家之邑㊽；若非其左右及他伍捕告者，封之二千家之邑。

城禁：使㊾、卒、民不欲寇微职和旌者㊿，断。不从令者，断。非5擅出令者，断。失令者，断。倚戟县下城52，上下不与众等者，断。无应而妄讙呼者，断。总失⑤者，断。誉客内毁者，断。离署而聚语者，断。闻城鼓声而伍⑤，后上署者，断。人自大书版，著⑤之其署隔，守必自谋⑤其先后，非其署而妄入之者，断。离署左右，共入他署，左右不捕，挟私书，行请谒及为行书者⑤，释守事而治私家事，卒民相盗室、婴儿，皆断无赦。人举而藉之。无符节而横行军中者，断。客在城下，因数易其署而无易其养。誉敌少以为众，乱以为治，敌攻拙以为巧者，断。客、主人无得相与言及相藉⑤，客射以书，无得誉⑤，外示内以善，无得应，不从令者，皆断。禁无得举矢书若以书射寇，犯令者父母、妻子皆断，身枭⑥城上。有能捕告之者，赏之黄金二十斤。非时而行者，唯守及掺⑥太守之节而使者。

守入临城⑥，必谨问父老、吏大夫、请⑥有怨仇雠不相解者，召其人，明白为之解之。守必自异其人而藉之，孤之⑥，有以私怨害城若吏事者，父母、妻子皆断。其以城为外谋者，三族⑥。有能得若捕告者，以其所守邑小大封之，守还授其印，尊宠官之，令吏大夫及卒民皆明知之。豪杰之外多交诸侯者，常请之，令上通知之，善属⑥之，所居之吏上数选具之⑥，令无得擅出入，连质之。术乡长者、父老、豪杰之亲戚父母、妻子，必尊宠之。若贫人食⑥不能自给食者，上食之。及勇士父母、亲戚、妻子，皆时酒肉⑥，必敬之。舍之必近太守。守楼临质宫而善周，必密涂楼，令下无见上，上见下，下无知上有人无人。

守之所亲，举吏贞廉忠信、无害可任事者，其饮食酒肉勿禁，钱金、布帛、财物各自守之，慎勿相盗。葆宫之墙必三重，墙之垣，守者皆累瓦釜⑩墙上。门有吏，主者门里筦闭⑰，必须太守之节。葆卫⑰必取戍卒有重厚者，请择吏之忠信者、无害可任事者。

令将卫自筑十尺之垣⑱，周还墙，门、闺者非⑱令卫司马门。

望气者舍必近太守，巫⑮舍必近公社⑯，必敬神之。巫祝史⑰与望气者必以善言告民，以请上报守，守独知其请而已。无⑱与望气妄为不善言惊恐民，断弗赦。

度食不足，食民⑩各自占⑱家五种⑱石升数，为期，其在葆害⑱，吏与杂訾⑱。期尽匿不占，占不悉，令吏卒散⑱得，皆断。有能捕告，赐什三。收粟米、布帛、钱金，出内畜产，皆为平直其贾⑮，与主券人书之。事已，皆各以其贾倍偿之。又用其贾贵贱、多少赐爵，欲为吏者许之，其不欲为吏而欲以受赐赏爵禄，若赎出亲戚、所知罪人者，以令许之。其受构赏者令葆宫见，以与其亲⑱。欲以复佐上者，皆倍其爵赏。某县某里某子家食口二人，积粟六百石，某里某子家食口十人，积粟百石。出粟米有期日，过期不出者王公有之⑱，有能得，若告之，赏之什三。慎无令民知吾粟米多少。

守入城，先以侯⑱为始，得輒宫养之，勿令知吾守卫之备。侯者为异宫，父母妻子皆同其宫，赐衣食酒肉，信吏善待之。侯来若复，就间⑱。守宫三难⑲，外环隅为之楼，内环为楼，楼入葆宫丈五尺为复道⑲。葆不得有室，三日一发席蓐，略视之，布茅宫中，厚三尺以上。发侯⑫，必使乡邑忠信善重士，有亲戚、妻子，厚奉资之。必重发侯，为养其亲若妻子，为异舍，无与员⑲同所，给食之酒肉。遣他侯，奉资之如前侯。反，相参审信，厚赐之。侯三发三信，重赐之。不欲受赐而欲为吏者，许之二百石之吏。守珮⑭授之印。其不欲为吏而欲受构赏禄⑮，皆如前。有能入深至主国⑯者，问之审信，赏之倍他侯。其不欲受赏而欲为吏者，许之三百石之吏者。扞士⑰受赏赐者，守必身自致之其亲之其亲之⑱所，见⑲其见守之任。其欲复以佐上者，其构赏、爵禄、罪人倍之⑳。

出候无过十里，居高便所树表⑳，表三人守之，比至城者三表㉒，与城上烽燧㉓相望，昼则举烽，夜则举火。闻寇所从来，审知寇形必攻，论小城不自守通者㉔，尽葆其老弱、粟米、畜产。遣卒候者无过五十人，客至堞，去之，慎无厌建㉕。候者曹㉖无过三百人，日暮出之，为微职。空队、要塞㉖之人所往来者，令可□□㉖，迹者无下里三人，平㉙而迹。各立其表，城上应之。候出越陈表㉑，遮㉑坐郭门之外内，立其表，令卒之半居门内，令其少多无可知也。即有惊，见寇越陈表，城上以麾㉒指之，迹坐击正期㉓，以战备从麾所指。望见寇，举一垂㉔；入竟㉕，举二垂；狊郭，举三垂；入郭，举四垂；狊城，举五垂。夜以火，皆如此。

去郭百步，墙垣、树木小大尽伐除之。外空井㉖尽窒之，无令可得汲也。外空窒㉑尽发之，木尽伐之。诸可以攻城者尽内城中，令其人各有以记之，事以㉘，各以其记取之。事为之券㉙，书其枚数。当遂材木不能尽内，即烧之，无令客得而用之。

人自大书版，著之其署忠㉑。有司出其所治，则从㉑淫之法，其罪射㉒。务色谩正㉓，淫嚣不静，当路尼众㉔，舍事后就，逾时不宁㉕，其罪射。谨嚣咸众，其罪杀。非上不谏，次主凶言㉖，其罪杀。无敢有乐器、獒骐㉗军中，有则其罪射。非有司之令，无敢有车驰、人趋，有则其罪射。无敢散牛马军中，有则其罪射。饮食不时，其罪射。无敢歌哭于军中，有则其罪射。令各执罚尽杀，有司见有罪而不诛，同罚，若或逃之，亦杀。凡将率斗其众失法，杀。凡有司不使去卒㉘、吏民闻誓令，代之服罪。凡戮人于市，死上目行㉙。

谒者侍令门外，为二曹，夹门坐，铺㉑食更，无空。门下谒者一长㉑，守数令入中视其亡者，以督门尉与其官长，及亡者入中报。四人夹令门内坐，二人夹散门㉒外坐。客见，持兵立前，铺食更，上侍者名。守室下高楼㉓候者，望见乘车若骑卒道外来者，及城中非常者，辄言之守。守以须城上候城门及邑吏来告其事者以验之，楼下人受候者言，以报守。中涓二人，夹散门内坐，门常闭，铺食更。中涓一长者，环守官之术衢，置屯道㉔，各垣其两旁，高丈，为埤，立初鸡足置㉕，夹挟视葆食㉖。而札书得，必谨案视参食者㉗，节㉘不法，正请之㉙。屯陈㉘、垣外术衢街皆楼㉔，高临里中，楼一鼓，聋灶，即有物故㉒，鼓，吏至而止，夜以火指鼓所。城下五十步一厕，厕与上同圂，请㉓有罪过而可无断者，令杍㉔厕利㉕之。

【注释】

① 道任地始：从利用地利开始。道，从。任，利用。地，地利。

② 主：指国君。

③ 将长：将帅和官长。

④ 有治者：治理办法的实施。治，治理。

⑤ 数使人行劳，赐守边城关塞、备蛮夷之劳苦者：当断句为"数使人行劳赐守边城关塞、备蛮夷之劳苦者"。数，多次。行劳赐，前往慰劳和赏赐。

⑥ 举：报告。

⑦ 率：同"帅"。

⑧ 常多：经常保持足量。

⑨ 恶：材质差。少用：当为"少用材"。（姜宝昌：《墨守训释》，第249页。）

⑩ 草盖：以草盖房。少用桑：当为"少用乘"，"桑"为"乘"之误。（孙诒让：《墨子间诂》，第587页。）乘，车乘。

⑪ 牒："堞"之误。（孙诒让：《墨子间诂》，第587页。）

⑫ 隔部：隔，区隔、界限。部，队。此指各队分守的区域。

⑬ 为符者：执掌信符的官吏。为，治、管。

⑭ 辨护：管理和监护。辨，治。护，监护。

⑮ 郭：外城。

⑯ 勿迎：当为"勿迎郭"。

⑰ 居曲：钝锐。居通"倨"。

⑱ 心术与人事：智谋和人事现状。

⑲ 明：前脱"不"字。（孙诒让：《墨子间诂》，第588页。）

⑳ 不能此：当为"必能此"。（苏时学：《墨子刊误》，第369页。）

㉑ 如今：当为"如令"。（毕沅：《墨子注》（日本重刻本），第849页。）

㉒ 五官：都城小吏，类比于后世"五曹"。百长：即军中帛尉，率一百人。

㉓ 故：要务。

㉔ 死事之后重者：为国死难者的后代和贵室子弟。死事，死于王事。重者，贵家子弟。

㉕ 女郭、冯垣一人一人守之：女郭，大城外的城墙。（孙诒让：《墨子间诂》，第589页。）冯垣，女郭外的矮墙。前"一人"当为"一步"。（吴毓江：《墨子校注》，第929页。）改后为"女郭、冯垣，一步一人守之"。

㉖ 击："隔"之误。"隔"是隐藏士卒和储存兵器的地方。

㉗ 行冲术：巡行街巷。行，巡行。冲，同"衢"，通道。（毕沅：《墨子注》，（日本重刻本），第849页。）

㉘ 父老小："小"为衍字。

㉙ 分：当为"分守"，脱"守"字。（王念孙：《墨子杂志》，第259页。）

㉚ 信：当为“信符”，脱“符”字。

㉛ 遝（tà）：及、达，此指“罪及”。同产：同胞（兄弟）。

㉜ 男女：当为“男子”。（孙诒让：《墨子间诂》，第591页。）

㉝ 丁女子：青壮妇女。

㉞ 三日而一徇：当为“三日一徇”，“而”为衍字。（孙诒让：《墨子间诂》，第591页。）徇，示众、宣示。

㉟ 里𤴓与：𤴓即“正”。“与”后脱“父老”二字。

㊱ 正与：后脱“父老”二字。

㊲ 内：读nà，同“纳”。

㊳ 车裂：古代刑罚之一，是用绳索捆缚住人的头部和四肢后再启动马车撕裂人体的一种酷刑。

㊴ 不得：没有发觉犯罪活动和没有捕获罪犯。以下“不得”多是指此两层意思。

㊵ 镒：古代黄金计量单位，一镒为二十四两。

㊶ 使人：当为“信人”。信人，亲信可靠的人。（岑仲勉：《墨子城守》，第102页。）

㊷ 循行：即“巡行”。

㊸ 屏：屏墙，即防火屏障。

㊹ 火突：烟囱。

㊺ 端：故，此指故意纵火者。以为事者：当为“以为乱事者”，“为”后脱“乱”字。

㊻ 绝巷：越过街巷。绝，越。

㊼ 有守：即“与守”，参与防守或守卫。

㊽ 谒（yè）：告白、陈说。

㊾ 坐：触犯、获罪。

㊿ 最：古作“冣”，“冣”同“聚”。（王念孙：《墨子杂志》，第259页。）

(51) 麾：将旗，用于指挥。此指“挥手”。

(52) 靡：摩擦。

(53) 讼驳：争论长短。讼，告。驳，辩驳。

(54) 伯：指百长。

(55) 队将：四面四门之将。

(56) 当术需敌离地：术，敌人进攻线、战场。需，通“懦”。（孙诒让：《墨子间诂》，第594页。）意为“在战场面对敌人怯懦而脱离战斗”。

(57) 奉：“俸”的假借字。

(58) 而胜围：如果胜利打破了敌人的围城。而，如果。

(59) 关内侯：秦制，二十等爵的“十九等关内侯”。（《汉书》，第739—740页。）

(60) 辅将如令赐上卿：主将之下的裨将依令授予上卿官职。上卿，周制，宗周及诸侯皆设卿，分上、中、下三等。

(61) 五大夫：秦制，二十等爵中的第五等。（《汉书》，第739—740页。）

(62) 十人：当为“士人”。

(63) 公乘：秦制，二十等爵中的第八等。（《汉书》，第739—740页。）

(64) 先：“无”之误。（孙诒让：《墨子间诂》，第595页。）

(65) 卒：当为“吏”。大门：此指太守官署大门。

(66) 伍坐：同伍之人连坐治罪。

(67) 莫：同“暮”。

(68) 逋者：逃亡者、离官署者。逋（bū），逃亡。

(69) 铺：“餔”之误。餔（bù），进食、吃饭。原指晚餐。

(70) 谒者：秦汉官职，主管宾客接待。

(71) 执盾：亲近侍卫。

(72) 中涓：侍从官职，主管请谒。

(73) 皆：“若”之误。

(74) 击：“系”之误，“请”通“诘”。（苏时学：《墨子刊误》，第372页。）

(75) 冲：殴打、击打。

(76) 佑：通“右”。右，尊崇。

(77) 必令有以执将：当断句为“必令有以执”。“将”字移入下句。（姜宝昌：《墨守训释》，第272页。）

(78) 若行县：或巡视县情。若，或。

⑦戒舍：告知主人。戒，告。

⑧门守乃入舍：当为"闻守乃入舍"。（孙诒让：《墨子间诂》，第597页。）闻守，即"闻于守"，"守"指"郡守"。

⑧司：同"伺"，伺察。之：通"志"，意志。松：读"从"，作"从"解。（王念孙：《墨子杂志》，第260页。）

⑧必须□□随：两空格当为"命而"二字。（张纯一：《墨子集解》，第702页。）

⑧客卒守主人：外来士卒帮助本地士卒防守。客卒，此指外地外城士卒。主人，本地本城士卒。

⑧戍卒：此指外来士卒。

⑧以下寇：已被敌人攻下。以，同"已"。下，攻下。

⑧数：屡次、多次。录：存视。署：表册。

⑧阶门吏：把守上城台阶入口的小吏。

⑧牧："收"之误。（苏时学：《墨子刊误》，第373页。）收，关押。

⑧守言：当为"言于守"。

⑨城上：当为"上城"。

⑨衣服他不如令者：本句下有脱文"皆断"二字。（姜宝昌：《墨守训释》，第274页。）改后为"衣服与其它不如令者皆断"。不如令，不符合号令规定的样式。

⑨宿鼓：宿卫夜间警戒用鼓。

⑨龜(chán)："龟"之误。龟，"圭"的假借字。（孙诒让：《墨子间诂》，第598页。）圭，刻有标记的印信。

⑨击："系"之误。

⑨文鼓：当为"大鼓"。

⑨籥：同"钥"，钥匙。

⑨有周鼓：有，作"又"解。周，周遍。意为"又普遍敲鼓"。

⑨备程：制定防守备敌的章程。程，章程、程式。

⑨置署街街衢阶若门：公布在官署、邑道、街巷、通道的台阶和门户上。街街衢，当为"术街衢"。（孙诒让：《墨子间诂》，第599页。）术，里

巷小道。衢（qú），四达道路。

⑩ 放：当为"知"。（孙诒让：《墨子间诂》，第 599 页。）

⑩ 谨罪：严惩罪犯。谨，严厉。

⑩ 属：付、委托。都司空：官职名，宗正的属官。

⑩ 敌者：当为"归敌者"，即"降敌者"。（毕沅：《墨子注》（日本重刻本），第 856 页。）

⑩ 城旦：古代刑罚之一，指自晨起在城上全天服劳役。

⑩ 事父母：当为"弃父母"，"事"为"弃"之误。（孙诒让：《墨子间诂》，第 599 页。）

⑩ 去者之父母妻子：岑仲勉认为，后当补脱文"同产皆斩"四字。（岑仲勉：《墨子城守》，第 110 页。）原句改为"去者父母妻子同产皆斩"。

⑩ 诸卒民：当为"诸吏民"。（孙诒让：《墨子间诂》，第 600 页。）

⑩ 次伍：即同伍，即"所在之编伍"。次，位次。

⑩ 构：同"购"，赏。

⑩ 令：指县令。

⑩ 守：指郡守。

⑩ 令、丞、尉，亡：县令、县丞和县尉统领的部下逃亡。

⑩ 得入当：可以用俘虏抵消其部下逃亡的过错。当，对等、抵消。

⑩ 取当者：取得两相抵消的条件。

⑮ 听：允许。

⑯ 募民欲财物粟米以贸易凡器者：当断句和改为"官募，民欲财物粟米以贸易凡器者"。募，征集，指从百姓那里征集粮食物资。贸易，交换、换取。凡器，众器，即各种日用器具。

⑰ 卒以贾予：当为"以平贾予"。（孙诒让：《墨子间诂》，第 600 页。）贾，同"价"。意为"给予平常价格"。

⑱ 知识：朋友。

⑲ 稽：停留。

⑳ 亟为传言请之吏：当断句为"亟为传言，请之吏"。意为"立即代为传言，请求上官同意接见"。

⑫ 诸："请"之误。（毕沅：《墨子注》（日本重刻本），第857页。）请通"情"。

⑫ 居："若"之误。（俞樾：《墨子平议》，第507页。）

⑫ 官府城下吏、卒、民家：茅坤本《墨子》"家"作"皆"。（（明）茅坤：《墨子批校》，载任继愈、李广星主编《墨子大全影印本第六册》，北京图书馆出版社2004年版，第460页。以下简称为"茅坤：《墨子批校》"。）当断句和改为"官府城下吏、卒、民"。"家"为"皆"的误字，移入下句。

⑭ 燔：烧。

⑮ 曼延：即"蔓延"。

⑯ 讙譁（huān huá）：即"喧哗"。

⑰ 候视：当为"候视"。候，视、伺察。

⑱ 若无符：即"或无符"。"若"作"或"解。

⑲ 请：作"诘"解。

⑳ 里巷：当为"入里巷"，脱"入"字。（苏时学：《墨子刊误》，第375页。）

㉛ 令厉缮夫为荅：当为"令属膳夫为答"。（姜宝昌：《墨守训释》，第287页。）厉，"属"之误。缮夫，当为"膳夫"，即厨役。荅，当为"答"。

㉜ 若他以事者微者：如果求做别的事情或地位低下的人。他以事，当为"以他事"。微者，地位低贱的人。

㉝ 不得入家人：当为"不得入家"，"人"为衍字。（孙诒让：《墨子间诂》，第602页。）

㉞ 传令里中有以羽，羽者三所差：当为"传令里中者以羽，羽在三老所"。"有"为"者"之误。羽，羽书。后"者"字当为"在"。"差"为"老"之误。（苏时学：《墨子刊误》，第376页。）

㉟ 官："宫"之误。（苏时学：《墨子刊误》，第376页。）宫，先秦所有房屋皆可称"宫"。

㊱ 傑：即"楬"（jié），书板，用来书写姓名官职等身份的小木板。

㊲ 署同：当为"署隔"，即把各防守管辖区域分开的隔板。

㊳ 城上日壹废席蓐："日"前脱"三"。（孙诒让：《墨子间诂》，第603

页。）壹，统一。废，通"发"，打开。席蓐（rù），席垫。

⑬错发：相互打开。错，交叉。

⑭其人：指战死者的家人。

⑪次司空：其秩次于都司空的军中小吏，列于亭尉之后。

⑫行间：亲到闾里家中。间，闾里。

⑬瘳（chōu）：病愈。

⑭造：到。

⑮塞祷：酬报神明福佑的祭祀。塞，酬报神明福佑。

⑯举有功及死伤者数，使爵禄：当断句为"举有功及死伤者，数使爵禄"。举，推举。数使，多予、多加。

⑭数：道理、方法。

⑱邑：食邑。

⑲使：当为"吏"之误。

⑮不欲寇微职和旌者：当为"下效寇微职和旌者"。（孙诒让：《墨子间诂》，第604页。）微职，即"徽识"。和旌，军门之旌。

⑮非：为衍字。

⑫倚戟县下城：县，同"悬"。意为"把戟倚在城墙上，依托于戟滑到城下"。

⑬总失：放纵逸失罪人。总，"纵"的假借字。纵，放纵。

⑭伍：同"五"。

⑮著：悬挂。

⑯谋：当为"课"，核查。

⑮行请谒及为行书者：为个人请谒及为私人传递信件。行书，传递书信。

⑱藉：同"借"。（苏时学：《墨子刊误》，第377页。）

⑲誉："举"之误。（俞樾：《墨子平议》，第508页。）举，取、拾。

⑯枭（xiāo）：古代刑罚之一。斩罪犯头颅并悬挂在木杆上。

⑯掺（chān）："操"的异体字，持、拿。

⑫临城：防守城邑。临，守。

⑥ 请："诸"之误。

⑭ 孤之：让他们单独居住或做事。孤，单独、孤立。

⑥ 三族：当为"夷三族"。夷，夷灭。三族，指父族、母族、妻族。

⑥ 属：结交。

⑥ 吏上数选具之：数，多次。选，通"馔"(zhuàn)，供具、物品。具，备齐。意为"上官应经常供给他们所需物品"。

⑱ 食：为衍字。

⑲ 皆时酒肉：当为"皆时赐酒肉"，"时"后脱"赐"。（王念孙：《墨子杂志》，第 262 页。）

⑰ 瓦釜：瓦盆。

⑱ 筦闭：即"关闭"。筦同"管""关"。（苏时学：《墨子刊误》，第 378 页。）

⑰ 葆卫：即"保卫"。

⑫ 令将卫自筑十尺之垣：当断句为"令将卫，自筑十尺之垣"。令将卫，县令和城将自我防卫。

⑭ 非："并"之误。

⑮ 巫：巫师，以祈请鬼神赐福消弭灾病为职事。

⑯ 公社：用于公共祭祀的后土神社，即社庙。

⑰ 巫祝史：即巫师、太祝、太史。

⑱ 无："巫"之误。（王念孙：《墨子杂志》，第 262 页。）

⑲ 食民：当为"令民"，"食"为"令"之误。（孙诒让：《墨子间诂》，第 608 页。）

⑧ 自占：自相估量。

⑧ 五种：即"五谷"，指稻、菽、麦、黍、稷。

⑧ 尃害："簿书"之误。尃 (pò)，"薄"的省文。薄，古同"簿"。（孙诒让：《墨子间诂》，第 609 页。）害，"书"的形讹字。（吴毓江：《墨子校注》，第 959 页。）

⑧ 吏与杂訾：官长参与共同计量。与，参予。杂，聚。訾 (zī)，计量。

⑧ 散 (wēi)：同"微"。伺察、隐秘。

⑱⑤ 平直其贾：即“平值其价”。直通“值”。

⑱⑥ 以与其亲：借此表示与他们亲近。

⑱⑦ 王公有之：为官府所有，即“被官府没收”。王公指国君。

⑱⑧ 侯：当为“候”。本文所讲“候”分两类：一是斥候，到城外及远处刺探敌情的人；二是遮候，指在郭墙周围刺探和传递敌情的人。本句“候”指“斥候”。下文八个“侯”皆当为“候”，多指“斥候”。

⑱⑨ 就间：当为“就问”，即“接受郡守询问”。间为“问”之误。

⑲⓪ 三难：难为“杂”之误。“杂”为“匝”的假借字。（孙诒让：《墨子间诂》，第610页。）“三匝”即“三层”。

⑲① 复道：架设在楼宇之间的天桥。

⑲② 发侯：发派斥候（侦察人员）。

⑲③ 员：作“众”解。（孙诒让：《墨子间诂》，第610页。）

⑲④ 珮：同“佩”。

⑲⑤ 禄：当为“爵禄”。“禄”前脱“爵”字。

⑲⑥ 主国：国都、首都。此指敌国都城。

⑲⑦ 扞士：勇士。扞（hàn），同“捍”。

⑲⑧ 其亲之：为衍文。（苏时学：《墨子刊误》，第380页。）

⑲⑨ 见：“令”之误。（苏时学：《墨子刊误》，第380页。）

⑳⓪ 罪人倍之：免除的罪人比原先加倍。

⑳① 居高便所树表：在高处合适目测的地方树立木表。便，方便、合适。表，木表、木杆。

⑳② 三表：据下文，当为“五表”。（王念孙：《墨子杂志》，第267页。）

⑳③ 熢燧：古代边防报警的两种信号。熢，同“烽”。烽即“烽火”，晚上举火为烽。燧，白天燃烧柴草狼粪发出浓烟称“燧”。

⑳④ 不自守通者：不能自我防守也不能通向城外。通，通达，指从城内通往城外。

⑳⑤ 厌建：即“厌逮”，“建”为“逮”之误。逮为“殆”“怠”的通假字。厌怠即“厌烦倦怠”。

⑳⑥ 候者曹：即“斥候队”，相当于今侦察队。

⑳队：通"隧"，地道。要塞：险隘之处。（苏时学：《墨子刊误》，第381页。）

⑱令可□□：空格处当补"以迹"二字。（王念孙：《墨子杂志》，第267页。）迹：探查敌方踪迹，即刺探敌情。

⑲平：当为"平明"。（王念孙：《墨子杂志》，第267页。）天刚明。

⑩陈表：即："田表"，城郭外田野上的木表。田通"陈"。

⑪遮：指坐守郭门的遮候。

⑫麾（huī）：将旗。

⑬迹坐击正期：当为"遮坐击鼓整旗"。遮，遮候。"击"后脱"鼓"。正期，"整旗"的声讹字。（苏时学：《墨子刊误》，第381页。）

⑭垂：当为"燧"。以下四个"垂"字皆作"燧"。

⑮竟：通"境"，此指"国境"。

⑯外空井：即"外宅井"。"空"为"宅"之误。

⑰外空窒：当为"外宅室"。"空窒"为"宅室"之误。

⑱事以：即"事已"。

⑲事为之券：当为"吏为之券"。事，"吏"之误。（苏时学：《墨子刊误》，第382页。）

⑳忠："中"之误。

㉑从："纵"的假借字。纵，放纵。

㉒射：同"躲"（shè），古代刑罚之一，"以矢贯耳"，即用箭射穿耳朵。

㉓务色谩正：务（務）当为"矜"（jīn）之误。谩（màn），欺骗。意为"满脸傲气，欺骗正人君子"。

㉔尼众：尼，定、止。意为"阻止众人行走"。

㉕宁：外出返回报告。

㉖次：通"恣"。恣，恣肆。主：指国君。凶言：不吉利的话。

㉗獒騏：博棋。獒通"蔽"，"蔽"通"簿"（bó）、"博"。"騏"为"棋"的音讹字。

㉘去卒："士卒"之误。

㉙死上目行：当为"尸三日徇"。（孙诒让：《墨子间诂》，第617页。）

"死"同"尸"。"上目"为"三日"之误。"行"为"徇"之误。徇，对众人宣示、示众。意为"将尸体连续三天示众"。

⑲铺："舖"之误。（孙诒让：《墨子间诂》，第617页。）

⑳一长：当为"一长者"。"长"后脱"者"。（王念孙：《墨子杂志》，第272页。）

㉒散门：侧门、边门。

㉓守室下高楼：当为"守堂下为高楼"。（孙诒让：《墨子间诂》，第618页。）

㉔屯道：专门用于守戍的道路。

㉕立初鸡足置：当为"立勿鸡足置"，"初"为"勿"之误。（孙诒让：《墨子间诂》，第618页。）意为"两旁勿出如鸡距一样的横墙"。

㉖夹挟视葆食：当为"卒夹视葆舍"。（孙诒让：《墨子间诂》，第618页。）意为"士卒交互监视保宫的动向"。

㉗案视参食者：审阅验证。案视，审阅。参食，当为"参验"，"食"为"验"之误。（王念孙：《墨子杂志》，第272页。）

㉘节："即"之误。（孙诒让：《墨子间诂》，第618页。）

㉙正：修正、修改。请：诘问。

㉚屯陈：即"屯道"。

㉑皆楼：当为"皆为楼"。

㉒物故：事故、变故。

㉓请："诸"之误。

㉔杅：通"抒"，除、通。

㉕利："罚"之误。

【译文】

安邦定国的方法，从合理利用土地开始。土地得到合理利用就会成功，没有得到合理利用就会劳而无功。人也是这样，作战物品及设施不事先准备妥当，就不能让国君安心。官吏、士卒和百姓不能同心同德，责任都在将帅和官长。各种赏罚和治理措施的颁布实行，必定出于国君的命令。国君应经常派员亲往慰劳和赏赐那些守卫边城关塞、防备夷蛮侵犯的前方将士，并命使者在复命时报告镇守统帅财用的有余或不足以及何处边地需派兵防守、何处关塞要经常保持器械物资充足可用。巡行边地县邑，如果发现树木材质很差，让他们少用木材；如发现那里田地开垦不力，就让他们少用口粮；如果发现某地没有高大房舍和草房，就让他们少用车辆。只有财用充足，百姓才能改善饮食状况。

要修筑内城的女墙和栈桥，在上面放置器械设备。城上的官吏、士卒和炊事人员，各在城道内按职守划分区域防守和住宿。每十个人安排两个炊事人员。执掌符信凭证的"养吏"配置一人，由他负责管理和监视所有门户。守门官吏和城门卫兵，都不可让没有公事的闲杂人员停留在大门附近，不服从命令者处死。敌人将要到来，如果城围是一千丈的大城，就一定要在郭城外迎击敌人，这对守城一方有利；如果是城围达不到一千丈的小城，就不要在郭城外迎击敌人，而是要综合考虑敌锋的钝锐、来敌的多少，再制定相应的拒敌方案。这是防守城池的大体原则。凡是不在这些大体原则中的其它问题，都要参详作战智谋以及人事变化而加以斟酌。大凡善于守城的人，都是把迅速杀伤和击败敌人作为上策，而那种与敌人旷日持久的对峙、等待援兵前来救援的，都是不懂得防守城池基本道理的人。只有做到迅速杀伤和击败敌人，才能达到守城的目的。

守城的方法是：当敌人距离城邑还在百里以外时，守城主将依据军令召集地方上的"五官"以及守军的百长，下达防守任务；还要把富贵人家的亲属安置到官府居住，慎重委派可靠士卒守卫他们，务以谨慎周密为要务。

等到敌人开始爬城强攻的时候，守城大将军营内的士卒不得少于三百人。东西南北四个城门的门将，一定要选择有功劳的臣子和为国死难者的后代以及贵家子弟担任。每位门将统率士卒一百人，还要坚守其它偏门。在偏门之上一定要夹门修建高楼，令善射的士卒居住在这里。城外第一道矮墙女垣和第二道矮墙冯垣，每一步布置一名士卒。城上每隔五十步设置一个隔断，用于隐藏士卒和存放器械。根据城中间里的情况，把城区划分为八个部，每一部设一名部吏，每一名部吏设置四名随从，负责巡行城内大道和间里街巷。凡间里中的父老百姓不参与守城事务与财务管理的人，按照他们所在闾里的不同再划分为四个部，每一部设一名部长，专管盘查和诘问那些不按规定时间出行以及按照规定出行但行为异常的人员，并借此发现其中的坏人。凡有四名以上随从、担任防守任务的官吏，守城大将一定要颁发信符作为凭证。大将派人巡查某处防守工作，巡行人员一定要持有信符。凡是经检验信符不相合以及口令不能应答的，百长及以上军吏有权扣留巡行者，并报大将知晓。应当扣留而不扣留、或随从官吏士卒有意放纵逃走者的，一律处以斩刑。凡是犯了死罪以上的各种罪犯，都要连及父母、妻小和兄弟一同论罪。

所有守卫在城上的男性士卒，每十人中有六人操弓弩，其余四人持兵器；而青壮年妇女、老人和儿童，每人都手持一杆矛。

如果突然出现紧急敌情，中军应立刻击鼓三次，城上道路和闾里街巷，都禁止通行，擅自通行的人要处斩。女子应召到大军参与行动时，命令男子走左边，女子走右边，男女不得并行。所有居民都要各就职守，不服从命令者处斩。对擅离职守者要巡师示众，每三天进行一次，这是用来防备奸邪不法的人。闾里长官和父老百姓都要防守好闾里街巷门户。当部吏巡查其所防守区段到里门时，闾里长官应打开门户，迎接部吏，并与部吏一同巡查父老百姓防守的区域，以及幽僻隐蔽无人到达的地方。私怀外心、图谋通敌的奸民，论罪处以车裂的刑罚。闾里长官、担当守卫的父老以及主管该部的官吏，凡事先没有发现奸人、事后又没有抓捕叛逃者的，一律处斩。如果能够及时发现并予以抓捕，不仅可以免予追究，而且可以得到赏金四十八两。守城大将委派可靠人士巡视防守情况，夜长时每夜要巡查五次，夜短时也要巡查三次。东西南北四面的门将与部吏，也要按照大将夜晚巡守的办法，各自安排好所分管区域的巡守，不服从命令者处斩。

所有炉灶一定要设置防火的屏墙，烟囱要高出屋顶四尺。平时谨慎小心，严防失火，凡不慎而失火的要处斩。对故意放火制造混乱的人，处以车裂刑罚。同伍的人没有举报和抓捕纵火犯的，处以斩刑；对纵火犯举报和抓捕的，免除他的罪责。参与救火的人不得大声喧哗，凡是喧哗的以及离开职守越过街巷去别处救火的人，都处斩刑。失火闾里的长官、父老以及分守该街巷的部吏，都有义务组织和参与救火。失火时，部吏要赶快派人向大将报告，大将即派可靠部下率领士卒前往救火。部吏失职而不向大将报告，经查实要处斩。至于那些犯有死罪的女子和因失火而获罪但尚未造成损失，以及那些借失火制造混乱的人，都要依法治罪。防止火灾，这是敌人围城时期重要的禁令。

敌寇突然来攻，要严格命令官吏民众不得大声喧哗，不得三人及以上相聚、并肩行走、对坐哭泣、泪眼相望，以及不得互相指点、互相呼唤、互相挥手、互相跟随、互相投掷、互相击打、互相用身体及衣服摩擦、争论是非，以及未经许可私自查看敌方移动情况。上述情况一经查实，一律处斩。同伍的人不举报不抓捕，处以斩刑；及时举报并予以抓捕的，免予处罚。同伍的缒城投敌，同伍其他人不举报不抓捕的，处以斩刑。如果士卒与百长投敌，就处斩队吏；如果士卒与队吏一起投敌，就处斩队将。投敌者的父母、妻小、兄弟都处以车裂刑罚。对投敌者事先发觉予以举报和实施抓捕的，免除罪责。在战场上面对敌人的进攻，因怯懦而脱逃的，处以斩刑。同伍的人对战场逃兵不举报不抓捕的，处以斩刑；已作举报和实施抓捕的，免除罪责。

在敌人的主要进攻线上，经过激烈战斗打退了敌人进攻，并且使撤退的敌人最终不敢再次进攻的，在这样的部队中每队选出两名勇士，赐予上等俸禄。战胜强敌、解除敌人的围城，并迫使敌人退到城外一里以上，封守城大将为关内侯，赏土地三十平方里；四面四门的门将及县令授予上卿的官职；县丞、县吏以及官职与县丞相当的，赐予五大夫爵位；其他官吏、豪杰以及参与谋划守城的士人，以及城上级别与五官相同的小吏，都赐予公乘的爵位。凡是参与守城的男子，每人进爵两级；女子赏钱五千；其余没有分派守城任务的男女老少，每人赏钱一千，免除赋税三年，即在三年内不承担劳役，也不缴纳租税。上述关于赏赐的命令和规定，都是为了劝勉和激励官吏和民众坚守城池，打破敌人的围城。

守卫郡守官署大门的官吏，每处曹官不超过两人。士卒表现勇敢的排在前行，并实行五人连坐制，让他们都知道自己前后左右的位置是哪一个人。擅自离开官署的，要处死。门尉对大门的守卫工作白天要检查三次，晚上击鼓关门以后再检查一次。郡守按时派人前来督查，并催促上报擅自离开官署者的名单。早晚饮食都在官署中，不准在外面饮食。郡守必须小心地暗中观察侍从中的谒者、执盾、中涓以及近前侍奉的妇女的心理、脸色、动作以及语言的情况。每当端上饮食，都一定先让侍从试尝。如果发现情况异常，就要拘系当事人诘问原因。郡守如果对谒者、执盾、中涓以及近前侍奉的妇女不满意，可下令对某人判罪、殴打或捆绑；属下如不执行命令或捆绑动作迟缓的，都要判罪。这些军令平时要经常告诫属下。所有在官署早晚担任防守工作的门吏士卒，或站或立，都让他们按照年龄长幼次序早晚到位。要先让有功劳、有能力的坐在前列，其余按年龄大小侍立。每隔五天，各级长官要将那些嬉戏玩乐、居处不庄重以及喜好侵扰欺侮他人的人，拟好名单上报。

所有外来人士和使者到来，一定要求他们持有可证明身份的符信凭证。将领外出，比如巡视县情归来，要先派可靠之人告知家属，他的妻室要出门迎接，在报告守城大将后才可回家。作为下属，应当经常不动声色地伺察上司的心思。上司出行，要跟随上司，而不可以跟随下属，而且要经上司的允许才可以跟随。

外来士卒帮助本城士卒防守敌人，以及让他们担任城内的守卫工作，本城守卒对外来士卒需加以防范。这些外来士卒，他们原先的城邑或已经被敌寇攻下，这就要小心地加以防范。军吏要经常检视他们的戍守记录表册。原来属于同一个城邑的士卒，不可让他们共同防守某一区域或设施。凡上城的人，必须向防守上城台阶大门的军吏出示符信。符信相合的，允许上城；符信不合的，要予以拘捕，并报告守城将领。如果穿着不符合规定而擅自上城的，都要判罪。

宿卫夜间警戒所用大鼓，设置在守将官署的大门内。傍晚，派出手持符节、负责关闭城门的骑兵和使者来到大门，他们另持有印信。黄昏时以鼓为号，击鼓十下，所有城门路亭全部关闭。晚上宵禁后仍出行的要判罪，一定要拘捕后诘问违禁出行的原因，弄清原因再行治罪。早晨，掌管大鼓的门吏击鼓开门放行，所有主管城门的官吏都要进入官署领取钥匙，开门完毕，就交还钥匙。持有符节进出城门的，不受禁令的限制。敌寇前来攻城，城楼上要击鼓五下，周围要随即击鼓，并夹杂小鼓击打应和。小鼓敲击五下之后才到军营集合的，处以斩刑。命令必须足以使人畏惧，奖赏必须足以使人得利。命令一旦发出就必须得到实行。命令发出后就要派人跟踪考察，了解这个命令可行或不可行以及具体原因。口令是晚上使用的。凡是口令不合的，都要判罪。制定防守备敌的章程，标题可写为"某某章程"，在官署、邑路、街巷、通道的台阶或门户上予以公布，让来往行人都能看到和了解。所有官吏、士卒和民众，如有图谋杀伤将领和长官的，比照谋反罪论处。有能将该罪犯拘捕上报的，给予赏金二十斤，并且要严惩罪犯。凡是超出职权范围而私自捞取好处，或者不在职权范围而滥加处治的，都要判罪。所有官吏、士卒和民众，擅自闯入他人区域的，要予以拘捕，并交付都司空或遮候等官员，再由遮候报告守将知晓。应予拘捕而擅自放纵逃走的，要判罪。如果能抓捕到谋反、出卖城池、缒城投敌这些罪犯中的一人，就可依照军令为该抓捕者免除两个人的死罪和四个人的城旦罪。凡背叛国家、抛弃父母的逃离者，他的父母、妻小和兄弟，都要予以治罪。

民众家中的木材、砖瓦和礌石，都要全部申报，并按照物品的长短大小给予登记。应该申报的而不申报，判主事官吏有罪。凡在战时临时居住在城上的官吏、士卒和民众，都必须与左邻右舍结成联保组合。如果这个组合中有人犯罪而他的邻舍不知道，那么同在一个编伍组合的其他人，都判有罪。如果能够抓捕罪犯，并能及时报告官吏，都给予奖赏。如果不是这个联保组合的人而预先知道并告发了该罪犯，就要对他加倍给予奖赏。

城外的守卫任务由县令担任，城内的守卫任务由郡守担任。县令、县丞和县尉统领的部下如有逃亡者，可用抓捕的俘虏抵消其部下逃亡的罪过。部下逃亡达到十人以上的，县令、县丞和县尉各降爵两级；如逃亡达百人以上，县令、县丞和县尉都要免除官职，罚当戍卒。用来作为抵消罪过的条件，就是一定要抓捕敌方相等数量的俘虏，才被允许免罪。

官府征集民众的财物用于守城时，民众希望用自己的财物、粟米换取各种日用器具的，应以平价允许交换。凡乡邑中的民众，如果他们的朋友、兄弟犯了罪，即便当下不在本县中，他们想用粟米、金钱、布帛以及其它财物为朋友、兄弟赎罪的，法令也应允许。

为城上和城下传话的人员，每十步设一人。不按时传话或接到传话而滞留不传的，判有罪。各种可以方便于做事的建议，都要尽快写成条陈送给郡守。官吏、士卒、民众想向上司进言的，传话人要立即代为传言，请求上官同意接见；滞留进言人的请求不予转达的，判有罪。

各县都要上报本县中豪杰、谋士、大夫以及稳重、忠厚人数名单。

城下的官吏、士卒、民众，都要前后左右互相传信，实行防火联保。凡失火后焚烧自家、然后火势蔓延连及别家房舍的，都要处以斩刑。凡以多欺少、以强凌弱以及强奸妇女和起哄闹事的，都要予以治罪。

各城门和路亭，都要细心检查往来行人的符信凭证。凡是符信凭证有疑问或者没有符信凭证的，都要送到县衙正堂上说明实情，询问来者为何人所派。对出具符信凭证的人，要妥善安排在官府住宿。如果他有朋友、兄弟想来见面，可为他召来相见，但不要让他进入城内闾里中。如果本人期望见到三老和守闾，三老和守闾可嘱托家中厨役等仆人代为应答。如果求做别的事情或地位低下的人，也不准进入闾里中。用羽书向闾里中传达命令，按规定羽书要保存在三老家中。要求传达到各家的命令都要分别送达各家中。丢失命令或滞留命令不予传达的，都判有罪。三老、守闾家中要安排守备人员置办饭食。官吏、士卒、民众没有符节的，不得擅自闯入闾里街巷和官府。官吏、三老和守闾对擅入者未予苛责制止，都要判罪。

所有偷盗守城器械、财物以及私人财物的，价值在一钱以上的都要判罪。官吏、士卒和民众各自把姓名用大字写在书板上，悬置在各人所在的防守管理区域的隔板上。太守检查书板，巡视部下的工作岗位，如发现有擅自闯入官署的外人，要判其有罪。城上每隔三天打开席垫一次检查，而且按规定要互相为对方打开。有为别人藏匿违禁物品或对别人藏匿违禁物品而不告发的，都要一律判罪。

凡有官吏、士卒、民众战死的，就召集他的家人和次司空进行安葬，切不可任凭他的家人坐地哭泣。凡受伤严重的，要让他回家养伤，妥善供养，官府要派出医生到伤员家中，并免费供给药物。每天赐予伤员两升酒、两斤肉。还要派官吏多次亲到闾里伤员家中抚慰。伤员一旦痊愈，就要归队任职。自残自伤欺诈官府的，要夷灭三族。战争结束后，郡守要派遣有关官吏亲自到死伤士卒的家中，对死伤者的家人进行抚慰，表达哀悼之意。等到敌人撤围而去、守城之战完全结束，官府要举行盛大的酬报神明福佑的祭祀活动。郡守下令奖赏在守城中的豪杰和拼死作战的有功人员，还要亲往死伤者家中表示抚慰和哀悼，并亲自接见死难者的后人。守城作战结束后，国君要立即派出使者前往慰劳全体守城将士，推举守城有功人员以及死难者家人和受伤人员，提升他们的爵位，多予俸禄。郡守要亲自表示对有功人员和死伤者的尊崇，让全城的人都懂得要敬重他们，从而使他们与敌寇结怨。

城上官吏和士卒与他们的左右之人结为联保组合。如果有人与外敌合谋出卖城池，他的父母、妻小和兄弟都要处以斩刑。左右联保的人知情不报以及不抓捕卖城者，与卖城者同罪。城下闾里中的各家百姓，也实行左邻右舍联保制度，方式方法与城上一样。如果抓捕和告发叛卖城池的奸人，就封给他一千户人家的食邑；如果抓捕和告发的叛卖城池者不是他联保组合的人，那么就封给他两千户人家的食邑。

防守城池的各种禁令如下：官吏、士卒和民众仿效城下敌寇的徽识和军门旌旗的，判有罪。不服从军令的，判有罪。擅自发出命令的，判有罪。扣押或不按时传达上级命令的，判有罪。倚悬在戟上从城上滑到城下、上城下城不与众人一起的，判有罪。无人应答而胡乱呼喊的，判有罪。放纵罪犯逃走的，判有罪。对外赞誉敌寇、对内毁谤守城部队的，判有罪。离开官署和营地聚集乱言的，判有罪。听到城上击鼓五次以后才到达官署报到的，判有罪。每个人都要把自己的姓名用大字书写在书板上，放置在各自官署的隔板上，以便郡守亲自核查每一个人到达官署的先后次序。凡不是应进官署而擅自进入的，判有罪。凡与同一官署的人离开官署，擅自一起进入其它官署，他们联保组合的人不予抓捕的；携带私人信件、前往要求某官长接见以及为私人传递书信的；放弃守城公事而去干私事的；士卒和民众偷窃别人的妻子、婴儿的，都要一律判决有罪，不得赦免。凡有人举报就要登记姓名和事由。没有符节凭证却在军营中随意走动的，判有罪。敌人在城下围城，我方城上士卒经常换防，但炊事兵不能更换。凡是称赞敌人，把敌人兵将少说成兵多将广、把军纪混乱说成井然有序、把进攻手段拙劣说成巧妙无比的，都要判有罪。敌我双方不准交谈和互相借东西；敌人射来的箭书，不得拾取；敌方向我方示好，不准回应。不服从这些军令规定的，都判有罪。不准拾取敌人的箭书，以及把箭书射给敌寇，违反禁令的父母、妻小，都要与本人一起在城上斩首示众。有抓捕和告发向敌人私射箭书的，给予赏金二十斤。可在禁止通行时间内通行的，只有郡守以及持有郡守颁发的符节等凭证的人。

郡守进入防守城池视事后，一定要细心询问城中的父老、官吏、大夫以及那些昔日积有旧怨、至今还没有消除的人。召见双方有旧怨的人，给他们讲清楚利害关系，帮助他们化解心中积怨。郡守要把这些有积怨的人与其他人区别开来，并记录下他们的相关信息，让他们单独居住或做事。凡因私人恩怨而危害守城公事的，与他的父母、妻小都要一起判罪。与外敌合谋出卖城池的，依法夷灭三族。有事先知道叛卖者奸情并抓捕和告发的，就把与他防守的同样大小的城邑封给他，郡守还要为他颁授城邑封印，对他给与尊崇并授予官职，并让所有官吏大夫、士卒、民众都清楚地知道这件事。对于对外与诸侯多有交往的豪杰人士，郡守应经常召请他们议事交谈，让国君全部了解这些情况，嘱托部属善待他们。豪杰人士居住地的官长要经常供给他们所需物品，并让他们不得擅自出入，又连同他们的家属作为人质。对乡邑中的长者、父老以及豪杰的父母、妻小，一定要给予尊崇。如果穷人不能养家糊口的，官府要供给粮食。至于勇士的父母、妻小，要经常赐给酒肉，务必敬重他们，而且勇士及亲属的住处要安排在靠近郡守官邸附近。郡守官署大楼要临近人质房舍，防卫措施妥善周到。一定要用黏泥密涂楼墙，使楼下的人看不见楼上，而楼上的人可以看见楼下，保证楼下的人无从得知楼上是否有人。

郡守所亲近的人，一定要从正直、廉洁、忠诚、可靠而且没有害人之心和足以担当重任的人中推荐选拔。他们的饮食、酒肉方面可不加限制。让他们各自保管好金钱、布帛以及其他财物，小心财物被盗。人质所住房舍一定要修筑三层墙，最外一层墙上要堆嵌瓦器一类东西，以防止有人翻墙而出。城门设立主管官吏，负责防守所有城门和里巷的门户。关闭城门的人，必须持有郡守颁发的符节凭证。要从官吏中谨慎选拔忠诚可信、无害人之心、敢于担当的人担任守城要职。

县令和将领要自我防卫，在官邸四周修筑十尺高的围墙。作为城池大门和偏门的门卫，同时还要守卫司马门。

望气者的住所一定要靠近郡守的官邸，巫师的住所一定要靠近后土神社，对后土恭敬而且奉为神灵。巫师、太祝、太史和望气者，一定要把吉利的预言告知民众，并把所预言的实情上报郡守知道，只有郡守自己知道这些预言实情。巫师和望气者胡乱散布不吉利的言论，让民众感到惊恐不安的，都要判有罪，不能赦免。

估计城中存粮不足，就下令让民众各自私下估量自家五谷数量有多少石和升。确定一个统一自报和缴纳存粮的日期，所有自报和缴纳五谷的数量都要登记在簿册上，相关官吏要参与共同计量。规定日期已过，隐藏粮食不呈报，或者已呈报而非全部存粮的，官吏和士卒一旦密查得知，就要判决有罪。如果有人能抓捕和告发存粮不报的，赏给他举报五谷数量的十分之三。凡是官府征收的粟米、布帛、金钱和自养的家畜，都按平价计算，而且要在物主持有的凭证上写明征收的品类、数量、价格和金额。等到守城战斗结束，官府要按原登记的价格全部予以偿还。也可依据当时物价的高低和数量的多少，由国君赐予爵位。有人希望担任官职，应予允许；不想为官而想被赐予爵位、俸禄，或者希望赎出犯罪的父母和朋友的，可依法允许。那些受到奖赏的人，可让他们到官署相见，以表示上官与他们亲近。如有人将官府偿还的物品再次奉献给官府的，要加倍给予封爵和奖赏。登记各家应缴纳军粮的簿册格式是：某县某里某人家人口两人，存积粟米六百石；某里某人家人口十人，存积粟米一百石。缴纳粟米作为军粮有日期限制，凡逾期没有缴纳的，官府有权没收充公。有能发觉和告发他人隐藏粟米不申报、不缴纳的，官府要拿出该家隐藏粟米的十分之三赏给告发者。应该小心的是，不要让民众了解官府积存粟米的实情。

郡守进入防守城池执政，要先从挑选侦察敌情的斥候和遮候开始。侦察人员一旦选定，官府就要把他们供养起来，并且不让他们了解我方的守备情况。要为斥候另外安排住所，把他们的父母、妻小接来同住，赐给他们衣食酒肉，委派可靠官吏善待他们。斥候前来晋见郡守报告敌情，要接受郡守询问。郡守的宫室修建三层围墙，内、外围墙都要修建瞭望楼。瞭望楼与斥候所住保宫由一丈五尺的空中栈道连接。保宫不得设立内室。每隔三天要打开席垫一次进行检查。保宫中铺满厚达三尺以上的茅草。派发斥候，一定要选派那些本乡邑忠诚可靠、善良稳重的人士，他们的父母、妻小，应予丰厚供养。一定要重视侦察人员的选拔和发派，要供养他们的父母、妻小，另行安排住处，不得与众人同居一所，还要供给他们酒肉美食。以后另派其他斥候，待遇如同原先斥候一样。斥候归来，对他们提供的敌方情报，要相互参验核查，凡是情况属实的，应予重赏。如果斥候连续三次派发都提供了真实可信的情报，应给予更重的赏赐。如果斥候不愿接受赏赐而愿为官的，就允许他担任二百石官吏，郡守要亲授官印，为他佩戴徽识。有人不想为官而愿接受奖赏的，就依照原先规定办理。斥候如能深入敌国都城刺探军情、经查问真实可信的，对他的赏赐要比其他斥候多出一倍；如果他本人不想接受赏赐而愿意为官的，就允许授予三百石的官职。捍卫城池并接受赏赐的勇士，郡守要亲往他父母的住所致意，让他们亲见郡守给予的信任。那些愿意将赏赐再次奉献给官府效力的，官府所给予的奖赏、爵位和俸禄，以及赎免罪人的规格，要增加一倍。

　　派出斥候侦察不能超过十里地。要在地势较高而且易于被我方看到的地方，树立木表作为敌情标识。每一个木表都要派三人守护。从城上能够看到的最远处到城门，共设立五个木表，与城上烽火台遥遥相望。白天或举木表或燃起烽烟，夜晚就举起烽火互通敌情。如果得知敌寇来自哪里，并得知敌寇必然攻城，又考虑到因我方城池小不能守城，也不能顺利撤到城外，就要尽力保护好城中老弱、粟米和家畜。一次派出斥候出城侦察不能超过五十人。当敌人攻到城外矮墙时，斥候就要撤入城中，都要谨慎从事，切勿厌倦误事。斥候队伍一般不超过三百人，一般在早上或夜晚派出，都需佩戴徽识。凡地道、穴洞和险要之处，都要派斥候前去侦察敌方的踪迹，每一里地不少于三人。斥候在黎明时分就要开始侦察工作，并各自树立木表表示方位，城上守卫士卒应立即作出回应。斥候出城越过田野树立木表，坐守在郭城大门内外的遮候，也要树立木表与斥候联络。在郭门守卫的遮候，一半在门外，一半在门内，这让敌人无从知道郭门守卫人员的多少。当敌情出现，看到敌寇越过田野上的木表，城上守将便用旗帜指挥，郭门遮候就要击鼓整旗，听从城上指挥，做好战斗准备。从城上望见敌人，就点燃和举挂一笼烽烟；敌人进入城界，就点燃和举挂两笼烽烟；敌人靠近郭门，就点燃和举挂三笼烽烟；敌人进入外城，就点燃和举挂四笼烽烟；敌人临近内城，就点燃和举挂五笼峰烟。夜晚就举挂燃烧的烽火，视敌人距离城池的远近决定举挂烽火的数量，如同白天举挂烽烟的规定一样。

离开外城百步以内，所有的墙垣、树木，不论大小高低都一律拆除和砍伐。城外人家的水井，都要全部填塞，使敌人不能汲水饮用。城外人家的空屋，都要予以拆毁，树木也全部砍伐。凡是有可能被敌人用来攻城的物资，都要全部收纳到城中。命令原物主各自做好物资登记，并交给官府收存，等到战事结束，可按其登记的物类和数量领回。对那些处在敌人进攻路线上的树木，如果不能完全搬入城内的，应予以烧毁，不得留给敌人用来攻城。

每人都要将自己的名字，用大字书写在一块书板上，悬挂在各自的官署中。官长发布治军惩罚法令是：放纵淫欲的，处以以箭射耳的刑罚。满脸傲气、欺骗正人君子、喧闹让人不得安静的，当路拦阻众人走路的，舍弃本职、过时才到的，请假外出过时返回不报告的，都处以射刑。大肆喧闹、惊吓众人的，论罪诛杀。非议上司而不当面进谏、肆意散布不吉利的言辞毁伤国君的，论罪诛杀。不得在军中弹奏乐器和博棋，违者判处射刑。没有长官命令，不得在军中驱车奔驰和奔跑，违令者处以射刑。不得在军中放纵牛马乱跑，违令者判射刑。不按规定时间饮食的，判处射刑。不得在军中唱歌和哭泣，违令者判射刑。命令各级官长要从严执行惩罚法令，依令当杀者必须杀掉。如果执法官吏明知某人有死罪而不诛杀，要与罪犯同罪；如果放纵罪犯逃跑，也当依法诛杀。凡将帅不按兵法要求而指挥士卒参与战斗的，论罪当杀。凡官长不让官吏、士卒和民众听到誓词和禁令的，该官长要代为承担罪责。凡在街市被处死的罪犯，要陈尸三天示众。

掌管传达事务的谒者，要在郡守官署大门外侍守，分为两组，夹持大门而坐于两侧，用餐时分换岗，不得出现值守人员空缺现象。门下的谒者由一位年长者担任领班，郡守经常令他进入官署，向他了解和察知谒者离岗和逃亡的情况。该谒者领班还要督查其他城门门尉和官长，按时上报各城门守卫逃亡者名单。另外，还有四名谒者在郡守官署大门内侧夹持而坐，两名谒者则在偏门夹持而坐。如有宾客来见郡守，侍卫就持兵器站在前面。侍卫要轮流进餐，及时向郡守报上侍者姓名。在郡守官署的大堂下修建高大楼屋，侦察人员看到从城外道路上驶来的车辆和骑兵，以及看到城内发生异常情况，都要立即报告郡守。郡守把城上伺察城门的情报人员提供的情报，与前来官署报告的县邑官吏所说的实情，两相参验核实，而高楼下官吏则在听取侦察人员所说情况后，也必须从快向郡守报告。另外有中涓两人在偏门里侧夹门而坐，偏门经常处于关闭状态，用餐时分再换人。中涓也推举一名长者担任领班。环绕郡守官署外面的街道，要另修专门用于守戍的"屯道"。这个专用屯道在两侧砌墙，墙高一丈，墙顶有不易攀爬的齿状垛口，墙垛切勿砌成两旁斜出如同鸡距状的横墙，这有利于士卒从各个角度监视居住人质的保宫。如接到文书，一定要细心审阅验证，如有不合法令的地方，要及时加以修正，并向文书上报人提出质问。在屯道和墙外巷道以及街衢两侧，都要修建高楼，以方便居高临下地监视闾里。每一座楼都要设立一个大鼓、一个垄灶。闾里如有变故发生，就要立即击鼓报警，一直等待官吏到达现场再停止敲鼓。夜晚发生变故，除击鼓外，还要用火光指示鼓声所在位置。城下每五十步修建一个厕所，并与城上的厕所相联通。让那些犯有过错但不至于判罪的人，来清扫厕所以示惩罚。

第五十三篇　杂守

【题解】

《杂守》既是《墨子》全书的最后一篇，也是《墨守》这一编的最后一篇，主要是对上述各种守城方法的补充和深化，因而具有明显的综论性质。本篇除对《备城门》《备蛾傅》《号令》等篇作出重点补充说明外，又对守城时期的物资收集管理以及粮食供应等问题作出详细规定。

【原文】

禽子问曰："客众而勇，轻意见威①，以骇主人；薪土俱上，以为羊坅②，积土为高，以临民，蒙橹俱前，遂属之城，兵弩俱上，为之奈何？"

子墨子曰："子问羊坅之守邪？羊坅者，攻之拙者也，足以劳卒，不足以害城。羊坽之政③，远攻则远害④，近城则近害，不至城⑤。矢石无休，左右趣⑥射，兰为柱后⑦，□望以固⑧。厉⑨吾锐卒，慎无使顾，守者重下，攻者轻去。养勇高奋⑩，民心百倍，多执数少⑪，卒乃不怠。

作士⑫不休，不能禁御，遂属之城，以御云梯之法应之。凡待烟、冲、云梯、临⑬之法，必应城⑭以御之，曰不足，则以木椁之⑮。左百步，右百步，繁下矢、石、沙、炭以雨之，薪火、水汤以济之。选厉锐卒，慎无使顾，审赏行罚，以静为故⑯，从之以急，无使生虑。恚瘈高愤⑰，民心百倍，多执数赏，卒乃不怠。冲、临、梯皆以冲冲之。

渠长丈五尺，其埋者三尺，矢⑱长丈二尺。渠广丈六尺，其弟⑲丈二尺，渠之垂者四尺。树渠无傅叶⑳五寸，梯渠十丈一梯㉑，渠、荅大数，里二百五十八㉒，渠、荅百二十九。

诸外道可要塞以难寇㉓，其甚害者为筑三亭，亭三隅，织女之㉔，令能相救。诸距阜㉕、山林、沟渎、丘陵、阡陌㉖、郭门若阎术㉗，可要塞及为微职，可以迹知㉘往来者少多及所伏藏之处。

葆民，先举城中官府、民宅、室署，大小调处，葆者㉙或欲从兄弟、知识者许之。外宅粟米、畜产、财物诸可以佐城者，送入城中，事即急，则使积门内。民献粟米、布帛、金钱、牛马、畜产，皆为置平贾，与主券㉚书之。

使人各得㉛其所长，天下事当；钧㉜其分职，天下事得；皆其所喜，天下事备；强弱有数，天下事具矣。

筑邮亭者圜之，高三丈以上，令侍杀㉝。为辟梯㉞，梯两臂，长三尺㉟，连门三尺㊱，报㊲以绳连之。椠再杂㊳，为县梁。聋灶，亭一鼓㊴。寇烽、惊烽、乱烽㊵，传火以次应之，至主国㊶止，其事急者引而上下之㊷。烽火以举，辄五鼓传，又以火属之，言寇所从来者少多，旦弃还㊸，去来属次烽勿罢㊹。望见寇，举一烽；入境，举二烽；射妻㊺，举三烽一蓝㊻；郭会，举四烽二蓝；城会，举五烽五蓝；夜以火，如此数。守烽者事急㊼。

候无过五十，寇至叶㊽，随去之，唯弃逮㊾。日暮出之，令皆为微职。距阜、山林皆令可以迹，平明而迹，无迹㊿，各立其表，下城之应(51)。候出置田表，斥坐郭内外，立旗帜，卒半在内，令多少无可知。即有惊，举孔表㉜；见寇，举牧表㉝。城上以麾指之，斥步鼓整旗旗㉞，以备战从麾所指。田者男子以战备从斥，女子亟走入。即见放㉟，到㊱，传到城止。守表者三人，更立捶表而望，守数令骑若吏行旁视，有以知为㊲所为。其曹一鼓。望见寇，鼓，传到城止。

斗食㊳，终岁三十六石；参食㊴，终岁二十四石；四食，终岁十八石；五食，终岁十四石四斗；六食，终岁十二石。斗食食五升，参食食参升小半，四食食二升半，五食食二升，六食食一升大半，日再食。救死之时，日二升者二十日，日三升者三十日，日四升者四十日，如是而民免于九十日之约㊵矣。

寇近，亟收诸杂乡㊶金器若铜铁及他可以左㊷守事者。先举县官室居、官府不急者，材之大小长短及凡数，即急先发。寇薄，发㊸屋，伐木，虽有请谒，勿听。入柴㊹，勿积鱼鳞簪㊺，当队㊻，令易取也。材木不能尽入者，燔之，无令寇得用之。积木，各以长短大小恶美形相从。城四面外各积其内，诸木大者皆以为关鼻㊼，乃积聚之。

城守㊽司马以上，父母、昆弟、妻子有质在主㊾所，乃可以坚守。署都司空大城四人，候二人，县候面一㊿；亭尉、次司空、亭一人。吏侍守所者财足(51)，廉信，父母、昆弟、妻子有在葆官中者，乃得为侍吏。诸吏必有质，乃得任事。守大门者二人，夹门而立，令行者趣其外。各四戟，夹门立，而其人坐其下(52)。吏日五阅之，上逋者名。

池外廉有要有害，必为疑人(53)，令往来行夜者射之，谋(54)其疏者。墙外水中为竹箭，箭尺广二步，箭下于水五寸，杂长短，前外廉三行，外外乡，内亦内乡。三十步一弩庐(55)，庐广十尺，袤丈二尺。

队(56)有急，极(57)发其近者往佐，其次袭其处(58)。

守节出入使，主节必疏书(59)，署其情，令若其事(60)，而须其还报以剑验(61)之。节出，使所出门者，辄言节出时掺(62)者名。

百步一队(63)。

阁(64)通守舍，相错穿室。治复道(65)，为筑墉(66)，墉善其上。

取疏(67)：令民家有三年畜(68)蔬食，以备湛旱岁不为(69)。常令边县豫种畜芫、芸、乌喙、袾叶(70)，外宅沟井可寘(71)，不可，置此其中。安则示以危，危示以安。

寇至，诸门户令皆凿而类窾之㉜，各为二类，一凿而属绳，绳长四尺，大如指。寇至，先杀牛、羊、鸡、狗、乌㉝、雁，收其皮革、筋、角、脂、脑、羽。麂皆剥之㉞。吏橝桐苩铁锥㉟，厚箭为衡枉㊱。事急，卒不可远，令掘外宅林㊲。谋㊳多少，若治城□为击㊴，三隅之。重五斤已上诸林木，渥㊵水中，无过一茷㊶。涂茅屋若积薪者，厚五寸已上。吏各举其步㊷界中财物可以左守备者，上。

有谀人，有利人㊸，有恶人，有善人，有长人㊹，有谋士，有勇士，有巧士，有使士㊺，有内人者，外人者，有善人者㊻，有善门人者㊼，守必察其所以然者，应名乃内之㊽。民相恶，若议吏，吏所解，皆札书藏之，以须告之至以参验之㊾。睨者㊿小五尺，不可卒者，为署吏，令给事官府若舍。

蔺石⑫、厉⑬矢、诸材器用皆谨部，各有积分数。为解车以枱⑭，城矣以轺车⑮，轮轱⑯广十尺，辕长丈，为三辐⑰，广三尺。为板箱，长与辕等，高四尺，善盖上，治中⑱令可载矢。"

子墨子曰："凡不守者有五：城大人少，一不守也；城小人众，二不守也；人众食寡，三不守也；市去城远，四不守也；畜积在外，富人在虚⑲，五不守也。率万家而城方三里⑳。"

【注释】

① 轻意见威：意，"竞"的形讹字。（孙诒让：《墨子间诂》，第619页。）意为"轻于竞斗，表现威猛"。

② 羊坽：古代攻城工事。详见《墨子·备高临》。

③ 政："攻"的形讹字。

④ 害：当为"围"之误。（孙诒让：《墨子间诂》，第619页。）围，意同"御"，"阻止、抵挡。"（《辞海》，第779页。）

⑤ 不至城：当为"害不至城"，前脱"害"字。（孙诒让：《墨子间诂》，第619页。）

⑥ 趣：同"促"。促，急。

⑦ 兰为柱后：当为"蔺为柱后"。兰，"蔺"的形讹字。（岑仲勉：《墨子

城守》，第138页。）蔺即"礌石"。柱通"拄"。拄，支撑。

⑧□望以固：空格疑为"敌"。以，同"已"。改后为"敌望以固"。意为"让敌方看到我方防守坚固"。

⑨厉：通"励"，激励。

⑩养勇高奋：培养杀敌取胜的勇气，高度奋发不屈不挠的斗志。

⑪执：拘禁。"少"当为"赏"之误。（王念孙：《墨子杂志》，第273页。）

⑫作士：应为"作土"。（孙诒让：《墨子间诂》，第620页。）

⑬烟：同"堙"，用土填塞沟池。冲：冲车。

⑭应城：当为"城应"，即"城上应对的办法"。

⑮以木樟之：即"以木郭之"。樟（guǒ），即"槨"，槨为"郭"的声讹字。意为"在城外用大木围成郭城"。

⑯故：本。

⑰恚癃高愤：当为"养勇高奋"。"恚"为"养"之误。"癃"为"勇"之误。"愤"通"奋"。（王念孙：《墨子杂志》，第274—275页。）

⑱矢：当为"夫"之误。"夫"通"趺"。（孙诒让：《墨子间诂》，第621页。）

⑲弟：通"梯"。

⑳叶："堞"的异体字。堞，城墙上的矮墙。

㉑梯渠十丈一梯：当为"梯渠十丈一"，后"梯"为衍字。

㉒里二百五十八：当为"里二百五十八步"。（孙诒让：《墨子间诂》，第621页。）

㉓可要塞以难寇："可"后脱"为"。难，困难，转指阻敌前进。

㉔织女之：当为"织女之星状"，意为"如天上织女星那样三星相望"。

㉕距阜：大土山。距，通"巨"。阜，土山。

㉖阡陌（qiān mò）：田间小道。

㉗阎：里门。术：邑道。

㉘迹知：寻迹探查。

㉙葆者：即"保者"。此指从城外迁入城内接受保护的人。"葆"同"保"。

㉚ 主券：当为"主券人"。

㉛ 得：作"施展"解。

㉜ 钧：通"均"。

㉝ 令侍杀：当为"令倚杀"。（孙诒让：《墨子间诂》，第 622 页。）倚，斜。杀，收缩、收紧。意为"邮亭自下而上逐渐收紧"。

㉞ 辟梯：即"臂梯"。"辟"通"臂"。

㉟ 长三尺：当为"长三丈"。（孙诒让：《墨子间诂》，第 623 页。）

㊱ 连门三尺：当为"连板三尺"。（孙诒让：《墨子间诂》，第 623 页。）

㊲ 报：反、反复。

㊳ 椠再杂：当为"堑再匝"。（孙诒让：《墨子间诂》，第 623 页。）椠通"堑"。堑，壕沟。再，两。杂，即"匝"。

㊴ 聋灶，亭一鼓：当为"亭一鼓，垄灶"。聋，"垄"之误。

㊵ 寇烽：敌寇侵入边境燃烧或悬举的烽燧。惊烽：我方发出警报后燃烧或悬举的烽燧。乱烽：当敌我双方进入混战状态时所燃烧或悬举的烽燧。惊，同"警"。

㊶ 主国：我方都城。

㊷ 引而上下之：当为"引桔槔而上下之"。即"牵动桔槔顶端上悬挂的烽燧，使其上下晃动"。"引"后脱"桔槔"二字。（孙诒让：《墨子间诂》，第 623 页。）

㊸ 旦弇还：当为"毋厌怠"。（孙诒让：《墨子间诂》，第 623 页。）"旦"为"毋"之误。弇（yàn），"厌"的声讹字。"还"为"逮"之讹，"逮"通"怠"。

㊹ 去来属次烽勿罢：去来，指敌人攻来与撤走。属，连属、连续。罢，读 pí，疲敝、厌倦。意为"不论敌人攻进来还是撤下来，都要按规定连续燃烧和悬举烽燧，不要怠倦误事"。

㊺ 射妻："射要"之误。（孙诒让：《墨子间诂》，第 623 页。）要，要害。

㊻ 蓝：疑为"鼓"之误。（王念孙：《墨子杂志》，第 276 页。）

㊼ 守烽者事急：疑下有脱文，未知。

㊽ 叶：同"堞"。

㊾ 唯弇逮：当为“毋厌怠”。（孙诒让：《墨子间诂》，第624页。）

㊿ 无迹：当为“迹者无下里三人”，脱“者”与“下里三人”五字。（王念孙：《墨子杂志》，第278页。）

(51) 下城之应：当为“城上应之”。（王念孙：《墨子杂志》，第278页。）

(52) 孔表：疑为“外表”，“孔”为“外”的形讹字。（孙诒让：《墨子间诂》，第625页。）

(53) 牧表：当为“次表”。（孙诒让：《墨子间诂》，第625页。）

(54) 斥步鼓整旗旗：当为“斥坐击鼓整旗”。（苏时学：《墨子刊误》，第386页。）“步”为“坐”之误。“鼓”前当补“击”。后“旗”为衍字。

(55) 放：“寇”之误。（孙诒让：《墨子间诂》，第625页。）

(56) 到：“鼓”之误。（王念孙：《墨子杂志》，第278页。）

(57) 为：“其”之误。

(58) 斗食：即“每天吃一斗粮”。

(59) 参食：即“三食”，“参”同“三”。意为“每天吃三分之二斗（六升又三分之二升）粮”。

(60) 约：穷困。

(61) 杂乡：当为“离乡”。（孙诒让：《墨子间诂》，第627页。）“杂”为“离”的形讹字。

(62) 左：通“佐”。

(63) 发：通“废”。废，损毁。

(64) 入柴：当为“内柴”，“内”即“纳”。

(65) 篸（zān）：“椮”的假借字。椮（sēn），通“参”，参差。

(66) 当队：置放在道上。“队”即“遂”“道”。

(67) 关鼻：即“贯鼻”，或“穿鼻”。

(68) 城守：此指守城各级官吏。

(69) 主：指主帅。

(70) 县候面一：县的四面各设一个斥候。候，斥候。面，四面。

(71) 吏侍守所者财足：在郡守官署做侍从官吏要有干才。守，郡守。财，通“才”。

⑦ 而其人坐其：另有人坐于持戟卫士之下。后"其"，指持戟者。后"其"后脱"下"。

⑦ 疑人：形迹可疑的人。

⑦ 谋："诛"之误。（俞樾：《墨子平议》，第 513 页。）

⑦ 弩庐：即"弩屋"，盛放弓弩的房子。

⑦ 队：此指部队。

⑦ 极：通"亟"，疾速。

⑦ 其次袭其处：下一支队伍填补到这个地段。次，下一个、后续的。袭，继、填补。

⑦ 守节出入使，主节必疏书：当断句和改为"持守节出入，使主节必疏书"。意为"持郡守颁发的符节出入城门，一定要让主管符节的官吏分条书写"。守，郡守。节，符节。主节，主管符节的官吏。疏，分条。

⑧ 令若其事：使所书写的情况如同他所做的事一样。若，如同。

⑧ 剑验：当为"参验"。"参"讹为"金"，金又讹为"剑"。（吴毓江：《墨子校注》，第 992 页。）

⑧ 掺：读 shǎn，意同"操"，持、握。

⑧ 百步一队：每一百步安排一支队伍。孙诒让认为，此句下有脱文。（孙诒让：《墨子间诂》，第 630 页。）

⑧ 閤：同"阁"。小门、边门。

⑧ 复道：楼阁间架设在空中的上下两层的通道。

⑧ 墉（yóng）：墙垣。

⑧ 取：读为"聚"，作"聚"解。疏："蔬"的异体字。

⑧ 畜：通"蓄"，蓄积。

⑧ 湛（yín）：通"淫"，极。岁不为：年景不好。为：收成。

⑨ 芫（yuán）：一种毒草，可为药。芸：当为"芒"之误。芒即芒草，又名荈草，一种毒草。乌喙：又名乌头、附子、天雄，一种毒木，根、茎、叶都有毒。袾（zhū）：当为"栋"之误。"栋"同"椒"。（孙诒让：《墨子间诂》，第 631 页。）椒，一种毒木。

⑨ 寘（tián）：同"填"。

⑫皆凿而类窍之：当为"皆凿而幂窍之"。（孙诒让：《墨子间诂》，第632页。）"类"当为"幎"之误。幎（mì），同"幂"。窍，即"窍"，孔洞。意为"都要凿孔洞用一丝织物覆盖起来"。

⑬乌：当为"凫"之误。（王念孙：《墨子杂志》，第280页。）凫（fú），野鸭。

⑭麤皆剥之：此句当提到上句"收其皮革"前，麤提到"乌、雁"前。

⑮吏檀桐肖铁錍：使用楸木、桐木或栗木作为铁斧的斧柄。吏，"使"之误。檀（tán），当为"橴"之误。（孙诒让：《墨子间诂》，第632页。）橴（jiǎ），楸木。肖（yóu），当为"枼"的讹字。枼，即"栗"。肖后脱"为"。錍（pī），同"鈚"，原指犁刃，此指斧。

⑯厚简为衡枉：简，拣选。衡枉，当为"衡柱"之误。"衡柱"即"横柱"。"柱"为"柱"的形讹字。

⑰林："材"的形讹字。（孙诒让：《墨子间诂》，第633页。）

⑱谋："课"之误。（孙诒让：《墨子间诂》，第633页。）

⑲若治城□为击：此空格当为"上"。（孙诒让：《墨子间诂》，第633页。）"击"当为"隔"。改后为"若治城上为隔"。意为"如果制作城上治所的隔板"。

⑩渥（wō）：浸泡、渍。

⑩莜：同"筏"。

⑫步：同"部"。（王念孙：《墨子杂志》，第281页。）

⑬利人：为他人谋利的人。

⑭长人：具备专长的人。

⑮使士：堪为使者的人。

⑯善人者：喜称赞别人好处的人。

⑰有善门人者：喜好挑唆别人互斗的人。门，"斗"的形讹字。（苏时学：《墨子刊误》，第390页。）

⑱应名乃内之：应依据每个人所长招纳任用。内，读nà，作"纳"解。

⑲札书：把发生事情的原因、经过以及涉及人物记录下来，类似纪要、实录。

⑩ 以须告之至以参验之：当为"以须告者至以参验之"。须，等待。参验，核查。

⑪ 睨（ní）："儿"的假借字。儿，儿童、小儿。

⑫ 蔺石：即"礌石""礧石"。

⑬ 厉：通"利"。

⑭ 解车：当为"轺车"。（苏时学：《墨子刊误》，第391页。）轺（yáo）车，轻便马车。柏（tái）："梓"之误。（孙诒让：《墨子间诂》，第634页。）

⑮ 城矣以轺车：当为"盛矢以轺车"。（苏时学：《墨子刊误》，第391页。）城，"盛"的音讹字。矣，"矢"的形讹字。

⑯ 轮轱：当为"轮毂"。轱为"毂"的声讹字。毂（gū），车轮中心孔洞，可以插轴的部分，可代指车轮，此指车轮周长。

⑰ 为三辐：当为"为四轮"。（孙诒让：《墨子间诂》，第635页。）

⑱ 治中：整理车厢内部。

⑲ 虚：即"墟"，村落。

⑳ 率万家而城方三里：当为"率万家而城方三里，则可守"。后当补"则可守"三字。（毕沅：《墨子注》（日本重刻本），第876页。）

【译文】

禽滑釐向墨子请教说："敌人众多勇猛，轻于竞斗，表现威猛，企图惊吓守城将士。敌人把柴薪土石一起堆起来，修筑名为'羊坽'的攻城工事。这种堆土形成的高丘，对我方军民形成居高临下的压迫态势。敌人还以大盾做掩护冲向前来，逐渐靠近了我方城头。在这危机时刻，我方应当如何对付敌人的进攻呢？"

墨子回答说："你要询问的是如何抵御'羊坽'式进攻方法吧？'羊坽'这种方法，是攻城中比较拙劣的一种方法。这种方法足以使敌方士卒疲劳不堪，却不足以危害我方城池。抵御敌方用'羊坽'攻城，远攻有抵御远攻的策略，近攻则有抵御近攻的方法，因此危害不会降临我方城池。面对攻城的敌人，箭矢瓦石的抛射不能停止：左右两侧同时急射在前，礌石连抛支撑其后，从而让敌人看到我方阵地坚固难摧。同时激励我方精锐士卒，切勿瞻前顾后。守城将士强力出击，攻城敌人必定无心恋战。要培养士卒杀敌取胜的勇气，高度奋发不屈不挠的斗志，那么我方军民的必胜信心当会提高百倍。俘敌越多，奖赏就越多，那么士卒的战斗力就不会降低。

敌方不停地堆积土山，我方没有办法阻止，以致敌人逐渐靠近我方城头，这时就要用抵御云梯攻城的方法来对付。凡对付敌人填塞护城河攻城、利用冲车撞门攻城、利用云梯攀墙攻城以及修筑高台居高临下攻城的方法，必定要采取'备埋''备冲''备梯'和'备高临'等战术。如果上述诸种战术还不足以应对，就要在城墙外用大木建起高大坚固的郭墙阻敌进攻。郭墙左右两边各长一百步。这时城上要像大雨倾泻一样不停地射箭，抛礌石，撒沙子，倒石灰，再用投掷火把、倾倒热水增强对敌人的杀伤力。选拔并鼓励我方精锐士卒，切勿瞻前顾后。审慎地进行赏罚，始终沉着冷静，又要当机立断，不使士卒萌生疑虑。要培养士卒杀敌取胜的勇气，高度奋发不屈不挠的斗志，那么我方军民的必胜信心必会百倍提高。俘敌越多，奖赏就越多，那么士卒的战斗力就绝不会降低。敌人如利用冲车、高临、云梯等战术进攻，我方就可以用冲车来冲撞敌人。

渠长一丈五尺，埋入土中的部分有三尺，露出地上部分为一丈二尺。梯渠宽一丈六尺，高一丈二尺，垂下部分有四尺。树立梯渠不可附着在城堞上，两者之间应有五寸间隔。梯渠每隔十丈设立一具。设置渠荅的大概数量是，在一里之内，除去楼阁、门户、厕所以外，每二百五十八步设置一百二十九具，每两步一具。

凡是城外可修筑要塞用来阻挡敌人的道路，在最为险要的地方修筑三座瞭望亭。三座亭为三角形布局，形状如同天上的织女星那样三星互望，以便在紧急时刻相互救援。各大土山、山林、水沟、丘陵、田间道路、外城门及里门、邑道，都可以修筑要塞，并树立标识。这样就可以寻迹探查敌人往来人数的多少以及敌方伏兵藏身的地方。

安置从城外迁入城内受保护的民众，需首先取用城中官府、民宅、室署等，按面积大小予以调配，供城外民众居住。在入保的民众中，如果有人愿意跟从兄弟、朋友居住的，应予准许。城外的粟米、牲畜等财物，凡是可以用来帮助守城的，都一律送入城中。如果情况紧急，可把这些城外财物暂时保存在城门内。凡民众献出的粟米、布帛、金钱、牛马以及其他牲畜等，都按平常价格估算，并把财物的种类、数量和价值，一并写在物主持有的证券上。

如果让每个人都施展自己的优长，天下大事就会治理妥当；如果让每个人都合理分担职责，天下大事就会获得解决；如果每个人所做的都是自己喜爱做的事情，天下大事就自然不会有遗漏；如果每个人都明白强弱原有定数这个道理，那么天下大事就会渐趋完备。

修筑用于瞭望敌情的圆柱形的邮亭，高三丈以上，让邮亭自下而上逐渐收窄，呈现下为圆柱、上为锥形的态势。亭的两边设置有扶手的臂梯，各长三丈，而踏脚连板长三尺，用绳索反复缠紧在臂梯上。邮亭四周环绕两道壕沟，壕沟上架设吊桥。每个邮亭都设一个大鼓、一座垄灶。敌人侵入边境就悬举寇烽，我方发出警报时就悬举警烽，当敌我双方进入混战时就悬举乱烽。按照军情急缓决定传递次序，依序将烽火或燧烟前传后应，一直传到我方国都为止。军情十分紧急时，就牵动桔槔顶端悬举的烽燧，使其上下剧烈晃动。烽燧烟火即已悬举，就击鼓五下进行传报，各烽燧悬举站点要接连不停地传报下去，报告敌人从哪个方向向我进攻以及敌人的多少，切勿厌倦误事。不论敌人攻来还是撤走，都要按规定连续燃烧和悬举烽燧，不要怠倦以致忘记悬举而误事。远远望见敌人，就悬举一份燧烟；敌人侵入边境，就悬举两份燧烟。敌人向我要害之处射箭，就悬举三份燧烟，并击鼓一次；敌人在我外城会合，就悬举四份燧烟，并击鼓两次；敌人在我内城下会合，就悬举五份燧烟，并击鼓五次。夜晚悬举烽火，悬举数量与白天悬举燧烟一样。

一次派出侦察敌情的斥候不能超过五十人。当敌人进攻到城外矮墙时，斥候们要随即撤入城内，但不可以厌倦误事。一般在黄昏时分派出斥候，斥候要佩戴标识。高大土山及山林都让他们去探查，天刚亮就要外出探察。侦察敌情的斥候每里不少于三个人。斥候在遇到敌情时，要在空旷的高地上各自树立木表，城上瞭望敌情的士卒要作出回应。斥候树立木表要在田野高处。坐守郭门内外的遮候要树立旗帜，与他们相呼应。可安排一半的士卒坐守郭门内侧，让敌方无从得知我方守门士卒的多少。如果出现敌情，就立即在郭外悬举木表；当看见敌寇时，要依次悬举木表。城上指挥官用旌旗指挥，遮候等侦察敌情的士卒随即击鼓和整顿旗帜，以战斗状态听从城上的指挥，而在田地里劳作的男子需跟从斥候准备战斗，女子们要迅速跑回城内。如果见到敌寇，就立即击鼓，把紧急军情一直传到城上。三名守护木表的士卒要按时更换，切实做好瞭望敌情和树立木表的工作。郡守要经常委派骑卒与官吏在城池的四面巡视，以便了解敌人的动态。每组侦察人员都配备一面鼓，望见敌寇就立即敲鼓，依次传递，一直把敌寇入侵的信息传到城上。

如果每人每天吃一斗粮，那么一年需要粮食三十六石；如果每人每天吃三分之二斗粮，那么一年吃粮二十四石；如果每人每天吃粮四分之二斗，那么一年需粮十八石；如果每人每天吃粮五分之二斗，那么每年吃粮十四石四斗；如果每人每天吃粮六分之二斗，那么每年吃粮十二石。人均每天吃粮一斗，日吃两餐，每餐吃五升；人均每天吃三分之二斗，每餐吃粮三升多一点；每天吃一斗的四分之二，每餐只吃两升半；每天吃一斗的五分之二，每餐只吃两升；每天吃一斗的六分之二，每餐仅吃一升多一点。粮食紧张危及生存时，每天节约两升可多坚持二十天，每天节约三升可多坚持三十天，每天节约四升可多坚持四十天。这样，守城民众可坚持九十天而免于饿死。

敌寇邻近我方城池，应立即收集离乡入城民众的金属器具、铜铁材料以及其它可以帮助守城的物品。首先取用县官住宅和官府中不急需的物品，统计木材的大小长短和总数，因急用就先行征发。敌寇迫近城下，就要从快毁掉城外的房子，砍伐城外的树木。即使有人请托和恳求不让毁坏和砍伐，也决不能听从。把城外的柴薪收纳到城内，存放时切不可堆成鱼鳞参差叠压的样子。要当路存放，方便随时取用。凡是木材不能全部收纳到城内的，要就地焚毁，不能留下来方便敌寇攻城。积存木材，要按每根木材的长短、大小以及形状等，分组排列堆放在四面城门的内侧，其中较长较大的木材要在前端制作'关鼻'，方便用绳索拖曳和堆放。

凡司马以上的守城官吏，只有他们的父母、兄弟、妻小留在主帅官府中做人质的，他们才可以坚守城池。设立都司空这一官职，大城可配备四人来担任，另外配备两名候吏，县城的东西南北四面各配备候吏一人。亭尉和次司空，每亭各配一人。侍奉郡守官署的官吏，要富有才干，还要廉洁和为人可靠，加上他们的父母、兄弟、妻小都在保宫中做人质，他们才可以做郡守的侍吏。其他官吏也必须有家人为人质，方可令本人任职。侍卫郡守大门的门吏有两人，他们分别站在大门两边，命令过往行人急促从门外走开。此外，还有四名持戟卫士，分别站在大门两侧。还另外安排其他人坐守在持戟卫士后面。侍卫官吏每天检查五次，并将逃亡侍卫名单上报郡守。

护城河外侧的要害之地，在围城期间，必定会有可疑的人出现，因而要命令往来巡夜的士卒向着此处发射箭矢。对疏忽大意忘记射箭的士卒，当予处死。城墙外护城河里，要遍插两头削尖的竹箭。竹箭区域宽为一丈二尺。竹箭下端要插入水中五寸，按长短混杂排列插入，靠近护城河外侧的一行要向外倾斜插入，靠近内侧的一行要向内倾斜插入。在城上每隔三十步设置一座存放弓弩的庐室，庐室宽十尺，长一丈二尺。

如果我方某部队遇到紧急情况，就要马上调动附近部队前往救援，同时命令临近部队接替救援部队的防务。

凡是持郡守颁发的符节凭证出入城门的，主管符节的官吏必须分条书写，记录出入城门的事由，并且使记录的情况与使者出入的使命相符，以便等到使者归来报告时加以核验。符节发出，使者持符节出城门后，守门官要尽快向分管官长报告使者出门的时间和符节持有者的姓名。

每一百步安排一支守城部队。

郡守官署旁边小门与郡守住所相通，各门要相互错置地穿过房间。在官署与住所之间要修建上下层的复道。四周砌筑墙垣，墙垣顶部要妥善处理，不使歹人轻易翻过墙垣。

要储存好蔬菜和粮食。让民众家中积存可食用三年的蔬菜和粮食，以防备大旱和年景不好的歉年。还要督促边地各县，预先种植并积存芫草、芒草、乌头、椒等可做药材的毒草和毒树。城外民宅旁的沟渠、水井可以填塞的就填塞，不能填塞的就把芫草、芒草等有毒草木撒在里面，以阻止敌方人马饮用。要告知民众，在和平安定的局面下，会隐藏着战争的危险；而身处战争危险中，可通过全体军民的积极防御，从而迎来和平安定的局面。

敌寇攻来，所有门户都要在上面凿出两个孔洞，然后用丝织物覆盖，其中一个孔洞要连上绳索，绳索长四尺，粗细如同手指。敌寇攻来之前，先把牛、羊、猪、鸡、狗、野鸭、大雁宰杀剥剥干净，收存这些动物的皮革、筋腱、头角、脂肪、脑髓、羽毛等。使用楸木、桐木和栗木制成斧柄，而把厚实的秋桐木板挑选出来做成横柱。如果遇到紧急情况，由于时间仓促，不可能从远处运过来，就命令士卒挖掘出城外的木材，运到城内备用，而且计量木材的多少予以登记。如果在城上设置守将官署的隔板，可采用三角互望的格局。把五斤以上的木材分组浸泡在水中，每组木材的数量不超一个木筏所承载的数量。茅屋和积薪都要涂上黏泥，厚度在五寸以上。主管各部界的官吏，都要把本部界中可以用来守城的财物，记录齐全后上交官府。

在城中，有喜进谗言的人，有为他人谋利的人，有恶毒的人，有善良的人，有具备专长的人，有足智多谋的人，有勇敢坚强的人，有心灵手巧的人，有堪当使者的人，有擅长内政的人，有擅长外交事务的人，有喜欢称赞别人的人，有喜欢挑唆别人互斗的人。作为郡守，一定要考察上述这些人之所以具备该特点的原因，力求据其所长招纳任用。有些民众互相厌恶或者私议官吏的言行，以及官吏本人所做的辩解，都要记入书札，等待参与其事的人前来报告时，与书札记载相互验证。年少儿童，身高不过五尺，不可以入伍当兵，就由署吏管辖，可派他们到官府或官长私舍当差。

礌石、利矢等各种材料和器械，都要小心布置，或堆积，或分放，各有数目可查。可用梓木做成轺车，用来装载弓矢。轺车轮围宽十尺，直辕长一丈，安装四个车轮，每个轮径六尺宽；用木板拼制车厢，车厢的长度与直辕相等，有四尺高；还要妥善制作厢盖，整理车厢内壁，保证安全使用。”

墨子说：“城池不能防守，大概有五种情况：一是城大人少，二是城小人多，三是人多粮少，四是集市距离城池太远，五是所储存的物资都在城外，富人都住在城外村落里。大概达到一万户人家及方圆三里的城池，才可以防守。”

参 考 文 献

1. （汉）许慎：《说文解字》，岳麓书社 2006 年版。

2. 王裕安、孙卓彩、郭震旦：《墨子大词典》，山东大学出版社 2006 年版。

3. （清）阮元校刻，（唐）颜师古注，（唐）孔颖达疏：《十三经注疏》，中华书局 1980 年版。

4. （清）毕沅：《墨子注》（日本重刻经训堂本），载任继愈、李广星主编《墨子大全影印本第十一册》，北京图书馆出版社 2004 年版。

5. 顾迁：《尚书注译》，中州古籍出版社 2010 年版。

6. （清）孙诒让著，孙启治点校：《墨子间诂》，中华书局 2001 年版。

7. （清）俞樾：《墨子平议》，载任继愈、李广星主编《墨子大全影印本第十三册》，北京图书馆出版社 2004 年版。

8. （汉）董仲舒著，周桂钿译注：《春秋繁露》，中华书局 2011 年版。

9. （秦）吕不韦著，（汉）高诱注：《吕氏春秋》，上海古籍出版社 1989 年版。

10. （汉）高诱注：《战国策》，上海书店 1987 年版。

11. （南朝·宋）鲍彪注：《战国策》（钦定四库全书史部杂史类）。

12. 中国社科院语言研究所词典编辑室：《现代汉语词典》，商务印书馆 1998 年版。

13. （清）苏时学：《墨子刊误》，载任继愈、李广星主编《墨子大全影印本第十四册》，北京图书馆出版社 2004 年版。

14. 张纯一：《墨子集解》，民国二十一年（1932）排印本。

15. 《汉书》，中华书局 1962 年版。

16. 《史记》，中华书局 1959 年版。

17. （清）郝懿行：《尔雅义疏》，上海古籍出版社 1983 年版。

18. （清）王念孙：《墨子杂志》，载任继愈、李广星主编《墨子大全影印本第十四册》，北京图书馆出版社 2004 年版。

19.（清）王念孙：《广雅疏证》，上海古籍出版社 1983 年版。

20. 上海涵芬楼刻印：《四部丛刊元本玉篇》。

21.（清）朱骏声：《说文通训定声》，中华书局 1984 年版。

22.（南朝·梁）顾野王：《玉篇》（原本玉篇残卷），中华书局 1985 年版。

23. 辞海编辑委员会：《辞海》，上海辞书出版社 1979 年版。

24.《后汉书》，中华书局 1962 年版。

25.（周）墨翟著，（清）傅山校：《墨子》（明道藏本），载任继愈、李广星主编《墨子大全影印本第一册》，北京图书馆出版社 2004 年版。

26. 吴毓江著，孙启治点校：《墨子校注》，中华书局 1999 年版。

27.（明）范钦校订，（南朝·梁）沈约注：《竹书记年》（四部丛刊本），上海书店 1989 年版。

28. 王焕镳：《墨子校释》，载任继愈、李广星主编《墨子大全影印本第六十三册》，北京图书馆出版社 2004 年版。

29. 高亨：《墨子新笺》，1961 年排印本。

30. 姜宝昌：《墨论训释》，齐鲁书社 2016 年版。

31. 尹桐阳：《墨子新释》，载任继愈、李广星主编《墨子大全影印本第二十二册》，北京图书馆出版社 2004 年版。

32. 于省吾：《墨子新证》，载任继愈、李广星主编《墨子大全影印本第四十四册》，北京图书馆出版社 2004 年版。

33.（宋）朱熹：《四书章句集注》，中华书局 2011 年版。

34.（清）毕沅著，戴望校：《墨子注》，载任继愈、李广星主编《墨子大全影印本第十一册》，北京图书馆出版社 2004 年版。

35.（清）王闿运：《墨子注》，载任继愈、李广星主编《墨子大全影印本第十九册》，北京图书馆出版社 2004 年版。

36.（清）吴汝纶：《点勘墨子读本》，载任继愈、李广星主编《墨子大全影印本第二十册》，北京图书馆出版社 2004 年版。

37.（清）曹耀湘：《墨子笺》，载任继愈、李广星主编《墨子大全影印本第十九册》，北京图书馆出版社 2004 年版。

38. （唐）余知古著，袁华忠译注：《渚宫旧事》，湖北人民出版社 1999 年版。

39. （汉）刘安：《淮南子》，上海古籍出版社 1989 年版。

40. （汉）宋衷注，（清）秦嘉谟辑：《世本八种》，中华书局 2008 年版。

41. 孙中原：《墨学通论》，辽宁教育出版社 1993 年版。

42. 高亨：《墨经校诠》，科学出版社 1956 年版。

43. 《左传》，岳麓书社 1988 年版。

44. （清）王树枏：《墨子斠注补正》，载任继愈、李广星主编《墨子大全影印本第十四册》，北京图书馆出版社 2004 年版。

45. 姜宝昌：《墨经训释》，齐鲁书社 2004 年版。

46. （清）张惠言：《墨子经说解》，载任继愈、李广星主编《墨子大全影印本第十三册》，北京图书馆出版社 2004 年版。

47. 梁启超：《墨经校释》，载任继愈、李广星主编《墨子大全影印本第二十六册》，北京图书馆出版社 2004 年版。

48. 谭戒甫：《墨辩发微》，中华书局 1996 年版。

49. 张其锽：《墨经通解》，载任继愈、李广星主编《墨子大全影印本第三十九册》，北京图书馆出版社 2004 年版。

50. 孙中原：《墨子解读》，中国人民大学出版社 2013 年版。

51. 宋祚胤：《周易校注》，岳麓书社 2011 年版。

52. 张知寒：《读墨余论》，山东友谊出版社 1999 年版。

53. 庞朴：《公孙龙子研究》，中华书局 1979 年版。

54. 张之锐：《新考证墨经注》，载任继愈、李广星主编《墨子大全影印本第三十二册》，北京图书馆出版社 2004 年版。

55. 栾调甫：《墨子研究论文集》，人民出版社 1957 年版。

56. 胡适：《墨子与别墨》，载任继愈、李广星主编《墨子大全影印本第四十九册》，北京图书馆出版社 2004 年版。

57. 伍非百：《墨辩解故》，载任继愈、李广星主编《墨子大全影印本第二十七册》，北京图书馆出版社 2004 年版。

58. 沈有鼎：《墨经的逻辑学》，载任继愈、李广星主编《墨子大全影印本第五十九册》，北京图书馆出版社 2004 年版。

59. 杨伯峻：《孟子译注》，中华书局 2008 年版。

60. 杨伯峻：《论语译注》，中华书局 1984 年版。

61. 岑仲勉：《墨子城守各篇简注》，中华书局 1958 年版。

62. 孙中原：《墨子大词典》，商务印书馆 2016 年版。

63. 姜宝昌：《墨守训释》，齐鲁书社 2014 年版。

64. 张克平等：《诗经注译》，安徽人民出版社 2001 年版。

65.（明）茅坤：《墨子批校》，载任继愈、李广星主编《墨子大全影印本第六册》，北京图书馆出版社 2004 年版。

后 记

回想我从事墨子研究还是在上世纪 80 年代，而引导我走上墨子研究之路的则是我山东大学读书时的恩师、中国墨子学会原法人代表兼副会长张知寒先生。自 1992 年起，先生推荐我担任《墨子研究论丛》编委，参与编辑出版《墨子研究论丛》第一二三辑；后又推荐由我编辑出版《墨子里籍考论》（山东人民出版社 1996 年版）、主持撰写中国第一部官修《山东省志·墨子志》（山东人民出版社 2004 年版）。受命之初，倍感压力，先生则经常给予教诲和鼓励。先生在三癌加身的艰难情况下，为祖国的墨学研究事业殚精竭虑奋斗了人生最后十年，他这种为弘扬墨学鞠躬尽瘁的崇高精神，一直是激励我热爱和研究墨学的强大动力。恰逢今年是张知寒先生辞世二十周年，谨以本书作为微薄的献礼，敬献在先生的灵前。

特别感谢人民出版社邀请我撰写《墨子新解》一书，使我能为弘扬中国传统文化作出一点贡献。一年多来，无论寒暑，不敢疏忽懈怠，研读和参考各类文献近百种，终成此书。付梓之际，诚请读者不吝指正。

谨以崇敬的心情真诚感谢山东大学姜宝昌教授和中国人民大学孙中原教授，两位前辈墨学专家的著作，为本书的撰写提供了重要参考。

在查阅文献方面，真诚感谢山东省图书馆、山东大学图书馆、山东管理学院图书馆以及山东师范大学图书馆读者服务部给予的热情周到的帮助。

山东大学副研究员张炳林女士做了全书的文字录入工作，张明达博士和张天齐博士帮助解决了文字输入等许多技术难题，在此特致谢忱！

作者谨白

2018 年 6 月 27 日

责任编辑:宫　共
封面设计:源　源
责任校对:吕　飞

图书在版编目(CIP)数据

墨子新解/张希宇 注译. —北京:人民出版社,2019.2(2022.1 重印)
ISBN 978-7-01-020400-0

Ⅰ.①墨…　Ⅱ.①张…　Ⅲ.①墨家②《墨子》–注释③《墨子》–译文
　Ⅳ.①B224

中国版本图书馆 CIP 数据核字(2019)第 028519 号

墨子新解
MOZI XINJIE

张希宇　注译

人民出版社 出版发行
(100706　北京市东城区隆福寺街99号)

北京兴星伟业印刷有限公司印刷　新华书店经销

2019 年 2 月第 1 版　2022 年 1 月第 2 次印刷
开本:710 毫米×1000 毫米 1/16　印张:42　字数:662 千字

ISBN 978-7-01-020400-0　定价:114.00 元

邮购地址 100706　北京市东城区隆福寺街 99 号
人民东方图书销售中心　电话 (010)65250042　65289539